Lernbücher Jura
Arbeitsrecht
Hermann Reichold

Arbeitsrecht

Lernbuch nach Anspruchsgrundlagen

von

Dr. Hermann Reichold

o. Professor an der Universität Tübingen
ehem. Richter am Staatsgerichtshof
des Landes Baden-Württemberg

6. Auflage 2019

C.H.BECK

www.beck.de

ISBN 978 3 406 72977 5

© 2019 Verlag C. H. Beck oHG
Wilhelmstraße 9, 80801 München

Druck und Bindung: Nomos Verlagsgesellschaft
In den Lissen 12, 76547 Sinzheim

Satz: Fotosatz H. Buck
Zweikirchener Str. 7, 84036 Kumhausen

Umschlaggestaltung: Druckerei C. H. Beck
Nördlingen

Gedruckt auf säurefreiem, alterungsbeständigem Papier
(hergestellt aus chlorfrei gebleichtem Zellstoff)

Vorwort zur 6. Auflage

Dieses „Lernbuch" möchte Studierende der Rechts- und Wirtschaftswissenschaften, aber auch Rechtsreferendare gezielt auf Examens- und Prüfungsarbeiten im Arbeitsrecht vorbereiten. Der Schwerpunkt dieses Buchs liegt daher auf der *Darstellung des wirklich klausurrelevanten Bereichs* (insbesondere Rechte und Pflichten aus dem Arbeitsvertrag, Fragen des Kündigungs- und Diskriminierungsschutzes, Arbeitsgerichtsverfahren). Hierzu wurde die neueste Rechtsprechung des BAG ebenso eingearbeitet wie die neueste Rechtsprechung von BVerfG und EuGH, so dass bei Durcharbeit der wesentlichen Entscheidungen zugleich ein Examens-Repetitorium ermöglicht wird.

Diese Konzeption liegt der neuen Auflage unverändert zugrunde. Zu ergänzen war inhaltlich vor allem die AÜG-Reform 2017 mit der Einführung einer Legaldefinition des Arbeitsvertrags in § 611a BGB, das neue Entgelttransparenzgesetz sowie eine Vielzahl von neuen klausurrelevanten Entscheidungen des EuGH (z.B. zur Arbeitnehmereigenschaft von GmbH-Geschäftsführern), des BVerfG (insbesondere zum Tarifeinheitsgesetz) sowie des BAG (etwa zum Mindestlohngesetz sowie zum Kündigungsschutzrecht). Erstmals enthält das Lernbuch einen eigenen Abschnitt zum immer wichtiger werdenden Thema des Beschäftigtendatenschutzes (§ 8 III. 2. d). Überdies wurde das Thema der Mitbestimmung des Betriebsrats bei Interessenausgleich und Sozialplan vertieft (§ 14 VII.).

Wichtig: Wie gewohnt können die aktualisierten Volltext-Lösungen der Musterfälle des Lernbuchs abgerufen werden unter *www.jura.uni-tuebingen.de/ professoren_und_dozenten/reichold/lernbuch*.

Für die engagierte weitere Fortsetzung der Neukonzeption seit der 4. Auflage bedanke ich mich vor allem bei *Sebastian Pfrang*, der wesentliche neue Impulse (vor allem im Bereich des Datenschutzes) für die Neuauflage gegeben und umgesetzt hat.

Tübingen, im Januar 2019   *Hermann Reichold*

Inhaltsverzeichnis

Verzeichnis der Übungsfälle

Abkürzungs- und Literaturverzeichnis

a.A. .... anderer Ansicht
AAG .... Gesetz über den Ausgleich der Arbeitgeberaufwendungen für Entgeltfortzahlung
a.a.O. .... am angegebenen Ort
AbgG .... Abgeordnetengesetz
Abs. .... Absatz
AcP .... Archiv für die civilistische Praxis (Zeitschrift)
AEntG .... Arbeitnehmer-Entsendegesetz
AEUV .... Vertrag über die Arbeitsweise der Europäischen Union
a.F. .... alte Fassung
AG .... Aktiengesellschaft
AGB .... Allgemeine Geschäftsbedingungen
AGB-DDR .... Arbeitsgesetzbuch der DDR
AGBG .... Gesetz zur Regelung des Rechts der Allgemeinen Geschäftsbedingungen (bis 2001)
AGG .... Allgemeines Gleichbehandlungsgesetz
AiB .... Arbeitsrecht im Betrieb (Zeitschrift)
AktG .... Aktiengesetz
AL .... Ad Legendum (Zeitschrift)
Alt. .... Alternative
Anm. .... Anmerkung
ANÜ .... Arbeitnehmerüberlassung
AnwGH .... Anwaltsgerichtshof
AOG .... Gesetz zur Ordnung der nationalen Arbeit (1934)
AP .... Arbeitsrechtliche Praxis (Entscheidungssammlung)
ArbG .... Arbeitsgericht
ArbGG .... Arbeitsgerichtsgesetz
ArbSchG .... Arbeitsschutzgesetz
ArbStättVO .... Arbeitsstättenverordnung
ArbVGE 92 .... Arbeitsvertragsgesetzentwurf DJT 1992
ArbVGE 2006 .... Arbeitsvertragsgesetzentwurf von *Henssler* und *Preis*
ArbZG .... Arbeitszeitgesetz
Art. .... Artikel
AuA .... Arbeit und Arbeitsrecht (Zeitschrift)
AUB .... Arbeitsunfähigkeitsbescheinigung
Aufl. .... Auflage
AÜG .... Gesetz zur Regelung der Arbeitnehmerüberlassung
AuR .... Arbeit und Recht (Zeitschrift)
Az .... Aktenzeichen
AZO .... Arbeitszeitordnung (bis 1994)

BAG .... Bundesarbeitsgericht
BAGE .... Entscheidungen des Bundesarbeitsgerichts (Amtliche Sammlung)

Bauer/Krieger/
Günther .... *Bauer/Krieger/Günther*, Allgemeines Gleichbehandlungsgesetz und
                 Entgelttransparenzgesetz, 5. Aufl., 2018
BB .... Betriebs-Berater (Zeitschrift)
BBiG .... Berufsbildungsgesetz
Bd. .... Band
BDA .... Bundesvereinigung der Deutschen Arbeitgeberverbände
BDSG .... Bundesdatenschutzgesetz
Bearb. .... Bearbeiter
BEEG .... Gesetz zum Elterngeld und zur Elternzeit
BEM .... Betriebliches Eingliederungsmanagement
BetrAVG .... Gesetz zur Verbesserung der betrieblichen Altersversorgung
BetrVG .... Betriebsverfassungsgesetz
BGB .... Bürgerliches Gesetzbuch
BGBl. .... Bundesgesetzblatt
BGHSt .... Entscheidungen des Bundesgerichtshofs in Strafsachen (Amtliche
                 Sammlung)
BGHZ .... Entscheidungen des Bundesgerichtshofs in Zivilsachen (Amtliche
                 Sammlung)
BMAS .... Bundesministerium für Arbeit und Soziales
BPersVG .... Bundespersonalvertretungsgesetz
BR .... Betriebsrat
BR-Drs. .... Bundesratsdrucksache
Brox/Rüthers/
Henssler .... *Brox/Rüthers/Henssler*, Arbeitsrecht, 19. Aufl., 2016
BRRG .... Beamtenrechtsrahmengesetz
BSG .... Bundessozialgericht
Bsp. .... Beispiel
BT-Drs. .... Bundestagsdrucksache
BUrlG .... Bundesurlaubsgesetz
BV .... Betriebsvereinbarung
BVerfG .... Bundesverfassungsgericht
BVerfGE .... Entscheidungen des Bundesverfassungsgerichts (Amtliche Samm-
                 lung)
BVerwG .... Bundesverwaltungsgericht
BZRG .... Bundeszentralregistergesetz
bzw. .... beziehungsweise

ca. .... circa
CGB .... Christlicher Gewerkschaftsbund
CGM .... Christliche Gewerkschaft Metall
c.i.c. .... culpa in contrahendo

DAG .... Deutsche Angestelltengewerkschaft
DB .... Der Betrieb (Zeitschrift)
DBB .... Deutscher Beamtenbund
DDR .... Deutsche Demokratische Republik
ders. .... derselbe
DFB .... Deutscher Fußball-Bund
DFL/*Bearbeiter* .... *Dornbusch/Fischermeier/Löwisch* (Hrsg.), Fachanwaltskommentar Ar-
                 beitsrecht, 8. Aufl., 2016

DGB .... Deutscher Gewerkschaftsbund
d.h. .... das heißt
DJT .... Deutscher Juristentag
DJV .... Deutscher Journalistenverband
DPG .... Deutsche Postgewerkschaft
DrittelbG .... Drittelbeteiligungsgesetz
DSGVO .... Datenschutzgrundverordnung
dtv .... Deutscher Taschenbuch-Verlag
DuD..................... Datenschutz und Datensicherheit (Zeitschrift)
DZWiR .... Deutsche Zeitschrift für Wirtschafts- und Insolvenzrecht

EBRG .... Gesetz über Europäische Betriebsräte
EFZ .... Entgeltfortzahlung
EFZG .... Entgeltfortzahlungsgesetz
EG .... Europäische Gemeinschaft
eG .... eingetragene Genossenschaft
EGBGB .... Einführungsgesetz zum Bürgerlichen Gesetzbuch
EGMR .... Europäischer Gerichtshof für Menschenrechte
EGV .... Vertrag zur Gründung der Europäischen Gemeinschaft
Einl. .... Einleitung
EMRK .... Konvention zum Schutz der Menschenrechte und Grundfreiheiten
EntgTranspG .... Entgelttransparenzgesetz
ErfK/*Bearbeiter* .... Erfurter Kommentar zum Arbeitsrecht, 18. Aufl., 2018
EStG .... Einkommensteuergesetz
etc. .... et cetera
EU .... Europäische Union
EuGH .... Europäischer Gerichtshof
EuGHE .... Entscheidungen des Europäischen Gerichtshofes (amtliche Sammlung)
EUV .... Vertrag über die Europäische Union
EuZA .... Europäische Zeitschrift für Arbeitsrecht
EuZW .... Europäische Zeitschrift für Wirtschaftsrecht
e.V. .... eingetragener Verein
EVG...................... Eisenbahn- und Verkehrsgewerkschaft
EWG .... Europäische Wirtschaftsgemeinschaft

f., ff. .... folgende/r
FAS .... Frankfurter Allgemeine Sonntagszeitung
FPfZG .... Familienpflegezeitgesetz
FS .... Festschrift für

Gamillscheg.............. *Gamillscheg*, Kollektives Arbeitsrecht I, 2007
GbR .... Gesellschaft bürgerlichen Rechts
GBR .... Gesamtbetriebsrat
GdB .... Grad der Behinderung
GDF...................... Gewerkschaft der Flugsicherung
GDL .... Gewerkschaft Deutscher Lokomotivführer
GdP .... Gewerkschaft der Polizei
GedS .... Gedächtnisschrift für
gem. .... gemäß
GenDG .... Gendiagnostikgesetz

GeschmMG	Geschmacksmustergesetz
GEW	Gewerkschaft Erziehung und Wissenschaft
GewO	Gewerbeordnung
GG	Grundgesetz
GmbH	Gesellschaft mit beschränkter Haftung
GmbH & Co. KG ...	Kommanditgesellschaft mit beschränkter Haftung
GmbHG	Gesetz betreffend die Gesellschaften mit beschränkter Haftung
GMP/*Bearbeiter*	*Germelmann/Matthes/Prütting,* Arbeitsgerichtsgesetz, Kommentar, 9. Aufl., 2017
GRCh	Charta der Grundrechte der Europäischen Union
grds.	grundsätzlich/e
GS	Großer Senat
GVG	Gerichtsverfassungsgesetz
GWB	Gesetz gegen Wettbewerbsbeschränkungen
HAG	Heimarbeitsgesetz
Hanau/Adomeit	*Hanau/Adomeit,* Arbeitsrecht, 14. Aufl., 2007
HBV	Gewerkschaft Handel, Banken und Versicherungen
HGB	Handelsgesetzbuch
h.L.	herrschende Lehre
h.M.	herrschende Meinung
Hromadka/	
Maschmann	*Hromadka/Maschmann,* Arbeitsrecht Bd. 1, 7. Aufl., 2018; Bd. 2, 7. Aufl., 2017
Hrsg.	Herausgeber
Hs.	Halbsatz
HWK/*Bearbeiter*	*Henssler/Willemsen/Kalb* (Hrsg.), Arbeitsrecht, Kommentar, 8. Aufl., 2018
IAB	Institut für Arbeitsmarkt- und Berufsforschung (Bundesagentur für Arbeit, Nürnberg)
IAO	Internationale Arbeitsorganisation
i.d.R.	in der Regel
i.e.S.	im engeren Sinn
IG	Industriegewerkschaft
IHK	Industrie- und Handelskammer
inkl.	inklusive
InsO	Insolvenzordnung
i.S.d.	im Sinne des/r
i.S.v.	im Sinne von
i.V.m.	in Verbindung mit
i.w.S.	im weiteren Sinn
JA	Juristische Arbeitsblätter (Zeitschrift)
JArbSchG	Jugendarbeitsschutzgesetz
JbArbR	Jahrbuch des Arbeitsrechts
Jh.	Jahrhundert
Jher Jb.	Jherings Jahrbücher für die Dogmatik des bürgerlichen Rechts
JKOS/*Bearbeiter*	*Jacobs/Krause/Oetker/Schubert,* Tarifvertragsrecht, 2. Aufl., 2013
Junker	*Junker,* Grundkurs Arbeitsrecht, 17. Aufl., 2018
Jura	Juristische Ausbildung (Zeitschrift)

JuS .... Juristische Schulung (Zeitschrift)
JZ .... Juristenzeitung

Kfz .... Kraftfahrzeug
KG .... Kommanditgesellschaft
KGaA .... Kommanditgesellschaft auf Aktien
Krause .... *Krause*, Arbeitsrecht, 3. Aufl., 2015
krit. .... kritisch
KritJ .... Kritische Justiz (Zeitschrift)
KSchG .... Kündigungsschutzgesetz
KSzW .... Kölner Schrift zum Wirtschaftsrecht (Zeitschrift)

LAG .... Landesarbeitsgericht
LAGE .... Entscheidungen der Landesarbeitsgerichte
LFZG .... Lohnfortzahlungsgesetz (bis 1994)
lit. .... litera (Buchstabe)
Löwisch/Rieble .... *Löwisch/Rieble*, Tarifvertragsgesetz, 4. Aufl., 2017

MarkenG .... Markengesetz
MB .... Marburger Bund (Gewerkschaft der Ärztinnen und Ärzte)
MBR .... Mitbestimmungsrecht
m.E. .... meines Erachtens
Medicus/Petersen ...... *Medicus/Petersen*, Bürgerliches Recht, 26. Aufl., 2017
MedR .... Medizinrecht (Zeitschrift)
MHdB ArbR/
Bearbeiter .... *Kiel/Lunk/Oetker* (Hrsg.), Münchener Handbuch zum Arbeitsrecht,
                         4. Aufl., 2018
MiArbG .... Mindestarbeitsbedingungengesetz
MiLoG .... Gesetz zur Regelung eines allgemeinen Mindestlohns
Mio. .... Millionen
MitbestErgG .... Mitbestimmungsergänzungsgesetz (vom 7. August 1956)
MitbestG 1976 .... Mitbestimmungsgesetz (vom 4. Mai 1976)
m.N. .... mit Nachweisen
MTV .... Manteltarifvertrag
MüArbR/*Bearbeiter*,
3. Aufl. .... *Richardi/Wlotzke/Wißmann/Oetker* (Hrsg.), Münchener Handbuch
                         zum Arbeitsrecht, 3. Aufl., 2009
MüKo-BGB/
Bearbeiter .... Münchener Kommentar zum Bürgerlichen Gesetzbuch, 6. Aufl.,
                         2012 ff.
MuSchG .... Mutterschutzgesetz
m.w.N. .... mit weiteren Nachweisen

Nachw. .... Nachweis
NachwG .... Nachweisgesetz
n.F. .... neue Fassung
NGG .... Gewerkschaft Nahrung-Genuss-Gaststätten
NJOZ .... Neue Juristische Online-Zeitschrift (Zeitschrift)
NJW .... Neue Juristische Wochenschrift (Zeitschrift)
Nr. .... Nummer
Nrn. .... Nummern
NRW .... Nordrhein-Westfalen

NZA .... Neue Zeitschrift für Arbeitsrecht

o.ä. .... oder ähnliches
OT .... ohne Tarifbindung
Otto, ArbK .... *Otto*, Arbeitskampf- und Schlichtungsrecht, 2006
Otto/Schwarze/
Krause .... *Otto/Schwarze/Krause*, Die Haftung des Arbeitnehmers, 4. Aufl.,
                          2014

PartGG .... Partnerschaftsgesellschaftsgesetz
PersVG .... Personalvertretungsgesetz
PflegeZG .... Pflegezeitgesetz
Preis .... *Preis*, Praxislehrbuch zum Individualarbeitsrecht, 5. Aufl., 2017
ProdHG .... Produkthaftungsgesetz
pVV .... positive Vertragsverletzung

RA .... Rechtsanwalt
RAG .... Reichsarbeitsgericht
RdA .... Recht der Arbeit (Zeitschrift)
RDV..................... Recht der Datenverarbeitung (Zeitschrift)
Richardi/*Bearbeiter*.. *Richardi* (Hrsg.), Betriebsverfassungsgesetz mit Wahlordnung,
                          16. Aufl., 2018
RL .... Richtlinie
Rn. .... Randnummer(n)
Rolfs .... *Rolfs*, Studienkommentar Arbeitsrecht, 4. Aufl., 2014
Rspr. .... Rechtsprechung
RVO .... Rechtsverordnung
Rz........................ Randziffer (Urteil)

s. .... siehe
S. .... Seite
SAE .... Sammlung arbeitsrechtlicher Entscheidungen (Zeitschrift)
Schaub/*Bearbeiter* .... *Schaub*, Arbeitsrechts-Handbuch, 17. Aufl., 2017
SchlH .... Schleswig-Holstein
SchwarzArbG .... Gesetz zur Intensivierung der Bekämpfung der Schwarzarbeit und
                          illegalen Beschäftigung
SGB .... Sozialgesetzbuch
Slg .... Sammlung der Entscheidungen des Europäischen Gerichtshofs
s.o. .... siehe oben
sog. .... so genannte (n, r, s)
SprAuG .... Sprecherausschussgesetz
SR .... Soziales Recht (Zeitschrift)
Staudinger/
Bearbeiter .... *von Staudinger*, Kommentar zum Bürgerlichen Gesetzbuch mit Ein-
                          führungsgesetz und Nebengesetzen, Vorb. zu §§ 611 ff.; §§ 611–
                          613, Neubearbeitung 2015
StB .... Steuerberater
StGB .... Strafgesetzbuch
str. .... streitig
st. Rspr. .... ständige Rechtsprechung
StVG .... Straßenverkehrsgesetz
StVollzG .... Strafvollzugsgesetz

TB	Tatbestand
TEG	Tarifeinheitsgesetz
Thüsing, EUArbR ..	*Thüsing*, Europäisches Arbeitsrecht, 3. Aufl., 2017
TV	Tarifvertrag
TVG	Tarifvertragsgesetz
TV-L/TVöD	Tarifvertrag des öffentlichen Dienstes („Länder" bzw. „Bund/ Kommunen")
TzBfG	Teilzeit- und Befristungsgesetz
u.	und
u.a.	unter anderem
UFO	Unabhängige Flugbegleiter Organisation
ULA	Union der Leitenden Angestellten
UmweltHG	Umwelthaftungsgesetz
UmwG	Umwandlungsgesetz
Urt.	Urteil
u.U.	unter Umständen
UV	Unfallversicherung
UWG	Gesetz gegen den unlauteren Wettbewerb
v.	vom, von
VC	Vereinigung Cockpit
ver.di	Vereinigte Dienstleistungsgewerkschaft
vgl.	vergleiche
VHS	Volkshochschule
VkA	Vereinigung kommunaler Arbeitgeber
VO	Verordnung
Vorb.	Vorbemerkung
VVaG	Versicherungsverein auf Gegenseitigkeit
VW	Volkswagen
WahlO	Wahlordnung
Wiedemann/	
Bearbeiter	*Wiedemann*, Tarifvertragsgesetz, Kommentar, 7. Aufl., 2007
WissZeitVG	Gesetz über befristete Arbeitsverträge in der Wissenschaft
WRV	Weimarer Reichsverfassung
z.B.	zum Beispiel
ZD	Zeitschrift für Datenschutz
ZESAR	Zeitschrift für europäisches Sozial- und Arbeitsrecht
ZfA	Zeitschrift für Arbeitsrecht
ZHR	Zeitschrift für das gesamte Handels- und Wirtschaftsrecht
ZIP	Zeitschrift für Wirtschaftsrecht
ZJS.......................	Zeitschrift für das Juristische Studium
Zöllner/Loritz/	
Hergenröder	*Zöllner/Loritz/Hergenröder*, Arbeitsrecht, 7. Aufl., 2015
ZPO	Zivilprozessordnung
ZRP	Zeitschrift für Rechtspolitik
ZTR	Zeitschrift für Tarifrecht
zutr.	zutreffend

Einführung. Methodik dieses Lernbuchs

Dieses Lernbuch gliedert die Arbeitsrechtsmaterie in drei wesentliche Ab- **1**
schnitte:

1. Grundstrukturen des Arbeitsrechts („Basiswissen")

Einleitend – gleichsam um „Boden unter den Füßen" zu gewinnen – werden **2**
der Leserin bzw. dem Leser die erforderlichen Basisinformationen gegeben, die
es ihr/ihm erlauben, die komplexe und vielschichtige Materie des modernen
Arbeitsrechts in ihrer Gesamtheit ansatzweise zu erfassen. Ich konzentriere
mich auf
- den Stellenwert des Arbeitsrechts in der Rechts- und Wirtschaftsordnung
  (§ 1),
- den Anwendungsbereich des Arbeitsrechts (§ 2),
- die Rechtsquellen des Arbeitsrechts (§ 3),
- und – last but not least – auf die Erstellung der arbeitsrechtlichen Klausur
  (§ 4).

2. Arbeitsrecht nach Anspruchsgrundlagen („Pflichtprogramm")

Bei der Darstellung der klausur- und examensrelevanten Aspekte des Ar- **3**
beitsrechts steht das **Arbeitsvertragsrecht** im Mittelpunkt (dazu §§ 5–10).
Hier orientiert sich das Buch am arbeitsrechtlichen Fallaufbau, der in seiner
Bedeutung und Funktion weitgehend dem Anspruchsaufbau im Zivilrecht
entspricht. Die Gliederung der zentralen Kapitel nach **Zulässigkeit (§§ 5, 6)
und Begründetheit (§§ 7–10) der arbeitsrechtlichen Klage** soll die Grund-
struktur einer arbeitsrechtlichen Standardklausur widerspiegeln. Das klassische
Transferproblem für die Studierenden – *„Wo ist das eben Gelernte in der Klausur
zu prüfen?"* – entfällt auf diese Weise weitgehend.

3. Grundfragen des kollektiven Arbeitsrechts („Vertiefungsprogramm")

Die vor allem für das **Schwerpunktstudium** erforderlichen Kenntnisse **4**
werden anschließend in vier Abschnitten zum **Kollektiven Arbeitsrecht**
erläutert (§§ 11–14). Hier begegnet eine Darstellung nach der Anspruchsme-

thode Schwierigkeiten, die in der Materie begründet liegen. Dennoch wird durch eingestreute Fallskizzen auch hier der Bezug zu den Anforderungen in der Klausur hergestellt. Tarifvertrag und Betriebsvereinbarung werden z.B. als Anspruchsgrundlagen des kollektiven Arbeitsrechts in den Anspruchsaufbau integriert.

1. Teil. Grundstrukturen

§ 1. Einleitung: Das Arbeitsrecht in der Rechts- und Wirtschaftsordnung

I. Arbeitsrecht als Recht der fremdbestimmten Arbeit

Arbeitsrecht ist nicht das Recht jeglicher menschlicher Arbeit, sondern nur **1** ein Ausschnitt daraus: das Recht der **fremdbestimmten Arbeit** auf privatrechtlicher Basis. Wer selbstständig über seine Arbeit disponieren kann, ist rechtlich nicht Arbeitnehmer, sondern **Selbstständiger** (und i.d.R. auch Arbeitgeber). Wer als Beamter, Richter oder Soldat für den Staat arbeitet, leistet zwar auch abhängige Arbeit, aber nicht im Rahmen des Privatrechts, sondern des **öffentlichen Rechts**. Ähnliches gilt für geistliche Amtsträger bzw. für Kirchenbeamte der großen Kirchen: sie arbeiten nach eigenem kirchlichen Dienstrecht. Das Arbeitsrecht regelt die Existenzgrundlage von ca. 86 % aller Erwerbstätigen in Deutschland (inkl. arbeitssuchender Personen, die z.B. eine Arbeitsgelegenheit i.S.d. § 16d SGB II – „Ein-Euro-Jobs" – wahrnehmen), deren Zahl im November 2018 auf eine Rekordgröße von rund 45 Mio. angestiegen ist: den ca. 39 Mio. Arbeitnehmern stehen rund 4,3 Mio. Selbstständige (ca. 10 %) und ca. 1,7 Mio. Beamte (inkl. Richter und Soldaten, insg. rund 4 %) gegenüber. Der robuste Arbeitsmarkt ermöglicht die niedrige Arbeitslosenquote von rund 4,8 % (ca. 2,2 Mio.) im Jahresdurchschnitt 2018, wobei rund 3,5 % (ca. 1,5 Mio.) tatsächlich auch erwerbslos sind (FAS v. 9.12.2018, S. 36). Trotz der Wirtschaftskrise 2008/09 ergab sich ein erfreulicher Anstieg der Beschäftigung insgesamt und auch eine Ausweitung der sozialversicherungspflichtigen, d.h. sozial abgesicherten Arbeitsverhältnisse (ca. 32,5 Mio.). Dem sog. **„Normalarbeitsverhältnis"**, das die große Mehrzahl der abhängigen Arbeitsverhältnisse mit stabiler Beschäftigung und sozialversicherungsrechtlicher Absicherung der Lebensrisiken Unfall, Krankheit, Invalidität, Arbeitslosigkeit, Pflegebedürftigkeit und Alter ausmacht, stehen heute weniger Personen in sog. **„atypischen" Arbeitsformen** wie Leiharbeit, Befristung, geringfügiger Teilzeit, Niedriglohnverhältnissen und Scheinselbstständigkeit gegenüber: auch wegen des 2015 eingeführten allgemeinen gesetzlichen Mindestlohns (→ § 8 Rn. 16) nehmen **ertragsschwache** Arbeitsverhältnisse insgesamt ab. In Deutschland arbeiten derzeit gut **drei Viertel** der Arbeitnehmer in einem Normalarbeitsverhältnis, weniger als ein Viertel dagegen steht in einem „atypischen", d.h. prekären Beschäftigungsverhältnis (vgl. www.destatis.de).

II. Bezugspunkt „Arbeitnehmer" im Wandel

2   Der Fabrikarbeiter war die historische Leitfigur des Arbeitsrechts. Bei ihm bestanden keine Zweifel: Er war der typische „Arbeitnehmer", denn er leistete abhängige, fremdbestimmte Arbeit. Mit dem drastischen Strukturwandel unserer Wirtschaft hin zu einer **Dienstleistungs- und Informationsgesellschaft** („Tertiärisierung") ist dieser Typus aber immer weniger „typisch".

Die Dienstleistungs-Unternehmen im engeren Sinn, also Banken, Versicherungen, Gaststätten und Hotels, Medien und Freiberufler, beschäftigen inzwischen rund ein Viertel aller Erwerbstätigen. Nimmt man Staat und Kirche, Handel und Verkehr sowie die Privathaushalte hinzu, so arbeiten im sog. **tertiären Bereich** – der Wachstumsbranche überhaupt in der volkswirtschaftlichen Wertschöpfung – rund 71,5 % der Erwerbstätigen. Demgegenüber sind im produzierenden Gewerbe noch ca. 27 % und im primären Sektor (Land- und Forstwirtschaft, Fischerei) nur mehr ca. 1,5 % der Erwerbstätigen beschäftigt (Quelle: Eurostat).

3   Stupide menschliche Fließbandarbeit ist so gut wie ausgestorben; sie wird heute in der Regel von Robotern verrichtet. Der kreative Mitarbeiter mit sog. Schlüsselqualifikationen ist gefragt. Sog. „agiles Arbeiten" wird nicht nur in neu gegründeten Start-Ups der IT-Branche, sondern auch in großen Unternehmen praktiziert. Die Tätigkeit des Arbeitnehmers ist nicht mehr ausschließlich fremdbestimmt, sondern beruht zu einem guten Teil auf **Eigeninitiative.** Ob er dennoch „abhängiger" Arbeitnehmer ist oder nicht, ist eine Rechtsfrage mit gravierenden Auswirkungen nicht nur für die Anwendung des Arbeitsrechts. Daneben ergeben sich erhebliche Konsequenzen in steuerlicher (§ 19 EStG: Einkünfte aus nichtselbstständiger Arbeit) und sozialversicherungsrechtlicher Hinsicht (§ 7 Abs. 1 S. 1 SGB IV: „Beschäftigung ist die nichtselbstständige Arbeit, insbesondere in einem Arbeitsverhältnis"). Besonders die Verbindung mit dem System sozialer Sicherung (§ 1 SGB IV) macht den Arbeitsvertrag zu einem **„schweren Vertrag"**, der für manchen Arbeitgeber aus Kostengründen zu schwer geworden ist. Der „Ausstieg" aus dem Arbeitsrecht bedeutet für viele daher den erzwungenen „Einstieg" in die Scheinselbstständigkeit *(→ Fall 1).*

III. Arbeitsrecht als Bestandteil des Wirtschaftsrechts

4   Arbeitsrecht ist gleichzeitig Bestandteil des Wirtschaftsrechts, was gerne übersehen wird. Weil es nicht nur Arbeitnehmer-, sondern auch Arbeitgeber-Recht ist, wirkt es auf die Handlungsmöglichkeiten der Unternehmen zurück: die Kosten des Produktionsfaktors Arbeit beeinflussen die Wettbewerbsbedingungen erheblich. Arbeitsbedingungen sind aus der Sicht der Unternehmen also Wirtschaftsbedingungen, und es wäre ganz falsch, das Arbeitsrecht als Bestandteil einer „Sozialordnung" von der „Wirtschaftsordnung" zu isolieren. Vielmehr wirken sich die Vorgaben der Wirtschaftsverfassung nach dem Vertrag über die Europäische Union und dem Grundgesetz auch auf das Arbeitsrecht aus.

Arbeitsrecht befindet sich also unter dem Dach der Wirtschaftsverfassung als eines von mehreren wirtschaftsrechtlichen Teilgebieten, das die Aktionsparameter des Unternehmens maßgeblich beeinflusst.

Schaubild 1: Rechtliche Rahmenbedingungen für das Unternehmen

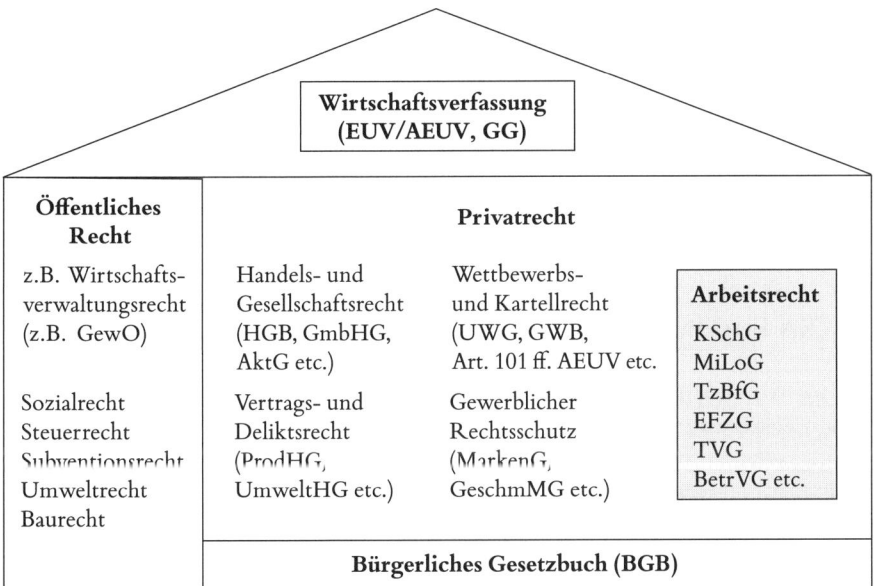

IV. Arbeitsrecht als „Sonderprivatrecht"

Arbeitsrecht wird auch als Sonderprivatrecht bezeichnet, weil es ähnlich **5** wie Handelsrecht oder Verbraucherschutzrecht (z.B. das Widerrufsrecht bei außerhalb von Geschäftsräumen geschlossenen Verträgen – §§ 312b, 312g BGB – oder das Recht des Verbrauchsgüterkaufs – §§ 474 ff. BGB) auf ganz bestimmte Zielgruppen der Gesellschaft und nicht auf jedermann zielt, hier auf das **Unternehmens-Innenrecht** zwischen Arbeitgebern und Arbeitnehmern. Das älteste Sonderprivatrecht, das HGB, wollte ursprünglich als „Recht des Kaufmannsstandes" Außen- *und* Innenrecht zusammenfassen. Noch heute definiert § 1 mit dem „Kaufmann" den Normadressaten des HGB, während §§ 59 ff. von seinen Mitarbeitern reden, von „Handlungsgehilfen und Handlungslehrlingen". Aber es ist nur noch eine Frage der Zeit, bis dieses „kaufmännische Sonderarbeitsrecht" endgültig aus dem HGB ausgewandert ist, wo es systematisch nicht mehr hingehört. Denn das **Handelsrecht** hat sich zu einem Außenrecht des kaufmännischen Unternehmens entwickelt, während das **Arbeitsrecht** sich um die Innenbeziehungen im Unternehmen zwischen Arbeitgeber und Arbeitnehmern kümmert. Das **Verbraucherschutzrecht** regelt dagegen Geschäftsbeziehungen zwischen Unternehmern (§ 14 BGB) und **Endverbrauchern** (§ 13 BGB) und ist Teil des allgemeinen Zivilrechts. Arbeitnehmer können daher „Verbraucher" sein, soweit sie Geschäfte für ihren privaten Bedarf abschließen. Doch sind sie in ihrer „Arbeitnehmer"-Rolle – entgegen dem missverständlichen Wortlaut des § 13 BGB – nicht Verbraucher im Wortsinn: hier handeln sie in ihrer Berufsrolle höchst professionell und werden durch das speziellere Arbeitsrecht geschützt (sehr str., wie hier *Henssler,* RdA 2002, 133 f.; *Richardi,* NZA 2002, 1008 f.; *Rolfs,* § 13 BGB Rn. 4; **a. A.** st. Rspr. seit BAG 25.5.2005, BAGE 115, 19 = NJW 2005, 3305; ErfK/*Preis,* § 611a BGB Rn. 182; HWK/*Gotthardt,* § 310 BGB Rn. 2); eine **analoge** Anwendung des § 13 BGB auf den schutzbedürftigen Arbeitnehmer erscheint aber vertretbar und kann in Prüfungsarbeiten gut vertreten werden.

V. Das Fundament der Privatautonomie

6   Das Wirtschaftsprivatrecht ruht (→ *Schaubild 1*) auf einem soliden Fundament: dem BGB von 1896, das zum 1.1.1900 in Kraft trat. Die **Schuldrechtsreform 2002** hat hier, angefangen bei §§ 13, 14 (Verbraucher bzw. Unternehmer) über § 126b (Textform) bis zum § 312i (Pflichten im *e-commerce*) zwar einige Anpassungen an die moderne Informationsgesellschaft bewirkt, nicht jedoch die **Strukturen des Vertrags- und Schuldrechts** auf der Basis der Privatautonomie angetastet. Bevor in § 311 Abs. 1 BGB die Vertragsfreiheit (als selbstverständlich) anerkannt wurde, statuierte bereits § 105 GewO 1869 die freie Gestaltung des Arbeitsvertrags für gewerbliche Arbeitnehmer. Seine bis heute kaum veränderte Fassung lautete:

§ 105. Freie Gestaltung des Arbeitsvertrages. Die Festsetzung der Verhältnisse zwischen den selbständigen Gewerbetreibenden und den gewerblichen Arbeitnehmern ist, vorbehaltlich der durch Bundesgesetz begründeten Beschränkungen, Gegenstand freier Übereinkunft.

Die seit 2002 modernisierte Version des § 105 GewO lautet:
„Arbeitgeber und Arbeitnehmer können Abschluss, Inhalt und Form des Arbeitsvertrages frei vereinbaren, soweit nicht zwingende gesetzliche Vorschriften, Bestimmungen eines anwendbaren Tarifvertrages oder einer Betriebsvereinbarung entgegenstehen. Soweit die Vertragsbedingungen wesentlich sind, richtet sich ihr Nachweis nach den Bestimmungen des Nachweisgesetzes".

Das war seinerzeit Konsequenz der Gewerbefreiheit und ein zweifelhafter Fortschritt, solange in Wahrheit nur der „Fabrikherr" über Wohl und Wehe seiner „Fabrikuntertanen" entscheiden konnte. Freilich sah die **Gewerbeord-**

nung zunehmend Arbeitsschutzvorschriften (insbesondere seit 1890: Sonntagsruhe, Mutter- und Jugendarbeitsschutz etc.) vor, die **öffentlich-rechtliche**
Schutzmechanismen zugunsten des Arbeiters aktivierten (z.B. Gewerbe-
inspektion, Gewerbegerichte).

VI. Arbeitsrecht als „politisches" Recht

Man muss es deutlich sagen: Privatrecht taugte in einer hierarchisch geglie- 7
derten Gesellschaft zunächst allenfalls zur Errichtung einer Wirtschaftsordnung der kommerziellen Austauschbeziehungen. Das BGB und vor allem das
HGB sahen im *homo oeconomicus,* d.h. im Geschäftsmann ihren Adressaten, nicht
im Fabrikarbeiter, für den es ja die speziellere Gewerbeordnung gab. Auch
wenn sich völlig ungleiche Vertragspartner gegenüberstanden, fand der Satz
pacta sunt servanda seine Grenze im BGB erst bei verbotswidrigen (§ 134 BGB)
oder sittenwidrigen (§ 138 BGB) Vereinbarungen. Die formale Vertragsfreiheit
ermöglichte ohne Inhaltskontrolle ein **„Privatrecht des Stärkeren".**

Das konnte keine befriedigende Antwort auf die politische Verfassungs- 8
frage der sozialen Beziehungen *(industrial relations)* in der Industriegesellschaft
des 20. Jahrhunderts sein. Die Arbeiterbewegung formierte sich als politische
Gegenbewegung gegen den bürgerlichen „Klassenstaat", die Gewerkschaften
holten den Arbeiter aus seiner Vereinzelung und forderten sozialpolitische
Korrekturen des Markt- *und* Herrschaftsgefälles zwischen Arbeitsanbietern
(„Kapitalisten") und Arbeitsnachfragern („Proletariern"). Aus dieser säkularen
Emanzipationsbewegung heraus, die zunehmend auch politische und wissen-
schaftliche Unterstützung fand, entstanden seit 1918 **neue Strukturen** eines
„kollektiven", weil von Verbänden bestimmten **Arbeitsrechts:** Tarifverträge
und Betriebsvereinbarungen als prägende Instrumente kollektiver Rechtsge-
staltung durch Tarif- und Betriebsparteien, Sozialversicherung und Arbeitsschutz als flankierende Institutionen öffentlichen Rechts, die verfassungs-
kräftige Anerkennung des Koalitionsrechts und die Einrichtung besonderer
Arbeitsgerichte (→ § 5 Rn. 4) waren unübersehbare Signale für die Loslösung
des „politischen" Arbeitsrechts vom allgemeinen Privatrecht.

VII. Das Vertragsprinzip als Grundlage des Arbeitsrechts

Dennoch: das Vertragsprinzip, wie es in § 611 BGB für den allgemeinen Ty- 9
pus des Dienstvertrags (Leistung der versprochenen Dienste gegen Zahlung der
vereinbarten Vergütung) vor gut 120 Jahren formuliert wurde, ist nach jahr-
zehntelangen Irrungen und Wirrungen in Rechtsprechung und Lehre für den
Arbeitsvertrag aktuell wie selten zuvor. Zum 1.4.2017 wurde in das BGB mit
§ 611a BGB endlich eine eigene Definition des Arbeitsvertrags als wichtigs-

ten Unterfall des Dienstvertrages aufgenommen (→ § 2 Rn. 10). Das „Recht des Arbeitsverhältnisses", wie es als Examens-Pflichtstoff in allen deutschen Prüfungsordnungen so oder ähnlich verlangt wird, ist ohne die Grundlagen im BGB überhaupt nicht zu verstehen. Besser hätte der Gesetzgeber aber den Entwurf von *Henssler* und *Preis* (*ArbVGE 2006*) übernommen, wo es hieß:

> Das Arbeitsverhältnis wird durch Vertrag begründet. Soweit dieses Gesetz nichts anderes bestimmt, gelten die Bestimmungen des Bürgerlichen Gesetzbuchs.

10   Fällt Ihnen die Übereinstimmung mit § 105 GewO auf? Wortlaut und Bedeutung beider Texte haben sich viel weniger gewandelt als der zu regelnde Sachverhalt. Aus der auf Befehl und Gehorsam beruhenden Arbeitswelt ist – deutlich erst seit etwa 35 Jahren – eine auf umfassenden **Kooperationsbeziehungen** beruhende Arbeitswelt geworden. Dieser „Paradigmenwechsel" beschäftigt längst die Unternehmensleitungen, wenn sie – nicht nur in der Automobilproduktion – alte (vertikale) Befehlsstrukturen kappen, um mit (horizontalen) Dialogstrukturen Kreativität und Selbstverantwortung der Mitarbeiter und damit letztlich auch die Arbeitseffizienz zu fördern. In der digitalisierten **Arbeitswelt 4.0** besteht gar die Tendenz, dass immer mehr intelligente Roboter den Arbeitnehmer ersetzen. Die Arbeitsgesellschaft im 21. Jahrhundert ist insofern reif für das BGB, als annähernd gleichgewichtige Partner miteinander kooperieren (wenngleich der **Endverbraucher** durch die BGB-Reform 2002 als ähnlich dem Arbeitnehmer schützenswerter „schwächerer" Vertragspartner anerkannt worden ist → Rn. 5).

VIII. Grenzen des Vertragsrechts

11   Allerdings kann das BGB nur zusammen mit den wesentlichen arbeitsrechtlichen Schutzgesetzen (z.B. KSchG, AGG, MiLoG, EFZG, ArbSchG, ArbZG, BUrlG, MuSchG, JArbSchG etc.) ein zutreffendes Bild des geltenden Arbeitsrechts geben. Zwingendes Arbeits(schutz)recht überlagert im Interesse des sozialen Schutzes der schwächeren Arbeitnehmer sehr häufig das Vertragsrecht des BGB (→ § 3 Rn. 6). Dazu tragen maßgeblich europäische Normen bei, z.B. wenn sie „Diskriminierung" bekämpfen wollen (Art. 19 AEUV). So sollen Benachteiligungen aus Gründen des Geschlechts, der Rasse, der ethnischen Herkunft, der Religion oder der Weltanschauung, einer Behinderung, des Alters oder der sexuellen Ausrichtung **gerade im Arbeitsverhältnis** verhindert werden (RL 2000/43/EG bzw. 2000/78/EG). Nach längeren Diskussionen wurde am 14.8.2006 das **Allgemeine Gleichbehandlungsgesetz (AGG)** als Umsetzung erlassen. Das AGG soll nicht nur benachteiligten Arbeitnehmern (vgl. Diskriminierungsmerkmale in § 1 AGG), sondern auch Antidiskriminierungsverbänden stärkere Rechte (vgl. § 22 Abs. 2, 3 AGG: Beistand für Benachteiligte, Besorgung von deren Rechtsangelegenheiten) gegen Ausgrenzung aus unsachlichen Gründen geben. Es schoss in einigen Punkten freilich weit über das Ziel hinaus. Zwar braucht die multikulturelle Marktgesellschaft sicher gleichberechtigte Freiheiten für die Akteure, nicht aber freiheitsverdrängende Gleichstellungsagenturen (*Reichold,* ZfA 2006, 270). „Gerechtigkeit durch Gleichbehandlung" (*Wiedemann,* FS BAG, 2004, S. 265) wird im Arbeitsrecht seit jeher angestrebt (→ § 3 Rn. 32 ff.), ist jedoch nicht einfach zu verwirklichen. Hässliche Diskriminierung als soziale Ausgrenzung muss auch mit den Mitteln des Zivilrechts bekämpft werden – doch darf deshalb nicht die notwendige Differenzierung in einer Marktgesellschaft bei Angebot und Nachfrage verhindert werden: So muss z.B. der Arbeitgeber auch in Zukunft seine Mitarbeiter nach Eignung und Qualifikation aussuchen können, ohne dabei durch öffentliche Gebote „sozialer Gerechtigkeit" unangemessen behindert zu werden (*Reichold,* JZ 2004, 391). Freilich wird er jetzt stärker als früher auf eine Beachtung sachlicher Kriterien und eine Unterlassung diskriminierender Fragen verpflichtet (vgl. nur § 7 AGG → § 7 Rn. 12 ff.).

Wichtig: Arbeitsrecht gehört zum Wirtschafts(privat)recht und beruht auf dem BGB, auch wenn es ganz besondere, „kollektive" Strukturen kennt, die es vom sonstigen Wirtschafts(privat)recht absetzen. Es ist damit **„Fortsetzung des Zivilrechts mit anderen Mitteln"** *(Mestmäcker),* weil es einerseits zwingendes Schutzrecht zugunsten des Arbeitnehmers normiert, das andererseits aber nicht nur hoheitlich „von oben", sondern von den Akteuren der Arbeitsgesellschaft auch „von unten" über Betriebsvereinbarungen und Tarifverträge gesetzt wird (siehe dazu nur Art. 9 Abs. 3 GG, die „Magna Charta" des kollektiven Arbeitsrechts!)

Empfehlungen zur vertiefenden Lektüre:

Literatur: *Adomeit,* Der Dienstvertrag des BGB und die Entwicklung zum Arbeitsrecht, NJW 1996, 1710; *Annuß,* Der Arbeitsvertrag als Grundlage des Arbeitsverhältnisses, ZfA 2004, 283; *ders.,* Plädoyer für ein zukunftsfähiges Arbeitsrecht, NZA 2017, 345; *Biedenkopf,* Die Wiederentdeckung des Privatrechts, FS Coing, Bd. 2, 1982, S. 21; *Däubler,* Die Eigenständigkeit des Arbeitsrechts, FS 50 Jahre BAG, 2004, S. 3; *ders.,* Herausforderungen für das Arbeitsrecht – Deregulierung, Globalisierung, Digitalisierung, AuR 2016, 325; *Deinert,* Migration und Arbeitsrecht, ZfA 2018, 17; *Gamillscheg,* Zivilrechtliche Denkformen und die Entwicklung des Individualarbeitsrechts – Zum Verhältnis von Arbeitsrecht und BGB, AcP 176 (1976), 197; *Gast,* Arbeitsrecht und herrschaftsfreie Sozialordnung, BB 1990, 1637; *Hanau,* Die Zukunft des Arbeitsrechts, RdA 1999, 159; *Hromadka,* Zukunft des Arbeitsrechts, NZA 1998, 1; *Löwisch,* Privatautonomie und Arbeitsrecht, Jura 2014, 131; *ders.,* Arbeitsrecht und wirtschaftlicher Wandel, RdA 1999, 69; *Preis,* Das erneuerte BGB und das Bundesarbeitsgericht, FS 50 Jahre BAG, 2004, S. 123; *Reichold,* Sozialgerechtigkeit versus Vertragsgerechtigkeit – arbeitsrechtliche Erfahrungen mit Diskriminierungsregeln, JZ 2004, 384; *ders.,* Diskriminierungsschutz und Verfassungsrecht, ZfA 2006, 257; *Richardi,* Die rechtliche Ordnung der Arbeitswelt, JA 1986, 289; *ders.,* Der Arbeitsvertrag im Zivilrechtssystem, ZfA 1988, 221; *ders.,* Arbeitsrecht als Kulturleistung im Wandel der Zeit, ZfA 2017, 199; *Rüthers,* Methoden im Arbeitsrecht 2010, NZA-Beilage 3/2011, S. 100; *Schmitz-Scholemann,* Vom Flashmob zum Pfandbon – Glanz und Elend im deutschen Arbeitsrecht, NZA 2012, 1001; *Stöhr,* Vertragsbindung und Vertragsanpassung im

Arbeitsrecht, ZfA 2015, 167; *Wiedemann*, Gerechtigkeit durch Gleichbehandlung, FS 50 Jahre BAG, 2004, S. 265; *Zöllner,* Privatautonomie und Arbeitsverhältnis, AcP 176 (1976), 221; *ders.,* Der kritische Weg des Arbeitsrechts zwischen Privatkapitalismus und Sozialstaat, NJW 1990, 1.

§ 2. Der Anwendungsbereich des Arbeitsrechts: Arbeitnehmer, Arbeitgeber und Arbeitsverhältnis

I. Der Arbeitnehmerbegriff als zentraler Anknüpfungspunkt

Beispielsfälle (Auflösung → Rn. 30):   1
a) Ein Schauspieler stellt sich für mehrere Monate einer aufwändigen Fernsehproduktion zur Verfügung – muss er seine Gage vor dem Amts- bzw. Landgericht oder vor dem Arbeitsgericht einklagen?
b) Eine Reinigungskraft putzt regelmäßig drei Vormittage in der Woche für drei verschiedene Haushalte – kann sie Entgeltfortzahlung im Krankheitsfall verlangen?
c) Eine „Propagandistin" verkauft im Kaufhaus Parfüm-Artikel auf Provisionsbasis, ohne selbst Eigentümerin dieser Artikel zu sein – kann sie Erholungsurlaub vom Träger des Kaufhauses beanspruchen?
d) Ein Schlagzeuger wird regelmäßig als Aushilfe für einzelne Produktionen des Staatstheaters engagiert. Er kann über seine Mitwirkung frei entscheiden. Nimmt er das Engagement an, muss er bei allen Proben und Vorstellungen anwesend sein. Die konkreten Einsätze stehen dabei noch nicht fest, sondern werden monatlich in Dienstplänen einseitig festgelegt. Daneben arbeitet er noch für andere Auftraggeber – ist er Arbeitnehmer des Staatstheaters?
e) Ein Tankwart arbeitet aushilfsweise über zehn Jahre regelmäßig ca. zehn Schichten (je acht Stunden) im Monat auf einer Autobahntankstelle. Er trägt sich jeweils zu Monatsbeginn in eine Liste ein, in der noch freie Schichten angegeben sind. Kann er Arbeitnehmerrechte geltend machen?

1. Die Bedeutung des Arbeitnehmerbegriffs

Wir haben gehört: Arbeitsrecht ist das Sonderprivatrecht für Arbeitnehmer 2
(→ § 1 Rn. 5). Den weitgehend synonymen Begriffen des Arbeitnehmers bzw. des Arbeitsverhältnisses kommt daher im Arbeitsrecht entscheidende Bedeutung zu:

* Arbeitnehmerbegriff bzw. Arbeitsverhältnis umschreiben den Anwendungs- und Regelungsbereich des Arbeitsrechts;
* Arbeitnehmerbegriff bzw. Arbeitsverhältnis sind Anknüpfungspunkt (Tatbestandsvoraussetzung) für die meisten Normen des Arbeitsrechts;
* Arbeitnehmerbegriff bzw. Arbeitsverhältnis spielen daher auch in der arbeitsrechtlichen Klausur eine entscheidende Rolle.

Sowohl bei der Zulässigkeit als auch bei der Begründetheit der arbeitsrechtlichen Klage ist der Arbeitnehmerbegriff bzw. das Vorliegen eines Arbeitsverhältnisses zumindest inzidenter zu prüfen. So ist der Weg zu den

Arbeitsgerichten regelmäßig nur eröffnet, wenn eine Partei Arbeitnehmer ist (siehe § 2 Abs. 1 Nr. 3 lit. a bis e ArbGG). Auch die materiellen Regelungen des Arbeitsrechts, etwa der **Kündigungsschutz** (siehe § 1 KSchG) oder die **Entgeltfortzahlung** im Krankheitsfall (siehe § 1 EFZG), knüpfen regelmäßig an das Arbeitsverhältnis an. Die Fallbeispiele a) bis e) sollen Ihnen die Bedeutung der Abgrenzung mit ihren typisch arbeitsrechtlichen Konsequenzen vor Augen führen.

> **Arbeitshinweis:** Testen Sie Ihr Rechtsgefühl und kennzeichnen Sie die Fallbeispiele mit (+) oder (–), je nachdem, ob Sie die Arbeitnehmereigenschaft bejahen oder nicht. In der Klausur ist der Arbeitnehmerbegriff zwar häufig unproblematisch – schließlich soll ein Arbeitsrechtsfall gelöst werden. Dennoch werden zunehmend fließende Übergänge zwischen arbeits- und zivilrechtlicher Dienstleistung geprüft, deren Handhabung die Beherrschung des Arbeitnehmerbegriffs voraussetzt.

2. Arbeitnehmer, Arbeitgeber, Arbeitsverhältnis

a) Arbeitnehmer und Arbeitsverhältnis

3   Arbeitsrechtliche Normen knüpfen sowohl an „Arbeitnehmer" (bzw. „Arbeitgeber") als auch an das „Arbeitsverhältnis" an (vgl. etwa § 2 Abs. 1 Nr. 3 lit. a ArbGG, § 1 Abs. 1 KSchG, §§ 1, 2 BUrlG). Das Arbeitsverhältnis ist das Rechtsverhältnis zwischen Arbeitnehmer und Arbeitgeber. Es beruht auf einem privatrechtlichen Arbeitsvertrag nach § 611a Abs. 1 S. 1 BGB: „Durch den Arbeitsvertrag wird der Arbeitnehmer **im Dienste eines anderen** zur Leistung weisungsgebundener, fremdbestimmter Arbeit **in persönlicher Abhängigkeit** verpflichtet." Der Arbeitnehmerbegriff ist nichts anderes als eine Personifikation des zugrundeliegenden Rechtsverhältnisses. Die Voraussetzungen von Arbeitnehmerbegriff und Arbeitsverhältnis sind daher identisch und einheitlich zu prüfen (→ Rn. 12 ff.).

b) Arbeitgeber, Betrieb und Unternehmen

4   Arbeitgeber ist der Vertragspartner des Arbeitnehmers, mithin derjenige, der einen Arbeitnehmer beschäftigt. Der Arbeitgeberbegriff ist mehr als nur Reflex des Arbeitnehmerbegriffs. Vielmehr veranlasst der Arbeitgeber die abhängige Arbeit aufgrund seiner unternehmerischen Zielvorgaben. Wir fragen nicht nach einem „Status", sondern nach der vertraglichen Beziehung zu den für ihn Tätigen: **Arbeitgeber ist, wer anderen Entgelt dafür verspricht, dass sie für ihn (bzw. für sein Unternehmen) Dienste nach seiner Weisung verrichten** (vgl. § 611a Abs. 1 S. 1 bis 3 BGB).

Problematisch kann der Begriff bei der **Arbeitnehmerüberlassung (AÜG)** werden, wenn also Arbeitnehmer aus Fremdfirmen, z.B. Zeitarbeitsfirmen, in einem Betrieb als **Leiharbeiter** eingesetzt werden. Hier stellt sich dann die Frage, *wem gegenüber* der Arbeitnehmer *welche* Ansprüche geltend machen kann. In der Regel bleibt der Verleiher im

Stammbetrieb Entgeltschuldner, während der Entleiher im Einsatzbetrieb das Weisungsrecht ausübt (sog. Beschäftigungsverhältnis). Die Arbeitgeberstellung ist hier also nicht
auf einen einzigen Rechtsträger konzentriert, sondern auf verschiedene Rechtsträger
verteilt (→ § 9 Rn. 6; ferner ErfK/*Wank,* Einl. AÜG Rn. 26). Es handelt sich daher um
ein „gespaltenes" Arbeitsverhältnis (näher → Rn. 35 ff.).

Vertragspartner des Arbeitnehmers ist heute seltener eine natürliche Person **5**
(z.B. ein Arzt oder Rechtsanwalt, sog. Freiberufler) als eine juristische Person
(z.B. AG, GmbH, Körperschaft des öffentlichen Rechts) oder eine Gesamthand
(z.B. GmbH & Co. KG), also meistens ein **Unternehmensträger**, vgl. § 14
BGB (doch können prinzipiell auch Hausfrau und Privatier Arbeitsverträge
abschließen!).

Auf diese Weise wird Arbeitsrecht zum Innenrecht der **Unternehmen** (→ § 1 Rn. 5).
Sowohl bei der Unternehmensorganisation, also bei der Einrichtung von Führungs- und
Entscheidungsebenen, als auch bei der Umstrukturierung unternehmerischer Einheiten,
z.B. bei Betriebsübergängen oder Ausgliederungen, überschneiden sich die Regelungsbe-
reiche des Arbeits- und Gesellschaftsrechts. Daher können weite Teile der Arbeitsbeziehungen nicht ohne Kenntnisse der gesellschaftsrechtlichen Grundlagen und der oft komplizierten Innenstrukturen eines Unternehmens verstanden werden. Spricht das Gesetz wie
in § 1 Abs. 1 BetrVG von **„Betrieb"**, so meint es die „arbeitstechnisch-gegenständliche
Einheit" (→ § 14 Rn. 3 f.), innerhalb derer Arbeitnehmer einen unternehmerischen Zweck
einheitlich umsetzen (z.B. in einem Werk oder in einer Produktionsstätte, aber auch in
einer Freiberufler-Praxis oder einer Filiale). Das **„Unternehmen"** stellt demgegenüber
die „rechtlich-wirtschaftliche Einheit" dar. Gründen z.B. zwei Informatiker einen Soft-
ware-Vertriebsladen als GmbH und beschäftigen sie im Laden zwei Mitarbeiter, so sind
Unternehmen und Betrieb zunächst einmal identisch: die GmbH (d.h. der „Unternehmensträger") beschäftigt zwei Mitarbeiter in einem Betrieb. Wächst das Unternehmen und
benötigt es etwa ein eigenes Software-Entwicklungslabor, so kommt dadurch ein neuer
Betrieb hinzu, ohne dass sich am Unternehmen etwas geändert haben muss (Schaubild 21
→ § 14 Rn. 5).

c) Wechsel des Arbeitgebers durch Betriebsübergang nach § 613a BGB

Zu einem „automatischen" Wechsel des Arbeitgebers kommt es, wenn ein **6**
Betriebsübergang nach § 613a Abs. 1 S. 1 BGB erfolgt ist. Dem kann der
Arbeitnehmer gem. § 613a Abs. 6 BGB innerhalb eines Monats schriftlich
gegenüber dem bisherigen oder dem potentiellen neuen Arbeitgeber **widersprechen**. Die Frist beginnt dabei zu dem Zeitpunkt zu laufen, in dem der
Arbeitnehmer ordnungsgemäß (*BAG* NZA 2007, 797) nach § 613a Abs. 5 BGB
unterrichtet worden ist. Widerspricht dieser dem Übergang des Arbeitsverhältnisses, verbleibt es beim Arbeitsverhältnis mit dem Betriebsveräußerer.
Da der aber den widersprechenden Arbeitnehmer wegen Wegfall des Betriebs
oder Betriebsteils oftmals nicht mehr wird einsetzen können, kann er regelmäßig eine betriebsbedingte Kündigung aussprechen (→ § 10 Rn. 57 ff.). Das
Kündigungsverbot des § 613a Abs. 4 BGB steht dem in einem solchen Fall
nicht entgegen, denn es liegt keine Kündigung „wegen des Übergangs eines
Betriebs", sondern wegen fehlender Einsetzbarkeit des Arbeitnehmers vor.

Hier zeigen sich Sinn und Zweck des § 613a Abs. 4 BGB: Es soll verhindert werden, dass der zum Schutz der Arbeitnehmer vorgesehene Übergang des Arbeitsverhältnisses durch Kündigungen unterlaufen wird; freilich muss seitens des Betriebsveräußerers kein Arbeitsverhältnis mit nicht mehr einsetzbaren Arbeitnehmern aufrecht erhalten werden.

7   **Wann genau** ein Betrieb nach § 613a Abs. 1 BGB übergeht, ist nicht leicht festzustellen. Der 1972 in das BGB eingefügte § 613a BGB wurde durch die Umsetzung von EU-Richtlinien (→ § 3 Rn. 24) mehrfach geändert. Seine Auslegung wird heute maßgeblich durch die EuGH-Rechtsprechung geprägt. Daher ist mittlerweile anerkannt, dass sich der Betriebsbegriff in § 613a BGB von dem allgemeinen Betriebsbegriff (→ Rn. 5) unterscheidet und es nicht auf die Feststellung einer sachlich-gegenständlichen, sondern einer **wirtschaftlichen Einheit** ankommt (*EuGH* NZA 2009, 253; *BAG* NZA-RR 2017, 123; ErfK/*Preis*, § 613a BGB Rn. 5 ff.). **Kein** Betriebsübergang liegt nur dann vor, wenn die Übertragung kraft Gesetzes oder kraft Hoheitsakts (z.B. durch Verwaltungsakt gem. § 35 VwVfG) erfolgt, denn § 613a Abs. 1 BGB verlangt einen Übergang „durch Rechtsgeschäft". Für die weitere Entscheidung, wann der **Übergang einer ihre Identität bewahrenden wirtschaftlichen Einheit auf einen anderen Inhaber**, mithin ein Betriebsübergang, vorliegt, nimmt die Rechtsprechung eine Gesamtwürdigung vor, wobei sieben Kriterien besonders beachtet werden (sog. „Sieben-Punkte-Katalog", vgl. *EuGH* NJW 2003, 46; NJW 2009, 2030; *BAG* NZA 2010, 1164). Dies sind

- die Art des betreffenden Betriebs oder Unternehmens,
- die Ähnlichkeit der Tätigkeit vor und nach dem Übergang,
- die Übernahme von Betriebsmethoden,
- die Übernahme von materiellen und immateriellen Betriebsmitteln,
- die Übernahme der Kundschaft,
- die Übernahme der den Betrieb führenden Belegschaft sowie
- die Dauer einer zwischenzeitlichen Betriebsunterbrechung.

Kein Betriebsübergang liegt damit vor, wenn bloß eine Tätigkeit an einen anderen Auftragnehmer vergeben wird (sog. Funktionsnachfolge). Hier fehlt es i.d.R. an der Übernahme von Betriebsmitteln und Personal, so z.B. wenn ein Krankenhaus ausschließlich den mit einem Dienstleister abgeschlossenen Reinigungsvertrag kündigt und die Arbeiten an ein anderes Unternehmen vergibt (*EuGH* NZA 1997, 434). Ebenfalls keinen Betriebsübergang stellt es dar, wenn zwar (Leih-)Arbeitnehmer übernommen werden, diese ohne das nicht übernommene Verwaltungspersonal jedoch nicht arbeiten können (vgl. *BAG* NZA 2014, 437 f.). Hier fehlt es an der Übernahme einer organisatorischen Einheit sowie der den Betrieb führenden Belegschaft.

8   Wichtig sind die **Rechtsfolgen** des Betriebsübergangs. Sofern kein Widerspruch nach § 613a Abs. 6 BGB erfolgt, wird das Arbeitsverhältnis mit dem Betriebserwerber als neuem weisungsberechtigten Arbeitgeber fortgesetzt. So

zählen für den Arbeitnehmer z.B. für die Berechnung der Kündigungsfristen auch die früheren Betriebszugehörigkeitszeiten weiter (vgl. § 622 BGB). Auch Kollektivvereinbarungen können für ihn weiter gelten, wenn er kraft Mitgliedschaft oder kraft Bezugnahmeklausel an einen Tarifvertrag gebunden war (vgl. § 613a Abs. 1 S. 2–4 BGB, → § 12 Rn. 44 f.). Im Kündigungsrecht ist außerdem § 613a Abs. 4 BGB zu beachten (→ § 10 Rn. 27 f.).

Schaubild 2: Betriebsübergang nach § 613a BGB und seine Folgen

---

TATBESTAND des § 613a BGB

1. Vorliegen eines Betriebs oder Betriebsteils: *wirtschaftliche Einheit* i.S. einer selbstständigen organisatorischen Einheit, in der innerhalb des betrieblichen Gesamtzwecks ein Teilzweck verfolgt wird
2. Übergang des Betriebs oder Betriebsteils: Gesamtschau nach Maßgabe des *Sieben-Punkte-Katalogs*
3. Übergang durch *Rechtsgeschäft* (nicht: kraft Gesetzes oder Hoheitsakts)
4. Übergang auf anderen Inhaber (*Wechsel des Rechtsträgers* erforderlich)

↓

RECHTSFOLGEN des § 613a BGB

1. *Fortsetzung* des Arbeitsverhältnisses durch Betriebserwerber
2. *Widerspruchsrecht* des betroffenen Arbeitnehmers
3. Limitierte *Forthaftung* des Betriebsveräußerers für Altverbindlichkeiten, beachte § 613a Abs. 2 BGB
4. *Kündigungsverbot* bei Kündigungen „wegen des Übergangs" des Betriebs, vgl. § 613a Abs. 4 BGB
5. Ggf. *Fortgeltung* von Kollektivvereinbarungen, vgl. § 613a Abs. 1 S. 2–4 BGB

---

3. Die gesetzliche Definition des Arbeitnehmerbegriffs

a) Die Regelungen des BGB, insbesondere § 611a BGB

Anders als im Sozialversicherungsrecht der „Beschäftigte" (siehe § 7 Abs. 1 **9** SGB IV) war im Arbeitsrecht der „Arbeitnehmer" lange Zeit nicht legal definiert. Das BGB sagte uns – historisch bedingt – überhaupt nichts zum Arbeitsvertrag, sah allerdings schon immer in § 611 BGB den auch für das Arbeitsrecht maßgeblichen Vertragstyp des **Dienstvertrags** vor. Das BGB setzte die Begriffe Arbeitnehmer, Arbeitgeber und Arbeitsverhältnis als bekannt voraus, ohne sie zu definieren.

Mit Wirkung zum 1.4.2017 hat sich das geändert. **§ 611a BGB** enthält seit- **10** dem eine **Legaldefinition des Arbeitsvertrages**, die zugleich den Begriff des Arbeitnehmers definiert (*Preis*, NZA 2018, 817; *Wank*, AuR 2017, 140). Änderungen zur bislang von der Rechtsprechung entwickelten Definition des Arbeitnehmerbegriffs (→ Rn. 12 ff., 19 ff.) ergeben sich hierdurch nicht. Vielmehr sollte die höchstrichterliche Rechtsprechung kodifiziert werden (BT-Drs. 18/10064, S. 4). Die allgemeinere Norm des § 611 BGB findet nur noch Anwendung, wenn die speziellere Norm des § 611a BGB mangels „persönlicher Abhängigkeit" nicht eingreift (→ Rn. 15).

b) Die Regelung des § 5 ArbGG

11 Keine Legaldefinition des Arbeitnehmers bietet demgegenüber das Arbeitsprozessrecht. Der „formelle" Gesetzeswortlaut des § 5 Abs. 1 S. 1 Arbeitsgerichtsgesetz (ArbGG) hilft bei der Suche nach einer Definition des Arbeitnehmers oder des Arbeitsverhältnisses nicht wesentlich weiter:

> „Arbeitnehmer im Sinne dieses Gesetzes sind Arbeiter und Angestellte sowie die zu ihrer Berufsausbildung Beschäftigten."

Der häufig benutzte Verweis auf **Arbeiter und Angestellte** ersetzt hier den Oberbegriff durch zwei historisch geprägte „formelle" Unterbegriffe (→ Rn. 31), die ihrerseits gesetzlich nicht definiert sind und zunehmend verschwimmen – auch da, wo sie herkommen: im Sozialversicherungsrecht. Was einen Arbeitnehmer in Abgrenzung zum Selbstständigen auszeichnet, bleibt trotz des § 611a Abs. 1 BGB häufig unklar. **Die Schärfung der materiellen (inhaltlichen) Kriterien der abhängigen (nicht-selbstständigen) Arbeitsleistung bleibt daher Rechtsprechung und Wissenschaft überlassen.**

II. Die einzelnen Voraussetzungen des Arbeitnehmerbegriffs

12 Bei der Definition des Arbeitnehmerbegriffs muss man sich im Klaren darüber sein, dass ein „Typus" erläutert wird und nicht ein feststehender Begriff. Rechtsdogmatisch wird die Bestimmung des Arbeitnehmers einer wertenden („teleologischen") Gesamtbetrachtung unter Berücksichtigung aller relevanten Umstände des Einzelfalls überantwortet. Das folgt aus **§ 611a Abs. 1 S. 5 BGB:**

> „Für die Feststellung, ob ein Arbeitsvertrag vorliegt, ist eine **Gesamtbetrachtung aller Umstände** vorzunehmen."

Das BAG spricht von einem „unbestimmten Rechtsbegriff". Seine Kernkriterien lassen sich wie folgt umreißen:

Prüfungsschema 1: Arbeitsverhältnis/Arbeitnehmerbegriff

---

1. Vertragliche Verpflichtung zur Dienstleistung
  a) Privatrechtlicher Vertrag – Abgrenzung zum Beamten etc. (→ Rn. 13 f., bei Nichtigkeit des Vertrags: fehlerhaftes Arbeitsverhältnis prüfen → § 7 Rn. 48 ff.).
  b) Verpflichtung zur Dienstleistung – Abgrenzung zu Werkvertrag, Gesellschaft (durch Auslegung nach §§ 133, 157 BGB → Rn. 15 ff.).
2. in persönlicher Abhängigkeit
  a) Örtliche, zeitliche und sachlich-organisatorische Weisungsgebundenheit erforderlich (§ 611a Abs. 1 BGB, § 106 GewO) – Abgrenzung zur selbstständigen Tätigkeit (→ Rn. 19 ff.).
  b) Die Voraussetzungen müssen nicht kumulativ vorliegen, maßgeblich ist vielmehr eine wertende Gesamtbetrachtung aller Umstände („Typusbegriff"), vgl. § 611a Abs. 1 S. 5 BGB.

---

1. Vertragliche Verpflichtung zur Dienstleistung

a) Privatrechtlicher Vertrag

13 Einigkeit besteht darüber, dass das Arbeitsverhältnis eine privatrechtliche Beziehung darstellt. Bei seiner Bestimmung geht es genau genommen nicht um Statusfragen – also nicht um „den" Arbeitnehmer-Typ –, sondern um **Vertragsauslegung** – also „den" Arbeitsvertrag (zutr. ErfK/*Preis,* § 611a BGB Rn. 8 ff.). Es ist deshalb zu begrüßen, dass in § 611a BGB vom Gesetzgeber unmittelbar nur der Arbeitsvertrag und nur mittelbar der Arbeitnehmer definiert wurde. Vom Arbeitsverhältnis zu unterscheiden sind Dienstverpflichtungen auf Lebenszeit, die z.B. den „Beamtenstatus" begründen. Selbst dieser „Status" mit erhöhten Treuepflichten öffentlich-rechtlicher Art hindert aber den Beamten nicht daran, sich in einer Nebentätigkeit auf den privatrechtlich verfassten Arbeitsmarkt zu begeben – statusrechtlich „einzementierte" Berufsrollen sind einer Marktwirtschaft nämlich fremd.

Beispiel: Der VHS-Dozent kann im Hauptberuf Beamter sein und als Nebentätigkeit seine VHS-Vorlesungen halten. Sein Beamtenstatus hat nur insofern Auswirkungen, als er seine Nebentätigkeit nach Maßgabe beamtenrechtlicher Vorschriften anzuzeigen hat. Ob seine VHS-Verpflichtung aber werk- oder dienst- oder arbeitsvertraglichen Charakter hat, bleibt davon völlig unberührt und ist Gegenstand der Vertragsauslegung (§§ 133, 157 BGB).

14 Von vornherein nicht dem Privatrecht und damit auch nicht dem Arbeitsrecht unterliegen die Beschäftigungsverhältnisse der

* Beamten, Richter und Soldaten (vgl. § 5 Abs. 2 ArbGG, Art. 33 Abs. 4 u. 5 GG),
* Pfarrer, Priester, Kirchenbeamten, Ordensleute und Diakone/Diakonissen (vgl. Art. 140 GG, 137 Abs. 3 S. 2 WRV, § 135 S. 2 BRRG – eigenständiges Dienstrecht der Kirchen),

- Helfer im freiwilligen sozialen bzw. ökologischen Jahr (Jugendfreiwilligendienst) und Mitarbeiter im Bundesfreiwilligendienst („Bufdis", vgl. *Leube*, ZTR 2012, 207),
- Strafgefangenen, Sicherungsverwahrten, Fürsorgezöglinge etc. (vgl. §§ 41–43 StVollzG: Arbeitspflicht bzw. -entgelt auf gesetzlicher Grundlage).

Für Streitigkeiten aus diesen Beschäftigungsverhältnissen sind nicht die Arbeitsgerichte, sondern entweder Verwaltungsgerichte oder besondere Schlichtungsstellen und Gerichte der Kirchen zuständig. Zu betonen ist aber, dass auch im öffentlichen und kirchlichen Bereich überwiegend Dienste kraft **Arbeitsvertrags** geleistet werden: Arbeitnehmer im öffentlichen Dienst und in der Kirche unterliegen daher ebenfalls dem Arbeitsrecht und klagen vor weltlichen Arbeitsgerichten, auch wenn Besonderheiten zu beachten sind, die aus der Eigenart des öffentlichen bzw. kirchlichen Dienstes herrühren (z.B. Personalvertretungs- bzw. Mitarbeitervertretungsrecht anstelle des BetrVG).

b) Dienstvertrag – Abgrenzung zu anderen Vertragstypen

15 Im Rahmen eines Arbeitsverhältnisses ist der Arbeitnehmer regelmäßig zur Dienstleistung verpflichtet. Der für das Arbeitsverhältnis maßgebliche Vertragstyp ist daher grundsätzlich der **Dienstvertrag** gem. § 611 BGB, zu dem der **Arbeitsvertrag** gem. § 611a BGB einen **Unterfall** darstellt: Wer sich nur „zur Leistung der versprochenen Dienste" (§ 611 Abs. 1 BGB) bzw. „zur Leistung weisungsgebundener, fremdbestimmter Arbeit in persönlicher Abhängigkeit" (§ 611a Abs. 1 S. 1 BGB) verpflichtet, möchte nicht wie beim Werkvertrag das unternehmerische Risiko für den Erfolg seiner Dienste übernehmen (§ 631 Abs. 2 BGB; vgl. *BGH* NJW 2002, 3323 – Abgrenzung zwischen Werk- und Dienstvertrag).

16 Das BGB kennt aber noch andere Rechtsgrundlagen für Dienstleistungen. Jedoch regeln diese stets **selbstständige Dienste** und schließen daher grundsätzlich eine Anwendung des Arbeitsrechts aus. Zu erwähnen sind insbesondere

(1) die Schuldvertragstypen
- des „freien" Dienstvertrags (§ 611 BGB),
- des Werk-, Bau- oder Pauschalreisevertrags (§§ 631, 650a, 651a BGB),
- des Auftrags und der Geschäftsbesorgung (§§ 662, 675 BGB),
sowie
(2) mitgliedschaftliche Betätigungen
- aufgrund Vereinsrechts (§§ 25, 58 Nr. 2 BGB),
- aufgrund Familienrechts (§§ 1360, 1619 BGB),
- aufgrund Gesellschaftsrechts (§§ 705, 706 Abs. 3 BGB, 105, 161 ff. HGB).

Im BGB sollten die Probleme abhängiger Arbeit ursprünglich ausgespart bleiben (→ § 1 Rn. 7). Dafür gab es vor 130 Jahren Sondergesetze wie Gewerbe- oder Gesindeordnung. Man rechnete mit selbstständigen Existenzen und entwickelte daraus folgendes System:

Schaubild 3: System der Dienstleistungsverträge im BGB

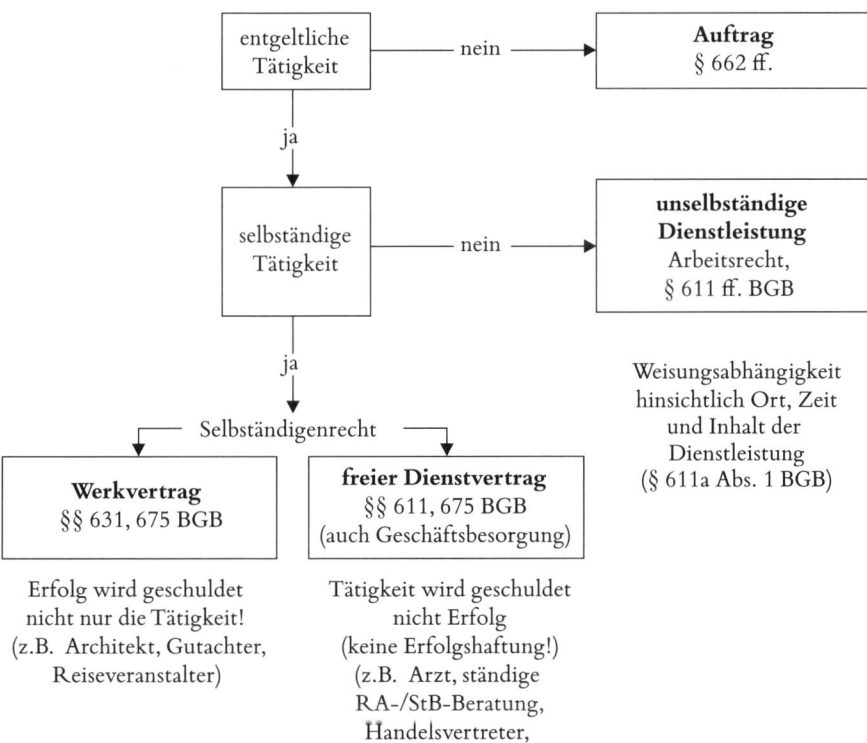

Die BGB-Vertragstypen sind historisch bedingt dem **Leitbild selbstständiger be-** 17
ruflicher Tätigkeit verpflichtet. Der Werkunternehmer (z.B. Handwerker) verspricht
einen Erfolg nach eigenem Ermessen (§ 631 BGB), der Geschäftsbesorger (z.B. Steuerberater, Rechtsanwalt) nimmt fremde Vermögensinteressen freiberuflich wahr (§§ 611,
675 BGB), der Gesellschafter befördert auch mit Dienstleistungen (§ 706 Abs. 3 BGB)
den Gesellschaftszweck als „Betreiber" eines Unternehmens, der GmbH-Geschäftsführer
steht in einem freien Dienstvertrag mit der GmbH, die Rote-Kreuz-Schwester erbringt
karitative Dienste für ihre als e.V. organisierte Schwesternschaft als Vereinsmitglied mit
eigenen Mitgliedschaftsrechten (*BAG* NZA 1996, 33).

Die Selbstständigkeit wird vom BGB-Vertragsrecht zwar „**typischerwei-** 18
se" vorausgesetzt, kann sich aber bei der praktischen Durchführung des Vertrags auch als **persönlich abhängige Arbeit darstellen** und unterliegt dann
ebenfalls dem Arbeitsrecht – völlig unabhängig von der vertraglich behaupteten „selbstständigen" Geschäftsbeziehung, die sich als Rechtsformverfeh-
lung herausstellen kann (so z.B. bei vereinsrechtlicher Ausbeutung durch die
sog. „Scientology Kirche" – in Wirklichkeit liegt ein Arbeitsverhältnis vor,
BAG NJW 1996, 143; oder bei einer Franchise-Beziehung, die dem Franchise-
Nehmer keine nennenswerten unternehmerischen Spielräume bietet, so dass
der Geschäftsinhalt faktisch in das Arbeitsrecht weist, *BAG* NJW 1997, 2973;

dazu *Franzen*, FS 50 Jahre BAG, 2004, S. 31). § 611a Abs. 1 S. 6 BGB stellt dies heute klar, indem es dort heißt:

> „Zeigt die tatsächliche Durchführung des Vertragsverhältnisses, dass es sich um ein Arbeitsverhältnis handelt, kommt es auf die Bezeichnung im Vertrag nicht an."

> **Wichtig:** In der Regel beruhen Arbeitsverhältnisse auf Dienstverträgen. Das letztlich entscheidende Kriterium für die Anwendung von Arbeitsrecht als **Schutzrecht für abhängige Arbeit** ist aber, unabhängig vom behaupteten Vertragstyp, das Kriterium der persönlichen Abhängigkeit = Weisungsunterworfenheit bzw. Eingliederung in fremde Arbeitsorganisation (→ Rn. 19 ff.).

2. In persönlicher Abhängigkeit – Abgrenzung zum Selbstständigenrecht

19   Das für die Arbeitnehmereigenschaft nach h.M. entscheidende Kriterium ist die persönliche Abhängigkeit (st. Rspr., vgl. etwa *BAG* NJW 2015, 508 Rn. 24 – Geschäftsführer; *BAG* NJW 2018, 1194 Rn. 23 – Musikschullehrer). Das folgt heute aus § 611a Abs. 1 S. 1 bis 4 BGB sowie aus § 106 GewO, der wenig nachvollziehbar in der GewO „versteckt" wurde. Mit dem Hervorheben der **persönlichen Abhängigkeit** in § 611a Abs. 1 BGB gegenüber den anders strukturierten Tätigkeitsverträgen, die sich im Grundsatz durch ihre Selbstständigkeit auszeichnen, ist dem BGB heute – anders als früher – eine Aussage zur **Alternative Selbstständigkeit / Unselbstständigkeit** zu entnehmen. Ob Sie als Tankwart regelmäßig oder nur gelegentlich zur Aushilfe arbeiten *(Beispielsfall e)*, interessiert das BGB nicht mehr nur als Entscheidung zwischen Dienst- oder Werkvertrag (§ 611 oder § 631 BGB), sondern auch als Problem der Abgrenzung zwischen Arbeits- und Selbstständigenrecht. Um letztere Abgrenzung zu treffen, kann auch nach Inkrafttreten von § 611a BGB auf die umfangreiche BAG-Rechtsprechung und – zur Abgrenzung – auf den Begriff des „Arbeitnehmerähnlichen" zurückgegriffen werden.

a) Das BAG-Modell „Persönliche Abhängigkeit"

20   Nach dem BAG unterscheidet sich ein Arbeitsverhältnis von einem „freien" Dienstvertrag nach dem „**Grad der persönlichen Abhängigkeit**", in der sich der zur Dienstleistung Verpflichtete jeweils befindet (st. Rspr., vgl. nur *BAG* NZA 1995, 622 – Rundfunksprecher; NZA 1998, 368 – Zeitungszusteller; NZA 2002, 787 – Büfettier; NZA-RR 2016, 288 – Zirkusartist). Das BAG stützte sich dabei vor Einführung von § 611a BGB regelmäßig auf § 84 Abs. 1 S. 2 HGB, wo der „selbstständige" vom unselbstständigen Handelsvertreter abgegrenzt wird:

> „Selbstständig ist, wer im wesentlichen frei seine Tätigkeit gestalten und seine Arbeitszeit bestimmen kann".

Im Umkehrschluss folgerten das BAG und die h.M. daraus, dass unselbstständige Dienste in einem Arbeitsverhältnis leistet, wer hinsichtlich der näheren Umstände der versprochenen Arbeitsleistung einem **umfassenden Weisungsrecht** des Arbeitgebers unterliegt. Heute lässt sich dies nachlesen in § 611a Abs. 1 S. 3 BGB.

Die „persönliche Abhängigkeit" lässt sich in die Einzelkriterien

- zeitliche Weisungsabhängigkeit,
- örtliche Weisungsabhängigkeit,
- sachlich-organisatorische Abhängigkeit

aufspalten. Dabei müssen die Einzelkriterien nicht kumulativ vorliegen. Entscheidend ist jeweils eine **wertende Gesamtbetrachtung**: So kann eine Arbeitnehmereigenschaft sich allein „aus Art oder Organisation der zu verrichtenden Tätigkeiten" ergeben, selbst wenn der Arbeitnehmer hinsichtlich Ort und Zeit seiner Tätigkeit vergleichsweise frei ist (*BAG* NZA 1995, 161 – Fernsehredakteur), vgl. § 611a Abs. 1 S. 4 BGB. Ein aussagestarkes Indiz ist immer die Einbindung des Arbeitnehmers in die Organisation des Arbeitgebers (*BAG* NJW 1993, 2458 – Rechtsanwalt; NZA 1995, 572 – Arbeitnehmerüberlassung). An die „Betriebszugehörigkeit" knüpfen auch die Rechte aus der Betriebsverfassung an (→ § 14).

Beispiel: Auch der fachlich weisungsfreie Chefarzt, Justitiar oder Steuerberater kann „abhängig" beschäftigt sein, wenn er dauerhaft in der Klinik oder im Unternehmen für eine „fremde" Organisation wirkt. Er ist dagegen Freiberufler, wenn er seine Kenntnisse selbstständig am Markt verwertet. In diesem Fall leistet er z.B. als Arzt seinen Patienten die Behandlung auf der Basis eines freien Behandlungsvertrags (Dienstvertrag, vgl. § 630a BGB). Neben die fachliche Weisungsfreiheit tritt dann auch die organisatorische Dispositionsfreiheit (**Arbeitssouveränität**, vgl. *BAG* NJW 1993, 2458 – Rechtsanwalt). Für den angestellten „Freiberufler" ist dagegen die sachlich-organisatorische Weisungsabhängigkeit ausreichend, um seine Arbeitnehmerstellung zu bejahen.

Auf ein konkretes „soziales" Schutzbedürfnis kommt es dagegen nicht an **21** (auch Millionäre wie z.B. Profi-Fußballer können unselbstständig arbeiten). Der Sozialschutz ist Folge, nicht Voraussetzung der Anwendung von Arbeitsrecht. Sinntragendes Merkmal des Arbeitsverhältnisses ist der **Verlust an persönlicher Dispositionsfreiheit (Arbeitssouveränität)** durch die vertragliche Anerkennung des arbeitgeberseitigen Weisungsrechts gem. § 611a Abs. 1 S. 2 BGB i.V.m. § 106 GewO, **nicht dagegen** soziale Schutzbedürftigkeit (*Mikosch*, FS Löwisch, 2007, S. 192; *Schwarze*, ZfA 2005, 92). Auch ist „wirtschaftliche" – besser: tatsächliche – Abhängigkeit weder erforderlich noch ausreichend; sie kann beim freien Fernseh-Regisseur ebenso vorliegen wie beim kleinen Handwerksmeister, ohne dass es sich jeweils um Arbeitnehmer handelt. Bei nur „wirtschaftlicher" Abhängigkeit können ggf. aber „arbeitnehmerähnliche" Rechte geltend gemacht werden (→ Rn. 28).

> **Wichtig:** Arbeitsrechtliche Abhängigkeit bezieht sich nur auf die fehlende Arbeits-
> souveränität („persönliche Abhängigkeit"), nicht aber auf die wirtschaftliche Markt-
> stellung.

22   Eine neuere Lehre *(Wank)* möchte als „teleologisches" Kriterium auf die
freiwillige Übernahme von **Marktchancen bzw. -risiken** abstellen, um den
„Selbstständigen" vom „Arbeitnehmer" zu unterscheiden. So sprach auch § 1
Abs. 3 ArbVGE 1992 davon, dass „Personen, die aufgrund unternehmerischer
Tätigkeit am Markt auftreten, … keine Arbeitnehmer (sind)". Dem kann deshalb nicht gefolgt werden, weil sonst umgekehrt auf die Arbeitnehmereigenschaft jedes Nicht-Unternehmers geschlossen würde (so *Wank*, DB 1992, 91).
Es käme dann auf die Stellung des Arbeitnehmers am Wirtschaftsmarkt an.
Der Anwendungsbereich des Arbeitsrechts würde so aber ohne Rücksicht auf
vertragliche Selbstbindung undifferenziert erweitert, weil statt der geläufigen
„positiven Definition" des Arbeitnehmers nunmehr eine **negative Definition**
greifen würde. Das ist wegen der Vagheit des neuen Kriteriums abzulehnen
(ähnlich krit. *Griebeling*, RdA 1998, 214; *Hromadka*, NZA 1997, 576; ErfK/
Preis, § 611a BGB Rn. 54). Das geltende Recht grenzt dagegen durch die positive Bestimmung der „persönlichen Abhängigkeit" den Bereich des Arbeitsrechts
auf die fremder Leitungsmacht **konkret** unterworfenen Tätigkeiten ein. *Innerhalb* dieser Begrifflichkeit vermag *Wanks* Teleologie insoweit zu überzeugen,
als Weisungsbindung und persönliche Abhängigkeit primär im Hinblick auf
das Fehlen unternehmerischer Spielräume teleologisch interpretiert werden
müssen (*Wank*, NZA 1999, 228). Mein Begriff für dieses Arbeitnehmer-Kri-
terium ist die (fehlende) **Arbeitssouveränität** (→ Rn. 21).

b) Konkretion 1: Die zeitliche Weisungsabhängigkeit

23   Grundsätzlich ist ein Arbeitsverhältnis auch bei Teilzeitbeschäftigung oder
geringfügiger Beschäftigung möglich. Das sog. „Normalarbeitsverhältnis"
(→ § 1 Rn. 1) geht zwar von der Vollzeitbeschäftigung und der Berufsmä-
ßigkeit der Arbeitsleistung aus. „Persönliche Abhängigkeit" meint aber die
weisungsabhängige Beschäftigung **während der vertraglich geschuldeten
Arbeitszeit**, die auch nur z.B. zwölf Wochenstunden betragen kann. Entscheidend sind damit die Umstände der Dienstleistung während des jeweiligen Ar-
beitsumfangs. Bei Teilzeit kann die Abgrenzung zur freiberuflichen Tätigkeit
aus anderen Gründen fließend sein.

> **Beispiel:** Reduziert z.B. die früher ganztags beschäftigte Schreibkraft ihre Arbeits-
> zeit, um sich der Familie stärker zu widmen, und eröffnet in ihrer Wohnung ein eigenes
> Schreibbüro, so kann „Arbeitssouveränität" zu Hause zu bejahen sein: Wenn zur Orts-
> und Zeitsouveränität auch noch Dispositionsfreiheit in der Erledigung der Aufträge
> für verschiedene Auftraggeber hinzutritt, ist die persönliche Abhängigkeit insoweit zu
> verneinen. Soweit sie aber noch ihre herkömmliche betriebliche Tätigkeit nach dem alten
> Muster ausübt, ist sie (in diesem Umfang) noch Arbeitnehmerin (zum Heimarbeitsplatz
> vgl. *BAG* NJW 2004, 2036).

Anders verhält es sich mit einer **Kurzzeitbeschäftigung** (z.B. Projektmit-   **24**
arbeit). Wer nur eine vertraglich genau bestimmte Dienstleistung als Einzelleis-
tung schuldet, leistet im Zweifel keine „Dienste in persönlicher Abhängigkeit".
Erst wenn eine zeitbestimmte Arbeitsleistung mit nicht abgrenzbaren Einzel-
leistungen zugesagt wird, ergibt sich wegen der daraus folgenden Weisungsabhängigkeit eine Unterordnung unter den Empfänger der Dienstleistung. Zu
prüfen ist hier also zunächst

- Selbstständigkeit aufgrund freien Dienstvertrags (z.B. Arzt) oder Werkver-
trags (z.B. freier Mitarbeiter im Medienbereich)? Ist das zu verneinen, kann
aber Anlass für einen
- sachlichen **Befristungsgrund** gegeben sein, der trotz Anwendung des Arbeitsrechts den Kündigungsschutz entfallen lässt (vgl. für den Medienbereich
BVerfGE 59, 231 = NJW 1982, 1447; *BAG* NZA 1997, 196; 1998, 1277 →
§ 7 Rn. 32 ff.).

c) Konkretion 2: Die örtliche Weisungsabhängigkeit

Ein Arbeitsverhältnis kann auch da vorliegen, wo die Tätigkeit nicht mehr   **25**
im betrieblichen Zusammenhang erbracht wird. Wenn z.B. typische Büroar-
beiten auf häusliche Arbeitsplätze im Wege der **Telearbeit** ausgelagert werden,
kann je nach der „telekommunikativen Abhängigkeit" der häuslichen Arbeitskraft noch eine zumindest organisatorische Weisungsabhängigkeit zu bejahen
sein (*BAG* NJW 2004, 2036 – Aufwendungsersatzanspruch bei häuslichem Ar-
beitszimmer). Auch bei **„Außendienstmitarbeitern"** verzichtet der Arbeitgeber nicht auf sein Weisungsrecht, sondern gestattet den Beschäftigten lediglich,
ihre Arbeit an einem anderen, außerbetrieblichen Ort zu erbringen. Muss die
Tele-Arbeitskraft für ihre Tätigkeit auf Arbeitsmittel und Einrichtungen des
Arbeitgebers zurückgreifen und wird sie durch enge Erledigungsfristen und
ständige Online-Kommunikation mit dem Unternehmen unter „Kontrolle
gehalten", so liegt Arbeitnehmereigenschaft trotz Außendiensttätigkeit vor
(*Boemke*, BB 2000, 149; *Wank*, NZA 1999, 230 ff.).

An einer örtlichen (und zeitlichen) Weisungsabhängigkeit fehlt es aber beim   **26**
selbstständigen Handelsvertreter gem. § 84 Abs. 1 S. 2 HGB auch dann,
wenn er „generellen" Weisungen zur Geschäftspolitik unterliegt (*BAG* DB
2000, 723). Daher ist der Handelsvertreter grundsätzlich nicht als Arbeitnehmer, sondern allenfalls als arbeitnehmerähnliche Person (vgl. § 5 Abs. 3 ArbGG
→ Rn. 28 f.) einzustufen. Arbeitsrecht ist dann wieder einschlägig, wenn mangels ausreichender „Arbeitssouveränität" die Angestellten-Eigenschaft gem.
§ 84 Abs. 2 HGB zu bejahen ist; dann ist der „Handelsvertreter" in Wirklichkeit
Arbeitnehmer (genauer: Außendienst-Angestellter).

Beispiel: Bekommt der Versicherungsvertreter von seiner Versicherung sowohl die
Kundenlisten als auch den Zeitpunkt und die Anzahl der Kundenbesuche vorgegeben, so
besteht eine sowohl organisatorische als auch zeitliche und örtliche Weisungsgebunden-

heit, die den Versicherungsvertreter zum Arbeitnehmer macht (§ 84 Abs. 2 HGB, vgl. LAG Nürnberg AuA 1998, 210). Gibt ein Schulträger in der beruflichen Bildung dem Dozenten einseitig vor, welche Unterrichtsinhalte er wo und wann zu unterrichten hat, ist dieser Dozent ebenfalls Arbeitnehmer (*BAG* NZA 1997, 600; NZA 1998, 595; a.A. aber *BAG* ZTR 2005, 650, dazu krit. *Wank*, FS Küttner, 2006, S. 5).

> **Arbeitshinweis:** Lassen Sie sich in der Klausur nicht allein durch die Bezeichnung des Vertragsverhältnisses (z.B. „freier Mitarbeiter") oder allein durch eine Berufsbezeichnung (z.B. „selbstständiger Versicherungsvertreter") beeindrucken. Maßgeblich ist stets der Umfang der **tatsächlichen** Weisungsgebundenheit. Diese ergibt sich aus dem Vertragsinhalt bzw. aus der tatsächlichen Durchführung der Tätigkeit, vgl. § 611a Abs. 1 S. 6 BGB.

d) Konkretion 3: Die sachlich-organisatorische Abhängigkeit

27   In einer immer flexibler werdenden Arbeitswelt, die dem Arbeitnehmer immer größere individuelle Entscheidungsspielräume einräumt, kommt der **Einbindung in die Arbeitsorganisation** des Arbeitgebers häufig ausschlaggebende Bedeutung für die Arbeitnehmereigenschaft zu. Das BAG beschreibt den Arbeitnehmer meist als denjenigen, der seine Dienstleistung im Rahmen einer von Dritten bestimmten Arbeitsorganisation zu erbringen habe; das Bestehen eines Arbeitsverhältnisses könne auch aus **Art oder Organisation** der Tätigkeit folgen (*BAG* NJW 1997, 962 – Tankwart zur Aushilfe; NZA 1998, 368 – Zeitungszusteller; NZA 1998, 595 – Dozent; NZA-RR 2007, 424 – Sportreporter), vgl. § 611a Abs. 1 S. 4 BGB. Selbst wer ohne fachliche und/oder zeitlich-örtliche Kontrolle seine Tätigkeit verrichtet, kann bei Einbindung in eine fremde Organisation und bei Verpflichtung auf fremde Unternehmensziele einer sachlich-organisatorischen Abhängigkeit unterliegen und damit Arbeitnehmer sein. Nicht auf die tatsächliche Ausübung des Weisungsrechts ist zu achten, sondern auf die *rechtliche Möglichkeit* hierzu. *Maschmann* (NZA 2001, Sonderbeilage S. 29) definiert den Arbeitsvertrag daher als maßgeblich durch die Anerkennung der **rechtlichen Leitungsmacht** des Arbeitgebers gekennzeichneten Dienstleistungsvertrag (ohne Erfolgsbezogenheit). Dabei sind die vielfältigen fachlichen Weisungs- und Steuerungsrechte z.B. kraft Geschäftsbesorgung im Vertrieb beim Franchise-Vertrag streng zu unterscheiden vom „umfassenden" Weisungsrecht des Arbeitgebers, das *persönliche* Abhängigkeit begründet und die Arbeitssouveränität *als solche* verhindert (*Franzen*, FS 50 Jahre BAG, 2004, S. 45 ff.).

> **Achtung:** Die persönliche Abhängigkeit lässt sich erst nach einer Gesamtbetrachtung feststellen, die vor allem auf die **fehlende Arbeitssouveränität** des Arbeitnehmers auf Grund seiner Abhängigkeit von Weisungen und/oder von der Organisation des Arbeitgebers abstellt. **Keine Indizwirkung** kommt dagegen Modalitäten der Entgeltzahlung (inkl. Sozialversicherung und Besteuerung) wie z.B. der Urlaubs- oder Krankheitsfortzahlung zu, weil diese schlicht auf unzutreffenden Annahmen beruhen oder auch als Privilegien für ansonsten nicht arbeitnehmerähnliche Mitarbeiter gedacht sein können.

3. Arbeitnehmerähnliche Personen

Nach geltendem Recht ist die **wirtschaftliche** von der persönlichen Abhän- 28
gigkeit sorgfältig zu unterscheiden, wie die folgende Übersicht zeigt:

Schaubild 4: Die (Un)selbstständigkeits-Trias der Erwerbstätigkeit

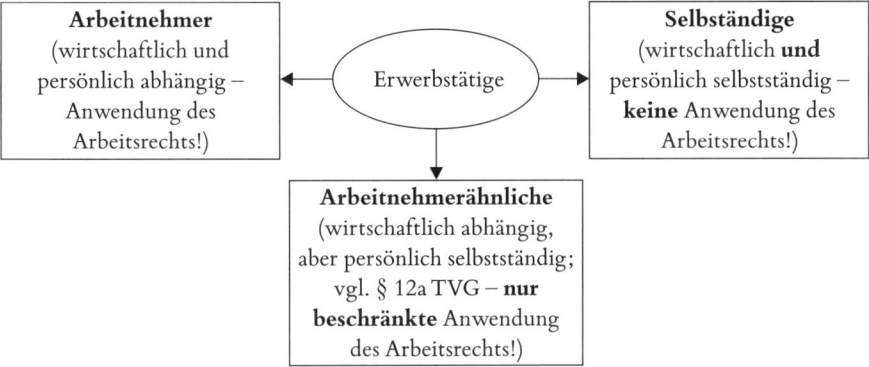

Neben dem persönlich abhängigen Arbeitnehmer und dem persönlich wie
wirtschaftlich unabhängigen Selbstständigen gibt es eine dritte Gruppe: die
sog. „arbeitnehmerähnlichen" Personen. Eine nur das Tarifrecht betreffende
Definition dazu findet sich in § 12a Abs. 1 Nr. 1 TVG, wonach arbeitnehmerähnliche Personen „wirtschaftlich abhängig und vergleichbar einem Arbeitnehmer sozial schutzbedürftig sind". Freilich bereitet eine genaue Definition
der „arbeitnehmerähnlichen Person" über § 12a TVG hinaus Schwierigkeiten.
Hromadka (NZA 1997, 1254; 2007, 838, 840 ff.) hat folgende Legaldefinition
vorgeschlagen:

> „Arbeitnehmerähnliche Person ist, wer, ohne Arbeitnehmer zu sein, persönlich und
> im wesentlichen ohne Mitarbeit anderer dauernd im wesentlichen nur für einen anderen
> tätig ist, wenn ihm von diesem im Durchschnitt ein Entgelt zusteht, das mindestens einem
> Drittel und höchstens dem vollen Betrag der Bezugsgröße nach § 18 SGB IV entspricht."

Damit soll eine genauere Bestimmung der „persönlichen Selbstständigkeit" 29
und „sozialen Schutzbedürftigkeit" erreicht werden, auch wenn zusätzlich
noch Zeitgrenzen (Tätigkeit *auf Dauer*) und Zurechnungsregeln zum Auftraggeber zu bestimmen wären (*Willemsen/Müntefering*, NZA 2008, 199). Doch
gelten für die „Arbeitnehmerähnlichen" derzeit ohnehin **nur wenige** arbeitsrechtliche Bestimmungen:

- für sie können Tarifverträge abgeschlossen werden (§ 12a TVG);
- sie haben Anspruch auf bezahlten Urlaub (§ 2 BUrlG) und **alle** Rechte aus
  dem Pflegezeitgesetz (§ 7 Abs. 1 Nr. 3) und dem Familienpflegezeitgesetz;

- sie genießen („technischen") Arbeitsschutz (§ 2 Abs. 2 Nr. 3 ArbSchG) sowie Datenschutz (§ 26 Abs. 8 Nr. 6 BDSG) und Schutz gegen genetische Untersuchungen oder Analysen (§ 3 Nr. 12 lit. f GenDG);
- sie haben Anspruch auf Schutz gegen Diskriminierung, z.B. gegen sexuelle Belästigung am Arbeitsplatz (§§ 6 Abs. 1 S. 1 Nr. 3 i.V.m. §§ 1, 3, 7 AGG);
- für Klagen gegen ihre Auftraggeber sind die Arbeitsgerichte zuständig (§ 5 Abs. 1 S. 2 ArbGG), welche dann aber überwiegend allgemeines Zivil- oder Handelsrecht anwenden.

Eine Erweiterung dieser Rechte so wie im 2008 verkündeten „Pflegezeitgesetz" ist aber abzulehnen, soweit unter dem Etikett „Beschäftigte" eine weitgehende Gleichstellung mit „echten" Arbeitnehmern erfolgt (vgl. nur *Krause*, § 2 Rn. 32); denn arbeitnehmerähnliche Personen sind und bleiben prinzipiell **selbstständig** (*Mikosch,* FS Löwisch, 2007, S. 191, 204; *Willemsen/Müntefering*, NZA 2008, 200 f.).

30 **Bitte vergleichen Sie jetzt Ihre Ergebnisse der Eingangsfälle (Rn. 1) mit den nachstehend abgedruckten Lösungshinweisen:**
a) Der Schauspieler könnte seine Gage vor dem Arbeitsgericht einklagen, wenn der Arbeitsrechtsweg gegeben wäre. Dazu müsste er gem. § 2 Abs. 1 Nr. 3 lit. a ArbGG **Arbeitnehmer** sein. Der Schauspieler wird auch bei einer nur projektbezogenen Mitarbeit bei einer Fernsehproduktion als Arbeitnehmer und nicht als Dienstnehmer eingestuft, weil er zeitlich, örtlich und organisatorisch von den Weisungen des Produzenten bzw. des Regisseurs abhängig ist – ohne einheitliche Leitung kann ein Film nicht entstehen. Jedoch rechtfertigt die Projektbezogenheit im Filmgeschäft die Befristung des Arbeitsvertrags (→ Rn. 24).
b) Die Reinigungskraft könnte Entgeltfortzahlung im Krankheitsfall verlangen, wenn sie **Arbeitnehmerin** gem. § 1 Abs. 2 EFZG wäre. Sie putzt zwar regelmäßig (= dauerhaft) in drei verschiedenen Haushalten, ist jedoch in keine fremde Arbeitsorganisation eingebunden. Regelmäßig unterliegt die in privaten Haushalten tätige Reinigungskraft auch keiner einseitigen Weisungsgebundenheit hinsichtlich der Zeit ihrer Tätigkeit; die Arbeitszeit wird in der Regel vertraglich vereinbart bzw. geändert. Die für einige Stunden in privaten Haushalten tätige Reinigungskraft ist daher aufgrund freien Dienstvertrags tätig. Anders wäre zu entscheiden, wenn die Reinigungskraft ihre drei Putztätigkeiten für eine Reinigungsfirma durchführte. Dann ist sie in die Arbeitsorganisation der Reinigungsfirma eingeordnet und Arbeitnehmerin der Reinigungsfirma.
c) Nach § 1 BUrlG kann die „Propagandistin" vom Träger des Kaufhauses dann Erholungsurlaub verlangen, wenn sie Arbeitnehmerin ist. Sie gilt jedoch grundsätzlich als **freie Mitarbeiterin**, da sie die Artikel einer Fremdfirma auf Provisionsbasis verkauft und ihren Verkaufsstand in den Kaufhausräumen nur „anmietet", also keinem Weisungsrecht des Kaufhauses unterliegt. Wenn sie aber – entgegen anderslautender vertraglicher Bekundungen – „wie andere Kaufhauskräfte" arbeitet, also z.B. auch andere Artikel zu verkaufen hat, ist sie in die Betriebsorganisation des Kaufhauses eingebunden, untersteht somit tatsächlich dem Weisungsrecht des Kaufhauses und ist dann als Arbeitnehmerin einzustufen (vgl. *LAG Köln* AuR 1996, 413).

d) Ein Schlagzeuger, der nur projektbezogen eingesetzt wird, kann sowohl Arbeitnehmer als auch freier Mitarbeiter sein. Für die Abgrenzung entscheidend ist die im
wesentlichen freie Gestaltung der Arbeitszeit (*BAG* NZA 2003, 662). Wenn er ein
Engagement übernimmt, ohne die einzelnen Termine der Produktion übersehen
zu können, ist er **Arbeitnehmer**, weil er dann den zeitlichen Weisungen der Or-
chesterleitung unterworfen ist und insoweit abhängige Arbeit leistet. Unerheblich
sind dagegen künstlerisch-fachliche Vorgaben des Orchesterleiters, da diesen alle
Orchestermusiker unterworfen sind (vgl. auch *BAG* ZTR 2003, 353).

e) Der Tankwart ist **Arbeitnehmer**: Auch als Aushilfe ist er in die Organisation des
Tankstellenbetreibers eingebunden und seinen Weisungen verpflichtet (vgl. *BAG*
NJW 1997, 962 und → Rn. 27).

4. Gruppen von Arbeitnehmern: Arbeiter und Angestellte

Die in vielen arbeitsrechtlichen Gesetzen übliche Arbeitnehmer-Definition **31**
(vgl. § 5 Abs. 1 S. 1 ArbGG, § 2 S. 1 BUrlG, § 1 Abs. 2 EFZG), die lediglich auf
„**Arbeiter und Angestellte**" verweist, ersetzt den jetzt durch § 611a Abs. 1
BGB näher bestimmten Rechtsbegriff durch zwei andere „soziologische" Begriffe (→ Rn. 11), die arbeitsrechtlich inzwischen entbehrlich geworden und
ohne eigenständige Bedeutung sind. Das *BVerfG* hat 1982 und 1990 zur für
Arbeiter einerseits, Angestellte andererseits unterschiedlichen Kündigungsfrist
und Fristberechnung (§ 622 Abs. 2 BGB a.F.) festgestellt, dass die allein status-
bezogene Differenzierung eines sachlichen Grunds entbehre und daher gegen
Art. 3 Abs. 1 GG verstößt (BVerfGE 62, 256 = NJW 1983, 617; BVerfGE 82,
126 = NJW 1990, 2246). Der Gesetzgeber hat 1994 die Konsequenz im neuen
§ 622 BGB gezogen und die Kündigungsfristen für Arbeiter und Angestellte
vereinheitlicht.

Die Trennung nach Berufsgruppen war früher eine **Statusfrage**: (Kaufmännische) **32**
Angestellte waren „etwas Besseres" als Fabrikarbeiter und Gesinde. Sie konnten lesen und
schreiben, hatten Anspruch auf „Gehalt" und „Gehaltsfortzahlung" im Krankheitsfall und
standen anders als die „Proletarier" in einem ständigen Dienstverhältnis mit geräumigen
Kündigungsfristen. Ihre Privilegierung im HGB und AVG (Angestelltenversicherungsge-
setz) ist längst Geschichte. Die Differenzierung spielt heute nicht einmal mehr in der Rentenversicherung eine Rolle („Deutsche Rentenversicherung Bund" ist seit 2005 zuständig
für alle Arbeitnehmer). Seit dem BetrVG 2001 gibt es auch in der Betriebsverfassung keine
nach Berufsrollen getrennten Wahlen mehr (wohl aber den neuen Geschlechtsproporz
→ § 14 Rn. 20).

Der **leitende Angestellte** spielt dagegen heute noch in der Betriebsverfas- **33**
sung (→ § 14 Rn. 16) eine wichtige Sonderrolle. Trotz seiner Arbeitnehmer-
rolle ist er dem Arbeitgeber funktionell so nahe, dass er vom Geltungsbereich
des BetrVG ausgenommen wird (§ 5 Abs. 3, 4 BetrVG) und eigene Sprecherausschüsse als Repräsentationsorgane wählen kann (SprAuG). Deshalb auch ist sein
Kündigungsschutz schwächer ausgestaltet (§ 14 Abs. 2 S. 2 KSchG).

Achtung: Leitende Angestellte dürfen nicht mit **AT-Angestellten** (außertarifliche Angestellte) verwechselt werden. Diese erhalten ein übertarifliches, d.h. ein die höchste tarifliche Entgeltgruppe übersteigendes Gehalt, jene haben eine unternehmensleitende Funktion. AT-Angestellte verdienen zwar mehr als Tarifangestellte, sind deshalb aber noch nicht leitende Angestellte; diese müssen gem. § 5 Abs. 3 S. 2 BetrVG unternehmerische Teilaufgaben von **erheblichem Gewicht** für den Bestand und die Entwicklung des Unternehmens mit eigenem Entscheidungsspielraum wahrnehmen (st. Rspr., vgl. *BAG* NJW 2010, 2746 zum Chefarzt der Geriatrie, der ohne klinik-leitende Verantwortung nicht als leitender Angestellter gelten kann).

III. „Besondere" Arbeitnehmer und Grenzfälle

34   Ist es auch schwierig, den „typischen" Arbeitnehmer exakt zu bestimmen, so lassen sich doch zumindest „besondere" Formen von Arbeitsverhältnissen ausmachen, deren Regelung der Gesetzgeber für notwendig hielt, um den jeweiligen Besonderheiten Rechnung zu tragen oder einen Missbrauch solcher Arbeitsformen zu vermeiden.

1. Leiharbeitnehmer

35   In diesem Sinne „besondere" Arbeitnehmer finden sich bei der **Arbeitnehmerüberlassung**, die auch als „Leiharbeit" oder „Zeitarbeit" bezeichnet wird (→ Rn. 4). Seit der AÜG-Reform 2017 wird die gesetzlich im AÜG geregelte Arbeitnehmerüberlassung in § 1 Abs. 1 S. 2 u. 3 AÜG legaldefiniert:

„Arbeitnehmer werden zur Arbeitsleistung überlassen, wenn sie in die Arbeitsorganisation des Entleihers eingegliedert sind und seinen Weisungen unterliegen. Die Überlassung und das Tätigwerdenlassen von Arbeitnehmern als Leiharbeitnehmer ist nur zulässig, soweit zwischen dem Verleiher und dem Leiharbeitnehmer ein Arbeitsverhältnis besteht."

Bei der Arbeitnehmerüberlassung i.S.d. AÜG wird also ein Arbeitnehmer von seinem Arbeitgeber (**Verleiher**), der mit ihm als Zeitarbeitsfirma einen Arbeitsvertrag geschlossen hat, an einen anderen Arbeitgeber (**Entleiher**) ausgeliehen, um für diesen nach dessen Weisungen zu arbeiten. In dieser **Dreiecks-Konstruktion** sind folglich drei Rechtsbeziehungen zu unterscheiden (ErfK/*Wank*, Einl. AÜG Rn. 16 ff.):

(1) die zwischen Verleiher und Arbeitnehmer (Valuta- oder Grundverhältnis, §§ 611a, 328 BGB), die als echtes Arbeitsverhältnis es jenem kraft Abrede erlaubt, „seinen" Arbeitnehmer Dritten zu überlassen (**Arbeitsvertrag** zugunsten Dritter, so auch ErfK/*Wank*, Einl. AÜG Rn. 37);

(2) die zwischen Ver- und Entleiher (Deckungsverhältnis als Dienstverschaffung, § 611 BGB), die die Bedingungen der Arbeitnehmerüberlassung regelt (**ANÜ-Vertrag**);

(3) die zwischen Entleiher und Arbeitnehmer (Leistungs- oder **Beschäftigungsverhältnis**), die jenem das Weisungsrecht (§§ 611a Abs. 1 S. 2 BGB, 106 GewO) kraft ANÜ-Vertrag überträgt, was zur Folge hat, dass dieser trotz fehlender vertraglicher Beziehung dennoch sich auf die Gewährleistung von Schutz- und Nebenpflichten auch beim Entleiher berufen darf (vgl. *Zöllner/ Loritz/Hergenröder*, § 29 III 2).

> **Wichtig:** Der Leiharbeitnehmer bekommt sein Entgelt vom Verleiher nach Maßgabe der Konditionen im Beschäftigungsbetrieb; der Verleiher bekommt wiederum vom Entleiher das Entgelt aus seiner Dienstverschaffung (ANÜ-Vertrag), zudem die entgeltrelevanten Daten über „seinen" Arbeitnehmer; der Entleiher schließlich erhält (allein) die Arbeitsleistung, ohne den Leiharbeitnehmer auf seiner Gehaltsliste zu haben.

Als zentrale Regelung des AÜG sieht § 1 Abs. 1 S. 1 vor, dass „**wirtschaft-** **36** **lich**" tätige Verleiher im Regelfall einer Erlaubnis durch die Bundesagentur für Arbeit (§ 17 Abs. 1 AÜG) auf schriftlichen Antrag hin bedürfen. Als Sanktion für Arbeitnehmerüberlassung ohne notwendige Erlaubnis gelten die ANÜ-Verträge zwischen Ver- und Entleiher nach § 9 Abs. 1 Nr. 1 AÜG als unwirksam und es wird – entgegen der vertraglich gewünschten Folge – ein Arbeitsverhältnis zwischen Leiharbeiter und **Entleiher fingiert** (§ 10 Abs. 1 S. 1 AÜG). Die insbesondere für Entleiher schwerwiegende Fiktionssanktion sieht das Gesetz nach der AÜG-Reform 2017 auch für eine Reihe anderer Verstöße gegen wichtige Vorschriften des AÜG vor, vgl. Katalog in § 9 Abs. 1 AÜG i.V.m. § 10 Abs. 1 S. 1 AÜG.

> Der Erlaubnisvorbehalt im AÜG soll den Missbrauch dieser speziellen Arbeitsbeziehung verhindern und eine Ausbeutung von Leiharbeitnehmern (vgl. auch Mindeststundenentgelte in § 3a AÜG) unterbinden. Verhindert werden soll insbesondere, dass die ursprünglich zur Überbrückung von kurzfristigen Personalengpässen gedachte ANÜ reguläre Dauerbeschäftigung zurückdrängt. § 1 Abs. 1 S. 4, Abs. 1b AÜG statuiert daher, dass die ununterbrochene Überlassung von Arbeitnehmern an denselben Entleiher grundsätzlich nur für einen Zeitraum von **maximal 18 Monaten** zulässig ist. Unter den Voraussetzungen von § 1 Abs. 1b S. 3 bis 7 AÜG (*lesen!*) kann hiervon durch Tarifvertrag oder Betriebs- bzw. Dienstvereinbarung abgewichen werden. Ebenso können Kirchen und andere öffentlich-rechtliche Religionsgemeinschaften hiervon abweichen (§ 1 Abs. 1b S. 8 AÜG). Tarifverträge in den großen Industriesektoren (Metall, Chemie etc.) zugunsten der Leiharbeitnehmer sorgen heute zunehmend dafür, dass der gesetzliche AÜG-Mindestlohn (ab 1.7.2017: 9,23 € im Westen, 8,91 € im Osten) übertroffen wird. Ohne Tarifvertrag gilt die **Equal Pay-Regel**: der Entleiher muss dem Leiharbeitnehmer den betriebsüblichen Lohn zahlen, vgl. § 8 Abs. 1 AÜG. Wird dies vom Verleiher missachtet, ist der ANÜ-Vertrag nach § 9 Nr. 2 AÜG unwirksam und ihm eine erneute Überlassungserlaubnis nach § 3 Abs. 1 Nr. 3 AÜG zu versagen (näher → § 12 Rn. 4).

2. Aus- und Weiterzubildende

37　　Aus- und Weiterzubildende werden auf Grundlage eines privatrechtlichen Vertrages tätig, der sich von einem Arbeitsvertrag dadurch unterscheidet, dass der geplante Erwerb von Fähigkeiten, Kenntnissen und Erfahrungen Hauptzweck des Vertrages ist. Ob Auszubildende daher überhaupt Arbeitnehmer sind, wird unterschiedlich beurteilt (dafür ErfK/*Preis*, § 611a BGB Rn. 177; dagegen *BAG* NZA 2012, 256; MüArbR/*Natzel*, 3. Aufl., § 320 Rn. 47), doch ist dies richtigerweise zu **verneinen**: Bei ihnen steht anders als bei Arbeitnehmern der „**Erkenntnisgewinn**" im Mittelpunkt der vertraglichen Beziehung. Darüberhinaus hat das Recht der Berufsausbildungsverhältnisse im Berufsbildungsgesetz **(BBiG)** eine spezielle Regelung erfahren. Die Norm des § 10 Abs. 2 BBiG bestimmt, dass die für den Arbeitsvertrag geltenden Regeln nur insoweit auf den Berufsausbildungsvertrag anzuwenden sind, als sich aus seinem Wesen und Zweck sowie aus dem BBiG nichts anderes ergibt. Eine solche Ausnahme hat die Rechtsprechung etwa im Bezug auf Wettbewerbsverbote abgelehnt und § 60 Abs. 1 HGB auch auf den Auszubildenden angewendet (*BAG* NZA 2007, 978). Gleiches hat auch für das gesamte Arbeitsschutzrecht zu gelten, denn der Auszubildende ist nicht weniger schutzwürdig als ein „typischer" Arbeitnehmer.

3. Praktikanten

38　　„Besondere" Arbeitnehmer sind aber – im Gegensatz zu Aus- und Weiterzubildenden – Praktikantinnen und Praktikanten. Das **Mindestlohngesetz** erfasst sie nur zum Teil (ausgenommen sind z.B. Pflichtpraktika laut Studienordnung, Berufspraktika bis drei Monate), musste aber doch eine neue **Legaldefinition** in § 22 Abs. 1 S. 3 MiLoG vorsehen, wonach Praktikanten sich „für eine begrenzte Dauer zum Erwerb praktischer Kenntnisse und Erfahrungen einer bestimmten betrieblichen Tätigkeit zur Vorbereitung auf eine berufliche Tätigkeit" unterziehen, ohne dass es sich dabei um eine Berufsausbildung i.S.d. BBiG handelt. Dennoch sind gem. § 26 BBiG ein Teil der Vorschriften des BBiG entsprechend anzuwenden. Der Gesetzgeber wollte bei Einführung des gesetzlichen Mindestlohns (→ § 8 Rn. 17 ff.) mit seiner Regelung vor allem die Umgehung durch „Scheinpraktika" zulasten junger Berufsanfänger verhindern – für diese soll jedenfalls der Mindestlohn gezahlt werden.

4. GmbH-Geschäftsführer

39　　Der Geschäftsführer einer GmbH ist einerseits Organ der GmbH (§ 35 Abs. 1 GmbHG), andererseits der GmbH dienstvertraglich zur Geschäftsführung verpflichtet (§ 611 BGB → Rn. 16 *Schaubild 3*). Auch dann, wenn es sich bei ihm um einen **Fremdgeschäftsführer** handelt, weil er nicht gleichzeitig auch als Gesellschafter Geschäftsanteile hält (also kein sog. Gesellschafter-Geschäftsführer ist), kann er doch **nicht** als „Arbeitnehmer" betrachtet werden (st. Rspr., vgl. *BGH* DB 2001, 2438). Denn allein schon sein Geschäftsführer-Vertrag weist ihm die „Arbeitgeber"-Funktion gegenüber den Angestellten der GmbH zu, wie das in § 5 Abs. 1 S. 3 ArbGG auch *ausdrücklich* bestätigt wird. Das gilt auch dann, wenn er vom leitenden Angestellten (→ Rn. 33) zum Geschäftsführer befördert worden ist: im Abschluss eines Geschäftsführer-Dienstvertrags durch einen angestellten Mitarbeiter liegt im Zweifel die konkludente Aufhebung des bisherigen Arbeitsverhältnisses (*BAG* NJW 2009, 2078). Doch können dem Fremdgeschäftsführer bei einem entsprechenden Schutzbedürfnis die Arbeitnehmerrechte z.B. aus dem Urlaubs-, dem Entgeltfortzahlungs- oder dem Mutterschutzrecht in **analoger** Anwendung zustehen (*BAG* NJW 1999, 3731; *Wank*, FS Wiedemann, 2002, S. 587; vgl. auch *Boemke*, RdA 2018, 1). Der EuGH hat das im Fall einer weisungsabhängigen Geschäftsführerin einer lettischen Aktiengesellschaft bestätigt (*EuGH* NJW 2011, 2343 – „Danosa", dazu *Fischer*, NJW 2011, 2329) und sah Geschäftsführer auch in anderen Fällen grundsätzlich als Arbeitnehmer an (*EuGH* NJW 2015, 2481 – „Balkaya"; *EuGH* NZA 2016, 183 – „Holterman"). In der Praxis werden im „Geschäftsführervertrag" sehr häufig Fragen der Krankheits- oder Urlaubsbezüge ähnlich wie bei leitenden Angestellten geregelt.

Auch gegen **Diskriminierungen** sind GmbH-Geschäftsführer (sowie AG-Vorstände) aufgrder der Norm des § 6 Abs. 3 AGG geschützt, soweit es den Zugang zur Erwerbstätigkeit sowie den beruflichen Aufstieg betrifft. Das hat z.B. einem 62-jährigen Klinikums-Manager in Köln, dessen Vertrag nicht mehr verlängert und der durch einen 41-jährigen Privatdozenten ersetzt wurde, einen Entschädigungsanspruch beschert. Die Nichtverlängerung des Vertrags wegen seines Alters betrifft die Bedingungen für den Zugang zu unselbstständiger bzw. selbstständiger Tätigkeit i.S.d. § 2 Nr. 1 AGG. Auch die erneute Einstellung nach Ablauf eines Dienstvertrages gilt als Zugangsbedingung (*OLG Köln* DB 2010, 1878; bestätigt von *BGH* NJW 2012, 2346). Freilich muss hier genauer hingesehen werden: die Norm des § 6 Abs. 3 AGG soll „echte" Selbstständige erfassen, also z.B. Gesellschafter-Geschäftsführer oder Freiberufler. Dagegen sind sog. Fremdgeschäftsführer in analoger Anwendung von § 6 Abs. 1 AGG gegen Diskriminierungen wie Arbeitnehmer **umfassend** geschützt (vgl. *Reichold/Heinrich*, FS Westermann, 2008, S. 1315, 1329; zust. *Bauer/Krieger/Günther*, § 6 AGG Rn. 35a m.w.N.).

IV. Kontrollfragen

1. Wie lässt es sich erklären, dass das Arbeitsvertragsrecht im BGB unter der Überschrift „Dienstvertrag und ähnliche Verträge" (Achter Titel) geregelt ist?

2. Warum helfen die Gesetzesbegriffe „Arbeiter" bzw. „Angestellter" (vgl. § 5 Abs. 1 ArbGG) bei der Bestimmung des Arbeitnehmer-Begriffs nicht weiter?
3. Aus welcher Norm werden die materiellen Kriterien des Arbeitnehmer-Begriffs von der BAG-Rechtsprechung abgeleitet?
4. Wie konkretisiert die BAG-Rechtsprechung den Typus-Begriff „Persönliche Abhängigkeit"?
5. Warum unterfällt
   a) eine Rot-Kreuz-Schwester
   b) ein Ordensangehöriger
   c) ein Soldat jeweils nicht dem Arbeitsrecht?
6. Warum wird der Chefarzt im Klinikum nach herrschender, allerdings nicht unbestrittener Meinung als Arbeitnehmer eingestuft? Was unterscheidet ihn maßgeblich vom freiberuflich tätigen Arzt?
7. Lässt sich allein aufgrund der Tatsache, dass eine Tele-Arbeitskraft ihre Tätigkeit der Datenerfassung und -verarbeitung schwerpunktmäßig zu Hause verrichtet, schon die Arbeitnehmereigenschaft verneinen? Was spricht vielmehr für, was gegen eine Arbeitnehmerstellung in diesem Fall?
8. Warum spielt die sog. „wirtschaftliche Abhängigkeit" für die Arbeitnehmereigenschaft nach herrschender Meinung keine Rolle?
9. Wo wird die „arbeitnehmerähnliche Person" gesetzlich definiert? Warum spielt sie in der arbeitsrechtlichen Praxis kaum eine Rolle?
10. Welche konstruktive Besonderheit charakterisiert die Leiharbeit? Welcher Zweck soll mit dem AÜG verfolgt werden?

Empfehlungen zur vertiefenden Lektüre:

Literatur: *Boemke,* Aktuelles zum GmbH-Geschäftsführer aus arbeitsrechtlicher Sicht, RdA 2018, 1; *Forst,* Arbeitnehmer – Beschäftigte – Mitarbeiter, RdA 2014, 157; *Franzen,* Der Franchise-Vertrag als Arbeitsvertrag?, FS 50 Jahre BAG, 2004, S. 31; *Griebeling,* Der Arbeitnehmerbegriff und das Problem der „Scheinselbständigkeit", RdA 1998, 208; *Henssler,* Überregulierung statt Rechtssicherheit – der Referentenentwurf des BMAS zur Reglementierung von Leiharbeit und Werkverträgen, RdA 2016, 18; *Hilger,* Zum „Arbeitnehmer-Begriff", RdA 1989, 1; *Hromadka,* Arbeitnehmerbegriff und Arbeitsrecht, NZA 1997, 569; *ders.,* Arbeitnehmerähnliche Personen, NZA 1997, 1249; *Klumpp/Jochums,* Die Rechtsfolgen des Widerspruchsrechts bei Betriebsübergang, JuS 2006, 687; *Lembke,* AÜG-Reform 2017 – Eine Reformatio in Peius, NZA 2017, 1; *Maschmann,* Arbeitsverträge und Verträge mit Selbständigen, NZA 2001/Beilage Heft 24, S. 21; *Mikosch,* Arbeitnehmerbegriff und Schutzzwecke des Arbeitsrechts, FS Löwisch, 2007, S. 189; *Preis,* § 611a BGB – Potenziale des Arbeitnehmerbegriffes, NZA 2018, 817; *Rebhahn,* Arbeitnehmerbegriff in vergleichender Perspektive, RdA 2009, 154; *ders.,* Arbeitnehmerähnliche Personen – Rechtsvergleich und Regelungsperspektive, RdA 2009, 236; *Riesenhuber,* Auslegung und Dogmatik von § 611a BGB, JuS 2018, 103; *Schwarze,* Arbeitnehmerbegriff und Vertragstheorie, ZfA 2005, 81; *Seel,* Wie funktioniert § 613a BGB? – Betriebsübergang und seine Rechtsfolgen, JA 2008, 874; *Wank,* Arbeitnehmer und Selbständige, 1988; *ders.,* Die „neue Selbständigkeit", DB 1992, 90; *ders.,* Änderungen im Leiharbeitsrecht, RdA 2017, 100; *ders.,* Der Arbeitnehmer-Begriff im neuen § 611a BGB, AuR 2017, 140; *Willemsen/*

Müntefering, Begriff und Rechtsstellung arbeitnehmerähnlicher Personen, NZA 2008, 193; *Worzalla*, Arbeitsverhältnisse und sonstige Rechtsverhältnisse in der Rechtsprechung des BAG, FS 50 Jahre BAG, 2004, S. 311.

Rechtsprechung: *EuGH* NZA 2017, 41 (Leiharbeitsrichtlinie auf Rote-Kreuz-Schwester anwendbar − „Ruhrlandklinik"); *EuGH* NZA 2016, 183 (Erfordernis des Unterordnungsverhältnisses bei einem Geschäftsführer als Arbeitnehmer − „Holterman"); *EuGH* NJW 2015, 2481 (Geschäftsführer und Praktikantin als Arbeitnehmer − „Balkaya"); *EuGH* NJW 2011, 2343 (Mutterschutz für Geschäftsführerin − „Danosa"); *BGH* NJW 2002, 3323 (Abgrenzung zwischen Dienst- und Werkvertrag); *BAG* NJW 2018, 1194 (Arbeitnehmerstatus eines Musikschullehrers); *BAG* NZA-RR 2017, 123 (Wahrung der Identität einer wirtschaftlichen Einheit bei Betriebsübergang); *BAG* NZA-RR 2016, 288 (Arbeitnehmereigenschaft von Zirkusartisten); *BAG* NJW 2015, 973 (Betriebsübergang bei Tankstellen); *BAG* NJW 2015, 189 (Widerspruchsrecht bei mehreren Betriebsübergängen); *BAG* NZA 2013, 1348 (Abgrenzung zwischen Arbeitsverhältnis und Werkvertrag); *BAG* NZA 2013, 793 (Betriebsverfassungsrechtlicher Arbeitnehmerbegriff); *BAG* NJW 2010, 2746 (Chefarzt als solcher kein ltd. Angestellter); *BAG* NJW 2009, 2078 (ordentl. Gerichtsbarkeit zuständig auch für Fremdgeschäftsführer der GmbH); *BAG* NJW 2005, 3305 (Arbeitsvertrag ist Verbrauchervertrag).

Falldidaktische Beiträge: *Schmidt,* Jura 2015, 188 (Prüfung der Arbeitnehmereigenschaft); *Horn*, JuS 2011, 241 (Abgrenzung Arbeitnehmer/Beschäftigter und Selbstständiger aus sozialversicherungsrechtlicher Sicht); *Helml*, JuS 2006, 621 (Einordnung eines Schuldverhältnisses als Arbeitsverhältnis); *Reichold*, JuS 2004, 318 (Abgrenzung Arbeitsvertrag zum freien Dienstvertrag).

§ 3. Die Rechtsquellen des Arbeitsverhältnisses

I. Die Vielzahl der Rechtsquellen und Regelungsebenen

1. Unübersichtlichkeit der Rechtsquellen

Von *Peter Hanau* stammt der Satz, dass das deutsche Arbeitsrecht sich sehen **1** lassen könne, aber schwer zu finden sei. Der Umgang mit ihm wird erschwert durch die unübersichtliche Rechtsquellenlage. Selbst eine auf den wesentlichen Kern konzentrierte Gesetzessammlung (z.B. dtv-Textausgabe) kommt ohne ca. 900 Textseiten und den (auszugsweisen) Abdruck von rund 90 Gesetzen nicht aus. Alle Anläufe zu einem **Arbeitsgesetzbuch**, das die zersplitterte Materie in einer Kodifikation bündeln könnte, sind bislang gescheitert. Der letzte Entwurf zu einem Arbeitsvertragsgesetz von *Henssler/Preis* (ArbVGE 2006) zeigte viele gute Ansätze, wurde aber wegen des Widerstands von BDA und DGB von der Politik nicht umgesetzt. An der raschen Abfolge solcher Entwürfe zeigt sich die Schnelllebigkeit des Arbeitsrechts, das sich als politikanfällige Materie sehr rasch ändern kann und daher einer Kodifikation aus kurzsichtigen Gründen widerstrebt. Bislang bleibt es bei der wenig befriedigenden **Loseblatt-Existenz des Arbeitsrechts**. Hinzu kommt die gewichtige

Rolle des **Richterrechts**, die den Studierenden erhebliche Lernanstrengungen abverlangt (→ Rn. 36). Immerhin tröstlich der folgende

Arbeitshinweis: Für eine erfolgreiche Klausurbearbeitung im **Pflichtfach** reicht die Kenntnis der zivilrechtlichen Grundlagen des Arbeitsrechts in der Regel aus. Spezialkenntnisse sind vor allem im Bereich der §§ 611 ff. BGB, Grundkenntnisse in wenigen anderen Gesetzen wie dem AGG, ArbGG, ArbZG, TzBfG, BUrlG, KSchG, EFZG, MiLoG, BetrVG und TVG gefragt.

2. Zusätzliche Regelungsebenen

2   Die Unübersichtlichkeit der Gesetze wird in der Prüfung weniger zum Problem als die Vielfalt der Regelungsebenen. Denn zusätzlich zu den zersplitterten Gesetzestexten spielen auch noch eine Fülle von **Kollektivverträgen** wie Tarifverträge und Betriebsvereinbarungen im Arbeitsrecht eine dominierende Rolle. Selbst auf der **arbeitsvertraglichen Ebene** gibt es typisch arbeitsrechtliche Besonderheiten wie das Weisungsrecht und die Betriebliche Übung. Grundsätzlich müssen deshalb vorab die Regelungsebenen

- des Europarechts (EUV/AEUV → Rn. 21),
- des deutschen Verfassungsrechts (GG → Rn. 25),
- des Gesetzesrechts (→ Rn. 29),
- der Kollektivverträge (Tarifvertrag, Betriebsvereinbarung → Rn. 37) und
- des Arbeitsvertrags (→ Rn. 41)

unterschieden werden.

3   In der Fallbearbeitung (→ § 4) bereiten die unterschiedlichen Regelungsebenen dann ein Problem, wenn ein und derselbe Anspruchsgegenstand (z.B. Zusatzentgelt, Urlaub etc.) auf verschiedenen Ebenen unterschiedlich geregelt wird (der Tarifvertrag widerspricht z.B. dem Arbeitsvertrag → Beispiel Rn. 20). Für den **Anspruchsaufbau** gilt auch im Arbeitsrecht die Regel vom Vorrang vertraglicher Anspruchsnormen vor höherrangigen Regeln (→ Rn. 5). Doch spielt der **Individualvertrag** im Arbeitsleben traditionell eine ziemlich unbedeutende Rolle. Sein Vorrang ist – anders als im normalen Privatrecht – deshalb nicht unbestritten, weil seine Funktion üblicherweise durch **Kollektivverträge** auf Branchen- bzw. Betriebsebene übernommen wird. So bedarf schon das Verhältnis von Individual- zu Kollektivvertrag der Klärung, bevor das Verhältnis zur Gesetzes- und Verfassungsnorm geklärt werden muss. Die Kollisionsfragen vervielfachen sich also wegen der nicht überschneidungsfreien Konkurrenz von Individual-, Kollektiv- und Gesetzesregelungen.

Wichtig: Im Arbeitsrecht ist die **Auflösung von Normkollisionen** unterschiedlicher Ebenen ein besonders häufiges Problem von Theorie und Praxis. Eine Lösung nach dem hierarchischen „Rangprinzip" einerseits, nach dem Vertragsprinzip oder dem „Günstigkeitsprinzip" andererseits versteht sich nicht von selbst, sondern bedarf jeweils guter Begründung mit Hilfe der **Gesetzesauslegung** (→ Rn. 7).

II. Das Verhältnis der Rechtsquellen zueinander

1. Das so genannte „Rangprinzip"

Das häufig benutzte Bild vom „Stufenbau" der Rechtsquellen, das **4**
sog. **„Rangprinzip"**, behauptet eine Normenhierarchie von oben unten, nach der sich stets das **höherrangige Recht** durchsetze. Richtig ist daran
nur, dass sich ein „Rangprinzip" allein zwischen *zwingenden* Rechtssätzen
aufstellen lässt:

- Europarecht mit *unmittelbarer* Drittwirkung (z.B. Art. 157 AEUV),
- Verfassungsrecht mit *unmittelbarer* Drittwirkung (z.B. Art. 9 Abs. 3 S. 2 GG),
- zweiseitig *zwingende* Gesetzesbestimmung (z.B. §§ 1, 3 MiLoG),
- *normativ wirkende* Bestimmung eines Tarifvertrags (z.B. Arbeitsbefreiung
  nach § 29 TVöD/TV-L),
- *normativ wirkende* Bestimmung einer Betriebsvereinbarung (z.B. Kernarbeits-
  zeit bei einer betrieblichen Gleitzeitregelung).

Während Europa- und Verfassungsrecht **nur im Ausnahmefall** mit unmittelbarer Drittwirkung auf das Arbeitsverhältnis einwirken, spielen zwingende
Gesetzes- und Tarifnormen im Arbeitsrecht eine bedeutendere Rolle als im
sonstigen Privatrecht. Nicht so einfach, wie häufig behauptet, passt der Arbeitsvertrag in diese „Hierarchie". Er kann jedenfalls **nicht einfach an das
Ende der Skala** platziert werden.

2. Der Vorrang des Arbeitsvertrags

Ohne einen **Arbeitsvertrag** gibt es nämlich kein Arbeitsverhältnis: er ist der **5**
Rechtsgrund jeglicher privatrechtlichen Arbeitsleistung. Er legt zumindest

- Vertragsparteien,
- Arbeitsaufgabe und -umfang *(Leistung → § 9)* und
- Arbeitsentgelt *(Gegenleistung → § 8)*

fest. Er beschreibt das konkret gewollte (privatautonom „gesetzte") Pflichten-
programm und hat von daher **Vorrang vor allen abstrakten Regelungen**
welchen Rangs auch immer – zumindest in Bezug auf diese *„essentialia negotii"*
(→ Rn. 10). Die geschilderte Normenhierarchie ändert nämlich nichts am
Grundsatz der Privatautonomie im Arbeitsrecht.

3. Das Kollisionsproblem: Vertragsprinzip versus Schutzprinzip

Historisch entwickelte sich das Arbeitsrecht als regelrechtes „Kontrollsystem **6**
gegenüber der Vertragsfreiheit" *(Hanau/Adomeit*, Rn. 60). Der Sozialstaat des
Grundgesetzes baute die **Schutzgesetzgebung** zugunsten des schwächeren

Arbeitnehmers so weit aus, dass die zentrale Rolle des formalen BGB-Vertragsrechts zunehmend schwächer wurde (→ § 1 Rn. 8). Dennoch bleibt auch
für das Arbeitsrecht nicht anders als sonst im Privatrecht beachtlich, dass **vertraglich vereinbarte** Rechte und Pflichten im Zweifel Ausgangspunkt jeder
Prüfung sind. Sie dürfen allerdings nicht gegen höherrangiges zwingendes
Recht verstoßen, z.B. gegen zwingenden Arbeitszeit- und Kündigungsschutz,
Mutter- und Jugendarbeitsschutz etc. einerseits oder gegen normativ wirkendes
Tarif- oder Betriebsrecht (z.B. Arbeitszeit- und Entgeltregelungen) andererseits.
Dieses Schutznetz gegen den Missbrauch der Vertragsfreiheit ist im Arbeitsrecht besonders dicht.

> **Wichtig:** Die Arbeitsvertragsparteien können wie andere Privatrechtssubjekte auch
> ihre Vertragsfreiheit nur unter Beachtung des höherrangigen zwingenden Gesetzes-
> bzw. Kollektivvertragsrechts ausüben – Vertragsinhalte sind hier durch Kollektivrege
> lungen sehr häufig „**vorgeprägt**".

Das folgende Schaubild stellt daher den **Arbeitsvertrag als Basis des Arbeitsverhältnisses** dar, überformt von zwingendem höherrangigen Recht:

Schaubild 5: Rechtsquellen des Arbeitsverhältnisses

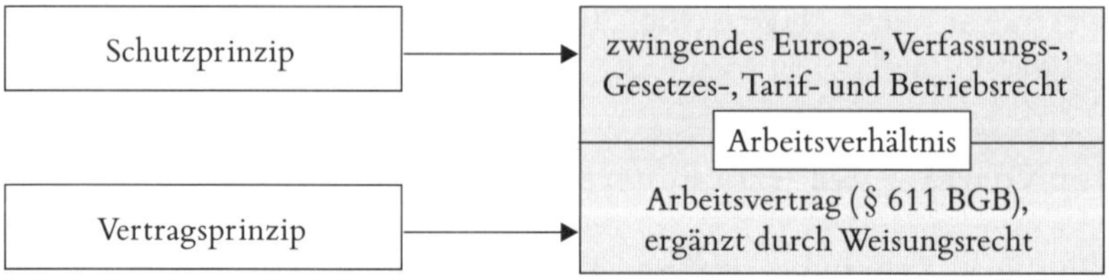

4. Die Auflösung von Kollisionen

7   Kollidiert eine vertragliche Regelung der Arbeitsvertragsparteien mit einer
übergeordneten Rechtsquelle, so ist es jeweils eine Frage der **Gesetzesauslegung**, ob die gesetzliche, tarifliche oder betriebliche Norm die vertragliche
Regel außer Kraft setzt.

a) Rangprinzip

8   Verstößt die vertragliche Regelung gegen höherrangiges, für beide Seiten
zwingendes Recht, so ist die Vereinbarung nach § 134 BGB (bzw. § 4 Abs. 1, 3
TVG oder § 77 Abs. 4 BetrVG) unwirksam. Dieses Ergebnis setzt allerdings
jeweils eine **Gesetzesauslegung (Tarifauslegung etc.)** voraus, die danach
fragt, ob und inwieweit eine Dispositivität (Abdingbarkeit) des Gesetzes (Kollektivvertrags) durch die Parteien möglich ist.

Beispiel: Auch wenn der begeisterte Angestellte Ludwig durchschnittlich 11 Stunden täglich arbeiten will, verstößt ein dementsprechender Vertrag gegen § 3 S. 2 ArbZG, der als staatlich gewährleisteten Gesundheitsschutz eine Maximalarbeitszeit von 10 Stunden täglich (bei Einhaltung einer durchschnittlichen 48-Stunden-Woche) erlaubt. Liegt nicht eine Ausnahmeregelung nach §§ 7, 14, 15 ArbZG vor, muss deshalb diese vertragliche Regelung als nichtig (§ 134 BGB) gelten. Die Vertragsfreiheit darf nicht den gesetzlichen Arbeitsschutz außer Kraft setzen. Der Vertrag bleibt im Übrigen aber wirksam (§ 139 BGB greift nicht ein, weil die Restgültigkeit im Arbeitsrecht dem Schutzzweck meist besser entspricht als die anderslautende gesetzliche Regel).

b) Günstigkeitsprinzip

Verbessert dagegen die vertragliche Vereinbarung eine höherrangige Re- **9** gelung, die nach Auslegung als **Mindestbedingung einseitig zwingend**, d.h. „nach oben" veränderbar erscheint, tritt das sog. Günstigkeitsprinzip in Kraft: eine von Gesetz oder Tarifvertrag abweichende Vereinbarung ist immer dann zulässig, „soweit sie eine Änderung der Regelungen *zugunsten* des Arbeitnehmers enthält" – so der Wortlaut des § 4 Abs. 3 TVG. Diese nur für das Verhältnis von Vertrag zur Tarifnorm geltende Regel bringt einen allgemeinen Grundgedanken des Arbeitsrechts zum Ausdruck: Vertragliche **Verbesserungen** der sonst gültigen Arbeitsbedingungen sollen für Arbeitnehmer immer wirksam sein. Einer solchen „Günstigkeitsbewertung" sind aber nur Vertragsinhalte zugänglich, die sich auf „materielle" Inhalte der vertraglichen Leistungsbeziehung (z.B. Entgelt, Zusatzleistungen) und nicht z.B. auf betriebliche Ordnungsmaßnahmen beziehen. Schon darüber, ob es besser ist, mehr arbeiten zu dürfen als im Tarifvertrag vorgesehen (und damit auch mehr Geld zu verdienen), wird man trefflich streiten können.

Beispiel: Freut sich der weniger begeisterte Angestellte Fritz über seinen tariflichen Erholungsurlaub in Höhe von 30 Arbeitstagen, so muss er angesichts der an sich höherrangigen Regel des § 3 BUrlG nicht verzweifeln: Der dort vorgeschriebene Erholungsurlaub beträgt jährlich „mindestens" 24 Werktage (entspricht 20 Arbeitstagen, also vier Wochen). Hier ergibt schon die Gesetzesauslegung nach dem Wortlaut, dass die gesetzliche Urlaubsdauer nur ein Minimum festsetzt, nicht aber darüber hinausgehende tarifliche oder vertragliche Verbesserungen verhindern möchte. Hier muss nicht das Günstigkeitsprinzip bemüht werden, um den Vorrang des Tarifvertrags vor dem (nur „nach unten" zwingenden) Gesetz zu bejahen. **Anders** ist es dagegen, wenn Fritz **vertraglich** 32 Arbeitstage Urlaub versprochen bekommt. Jetzt brauchen wir (bei Tarifbindung, § 3 Abs. 1 TVG) das Günstigkeitsprinzip (§ 4 Abs. 3 TVG), um den Vorrang der günstigeren vertraglichen Abrede gegenüber dem Tarifurlaub zu bejahen.

c) Vertragsprinzip

Inwieweit es Regelungsgegenstände gibt, die **vertraglicher Vereinbarung** **10** vorbehalten bleiben müssen und keiner höherrangigen Regulierung zugänglich sind, ist sehr umstritten. Sicher ist, dass kein Kollektivvertrag die **„Ob"-Frage** regeln kann, nämlich die Frage, *wie viel Arbeit wo mit welchem genauen Inhalt* zu leisten ist (→ Rn. 5). Für alle **„Wie"-Fragen** können aber Kollektivverträge die Arbeitsbedingungen (vgl. § 1 Abs. 1 TVG) abstrakt vorformulieren, so z.B. das Verhältnis von Wochenarbeitszeit und Arbeitsentgelt. Das heißt aber noch nicht zwingend, dass damit das Vertragsprinzip beseitigt wäre. Vielmehr müssen individuelle Arbeitszeitverlängerungen im Wege eines „subjektiv" verstandenen Günstigkeitsprinzips möglich bleiben (str. → § 12 Rn. 36).

> **Beispiel:** Ein Tarifvertrag kann nicht vorschreiben, dass „besonders gefährliche Tätigkeiten", z.B. im Tiefbau, nur in Teilzeit von höchstens 15 Stunden pro Woche ausgeübt werden dürften. Damit wäre in eklatanter Weise gegen Art. 12 GG verstoßen, der die Vertragsfreiheit auch bei Festlegung des **Arbeitsumfangs** schützt. Der Tarifvertrag kann dagegen vorschreiben, dass „die individuelle regelmäßige wöchentliche Arbeitszeit" 35 Stunden beträgt. Damit wird per „Inhaltsnorm" die Wochenarbeitszeit zwingend und abschließend normiert. Fraglich ist dann, ob das „Günstigkeitsprinzip" des § 4 Abs. 3 TVG einzelvertragliche Verlängerungen der Wochenarbeitszeit ermöglicht (str., bejahend z.B. *Reichold,* ZfA 1998, 237, 251 ff.).

d) Kollektivvereinbarungen

11   Im Verhältnis zwischen tariflichen und betrieblichen kollektiven Regelungen setzt § 77 Abs. 3 BetrVG den Vorrang tarifvertraglicher Regelungen auch dann durch, wenn Betriebsvereinbarungen für den Arbeitnehmer „günstiger" wären. Es handelt sich hier um einen „politisch" gewollten **Kompetenzvorrang zu Gunsten der Tarifpartner**, gegen den die Betriebspraxis zuweilen aufbegehrt (→ § 14 Rn. 46). Um das Konfliktpotenzial zu entschärfen, ermöglichen heute viele Tarifverträge betriebsautonom auszufüllende Spielräume, z.B. einen Arbeitszeitkorridor zwischen 35 und 40 Wochenstunden (sog. „Öffnungsklauseln" → § 12 Rn. 42). Der Betriebsrat soll dann – tariflich gewollt – mit dem Arbeitgeber die konkrete Arbeitszeit im Wege der **Betriebsvereinbarung** passgenau für das Unternehmen aushandeln.

III. Die Rechtsfindung im Arbeitsrecht

1. Der Arbeitsvertrag als Ausgangspunkt

12   Bei der Rechtsanwendung (Fallbearbeitung) bestätigt sich die zentrale Bedeutung des einzelnen **Arbeitsvertrags**: Bei der gutachterlichen Prüfung arbeitsrechtlicher Fälle ist grundsätzlich vom Arbeitsvertrag als Ausgangspunkt und zentraler **Anspruchsgrundlage** auszugehen.

13   Der Arbeitsvertrag gibt vor allem Auskunft über

- die vertraglichen Hauptleistungen (z.B. tarifliches Grund- und betriebliches Zusatzentgelt) und
- die vertraglichen Nebenleistungen (z.B. Urlaubsgeld, Dienstwagen) des Arbeitgebers – d.h. die **Gegenleistungspflichten des Arbeitgebers** –, deren Nichtleistung jeweils **Leistungsklagen** des Arbeitnehmers auslösen (→ § 8).

Der Arbeitsvertrag regelt ferner   **14**

- besondere vertragliche Arbeitspflichten als Hauptpflichten (z.B. bei besonderer Arbeitsplatzbeschreibung) und
- besondere vertragliche Nebenpflichten (z.B. Nebentätigkeits- oder Wettbewerbsverbot) – d.h. die **Leistungspflichten des Arbeitnehmers** –, deren Verletzung meistens **Schadensersatzansprüche** oder **Kündigungsstreitigkeiten** auslöst (→ §§ 9, 10).

Damit ist der wesentliche Inhalt des „Pflichtprogramms" im Individual-   **15** arbeitsrecht bereits beschrieben. Der Austausch von „Leistung" und „Gegenleistung" prägt auch die Struktur des Arbeitsvertrags als eines gegenseitigen Austauschvertrags. Sein **Dauerschuldcharakter** (→ § 4 Rn. 4) muss allerdings bei der Anwendung allgemeinen Schuldrechts beachtet werden. Insbesondere tritt das Kündigungsrecht an die Stelle des Rücktrittsrechts.

Bekanntlich kommen auch Arbeitsverträge nach den allgemeinen Regeln   **16** des BGB über Willenserklärungen, Angebot und Annahme gem. §§ 145 ff. BGB, zustande und können an allgemeinen Wirksamkeitshindernissen leiden. Die hieraus entstehenden Ansprüche können nach allgemeinem Zivilrecht erloschen oder einredebehaftet sein (→ § 7). Wenn und soweit im Rahmen einer Arbeitsrechtsklausur derartige allgemeine zivilrechtliche Probleme auftreten, sind sie auch mittels der allgemeinen zivilistischen Falllösungstechnik (Anspruch entstanden? – Anspruch erloschen? – Anspruch durchsetzbar?) zu lösen (→ Beispiel Rn. 18).

2. Integration arbeitsrechtlicher Sonderregeln in den Anspruchsaufbau

Der Schwerpunkt arbeitsrechtlicher Klausuren liegt meist auf der spezi-   **17** fisch arbeitsrechtlichen Ebene, insbesondere im Bereich der §§ 611 ff. BGB. Es werden also Probleme auftreten und Normen zu berücksichtigen sein, die nur im Rahmen von Arbeitsverhältnissen einschlägig sind. Diese Besonderheiten sollen in diesem Buch durch

- Fallbeispiele,
- Aufbauschemata und
- Musterklausuren

verdeutlicht werden. Hierzu ein erster

Beispielsfall: Arbeitnehmer Anton ist seit zwei Wochen vom Arzt wegen Ohren-   **18** schmerzen krank geschrieben. Sein Arbeitgeber Bernd, bei dem er seit zwei Jahren als EDV-Entwickler beschäftigt ist, verweigert die Entgeltfortzahlung, „weil er Anton zur Arbeit und nicht zum Krankfeiern" eingestellt habe. Ansprüche des A?

I. „Zivilrechtlicher" Prüfungsteil:
Der Anspruch des A auf Entgeltfortzahlung könnte sich aus dem **Arbeitsvertrag i.V.m. § 611a BGB** ergeben.
1. **Anspruch entstanden:** Laut Sachverhalt ist zwischen A und B ein wirksamer Arbeitsvertrag i.S.v. § 611a BGB zustande gekommen. Daher hat A gem. § 611a Abs. 2 BGB grundsätzlich einen Anspruch auf Zahlung der vereinbarten Vergütung.
2. **Anspruch erloschen:** Der Anspruch könnte jedoch erloschen sein.
   a) In Betracht kommt hier **§ 326 Abs. 1 S. 1 BGB.** Danach erlischt der Anspruch auf die Gegenleistung (also das Arbeitsentgelt), wenn der Schuldner nach § 275 Abs. 1–3 BGB nicht zu leisten braucht. Das ist der Fall, soweit die Leistung für ihn oder für jedermann unmöglich ist (§ 275 Abs. 1 BGB). Die Arbeitsleistung ist dem A für zwei Wochen krankheitsbedingt unmöglich geworden („physische" Unmöglichkeit nach § 275 Abs. 1 BGB). Danach könnte der Anspruch des A auf Entgeltzahlung gem. § 326 Abs. 1 BGB für diese Zeit erloschen sein.
   b) Jedoch könnte hier als vorrangige Spezialregelung **§ 616 BGB** eingreifen. Danach geht der Vergütungsanspruch bei Dienstverträgen bei kurzzeitigen unverschuldeten Verhinderungen entgegen § 326 Abs. 1 BGB nicht unter. Voraussetzung dazu wäre die Bejahung des TB-Merkmals der Verhinderung für eine „verhältnismäßig nicht erhebliche Zeit". **ABER:** Die Subsumtion kann unterbleiben, weil ein arbeitsrechtliches Spezialgesetz, das „Entgeltfortzahlungsgesetz" (EFZG), diesen Konflikt als lex specialis gegenüber § 616 BGB regelt (**TIPP**: § 616 BGB sollte – soweit prüfungsrechtlich erlaubt – einen Hinweis auf das EFZG enthalten).
II. „Arbeitsrechtlicher" Prüfungsteil:
Der Anspruch des A auf Entgeltfortzahlung könnte sich aus **§ 3 EFZG** ergeben. Dazu müssten die Voraussetzungen von § 3 EFZG erfüllt sein, insbesondere muss ein Arbeitsverhältnis länger als vier Wochen bestehen (§ 3 Abs. 3 EFZG) und der Arbeitnehmer arbeitsunfähig infolge Krankheit sein, „ohne dass ihn ein Verschulden trifft" (§ 3 Abs. 1 EFZG). Nach dem Sachverhalt ist vom Vorliegen dieser Voraussetzungen auszugehen. A hat daher einen Anspruch auf Entgeltfortzahlung aus § 3 EFZG (Fortsetzung dieses Beispiels → § 4 Rn. 2).

Allein mit BGB-Regeln und ohne Kenntnis des EFZG ist eine zutreffende Bearbeitung des Falls also nicht möglich. Dabei dient hier die BGB-Vorausprüfung dem zivilistischen Methodenverständnis; sie müsste in einer endgültigen Bearbeitung stark verkürzt werden. § 3 EFZG fungiert nämlich als selbstständige Anspruchsnorm (inklusive zugehöriger „Hilfs-" und „Gegennormen"), so dass BGB-Regeln insoweit „ausgedient" haben (→ § 8 Rn. 63 ff.).

3. Der Einfluss der „Normenhierarchie" in der Falllösung

19   Den verschiedenen Normebenen wird man dadurch gerecht, dass, ausgehend vom Arbeitsvertrag, Schritt für Schritt alle einschlägigen Regelungen von **unten nach oben** durchgeprüft werden. Soweit der Arbeitsvertrag eine eigenständige Regelung enthält, sind dem z.B. inhaltlich konkurrierende Betriebsvereinbarungen und Tarifverträge gegenüberzustellen. Dabei sind bei der

Prüfung von **Kollektivverträgen,** aber auch von Gesetzen folgende Schritte zu beachten:

* **Wirksamkeit** der höherrangigen Regelung?
* Welcher **Regelungsinhalt** lässt sich im Wege der Auslegung feststellen?
* Gibt es eine **Kollision** mit dem Arbeitsvertrag?
* Nach welchem Prinzip (→ Rn. 7 ff.) ist die Kollision **aufzulösen?**

Hierzu ein zweiter

Beispielsfall: Martin Maurer aus Dresden ist seit längerem arbeitslos. Daher bewirbt er sich auf eine Anzeige der Großbau GmbH, die Monteure für den Hoch- und Tiefbau sucht. Um wieder in Arbeit zu kommen, schließt M mit dieser Firma am 1. 4. einen Arbeitsvertrag, obwohl ihm der angebotene Stundenlohn von 8 € als viel zu niedrig erscheint. Später erfährt M, der Gewerkschaftsmitglied ist, auf einer Gewerkschaftsversammlung, dass im Bauhauptgewerbe ein gesetzlicher Mindestlohnanspruch von 10 € nach AEntG bestehe. Der Gewerkschaftssekretär teilt M zudem mit, dass nach dem speziell einschlägigen Tarifvertrag Hoch-/Tiefbau ein Stundenlohn von 13 € zu zahlen sei. Da die G-GmbH Mitglied im speziellen Arbeitgeberverband dieses Baugewerbes sei, müsse sie sich wohl an den Tarifvertrag halten. Als M am nächsten Tag von seinem Vorgesetzten mehr Lohn verlangt, lehnt dieser unter Hinweis auf die „schwierige Lage im Bausektor" ab. Im Übrigen erklärt er, Vertrag sei Vertrag: M sei doch mit dem Stundenlohn von 8 € einverstanden gewesen.
M will nun wissen, in welcher Höhe er Anspruch auf Arbeitsentgelt habe.

Lösung:

1. **Anspruch auf Arbeitsentgelt aus Arbeitsvertrag i.V.m. § 611a BGB.** Zwischen M und der G ist am 1.4. ein Arbeitsvertrag zustande gekommen. Wirksamkeitshindernisse oder Einwendungen sind nicht ersichtlich. Danach hätte M einen Anspruch auf einen Stundenlohn von 8 €.
2. **Anspruch auf Arbeitsentgelt aus Tarifvertrag, § 4 Abs. 1 TVG.** Weitergehende Ansprüche des M könnten sich jedoch aus dem Tarifvertrag ergeben: Voraussetzung wäre, dass ein wirksamer Tarifvertrag vorliegt und die Regelungen des Tarifvertrags nach § 4 Abs. 1 S. 1 TVG auf das Arbeitsverhältnis zwischen M und G „unmittelbar und zwingend", d.h. normativ einwirken. Laut Sachverhalt ist von der Wirksamkeit des Tarifvertrags auszugehen. Da M Gewerkschaftsmitglied und die G Mitglied im zuständigen Arbeitgeberverband ist, sind beide Seiten auch tarifgebunden. Daher sind die Regelungen des Tarifvertrags auf das Arbeitsverhältnis anwendbar, selbst dann, wenn die Vertragsparteien diese Tarifwirkung gerade ausschließen wollten. Das ergibt sich aus § 4 Abs. 3 2. Alt. TVG, der abweichende Abmachungen nur **zugunsten** des Arbeitnehmers erlaubt. Die Kollision ist hier also nach dem „Rangprinzip" aufzulösen, so dass die Lohnvereinbarung über 8 € gem. § 4 Abs. 1, 3 TVG unwirksam ist. M hat einen tariflichen Anspruch auf einen Stundenlohn von 13 €.
3. **Anspruch auf gesetzlichen Mindestlohn nach § 8 Abs. 1 S. 1 Arbeitnehmer-EntsendeG (AEntG).** Fraglich ist ferner, welche Auswirkungen die gesetzlichen Regelungen über den Mindestlohn im Bauhauptgewerbe auf die Ansprüche des M haben. Nach § 8 Abs. 1 S. 1 AEntG steht auch den Arbeitnehmern eines inländischen Bau-Arbeitgebers ein gesetzlicher Mindestlohn von 10 € zu. Laut Sachverhalt treffen

20

die Voraussetzungen des AEntG auf M und G zu. Nach dem **„Rangprinzip"** gilt zwar der Vorrang des Gesetzes vor arbeits- oder tarifvertraglichen Regelungen. Hier ergibt sich jedoch aus der **Gesetzesauslegung**, dass nur „Mindestentgeltsätze" normiert werden, die daher durch anderweitige Vereinbarungen nach oben verbessert werden dürfen. Das AEntG möchte nur eine Unterschreitung des Stundenlohns von 10 € verhindern, nicht aber eine Überschreitung. Die Kollision ist hier nicht nach dem Rang-, sondern nach dem **„Günstigkeitsprinzip"** aufzulösen. Nachdem der Tariflohn hier höher liegt als der gesetzliche Mindestlohn, bleiben die Regelungen des Tarifvertrags wirksam. Aus den Bestimmungen des AEntG ergeben sich keine weitergehenden Ansprüche des M.

Ergebnis: M hat einen Anspruch auf Stundenlohn in Höhe von 13 € aus Tarifvertrag.

IV. Die Rechtsquellen im Einzelnen

1. Europarecht

a) Unmittelbare und vorrangige Wirkung vor nationalem Recht

21   Den ersten Rang in der „Normenhierarchie" des Arbeitsrechts nimmt das Europarecht aufgrund seines **supranationalen Charakters** ein. Soweit Primärrecht (EUV, AEUV) und Sekundärrecht (Verordnung, Richtlinie) der EU reichen, müssen die nationale Gesetzgebung und sogar das nationale Verfassungsrecht zurücktreten (vgl. Art. 23 Abs. 1 GG). Anders als sonst im Völkerrecht können durch europäische Rechtsnormen Rechte und Pflichten **unmittelbar** zu Gunsten oder zu Lasten des Gemeinschaftsbürgers begründet werden. Nationale Gerichte müssen europäische Rechtssätze genauso anwenden wie das bisher allein maßgebliche nationale Recht. Mehr noch: Das EU-Recht wirkt nicht nur unmittelbar, sondern auch **vorrangig vor nationalem Recht**. Bei der Lösung arbeitsrechtlicher Fälle wird die höchste Ebene „Europa" aber in aller Regel nur in Gestalt **umgesetzten Sekundärrechts** relevant: deutsche Normen müssen dann im Zweifel „europarechtsfreundlich" ausgelegt werden (→ Rn. 23).

Der **Vertrag von Lissabon**, der im Dezember 2009 in Kraft trat, verschmolz den **EUV** (55 Artikel) mit dem „Vertrag über die Arbeitsweise der Union" (**AEUV**, bisheriger EG-Vertrag, 358 Artikel) zur einheitlichen **„Europäischen Union"**. Laut Art. 1 Abs. 3 S. 2 EUV haben beide Verträge ausdrücklich den gleichen rechtlichen Stellenwert. Zudem existiert mit der „Charta der Grundrechte" (GRCh) erstmals eine **verbindliche,** genuin gemeinschaftsrechtliche Grundlage auch z.B. **sozialer Grundrechte**. Doch verändert sich dadurch nichts an ihrer diffusen Wirkung im Kontext des Art. 6 Abs. 2 und 3 EUV. Betrachtet man zudem die (auf Art. 51, 52 GRCh verweisenden) Auslegungsregeln des Art. 6 Abs. 1 EUV zusammen mit Wirkungsbegrenzungen wie in Art. 27, 28 und 30 GRCh, haben diese Normen nicht einmal die Kraft, einen Mindeststandard zu gewährleisten, sondern führen zu einem „automatischen Gleichlauf der grundrechtlichen Gewährleistung mit dem jeweils geltenden Sekundärrecht" (*Krebber*, RdA 2009, 224, 235). Im Wesentlichen bleibt nur die Bekräftigung und Verweisung auf anderes Primärrecht einschließlich der **EMRK**. Diese kann aber durch die – für EU-Staaten ebenfalls verbindliche – Rechtsprechung des Europäischen Gerichtshofs für Menschenrechte (**EGMR**) weitergehende Grundrechtsstandards etablieren (z.B. *EGMR* 21.4.2009 – 68959/01 (Yapi-Yol Sen ./. Türkei), NZA 2010, 1423: Anerkennung des Streikrechts im öffentlichen Dienst).

b) Die Drittwirkung europäischen Primärrechts, insb. von Art. 157 AEUV

Verfassungsnormen wie die des AEUV (aber auch des GG) wirken **nur im**   22 **Ausnahmefall direkt** auf privatrechtliche Beziehungen ein. Dazu sind sie häufig zu unpräzise formuliert. Die Regeln des AEUV richten sich ihrem Wortlaut nach in aller Regel ausschließlich an die Mitgliedstaaten bzw. an die Organe der Gemeinschaft. Ausnahmsweise wendet der Europäische Gerichtshof (EuGH) aber primärrechtliche Vorschriften unmittelbar auf Einzelfälle an. Im Arbeitsrecht haben die AEUV-Normen der Art. 45 (Arbeitnehmerfreizügigkeit) und Art. 157 (Entgeltgleichheit für Männer und Frauen) herausragende Bedeutung erlangt. Die Auswirkungen waren auch im deutschen Arbeitsrecht gravierend. So konnten die nahezu ausschließlich weiblichen Teilzeitkräfte eines deutschen Kaufhauses über den EuGH ihre Aufnahme in die betriebliche Altersversorgung durchsetzen, die vorher nur Vollzeitkräften gewährt wurde (*EuGH* NZA 1986, 599; *BAG* NZA 1990, 778; 1991, 635). Die europäischen Richter erkannten im Ausschluss der weiblichen Teilzeitkräfte eine mittelbare Diskriminierung wegen des Geschlechts, die mit Art. 157 AEUV nicht zu vereinbaren sei (was inzwischen durch einfaches AGG-Recht geregelt ist, vgl. §§ 1, 3 Abs. 2 AGG).

Im Arbeitsrecht spielt als unmittelbar anwendbare EU-Norm bei der Fallbearbeitung **allenfalls** der Grundsatz der Entgeltgleichheit nach **Art. 157 AEUV** eine Rolle. Der Schwerpunkt liegt meist bei Fällen *unmittelbarer* oder versteckter, also *mittelbarer Diskriminierung*. Damit Arbeitnehmer diese in größeren Betrieben aufdecken können, hat der *deutsche* Gesetzgeber *ergänzend* das **Entgelttransparenzgesetz** (EntgTranspG) geschaffen, das in Betrieben mit in der Regel mehr als 200 Mitarbeitern Arbeitnehmern einen Anspruch auf Auskunftserteilung über die Vergütung von in vergleichbarer Position beschäftigten Personen des anderen Geschlechts gewährt (→ § 8 Rn. 109 f.). Zwar hat auch die Rechtsprechung zu **Art. 45 AEUV**, also zur Arbeitnehmerfreizügigkeit, erhebliche Auswirkungen auf das nationale Arbeitsrecht. Jedoch greifen Art. 45 ff. AEUV im Gegensatz zu Art. 157 AEUV grundsätzlich nicht bei reinen Inlandstatbeständen. Daher sind Freizügigkeitsprobleme als Ausschnitt aus der Grundfreiheiten-Problematik primär nur in Europarechtsklausuren relevant (Schema bei *Thüsing*, EUArbR § 2 Rn. 80). Doch ist die EuGH-Rechtsprechung beachtlich, die zum **originären** Arbeitnehmerbegriff des Europarechts im Zusammenhang mit Art. 45 AEUV ergangen ist (→ § 2 Rn. 39; ferner *Thüsing*, EUArbR § 2 Rn. 12 ff.).

c) Die Wirkung europäischen Sekundärrechts (z.B. Richtlinien)

Auf der Ebene des Sekundärrechts tritt die Europäisierung des deutschen   23 Arbeitsrechts bei der Rechtsanwendung (Fallbearbeitung) in der Regel **nicht**

direkt in Erscheinung. Eine Ausnahme hiervon kann seit dem 25.5.2018 die *Datenschutz-Grundverordnung* (**DSGVO**) darstellen, soweit sie nicht durch das reformierte BDSG umgesetzt wurde (→ § 8 Rn. 103 ff.). Auch das harmonisierte Recht bleibt aber jedenfalls nationales Recht (z.B. § 613a BGB). Das (umgesetzte) Sekundärrecht ist daher in der Normenhierarchie und im Prüfungsaufbau grundsätzlich nicht anders zu behandeln als sonstiges nationales Gesetzesrecht (→ Rn. 29). **Aber Achtung:** Normen wie z.B. § 15 AGG oder § 613a BGB, die auf europäischen Richtlinien beruhen, müssen **europarechtskonform** ausgelegt werden. Nicht das Richterrecht des BAG, sondern das des EuGH ist verbindlich für umgesetzte nationale Normen europäischer Herkunft. Deshalb wird im Rahmen dieses Lernbuchs bei einzelnen Sachproblemen besonders auf die europäische Rechtsprechung zur deutschen Sachnorm hingewiesen.

Beispiel: Beim Verstoß gegen das *Benachteiligungsverbot* des § 7 Abs. 1 AGG macht sich der Arbeitgeber nach § 15 Abs. 2 AGG entschädigungspflichtig. Die aktuelle Gesetzesfassung ist eine Reaktion auf Urteile des EuGH, die in der früheren Version des § 611a Abs. 2 BGB keine hinreichende Sanktionierung erkannten (→ § 7 Rn. 14 f.). Der EuGH war maßgebliche Auslegungsinstanz, weil § 611a BGB bzw. § 15 Abs. 2 AGG auf eine EG-Richtlinie zurückgehen. Aus dem aktuellen Wortlaut des § 15 Abs. 2 S. 1 AGG ("angemessene Entschädigung in Geld") geht im Kontrast zu § 15 Abs. 1 AGG eindeutig hervor, dass es nicht um materiellen Schadensersatz, sondern um einen Ausgleich „immateriellen Schadens" geht, der als Instrument präventiver Verhaltenssteuerung eingesetzt wird (vgl. nur ErfK/ *Schlachter*, § 15 AGG Rn. 1 ff.; *Wagner*, AcP 206 (2006), 352, 398 ff.). Rechtsdogmatisch lässt sich dies mit deutschen Grundsätzen schwerlich in Einklang bringen, doch geht es hier um die „Europäisierung" des Privatrechts, die deshalb auch eine verschuldensunabhängige Haftung fordert (dazu *Kamanabrou*, RdA 2006, 336 f.).

24   Die *derzeit* wesentlichen „europäischen" Regelungen des deutschen Arbeitsrechts sind in der folgenden Übersicht zusammengefasst:

Schaubild 6: Europäisches Sekundärrecht im deutschen Arbeitsrecht

1. Arbeitsvertragsrecht:

a) AGG (insb. §§ 6–18, 22–23)	Umsetzung der RL 2000/43/EG, RL 2000/78/EG, RL 2002/73/EG
b) § 613a BGB	Umsetzung der RL 1977/187/EWG bzw. RL 2001/23/EG
c) Nachweisgesetz (NachwG)	Umsetzung der RL 1991/533/EWG
d) § 17 Abs. 2, 3 KSchG	Umsetzung der RL 1975 /129 EWG bzw. RL 1998/59 EG
e) Teilzeit- und Befristungsgesetz (TzBfG)	Umsetzung der RL 1997/81/EG und RL 1999/70/EG
f) Arbeitnehmerüberlassungsgesetz (AÜG)	Umsetzung der RL 2008/104/EG

2. Arbeitsschutzrecht:

a) **Arbeitsschutzgesetz (ArbSchG)**	Umsetzung insb. der Rahmen-RL 1989/391/EWG; weitere Einzel-RLen sind umgesetzt in Verordnungen, z.B. ArbeitsstättenVO
b) **Arbeitszeitgesetz (ArbZG)**	Umsetzung der RL 1993/104/EG bzw. RL 2003/88/EG
c) **Mutterschutzgesetz (MuSchG)**	Umsetzung der RL 1992/85/EWG bzw. RL 2014/27/EU
d) **Jugendarbeitsschutzgesetz (JArbSchG)**	Umsetzung der RL 1994/33/EG
e) **Beschäftigtendatenschutz (insb. § 26 BDSG)**	Umsetzung der DSGVO, insb. Art. 88

3. Unterrichtung und Anhörung der Arbeitnehmer:

a) **Europ. Betriebsrätegesetz (EBRG)**	Umsetzung der RL 1994/45/EG bzw. 2009/38/EG
b) **SE-Beteiligungsgesetz (SEBG)**	Umsetzung der RL 2001/86/EG

2. Deutsches Verfassungsrecht

a) Verfassungsgeltung als „Drittwirkung"

Vor allem der Grundrechtsteil des deutschen Grundgesetzes (Art. 1–19 GG) **25** sollte ursprünglich den einzelnen Bürger vor staatlichen Übergriffen schützen, nicht dagegen die privatautonom arrangierten Beziehungen der Bürger inhaltlich gestalten („Abwehrfunktion" der Grundrechte). Verfassungsnormen wirken daher in der Regel **nicht direkt** auf privatrechtliche Beziehungen ein (sog. **mittelbare** Drittwirkung), was bei einem unbestimmten Prinzip wie dem Sozialstaatsprinzip (Art. 20, 28 GG) auf der Hand liegt. Sie steuern vielmehr die Gesetzgebung, die z.B. aufgrund Art. 3 Abs. 2 GG (in Verbindung mit Art. 157 AEUV, also Gleichbehandlung von Mann und Frau) die einfachrechtlichen Normen der §§ 611a, 611b und 612 Abs. 3 BGB a.F. als Grundrechtssicherung und -verstärkung erlassen hatte, bevor 2006 das AGG verkündet wurde. Zunehmend wird auch bei der verfassungsrechtlichen Kontrolle des Zivilrechts die **Schutzfunktion** der Grundrechte entfaltet (vgl. ErfK/*Schmidt,* Einl. GG Rn. 38 ff.).

b) Unmittelbare Drittwirkung

Im Ausnahmefall kann aber eine Bestimmung wie **Art. 9 Abs. 3 S. 2 GG, 26** wo es zum Schutz des Koalitionsrechts heißt, dass

„Abreden, die dieses Recht einschränken oder zu behindern suchen", nichtig, „hierauf gerichtete Maßnahmen" rechtswidrig sind, mit unmittelbarer Drittwirkung ausgestattet sein: sie ist konkret genug auf eine Rechtsfolge hin formuliert. Daher wäre eine Vertragsklausel, die das Arbeitsverhältnis mit dem Beitritt zu einer Gewerkschaft automatisch enden ließe, von Verfassungs wegen unwirksam (= nichtig, § 134 BGB, vgl. auch *BAG* NJW 2007, 622: Verpflichtung zur dauerhaften Mitgliedschaft in Arbeitgeberverband verstößt gegen negative Koalitionsfreiheit).

c) Mittelbare Drittwirkung

27   Die regelmäßig zu bejahende mittelbare Drittwirkung der Verfassung muss bei Streitigkeiten zwischen Arbeitgeber und Arbeitnehmer berücksichtigen, dass jeder der Konfliktparteien jeweils eigene Grundrechte zur Seite stehen. Im folgenden Beispiel stehen sich Art. 12 GG (Vertragsbindung) und Art. 4 GG (Gewissensfreiheit) in einer Weise gegenüber, die eine sorgfältige **Güter- und Interessenabwägung** beider Grundrechtspositionen im Lichte des Grundgesetzes erfordert und „einfache" Lösungen verhindert (vgl. ErfK/*Schmidt*, Einl. GG Rn. 76 ff.).

Beispiel: Bernd Richter ist Leiter der Forschungsabteilung Human-Pharmakologie in einem pharmazeutischen Unternehmen. Bei der Entwicklung eines neuen Medikaments stellt sich dessen mögliche Zweckbestimmung für den militärischen Einsatz im Falle eines Nuklearkriegs heraus. Eine von Bernd geforderte Erklärung des Arbeitgebers, jede militärische Nutzung der entwickelten Substanz auszuschließen, wird abgelehnt. Bernd weigert sich deshalb aus medizinisch-ethischen Gründen, die Entwicklung dieser Substanz weiter zu betreuen. Nach Abmahnung wird ihm hierauf gekündigt.

Auch wenn die Weigerung eines Arbeitnehmers, seiner Arbeitspflicht nachzukommen, in der Regel eine Kündigung rechtfertigt, muss hier der ernsthafte **Gewissenskonflikt** des B arbeitsrechtlich (Drittwirkung des Art. 4 GG) berücksichtigt werden. Das BAG hat deshalb das Weisungsrecht des Arbeitgebers aus § 106 GewO wegen Art. 4 GG zugunsten des B eingeschränkt: Nur dann, wenn dem in Gewissenskonflikt geratenen Arbeitnehmer kein adäquater anderer Arbeitsplatz zugewiesen werden kann, findet eine Kündigung (personenbedingt) ihre soziale Rechtfertigung nach § 1 Abs. 2 KSchG. Hätte B an zweifelsfrei zivilen Zwecken dienenden Medikamenten weiterarbeiten können, so wäre der Arbeitgeber bei Nichtbeschäftigung wegen § 615 BGB (Annahmeverzug) zur Entgeltfortzahlung zu verpflichten (→ § 8 Rn. 46 ff.), weil eine personenbedingte Kündigung dann scheitern müsste (*BAG* NJW 1990, 203).

28   Die Wertvorstellungen des Grundgesetzes finden ihre Berücksichtigung in den **Generalklauseln** des Privatrechts. Der Grundsatz der mittelbaren Drittwirkung der Verfassung achtet dabei die besondere privatrechtliche Konfliktlösung und gesteht ihr den Vorrang zu. Besonders häufig ist der Grundsatz von Treu und Glauben (§ 242 BGB) das Einfallstor für grundrechtliche Wertungen. So wurde vom BAG eine Kündigung während der Probezeit, die allein auf die Homosexualität des Arbeitnehmers gestützt wurde, für unwirksam, weil treuwidrig (§ 242 BGB) gehalten; das gleiche Ergebnis ergäbe sich heute aus der AGG-konformen Auslegung einer Probezeitkündigung gem. §§ 242, 620 Abs. 2 BGB. Das grundsätzlich freie Kündigungsrecht während der ersten sechs Monate darf nicht für eine diskriminierende Kündigung aus Gründen der sexuellen Identität missbraucht werden (*BAG* NJW 1995, 275). Ähnliches gilt für das Tragen eines islamischen Kopftuchs, das für sich alleine noch nicht die Kündigung einer Verkäuferin in einem Kaufhaus rechtfertigt (*BAG* NJW 2003, 1685). Denn damit macht die Verkäuferin Gebrauch von ihrem Grundrecht aus Art. 4 Abs. 1 GG. Auch beim Warenhausangestellten, der das Ein- und Ausräumen alkoholischer Getränke mit seinem muslimischen Glauben nicht vereinbaren kann, muss vor der Kündigung als mildere Maßnahme eine **„Umsetzung"**, d.h. die Zuweisung einer anderen Tätigkeit, vom Arbeitgeber geprüft werden (*BAG* NJW 2011, 3319).

3. Gesetzesrecht

a) Innerstaatliches Gesetz

Gesetzesrecht ist innerstaatliches Recht, das aber auch internationalen (z.B. **29** Abkommen der Internationalen Arbeitsorganisation – IAO) oder supranationalen (z.B. Richtlinien der EU → Rn. 23 f.) Ursprungs sein kann. Der Bundestag hat auch dann, wenn er keine eigenen, sondern europäische oder internationale Gesetzgebungsinitiativen verfolgt (und verfolgen *muss,* vgl. Art. 4 Abs. 3 AEUV), im Wege der Umsetzung **(Transformation)** auf die nationale Ebene noch beträchtliche Gestaltungsspielräume. Völkerrecht gibt ebenso wie sekundäres Europarecht (Art. 288 AEUV) dem nationalen Gesetzgeber häufig nur **Rahmenregelungen** vor, solange eine „Mindestharmonisierung" das Ziel ist (vgl. Art. 151 Abs. 4 AEUV). Im Arbeitsschutz dagegen verbleiben naturgemäß weniger Umsetzungsspielräume (vgl. *Wank,* DB 1996, 1134; *Wlotzke,* NJW 1997, 1469). Der EuGH kontrolliert diese Umsetzungsmaßnahmen auf ihre Europarechtskonformität.

b) Materielles Gesetz

Rechtssätze sind für die Arbeitsvertragsparteien nicht nur dann verbindlich, **30** wenn sie im **formellen Sinne** als Parlamentsgesetz erlassen werden (zum Arbeitsrecht als Gegenstand der konkurrierenden Gesetzgebung des Bundes vgl. Art. 74 Abs. 1 Nr. 12 GG). Vielmehr gehört zu einem Gesetz im **materiellen Sinn** jede allgemein verbindliche Rechtsnorm, soweit sie – sei es auch nur durch gesetzliche Ermächtigung – demokratisch legitimiert ist. Hierzu gehören insbesondere

- die Rechtsverordnungen der Exekutive nach Art. 80 GG (z.B. Arbeitsstättenverordnung, Bildschirmarbeitsverordnung),
- die Allgemeinverbindlicherklärung eines Tarifvertrags (§ 5 TVG) durch den Bundesminister für Arbeit und Soziales,
- das autonome Satzungsrecht der Berufsgenossenschaften (Unfallverhütungsvorschriften) aufgrund gesetzlicher Ermächtigung (§ 15 SGB VII).

Die so erlassenen Normen dürfen nicht so wesentlich sein, dass sie dem Parlamentsvorbehalt unterliegen und damit der formellen Gesetzgebung bedürften. Ein gutes Beispiel für den Übergang von einer verbandlichen (privatrechtlich legitimierten) hin zu einer allgemeinverbindlichen (öffentlich-rechtlich legitimierten) Norm ist die **Allgemeinverbindlicherklärung** im Tarifrecht: Denn jetzt erfassen die Rechtsnormen des Tarifvertrags in seinem Geltungsbereich auch die nicht tarifgebundenen Arbeitgeber und Arbeitnehmer (§ 5 Abs. 4 TVG → § 12 Rn. 20).

c) Gewohnheitsrecht und Richterrecht

31   Auch ohne demokratische Legitimation und daher nur in einem Restbereich können Arbeitsrechtssätze gebildet werden durch

- Gewohnheitsrecht (aa) und
- Richterrecht (bb).

aa) Gewohnheitsrecht

32   Es entsteht nur bei lang andauernder und allgemeiner Rechtsüberzeugung, die von den Beteiligten als verbindlich anerkannt wird. Wichtigstes Beispiel ist der sog. einfachrechtliche **Gleichbehandlungsgrundsatz**, der nicht verwechselt werden darf mit dem Gleichheitssatz der Verfassung (Art. 3 Abs. 1 GG), dem Gleichberechtigungssatz (Art. 3 Abs. 2 GG) und dem Benachteiligungsverbot (Art. 3 Abs. 3 GG), auch wenn er letztlich auf Art. 3 GG beruht (*Reichold,* JZ 2004, 384).

33   Ebenfalls gewohnheitsrechtlich anerkannt ist die „**Betriebliche Übung**" (→ Rn. 50 ff.), die sich als Gleichbehandlung „in der Zeit" charakterisieren lässt.

34   Der Grundsatz der Gleichbehandlung ist Ausdruck **austeilender Gerechtigkeit** (*iustitia distributiva*): der Arbeitgeber muss seine betrieblich verbundenen Arbeitnehmer nach „sozialen" Maßstäben in proportional ausgewogener Weise gleich behandeln. Einzelne Arbeitnehmer dürfen im Vergleich zu anderen, die ihrer Stellung und Funktion nach vergleichbar sind, nicht willkürlich (sachfremd) schlechter gestellt werden. Der Grundsatz hat anspruchsbegründende Wirkung, z.B. beim willkürlichen Ausschluss eines Arbeitnehmers von einer Gratifikation oder einer sonstigen freiwilligen Leistung (vgl. auch § 1b Abs. 1 S. 4 BetrAVG: Rechtsgrund einer Betriebsrente). Normiert ist er für einen Teilbereich z.B. in **§ 4 Abs. 1 S. 1 TzBfG:**
„Ein teilzeitbeschäftigter Arbeitnehmer darf wegen der Teilzeitarbeit nicht schlechter behandelt werden als ein vergleichbarer vollzeitbeschäftigter Arbeitnehmer, es sei denn, dass sachliche Gründe eine unterschiedliche Behandlung rechtfertigen" (dazu näher *Thüsing,* ZfA 2002, 249).

35   Das unterschiedliche Arbeitspensum der Vollzeit- und Teilzeitbeschäftigten rechtfertigt für sich alleine also keine Differenzierung. Davon zu unterscheiden sind aber die strengeren **Gleichstellungsgebote (= Diskriminierungs- oder Benachteiligungsverbote)** z.B. wegen des Geschlechts, der ethnischen Herkunft, der Religion, des Alters oder der Behinderung (vgl. §§ 1, 3, 7 AGG). Hier wird eine unterschiedliche Behandlung allein wegen des Frau-Seins, der Ausländer-Eigenschaft, der fremden Religion, des höheren Alters oder der Schwerbehinderung ausdrücklich **verboten**. Solche strikten Verbote (→ § 1 Rn. 11) werden durch **zwingendes Recht** von außen an den Arbeitgeber herangetragen, sind für ihn also „Fremdbestimmung". Der allgemeine Gleichbehandlungsgrundsatz dagegen sorgt für eine „Selbstbindung" des Arbeitgebers: seine **eigenen** (relativen) Differenzierungsmerkmale muss er konsequent und sachlich anwenden. Der Richter prüft ihre inhaltliche sachliche Rechtfertigung und die konsequente Durchführung. So dürfen z.B. am Arbeitsmarkt besonders gesuchte Arbeitnehmer besser bezahlt werden als andere Mitarbeiter (vgl. *BAG* NJW 1996, 1914; NZA 2001, 782: Arbeitsmarktzulage), Angestellte mit hoher Qualifikation eine höhere Weihnachtsgratifikation erhalten als leicht anzulernende gewerbliche Arbeitnehmer (vgl. *BAG* NJW 2003, 2333: Schnellrestaurant), und nach Betriebsübergang bei Gehaltserhöhungen die übernommenen Mitarbeiter anders behandelt werden als die Stammbelegschaft (vgl. *BAG* NJW 2007, 2939; ferner *BAG* NZA 2009, 1202: Ungleichbehandlung bei kompensatorischem Lohnausgleich möglich).

Wichtig: Die Gleichbehandlung im Arbeitsrecht hat unterschiedliche Dimensionen
1. **„Gleichstellung/Verbot der Diskriminierung"**: Hierzu bedarf es einer besonderen gesetzlichen Anordnung wie im AGG: der Arbeitgeber wird so zu einem gesetzeskonformen Verhalten gezwungen (eine geschlechtsspezifische Diskriminierung z.B. ist grundsätzlich unzulässig!). Auch wenn das AGG sich als „Gleichbehandlungsgesetz" bezeichnet, werden damit weitergehende *absolute Verhaltensgebote* zugunsten eines menschenwürdigen und marktrationalen Umgangs dekretiert, die rechtsdogmatisch nicht Gleichbehandlung, sondern „Gleich*stellung*" als gesellschaftlich erwünschtes Ergebnis bezwecken.
2. **„Gleichbehandlung"**: Sie beschränkt die Privatautonomie des Arbeitgebers beim Umgang mit einer Mehrzahl von vergleichbaren Arbeitnehmern auf **sachlich nachvollziehbare** Differenzierungen – Gleichbehandlung „in der Person", ohne dass damit bestimmte Inhalte wie beim AGG vorgegeben werden; vielmehr geht es hier nur um erwünschte rationale **Verfahrensweisen** (gewohnheitsrechtliche Umsetzung von Art. 3 Abs. 1 GG).
3. **„Betriebliche Übung"**: Sie bindet den Arbeitgeber an regelmäßig wiederholte Verhaltensweisen im Sinne einer „Selbstbindung" – Gleichbehandlung „in der Zeit" (→ Rn. 50).

---

bb) Richterrecht

Es wird im Arbeitsrecht vor allem durch das **Arbeitskampfrecht** (→ § 13) **36** geprägt. Weil der Gesetzgeber (entgegen seinem rechtsstaatlichen Auftrag) untätig blieb, musste das BAG zusammen mit dem BVerfG die wesentlichen Grundsätze der Zulässigkeit von Streik bzw. Aussperrung auf der Grundlage von Art. 9 Abs. 3 GG festlegen. Ähnliches gilt für die Grundsätze der **Haf-**

tungsprivilegierung des Arbeitnehmers, wenn er bei seiner Arbeitstätigkeit
Schäden des Arbeitgebers oder Dritter verursacht hat (→ § 9 Rn. 29 ff.). Der
Satz von *Gamillscheg* gilt in Zeiten des Europarechts verstärkt: „Der Richter
ist der eigentliche Herr des Arbeitsrechts" (AcP 164 [1964], 385, 388). Diese
Herrschaft des Richters darf allerdings nichts an seiner prinzipiellen Bindung
an Recht und Gesetz ändern (Art. 20 Abs. 3 GG). Richterrecht stellt daher
keine eigenständige Rechtsquelle dar, sondern bindet durch seine Präju-
dizien die Rechtspraxis allenfalls faktisch. Untergerichte sind nicht gehalten, bei
neuer Erkenntnis der Gesetzes- bzw. Rechtslage im Einklang mit dem BAG zu
entscheiden (vgl. die Revisionsvoraussetzung der abweichenden Entscheidung,
§ 72 Abs. 2 Nr. 2 ArbGG).

4. Tarifvertrag

37   Die größte praktische Bedeutung für den Inhalt des Arbeitsverhältnisses
haben die Tarifverträge, deren Zustandekommen und Funktionieren in einem
sehr schlanken Gesetz, dem Tarifvertragsgesetz (TVG), geregelt ist. Tarifverträge werden zwischen Gewerkschaften und Arbeitgeberverbänden (Verbandstarif) oder einzelnen Arbeitgebern (Firmentarif) zur normativen Regelung
der betroffenen Arbeitsverhältnisse abgeschlossen (§ 1 TVG). Durch die Einräumung der Tarifautonomie hat der Staat seinen eigenen Regelungsanspruch
im Bereich der Arbeitsbedingungen sehr stark zurückgenommen, die Normwirkung der tariflichen Regeln aber auf verbandsangehörige („organisierte")
Arbeitnehmer und Arbeitgeber beschränkt (§§ 3, 4 TVG, sog. **Tarifbindung**).
In den Tarifverträgen, die branchen- und regionalbezogen vereinbart werden,
geht es um wesentliche Inhaltsbestimmungen des Arbeitsverhältnisses, wie z.B.
Arbeitslohn, Arbeitszeit, Urlaubsdauer, Freistellungsmöglichkeiten, Haftungs-
fragen etc. Im Konflikt zwischen tariflicher und einzelvertraglicher Regelung
kommt es immer auf die schwierige Frage an, ob die einzelvertragliche Regelung nach § 4 Abs. 3 TVG nicht nur subjektiv, sondern auch objektiv für die
Parteien „günstiger" ist (→ Rn. 9, 10).

5. Betriebsvereinbarung (Dienst-, Richtlinienvereinbarung)

38   Die Betriebsvereinbarung zwischen Arbeitgeber und Betriebsrat (§ 77 BetrVG) ist die „kleine Kollektivvereinbarung" auf Betriebsebene. Auch sie gilt
„unmittelbar und zwingend" (§ 77 Abs. 4 S. 1 BetrVG), d.h. wie eine Norm
für alle Arbeitnehmer des jeweiligen Betriebs und ohne Rücksicht auf ihre
Gewerkschaftszugehörigkeit. Soweit sog. Sprecherausschüsse von leitenden
Angestellten gewählt werden, können auch diese mit dem Arbeitgeber Richtlinienvereinbarungen mit normativer Wirkung treffen (§ 28 Abs. 2 S. 1 SprAuG).
Nur hier ist das erwähnte Günstigkeitsprinzip für die Betriebsverfassung ausdrücklich gesetzlich verankert:

„Abweichende Regelungen zugunsten des leitenden Angestellten sind zulässig.“

Im **Öffentlichen Dienst** werden nach § 73 BPersVG anstelle von Betriebs- sog. *Dienstvereinbarungen* mit gleicher Funktionsweise abgeschlossen.

Die Betriebsvereinbarung bindet alle Betriebsangehörigen, egal, ob sie den **39** Betriebsrat gewählt haben oder nicht, allein aufgrund ihrer arbeitsvertragli- chen Bindung an den Betriebsinhaber. Das Konkurrenzverhältnis zur einzel- vertraglichen Vereinbarung ist besonders streitig, weil der **Betriebsrat** anders als die Gewerkschaft nicht verbandsrechtlich (privatrechtlich) legitimiert ist, sondern aufgrund Gesetzes – das BetrVG regelt sein Amt und seine Wahl – zusammen mit der arbeitsvertraglichen Bindung der betrieblichen Arbeitneh- mer eine gemischt staatlich-privatrechtliche Legitimation besitzt. Um nicht Art. 12 GG und die darin garantierte Privatautonomie zu verletzen, müs- sen die Mitbestimmungstatbestände des BetrVG und die darauf beruhenden Betriebsvereinbarungen streng auf typischerweise **kollektive Gegenstände** beschränkt werden (→ § 14 Rn. 44 ff.). Der Vorrang privatautonomer Verein- barung für die „essentialia negotii“ des Arbeitsverhältnisses (Art, Umfang, Bezahlung) ist zwar im BetrVG nicht ausdrücklich geregelt, ergibt sich aber als Folge verfassungskonformer Auslegung (str. → Rn. 5).

Schaubild 7: Kollektivrechtliche Vereinbarungen

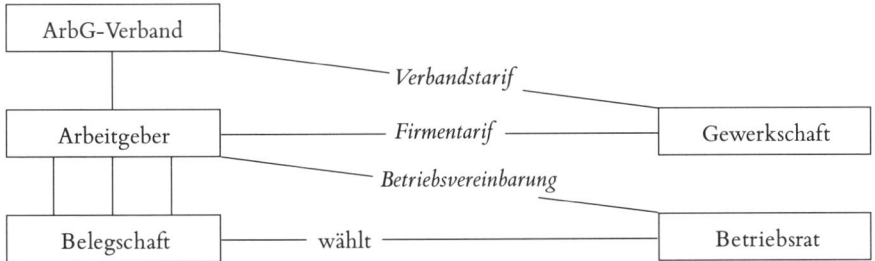

Beispielsfall: Die dem zuständigen Arbeitgeberverband angeschlossene Firma Viktor **40** möchte aus Kosten- und Wettbewerbsgründen die Produktion einer neuen Gastherme nach Tschechien auslagern. Nach Verhandlungen mit dem Betriebsrat ihrer deutschen Betriebsstätte unterbleibt die Auslagerung, weil die Wochenarbeitszeit von der tarif- lichen 35-Stunden- auf eine 38-Stunden-Woche ohne Lohnausgleich verlängert wird. Im Gegenzug verspricht Viktor den Ausschluss von betriebsbedingten Kündigungen für zwei Jahre. Die Verlängerung der Arbeitszeit wird nicht im Wege einer Betriebs- vereinbarung umgesetzt, sondern im Wege **vertraglicher Vereinbarungen**. 90 % der Belegschaft sind nicht in der zuständigen Gewerkschaft organisiert. Die Gewerkschaft möchte wissen, ob das Vorgehen von V rechtens ist.
Bei der **Lösung** ist zwischen den organisierten 10 % und den nicht organisierten 90 % der betrieblichen Arbeitnehmer zu unterscheiden. Weil die nicht organisierten Arbeit- nehmer den Tarifvertrag **nur vertraglich**, nicht normativ für sich gelten lassen müs- sen, ist eine Vertragsänderung auch „nach unten“ ohne weiteres zulässig (→ Rn. 43).

Hätte der Betriebsrat diese Regelung allerdings im Wege der Betriebsvereinbarung (§ 77 Abs. 4 BetrVG) normativ umgesetzt, so hätte er gegen das Gesetz (§ 77 Abs. 3 BetrVG) verstoßen, das dem Betriebsrat die inhaltlich konkurrierende Regelung mit dem Tarifvertrag untersagt. Die gewerkschaftlich **organisierten Arbeitnehmer** allerdings können die Änderung der Wochenarbeitszeit nur durchführen, wenn es sich um eine für sie „günstigere" Regelung nach § 4 Abs. 3 TVG handelt. Nach wohl herrschender, aber bestrittener Meinung ist die Ausweitung der tariflichen Arbeitszeit gegen Lohnverzicht für die Arbeitnehmer selbst dann nicht günstiger, wenn der Arbeitgeber einen entsprechend langen Kündigungsverzicht erklärt (näher *Kort*, NJW 1997, 1476, 1479). Deshalb könnten die organisierten Arbeitnehmer auf der Einhaltung ihrer tariflichen (kürzeren) Arbeitszeit bestehen.

6. Die arbeitsvertragliche Ebene

41   Der Arbeitsvertrag (§ 611a BGB) begründet nicht nur das Arbeitsverhältnis, sondern bestimmt auch wesentliche **Inhalte**, wie z.B. Art, zeitlichen Umfang und Entlohnung der Tätigkeit (sog. „Vertragsprinzip", Rn. 5, 10, 12 ff.). In der Praxis besteht eine große Bandbreite zwischen inhaltsleeren Massenverträgen und ausführlichen vertraglichen Arbeitsplatzbeschreibungen (besonders bei leitenden Angestellten). Grundsätzlich gilt: Je mehr bereits im Vertrag über die Einzelheiten der Arbeitsleistung bestimmt wird, desto weniger bleibt dem einseitigen Weisungsrecht überlassen. Das Weisungsrecht kann als einseitige Leistungsbestimmung des Arbeitgebers (→ Rn. 52) nach §§ 611a Abs. 1 S. 2 BGB, 106 S. 1 GewO nur den im Vertrag offen gelassenen Rahmen für die Arbeitsleistung ausfüllen (näher *Hromadka*, NZA 2012, 233).

42   Für die Mehrzahl der Arbeitsverhältnisse ist der Individualvertrag als Steuerungsinstrument **funktionell überfordert** (→ § 4 Rn. 4). Die Vereinheitlichung der Arbeitsbedingungen in jedem größeren Betrieb führt dazu, dass zur Inhaltsbestimmung üblicherweise

- Bezugnahmeklauseln (a)
- Einheitsregelungen (AGB) bzw. Gesamtzusagen (b) und
- betriebliche Übungen (c)

als *besondere vertragliche* Regulierung zu beachten sind.

a) Bezugnahmeklauseln (Gleichstellungsklauseln)

43   Weil nur ca. 20 % der Arbeitnehmer in Gewerkschaften organisiert sind und der Tarifbindung unterliegen, erfolgt regelmäßig eine arbeitsvertragliche Bezugnahme auf den jeweils einschlägigen Tarifvertrag. Doch kann der nicht tarifgebundene Arbeitgeber auch beliebig andere Tarifverträge in Bezug nehmen (*BAG* NJW 2012, 699, 700 f.). Für **Nicht-Organisierte**, d.h. die Mehrheit der Beschäftigten, wird der Tarifvertrag dann aufgrund der Bezugnahme wie eine schuldrechtliche Vereinbarung zum *konstitutiven* Vertragsinhalt. Der wichtige Unterschied zur normativen Wirkung (§ 4 Abs. 1 TVG) besteht darin, dass vertragliche Änderungen der tariflichen Vorgaben **auch zum Nachteil des Arbeitnehmers** (freilich nur dann, wenn er zustimmt) möglich sind (→ Beispiel Rn. 40).

Regelmäßig werden **„dynamische" Bezugnahmeklauseln** auf Tarifverträge Bestandteil der Arbeitsverträge; diese verweisen auf die einschlägigen Tarifverträge in ihrer *jeweiligen* Fassung. Das hat besondere Bedeutung für den Fall eines Tarifwechsels oder des Endes der Tarifbindung. **44**

> Das BAG hat diese Klauseln bis ins Jahr 2005 pauschal als **Gleichstellungsabreden** in „objektiver" Weise ausgelegt: die vertragliche Bezugnahme sollte danach als Gleichstellungsregel für die nichtorganisierten mit den tarifgebundenen Arbeitnehmern wirken. Ohne die Mitgliedschaft in der Gewerkschaft überprüfen zu müssen, wollte der Arbeitgeber auf **alle Arbeitnehmer** jeweils den Tarifvertrag anwenden, an den er normativ zwingend gebunden ist (BAGE 92, 171; *BAG* DB 2002, 431, 433). Endete seine Tarifbindung, sollte aber von nachfolgenden Tarifverträgen trotz Bezugnahmeklausel keine Rechtswirkung mehr ausgehen (BAGE 105, 284).

Doch hält das BAG seit seinem Urteil vom 14.12.2005 (*BAG* NJW 2006, 2571) statt der „objektiven" eine **„subjektive Auslegung"** mit Rücksicht auf den AGB-Charakter der Bezugnahmeklausel für richtig. **„Unbedingt zeitdynamische"** Verweisungen auf einen bestimmten Tarifvertrag, die nach dem 1.1.2002 (Schuldrechtsreform) vereinbart worden und nicht in einer für den Arbeitnehmer erkennbaren Weise mit der Tarifbindung des Arbeitgebers verknüpft sind, begründen danach eine **dauerhaft konstitutive** Verweisung auf den Tarifvertrag – ganz unabhängig vom weiteren Schicksal der Tarifgebundenheit des Arbeitgebers (*BAG* NZA 2007, 965). Ob und mit welchen Mitteln sich der Betriebserwerber trotz § 613a Abs. 1 BGB dieser Tarifbindung entledigen kann, wird nach den EuGH-Urteilen „Alemo Herron" (NZA 2013, 835) und „Asklepios" (NZA 2017, 571) streitig diskutiert (*Bayreuther*, NJW 2017, 2158; *Hohenstatt*, FS Willemsen, 2018, S. 187; *Schubert*, FS Willemsen, 2018, S. 463). Vorzugswürdig ist eine mit dem AGB-Recht konforme Vertragsgestaltung, welche das gewünschte **Gleichstellungsziel** der Bezugnahmeklausel, d.h. die jeweilige Gleichbehandlung der nichtorganisierten mit den organisierten Arbeitnehmern, **ausdrücklich** und **transparent** in die Klausel aufnimmt, z.B. wie folgt:

> **Formulierungsbeispiel:** „Für das Arbeitsverhältnis gelten die im Unternehmen für die vereinbarte Tätigkeit jeweils gültigen Tarifverträge in ihrer jeweiligen Fassung. Diese Bezugnahme erfasst auch den künftigen Wechsel zu einem anderen Tarifwerk. Entfällt die Tarifbindung, gelten die zuletzt gültigen Tarifverträge statisch fort, bis sie durch eine andere Abmachung ergänzt werden. Der Arbeitgeber wird entsprechend dem Nachweisgesetz auf jeden Wechsel des Tarifwerks pauschal hinweisen." Vgl. ferner *Giesen*, NZA 2006, 629; *Klebeck*, NZA 2006, 15, 20; *Preis/Greiner*, NZA 2007, 1079.

45   Auch wenn der Arbeitnehmer als Gewerkschaftsmitglied **tarifgebunden** ist
(§ 3 TVG), hat der Verweis auf das Tarifrecht im Vertrag auch für ihn *konstitutive* Bedeutung. Der Arbeitgeber will nämlich ohne Rücksicht auf Gewerkschaftszugehörigkeit die für ihn relevante Tarifanwendung festschreiben (*BAG NZA* 2010, 41, 44). **Anders** dagegen ist die Rechtslage beim Verweis auf Betriebsvereinbarungen: dieser wirkt nur *deklaratorisch*, weil jeder Arbeitnehmer mit Ausnahme der leitenden Angestellten ohnehin von den Betriebsnormen **normativ** erfasst wird, ohne dass es einer vertraglichen Bezugnahme bedarf.

b) Einheitsregelungen (AGB) bzw. Gesamtzusagen

46   Aus Gründen der Rationalisierung und Standardisierung werden dem Arbeitnehmer regelmäßig *vorformulierte* allgemeine Arbeitsbedingungen vorgelegt, über die keine Verhandlungen stattfinden. Diese Einheitsregelungen sind die **Allgemeinen Geschäftsbedingungen (AGB)** des Arbeitsrechts. Die **Inhaltskontrolle** vorformulierter Arbeitsbedingungen, z.B. bei überraschenden Klauseln in Formularverträgen, erfolgte bis zum 1.1.2002 nicht nach den Regelungen des AGB-Gesetzes, sondern über § 242 BGB analog (so *BAG NJW* 1996, 2117 zur analogen Anwendung von § 3 AGBG – heute: § 305c BGB – Überrumpelungsklausel).

47   Seit dem 1.1.2002 sind die in §§ 305 ff. BGB enthaltenen Regelungen zur Inhaltskontrolle von AGB auch auf Arbeitsverträge **direkt anwendbar.** Trotz der Formulierung in § 310 Abs. 4 S. 2 BGB, wonach die Inhaltskontrolle „die im Arbeitsrecht geltenden **Besonderheiten angemessen** zu berücksichtigen" habe, hat die BAG-Rechtsprechung der letzten Jahre die Anforderungen an eine angemessene Vertragsgestaltung **grundlegend verschärft.** Obwohl eine Inhaltskontrolle solcher AGB nicht stattfindet, welche Tarifverträge oder Betriebsvereinbarungen inhaltlich komplett übernehmen (§ 307 Abs. 3 S. 1 i.V.m. 310 Abs. 4 S. 3 BGB), hat sich gezeigt, dass die lückenhafte Gesetzeslage und die Vielzahl der unklaren bzw. intransparenten und unangemessenen Vertragsklauseln in der Praxis Anlass zu einer großflächigen Neuformulierung der AGB geben (→ § 7 Rn. 30 ff.).

48   Die **kirchlichen** Arbeitsrechtsregelungen (AVR), die von paritätisch besetzten Kommissionen für die kirchlichen Arbeitsverhältnisse erlassen werden und damit den besonderen **„Dritten Weg"** des kirchlichen Arbeitsrechts kennzeichnen, werden in der Rechtsprechung inzwischen ebenso beurteilt. Auch bei diesen AVR handelt es sich rechtlich um nichts anderes als um AGB, die nur durch Bezugnahme im einzelnen Arbeitsvertrag Geltung erlangen, nicht dagegen um den Tarifnormen vergleichbare Kollektivnormen, weil sie nicht den Verhandlungen freier und unabhängiger Tarifpartner entspringen, sondern auf kirchengesetzlich geregelten Kommissionsbeschlüssen beruhen. Für ihre Inhaltskontrolle soll aber aufgrund der Besonderheiten ihrer paritätischen Gestaltung in strukturell gleichgewichtigen Kommissionen kein strengerer Maßstab als für Tarifnormen gelten (*BAG NZA* 2011, 634).

Auch die **Gesamtzusage** ist Bestandteil solcher Einheitsregelungen mit **49** der Besonderheit, dass es sich um (nachträgliche und ausdrückliche) einseitige Zusagen des Arbeitgebers an Arbeitnehmergruppen oder die gesamte Belegschaft handelt, auf deren ausdrückliche Annahme der Arbeitgeber wegen der ausschließlich vorteilhaften Regelung konkludent verzichtet (§ 151 BGB). Schwierigkeiten mit dieser vertragsrechtlichen Deutung können sich ergeben, wenn einer der betroffenen Arbeitnehmer bei Zusageerteilung nicht anwesend ist (z.B. längerer Erholungs- oder Sonderurlaub). Soweit hier § 151 BGB nicht weiterhilft, entsteht jedenfalls ein Anspruch aufgrund des einfachrechtlichen Gleichbehandlungsgrundsatzes (→ Rn. 32 ff.).

c) Betriebliche Übung

Anders als bei der Gesamtzusage erwachsen aufgrund betrieblicher Übung **50** Ansprüche auch dann, wenn freiwillige Leistungen des Arbeitgebers nicht ausdrücklich angekündigt, sondern einfach **(konkludent)** gewährt werden. Bei einer regelmäßigen (vorbehaltlosen) Wiederholung solcher Verhaltensweisen darf der Arbeitnehmer darauf schließen, dass ihm diese Vergünstigung **auf Dauer** zusteht. Freilich kann z.B. die „Duldung" privater Internetnutzung im Betrieb keinesfalls einen „Anspruch" kraft betrieblicher Übung entstehen lassen, weil diese Rechtsfigur nur kollektive Zuwendungen finanzieller Art ermöglicht (zutr. *Waltermann*, NZA 2007, 529, 531). Für die Anspruchsentstehung entscheidend ist laut BAG nicht der Verpflichtungswille des Arbeitgebers, sondern die Auslegung seines Verhaltens nach dem Empfängerhorizont des Arbeitnehmers (§§ 133, 157 BGB). Die neuere Rechtsprechung tendiert zu einer Verneinung der Bindung wegen häufiger Vorbehalte des Arbeitgebers (→ *Fall 3*). Rechtsdogmatisch kann nach der BGH-Rechtsprechung zur Willenserklärung trotz fehlenden Erklärungsbewusstseins (BGHZ 91, 324) von einem Anwendungsfall der **konkludenten Vertragsbindung** gesprochen werden („Vertragstheorie", vgl. nur *BAG* NZA 2003, 337; NJW 2004, 3652 sowie *Mikosch*, FS Düwell, 2011, S. 115; *Chr. Picker*, Die betriebliche Übung, 2011, insb. S. 371 ff.; *Waltermann*, RdA 2006, 257; *Walker*, JuS 2007, 1; a.A. *Wank*, NZA-Beilage 3/2011, 126: Vertrauenshaftung; krit. auch *Preis/Genenger*, JbArbR 2010, 93, 114 f.; *Schneider*, DB 2011, 2718). Die betriebliche Übung kann nicht als „Gestaltungsmittel" gelten, weil rational handelnde Arbeitgeber ihre Leistungen vertraglich oder kraft Betriebsvereinbarung **rechtssicher** zuzusagen pflegen. Doch kann eine richterliche Bewertung **ex post** zu einer solch „ungewollten" Zukunftsbindung führen, die dann aber auch nach § 119 Abs. 1 BGB wie bei einem Erklärungs- oder Inhaltsirrtum anfechtbar sein müsste (bei größeren Unternehmen wegen bewusster Inkaufnahme des Irrtums wohl abzulehnen, näher *Schwarze*, NZA 2012, 289). Immer muss tatbestandlich ein hinreichend konkretisiertes Angebot im Sinne einer „betriebsweiten" Zusage vorliegen. Denn die „betriebliche Übung" ist ein Sammelbegriff von Auslegungsmustern unternehmerischen Leistungsverhaltens (*Mikosch*, a.a.O. S. 119).

Beispielsfall: Anton ist Arbeitnehmer der F-GmbH und kann am 1.4.2008 sein 25-jähriges Dienstjubiläum begehen. Ihm ist bekannt, dass die F-GmbH in 2006 sechs Jubilaren und in 2008 zwei weiteren Jubilaren jeweils ein Jubiläumsgeld in Höhe von 600 € gezahlt hatte. So freut er sich auf diese Zahlung, muss jedoch feststellen, dass die F-GmbH für ihn lediglich ein Jubiläumsessen vorgesehen hat. Ein Jubiläumsgeld wird nicht gewährt und soll auch zukünftig nicht mehr gewährt werden. Anton ist der Auffassung, dass ihm eine Jubiläumszuwendung in gleicher Höhe wie seinen Kollegen zusteht. Zu Recht?

Lösung: Es besteht kein Anspruch aus betrieblicher Übung. Wird eine Gratifikation dreimal gewährt, so begründet dies nur dann eine Verbindlichkeit, wenn sie an die *gesamte* Belegschaft geleistet wird. Da hier die Gratifikation zwar insgesamt achtmal, aber nur an *einzelne* Personen geleistet wurde, muss nach der Rechtsprechung des BAG auf Art, Dauer und Intensität der Leistungen abgestellt werden. Es kommt auf die Zahl der Anwendungsfälle im Verhältnis zur Belegschaftsstärke an. Da die Jubiläumszuwendung nur in zwei Jahren gewährt wurde und dieser neben dem Monatseinkommen eine untergeordnete Bedeutung zukommt, ist eine betriebliche Übung nicht entstanden (*BAG* NJW 2004, 3652).

51   Pech haben die Arbeitnehmer des öffentlichen Dienstes; dort wird vom BAG die Gesetzesbindung des Dienstherren so stark betont, dass auch bei langjähriger Gewährung von Vergünstigungen, die rechtlich nicht vorgeschrieben waren, kein Vertrauen entstehen kann, diese Übung sei Vertragsinhalt geworden. „Im Zweifel gilt Normvollzug" (*BAG* NJW 1996, 1770), so dass z.B. eine langjährige Übung, wonach ein Teil der Arbeitszeit für einen Vertrauensarzt auch außerhalb des Dienstgebäudes abgeleistet werden darf, durch eine entgegenstehende Weisung aufgrund Dienstvereinbarung jederzeit beendet werden kann. Das gilt z.B. auch bei dem Widerruf einer jahrelangen Übung, wegen der Karnevalsumzüge am Rosenmontag den Dienstbetrieb einzustellen (*BAG* NJW 1993, 2333). Die betriebliche Übung entfaltet ihre volle Wirkung **also nur in privatwirtschaftlichen Betrieben**, nicht dagegen im durchnormierten öffentlichen Dienst. Eine solche Differenzierung lässt sich aber wohl nur da halten, wo das Haushaltsrecht unmittelbare Restriktionen setzt, die auch erkennbar sind, also im öff. Dienst im **engeren** Sinn (z.B. bei Zusammenarbeit mit Beamten, *BAG* ZTR 2006, 445), nicht dagegen in privatisierten Unternehmen (z.B. bei der Daseinsvorsorge, vgl. *Chr. Picker*, ZTR 2012, 195, 202 f.).

Arbeitshinweis: Auf der „vertraglichen Ebene" sind auch **quasi-vertragliche Ansprüche** wie der Gleichbehandlungsgrundsatz (→ Rn. 32 ff.) oder die betriebliche Übung anzusiedeln. Obwohl sie in der vertraglichen Vereinbarung nicht ausdrücklich benannt sind, beziehen sie sich auf begünstigendes Arbeitgeberhandeln und sind daher der Individualbeziehung nach Maßgabe der gewohnheitsrechtlich verfestigten Grundsätze zuzuordnen.

d) Weisungsrecht (§ 106 GewO i.V.m. § 611a Abs. 1 S. 2 BGB)

Das Weisungsrecht ist die schwächste Rechtsquelle des Arbeitsverhältnis- **52**
ses und ergibt sich aus dem Arbeitsvertrag selbst (*Junker*, Rn. 205). Es dient
der Konkretisierung der vertraglich zugesagten Arbeitsaufgabe und ist das
Gestaltungsmittel des Arbeitgebers, um **seine unternehmerischen Ziele
mittels der Arbeitnehmer** umzusetzen. Seit 2002 ist es gesetzlich normiert
in § 106 GewO und wird seit 2017 zusätzlich, aber nicht voll übereinstimmend, in § 611a Abs. 1 S. 2 BGB erwähnt. Es darf nur nach billigem Ermessen
im Sinne von § 315 Abs. 3 BGB ausgeübt werden. Das ist dann der Fall, wenn
die wesentlichen Umstände des Falls abgewogen und die beiderseitigen Interessen angemessen berücksichtigt worden sind (*BAG* NZA 2001, 780, 781).
Rechtswidrige Weisungen muss der Arbeitnehmer auf keinen Fall befolgen;
ihm steht dagegen ein Leistungsverweigerungsrecht (§ 273 BGB) zu (auch
unbillige Weisungen müssen laut *BAG* NZA 2017, 1452 nicht befolgt werden,
dazu näher *Preis*, NZA 2015, 1, 5 ff.; *Kühn*, NZA 2015, 10; diff. *Hromadka*,
NJW 2018, 7). Ein arbeitsvertraglich vorbehaltenes Weisungsrecht darf aber
nicht die vertragliche Äquivalenz von Leistung und Gegenleistung entscheidend verändern. Denn gravierende Veränderungen des Synallagmas müssen
einvernehmlichen Vertragsänderungen (§ 311 Abs. 1 BGB) bzw. einer Änderungskündigung vorbehalten bleiben (→ § 9 Rn. 3, 10; ferner *Hromadka*, NZA
2012, 233, 234; MHdB ArbR/*Reichold*, § 40 Rn. 6, 26).

Beispiel: Durch die Umstrukturierung der Chirurgischen Abteilung eines Krankenhauses wird der Abteilungsbereich des Chefarztes Paul von 100 auf 60 Betten verringert.
Der mit ihm geschlossene Arbeitsvertrag enthält eine entsprechende **Anpassungs- und
Entwicklungsklausel.** Paul hält diese Maßnahme für unwirksam, weil dadurch seine
Einnahmen für die Tätigkeit im dienstlichen Aufgabenbereich auf etwa 75 Prozent und
die Gesamteinnahmen aus dienstlicher und sonstiger genehmigter Nebentätigkeit auf
60 Prozent seiner bisherigen Einnahmen sinken.

Der **vertragliche Vorbehalt** einer arbeitgeberseitigen Umstrukturierung rechtfertigt
grundsätzlich entsprechende sachlich begründete Veränderungen (Verschlechterungen)
der Tätigkeit von Paul. Allerdings darf nicht einseitig die Äquivalenz von Leistung und
Gegenleistung grundlegend gestört werden. Außerdem müssen die Maßnahmen „**sachlich
geboten**" sein. Vorliegend hat das BAG aufgrund der sachlich nicht zu beanstandenden
Umstrukturierung und dem ohnehin sehr hohen Einkommen von Paul die Verringerung
der Einkunftsmöglichkeiten für noch gerechtfertigt angesehen. Pauls Bezüge würden auch
nach der Organisationsänderung sich noch auf ein Mehrfaches des höchsten Tarifgehalts
belaufen (*BAG* NZA 1997, 1160).

V. Kontrollfragen

1. Wie lässt sich die herkömmlich sehr geringe Bedeutung der Arbeitsvertragsgestaltung im Arbeitsrecht begründen? Nennen Sie historische, soziale
   und ökonomische Gründe!

2. Warum spielt im Arbeitsrecht die Auflösung von Normkollisionen unterschiedlicher Ebenen eine besonders wichtige Rolle?

3. Es gibt zwei gesetzliche Formulierungen des sog. Günstigkeitsprinzips, eine relativ alte und eine ziemlich neue. Nennen Sie beide Rechtsquellen!

4. Nennen Sie die vier Prüfungspunkte, nach denen Sie bei der Auflösung von Normkollisionen im Arbeitsrecht vorgehen!

5. Welcher Norm des Grundgesetzes kommt unmittelbare Drittwirkung, d.h. direkte Anwendung auf Arbeitsrechtsstreitigkeiten zu?

6. Angenommen, ein Bankangestellter am Schalter schmückt sein rechtes Ohr mit einem auffälligen Ring. Welche Grundrechte stehen sich gegenüber, wenn er von seinem Vorgesetzten dazu aufgefordert wird, am Schalter „im Interesse der Kundschaft" den Ring während der Dienststunden zu entfernen? Wie würden Sie den Konflikt entscheiden?

7. Welcher wesentliche Unterschied besteht für den nationalen Gesetzgeber bei der Umsetzung völkerrechtlicher Pflichten (z.B. IAO-Abkommen) einerseits und der Umsetzung von EU-Richtlinien andererseits?

8. Welcher rechtsquellentheoretische Unterschied besteht zwischen dem Gewohnheitsrecht einerseits und dem Richterrecht andererseits?

9. Warum stellen arbeitsvertragliche Bezugnahmeklauseln auf den geltenden Tarifvertrag für die Mehrheit der Beschäftigten erst die Anwendung der tariflichen Inhalte sicher?

10. Warum kann es für den Arbeitgeber sinnvoller sein, freiwillige Sozialleistungen im Betrieb im Wege einer Betriebsvereinbarung mit dem Betriebsrat einzuführen, als diese im Wege von Gesamtzusagen zu versprechen?

11. Welcher Theorie lässt sich nach Meinung des BAG und gewichtiger Stimmen im Schrifttum die gewohnheitsrechtlich anerkannte Rechtsfigur der „betrieblichen Übung" zuordnen?

12. Warum lässt sich ein Arbeitsvertrag nicht ohne Weisungsrechte denken?

Empfehlungen zur vertiefenden Lektüre:

Literatur: *Bieder*, Die betriebliche Übung – individueller Gestaltungsfaktor oder kollektive Rechtsquelle des Arbeitsrechts?, ZfA 2016, 1; *Boemke*, (Un-)Verbindlichkeit unbilliger Arbeitgeberweisungen, NZA 2013, 6; *Dieterich*, Grundgesetz und Privatautonomie im Arbeitsrecht, RdA 1995, 129; *Giesen*, Bezugnahmeklauseln – Auslegung, Formulierung und Änderung, NZA 2006, 625; *Hromadka*, Grenzen des Weisungsrechts, NZA 2012, 233; *ders.*, Unbillige Weisung unverbindlich!?, NJW 2018, 7; *F. Kirchhof*, Grundrechtsschutz durch europäische und nationale Gerichte, NJW 2011, 3681; *Krebber*, Soziale Rechte in der Gemeinschaftsrechtsordnung, RdA 2009, 224; *Kühn*, Rechtsfolgen rechtswidriger Weisungen, NZA 2015, 10; *Mikosch*, Die betriebliche Übung bei Arbeitgeberleistungen, FS Düwell, 2011, S. 115; *Nußberger*, Auswirkungen der Rechtsprechung des Europäischen Gerichtshofs für Menschenrechte auf das deutsche Arbeitsrecht, RdA 2012, 270; *E. Picker*, Tarifautonomie – Betriebsautonomie – Privatautonomie, NZA 2002, 762; *Preis*, Grundfragen der Vertragsgestaltung im Arbeitsrecht, 1993; *ders.*, Unbillige Weisungsrechte und überflüssige Änderungskündigungen, NZA 2015, 1; *Preis/Greiner*, Vertragsgestaltung bei

Bezugnahmeklauseln nach der Rechtsprechungsänderung des BAG, NZA 2007, 1073; *Schwarze*, Grenzen der Anfechtung einer betrieblichen Übung, NZA 2012, 289; *ders.*, Unverbindlichkeit einer unbilligen Arbeitgeber-Weisung, JA 2018, 305; *Seifert*, Veränderungen der Regelungstechniken im Arbeitsrecht der EU, EuZA 2018, 51; *Thüsing/Lambrich*, Arbeitsvertragliche Bezugnahme auf Tarifnormen, RdA 2002, 193; *Waltermann*, Die betriebliche Übung, RdA 2006, 257; *Wank*, Methodenehrlichkeit im Arbeitsrecht am Beispiel der betrieblichen Übung, NZA-Beilage 3/2011, 126.

Rechtsprechung: *EuGH* NJW 2017, 1087 (Zulässigkeit eines Kopftuchverbots in privaten Unternehmen); *BVerfG* NZA 2014, 1387 (Eingeschränkte gerichtliche Überprüfung von Loyalitätsobliegenheiten in kirchlichen Arbeitsverhältnissen); *BAG* NZA 2017, 1452 (Unverbindlichkeit unbilliger Weisungen); *BAG* NJW 2012, 1099 (Abwägung zwischen Selbstverständnis der Kirchen und Arbeitnehmerrecht auf Achtung seines Privat- und Familienlebens bei Kündigung eines Chefarztes im katholischen Klinikum); *BAG* NZA 2011, 634 (Inhaltskontrolle kirchlicher AVR folgt Rechtskontrolle der Tarifnormen); *BAG* NJW 2008, 102 (Auslegung einer „unbedingt zeitdynamischen" Verweisung); *BAG* NJW 2004, 3652 (keine betriebliche Übung bei Jubiläumszuwendung); *BAG* NJW 2003, 2333 (zulässige Ungleichbehandlung bei Sonderzuwendung für Besserqualifizierte); *BAG* NJW 2003, 1685 (keine Kündigung wegen eines islamischen Kopftuchs).

§ 4. Die arbeitsrechtliche Klausur

I. Grundsatz: Orientierung am zivilrechtlichen Anspruchsaufbau

Das materielle Arbeitsrecht soll in diesem Buch nicht abstrakt, sondern **1** konkret anhand des **Anspruchsaufbaus** so vorgeführt werden, dass die Umsetzung des Wissens in der **Klausur** leichter fällt. Weil das Arbeitsrecht jünger als das Zivilrecht ist und eigene „kollektive" Strukturen kennt, könnte man versucht sein, seine Falllösungs-Strukturen „neu zu erfinden". Das ist aber unnötig. Die im **Pflichtfach** vorherrschende Orientierung am Recht des **Arbeitsvertrags** ermöglicht es dem Studierenden, alle guten Ratschläge zum richtigen Aufbau einer Zivilrechtsklausur auch für die arbeitsrechtliche Klausur sinnvoll einzusetzen. Daran ändert auch die Tatsache nichts, dass moderne Gesetze in das strukturelle zivilistische Denken einbezogen werden müssen.

Hierzu – in Abwandlung des Fallbeispiels (→ § 3 Rn. 18) – folgender

Beispielsfall: Arbeitnehmer Anton ist seit zwei Wochen vom Arzt wegen Ohren- **2** schmerzen krank geschrieben. Sein Arbeitgeber Bernd, bei dem er seit zwei Jahren als EDV-Entwickler beschäftigt ist, verweigert die Entgeltfortzahlung, weil er keine ärztliche Arbeitsunfähigkeitsbescheinigung erhalten hat. Außerdem ist Bernd zu Ohren gekommen, dass A sich die Ohrenschmerzen durch höchst riskante, unverantwortlich durchgeführte Tiefseetauchmanöver im Rahmen seines Urlaubs zugezogen habe. Ansprüche des A?

„**Arbeitsrechtlicher**" **Prüfungsteil** (§ 3 Rn. 18)

  I. **Anspruch entstanden?** Der Anspruch des A auf Entgeltfortzahlung ergibt sich aus § 3 EFZG.

  1. Das Arbeitsverhältnis mit B besteht wirksam seit zwei Jahren, so dass insoweit der gesetzliche Anspruch auf Entgeltfortzahlung nach § 3 Abs. 1, 3 EFZG entstanden sein könnte.

  2. Der Sachverhalt gibt aber Anlass zur Frage, ob der Einwand des B, dass der A die Ohrenschmerzen durch unverantwortliche Tauchmanöver verursacht habe, den Anspruch aus § 3 Abs. 1 EFZG entfallen lässt. A könnte an der Arbeitsunfähigkeit „ein Verschulden" im Sinne des § 3 Abs. 1 S. 1 EFZG treffen. Als negative Tatbestandsvoraussetzung handelt es sich hier um eine **rechtshindernde Einwendung**, die den Anspruch von vornherein nicht entstehen lässt. Der Verschuldensbegriff des § 276 Abs. 1 S. 1 BGB findet hier keine Anwendung. Vielmehr bedarf es nach der BAG-Rechtsprechung analog § 254 BGB eines gröblichen Verstoßes gegen das von einem verständigen Menschen im eigenen Interesse zu erwartende Verhalten (→ § 8 Rn. 65). Ob dies hier A vorgehalten werden kann, ist TATFRAGE. Im Zweifel schließt auch das Betreiben einer gefährlichen Sportart die Entgeltfortzahlung nicht aus, es sei denn, es liegt ein ungewöhnlich sorgfaltswidriges Verhalten des Sportlers vor.

 II. **Anspruch erloschen?** Für rechtsvernichtende Einwendungen (z.B. Erfüllung) liegen keine Anhaltspunkte vor.

III. **Anspruch durchsetzbar?** B kann dem A ein **(vorläufiges) Leistungsverweigerungsrecht** nach § 7 Abs. 1 Nr. 1 EFZG entgegenhalten, solange A die von ihm nach § 5 Abs. 1 EFZG vorzulegende ärztliche Bescheinigung nicht erbringt. Erfolgt dieser geforderte Nachweis, entfällt die vorläufige (dilatorische) Einrede; B muss die Entgeltfortzahlung für den gesamten Zeitraum leisten.

II. Besonderheiten der arbeitsrechtlichen Klausur

3   Besonderheiten bei der Erstellung arbeitsrechtlicher Klausuren ergeben sich (1) aus dem Dauerschuldcharakter des Arbeitsverhältnisses und (2) aus dem prozessualen Bezugsrahmen, in den Arbeitsrechts-Fälle häufiger als sonst im Zivilrecht gestellt werden.

1. Das Arbeitsverhältnis als Dauerschuldverhältnis („offener Vertrag")

4   Das Arbeitsverhältnis ist ein Dauerschuldverhältnis. Es weist daher gegenüber z.B. Kauf- und Werkvertrag die Besonderheit auf, dass es sich nicht in einzelnen überschaubaren Leistungen erschöpft. Vielmehr hat es eine besondere **Zeit- und Pflichtenstruktur** („Gefüge und Prozess", so *Larenz*, S. 26; vgl. auch *Oetker*, S. 142 f., 152 ff.), die sich darin zeigt, dass

 • die Durchführung **„in der Zeit"** (unbefristeter oder befristeter Vertrag) über den Umfang der Gesamtleistung entscheidet,

- die (außerordentliche oder ordentliche) **Kündigung** als einseitiges Gestaltungsrecht für die Änderung oder Beendigung des Vertrags eine besondere Rolle spielt, und
- die **Pflichtenstruktur** durch besonders intensive Neben- bzw. Verhaltenspflichten „in der Zeit" geprägt wird (herkömmlich bezeichnet als „Fürsorge- und Treuepflicht").

Die **ökonomische Theorie** spricht deshalb von einem „unvollständigen" oder „offenen" Vertrag, wenn sie das Arbeitsverhältnis analysiert (vgl. *Behrens* ZfA 1989, 222 ff.; *Kern*, JuS 1992, 15). Beide Parteien sind zu Beginn der Beziehung nicht in der Lage, alle denkbaren Situationen vorab einzuschätzen und zu regeln. Daraus entstehen sog. **„Transaktionskosten"**, d.h. Kosten der Planung, Anpassung und Überwachung des Vertrags (*Oetker*, S. 40 ff.). Weder kann der Arbeitgeber von vorneherein das Arbeitsverhalten seines Mitarbeiters einschätzen, noch kann dieser das Anweisungs(Direktions)verhalten seiner Vorgesetzten überblicken. Von daher erklären sich die Bedeutung des „Anbahnungsstadiums" (→ § 7 Rn. 2) und der „Probezeit" (→ § 7 Rn. 38). Besonders wichtig ist deshalb auch das Vertrauen auf **gesicherte rechtliche Institute** wie Tarifvertrag, Betriebsverfassung (→ § 14 Rn. 8) und Kündigungsschutz (→ § 10 Rn. 2), aber auch das Vertrauen darauf, dass man sich im Arbeitsverhältnis nicht gegenseitig ausbeutet, z.B. durch schikanöse Behandlung einerseits oder den „Dienst nach Vorschrift" andererseits. Das Recht kann hierzu als „Sozialprivatrecht" der Dauerbeziehung wie auch in Ehe-, Familien- oder Gesellschafterbeziehungen nur Rahmenbedingungen setzen, die ein „ethisches Minimum" gewährleisten.

Für die **arbeitsrechtliche Klausur** folgt daraus, dass nicht nur die Frage nach dem Bestehen von einzelnen Ansprüchen, sondern auch die Frage nach dem Bestehen oder Nichtbestehen **des Schuldverhältnisses selbst** eine entscheidende Rolle spielt. Wie in der arbeitsgerichtlichen Praxis wird auch in der arbeitsrechtlichen Klausur besonders häufig die **Kündigungsschutzklage** zum „Aufhänger" der Prüfung von Vertragspflichtverletzungen gemacht. Bei der sog. „verhaltensbedingten Kündigung" (→ § 10 Rn. 51) wird danach gefragt, ob Verletzungen der Haupt- oder Nebenpflichten des Arbeitnehmers als Vertragsstörungen die Kündigung sozial rechtfertigen können. Im Kauf- oder Werkvertragsrecht wäre diese Frage im Zusammenhang von Leistungsstörungen zu erörtern, im Arbeitsrecht dagegen taucht die Frage in aller Regel im Abmahnungs- oder Kündigungsstreit auf.

2. Der prozessuale Bezugsrahmen der Arbeitsrechtsklausur

Aus der Dominanz der Kündigungsschutzklage im Arbeitsrecht ergibt sich eine weitreichende methodische Konsequenz auch für Studierende. Wie im Verwaltungsrecht kann auch im arbeitsrechtlichen Kündigungsfall das Falllösungsergebnis nicht von den **prozessualen Bedingungen** einer erfolgreichen Rechtsdurchsetzung getrennt betrachtet werden (vgl. *Braun*, S. 39 ff.). Hier zeigt sich die Praxisnähe der arbeitsrechtlichen Klausur, die auch Studierenden nach der Anfängerübung zugemutet werden muss. Das **Kündigungsschutz-**

gesetz (KSchG) lässt keine andere Wahl, wenn es in § 4 S. 1 unter der Überschrift *„Anrufung des Arbeitsgerichts"* formuliert:

> „Will ein Arbeitnehmer geltend machen, dass eine Kündigung sozial ungerechtfertigt oder aus anderen Gründen rechtsunwirksam ist, so muss er innerhalb von drei Wochen nach Zugang der schriftlichen Kündigung Klage beim Arbeitsgericht auf Feststellung erheben, dass das Arbeitsverhältnis durch die Kündigung nicht aufgelöst ist."

8   Jedenfalls im Kündigungsschutzprozess ist daher, egal ob die Aufgabenstellung sich als „Anwaltsklausur" („Was ist A zu raten?") oder als „Richterklausur" („Wie wird das Gericht entscheiden?") darstellt, die **Zulässigkeitsfrage** zu prüfen. Während in der materiell-rechtlichen Klausur nur nach der Begründetheit von Ansprüchen gefragt wird, verlangt die prozessuale Klausur die Prüfung der Frage, ob das angerufene Gericht (hier: das Arbeitsgericht) sich mit dem gestellten Antrag überhaupt befassen darf. Verlangt die Fragestellung also ein prozessuales Gutachten, ist die (prozessuale) **Zulässigkeit vor der** (materiell-rechtlichen) **Begründetheit** nach folgendem Schema zu prüfen:

Prüfungsschema 2: Prozessualer Aufbau

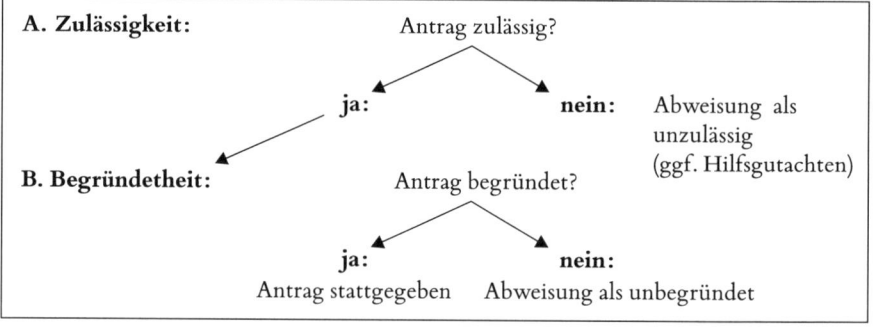

(Zu den Zulässigkeits- und Begründetheitsvoraussetzungen → Prüfungsschema 3)

9   Schon in der Zulässigkeitsprüfung muss häufig eine (Schlüssigkeits-) Prüfung der **Arbeitnehmer**-Eigenschaft des Klägers erfolgen. Die Arbeitsgerichte sind nämlich nur dann (ausschließlich) zuständig, wenn es um Streitigkeiten aus dem **Arbeitsverhältnis** geht (vgl. § 2 Abs. 1 Nr. 3 ArbGG). Wird z.B. behauptet, dass der Kläger in Wirklichkeit nur „freier Mitarbeiter" statt Arbeitnehmer sei, steht das angerufene Gericht vor der Schwierigkeit, ob es seine Zuständigkeit allein aufgrund der Rechtsansicht des Klägers zum **Rechtsweg** bejahen kann oder erst aufgrund einer Schlüssigkeitsprüfung (→ § 6 sowie → *Fall 1*). Seit der Neufassung der §§ 17 ff. GVG ist die positive Rechtswegentscheidung für alle anderen Gerichte verbindlich („Vorabentscheidung" zum Rechtsweg nach § 17a Abs. 3, 4 GVG).

3. Arbeitsrechtliche Leistungs- und Feststellungsbegehren

Arbeitsrechtliche Ansprüche werden in aller Regel getrennt nach   **10**

- **Leistungsbegehren** (Prüfung von Ansprüchen aus dem Arbeitsverhältnis) und
- **Feststellungsbegehren** (Prüfung des Bestehens oder Nichtbestehens des Arbeitsverhältnisses selbst)

aufgebaut. Zwischen Leistungs- und Feststellungsbegehren, die in der Klausur auch kombiniert auftreten können (→ Rn. 17), bestehen Unterschiede, die sowohl im Rahmen der Zulässigkeit als auch im Rahmen der Begründetheit berücksichtigt werden müssen. Die dritte Klageart, die sog. **Gestaltungsklage**, kommt im Arbeitsrecht ganz selten vor und kann hier vernachlässigt werden. Wichtigstes Beispiel hierfür ist der Antrag auf Auflösung eines Arbeitsverhältnisses nach §§ 9, 10 KSchG (GMP/*Prütting*, Einl. Rn. 183).

a) Leistungsbegehren: Anspruchsprüfung

Auch im Arbeitsrecht werden selbstverständlich von Arbeitnehmer oder   **11** Arbeitgeber Ansprüche auf **Leistungen** geltend gemacht (→ § 3 Rn. 13 f.). Beachten Sie hier § 194 Abs. 1 BGB, der den **Anspruch** legal definiert als „das Recht, von einem anderen ein Tun oder ein Unterlassen zu verlangen". Zu denken ist hier z.B. an Ansprüche auf Zahlung von Arbeitsentgelt, auf Weiterbeschäftigung nach Ausspruch einer Kündigung, auf Zurücknahme einer Abmahnung, auf Gewährung von Urlaub, Schadenersatz usw. Wird auch hier ein prozessuales Gutachten verlangt, ist in einem ersten Schritt in der Klausur die **Zulässigkeit** der arbeitsrechtlichen Leistungsklage zu prüfen. Dabei folgt das Rechtsschutzbedürfnis ohne weiteres aus der Nichterfüllung des behaupteten materiellen Anspruchs und ist normalerweise nicht extra zu prüfen.

In der **Begründetheitsprüfung** steht der materielle Anspruch selbst zur   **12** Diskussion: Die einschlägige Anspruchsgrundlage ergibt sich hier grundsätzlich aus dem Vertrag, dessen Inhalt aber mit der sog. „Hierarchie der Rechtsquellen" (→ § 3 Rn. 19 ff.) abzugleichen und ggf. zu korrigieren ist – die richtige Anspruchsgrundlage bestimmt sich also nach der „richtigen", d.h. einschlägigen Rechtsquelle. Erst wenn auf diese Weise die richtige Anspruchsgrundlage bestimmt ist, kann die Anspruchsprüfung nach bekanntem Muster durchgeführt werden (→ Rn. 18).

b) Feststellungsbegehren: Prüfung des Bestehens des Arbeitsverhältnisses

Geht es – wie häufig – um Kündigungsstreitigkeiten, so spielen aus pro-   **13** zessualer Sicht Feststellungsbegehren eine zentrale Rolle: Der oben → Rn. 7 zitierte § 4 KSchG legt diese Klageart sogar gesetzlich für alle Arbeitsverhältnisse fest und erübrigt insoweit die besondere Prüfung des Feststellungsinteresses nach § 256 Abs. 1 ZPO. Dieses Interesse fehlt normalerweise dann, wenn der Kläger sein Ziel einfacher, z.B. durch Klage auf fällige Leistung, und effektiver, nämlich durch Vollstreckung, erreichen könnte. Wird aber das Arbeitsverhältnis **insgesamt durch Kündigung** oder andere Gestaltungsrechte (z.B. Anfechtung) **beendet**, kann nur die umfassendere Feststellungsklage eine Klärung bringen, weil andernfalls die Kündigung wirksam wird und das Arbeitsverhältnis als beendet gilt (lies § 7 KSchG!).

> **Arbeitshinweis:** Bei Feststellungsbegehren, die das Bestehen oder Nichtbestehen des Arbeitsverhältnisses klären sollen, liegt in der existenziellen Bedeutung abhängiger Arbeit bereits die besondere Begründung des Feststellungsinteresses nach § 256 Abs. 1 ZPO (Indiz: §§ 4, 7 KSchG!).

14   Bei der Prüfung der **Zulässigkeit** der Feststellungsklage kommt der Unterscheidung zwischen der allgemeinen arbeitsrechtlichen Feststellungsklage (§ 256 Abs. 1 ZPO) und der besonderen Kündigungsschutzklage (§ 4 KSchG) entscheidende Bedeutung zu (→ § 6 Rn. 16 ff.). Denn letztere zielt nur auf die Überprüfung einer **ganz bestimmten** Kündigung (sog. „punktueller Streitgegenstand", vgl. ErfK/*Kiel*, § 4 KSchG Rn. 30), während die erstere das Bestehen des Arbeitsverhältnisses insgesamt zur Klärung stellt. Beide Streitgegenstände sind nicht identisch und dürfen nicht verwechselt werden (*Boemke*, RdA 1995, 211). Nach Abschluss der Zulässigkeitsprüfung ist auf der Ebene der **Begründetheit** zu prüfen, ob das Arbeitsverhältnis wirksam zu Stande gekommen ist und durch Ausübung von Gestaltungsrechten, wie z.B. Kündigung oder Anfechtung, zu einem bestimmten Zeitpunkt wieder beendet worden sein könnte.

III. Der Aufbau der Falllösung im Arbeitsrecht

15   An die Stelle der materiellen Anspruchsprüfung im Zivilrechtsfall tritt also in der Arbeitsrechtsklausur häufig das nach Leistungs- und Feststellungsbegehren gegliederte **prozessuale Gutachten**. Die Fallfrage am Ende des Aufgabentextes sollte eindeutige Anhaltspunkte liefern, ob die prozessuale Einkleidung gewünscht ist oder nicht. Bei der häufig geforderten „**Anwaltsklausur**" ist z.B. wegen der kurzen Klagefrist des § 4 KSchG die Frage nach dem anzurufenden Gericht eindeutig vorrangig (→ *Fall 1*). Arbeitsrechtliche Fälle lassen sich auch als prozessuale Gutachten ebenso klar und sauber strukturieren wie rein materiell-rechtliche Aufgabenstellungen. Die konkrete Fallprüfung vollzieht sich im Allgemeinen in den folgenden Schritten.

1. Die Fallfrage: Wer will was von wem woraus?

a) Die Frage nach dem **„wer von wem?"** ist im Arbeitsrecht meistens **16** rasch beantwortet. Regelmäßig geht es um Ansprüche oder Klagen des Arbeitnehmers, seltener um solche des Arbeitgebers und nur ausnahmsweise (etwa bei Schadensersatzansprüchen) um Ansprüche Dritter. Beim Arbeitgeberwechsel stellt die wichtige Norm des § 613a BGB klar, dass alle Rechte und Pflichten *kraft Gesetzes* auf den Betriebsübernehmer übergehen (gesetzlicher Schuldübergang).

b) Bei der Frage nach dem **„was?"** muss stärker den Besonderheiten des **17** Arbeitsrechts Rechnung getragen werden: Hier vollzieht sich die Weichenstellung zwischen Leistungs- und Feststellungsbegehren des Anspruchstellers, und zwar schon bei der **Zulässigkeitsprüfung:** Soweit ein Arbeitnehmer oder ein Arbeitgeber konkrete Ansprüche aus dem Arbeitsverhältnis geltend machen, ist im Rahmen der Zulässigkeitsprüfung die arbeitsrechtliche Leistungsklage die richtige Klageart. Geht es dagegen um das Bestehen oder Nichtbestehen des Arbeitsverhältnisses selbst, so ist die arbeitsrechtliche Feststellungsklage die richtige Klageart (→ Rn. 13 f.). Beide Begehren werden sehr häufig kombiniert, z.B. wird mit der Kündigungsschutzklage (Feststellungsbegehren) für den Fall des Obsiegens regelmäßig das Leistungsbegehren auf vorläufige Weiterbeschäftigung verknüpft (objektive eventuelle Klagenhäufung, § 260 ZPO).

c) Die Frage nach dem **„woraus?"** bezieht sich auf die Anspruchsgrundlage, **18** die sich regelmäßig aus dem **Arbeitsvertrag i. V. m. § 611a BGB** ergibt. Genau genommen ergibt sich z.B. der Vergütungsanspruch alleine aus dem Vertrag, weil § 611a Abs. 2 BGB ja die „vereinbarte Vergütung" voraussetzt (und nicht erst anordnet). Doch gibt es viele Korrektoren, die beim Nicht-Zitieren dieser Norm automatisch nervöses Zucken überfällt und die (unberechtigterweise) dann auch noch Minuspunkte vergeben. **Deshalb sollte § 611a BGB stets zitiert werden.** Im Anschluss an die Anspruchsgrundlage werden im Rahmen der Tatbestandsprüfung Wirksamkeitshindernisse (z.B. Anfechtbarkeit nach § 123 BGB – Anspruch *entstanden?*) untersucht. Weiter ist hier der Ort zur Prüfung des konkreten Vertragsinhalts im Wege der **Auslegung** (Auslegung nach dem Empfängerhorizont, vgl. §§ 133, 157 BGB), zur Prüfung vertragsähnlicher Anspruchsgrundlagen wie dem allgemeinen Gleichbehandlungsgrundsatz (→ § 3 Rn. 32 ff.), der betrieblichen Übung (→ § 3 Rn. 50 f.), zur Prüfung von Erlöschensansprüchen oder Einreden (Anspruch *erloschen?* Anspruch *durchsetzbar?*).

Achtung: Auch im Arbeitsrecht liegt der Schwerpunkt der Falllösung auf der **materiell-rechtlichen** Ebene. Der prozessuale Aufbau ist regelmäßig nur der Aufhänger und Rahmen der materiellen Prüfung. Ohne genaue und sichere Kenntnis dieses „technischen" Rahmens lässt sich die Klausur jedoch nicht gut strukturieren.

2. Das prozessuale Aufbauschema

19 **a)** Beim Aufbau eines arbeitsrechtlichen Falls muss kein starres Schema eingehalten werden. Werden mehrere Begehren verfolgt, könnten diese isoliert jeweils nach Zulässigkeit und Begründetheit durchgeprüft werden (vgl. nur → *Fall 6*). Dagegen sprechen jedoch häufig prüfungsökonomische Erwägungen. Grundsätzlich empfiehlt es sich für den Fall, dass ein prozessuales Gutachten verlangt wird, in einem ersten Schritt **gemeinsam die Zulässigkeit** der arbeitsrechtlichen Leistungs- und Feststellungsanträge zu prüfen. Beide Klagearten haben neben unterschiedlichen auch gemeinsame Voraussetzungen.

20 **b)** Auf der Ebene der **Begründetheitsprüfung** empfiehlt es sich, die Feststellungsbegehren **vorrangig vor** den Leistungsbegehren zu prüfen. Auch hierfür sprechen prüfungsökonomische Gründe. Denn die Grundsatzklärung – das Bestehen oder Nichtbestehen des Arbeitsverhältnisses – ist regelmäßig die Voraussetzung für daraus fließende Einzelansprüche. Auch im Arbeitsrecht sollte das allgemeinere und grundsätzlichere Problem vor dem spezielleren Problem geprüft werden. An diesem Grundgedanken orientiert sich das folgende

Prüfungsschema 3: Der arbeitsrechtliche Fallaufbau

A. Die Fallfrage: Wer will was von wem woraus?
„**Wer?**": Ansprüche/Klage von Arbeitnehmer, Arbeitgeber oder Dritten
„**Was?**": Leistungsbegehren (Ansprüche) und/oder Feststellungsbegehren (i.d.R. Bestehen oder Nichtbestehen eines Arbeitsverhältnisses)
„**Woraus?**": Anspruchsgrundlage, z.B. Arbeitsvertrag i.V.m. § 611a Abs. 2 BGB

B. Der einheitliche Grundaufbau:
I. Zulässigkeit der Klage (soweit prozessuales Gutachten erforderlich)
   1. Ordnungsgemäße Klageerhebung, §§ 46 Abs. 2 ArbGG, 495, 253 ZPO
   2. Rechtswegzuständigkeit, §§ 2, 48 ArbGG (Arbeitnehmereigenschaft?)
   3. Örtliche Zuständigkeit, §§ 46 Abs. 2, 48 Abs. 1a ArbGG i.V.m. §§ 12 ff. ZPO
   4. Besondere Zulässigkeitsvoraussetzungen:
     a) Feststellungsklage (insb. Unterscheidung allgemeine/besondere Feststellungsklage, § 256 ZPO)
     b) Leistungsklage (insb. Problem der Bestimmtheit, § 253 ZPO)
   5. Voraussetzungen der Klagenhäufung: objektiv/subjektiv, kumulativ/eventuell (§ 260 ZPO)

II. Begründetheit der Klage
   1. **Feststellungsanträge:** Entstehung des Arbeitsverhältnisses?
                       Beendigungsgründe?
   2. **Leistungsanträge:** Anspruch entstanden?
                       (Bestimmung der einschlägigen Rechtsquelle für die Anspruchsbestimmung)
                       Anspruch erloschen?
                       Anspruch durchsetzbar?

Versuchen Sie sich jetzt am ersten Musterfall, auch wenn gewisse materielle Kenntnisse noch fehlen. Sie sollen in erster Linie die **Struktur** der Falllösung (d.h. also ihre wesentlichen Gliederungspunkte) verstehen lernen.

Fall 1. Der selbstständige „Nahverkehrspartner" – Arbeitnehmer oder nicht?

(Arbeitnehmerbegriff, Abgrenzung zum selbstständigen Gewerbetreibenden, Kündigungsschutzklage, verhaltensbedingte Kündigung – *BAG* NZA 1998, 364)

Sachverhalt

Die „Alles-Paletti-GmbH" (A) betreibt in Hannover ein Depot mit ca. 80 Arbeitnehmern, von dem aus sie den gesamten Raum Niedersachsen mit der Beförderung von Fracht- und Expressgut bedient. Hierzu setzt sie „Nahverkehrspartner" ein, darunter auch Paul, der schon seit längerem ein Kleintransportgewerbe mit einem eigenen Kleinlastwagen mit Kastenaufbau betreibt. Er muss wie die anderen „Nahverkehrspartner" morgens um 6 Uhr im Depot erscheinen, die für ihn bestimmten Frachtstücke abholen und ausliefern und danach sich von 11–17 Uhr stündlich bei A melden, um weitere Abholaufträge entgegenzunehmen. Paul steht regelmäßig von montags bis freitags in der Zeit von 6 bis 17 Uhr zur Verfügung von A. Sein Fahrzeug weist Farbe und Firmenzeichen von A auf.
In dem Anfang 2016 abgeschlossenen Vertrag vereinbaren A und P u.a. folgendes:
„1. Der Nahverkehrspartner erhält von A Aufträge zur Zustellung, Abholung und Beförderung von Gütern an Werktagen. Der Unternehmer ist während der Laufzeit des Vertrages verpflichtet, diese Aufträge von Montag bis Samstag anzunehmen.
2. Der Nahverkehrspartner kann im Hinblick auf urlaubsbedingte Engpässe bei dem Einsatz von Fahrern maximal 20 Tage während eines Jahres der Vertragslaufzeit bestimmen, in denen er nicht zur Annahme von Frachtaufträgen verpflichtet ist.
3. Die Qualität eines Unternehmers richtet sich nach seiner Zuverlässigkeit und der Art und Weise der Durchführung der Frachtaufträge. Er wird daher
   (1) Frachtaufträge nur mit Fahrzeugen ausführen, die sich in technisch und optisch einwandfreiem Zustand befinden,
   (2) nur mit ordentlich auftretenden, insbesondere ordentlich gekleideten Fahrern zusammenarbeiten,
   (3) das Fahrzeug vor Beginn der Durchführung des Frachtauftrags betanken und notwendige Wartungs- und Pflegearbeiten rechtzeitig durchführen.
4. Der Nahverkehrspartner ist verpflichtet, während der Laufzeit dieses Vertrages keine Frachtaufträge für Kunden von A auf eigene Rechnung oder Rechnung Dritter durchzuführen.
5. Verstößt der Nahverkehrspartner gegen seine Pflichten, hat er eine Vertragsstrafe zu zahlen (wird weiter ausgeführt)."

Wegen wiederholter Unpünktlichkeit von Paul kündigte A das Vertragsverhältnis mit Schreiben vom 16. Februar 2018 zum 30. April 2018, ohne zuvor eine Abmahnung ausgesprochen zu haben.
Paul will nun wissen, ob er wegen seiner engen vertraglichen Bindung an A nicht in Wirklichkeit Arbeitnehmer ist und ob daher eine Kündigungsschutzklage Aussicht auf Erfolg

hätte. Dabei ist zu unterstellen, dass die Klagefrist nach §§ 4, 7 KSchG noch eingehalten werden kann.

Lösung

Eine Klage des Paul vor dem Arbeitsgericht hat Aussicht auf Erfolg, wenn sie zulässig und begründet ist.

A. Zulässigkeit

Klausurtipp: Da P noch nicht Klage erhoben hat, ist auf die ordnungsgemäße Klageerhebung nicht einzugehen.

I. Rechtswegzuständigkeit

Fraglich ist, ob P vor dem Arbeitsgericht klagen muss. Die Zuständigkeit des Arbeitsgerichts könnte sich aus § 2 Abs. 1 Nr. 3 lit. a oder lit. b ArbGG ergeben. Dazu müsste P Arbeitnehmer sein. Voraussetzung für ein Arbeitsverhältnis ist die vertragliche Verpflichtung zur Dienstleistung in persönlicher Abhängigkeit (§ 611a BGB).

Klausurtipp: Auf die Fragestellung achten!
In einer „Anwaltsklausur" wie hier darf die Arbeitnehmereigenschaft schon im Rahmen der Zulässigkeit gutachtlich vollständig geprüft werden. Anders wäre vorzugehen, wenn eine „Richterklausur" gefordert wäre. Dann wäre in der Zulässigkeit nur eine sehr eingeschränkte Prüfung nach im Einzelnen streitigen (→ § 6 Rn. 3 ff.) Kriterien vorzunehmen!

1. Vertragliche Verpflichtung zur Dienstleistung

a) Privatrechtlicher Vertrag

Die Tätigkeit des P als Frachtführer wurde durch den Anfang 2016 geschlossenen Vertrag zwischen der A-GmbH und ihm auf dem Gebiet des Privatrechts begründet.

b) Verpflichtung zur Dienstleistung

Die von P geschuldete Leistung ist das ständige (Klausel Nr. 1) Ausfahren von Frachtgut. Es handelt sich hier um eine tätigkeitsbezogene Dienstleistung und nicht um eine erfolgsbezogene Werkleistung wie bei einem projektbezogenen Werkvertrag, so dass § 611 BGB als Vertragstyp zu bejahen ist.

2. In persönlicher Abhängigkeit (§ 611a Abs. 1 BGB)

Das Arbeitsverhältnis unterscheidet sich vom Rechtsverhältnis eines Selbstständigen durch den Grad der persönlichen Abhängigkeit bei der Erbringung der Dienst- oder Werkleistung. Arbeitnehmer ist, wer weisungsgebunden vertraglich geschuldete Leistungen im Rahmen einer von seinem Vertragspartner bestimmten Arbeitsorganisation erbringt. Dabei ist nach § 611a Abs. 1 BGB zu fragen, ob P im wesentlichen seine Tätigkeit frei gestalten und seine Arbeitszeit bestimmen konnte. Fehlt es daran, so ist von einem Arbeitsverhältnis auszugehen.

a) Selbstständigkeit aufgrund Frachtvertrags (§ 407 HGB)

Die Selbstständigkeit könnte sich hier allerdings schon aus dem Typus „Frachtvertrag" ergeben. Kennzeichnend für den Frachtvertrag ist, dass der Frachtführer verpflichtet wird, das
Gut zum Bestimmungsort zu befördern und dort an den Empfänger abzuliefern, vgl. § 407
Abs. 1 HGB. Im Gegensatz zur alten Fassung des Frachtgeschäftes in § 425 HGB a.F. ist
nunmehr die „gewerbsmäßige" Beförderung keine Voraussetzung für den Frachtvertrag
mehr. Damit wird also in § 407 HGB eine selbstständige Tätigkeit nicht mehr vorausgesetzt,
so dass der Frachtvertrag als solcher kein geeignetes Abgrenzungskriterium darstellt (anders
beim Kommissionär nach § 383 HGB, vgl. *BAG* AP Nr. 115 zu § 611 BGB Abhängigkeit).

b) Besondere vertragliche und faktische Weisungsabhängigkeit

Ausschlaggebend sind die praktische Durchführung und das Gesamtbild des konkreten
Vertrages zwischen A und P, vgl. § 611a Abs. 1 S. 5 BGB. Die Rechtsfolgen des Arbeitsrechts sind nämlich nicht vom Parteiwillen abhängig, sondern von der objektiven Bestimmung des Geschäftsinhalts der Vereinbarung (*Rechtsformzwang*). P musste montags
bis freitags in der Zeit von 6–17 Uhr zur Verfügung von A stehen und konnte daher seine
Arbeitszeit nicht im Wesentlichen frei bestimmen. Auch wenn P sich rechtlich Fahrtauf-
träge auf eigene Rechnung hätte verschaffen können, war er faktisch dazu aufgrund seiner
starken zeitlichen Bindung an A nicht in der Lage. Dafür spricht auch, dass die Einräumung
von 20 Tagen „Jahresurlaub" (Nr. 2) entbehrlich gewesen wäre, hätte sich P aufgrund
seiner Arbeitssouveränität seinen Urlaub jederzeit selbst einteilen können. Eine solche Ent-
scheidungsfreiheit sollte P aber offenbar nicht verbleiben. Ständige Dienstbereitschaft ist
ein starkes Indiz für die Arbeitnehmereigenschaft. Auch der Umstand, dass P sein eigenes
Fahrzeug benutzte und selbst ein Kleintransportgewerbe angemeldet hatte, ändert nichts
an seiner Dispositionsabhängigkeit gegenüber A. Zum einen war ihm vorgeschrieben,
wann er sein Fahrzeug zu betanken und notwendige Wartungsarbeiten durchzuführen
hatte (Nr. 3); ähnliches galt für die firmenübliche Ausgestaltung seines Fahrzeugs. Zum
anderen konnte er durch seine starke zeitliche Inanspruchnahme sein eigenes Fahrzeug
nicht nach eigenem unternehmerischen Ermessen einsetzen. Faktisch blieb ihm nur der
Einsatz für A.

> **Klausurtipp:** Schon in der Prüfung der Zulässigkeit kann die Frage der Arbeitnehmer-
> eigenschaft im arbeitsrechtlichen Fallaufbau also weitreichende Bedeutung erlangen,
> wenn es sich wie hier um eine „Anwaltsklausur" handelt.

3. Feststellungsantrag

P möchte festgestellt wissen, dass sein Arbeitsverhältnis mit A nicht aufgelöst ist, sondern
fortbesteht. Daher stellt dies eine Streitigkeit über das Bestehen oder Nichtbestehen eines
Arbeitsverhältnisses im Sinne des § 2 Abs. 1 Nr. 3 lit. b ArbGG dar.

4. Zwischenergebnis

Aufgrund der über die üblichen werkvertraglichen Pflichten des Frachtführers weit hinausgehenden Weisungsabhängigkeit zeitlicher und sachlich-organisatorischer Art entsprechend §§ 611a Abs. 1 S. 2 BGB, 106 GewO muss P als Arbeitnehmer eingeordnet werden.
Damit liegt ein Arbeitsverhältnis vor. Aufgrund des Feststellungsantrags ergibt sich die
Rechtswegzuständigkeit des Arbeitsgerichts aus § 2 Abs. 1 Nr. 3 lit. b ArbGG.

II. Örtliche Zuständigkeit

P könnte die A, die als GmbH juristische Person ist, an ihrem allgemeinen Gerichtsstand gem. §§ 12, 17 Abs. 1 S. 1 ZPO verklagen. Der allgemeine Gerichtsstand ist bei einer juristischen Person deren Sitz. Über den Sitz der A ist aus dem Sachverhalt nichts zu entnehmen. Daneben kommt aber der besondere Gerichtsstand des Erfüllungsortes gem. § 29 ZPO in Betracht (→ § 6 Rn. 11). Dies ist beim Arbeitsvertrag der Ort der Arbeitsleistung, d.h. der Betrieb; auch bei Arbeit, die an ständig wechselnden Orten zu erbringen ist, richtet sich der Erfüllungsort bei „weisungsgebundener Entsendung" nach dem Betriebsort, von dem aus der Arbeitnehmer seine Weisungen erhält. P erhält hier seine Weisungen vom Depot aus, damit ist Hannover jedenfalls Gerichtsstand des Erfüllungsortes nach § 29 ZPO: P kann A also hier verklagen.

III. Inhalt des Antrags

Nach dem Wortlaut des § 4 KSchG richtet sich dieser besondere Kündigungsschutzantrag nur auf die Feststellung, dass das Arbeitsverhältnis durch eine bestimmte Kündigung nicht aufgelöst worden sei. Damit besteht die Gefahr, dass im Laufe des Prozesses durch weitere Kündigungen oder sonstige Beendigungsgründe das Arbeitsverhältnis noch anderweitig beendet wird. Der Arbeitnehmer kann sich dagegen wehren, indem er den besonderen Kündigungsschutzantrag des § 4 KSchG mit einem allgemeinen Feststellungsantrag dahingehend kombiniert, dass das Arbeitsverhältnis „über den … hinaus" besteht. Für einen solchen allgemeinen Feststellungsantrag bedarf es aber eines eigenständigen Feststellungsinteresses (§ 256 Abs. 1 ZPO). Ein solches ist hier mangels weiterer Kündigungsversuche seitens des A nicht ersichtlich. Sollte A weitere Kündigungsversuche unternehmen, so kann P seine Klage auch nachträglich noch erweitern.

Ergebnis

Die Klage wäre als Kündigungsschutzklage nach § 4 KSchG zulässig.

B. Begründetheit

I. Vorliegen eines Arbeitsverhältnisses (§ 611a BGB)

Ein Arbeitsverhältnis liegt vor, s.o. A I.

> **Klausurtipp:** Es ist ein Gebot prüfungsökonomischen Vorgehens, auf bereits Erörtertes nach oben zu verweisen. Vermieden werden sollte allerdings, nach unten zu verweisen!

II. Wirksamkeit der ordentlichen Kündigung

1. Einhaltung der Klagefrist nach §§ 4, 7 KSchG

P möchte sich gegen die Kündigung wegen Unpünktlichkeit, also aus *verhaltensbedingten Gründen* i.S.v. § 1 Abs. 2 S. 1 2. Alt. KSchG wehren. Es geht ihm darum festzustellen, dass die Kündigung unwirksam ist. Dies kann nach der materiellen Präklusionsvorschrift des § 4 KSchG nur innerhalb von drei Wochen geltend gemacht werden. Andernfalls wäre eine Sozialwidrigkeit der Kündigung geheilt, vgl. § 7 KSchG. P müsste die Klage daher innerhalb von drei Wochen nach Zugang der schriftlichen Kündigung erheben.

2. Einhaltung der Kündigungsfrist und der Schriftform

A hat das Arbeitsverhältnis mit Schreiben vom 16.2.2018 zum 30.4.2018 gekündigt und hat damit die gesetzliche Kündigungsfrist des § 622 Abs. 2 Nr. 1 BGB (ein Monat bei mehr als zweijähriger Beschäftigung) und die gesetzliche Schriftform gem. §§ 623, 126 Abs. 1 BGB eingehalten.

3. Anwendbarkeit des KSchG

P hat länger als sechs Monate für A Dienste geleistet, daher ist das KSchG persönlich anwendbar (§ 1 KSchG). Der Betrieb von A überschreitet mit allein schon ca. 80 Arbeitnehmern im Depot die Kleinbetriebsklausel des § 23 Abs. 1 S. 2 KSchG wesentlich, daher ist das KSchG auch sachlich anwendbar.

4. Soziale Rechtfertigung

A stützt die Kündigung auf häufig auftretende Unpünktlichkeit, so dass es sich um *verhaltensbedingte Gründe* gem. § 1 Abs. 2 S. 1 2. Alt. KSchG handelte. Grundsätzlich stellt die schuldhaft wiederholt auftretende Unpünktlichkeit, insbesondere nachdem dies auch vertraglich festgelegt war, einen verhaltensbedingten Kündigungsgrund dar. Jedoch ist bei dieser Kündigungsart regelmäßig eine *Abmahnung* vorzuschalten, die den Arbeitnehmer auf die vorwerfbare Störung des Arbeitsverhältnisses aufmerksam machen und ihm die Möglichkeit geben soll, sein Verhalten zu ändern und vertragsgemäß fortzusetzen. Nach dem Verhältnismäßigkeitsprinzip stellt die Kündigung erst die „ultima ratio" dar, so dass eine vorherige Abmahnung nur in ganz groben Fällen einer Vertragspflichtverletzung entbehrlich ist (→ § 10 Rn. 54).

III. Ergebnis

Mangels vorheriger Abmahnung ist das Arbeitsverhältnis zwischen A und P wegen Verstoßes gegen das Verhältnismäßigkeitsprinzip nicht durch Kündigung wirksam aufgelöst worden, sondern besteht fort. Die Kündigung ist nach § 1 Abs. 1 KSchG unwirksam.

C. Gesamtergebnis

Die Klage des P wäre zulässig und begründet und hat daher Aussicht auf Erfolg.

Empfehlungen zur vertiefenden Lektüre:

Literatur: *Behrens*, Die Bedeutung der ökonomischen Analyse des Rechts für das Arbeitsrecht, ZfA 1989, 209; *Braun*, Der Zivilrechtsfall, 5. Aufl., 2012; *Kern*, Ökonomische Theorie der Langzeitverträge, JuS 1992, 13; *Larenz*, Lehrbuch des Schuldrechts, Bd. 1: Allgemeiner Teil, 14. Aufl., 1987; *Medicus/Petersen*, Bürgerliches Recht, 26. Aufl., 2017; *dies.*, Grundwissen zum Bürgerlichen Recht, 10. Aufl., 2014; *Oetker*, Das Dauerschuldverhältnis und seine Beendigung, 1994; *Olzen/Maties*, Zivilrechtliche Klausurenlehre, 8. Aufl., 2015; *Wank*, Die Auslegung von Gesetzen, 6. Aufl., 2015; *ders.*, Das Arbeitsverhältnis als Dauerschuldverhältnis, FS Doris, 2015, S. 1787.

2. Teil. Die prozessuale Einkleidung als Einstieg in das Gutachten

Der Erfolg einer Klage setzt voraus, dass der Antrag **zulässig** ist. Die Arbeitsgerichte müssen vor jeder Begründetheitsprüfung deshalb erst die Zulässigkeitsfrage klären. Dies wird auch in vielen arbeitsrechtlichen Klausuren während des Studiums und im Staatsexamen verlangt. Im Folgenden werden zunächst Entstehung und Besonderheiten des arbeitsgerichtlichen Verfahrens angesprochen (§ 5), bevor es um die Einzelfragen der Zulässigkeit geht (§ 6).

§ 5. Die Grundzüge des arbeitsgerichtlichen Verfahrens

I. Die Eigenständigkeit der Arbeitsgerichte

1 Das Arbeitsrecht ist überwiegend Teil des Privatrechts. Dennoch gibt es eine eigene Arbeitsgerichtsbarkeit schon seit 1926. Vorher existierten Gewerbegerichte und Kaufmannsgerichte (seit 1890 bzw. 1904), die mit einem Magistratsbeamten sowie aus den Kreisen der Arbeitnehmer und Arbeitgeber stammenden ehrenamtlichen Beisitzern besetzt waren. Durch das **ArbGG 1926** wurden erstmals berufsmäßige Arbeitsrichter mit Arbeitsstreitigkeiten betraut. Jedoch gelangten die Verfahren in zweiter und dritter Instanz an arbeitsrechtliche Kammern bzw. einen arbeitsrechtlichen Senat, die in die ordentliche Zivilgerichtsbarkeit integriert waren (so war das RAG ein besonders besetzter Senat des RG in Leipzig, vgl. *Söllner*, S. 8 f.). Erst das **ArbGG 1953** hat eine eigenständige Arbeitsgerichtsbarkeit mit **drei Instanzen** etabliert, nämlich den

* Arbeitsgerichten (1 Berufsrichter, 2 ehrenamtliche Richter),
* Landesarbeitsgerichten (LAG, 1 Berufsrichter, 2 ehrenamtliche Richter) und dem
* Bundesarbeitsgericht (BAG, seit 22.11.1999 – zum Datum *BAG* NJW 2000, 1669 – in Erfurt: 3 Berufsrichter, 2 ehrenamtliche Richter).

II. Das Verhältnis zu den Zivilgerichten

2 Die Arbeitsgerichtsbarkeit ist im Vergleich zu ihrer großen Schwester, der ordentlichen Gerichtsbarkeit, mit ca. 1.000 Richtern (gegenüber ca. 15.000

Richtern, vgl. *Krause*, § 1 Rn. 23) eine bescheidene Größe. Sie ist aber keine „besondere" Zivilgerichtsbarkeit, wie das jahrzehntelang behauptet wurde, sondern eine **selbstständige Gerichtsbarkeit** wie etwa die Verwaltungs-, Finanz- und Sozialgerichtsbarkeit (siehe § 48 ArbGG!). Seit dem 1.1.1991 ist durch die Neufassung des **§ 48 ArbGG** („Rechtsweg und Zuständigkeit") endgültig geklärt, dass es sich im Verhältnis zu den Zivilgerichten nicht um eine Frage der sachlichen Zuständigkeit (dazu § 281 ZPO) handelt, sondern um eine Frage der **Zulässigkeit des Rechtswegs**. Bis 1990 wurde noch die Zuständigkeitsthese – im Widerspruch zu Art. 95 Abs. 1 GG – mehrheitlich vertreten. Demnach regeln die §§ 2, 2a ArbGG heute nicht nur die (ausschließliche) Zuständigkeit der Arbeitsgerichte, sondern zugleich die Zulässigkeit der arbeitsgerichtlichen Klage. Hat ein Gericht für Arbeitssachen den zu ihm beschrittenen Weg rechtskräftig für zulässig erklärt, sind andere Gerichte an diese Entscheidung gebunden (§ 48 Abs. 1 ArbGG i.V.m. § 17a Abs. 1 GVG). Die Zulässigkeit des beschrittenen Rechtsweges wird durch eine nach Rechtshängigkeit eintretende Veränderung nicht mehr berührt.

III. Die Gründe für besondere Arbeitsgerichte

Wer die strukturelle Zugehörigkeit des Arbeitsvertragsrechts zum BGB- **3** Schuldrecht betont (→ § 4), muss erklären, warum die Arbeitsgerichte aus der ordentlichen Gerichtsbarkeit herausgelöst wurden. Letztlich handelt es sich dabei um die institutionellen Folgen der **sozialen und politischen Entstehungsbedingungen** des Arbeitsrechts (→ § 1 Rn. 7).

1. Historische Gründe

Die Anfänge der Arbeitsgerichtsbarkeit, wie sie 1890 im **Gewerbege-** **4** **richtsgesetz** zu Tage traten, zeigten das deutliche Misstrauen gegenüber der als „Klassenjustiz" angeprangerten ordentlichen Justiz. Deshalb gab es an den Gewerbegerichten weder Berufsrichter noch Rechtsanwälte (eine Forderung der Arbeiter!), sondern den absoluten Vorrang schiedsrichterlichen Wirkens vor ordentlicher richterlicher Tätigkeit. Schwierigkeiten bereitete dann aber die Abstimmung mit der zweiten Instanz. Denn was Gewerbegerichte noch als „Dumme-Jungen-Streiche" einschätzten, wurde von studierten Richtern am Landgericht – häufig ohne Kenntnisse der konkreten Arbeitswirklichkeit – als fristloser Kündigungsgrund eingestuft. Die Anfänge der Arbeitsgerichtsbarkeit stellten sich als eine Schöpfung der Praxis für die Praxis zur Herstellung des sozialen Friedens im Arbeitsleben dar (vgl. *Reichold*, ZfA 1990, 5, 18 ff.; *Söllner*, S. 6).

2. Institutionelle Besonderheiten

a) Urteilsverfahren (§ 2 ArbGG)

5   Im Urteilsverfahren stehen sich Arbeitnehmer und Arbeitgeber grundsätzlich wie in einem Zivilprozess gegenüber. Der Sinn des ausführlichen **Zuständigkeitskatalogs** in § 2 ArbGG geht dahin, alle bürgerlich-rechtlichen Streitigkeiten, die in greifbar naher Beziehung zu einem Arbeitsverhältnis stehen, der Arbeitsgerichtsbarkeit zu unterwerfen. Daher gelten grundsätzlich auch die **ZPO-Normen** subsidiär, soweit das ArbGG in den §§ 46–63 ArbGG nichts anderes bestimmt (§ 46 Abs. 2 S. 1 ArbGG; beachte aber auch S. 2 über die unanwendbaren ZPO-Regeln). Wie in der ZPO beherrschen also **Dispositionsmaxime** und Beibringungsgrundsatz das Urteilsverfahren, d.h. die Gestaltungsmacht der Parteien dominiert den Arbeitsgerichtsprozess (*Kerwer*, JuS 1999, 254).

6   Doch bestehen noch heute folgende **Besonderheiten** gegenüber dem Zivilprozess:

- die Beteiligung ehrenamtlicher Richter in allen Instanzen (§§ 6, 20–31 ArbGG);
- die auf gütliche Beilegung zielende Verfahrensgestaltung, insbesondere die Einrichtung des sog. „Gütetermins" (§ 54 ArbGG – seit 2002 durch § 278 Abs. 2 ZPO auch in das allgemeine Zivilverfahren übernommen);
- die auf besonders zügige Erledigung zielende Verfahrensgestaltung (§§ 9 Abs. 1, 61a ArbGG: „Besondere Prozessförderung im Kündigungsverfahren");
- die auf Beteiligung der Koalitionen (Gewerkschaften bzw. Arbeitgeberverbände) zielende erweiterte Parteifähigkeit (§ 10 ArbGG) und Prozessvertretung (§ 11 ArbGG);
- die kostengünstige Ausgestaltung des Verfahrens (§§ 12, 12a ArbGG; z.B. entfallen die Gerichtskosten – nicht aber die Anwaltskosten – beim Vergleich und es trägt jede Partei ihre außergerichtlichen Kosten selbst).

b) Beschlussverfahren (§ 2a ArbGG)

7   Das „Beschlussverfahren" im Arbeitsgerichtsprozess zeigt eine weitere Besonderheit des Arbeitsrechts. Hier werden nach § 2a ArbGG vor allem **kollektiv-rechtliche Streitfragen** geklärt. Es steht also kein Arbeitnehmer vor Gericht, sondern Betriebsräte oder andere Organe der Betriebsverfassung und der Unternehmensmitbestimmung „beantragen" eine Entscheidung über ihre Mitbestimmungsrechte gegenüber dem Arbeitgeber. Es können auch Entscheidungen über die Tariffähigkeit und -zuständigkeit einer Koalition im Beschlussverfahren ergehen. Die rein begrifflichen Unterschiede zum Urteilsverfahren („Antrag" statt Klage, „Beschluss" statt Urteil) sollten aber nicht überschätzt werden. Denn auch hier handelt es sich um ein kontradiktorisches Verfahren zwischen Antragsteller und Antragsgegner (*Weth*, Beschlussverfah-

ren, S. 14 ff.), nicht etwa um ein Verfahren der „freiwilligen Gerichtsbarkeit", wie früher vertreten wurde. Allerdings gilt abweichend vom Urteilsverfahren nicht der Beibringungs-, sondern der **Untersuchungsgrundsatz**: „Das Gericht erforscht den Sachverhalt im Rahmen der gestellten Anträge von Amts wegen" (§ 83 Abs. 1 ArbGG). Und: Gerichtskosten werden nicht erhoben (§ 2 Abs. 2 GKG), wohl aber entstehen Anwaltskosten.

> **Achtung:** Urteils- und Beschlussverfahren schließen sich aus. Die richtige Weichenstellung hat von Amts wegen im Rahmen der Zulässigkeitsprüfung zu erfolgen (§ 48 Abs. 1 ArbGG).

Beispiel: Wer als Betriebsratsmitglied A vom Arbeitgeber B die Erstattung seiner Schu- **8** lungskosten nach § 37 Abs. 6 BetrVG verlangt, mag ein **Beschlussverfahren** beantragen, weil es sich vordergründig um eine „Angelegenheit aus dem **Betriebsverfassungsgesetz**" handeln könnte. Das angerufene Arbeitsgericht ist von Amts wegen gehalten, nach § 48 Abs. 1 ArbGG auch über die Zulässigkeit der **Verfahrensart** analog der §§ 17 ff. GVG zu entscheiden. So ist zu prüfen, ob der Streitgegenstand des Leistungsbegehrens des A im Urteils- oder im Beschlussverfahren entschieden werden muss. Dabei ist bei genauer Betrachtung der Anspruchsgrundlage des § 37 Abs. 6 i.V.m. Abs. 2 BetrVG zu beachten, dass es in der Sache um einen Entgeltfortzahlungsanspruch des A wegen (erforderlicher?) Betriebsratsschulung geht („ohne Minderung des Arbeitsentgelts", vgl. § 37 Abs. 2 BetrVG). Deshalb handelt es sich im Kern um eine individualrechtliche Streitigkeit zwischen Arbeitnehmer und Arbeitgeber i.S.v. § 2 Abs. 1 Nr. 3 lit. a ArbGG, die im **Urteilsverfahren** entschieden werden muss. Falls A im Verfahren nicht einen entsprechenden Verweisungsantrag stellt, muss das angerufene Gericht die Unzulässigkeit des Beschlussverfahrens im Wege des Kammerbeschlusses aussprechen (§§ 48 Abs. 1 ArbGG, 17a Abs. 2 GVG; vgl. GMP/*Matthes/Schlewing*, § 2a Rn. 89 ff.).

3. Inhaltliche Besonderheiten?

Hinter den Besonderheiten des arbeitsgerichtlichen Verfahrens steht der **9** Gedanke des **Sozialschutzes** für die (regelmäßig) schwächere Partei, den Arbeitnehmer. Dieser befindet sich nämlich in aller Regel in der **Klägerrolle**. Ca. 95 % der (Urteils-)Verfahren werden von ihm angestrengt (*Grotmann-Höfling*, AuR 2010, 504, 505). Das Arbeitsrecht und seine Schutzmechanismen drängen ihn dazu, weil z.B. die Kündigung vom Arbeitgeber ausgeht und der Arbeitnehmer mit der Kündigungsschutzklage reagieren **muss**, will er um seinen Arbeitsplatz kämpfen oder wenigstens eine Abfindung erhalten (Realität ist, dass das Kündigungs*schutz*gesetz in Wirklichkeit wie ein „Abfindungsgesetz" funktioniert: Weiterbeschäftigung lässt sich in aller Regel nicht „auf dem Rechtsweg" erkämpfen, vgl. *Weichsel*, S. 531). Der Arbeitgeber hat andere Möglichkeiten, seine Rechte innerbetrieblich durchzusetzen. Er sitzt bildlich gesprochen „am längeren Hebel" der Macht- und Rechtsausübung.

Diese **Einseitigkeit der Rollenverteilung** im Arbeitsgerichtsverfahren **10** fördert ein Schwarz-Weiß-Denken, das den Arbeitsrichtern z.B. besondere

Einseitigkeit zu Gunsten der Arbeitnehmer (*Meilicke,* Das BAG – selbsternannter Sondergesetzgeber zu Lasten der Arbeitgeber, 1981) oder eine besondere Ahnungslosigkeit in Bezug auf wirtschaftliche Sachverhalte vorhält (*Rüthers,* Beschäftigungskrise und Arbeitsrecht, 1996). Auf der anderen Seite stehen Einschätzungen wie jene, dass die vom BAG berücksichtigte herrschende Meinung von „unternehmerfreundlichen Professoren" geprägt sei (*Wesel,* Fast alles, was Recht ist, Studienausgabe, 1994, S. 345). Gäbe es Spruchkörper, in denen ausschließlich Versicherungsnehmer gegen Versicherungen oder ausschließlich Bankkunden gegen Banken ihre Rechte einklagten, so müssten sich deren Richter mit hoher Wahrscheinlichkeit ähnliche Vorwürfe gefallen lassen. Fakt ist aber die recht **hohe Vergleichsquote** in erstinstanzlichen Verfahren (2009 ca. 57 %, vgl. *Grotmann-Höfling,* AuR 2010, 504, 505), die bei voreingenommenen Richtern kaum zu erzielen wäre. Fakt ist auch, dass die wenig vornehme Zurückhaltung des Gesetzgebers in wichtigen Rechtsfragen (→ § 3 Rn. 36) dem Richter große Entscheidungsmacht überantwortet, die in einer polarisierten Arbeitsgesellschaft entsprechend „politische" Resonanz findet. Schließlich ist an die Macht der Verbände (zu den Koalitionen → § 11) zu erinnern, die trotz schwindender Organisationsmacht noch immer einen beachtlichen – institutionell ja gewollten! – Einfluss auf die Rechtsprechung ausüben.

11   Insgesamt darf man feststellen, dass die Arbeitsgerichte ihrer traditionellen Verantwortung für den **sozialen Frieden** bis heute mit einigem Erfolg gerecht geworden sind (vgl. *Krause,* § 1 Rn. 24; *Söllner,* S. 11 ff.; *Weth,* NZA 1998, 683). Dass sich dennoch der Satz von *Gustav Radbruch* meistens bewahrheitet, wonach das Recht nicht „freundet", sondern meistens nur „scheidet", haben nicht die Gerichte zu vertreten. Wesentlicher hierfür sind vorprozessuale **Schlichtungsmechanismen** wie die betriebliche Einigungsstelle (§ 76 BetrVG → § 14 Rn. 32, 52) in kollektiven Regelungsstreitigkeiten zwischen Arbeitgeber und Betriebsrat oder die gerichtsferne **Mediation,** die vertraglich vereinbart werden kann. Seitdem am 26.7.2012 das Gesetz zur Förderung der Mediation und anderer Verfahren in Kraft getreten ist, wird zwar keine **gerichtsinterne** Mediation im arbeitsgerichtlichen Verfahren stattfinden, wie zunächst vorgesehen war (vgl. *Francken,* NZA 2011, 1001); doch „im Interesse einer klaren Abgrenzung der richterlichen Streitschlichtung von der Mediation" (vgl. BT-Drs. 17/8058) werden die unterschiedlichen Modelle der gerichtsinternen Mediation durch § 54 Abs. 6 ArbGG in ein erheblich erweitertes **„Güterichtermodell"** nach dem Vorbild des § 278 Abs. 5 ZPO überführt (*Francken,* NZA 2012, 836). Aufgrund der Formulierung in § 54 Abs. 6 S. 2 ArbGG können die Parteien, die „bei Gericht bleiben wollen", über den nicht entscheidungsbefugten Güterichter ggf. kraft Prozessvertrags eine Mediation **vereinbaren,** bei der die Mindeststandards des Mediationsgesetzes gelten (so *Francken,* NZA 2012, 836, 840; vgl. auch *Ahrens,* NJW 2012, 2465); andernfalls kann über § 54a ArbGG der Weg zur „echten" außergerichtlichen Mediation beschritten werden.

Schaubild 8: Ablauf des Urteilsverfahrens

Klageerhebung

↓ Durch Einreichung einer Klageschrift und Zustellung beim Beklagten

Prüfung der Zulässigkeit der Klage von Amts wegen

- **Allgemeine Prozessvoraussetzungen** (→ § 6 Rn. 2 ff.)
  – Ordnungsgemäße Klageerhebung
  – Rechtswegzuständigkeit
  – Verfahrensart (Urteils- oder Beschlussverfahren → Rn. 8)
  – Örtliche Zuständigkeit
  – Partei-, Prozess- und Postulationsfähigkeit
  – Keine anderweitige Rechtshängigkeit
  – Keine entgege nstehende Rechtskraft
- **Besondere Prozessvoraussetzungen** (→ § 6 Rn. 16 ff.)
  – Feststellungsinteresse bei Feststellungsklage (allgemeines bzw. besonderes Feststellungsinteresse?)
  – Bestimmtheitsgebot bei Leistungsklagen
↓ • **Zulässigkeit von Klageverbindungen** (→ § 6 Rn. 32 ff.)

Ladung der Parteien, §§ 47, 51 ArbGG

↓

Obligatorische Güteverhandlung, § 54 ArbGG

Vor dem Kammervorsitzenden, § 54 I 1 ArbGG, Ziel: gütliche Einigung der Parteien

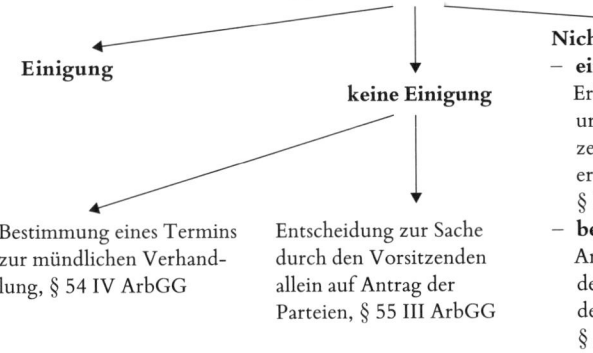

Einigung

keine Einigung

Nichterscheinen
– **einer Partei:**
  Erlass eines Versäumnisurteils durch den Vorsitzenden, auf Antrag der erschienenen Partei, § 55 I Nr. 4 ArbGG
– **beider Parteien:**
  Anordnung des Ruhens des Verfahrens durch den Vorsitzenden, § 54 V 1 ArbGG

Bestimmung eines Termins zur mündlichen Verhandlung, § 54 IV ArbGG

Entscheidung zur Sache durch den Vorsitzenden allein auf Antrag der Parteien, § 55 III ArbGG

Mündliche Verhandlung vor der Kammer, § 57 ArbGG
Urteilsverkündung, § 60 ArbGG

↓ Rechtsmittel

Berufung zum LAG, §§ 64 ff. ArbGG, („zweite Tatsacheninstanz")

↓ Rechtsmittel

Revision zum BAG, §§ 72 ff. ArbGG, Zulassungsrevision (Überprüfung der Entscheidung auf Gesetzesverletzungen, § 72 V ArbGG, § 545 I ZPO)

Empfehlungen zur vertiefenden Lektüre:

Literatur: *Bitter,* Zur Kombination von Kündigungsschutzklage mit allgemeiner Feststellungsklage, DB 1997, 1407; *Boemke,* Kündigungsschutzklage (§ 4 KSchG) und allgemeine Feststellungsklage (§ 256 ZPO), RdA 1995, 211; *Francken,* Das Gesetz zur Förderung der Mediation und das arbeitsgerichtl. Verfahren, NZA 2012, 836; *Gäntgen,* Die ehrenamtlichen Richterinnen und Richter in der Arbeitsgerichtsbarkeit, RdA 2015, 201; *Germelmann,* Überlange Verfahren – Rechtsschutz im Arbeitsgerichtsprozess, JbArbR 49 (2012), 41; *Hofer,* Das arbeitsgerichtliche Verfahren im schriftlichen Assessorexamen, JA 2017, 853; *Jauernig,* § 17 II GVG – das unverstandene Wesen, NZA 1995, 12; *Kerwer,* Die Arbeitsgerichtsbarkeit, JuS 1999, 250; *Natter/Haßel,* Der elektronische Rechtsverkehr und die elektronische Akte in der Arbeitsgerichtsbarkeit, NZA 2017, 1017; *Opolony,* 25 Jahre ArbGG 1979 – ein Blick zurück nach vorn, NZA 2004, 519; *Reichold,* Der „Neue Kurs" von 1890 und das Recht der Arbeit: Gewerbegerichte, Arbeitsschutz, Arbeitsordnung, ZfA 1990, 5; *Reinecke,* Die Entscheidungsgrundlagen für die Prüfung der Rechtswegzuständigkeit, insb. der arbeitsgerichtlichen Zuständigkeit, ZfA 1998, 359; *Söllner,* Die Arbeitsgerichtsbarkeit im Wandel der Zeiten, FS 100 Jahre Arbeitsgerichtsverband, 1994, S. 1; *Stenslik,* Der Schriftsatz im Arbeitsgerichtsprozess, Jura 2012, 823; *ders.,* Die Klagefrist im arbeitsgerichtlichen Bestandsschutzverfahren, JuS 2011, 15; *Vielmeier,* Zuständigkeit der Arbeitsgerichte für Klagen von Fremdgeschäftsführern gegen die Gesellschaft, NZA 2016, 1241; *Walker,* Grundlagen und aktuelle Entwicklungen des einstweiligen Rechtsschutzes im Arbeitsgerichtsprozess, ZfA 2005, 45; *Weichsel,* Rechtstatsachen und Statistik, FS 100 Jahre Arbeitsgerichtsverband, 1994, S. 523; *Weth,* Das arbeitsgerichtliche Beschlussverfahren, 1995.

§ 6. Die Zulässigkeitsprüfung

1   Im Prozessgutachten (→ § 4 Rn. 6 ff.) sind nur jene Zulässigkeitsfragen anzusprechen, die im Sachverhalt als klärungsbedürftig aufgeworfen werden. Auch wenn die folgende Darstellung der im Schaubild 8 vorgeschlagenen Reihenfolge nach „allgemeinen" und „besonderen" Prozessvoraussetzungen folgt, heißt das nicht, dass jede der aufgezählten Voraussetzungen gebetsmühlenartig und formelhaft in der Klausur aufgezählt werden müsste. In der Regel sind im prozessualen Bereich jeweils nur wenige Fragen zu erörtern.

I. Allgemeine Prozessvoraussetzungen

1. Ordnungsgemäße Klageerhebung

2   In aller Regel kann z.B. vom Vorliegen einer wirksamen Klageerhebung nach § 46 Abs. 2 ArbGG i.V.m. §§ 495, 253 ZPO ausgegangen werden (wenn es laut Sachverhalt überhaupt schon so weit gekommen ist). In erster Instanz besteht vor den Arbeitsgerichten nach § 11 Abs. 1 S. 1 ArbGG **kein Anwaltszwang**, so dass die Parteien – anders als vor LAG und BAG – vor den Ar-

beitsgerichten selbst wirksame Prozesshandlungen vornehmen, insbesondere selbst wirksam Klage erheben können. Häufig geschieht das auch über die sog. **Rechtsantragsstelle** der Geschäftsstelle am Arbeitsgericht (§ 7 Abs. 1 ArbGG): der rechtsunkundige Arbeitnehmer erklärt seine Klage zu Protokoll des Rechtspflegers. Dieser darf formale Hilfestellung leisten, nicht aber die Rechtsberatung durch Anwälte oder Gewerkschaftsseite ersetzen. Auf die **eigenhändige Unterzeichnung** der Klage kann nie verzichtet werden. Bei der Auslegung des Klageantrags ist die Rechtsprechung sehr großzügig (Bsp. *BAG* NZA 2008, 589).

Arbeitshinweis: Grundsätzlich genügt die Feststellung, der Kläger habe mit Schriftsatz vom … wirksam Klage erhoben (§ 46 Abs. 2 ArbGG i.V.m. §§ 495, 253 ZPO).

2. Prüfung des Rechtswegs

Die Frage der Zuständigkeit der Arbeitsgerichte dagegen ist ein beliebtes 3 Klausurthema (→ *Fall 1*), vor allem seit die Entscheidung über die (früher nur „sachliche") Zuständigkeit auch die über die Eröffnung des Rechtswegs beinhaltet und damit §§ 17, 17a GVG berücksichtigt werden müssen. Wenn also ein Prozessgutachten gefragt ist und die Arbeitnehmereigenschaft strittig ist, denken Sie nicht gleich an materiell-rechtliche Folgeprobleme, sondern prüfen Sie dieses Problem erst einmal beim Rechtsweg (→ § 4 Rn. 8). Das ist aufbautechnisch deshalb schwierig, weil eventuell schon Fragen aus der Begründetheitsprüfung vorgezogen werden müssen.

Klausurtipp: Wie in *Fall 1* gezeigt, hängt es von der Fragestellung ab, wie intensiv die Arbeitnehmer-Prüfung schon in der Zulässigkeitsprüfung erfolgen darf. Geht es um eine „Anwaltsklausur" (→ *Fall 1*), darf diese materielle Frage nach vorne in die Zulässigkeitsprüfung gezogen werden. Soll dagegen eine „Richterklausur" erstellt werden, müssen die folgenden Grundsätze der Rechtsprechung beachtet werden!

a) „Sic non"-Fälle als Regel

Das Arbeitsgericht muss nach § 48 Abs. 1 ArbGG i.V.m. § 17a GVG bei Un- 4 zuständigkeit an das Gericht des richtigen Rechtswegs (z.B. Landgericht oder Sozialgericht) verweisen und darf die Klage deshalb nicht mehr als unzulässig abweisen (§ 17a Abs. 2–4 GVG). Im Interesse des Rechtsfriedens sollen alle Klagen, die nur nach arbeitsrechtlichen Normen begründet sein können, möglichst endgültig durch Arbeitsrichter entschieden werden. Deshalb stellt das BAG an die Rechtswegprüfung bei sog. *sic non*-Fällen nur sehr geringe Anforderungen. Damit meint es **Ansprüche, die nur bei Bejahung des Arbeitnehmer-Status** begründet sein können. *Sic non*/„wenn nicht" die Arbeitnehmereigenschaft vorliegt, ist die Klage weder zulässig noch begründet – das kann aber nur einheitlich festgestellt werden. Die entsprechenden Tatsachenbehauptungen des

Klägers sind hier **„doppelrelevant"**, sowohl für die Rechtswegzuständigkeit als auch für die Begründetheit. Aus diesem Grund soll für diese *sic non*-Fälle die bloße Rechtsansicht des Klägers, er sei Arbeitnehmer, ausreichend sein, um die Zulässigkeit als solche zu begründen. Ob diese Behauptung schlüssig ist, ist dann Gegenstand der Begründetheitsprüfung (*BAG* NJW 1996, 2948; NJW 1997, 1722).

5   Hauptbeispiel ist die auf Feststellung des Bestehens eines Arbeitsverhältnisses gerichtete **Kündigungsschutzklage** (*BAG* NJW 1997, 542); ähnlich ist mit Klagen auf Entgeltfortzahlung, Urlaubsabgeltung oder Maßnahmen des Mutterschutzes zu verfahren. Beantragt der Kläger also in einem Privatrechtsstreit die Feststellung, in einem Arbeitsverhältnis zu stehen, so ist die arbeitsgerichtliche Zuständigkeit schon dann zu bejahen, wenn er entsprechende Behauptungen vorträgt (selbst wenn diese unschlüssig sind!); einer Aufklärung oder gar Beweisaufnahme hierzu bedarf es nicht. Vielmehr wird seine Klage als **unbegründet und nicht als unzulässig** abgewiesen, (1) wenn sie bereits unschlüssig ist, (2) wenn die behaupteten Tatsachen bei Bestreiten nicht bewiesen werden können. Eine Verweisung des Rechtsstreits kommt nicht in Betracht, weil sie sinnlos wäre (*BAG* NJW 1996, 2948, 2950; NJW 1997, 1722, 1723; *Reinecke*, ZfA 1998, 378 ff., 385).

Beispiel: Der freiberuflich tätige Hausarzt Anton erhebt vor dem Arbeitsgericht Klage auf Feststellung, dass er Arbeitnehmer seines reichen Patienten Max sei, weil er diesen durchschnittlich vier Stunden in der Woche in dessen Villa behandle. Das Arbeitsgericht prüft seine Zuständigkeit nach dem zu Grunde liegenden **Streitgegenstand**, der sich hier als sog. „Statusklage" auf die Feststellung des Bestehens oder Nichtbestehens eines Arbeitsverhältnisses richtet. Es handelt sich um einen sog. *sic non*-Fall mit doppelrelevanten Rechtsansichten. Das Arbeitsgericht wird den Vortrag von Anton als **unschlüssig** beurteilen, weil das Verhältnis zwischen Hausarzt und (Dauer-)Patient nach den vorgetragenen Tatsachen nur als freier Dienstvertrag (Behandlungsvertrag, vgl. §§ 611, 630a BGB) beurteilt werden kann. Es kann deshalb aber weder verweisen (an wen?) noch durch Prozessurteil abweisen (§ 17a Abs. 2 GVG), sondern nur durch Sachurteil die **Unbegründetheit** der Klage des Anton aussprechen.

6   Dem BAG wird in der Literatur widersprochen. Allein eine Rechtsansicht des Klägers könne die Zulässigkeit des Rechtswegs nicht begründen. Aus § 17a Abs. 1 GVG ergebe sich eine umfassende Bindungswirkung für andere Gerichte, die nur nach richterlicher **Prüfung der zu Grunde liegenden Tatsachen** berechtigt sei (so etwa *Kerwer*, JuS 1999, 252; *G. Lüke*, JuS 1997, 217). So müsste auch im Zulässigkeitsstadium ggf. schon eine Beweisaufnahme erfolgen können (*Kissel*, NZA 1995, 353). Würde mit der Unzulässigkeit des Rechtswegs zugleich die Unbegründetheit der Klage festgestellt, so müsste die Klage durch **Sachurteil** abgewiesen werden. Der Meinungsstreit dreht sich im Grunde nur um die prozessrechtliche Frage, ob es einheitliche Anforderungen an den Tatsachenvortrag im Zulässigkeitsstadium geben muss oder nicht. Einigkeit besteht aber darüber, dass sog. *sic non*-Fälle vom Arbeitsgericht **keinesfalls** gem. § 17a

Abs. 2 GVG wegen Unzulässigkeit des Rechtswegs abgewiesen oder verwiesen werden können, sondern durch Sachurteil zu entscheiden sind. Die Frage nach dem richtigen Zeitpunkt der Schlüssigkeits- bzw. Tatsachenprüfung – Zulässigkeits- oder Begründetheitsstadium – ist demgegenüber zweitrangig.

> **Wichtig:** *Sic non*-Fälle sind bei Arbeitnehmer-Klagen die **Regel**, weil das Arbeitsrecht gegenüber anderen privatrechtlichen Anspruchsgrundlagen die Rechtsstellung des Klägers regelmäßig verbessert (z.B. im KSchG oder EFZG). Damit „steht und fällt" der Erfolg solcher Klagen mit der arbeitsgerichtlichen Zuständigkeit. Sie sind entweder begründet oder unbegründet, können aber **nicht als unzulässig** abgewiesen und auch **nicht verwiesen** werden.

b) „Et et"- und „aut aut"-Fälle als Ausnahmen

Daneben gibt es Klagen, die sowohl nach arbeitsrechtlichen als auch nach allgemeinen privatrechtlichen Normen begründet sein können (**„et et"-Fälle**) oder solche, die entweder nur auf Privatrecht oder auf Arbeitsrecht gestützt werden können (**„aut aut"-Fälle**). *Et et*-Fälle sind z.B. Klagen gegen eine außerordentliche Kündigung, weil diese sowohl beim Arbeits- als auch beim Dienstvertrag an die Voraussetzungen des § 626 BGB geknüpft sind (→ Rn. 9 Beispiel *Nr. 2*). *Aut aut*-Fälle liegen z.B. bei Klagen auf Entgeltzahlung vor. Ein Anspruch auf Entgeltzahlung ergibt sich entweder aus einem Arbeitsvertrag oder z.B. bei freier Mitarbeit aus einem Dienstvertrag. Hier schließen sich beide Anspruchsgrundlagen **gegenseitig aus**. Der Kläger kann sich also nur auf die eine oder die andere Anspruchsgrundlage stützen.

In beiden Fällen kann, wenn der Arbeitsrechtsweg verneint wird, die Klage noch **vor den Zivilgerichten Erfolg haben**. Daher stellt das BAG hier an die Rechtswegprüfung höhere Anforderungen. Das BAG bejaht den Rechtsweg nur, wenn der Kläger **tatsächlich** Arbeitnehmer ist. Der Kläger muss also die Rechtswegzuständigkeit nach §§ 2, 48 ArbGG **schlüssig** vortragen. Das Arbeitsgericht prüft dann schon in der Zulässigkeit die Arbeitnehmereigenschaft abschließend; ungeklärt ist dabei, ob darüber hinaus auch Beweis erhoben werden muss (vgl. *Reinecke*, ZfA 1998, 386). Ist der Kläger nicht Arbeitnehmer, so verweist das Arbeitsgericht nach § 48 Abs. 1 ArbGG i.V.m. § 17a GVG an das Gericht des zuständigen Rechtswegs. Hier ist also die materiell-rechtliche Prüfung der Arbeitnehmereigenschaft schon im Rahmen der Rechtswegzuständigkeit vorzunehmen. Es ergeben sich keine Abweichungen zur allgemein üblichen Zulässigkeitsprüfung nach Schlüssigkeit („begrenzte Schlüssigkeitsprüfung" in Bezug auf die Arbeitnehmereigenschaft des Klägers).

Prüfungsschema 4: Anforderungen an die Rechtswegprüfung

1. Grundsatz:

Der Streit über Rechtsweg- und Zulässigkeitsfragen wird allein aufgrund des schlüssigen Klägervortrags entschieden, d. h. der Kläger muss substantiiert Tatsachen darlegen, die den Rechtsweg zum angerufenen Gericht eröffnen. Beweise brauchen nicht erhoben zu werden (BGHZ 133, 240 = NJW 1996, 3012).

2. Prüfungsablauf:

a) Auf welche Normen des Arbeits- und/oder Privatrechts stützt der Kläger sein Begehren (z.B. § 1 KSchG, § 3 EFZG, § 626 BGB)?

b) Kann die Klage nur Erfolg haben, wenn der Kläger **Arbeitnehmer** ist – „sic non"-Fall?

nein	ja

Die Klage kann auch nach allgemeinem Privatrecht Erfolg haben („et et"- bzw. „aut aut"-Fall); Bsp.: § 626 BGB | Rechtsansicht des Klägers reicht zur Bejahung der Zulässigkeit aus (so BAG, str.); Bsp.: § 1 KSchG, § 3 EFZG

c) Schlüssigkeitsprüfung zur Ermittlung des richtigen Rechtswegs:

Ist der Kläger **Arbeitnehmer?**

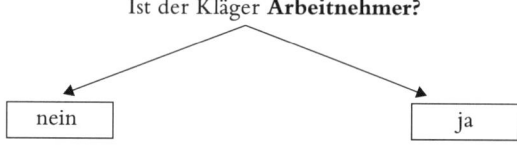

nein	ja

Verweisung an das Zivilgericht, § 48 ArbGG i.V.m. § 17 a GVG | Bejahung des Rechtswegs nach § 2 ArbGG und Fortsetzung der Zulässigkeitsprüfung

9   Lösen Sie nun die folgenden Beispielsfälle:

Beispielsfall 1: Prof. D ist Belegarzt in einem Krankenhaus. Das Krankenhaus stellt ihm zehn Betten, ärztliches und nichtärztliches Personal, Medikamente und Verpflegung zur Verfügung. D ist verpflichtet, bestimmte internistische Leistungen anzubieten. Er zahlt einen Festbetrag an das Krankenhaus. Im Übrigen belegt er die Betten selbstständig, behandelt selbstständig und rechnet selbstständig mit den Kassen ab. Wegen Umstrukturierung kündigt das Krankenhaus den Vertrag. Prof. D, der die lukrative Einnahmequelle nicht missen möchte, erhebt fristgerecht Kündigungsschutzklage zum Arbeitsgericht (§ 4 KSchG). Er behauptet, Arbeitnehmer zu sein, und fügt der Klageschrift seinen Vertrag mit dem Krankenhaus bei. Zu Recht?

Beispielsfall 2: Dem Vorstandsvorsitzenden R wird nach einem Milliardenverlust seines Konzerns vom Aufsichtsrat der D-AG das Vertrauen entzogen, der zugrundeliegende „Beschäftigungsvertrag" fristlos gekündigt. R klagt gegen die außerordentliche

Kündigung vor dem Arbeitsgericht, weil er auch als Vorstandsvorsitzender Arbeitnehmer sei. Zu Recht?

Lösung Beispielsfall 1: Die Klage ist zulässig, wenn für Prof. D gem. § 2 Nr. 3 lit. b ArbGG die Rechtswegzuständigkeit der Arbeitsgerichte gegeben ist. Fraglich ist, welche Anforderungen an den Vortrag des D, er sei Arbeitnehmer, zu stellen sind. Das hängt davon ab, ob seine Klage nur dann Erfolg haben kann, wenn er Arbeitnehmer ist. Dann genügt die bloße Rechtsbehauptung des Klägers, er sei Arbeitnehmer: D kann hier mit seiner Klage nur nach Arbeitsrecht Erfolg haben, denn nach dem allgemeinen Dienstvertragsrecht des BGB kann ihm unter Einhaltung der kurzen Fristen des § 621 BGB jederzeit gekündigt werden. Kündigungsschutz kann er nur über das KSchG erlangen. Es liegt also ein *sic non*-Fall vor. Daher genügt hier die Rechtsansicht des D, er sei Arbeitnehmer. Die Voraussetzungen des § 2 Nr. 3 lit. b ArbGG liegen vor. D hat die Klage auch fristgerecht nach § 4 KSchG erhoben. Die Klage ist **jedoch unbegründet**: Das KSchG greift gem. § 1 KSchG nicht ein, weil D als Belegarzt nicht Arbeitnehmer ist (erst jetzt sind die Voraussetzungen des Arbeitnehmerbegriffs zu prüfen). Daher ist der Dienstvertrag gem. § 620 Abs. 2 BGB unter Einhaltung der kurzen Fristen des § 621 BGB kündbar.

Lösung Beispielsfall 2: Die Rechtswegzuständigkeit der Arbeitsgerichte nach § 2 Nr. 3 lit. b ArbGG ist gegeben, wenn zwischen R und der D-AG ein Arbeitsverhältnis bestand. Fraglich ist, ob R schon für die Zulässigkeitsprüfung schlüssig darlegen muss, Arbeitnehmer zu sein. Dies hängt davon ab, ob ein Erfolg der Klage nur möglich ist, wenn R Arbeitnehmer ist. Hier wehrt sich R gegen eine außerordentliche Kündigung. Dieses Begehren kann auch Erfolg haben, wenn R nur in einem Dienstverhältnis zur D-AG stand, da § 626 BGB für Arbeits- und Dienstverhältnisse gilt (*et et*-Fall). In diesen Fällen hat der Kläger seine Arbeitnehmereigenschaft schlüssig darzutun. Dies kann R hier nicht: Als Vorstandsvorsitzender ist er Organ der D-AG gewesen. Deswegen ist er gem. § 5 Abs. 1 S. 3 ArbGG nicht Arbeitnehmer. Der Vortrag des R war nicht schlüssig. Die Rechtswegzuständigkeit nach § 2 Abs. 1 Nr. 3 ArbGG ist nicht gegeben, so dass das Arbeitsgericht die Klage gem. § 48 ArbGG i.V.m. § 17a GVG an das zuständige Zivilgericht verweisen wird (*BAG* NZA 1997, 674).

c) Ausschließliche Zuständigkeit, Verfahrensart

Mit der Bejahung der Arbeitnehmereigenschaft ist nicht nur über die Frage **10** des Rechtswegs entschieden, sondern auch nach §§ 2, 2a ArbGG über die ausschließliche Zuständigkeit der Arbeitsgerichte. Die gesetzliche Regelung kann also nicht durch Parteivereinbarungen abbedungen werden (seltene Ausnahme: § 4 i.V.m. §§ 101 ff. ArbGG). Sinnvollerweise ist im Zusammenhang mit der Bejahung der Rechtswegzuständigkeit auch die richtige **Verfahrensart** (→ § 5 Rn. 5 ff.) mit dem konkret zutreffenden Tatbestand des Zuständigkeitskatalogs anzuführen. Nahezu ausschließlich in Betracht kommen die Zuständigkeiten nach

- § 2 Abs. 1 Nr. *3a*: Leistungsanträge aus dem Arbeitsverhältnis;
- § 2 Abs. 1 Nr. *3b*: Feststellungsanträge über das Bestehen oder Nichtbestehen eines Arbeitsverhältnisses, insbesondere also die Kündigungsschutzklage nach § 4 KSchG;

- § 2 Abs. 1 Nr. *3 c:* Leistungs- oder Feststellungsklagen aus vorvertraglichen oder nachvertraglichen Ansprüchen aus dem Arbeitsverhältnis;
- § 2 Abs. 1 Nr. *3 d:* Leistungsklagen aus unerlaubten Handlungen, die mit dem Arbeitsverhältnis in Zusammenhang stehen.

> **Klausurtipp:** Denken Sie klausurtaktisch: In aller Regel wird die Arbeitnehmereigenschaft zu bejahen sein – schließlich schreiben Sie eine Arbeitsrechtsklausur! Haben Sie die zuständigkeitsbegründende Variante des § 2 Abs. 1 ArbGG (meist: Nr. 3 lit. a oder lit. b) ermittelt, so können Sie mit der Bejahung des Rechtswegs auch die **ausschließliche Zuständigkeit** der Arbeitsgerichte und die zutreffende **Verfahrensart** (meist: Urteilsverfahren) feststellen.

3. Örtliche Zuständigkeit

11   Das ArbGG enthielt bis 2008 keine eigenständige Regelung über die örtliche Zuständigkeit. Maßgeblich waren daher allein die Vorschriften der subsidiär geltenden ZPO (§ 46 Abs. 2 S. 1 ArbGG). Danach richtet sich der allgemeine Gerichtsstand nach dem Wohnsitz des Beklagten, bei natürlichen Personen nach deren Wohnsitz (§ 13 ZPO), bei juristischen Personen nach ihrem Firmensitz (§ 17 ZPO). Für das **Arbeitsverhältnis** von erheblicher praktischer Bedeutung ist der Gerichtsstand des Erfüllungsortes (§ 29 ZPO), der grundsätzlich (bei ständiger Beschäftigung) am **Sitz des Betriebes**, in dem die Arbeitspflicht zu erfüllen ist, liegt. Mit dem am 1.4.2008 in Kraft getretenen § 48 Abs. 1a S. 1 u. 2 ArbGG steht dem Arbeitnehmer jetzt auch der besondere Gerichtsstand des **Arbeitsortes** offen, der sich mit dem des Erfüllungsorts freilich großenteils überschneidet. Bedeutung hat er vor allem für solche Arbeitnehmer, die ihre Tätigkeit *nicht* am Sitz der Firma verrichten, also etwa im Bereich der Gebäudereinigung oder Objektüberwachung sowie bei anderen Außendienstmitarbeitern (*Francken/Natter/Rieker,* NZA 2008, 378). Erfüllungs- und Arbeitsort bleiben auch nach Beendigung des Arbeitsverhältnisses z.B. für rückständige Verpflichtungen oder Ruhegeldzahlungen maßgebend. Grundsätzlich kann der Arbeitnehmer davon ausgehen, dass er bei Klagen gegen seinen Arbeitgeber immer das Gericht seines betrieblichen bzw. gewöhnlichen Tätigkeitsortes anrufen kann.

4. Sachliche und funktionelle Zuständigkeit

12   Für beide Fragen findet sich in § 8 Abs. 1 ArbGG die einfachste aller Antworten: im ersten Rechtszug sind (ausnahmslos) die **Arbeitsgerichte** zuständig. Bei der „sachlichen" Zuständigkeit stellt sich in der Arbeitsgerichtsbarkeit deswegen kein Problem, weil es keine verschiedenen Arten erstinstanzlicher Gerichte gibt (anders: Amtsgericht oder Landgericht im Zivilprozess). Bei der „funktionellen" Zuständigkeit geht es um die Bestimmung des richtigen Rechtspflegeorgans für die Streitsache, insbesondere um die zutreffende Instanz. Auch hierzu enthält § 8 mit der Aufzählung des Instanzenzugs (→ § 5 Rn. 1) die Antwort.

> **Achtung:** Heute noch von der „sachlichen" Zuständigkeit der Arbeitsgerichte im Verhältnis zu den Zivilgerichten zu reden, ist ein **Fehler**, weil damit die Eigenständigkeit der beiden Gerichtsbarkeiten verkannt wird. Das Zitat von § 8 Abs. 1 ArbGG als (unproblematisch einschlägige) Zuständigkeitsnorm reicht in der Klausur hierfür völlig aus.

5. Partei-, Prozess- und Postulationsfähigkeit

Parteifähigkeit bedeutet, vor den Gerichten klagen und verklagt werden **13** zu können. Parteifähig ist, wer rechtsfähig ist (§ 50 Abs. 1 ZPO), so dass jede natürliche und juristische Person auch vor Gericht stehen kann. Weil im Arbeitsleben auch nicht eingetragene Vereine, insbesondere die **Gewerkschaften**, eine wichtige Rolle spielen, legt **§ 10 ArbGG** abweichend von § 50 Abs. 2 ZPO fest, dass im arbeitsgerichtlichen Verfahren auch Gewerkschaften und Vereinigungen von Arbeitgebern sowie Zusammenschlüsse solcher Verbände parteifähig sind (ohne Rücksicht auf ihre juristische Persönlichkeit). Parteifähig sind auch selbstständige tariffähige Ortsvereine von Gewerkschaften, nicht aber deren nicht tariffähige Bezirksverwaltungen oder Verwaltungsstellen. Der **Betriebsrat** ist nur im Beschlussverfahren (§ 2a ArbGG), nicht aber im Urteilsverfahren parteifähig; ihm kommt keine Rechtsfähigkeit nach bürgerlichem Recht zu (→ § 14 Rn. 21).

Für die **Prozessfähigkeit** sieht das ArbGG keine Besonderheiten vor, so dass über **14** § 46 Abs. 2 S. 1 ArbGG § 51 ZPO anzuwenden ist. Sie ist das prozessuale Gegenstück zur materiellen Geschäftsfähigkeit. Soweit Minderjährige daher nach den §§ 112, 113 BGB zu Rechtshandlungen ermächtigt sind, können sie auch entsprechende Prozesshandlungen vornehmen oder vornehmen lassen. Juristische Personen sind nicht selbst prozessfähig, sondern handeln im Prozess durch ihre gesetzlichen Vertreter (Organe).

Demgegenüber meint die **Postulationsfähigkeit** die Fähigkeit, dem prozessualen **15** Handeln die rechtserhebliche Form zu geben: es geht darum, ob die prozessfähige Partei auch die prozessuale Handlung (z.B. Klageerhebung, Antragstellung) selbst vornehmen kann, oder ob sie von einer anderen Person (Rechtsanwalt) vertreten werden muss. Vor den **Arbeitsgerichten** können die Parteien selbst den Rechtsstreit führen, sich aber auch vertreten lassen (§ 11 ArbGG). *In der Klausur wird die Postulationsfähigkeit daher regelmäßig nicht zu prüfen sein!* Dabei ist auch eine Vertretung z.B. durch volljährige Familienangehörige, Beschäftigte des Arbeitgebers, Gewerkschaftsvertreter bzw. Arbeitgeberverbände zulässig, wenn der Arbeitnehmer bzw. Arbeitgeber Mitglied dieser Vereinigung ist (siehe Katalog des § 11 Abs. 2 S. 2 ArbGG; Nr. 5 ebd. meint die DGB-Rechtsschutz-GmbH). Vor dem **LAG** und dem **BAG** müssen sich die Parteien dagegen durch einen Rechtsanwalt oder einen Verbandsvertreter mit Befähigung zum Richteramt vertreten lassen (§ 11 Abs. 4 ArbGG).

II. Besondere Prozessvoraussetzungen

1. Feststellungsanträge

16   Geht es um Kündigungsschutzfragen im Arbeitsgerichtsprozess, spielen aus prozessualer Sicht Feststellungsbegehren die zentrale Rolle. Durch § 4 KSchG ist die Feststellungsklage sogar **gesetzlich festgeschrieben** (→ § 4 Rn. 6, 12). Die sonst erforderliche Prüfung des Feststellungsinteresses nach § 256 Abs. 1 ZPO kann hier unterbleiben. Allerdings gibt es zwei verschiedene Formen von Feststellungsanträgen, nämlich die „allgemeine" und die „besondere" arbeitsrechtliche Feststellungsklage. Die Abgrenzung beider Varianten ist keine einfache Rechtsfrage (→ *Fall 6*). Beginnen wir mit der gesetzlich festgelegten „besonderen" Feststellungsklage, nämlich der Kündigungsschutzklage nach § 4 KSchG.

a) Besonderer Feststellungsantrag nach § 4 KSchG

17-18   Die Kündigungsschutzklage muss innerhalb von **drei Wochen** nach dem Zugang der Kündigung (vgl. § 130 BGB) durch den Arbeitnehmer beim Arbeitsgericht eingereicht werden (§ 4 KSchG). Zu beachten ist aber die Regelung des § 4 S. 4 KSchG, wonach bei behördlicher Zustimmung (z.B. § 17 Abs. 2 S. 1 MuSchG, 18 Abs. 1 S. 2 BEEG) die Frist zur Anrufung des Arbeitsgerichts erst *ab der Bekanntgabe* der Entscheidung der Behörde läuft. Der Arbeitnehmer muss aber mit einer solchen Entscheidung rechnen können; andernfalls verdient er den Schutz des § 4 S. 4 KSchG nicht. Seine Klage enthält den Antrag, „dass das Arbeitsverhältnis durch die Kündigung vom … nicht aufgelöst ist". Wird die Dreiwochenfrist versäumt, so gilt die Kündigung **als von Anfang an rechtswirksam**, vgl. § 7 KSchG. Im Falle unverschuldeter Versäumung der Frist hat er lediglich die Möglichkeit, einen Antrag auf **nachträgliche** Klagezulassung nach § 5 Abs. 1 KSchG zu stellen. Für jeden Arbeitnehmer ist also Eile geboten, sich gegen Kündigungen zur Wehr zu setzen, auch dann, wenn das KSchG auf ihn persönlich oder sachlich nicht anwendbar ist: **die Dreiwochenfrist gilt immer**, vom ersten Tag des Arbeitsverhältnisses an und auch in Kleinbetrieben (→ § 10 Rn. 44).

19   Nach dem Wortlaut des § 4 KSchG kann mit dem besonderen Kündigungsschutzantrag nur die Feststellung beantragt werden, dass das Arbeitsverhältnis zwischen den Parteien durch eine **bestimmte** Kündigung nicht aufgelöst worden sei, weil diese konkrete Kündigung z.B. sozialwidrig und daher unwirksam sei. Das steht zwar so nicht im Gesetz, muss aber nach der h.M. genau so gelesen werden: die „eine Kündigung" muss eine bestimmte Kündigung sein, weil ja der Fristlauf an den **„Zugang der (bestimmten!) Kündigung"** anknüpft (§ 4 S. 1 KSchG). Das BAG hatte also zwingende Gründe, den sog. „punktuellen" Streitgegenstandsbegriff zu entwickeln: Mit einer Klage nach § 4 KSchG kann der Arbeitnehmer immer nur jeweils eine einzige ordentliche oder außerordentliche (vgl. § 13 Abs. 1 S. 2 KSchG) Kündigung angreifen. Sein Klageantrag lautet dann ungefähr wie folgt:

> „Es wird festgestellt, dass das zwischen den Parteien bestehende Arbeitsverhältnis durch **die Kündigung vom …** nicht aufgelöst worden ist."

Aus diesem **„punktuellen"** Streitgegenstand des Feststellungsantrags nach **20** § 4 KSchG resultiert aber die entscheidende **Schwäche** der besonderen Kündigungsschutzklage: Es besteht nämlich die Gefahr, dass der Arbeitnehmer zwar mit seinem Kündigungsschutzantrag vor Gericht obsiegt, das Arbeitsverhältnis aber auf Grund eines inzwischen eingetretenen **anderen** Beendigungsgrundes (z.B. eine zweite, im Prozess erklärte sog. „Schriftsatzkündigung") dennoch aufgelöst worden ist. Aus diesem Grund ergab sich das Bedürfnis nach **allgemeineren** Feststellungsanträgen, um dem Kläger die Gewissheit zu geben, dass sein Arbeitsverhältnis wirklich bis zu dem für den Urteilserlass maßgeblichen Zeitpunkt der letzten mündlichen Verhandlung fortbesteht.

> **Wichtig:** Der **Streitgegenstand** der besonderen Feststellungsklage nach § 4 KSchG beschränkt sich auf die Wirksamkeitsprüfung einer **ganz konkreten** Kündigung (sog. „punktueller" Streitgegenstand).

b) Allgemeiner Feststellungsantrag (§ 256 ZPO)

Aus § 46 Abs. 2 ArbGG i.V.m. § 256 ZPO ergibt sich die Möglichkeit eines **21** allgemeinen Feststellungsantrags auch im arbeitsgerichtlichen Verfahren. Weil ein „geschickter" Arbeitgeber versuchen könnte, den Arbeitnehmer mit einer „Flut von Kündigungen" einzudecken, weil er sogar bewusst darauf spekulieren könnte, dass sog. „Schriftsatzkündigungen" vom Anwalt des Klägers übersehen werden und nicht fristgerecht nach §§ 4, 7 KSchG angegriffen werden, ist eine allgemeine Feststellungsklage mit dem Wortlaut empfohlen worden,

> „dass das zwischen den Parteien bestehende Arbeitsverhältnis über den Zeitpunkt des Ablaufs der Kündigungsfrist hinaus **unverändert fortbesteht**".

Damit soll das Gericht zum Erlass eines Feststellungsurteils veranlasst werden, das in rechtskraftfähiger Weise das Fortbestehen des streitigen Arbeitsverhältnisses **insgesamt** bis zum Termin der letzten mündlichen Verhandlung vor dem Arbeitsgericht feststellt. Ein solcher allgemeiner Kündigungsschutzantrag ist grundsätzlich zulässig, setzt aber **besondere Darlegungen zum besonderen Rechtsschutzinteresse nach § 256 ZPO** voraus, das über die „punktuelle" Interessenlage von § 4 KSchG hinausgehen muss (ErfK/*Kiel*, § 4 KSchG Rn. 36 f.). Beide Streitgegenstände sind nämlich nicht identisch. Greift der Arbeitnehmer mit einer **allgemeinen** Feststellungsklage die Wirksamkeit einer Kündigung an, ist Streitgegenstand nicht die Wirksamkeit der Kündigungserklärung als Rechtsgeschäft, sondern der Bestand des Arbeitsverhältnisses insgesamt zum Zeitpunkt der letzten mündlichen Verhandlung (*BAG* **22**

NJW 2006, 395). Zutreffend wird deshalb die Kündigungsschutzklage nach § 4 KSchG als „lex specialis" gegenüber der allgemeinen Feststellungsklage eingestuft (*Boemke,* RdA 1995, 211, 224).

> **Achtung:** Wird nicht nur die Feststellung beantragt, das Arbeitsverhältnis sei durch eine **ganz bestimmte Kündigung** nicht aufgelöst (§ 4 KSchG), sondern es bestehe zu unveränderten Bedingungen über den … hinaus fort, handelt es sich diesbezüglich um einen **anderen** (nicht nur um einen „erweiterten") **Streitgegenstand** als bei der punktuellen Kündigungsschutzklage. Das Feststellungsinteresse nach § 256 Abs. 1 ZPO bedarf dann eigenständiger Begründung!

c) Kombinierter Kündigungsschutzantrag

23   Nur die Kombination der besonderen Kündigungsschutzklage mit dem allgemeinen Feststellungsantrag ermöglicht in der oben Rn. 21 beschriebenen Lage die optimale Absicherung des Arbeitnehmers: Auf den konkreten (punktuellen) Feststellungsantrag kann wegen der Ausschlusswirkung der §§ 4, 7 KSchG nicht verzichtet werden; der allgemeine Feststellungsantrag bezieht alle sonstigen möglichen Beendigungstatbestände bis zur letzten mündlichen Verhandlung in den Prozess mit ein. Nach *Bitter* lässt sich bildhaft von einer „Schleppnetz-Theorie" des BAG sprechen, die den Arbeitnehmer vor einem Rechtsverlust aus formalen Gründen (Fristablauf hat die Fiktionswirkung des § 7 KSchG zur Folge!) bewahren will (*Bitter,* DB 1997, 1407). So wurde seit *BAG* NJW 1988, 2691 von Anwälten zunehmend formuliert,

> „dass das zwischen den Parteien bestehende Arbeitsverhältnis durch die Kündigung vom … nicht zum … aufgelöst worden ist, sondern zu unveränderten Bedingungen über den … hinaus fortbesteht."

24   Diese „Patentlösung" sollte den Arbeitnehmerschutz optimieren, übersah dabei in der Praxis aber häufig die Notwendigkeit der besonderen Darlegung des Feststellungsinteresses nach § 256 Abs. 1 ZPO. Prozessual gesehen handelt es sich hier um eine **Klagenhäufung nach § 260 ZPO** (*BAG* NJW 2006, 395 → Rn. 32 ff.). Beide Anträge müssen daher **gesondert** begründet werden. Erschöpft sich die Klagebegründung in der Darlegung des Kündigungstatbestands, so ist nur das Feststellungsinteresse nach §§ 4, 7 KSchG, nicht aber ein darüber hinaus reichendes allgemeines Bestandsinteresse nach § 256 Abs. 1 ZPO dargelegt. Der allgemeine Antrag ist dann als unzulässig abzuweisen. Soll die Kombination **zulässig** sein, muss substantiiert dargelegt werden, dass der Arbeitgeber z.B. angekündigt habe, er wolle den Kläger keinesfalls mehr im Betrieb wiedersehen, er werde sich auf jede denkbare Weise von ihm trennen, so dass die konkrete Gefahr weiterer Auflösungstatbestände besteht (*BAG* NJW 1996, 2179, 2180).

Klausurtipp: Auch Klageanträge müssen ausgelegt werden! In der Klausur sollten daher die **Anträge** (mit ihrer Begründung) sehr genau analysiert werden. Steht nur ein einziger Beendigungstatbestand im Raum, so ist in der Regel der punktuelle Feststellungsantrag nach § 4 KSchG gewollt. Eine Fortbestehens-Formulierung kann auch als unselbstständige Floskel gedeutet werden. Wird allerdings wie oben formuliert, muss ein eigenständiges allgemeines Feststellungsinteresse dargelegt und begründet werden (*BAG* NZA 1997, 844 sowie → *Fall 6*).

d) Feststellungsinteresse

Nach § 256 Abs. 1 ZPO ist eine Feststellungsklage nur dann zulässig, **25**

„wenn der Kläger ein rechtliches Interesse daran hat, dass das Rechtsverhältnis … durch richterliche Entscheidung alsbald festgestellt werde."

Dieses besondere Feststellungsinteresse versteht sich bei Kündigungsschutz- **26** klagen besonderer wie auch allgemeiner Art im Grunde „von selbst":

- bei der „**echten**" Kündigungsschutzklage wegen der gesetzlichen Regelung in §§ 4, 7 KSchG, weil nur durch diesen Antrag die „Heilung" einer unwirksamen Kündigung verhindert werden kann;
- bei einer **allgemeinen** Feststellungsklage entweder dann, wenn das KSchG nicht greift oder dann, wenn verschiedene Beendigungsgründe substantiiert dargelegt werden, die auf ein generelles Beendigungsinteresse des Arbeitgebers verweisen (→ Rn. 22 ff.);
- bei der sog. **Entfristungsklage** wegen der gesetzlichen Regelung in § 17 TzBfG, wonach die Geltendmachung der Rechtsunwirksamkeit von **Befristungen** analog zu §§ 4–7 KSchG innerhalb von drei Wochen nach dem vereinbarten Ende des befristeten Arbeitsvertrags beim Arbeitsgericht per Feststellungsklage zu beantragen ist.

Als wichtige **weitere Fallgruppe** für Feststellungsanträge sind jene **freien** **27** **Mitarbeiterverhältnisse** zu nennen, die ähnlich einem Arbeitsverhältnis, aber ohne Arbeitsvertrag durchgeführt werden (→ § 2 Rn. 18). Hier ergibt sich das Interesse an der **alsbaldigen** Feststellung daraus, dass bei Bejahung eines Arbeitsverhältnisses zwischen den Parteien die zwingenden gesetzlichen Vorschriften anzuwenden sind, die ein Arbeitsverhältnis gestalten, und zwar sofort. Bei sog. Statusprozessen von „arbeitnehmerähnlichen" Mitarbeitern ist daher die (allgemeine) Feststellungsklage grundsätzlich zulässig mit der Begründung, das praktizierte Verhältnis zwischen den Parteien (z.B. im Medienbereich, Franchise-Beziehung, Scheinselbstständigkeit) sei in Wirklichkeit dem Arbeitsrecht zu unterwerfen.

Grundsätzlich muss das Feststellungsinteresse **hinreichend begründet** **28** werden, um das sog. „**Rechtsschutzbedürfnis**" bejahen zu können. Dabei ist die **Subsidiarität** der Feststellungsklage gegenüber den Leistungsanträgen zu beachten. Das auf eine Feststellungsklage ergehende Urteil enthält nämlich keinen vollstreckbaren Leistungsbefehl. Sind etwa Entgeltansprüche aus einem unbestritten bestehenden Arbeitsverhältnis zwischen den Parteien streitig, wäre ein Feststellungsantrag unsinnig und unzulässig, weil der Streitstoff nur durch **Leistungsanträge** zielgenau und ohne einen unnötigen zweiten Prozess erschöpft würde.

29   Das Feststellungsinteresse **fehlt auch dann**, wenn aus der Feststellung des Bestehens eines Arbeitsverhältnisses sich keine Rechtsfolgen mehr für Gegenwart oder Zukunft ergeben (*BAG* NJW 1997, 3396; NJW 1999, 2918). Es kann nicht Aufgabe des Arbeitsgerichts sein, für abgeschlossene, in der Vergangenheit liegende Rechtsverhältnisse Rechtsgutachten zu erstatten. Sollen z.B. Leistungsansprüche auf Abschlussprämien oder Tantiemen aus vergangenen Rechtsverhältnissen geklärt werden, müssen diese mit entsprechenden **Leistungsanträgen** vor dem Arbeitsgericht gegenüber den angeblichen Alt-Arbeitgebern geltend gemacht werden, nicht aber mit Feststellungsanträgen, weil das Rechtsverhältnis gar nicht mehr besteht.

Beispiel: Marta war als Propagandistin für Töpfe, Pfannen und andere Küchengeräte einer bestimmten Firma in einem Kaufhaus der K-AG in den Jahren 1979–1993 an einem bestimmten Verkaufsstand ständig in der selben Abteilung tätig. Seit September 1995 erhielt Marta Erwerbsunfähigkeitsrente. Mit der im Mai 1994 erhobenen Klage vor dem Arbeitsgericht hat sie geltend gemacht, als Propagandistin zur K-AG in einem Arbeitsverhältnis gestanden zu haben. Ihr Feststellungsinteresse ergebe sich daraus, dass die Beklagte Rentenversicherungsbeiträge für sie hätte abführen müssen, weil sie Arbeitnehmerin gewesen sei.
Das Feststellungsinteresse von Marta kann schon deshalb nicht bejaht werden, weil nur eine **Leistungsklage** auf Schadensersatz gegen die Beklagte wegen Nichtabführung von Sozialversicherungsbeiträgen zum direkten Ziel geführt hätte (Subsidiarität der Feststellungsklage). In diesem Zusammenhang wäre als Vorfrage die Arbeitnehmereigenschaft der Marta zu prüfen gewesen. Soweit die Feststellung der zutreffenden Höhe der Sozialversicherungsrente in Frage steht, hätte Marta auch das **Sozialgericht** anrufen können. Denn arbeitsgerichtliche Urteile binden die Sozialversicherungsträger nicht (*BAG* NJW 1997, 3396).

2. Leistungsanträge

30   Anders als bei Feststellungsanträgen ist das Rechtsschutzbedürfnis für die Leistungsklage grundsätzlich unproblematisch gegeben (→ § 4 Rn. 10). Bei der **Entgeltklage** kann sowohl der Brutto- wie auch der Nettobetrag eingeklagt werden, ohne dass deshalb gegen das Bestimmtheitserfordernis des § 253 Abs. 2 Nr. 2 ZPO verstoßen würde. Regelmäßig wird das **Bruttoentgelt** eingefordert, obwohl die darin enthaltenen Steuern und Sozialabgaben nicht dem Kläger zufließen, sondern durch den beklagten Arbeitgeber abzuführen sind (→ § 8 Rn. 31). Das ändert aber nichts an der Bestimmbarkeit der dem Kläger zustehenden Forderung, weil die elektronisch gespeicherten Lohnsteuerabzugsmerkmale des Lohnzahlungszeitraums für die Unterscheidung von

Brutto- und Nettozahlung im Vollstreckungsverfahren heranzuziehen sind (GMP/*Germelmann*, § 46 Rn. 55).

Für eine Klage auf **zukünftige Leistung** kommt für das Arbeitsentgelt nur § 259 **31** ZPO in Betracht. Die Normen der §§ 257, 258 ZPO gelten nur für Geldforderungen, die „nicht von einer Gegenleistung abhängig sind". Das ist aber beim Arbeitsentgelt in seiner Abhängigkeit von der Arbeitsleistung gerade der Fall. So erlaubt § 259 ZPO solche Klagen nur für den Fall, dass die Besorgnis begründet ist, der Arbeitgeber werde sich „der rechtzeitigen Leistung entziehen", etwa dann, wenn sich der Arbeitgeber nicht mehr an seine Zusagen von früher erinnern will. **Anders** steht es dagegen mit der Leistungsklage auf **Weiterbeschäftigung**: diese kann kraft Natur der Sache **nur für die Zukunft** geltend gemacht werden (Arbeitsleistung ist nicht nachholbar!). **Anders** steht es auch mit dem Antrag auf die Verpflichtung zur Zahlung eines **Ruhegehalts** (Betriebsrente nach BetrAVG): Dieser **Feststellungsantrag** ist nach § 256 ZPO deshalb zulässig, weil er Grund und Umfang der Versorgungsbeziehung zwischen Arbeitgeber und Betriebsrentner ein für allemal und zwangsläufig auch für die Zukunft klärt. Hier spricht die Prozessökonomie für den Feststellungsantrag, weil es sich um eine gestreckte Dauerschuld des Arbeitgebers als Versorgungsschuldner handelt.

III. Zulässigkeit von Klageverbindungen (§ 260 ZPO)

Häufig werden mehrere Begehren kombiniert, so z.B. die Kündigungs- **32** schutzklage mit einem Leistungsbegehren auf vorläufige Weiterbeschäftigung (→ § 4 Rn. 16) oder die besondere Kündigungsschutzklage (§ 4 KSchG) mit einem allgemeinen Feststellungsantrag (→ Rn. 23 f.). Deshalb empfiehlt sich nach Ende der Zulässigkeitsprüfung die Frage nach der Verbindung der Mehrheit von Streitgegenständen zu einem **einheitlichen Verfahren** (Klagenhäufung nach § 260 ZPO). Ein Fehlen der Verbindungsvoraussetzungen führt allerdings nicht zu einer Klageabweisung als unzulässig, sondern nur zu einer Trennung der einzelnen Verfahren (§ 145 ZPO).

1. Kumulative (objektive) Klagenhäufung

a) Anfängliche kumulative Klagenhäufung

Im Grundfall macht der Kläger von vornherein **alle** Ansprüche gleichzeitig **33** geltend. Dann genügt die Feststellung, dass für alle gleichzeitig und gleichwertig nebeneinander erhobenen Anträge **dasselbe Prozessgericht** zuständig und **dieselbe Prozessart** zulässig ist. Unter diesen Voraussetzungen ist die objektive kumulative Klagenhäufung nach § 260 ZPO zulässig. Wie gezeigt (→ Rn. 23 ff.), kann z.B. zusammen mit einer Kündigungsschutzklage im Wege der objektiven Klagenhäufung zusätzlich ein allgemeiner Feststellungsantrag gestellt werden. Voraussetzung dafür ist aber die Geltendmachung eines von §§ 4, 7 KSchG gesonderten Feststellungsinteresses. Die Klagenhäufung sollte also durch die Herausarbeitung der **verschiedenen Streitgegenstände** untermauert werden!

b) Nachträgliche kumulative Klagenhäufung

34   In der Praxis wie in Klausuren findet sich häufig die Situation, dass der Arbeitnehmer zunächst einmal nur einen Kündigungsschutzantrag und erst später, während des Prozesses, noch zusätzliche Leistungsanträge erhebt. Bei einer derartigen nachträglichen Klagenhäufung sind gleichfalls die Voraussetzungen des § 260 ZPO zu prüfen. Zusätzlich analog heranzuziehen sind aber hier die Anforderungen an eine zulässige **Klageänderung** entsprechend § 263 ZPO: regelmäßig muss also die Frage der Sachdienlichkeit der Einführung eines weiteren Streitgegenstands geklärt sein. Meist genügt diesbezüglich der Hinweis auf die **Prozessökonomie**. In der Klausur muss die nachträgliche Klagenhäufung an das Ende der Zulässigkeit gestellt werden, um die Vermehrung der Streitgegenstände kenntlich zu machen.

2. Subjektive Klagenhäufung

35   In arbeitsrechtlichen Klausuren kommt diese Variante kaum vor. Der Arbeitnehmer wird seine Ansprüche selten gegen **mehrere Beklagte** gleichzeitig geltend machen. Deswegen sei nur der Vollständigkeit halber darauf verwiesen, dass bei einer anfänglichen subjektiven Klagenhäufung die Voraussetzungen der §§ 59, 60 ZPO zusätzlich zu § 260 ZPO vorliegen müssen.

3. Eventuelle Klagenhäufung

36   Bei der eventuellen Klagenhäufung macht der Kläger einen zweiten Anspruch nur für den Fall geltend, dass er mit dem ersten nicht durchdringt (= **echter** Hilfsantrag) oder er stellt seinen zusätzlichen Antrag unter der Bedingung, dass er mit seinem ersten Antrag obsiegt (= **unechter** Hilfsantrag). Beide Fälle werden trotz der grundsätzlichen Bedingungsfeindlichkeit von Prozesshandlungen für zulässig gehalten, weil die Bedingung des Verlierens bzw. Obsiegens insoweit eine zulässige, rein innerprozessuale Bedingung ist.

37   Die „Eventualität" der Klagenhäufung bedingt **zwingend** eine entsprechende **Aufbauanordnung**: Der Hauptantrag ist **vor** dem jeweiligen Hilfsantrag zu behandeln. Tritt die entsprechende Bedingung ein, ist der Hilfsantrag zusätzlich zu behandeln. Beim **echten** Hilfsantrag bedeutet das: Nur bei Unzulässigkeit oder Unbegründetheit des Hauptantrags ist auf den Hilfsantrag überzugehen. Wird dagegen z.B. der Weiterbeschäftigungsantrag nur für den Fall des Obsiegens im Kündigungsschutzantrag als **unechter** Hilfsantrag gestellt, so muss der Hauptantrag zulässig und begründet sein, bevor zum Hilfsantrag Stellung genommen werden darf.

IV. Kontrollfragen

1. Wie erklären Sie sich die historische Tatsache, dass das ArbGG von 1926 für die erste Instanz des arbeitsgerichtlichen Verfahrens Rechtsanwälte zur Prozessvertretung nicht zuließ, wohl aber Verbandsvertreter?
2. Nennen Sie die wesentlichen Besonderheiten des arbeitsgerichtlichen Verfahrens gegenüber dem Zivilprozess!
3. Warum können Arbeitnehmer nur im Urteilsverfahren, nicht aber im Beschlussverfahren als Kläger bzw. Antragsteller auftreten?
4. Wie begründet das BAG seine Rechtsauffassung, wonach bei sog. „sic non"-Klagen schon die bloße Rechtsbehauptung des Klägers, er sei Arbeitnehmer, für die Rechtswegzuständigkeit der Arbeitsgerichte ausreichend sei?
5. Angenommen, der Fremdgeschäftsführer einer GmbH, der abberufen und dem gekündigt wurde, möchte mit einer Kündigungsschutzklage nach § 4 KSchG die Unwirksamkeit seiner Kündigung vor dem Arbeitsgericht festgestellt wissen. Wie wird das Arbeitsgericht entscheiden? (vgl. *BAG* NJW 2009, 2078; NJW 1999, 3069)
6. Warum hatte das BAG zwingende, aus dem Gesetz folgende Gründe zur Entwicklung seines „punktuellen" Streitgegenstands im Rahmen der besonderen Kündigungsschutzklage nach § 4 KSchG?
7. Wie ist über eine Klagenhäufung nach § 260 ZPO zu entscheiden, die sowohl Kündigungsschutz nach § 4 KSchG als auch die allgemeine Feststellung begehrt, das Arbeitsverhältnis bestehe über den ... hinaus, ohne mehr als einen einzigen konkreten Kündigungs-Tatbestand darzulegen?
8. Angenommen, Sie wollen Ihren früheren Arbeitgeber, bei dem Sie nicht mehr arbeiten, auf Zahlung der versprochenen Betriebsrente verklagen. Erheben Sie vor dem Arbeitsgericht eine Leistungs- oder eine Feststellungsklage?
9. Angenommen, Sie befinden sich in der Elternzeit (§ 15 BEEG), die bald endet, und erhalten von Ihrer Arbeitgeberin die Mitteilung, dass Ihr Arbeitsort, die Filiale XY, geschlossen werde, das Arbeitsverhältnis somit beendet sei und Sie sich beim Geschäftsübernehmer um einen Arbeitsplatz in Ihrer alten Funktion bewerben könnten. Können Sie eine Feststellungsklage nach § 256 ZPO erheben? Wenn ja, gegen wen? (vgl. *BAG* NZA 2000, 369)

Empfehlungen zur vertiefenden Lektüre:

Literatur: Nachweise s. oben § 5.

Rechtsprechung: *BGH* NJW 2010, 873 (Nachweispflicht bei Rechtswegprüfung von „aut aut"-Fällen); *BGH* NJW 1996, 3012 (Schlüssigkeitsprüfung bei Rechtswegprüfung von „sic non"-Fällen); *BAG* NZA 2018, 809 (Nebenintervenient als Partei im arbeitsrechtlichen Verfahren); *BAG* NZA 2017, 468 (Feststellungsinteresse an gerichtlicher Überprüfung einer Versetzung); *BAG* NJW 2017, 748 (Klageänderung in Berufungsinstanz); *BAG* NZA 2017, 1140 (Rechtsweg zu den Arbeitsgerichten bei kirchlichem Arbeitgeber); *BAG*

NJW 2015, 570 (Rechtsweg für abberufenen GmbH-Geschäftsführer); *BAG* NJW 2009, 2078 (Arbeitsgericht unzuständig für Klage des GmbH-Fremdgeschäftsführers); *BAG* NJW 2006, 395 (Kündigungsschutzklage möglich neben allgem. Feststellungsklage); *BAG* NZA 2000, 369 (Feststellungsinteresse auch während Elternzeit gegeben).

Fallbearbeitung zum Thema: *Reichold/Pfrang*, AL 2018, 30 (u.a. Zulässigkeit einer Kündigungsschutzklage); *Husemann/Weirauch*, ZJS 2016, 323 (Zulässigkeit einer Kündigungsschutzklage); *Stoffels/Buntner*, ZJS 2013, 576 (Zulässigkeit einer Klage, Bestimmtheit); *Joussen/Husemann/Bullmann*, Jura 2011, 154 (Feststellungsinteresse bei Klageverzicht).

3. Teil. Die Ansprüche aus dem Arbeitsverhältnis

In der arbeitsrechtlichen Klausur geht es meistens um Ansprüche des Arbeitnehmers, seltener um Ansprüche des Arbeitgebers, nur ausnahmsweise um Ansprüche Dritter. Probleme verursacht daher nicht das „Wer von wem" bei der Fallfrage („Wer will was von wem woraus"), sondern die Suche nach dem **„was woraus"** (→ § 4 Rn. 15 ff.). Das ist bei Prozessgutachten eine Frage der Begründetheit und nicht anders als sonst im Zivilrecht nach der Anspruchsmethode zu prüfen. Grundsätzlich gilt, dass der „Arbeitsvertrag i.V.m. § 611a BGB" die Leistungsansprüche der Parteien programmiert, wobei häufig arbeitsrechtliche Besonderheiten (z.B. die betriebliche Übung → § 3 Rn. 50 oder kollektiv-rechtliche Normen) zu beachten sind. Als Dauerschuldverhältnis bringt es das Arbeitsverhältnis mit sich, dass gerade seine Beendigung durch Kündigung besonders im Fokus steht (→ § 10): daher begegnen Ihnen Feststellungsanträge ebenso häufig wie Leistungsanträge in der Klausur. Aber auch Begründung und Durchführung des Arbeitsverhältnisses sind störungsanfällig und geben Anlass für gutachterliche Prüfungen.

§ 7. Begründung des Arbeitsverhältnisses

I. Ansprüche aus vorvertraglicher Haftung

Für Ansprüche aus dem Arbeitsverhältnis ist ein wirksamer Arbeitsver- 1
trag (§ 611a BGB) in der Regel unabdingbare Voraussetzung. Bevor aber der Vertrag zu Stande kommt, können bei der Personalauswahl im sog. **Anbahnungsstadium** bereits vorvertragliche Ansprüche aus Gesetz oder Vertrauenshaftung entstehen. Hierbei ist zwischen den allgemeinen schuldrechtlichen Ansprüchen aus *culpa in contrahendo* (§ 311 Abs. 2 i.V.m. §§ 280, 241 Abs. 2 BGB) und spezialgesetzlichen Ansprüchen z.B. aus § 15 Abs. 1 oder Abs. 2 AGG zu unterscheiden.

1. Leistungsansprüche aus „culpa in contrahendo" (c.i.c.)

a) Vorvertragliches Schuldverhältnis (§ 311 Abs. 2 BGB)

Nach § 311 Abs. 2 Nr. 1 BGB entsteht ein Schuldverhältnis nicht nur durch 2
Vertragsschluss, sondern schon durch Aufnahme von Vertragsverhandlungen. Dadurch allein werden besondere Rücksichtspflichten ausgelöst, wie § 241

Abs. 2 BGB besonders betont. Jede Partei ist danach verpflichtet, die andere über solche Umstände zu informieren, die erkennbar für ihren Entschluss von besonderer Bedeutung sind, also z.B. über die Anforderungen des Arbeitsplatzes einerseits oder das bisherige Tätigkeitsprofil des Bewerbers andererseits. In der bloßen Übersendung der Bewerbungsunterlagen liegt aber noch kein eine „Vertrauenshaftung" auslösender Tatbestand nach § 311 Abs. 2 BGB. Vielmehr muss überhaupt ein Anlass für die Entstehung **zurechenbaren Vertrauens** möglich gewesen sein, also zumindest ein Gesprächskontakt. Geschützt wird nicht ein blindes Vertrauen, sondern nur „berechtigtes Vertrauen" (*Horn*, JuS 1995, 377, 378).

b) Nicht: Verletzung von § 11 AGG

3   Bei der **Stellenausschreibung** – entweder intern (darauf kann der Betriebsrat dringen, § 93 BetrVG) oder extern – muss der Arbeitgeber allerdings bereits § 11 AGG beachten, ohne dass schon ein vorvertragliches Schuldverhältnis entstanden sein muss. Schuldrechtlich handelt es sich bei der Stellenanzeige ja erst um eine *„invitatio ad offerendum"*: Der Arbeitgeber gibt noch kein bindendes Vertragsangebot ab, sondern fordert geeignete Bewerberinnen und Bewerber dazu auf, ihrerseits ein Angebot auf Abschluss eines Arbeitsvertrags abzugeben. Arbeitsrechtlich ist ihm schon in diesem Stadium durch § 11 AGG untersagt, eine Stelle z.B. **nur für Männer oder nur für Frauen** oder nur für **junge** Bewerber auszuschreiben, weil damit nach §§ 1, 7 Abs. 1 AGG verbotene Benachteiligungen wegen des Geschlechts bzw. des Alters schon den Zugang zur Beschäftigung erschweren würden. Freilich könnte ausnahmsweise eine unterschiedliche Behandlung nach § 8 oder § 10 AGG gerechtfertigt sein, z.B. wenn es um die Stelle einer Gleichstellungsbeauftragten geht, die zwar in aller Regel wegen besserer Eignung an Frauen vergeben wird, dennoch aber nicht zwingend an das weibliche Geschlecht gebunden ist (*BAG* NZA 1999, 371). Auch hier ist daher eine geschlechtsneutrale Ausschreibung geboten.

> Der Verstoß gegen das Gebot der diskriminierungsfreien Stellenausschreibung in § 11 AGG wurde nicht sanktioniert. Jedoch stellt die AGG-widrige Stellenausschreibung ein „Indiz" i.S.d. § 22 AGG dar, so dass die Verletzung der §§ 1, 7, 11 AGG die Vermutung einer Diskriminierung begründet und Ansprüche nach § 15 Abs. 1, 2 AGG auslösen kann (*BAG* NJW 2004, 2112 → Rn. 16). § 11 AGG ist aber kein Schutzgesetz i.S.d. § 823 Abs. 2 BGB (*Diller*, NZA 2007, 650; ErfK/*Schlachter*, § 11 AGG Rn. 3).

c) Nicht: Diskriminierung wegen Ablehnung ohne Begründung?

4   Was aber kann der abgelehnte Stellenbewerber oder die abgelehnte Stellenbewerberin tun, wenn er/sie sich des Eindrucks nicht erwehren kann, dass die Ablehnung etwas zu tun hat mit Geschlecht, Herkunft oder Alter? So hatte sich z.B. Frau Meister, russischer Herkunft und ausgestattet mit einem russischen, als gleichwertig mit dem deutschen Abschluss anerkannten Diplom, zweimal (!) vergeblich auf eine Stelle für „eine/n erfahrene/n Softwareentwickler/-in"

beworben, ohne dass sie jeweils Gründe für die Ablehnung erfahren hätte. Die Ausschreibung als solche war nicht zu beanstanden (→ Rn. 3). Doch gab ihr der EuGH insoweit Recht, als dass sich aus der Informationsverweigerung und sonstigen Umständen heraus dennoch **Indizien** für eine unzulässige Diskriminierung ergeben könnten, die im anhängigen Rechtsstreit gem. § 22 AGG zu würdigen seien (→ Rn. 13). Zwar bestünde kein spezifischer Auskunfts- bzw. Begründungsanspruch des frustrierten Bewerbers gegenüber dem Unternehmen (EuGH NZA 2012, 493 – „Meister"). Eine völlige Verweigerung der angeforderten Informationen im Zusammenhang mit einer zweimaligen Ausschreibung der Stelle könne jedoch geeignet sein, eine Diskriminierung glaubhaft zu machen (krit. *Chr. Picker,* NZA 2012, 641).

d) Einstellungsgespräch

Bei Bewerbungsgesprächen wird von beiden Seiten schon „Vertrauen" inves-   5
tiert. Hier müssen vor allem **Aufklärungspflichten**, aber auch Verschwiegenheitspflichten beachtet werden. Dem steht aber ein typischer Interessenkonflikt entgegen. Der Arbeitgeber möchte sich in Ausübung seines Rechts auf freie Bewerberauswahl (Art. 12 Abs. 1 GG) von der Eignung des künftigen Arbeitsvertragspartners ein zutreffendes Bild machen und entsprechende Fragen stellen. Diesem Arbeitgeberinteresse steht das Interesse des Arbeitnehmers entgegen, nicht durch bestimmte Fragen diskriminiert oder unzulässig ausgeforscht zu werden (Art. 2, 3 GG). Dieser Interessenkonflikt kann gelöst werden

- mit der Vorlage eines sog. **Einstellungsfragebogens**, der der Zustimmung des Betriebsrats bedarf (§ 94 Abs. 1 S. 1 BetrVG),
- durch ein Verweigerungsrecht des Arbeitnehmers, das effizient nur als **„Recht auf Lüge"** verwirklicht werden kann.

Schaubild 9: Grenzen des Fragerechts des Arbeitgebers

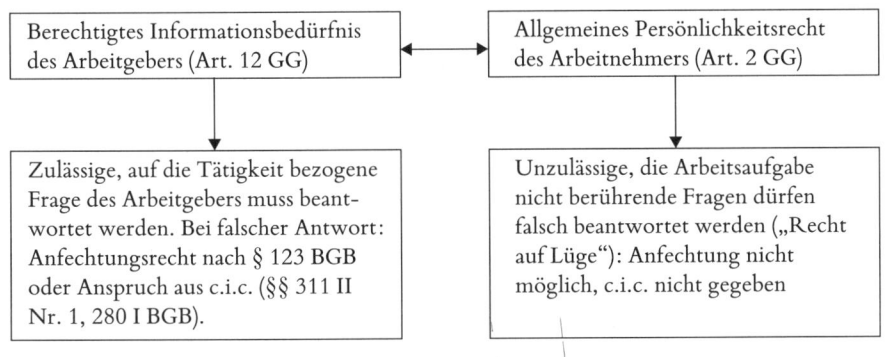

Berechtigtes Informationsbedürfnis des Arbeitgebers (Art. 12 GG)	Allgemeines Persönlichkeitsrecht des Arbeitnehmers (Art. 2 GG)
Zulässige, auf die Tätigkeit bezogene Frage des Arbeitgebers muss beantwortet werden. Bei falscher Antwort: Anfechtungsrecht nach § 123 BGB oder Anspruch aus c.i.c. (§§ 311 II Nr. 1, 280 I BGB).	Unzulässige, die Arbeitsaufgabe nicht berührende Fragen dürfen falsch beantwortet werden („Recht auf Lüge"): Anfechtung nicht möglich, c.i.c. nicht gegeben

aa) Berechtigtes Arbeitgeberinteresse

6   Zulässig sind solche Fragen, die in einem **sachlichen Zusammenhang mit der angestrebten Tätigkeit** stehen. Dazu gehören insbesondere Fragen zur fachlichen Qualifikation, zum beruflichen Werdegang, zu Einzelheiten der früheren Tätigkeit, zur körperlichen und gesundheitlichen Verfassung, soweit für die Arbeitsaufgabe erforderlich, und auch zu sonstigen persönlichen Eigenschaften, soweit sie nach dem Verhältnismäßigkeitsprinzip mit der Tätigkeit in einen Zusammenhang gebracht werden können. Der Arbeitgeber seinerseits muss aber ebenfalls die Anforderungen und Bedingungen der ausgeschriebenen Stelle zutreffend darstellen und darf keine irreführenden Angaben machen (→ Beispiel Rn. 9).

Beispiele: Ein **EDV-Experte** muss in einem Verlagshaus keine Fragen zu seiner politischen Einstellung beantworten, wohingegen im gleichen Verlag der **Zeitungsredakteur** selbstverständlich Auskunft zu erteilen hat über seine weltanschauliche Prägung: er ist Tendenzträger. Auch ein kirchlicher Arbeitgeber darf verfassungsrechtlich die Frage nach der Konfession des Bewerbers stellen, die in anderem Zusammenhang keinerlei Berechtigung hat. Die Frage nach der **Schwerbehinderteneigenschaft** sollte vor Jahren laut *BAG* (NJW 1996, 2323) unabhängig von der angestrebten Tätigkeit noch zulässig sein, weil dem Arbeitgeber verschiedene besondere Fürsorgepflichten durch das SGB IX auferlegt würden, die er ohne Nachfrage nicht gesetzesgerecht erfüllen könne (→ Fall 2). Diese Rechtsprechung kann nicht mehr aufrecht erhalten werden, seitdem § 81 Abs. 2 SGB IX ein ausdrücklich auf das AGG verweisendes Benachteiligungsverbot enthält (vgl. ErfK/ *Preis*, § 611a BGB Rn. 274a; *Joussen*, NZA 2007, 176). Doch kann der Arbeitgeber auch zukünftig solche Fragen stellen, die die körperliche Eignung des Bewerbers für den Arbeitsplatz betreffen und damit eine „wesentliche und entscheidende berufliche Anforderung" (§ 8 Abs. 1 AGG) für die Tätigkeit darstellen. Jedenfalls **nach der Einstellung** und dem Ablauf von weiteren sechs Monaten – dem Erwerb des Sonderkündigungsschutzes – darf der Arbeitgeber nach der Schwerbehinderung fragen, um seinen Rechtspflichten im Zusammenhang mit dem Sonderstatus behinderter Menschen gerecht werden zu können (*BAG* NJW 2012, 2058 m. Anm. *Kock*).

bb) Berechtigtes Arbeitnehmerinteresse

7   Beim Gesprächsverhalten des Arbeitnehmers sind zu unterscheiden

- Tatsachen, die er ungefragt offenbaren muss (**Aufklärungspflicht**),
- Tatsachen, die er nur auf Nachfrage zu offenbaren hat (zulässiges Arbeitgeberinteresse mit entsprechenden **Offenbarungspflichten** des Arbeitnehmers),
- Tatsachen, die er auch bei Nachfrage nicht offenbaren muss (**unzulässiges Arbeitgeberinteresse**, das „Recht auf Lüge" auslöst).

8   Aufgrund einer Interessenabwägung zwischen Informationsbedürfnis einerseits und Privatsphäre andererseits muss jeweils entschieden werden, ob der Arbeitnehmer die Frage beantworten muss oder nicht. Um ihm faire Einstellungschancen zu geben, darf er bei einer unzulässigen Frage auch lügen. Lange diskutiert, längst aber entschieden ist in diesem Zusammenhang die Frage des

Arbeitgebers nach einer bestehenden **Schwangerschaft**. Im Anschluss an die Rechtsprechung des EuGH, der darin eine unmittelbare Diskriminierung von Frauen sah, weil sich diese Frage der Natur der Sache nach nur an Frauen richtet, wird die Unzulässigkeit der Frage jetzt in § 3 Abs. 1 S. 2 AGG festgeschrieben. Ausnahmen sind auch dann nicht anzuerkennen, wenn die Bewerberin schwangerschaftsbedingt ihren Arbeitsplatz vorläufig nicht antreten kann (vgl. §§ 3 ff. MuSchG, zu § 4 MuSchG a.F. *BAG* NZA 2003, 848). Das AGG akzeptiert keinerlei berufliche Nachteile für Frauen selbst dann, wenn es für den Arbeitgeber dadurch teuer wird (vgl. *EuGH* NJW 2003, 1107 – „Busch"; NJW 2000, 1019 – „Mahlburg"). Als mögliche Rechtfertigung für diese Frage kann allenfalls nach § 8 Abs. 1 AGG die Situation in Frage kommen, dass sich eine Frau um eine *Schwangerschaftsvertretung* bewirbt, weil es schon absurd wäre, wenn andernfalls sogar die Schwangerschaftsvertretung selber wegen Schwangerschaft nicht befristet zur Vertretung eingesetzt werden könnte und zu 100 % ausfiele (so auch *Pallasch*, NZA 2007, 309 f.). Die Frage nach **Vorstrafen** muss nur dann beantwortet werden, wenn das Delikt für die konkrete Arbeitsaufgabe von Bedeutung ist (z.B. Verkehrsdelikte bei Kraftfahrern, Sittlichkeitsdelikte bei Ausbildern), soweit nicht schon Tilgung nach BZRG (vgl. §§ 51, 53) eingetreten ist (so auch für den Justizvollzugsdienst *BAG* NZA 2014, 1131). **Genetische Analysen** zur Erforschung besonderer Anlagen dürfen dem Bewerber nicht abverlangt werden (vgl. § 19 GenDG). Einblick in die Vermögensverhältnisse muss nur bei ausgewählten Führungskräften gewährt werden (Vertrauensaspekt).

Wichtig: Je weniger eine Frage mit der angestrebten Arbeitsaufgabe bzw. mit einer gesetzlichen Pflicht des Arbeitgebers zu tun hat, desto eher darf der Arbeitnehmer eine solche Frage (zur Wahrung seiner Einstellungschancen) unrichtig beantworten.

e) Rechtsfolge

Wer seine Verhaltenspflichten aus dem durch die Aufnahme von Vertrags- **9** verhandlungen entstandenen Schuldverhältnis (insb. im Bewerbungsgespräch) schuldhaft verletzt, muss dem anderen nach § 280 Abs. 1 BGB den durch die Pflichtverletzung entstandenen Schaden ersetzen. Er muss ihn so stellen, wie er stehen würde, wenn er seiner Sorgfalts- bzw. Aufklärungspflicht genügt hätte (§ 249 Abs. 1 BGB, sog. „negatives Interesse" oder Vertrauensschaden). Der **Vertrauensschaden** besteht in den nutzlosen Aufwendungen z.B. beim unmotivierten Abbruch von Vertragsverhandlungen. Gibt der Bewerber seinen alten Arbeitsplatz auf, weil ihm die neue Stelle zugesagt ist, und scheitert die Anstellung dann doch noch, ist Schadensersatz in Höhe des Verdienstes des **aufgegebenen Arbeitsplatzes** als Vertrauensschaden gerechtfertigt (*BAG* DB 1974, 2060). Zu Schadensersatz- und Entschädigungsansprüchen im Falle der Diskriminierung des Bewerbers → Rn. 16.

Fallbeispiel: Ein Großhandelsunternehmen benennt in einer Stellenanzeige die angeblich zu erzielenden Durchschnittseinkünfte für den Stelleninhaber. In Wirklichkeit können solche Einkünfte nur von absoluten Spitzenkräften aufgrund besonderer Provisionsumsätze erreicht werden. Stellt der Arbeitgeber diese Angaben auch im Bewerbungsgespräch nicht richtig, kann der aufgrund solcher Fehlvorstellungen eingestellte Arbeitnehmer die Differenz zwischen dem angeblichen Durchschnittseinkommen und dem tatsächlich erzielten Gehalt als Vertrauensschaden gegen den Arbeitgeber einklagen (*LAG Hessen* NZA 1994, 884). Die Voraussetzungen (1) Verletzung einer vorvertraglichen Aufklärungspflicht, § 311 Abs. 2 Nr. 1 i.V.m. § 241 Abs. 2 BGB, (2) Verschulden des Arbeitgebers (§§ 276, 278 BGB), (3) Schaden (Einkommensverlust) und (4) Kausalität zwischen Pflichtverletzung und Schaden sind hier zu bejahen. Rechtsfolge: § 280 Abs. 1 BGB.

10   Wenn gesagt wird, dass der Vertrauensschaden aus c.i.c. nicht auf das **positive Interesse (Erfüllungsinteresse)** beschränkt sei (*BAG* DB 1974, 2060; *Horn*, JuS 1995, 377, 383), so ist damit in Abgrenzung zum Schadensersatz, den der Schuldner nach § 280 Abs. 3 BGB statt der Leistung verlangen kann, gemeint, dass der Wert des angestrebten, aber nicht zu Stande gekommenen Vertrags keine Grenze für den Vertrauensschaden darstellt. Das BAG hat deswegen nicht den entgangenen Verdienst des angestrebten neuen Arbeitsplatzes („Erfüllungsschaden") als Grenze des Schadensersatzes aus c.i.c. anerkannt, wenn die alte Stelle besser dotiert war. **Einstellungsansprüche als „Naturalrestitution"** können dagegen **nicht** verlangt werden, weil Ansprüche aus „Vertrauenshaftung" gerade nicht die erfolglos angestrebte Vertragsbindung, also ein „Mehr" gegenüber dem status quo, herbeizaubern können, sondern nur enttäuschtes Vertrauen kompensieren sollen.

11   Kommt der Arbeitsvertrag aber durch mindestens fahrlässige Falschangaben zu Stande, **konkurrieren** die Ansprüche aus c.i.c. (§§ 280 Abs. 1, 311 Abs. 2 BGB: Anspruch auf Rückgängigmachung des Vertrags) mit dem im Arbeitsrecht häufiger praktizierten **Anfechtungsrecht aus § 123 BGB** (→ Rn. 46 f.). Mangels eines nachweisbaren Vermögensschadens wird der Arbeitgeber hier regelmäßig nur die Anfechtung betreiben (zu Sinn und Zweck der Konkurrenz zwischen c.i.c. und Anfechtung vgl. die Kritik am BGH bei *S. Lorenz*, ZIP 1998, 1053; *Medicus/Petersen*, Rn. 150).

2. Leistungsansprüche aus Diskriminierung bei der Einstellung

12   Schadensersatz- und Entschädigungsansprüche in Geld können sich für diskriminierte Bewerberinnen oder Bewerber direkt aus § 15 AGG ergeben. Der Gesetzgeber hat in Umsetzung mehrerer EG-Richtlinien durch §§ 1, 7 Abs. 1 AGG jede Benachteiligung wegen der Rasse, der ethnischen Herkunft, des Geschlechts, der Religion oder Weltanschauung, einer Behinderung, des Alters oder der sexuellen Identität (verpönte Merkmale des § 1 AGG) verboten. Dabei stehen (sexuelle) Belästigungen den verbotenen Benachteiligungen gleich, § 3 Abs. 3, 4 AGG. Aufgrund von § 6 Abs. 1 S. 2 AGG fallen auch **Bewerber** für ein Beschäftigungsverhältnis unter den Schutz des AGG. Diese können bei unzulässiger Nichtberücksichtigung bereits – soweit Indizien gem. § 22 AGG vorliegen (Rn. 13) – Entschädigungsansprüche geltend machen, z.B. dann, wenn der öffentliche Arbeitgeber seiner Einladungspflicht gegenüber **schwerbehinderten** Bewerbern nach § 82 S. 2 SGB IX nicht nachkommt (*BVerwG* NJW 2011, 2452).

a) Tatbestand des § 15 AGG

Gemeinsame Voraussetzung sowohl für den Schadensersatzanspruch (§ 15 **13** Abs. 1 AGG) als auch für den Entschädigungsanspruch (§ 15 Abs. 2 AGG) ist zunächst ein **Verstoß gegen ein Benachteiligungsverbot** des § 7 i.V.m. §§ 1, 3 AGG (Rechtsgrundverweisung). Der Tatbestand ist denkbar weit. Erfasst werden sämtliche Maßnahmen, die eine Benachteiligung i.S.d. § 3 Abs. 1, 2 AGG darstellen. Ein Merkmal des § 1 AGG darf nicht als ein Kriterium im Rahmen der „Negativauslese" der Bewerber herangezogen werden (zu den Merkmalen des § 1 AGG vgl. näher *Bauer/Krieger/Günther*, § 1 AGG Rn. 13 ff.; *ErfK/Schlachter*, § 1 AGG Rn. 3 ff.; *Thüsing*, EUArbR, § 3 Rn. 39 ff.). Macht der Bewerber einen Anspruch nach § 15 AGG geltend, so muss er die **Beweislastregel** des § 22 AGG beachten, wonach „Indizien" zu beweisen sind, die einen Kausalzusammenhang zwischen Benachteiligung und Gruppenzugehörigkeit vermuten lassen und damit eine Diskriminierung mit überwiegender Wahrscheinlichkeit belegen können, auch wenn die Indizien nicht zwingend die Kausalität nahe legen (*BAG* NJW 2011, 2070; NZA 2012, 34). Das lässt sich mit einer geschlechtsdiskriminierenden Ausschreibung („Volljuristin gesucht", vgl. *BAG* NJW 2004, 2112) darlegen; schwieriger ist es dann, wenn das verpönte Merkmal in einem „Motivbündel" enthalten ist, das für die fehlende Einstellung nicht maßgebend war, weil z.B. nur FH-Absolventen ausgewählt wurden (zu weitgehend *BAG* NZA 2007, 507; *ArbG Berlin* NJW 2008, 1401; zu Recht krit. *von Medem*, NZA 2007, 545).

b) Rechtfertigung

Eine unterschiedliche Behandlung von Bewerbern wegen eines in § 1 AGG **14** genannten Merkmals kann aber gerechtfertigt sein nach §§ 8–10 AGG. Während **§ 9 AGG** (zulässige Differenzierung wegen der Religion oder Weltanschauung; siehe jüngst aber *EuGH* NZA 2018, 569 – „Egenberger" m. Anm. *Reichold/Beer*, NZA 2018, 681) und **§ 10 AGG** (zulässige Differenzierung wegen des Alters; hierzu etwa *BAG* NZA 2016, 1081, 1086 ff.) besondere Rechtfertigungsgründe darstellen, handelt es sich bei **§ 8 Abs. 1 AGG** (zulässige Differenzierung wegen beruflicher Anforderungen) um den zentralen Rechtfertigungsgrund für jede arbeitsrechtliche Ungleichbehandlung. Dass z.B. die Gesangsrolle der „Königin der Nacht" in Mozarts „Zauberflöte" nur mit einer Sopranistin und nicht mit einem Tenor besetzt werden kann, lässt sich als „wesentliche und entscheidende berufliche Anforderung" leicht begründen, weil sie **objektiv** für die Ausübung der übertragenen Arbeiten notwendig ist und daher nichts mit einer Geschlechtsdiskriminierung zu tun hat (vgl. ErfK/

Schlachter, § 8 AGG Rn. 6). Fraglich dagegen ist, ob die Anforderung „Beherr-
schung der deutschen **Schriftsprache**" auch wirklich „objektive" Tätigkeits-
bedingung i.S.v. § 8 Abs. 1 AGG ist – hier ist eine mittelbare Benachteiligung
nach § 3 Abs. 2 AGG zu prüfen (diese verneinend z.b. *BAG* NZA 2010, 625:
Zertifizierungsvorgaben anders nicht zu erfüllen).

c) Verschulden

15   Hier muss laut AGG klar zwischen den Ansprüchen des Bewerbers differe-
renziert werden. **Streng zu unterscheiden** ist zwischen Abs. 1 und Abs. 2
des § 15 AGG: „Schadensersatz" darf nicht mit „Entschädigung" verwechselt
werden! Der Schadensersatzanspruch erfordert gem. § 15 *Abs. 1* S. 2 AGG ausdrücklich das Vertreten-Müssen der Pflichtverletzung, dagegen äußert sich
der Gesetzgeber hierzu beim Entschädigungsanspruch gem. § 15 *Abs. 2* AGG
nicht. Doch ist inzwischen geklärt, dass trotz der etwas unklaren Regelung
kraft **europarechtskonformer Auslegung** ein Verschulden des Arbeitgebers
für § 15 Abs. 2 AGG nicht erforderlich ist (vgl. nur *BAG* NJW 2010, 2970;
ErfK/*Schlachter*, § 15 AGG Rn. 7; *Kamanabrou*, RdA 2006, 321, 335 ff.). Ein
Verschuldenserfordernis für Schadensersatz bzw. Entschädigung entspricht
zwar deutscher Dogmatik, aber **nicht** den europäischen Sanktionsvorgaben,
die eine „abschreckende" Wirkung gerade bei Diskriminierungen fordern.

d) Rechtsfolgen des § 15 Abs. 1 bzw. 2 AGG

16   **§ 15 Abs. 1 AGG** begründet einen Anspruch auf Ersatz des durch die verbotene Benachteiligung entstandenen **materiellen Schadens**. Für den Umfang gelten die §§ 249 ff.
BGB, so dass das „positive Interesse" zu ersetzen ist, d.h. der Bewerber ist so zu stellen,
wie er ohne die verbotene Benachteiligung stünde. Das kann zu hohen Ersatzzahlungen
wegen entgangenen Verdienstes führen (eine Obergrenze definiert das AGG nicht!), doch
ist „Naturalrestitution" in Form der Begründung eines Beschäftigungsverhältnisses wegen
§ 15 Abs. 6 AGG ausgeschlossen.
        § 15 Abs. 2 AGG begründet dagegen einen **Entschädigungsanspruch**. Vom Vorlie-
gen eines immateriellen Schadens ist immer dann auszugehen, wenn ein Verstoß gegen
ein Diskriminierungsverbot feststeht. Schwerwiegend muss der Verstoß nicht sein. Die
Angemessenheit der Entschädigung bemisst sich nach den Tatumständen, z.B. nach
systematischer, nachhaltiger oder eher nur situativer Benachteiligung mit Entschuldigung
seitens des Arbeitgebers (so *BAG* NJW 2010, 2970: 1000,– € angemessen bei kurzzei-
tigem Messe-Job). Nur für den Fall der Nichteinstellung eines Bewerbers, der auch bei
benachteiligungsfreier Auswahl nicht eingestellt worden wäre, sieht § 15 Abs. 2 S. 2 AGG
eine Obergrenze für die Entschädigung in Höhe von drei Monatsgehältern vor. Im Umkehrschluss bedeutet das aber, dass diese Höchstgrenze bei dem/der **Bestqualifizierten**
nicht ausreicht (ErfK/*Schlachter*, § 15 AGG Rn. 11; vgl. auch *EuGH* NJW 1997, 1839 –
„Draehmpaehl"). Konsequenterweise wird dann eine höhere Entschädigung bis hin zu ca.
sechs Monatsverdiensten je nach den Umständen des Einzelfalls zuzusprechen sein. Wegen
§ 15 Abs. 6 AGG kann ein Einstellungsanspruch aber nicht als „Entschädigung" geltend
gemacht werden. Zudem müssen **sowohl** für den **Anspruch auf Schadensersatz als auch**
für den auf **Entschädigung** die **Ausschlussfristen** materieller Art nach § 15 Abs. 4 AGG
und prozessualer Art nach § 61b Abs. 1 ArbGG beachtet werden. Wegen § 15 Abs. 5 AGG

können daneben auch die Vertrauenshaftung auf das negative Interesse nach §§ 311 Abs. 2, 280 Abs. 1 BGB, eine deliktische Haftung nach § 823 BGB sowie Unterlassungsansprüche nach § 1004 BGB in Betracht kommen (so auch ErfK/*Schlachter*, § 15 AGG Rn. 20; *Bauer/ Krieger/Günther*, § 15 AGG Rn. 65 ff.).

Beispielsfall: Das Tierheim Maus e.V. sucht durch Anzeige in der örtlichen Zeitung einen „zuverlässigen Mitarbeiter", der als Ersatzkraft für den Spätdienst im Tierheim halbtags eingestellt werden soll. Der Spätdienst sollte werktags von 18–22 Uhr und an Sonn- und Feiertagen von 17–21 Uhr geleistet werden. Frau Fuchs bewirbt sich schriftlich um die Stelle und betont dabei ihre besondere, auch nachweisbare Qualifikation in der Tierpflege. Eine Woche später wird ihr vom Geschäftsführer des Tierheims telefonisch mitgeteilt, dass für einen so gefährlichen Job die Einstellung einer Frau nicht in Betracht komme, obwohl sie, Fuchs, mit Abstand am besten fachlich geeignet gewesen sei. Eine Woche später erhält sie ihre Unterlagen kommentarlos zurück. Fuchs, die arbeitslos ist, wartet einen weiteren Monat ab, ohne eine andere Stelle zu bekommen, und möchte dann von Rechtsanwalt Wolf wissen, welche Rechte sie gegen das Tierheim geltend machen kann.

Lösung:
(1) **Einstellungsanspruch.** Ein Einstellungsanspruch lässt sich weder auf § 15 AGG (vgl. § 15 Abs. 6 AGG) noch auf §§ 280 Abs. 1, 311 Abs. 2 Nr. 1 BGB stützen. Im Übrigen dürfte die Übersendung der Bewerbungsunterlagen und das ablehnende Telefongespräch für eine Bejahung des Merkmals „Aufnahme von Vertragsverhandlungen" (§ 311 Abs. 2 Nr. 1 BGB) nicht ausreichen.
(2) **Schadensersatz aus § 15 Abs. 1 AGG.** Der Verstoß gegen das Diskriminierungsverbot ergibt sich tatbestandlich bereits aus dem Verstoß gegen § 11 AGG sowie aus der geäußerten telefonischen Begründung. Gesetzliche Gründe für die geschlechtsspezifische Ablehnung einer Frau als Nachtwache im Tierheim sind nicht erkennbar, weil mit dem ArbZG das speziell für Arbeiterinnen geltende Nacht- und Sonntagsarbeitsverbot entfallen ist (früher § 19 Abs. 1 AZO, vgl. BVerfGE 85, 191). Das männliche Geschlecht zur Ausübung der Bewachungstätigkeit ist möglicherweise sachlich geboten, **nicht jedoch unverzichtbare Voraussetzung** für die auszuübende Tätigkeit. Entscheidend ist hier nur die fachliche und körperliche Eignung der Bewerberin. Die Benachteiligung hat der Arbeitgeber auch zu vertreten, § 15 Abs. 1 S. 2 AGG. Der Verstoß kann auch noch innerhalb der Ausschlussfrist des § 15 Abs. 4 AGG nach Ablehnung der Bewerbung (konkludent durch Rücksendung der Unterlagen) geltend gemacht werden: die Frist beträgt zwei Monate (§ 15 Abs. 4 S. 1 AGG).
Fraglich ist der **Umfang des Schadensersatzes.** Fuchs muss nachweisen, dass sie bei benachteiligungsfreier Auswahl die Stelle bekommen hätte. Als bestqualifizierte Bewerberin kann sie diesen Nachweis wohl führen. Der Schadensersatzanspruch richtet sich auf das positive Interesse, hier den entgangenen Verdienst. Zwar besteht nach dem AGG keine Obergrenze, doch dürfte Ersatz bis zur Rente nicht gewollt sein. Zur Begrenzung ist daher auf die zu § 628 Abs. 2 BGB entwickelten Grundsätze zurückzugreifen.
(3) **Entschädigung aus § 15 Abs. 2 AGG.** Der Anspruch ist tatbestandlich gegeben (hierfür muss der Arbeitgeber die Pflichtverletzung nicht zu vertreten haben – sie muss ihm nur zuzurechnen sein) und kann auch noch vor Ablauf der Ausschlussfrist geltend gemacht werden (s.o.).

Fraglich ist, **in welcher Höhe** Wolf für Fuchs Entschädigung fordern kann. Die Rechtsfolge des § 15 Abs. 2 S. 2 AGG (maximal drei Monatsverdienste) trifft den Fall deshalb nicht, weil Fuchs die **bestqualifizierte Bewerberin** für die Stelle war. Somit muss hier in ergänzender und europarechtsfreundlicher Auslegung von § 15 Abs. 2 AGG eine besonders hohe Entschädigung den „immateriellen" Schaden von Fuchs ausgleichen, hier z.B. in Höhe von vier bis fünf Monatsverdiensten, weil nur so die vom EuGH geforderte „wirklich abschreckende Wirkung" erzielt wird. Zu berücksichtigen sind dabei maßgeblich die Einzelfallumstände, also z.B. Art und Schwere der Beeinträchtigung, Nachhaltigkeit und Fortdauer der Interessenschädigung der Bewerberin, Anlass und Beweggründe für das Handeln des Arbeitgebers (vgl. *BAG* NJW 2010, 2970; *ArbG Düsseldorf* DB 2000, 381).

3. Leistungsansprüche aus § 670 BGB (Vorstellungskosten)

17   Unabhängig davon, ob das Arbeitsverhältnis später zu Stande kommt, muss der Arbeitgeber dem Bewerber, der zum Vorstellungsgespräch aufgefordert wurde, alle Aufwendungen der Vorstellungsreise nach § 670 BGB analog (auftragsähnliches Rechtsverhältnis, h.M.) ersetzen. **Erstattungsfähig** sind regelmäßig Reise-, Verpflegungs- und Unterbringungskosten, wenn der Stellenbewerber nicht am Ort wohnt. Will der Arbeitgeber den Anspruch ausschließen, so liegt es an ihm, dies ausdrücklich bei der Aufforderung zur Vorstellung zu verdeutlichen. Andernfalls sind alle Kosten erstattungsfähig, die nach den Umständen für erforderlich gehalten werden durften (nicht jedoch z.B. eine aufwändige Flugreise des im Ausland befindlichen Bewerbers). Ist der Bewerber noch bei einem anderen Arbeitgeber beschäftigt, so kann er von diesem Freistellung (§ 629 BGB) und Fortzahlung der Bezüge (§ 616 BGB) verlangen. Will er seine Bewerbung allerdings geheim halten, sollte er besser Urlaub nehmen.

Prüfungsschema 5: Vorvertragliche Ansprüche im Arbeitsrecht

1. Ansprüche des Arbeitnehmers
  a) Schadensersatz aus c.i.c. (§§ 311 Abs. 2, 280 Abs. 1, 241 Abs. 2 BGB)
  - Schuldverhältnis durch Aufnahme von Vertragsverhandlungen, § 311 Abs. 2 Nr. 1 BGB
  - Schuldhafte (§§ 276, 278 BGB) Verletzung einer sich aus § 241 Abs. 2 BGB ergebenden Pflicht zur Rücksichtnahme
  - Durch die Pflichtverletzung entstandener Schaden (Kausalzusammenhang, §§ 280 Abs. 1, 249 BGB)

  b) Schadensersatz aus § 15 Abs. 1 AGG
  - Verstoß des Arbeitgebers gegen das Benachteiligungsverbot (§§ 7 Abs. 1 S. 1 AGG)
  - Keine sachliche Rechtfertigung durch zulässige unterschiedliche Behandlung (wegen beruflicher Anforderungen, § 8 AGG; wegen der Religion, § 9 AGG; wegen des Alters, § 10 AGG)
  - Verschulden des Arbeitgebers erforderlich, § 15 Abs. 1 S. 2 AGG

- Durch die Pflichtverletzung entstandener Schaden (positives Interesse, §§ 249, 251 BGB); keine gesetzlich definierte Obergrenze; kein Kontrahierungszwang, § 15 Abs. 6 AGG
- Schadensersatz muss nach §§ 15 Abs. 4 AGG, 61b Abs. 1 ArbGG innerhalb der Ausschlussfristen geltend gemacht werden
- Anspruchskonkurrenz mit c.i.c. (*str.*) und § 823 Abs. 1, 2 BGB möglich, § 15 Abs. 5 AGG

c) Entschädigung aus § 15 Abs. 2 AGG
- Verstoß des Arbeitgebers gegen das Benachteiligungsverbot (§§ 7 Abs. 1 S. 1 AGG)
- Verschulden des Arbeitgebers *nicht* erforderlich; Ausnahme bei Geltung des Kollektivvertragsprivilegs, § 15 Abs. 3 AGG
- Keine sachliche Rechtfertigung durch zulässige unterschiedliche Behandlung (wegen beruflicher Anforderungen, § 8 AGG; wegen der Religion, § 9 AGG; wegen des Alters, § 10 AGG)
- Entschädigung muss nach §§ 15 Abs. 4 AGG, 61b Abs. 1 ArbGG innerhalb der Ausschlussfristen geltend gemacht werden
- Entschädigung für denjenigen Bewerber, der auch bei benachteiligungsfreier Auswahl nicht eingestellt worden wäre, auf drei Monatsgehälter begrenzt, § 15 Abs. 2 S. 2 AGG
- Rechtsnatur: kein materieller Schadensersatz, sondern immaterielle Entschädigung mit Straffunktion, deren Höhe nach den Umständen des Einzelfalls zu bestimmen ist; kein Kontrahierungszwang, § 15 Abs. 6 AGG
- Anspruchskonkurrenz mit c.i.c. (*str.*) und § 823 Abs. 1, 2 BGB möglich, § 15 Abs. 5 AGG

d) Aufwendungsersatz aus § 670 BGB analog
- Aufforderung zur Vorstellung seitens des Arbeitgebers
- Erstattung nur der „erforderlichen" Kosten (nicht: Verdienstausfall, vgl. §§ 616, 629 BGB, die den Alt-Arbeitgeber verpflichten)

e) Einstellungsanspruch: nicht möglich aufgrund § 15 Abs. 6 AGG oder nach c.i.c., wohl aber kraft Vorvertrages oder unzulässigen Kündigungsverhaltens (→ Beispiel Rn. 24)

2. Ansprüche des Arbeitgebers
a) Schadensersatz aus c.i.c. (§§ 311 Abs. 2, 280 Abs. 1 BGB), wenn Arbeitnehmer Aufklärungspflicht verletzt
b) Anfechtung nach §§ 119 Abs. 2, 123 BGB (→ Beispiel Rn. 50, *Fall 2*)

3. Richtige Klageart: Leistungsklage

4. Feststellungsansprüche auf Bestehen eines Arbeitsverhältnisses

Vorvertragliche Ansprüche auf „Feststellung des Bestehens eines Arbeitsver- **18** hältnisses" setzen die Darlegung von Vertragsschlusstatbeständen voraus, die dem Anbahnungsstadium definitionsgemäß erst nachfolgen (→ Rn. 19). Damit nicht zu verwechseln sind Leistungsanträge auf Abschluss eines Arbeitsvertrags aufgrund **Vorvertrags** (→ Rn. 24). Wichtig ist: Der Vertragsschluss als solcher kann auch nicht als Schadensersatz- oder Diskriminierungsfolge dem Arbeitgeber aufgezwungen werden (vgl. nur § 15 Abs. 6 AGG; dazu *Horcher*, RdA 2014, 93). So kann auch ein Verstoß gegen die verfassungsrechtlichen bzw. europarechtlichen Diskriminierungsverbote selbst dann nicht zu einer Einstellung führen, wenn deren unmittelbare Wirkung auf das Arbeitsverhältnis bejaht werden sollte. Auch eine unmittelbare Drittwirkung (Art. 9 Abs. 3 S. 2 GG) zielt nicht anders als § 15 AGG auf eine spürbare Sanktion, die aber nicht zu einem beiden Seiten unzumutbaren **„aufgezwungenen Arbeitsverhältnis"** führen darf (→ Rn. 21; *Reichold*, JZ 2004, 384, 392).

II. Wirksamkeitsvoraussetzungen des Arbeitsvertrags

19   Der Arbeitsvertrag kommt als schuldrechtlicher Vertrag (§ 611a BGB) durch Angebot und Annahme (§§ 145 ff. BGB) zustande. Mit der Einigung nach den Regeln des BGB-AT entsteht ein sog. **Dauerschuldverhältnis** zwischen Arbeitgeber und Arbeitnehmer, das durch den nicht nur punktuellen, sondern ständigen Austausch von Leistung und Gegenleistung gekennzeichnet ist (**„Arbeitsverhältnis"**). In der Klausur werden die Wirksamkeitsvoraussetzungen unter der Überschrift „Anspruch entstanden?" an erster Stelle behandelt (→ § 4 Rn. 17).

1. Die wirksame Einigung

20   Zur Privatautonomie des Arbeitgebers (Art. 2, 12 GG) gehören die **„Ob-Frage"** der Abschlussfreiheit und die **„Wie-Frage"** der Gestaltungsfreiheit. Zur Frage der Kündigungsfreiheit → § 10 Rn. 1.

a) Abschlussfreiheit („Ob-Frage")

21   Kein Arbeitgeber kann gezwungen werden, einen bestimmten Arbeitnehmer einstellen zu müssen. Er entscheidet aufgrund der **Privatautonomie** grundsätzlich frei, mit wem er einen Arbeitsvertrag abschließt (*Boemke*, NZA 1993, 535; *Löwisch*, Jura 2014, 131). Freilich wird bereits sein Einstellungsverhalten durch die Rechtsprechung zum AGG (Rn. 12 ff.) und die Mitbestimmung des Betriebsrats nach § 99 BetrVG (→ § 14 Rn. 60) nicht unwesentlich beeinflusst. Durch § 15 Abs. 6 AGG wird aber klargestellt, dass selbst bei verbotener Benachteiligung kein **Einstellungsanspruch** als „Schadensersatz" möglich sein soll (→ Rn. 10, 16, 18). Auch sog. **Quotenregelungen** zur Gleichstellung der Frau, wie sie im Öffentlichen Dienst häufig begegnen (sog. „Gleichstellungsgesetze"), dürfen bei gleichwertiger Eignung von Frau und Mann nicht zu einem schematischen Einstellungsautomatismus zu Lasten des Mannes führen, sondern erfordern eine gewissenhafte Prüfung des Einzelfalls (*EuGH* NJW 1997, 3429 – „Marschall").

Der Dienstherr im **Öffentlichen Dienst**, dem „Privatautonomie" nicht zusteht, kann **22**
nach Art. 33 Abs. 2 GG zwar nicht unabhängig von den Kriterien „Eignung, Befähigung
und fachliche Leistung" einstellen; jedoch ergibt sich ein Einstellungsanspruch des Bewerbers nur dann, wenn jede andere Entscheidung rechtswidrig oder ermessensfehlerhaft
wäre (*BAG* NZA 2003, 1271). Das kommt sehr selten vor. Der vage Begriff „Eignung"
eröffnet auch dem Staat einen weiten Beurteilungsspielraum bei der Einstellung. Ein
effektiver Rechtsschutz ist bei dieser „Konkurrentenklage" grundsätzlich nur solange
möglich, als die ausgeschriebene Stelle noch unbesetzt ist (*BAG* NZA 1998, 882; *Walker*,
FS 50 Jahre Arbeitsgerichtsbarkeit Rheinland-Pfalz, 1999, S. 612 ff.; vgl. aber *BVerwG*
NJW 2011, 695).

Erst recht kann der **private Arbeitgeber** nicht zur Einstellung eines be- **23**
stimmten Mitarbeiters gezwungen werden. Gesetzes- oder Tarifbestim-
mungen können ihm nicht ein Arbeitsverhältnis ohne vertragliche Einigung
„aufzwingen" (sog. Kontrahierungszwang); allerdings gibt es besondere Sachverhalte, insbesondere bei der Übernahme von Auszubildenden, die ihm eine
Weiterbeschäftigung aufgrund Gesetzes oder Tarifvertrags zur Pflicht machen (z.B. Übernahme nach § 78a BetrVG zugunsten von Azubis mit Vertre-
tungsfunktion, *BAG* NZA 2005, 779; 1998, 1056; Übernahme kraft TV, *BAG*
NZA 1998, 50).

Ausnahmen gelten dann, wenn sich der Arbeitgeber **vorvertraglich** zur Einstellung **24**
verpflichtet hat. Die Annahme eines **Vorvertrags** ist nur dann gerechtfertigt, wenn ein
Bindungswille schon vor dem endgültigen Abschluss des Hauptvertrags hinreichend
erkennbar ist (§§ 133, 157 BGB). Das kommt sehr selten vor, und wenn, dann vor allem
bei Berufsgruppen, die langfristig vorausdisponieren müssen, ohne dabei rechtliche oder
tatsächliche Hindernisse ausschließen zu können, wie z.B. Künstler, Führungskräfte,
Wissenschaftler, Lehrer (vgl. *LAG Hamm* NZA 2004, 210). Der Inhalt des Arbeitsvertrags
muss durch den Vorvertrag schon so vorausbestimmt sein, dass ggf. eine Leistungsklage
auf Abschluss des Arbeitsvertrags erhoben werden und auch vollstreckt werden kann.
Häufiger als durch Vorvertrag kann durch unzulässiges **Kündigungsverhalten** der Arbeitgeber zur Wiedereinstellung eines vorher bereits Beschäftigten verpflichtet sein, wie
das folgende Beispiel zeigt:

Beispielsfall: Einer kleinen Maschinenfabrik droht nach einem gescheiterten Vergleich
die Betriebseinstellung. Deshalb wird die Montagearbeiterin Anna vom Insolvenzverwalter nach Abschluss eines Interessenausgleichs und Sozialplans mit dem Betriebsrat
zum 31.3. wegen beabsichtigter Betriebsstilllegung gekündigt. Noch vor diesem Termin erwirbt überraschend die Gut-KG das Anlage- und Vorratsvermögen der Gemein-
schuldnerin und setzt die Produktion ohne Unterbrechung fort. Anna möchte deshalb
gegen ihre Kündigung vorgehen und von der Gut-KG weiter beschäftigt werden.
Die **Kündigung** des Verwalters war zwar berechtigt, weil dringende betriebliche
Erfordernisse durch die feststehende Stilllegung des Betriebs zum damaligen Zeitpunkt gegeben waren. Unstreitig war bei Ausspruch der Kündigung die Auflösung
der Betriebs- und Produktionsgemeinschaft bereits eingeleitet. So kann Anna nicht
die Weiterbeschäftigung wegen unwirksamer Kündigung zugesprochen werden, wohl
aber ein **Anspruch auf Wiedereinstellung bzw. Übernahme (§ 613a BGB)** gegen
die Gut-KG: Erweist sich die Prognose der Betriebsstilllegung noch während der
Kündigungsfrist als falsch, hat der Arbeitnehmer einen Anspruch auf Fortsetzung des

Arbeitsverhältnisses, wenn dem Arbeitgeber die unveränderte Fortsetzung des Arbeitsverhältnisses zumutbar ist (vgl. *BAG* NJW 1997, 2257; NZA 2008, 357). Die Wieder-
einstellungspflicht ergibt sich in diesem Fall aus dem Grundsatz von Treu und Glauben
(§ 242 BGB), der eine Annahme des konkludent durch den Weiterbeschäftigungsantrag
der Anna zum Ausdruck gebrachten Angebots auf Abschluss eines neuen Vertrages
kraft des Vorverhaltens des Arbeitgebers gebietet (**„culpa post pactum finitum"** als
Gegenstück zur c.i.c. → § 10 Rn. 64).

25   Das Prinzip der Abschlussfreiheit wird auch nicht durch **Abschlussgebote**
entscheidend berührt, weil hierdurch nur Beschäftigungs-, nicht aber Ab-
schlusspflichten für benachteiligte Personengruppen durch gesetzliche oder
kollektive Regelungen erreicht werden sollen. So ergibt sich z.B. auch nicht aus
§ 154 Abs. 1 SGB IX, wonach Arbeitgeber mit mindestens 20 Arbeitsplätzen
5 % ihrer Stellen mit Schwerbehinderten zu besetzen haben, ein konkreter Einstellungsanspruch; vielmehr wird im Falle der Nichterfüllung der Beschäftigungspflicht eine **Ausgleichsabgabe** fällig (§ 160 SGB IX). Öffentlich-rechtliche Pflichten bzw. Sanktionen können aber nicht zu einem privatrechtlichen
Vertragsabschluss führen.

b) Gestaltungsfreiheit („Wie-Frage") als Formfreiheit

26   Grundsätzlich bedarf der Abschluss eines Arbeitsvertrags keiner bestimmten
Form. Er kann also auch mündlich, per Handschlag oder auf andere Weise
(konkludent) geschlossen werden. Die bloße Aufnahme der Tätigkeit unter
Einbehaltung der Arbeitspapiere kann als schlüssige Annahme des konkludenten Vertragsangebots des Arbeitgebers zum Abschluss führen (*Hennige,* NZA
1999, 281). Häufig ordnen allerdings **Schriftformklauseln** in Tarifverträgen
(z.B. § 2 Abs. 1 TVöD) die Schriftform des Arbeitsvertrags an. Solche Formvorschriften bezwecken regelmäßig kein konstitutives Schriftformerfordernis
– sonst wären mündliche Arbeitsverträge nach § 125 S. 2 BGB nichtig. Das
würde dem beabsichtigten Arbeitnehmerschutz aber zuwiderlaufen. Vielmehr
soll durch die Schriftform nur zu Beweiszwecken eine schriftliche Dokumen-
tation der Arbeitsbedingungen erreicht werden, die später die Durchsetzung
von Ansprüchen erleichtert. Regelmäßig handelt es sich also um *deklaratorische*
Schriftformgebote (so auch beim Berufsausbildungsvertrag: es ist nur eine
Vertragsniederschrift nach § 11 BBiG erforderlich, vgl. auch *BAG* NZA 1998,
37 zu § 4 Abs. 1 S. 1 BBiG a.F.).

27   Nach dem **Nachweisgesetz** (NachwG vom 20.7.1995, vgl. EG-Richtlinie
91/533/EWG vom 14.10.1991) sind dem Arbeitnehmer die wichtigsten Arbeitsbedingungen, z.B. Name und Anschrift der Vertragsparteien, Zeitpunkt des
Beginns des Arbeitsverhältnisses, die Dauer des Arbeitsverhältnisses bei Befristung, der regelmäßige Arbeitsort usw. (vgl. § 2 Abs. 1 NachwG) **schriftlich**
auszuhändigen. Die Pflichten des Nachweisgesetzes erfüllt der Arbeitgeber
zweckmäßigerweise durch einen schriftlichen Arbeitsvertrag, der die geforderten Angaben enthält (vgl. § 2 Abs. 4 NachwG). Tut er das nicht, so muss

er zumindest seiner „Informationsverantwortlichkeit" durch Aushändigung des Nachweises an den Arbeitnehmer genügen. Tut er selbst das nicht, so läuft er Gefahr, auf Nachweis verklagt oder wegen unterlassener Information schadensersatzpflichtig zu werden (§ 280 Abs. 1 bzw. § 823 Abs. 2 BGB, dazu *Schwarze*, ZfA 1997, 62). Wurden z.B. Ausschlussfristen nicht durch einen Nachweis dokumentiert, so kann sich der Arbeitgeber nicht auf ein Erlöschen der Restlohnansprüche wegen Ablaufs der Verfallfrist berufen: die Naturalrestitution (§ 249 BGB) führt zugunsten des Arbeitnehmers zur Weitergeltung seiner Ansprüche (*BAG* NZA 2002, 1096). Im Prozess wird dem Arbeitnehmer bei vom Arbeitgeber verschuldeter **Beweisnot** zudem die Darlegungs- und Beweislast deutlich erleichtert (vgl. *EuGH* JZ 2001, 1025 m. Anm. *Reichold*), doch bleibt der Verstoß gegen die Erteilung des Nachweises in der Praxis meist ohne jede Sanktion.

c) Gestaltungsfreiheit („Wie-Frage") als Inhaltsfreiheit

Vertragsfreiheit gilt grundsätzlich auch für die inhaltliche Gestaltung des **28** Arbeitsvertrages; doch muss diese den zwingenden arbeitsrechtlichen Schutzvorschriften der Gesetze und Tarifverträge Rechnung tragen (→ § 3 Rn. 6). Der Arbeitsvertrag ist trotz aller Schutzgesetze mehr als nur die „Eintrittskarte" in den Betrieb. Als Rechtsgrund für die weisungsabhängige Arbeitsleistung ist er insoweit unentbehrlich, als er **mindestens**

- die Arbeitsvertragsparteien benennt,
- den Tätigkeitsbereich (Arbeitsaufgabe) festlegt und damit die **Arbeitspflicht** benennt,
- und den Zeitpunkt des Arbeitsbeginns (bei Befristung: den vorgesehenen Arbeitszeitraum) bestimmt (→ § 3 Rn. 5).

Nicht erforderlich ist aber die ausdrückliche Vereinbarung einer **Vergütung**. Wie sich **29** aus § 612 Abs. 1 BGB ergibt, soll bei fehlender Einigung über die Gegenleistungspflicht des Arbeitgebers der Vertrag nicht wegen Dissens (§ 154 Abs. 1 BGB) scheitern. Vielmehr fingiert die Vorschrift eine Vergütungsregelung sowohl dem Grund als auch der Höhe (Abs. 2) nach, wenn nach allgemeinen Auslegungsgrundsätzen nur eine entgeltliche Arbeits- oder Dienstleistung zu erwarten war (→ § 8 Rn. 3).

2. Inhaltskontrolle

Weil Vertragsbedingungen meistens *faktisch* von der Arbeitgeberseite diktiert **30** werden, greifen unterhalb der zwingenden Schutzgesetze die Grundsätze der Inhaltskontrolle. Das in den §§ 305 ff. BGB geregelte Recht der **Allgemeinen Geschäftsbedingungen (AGB)** ist seit 2002 auf Arbeitsverträge mit allgemeinen Arbeitsbedingungen anwendbar (§ 310 Abs. 4 S. 2 BGB). Allerdings sind die im Arbeitsrecht geltenden Besonderheiten angemessen zu berücksichtigen. Von der AGB-Kontrolle zu unterscheiden ist die **Sittenwidrigkeitskontrolle** (§ 138 BGB). Nur damit lässt sich ein sog. „Dumping"-Lohn nach seinem objektiven Missverhältnis von Leistung und Gegenleistung überprüfen. Denn nach § 307 Abs. 3 S. 1 BGB darf eine AGB-Kontrolle nicht bei den Hauptkonditionen stattfinden, sondern beschränkt sich nur auf Nebenkonditionen. In krassen Fällen des **Lohnwuchers** hilft also nur § 138 Abs. 2 BGB. So hat der *BGH* einen Bauunternehmer wegen Wuchers sogar strafrechtlich (§ 291 Abs. 1 StGB) verurteilt, weil er zwei tschechischen Grenzgängern, die mangels Sprachkenntnissen ihre Tariflöhne nicht in Erfahrung bringen konnten, als Maurern nur 12,70 DM (6,49 €) pro Stunde zahlte, obwohl die deutschen Arbeiter für die gleiche Arbeit 21,– DM (10,74 €) erhielten (*BGH* NZA 1997, 1167). Ein solcher Arbeitsvertrag wird entgegen § 139 BGB trotz der **Teilnichtigkeit** aber aufrecht erhalten; an die Stelle der sittenwidrigen Lohnvereinbarung tritt die übliche Vergütung (§ 612 Abs. 2 BGB). Bei der richterlichen Kontrolle von Arbeitsverträgen ist also zu unterscheiden zwischen „Sittenwidrigkeitskontrolle" (§ 138 Abs. 2 BGB), AGB-Kontrolle (§ 310 Abs. 4 BGB) und Ausübungskontrolle (§ 315 BGB).

a) Sittenwidrigkeitskontrolle

31   Nach dem Maßstab des **§ 138 Abs. 2 BGB** kann ausnahmsweise das krasse Missverhältnis von Leistung und Gegenleistung („Lohndumping") richterlich korrigiert werden (Rechtsfolge: § 612 Abs. 2 BGB). Ein auffälliges Missverhältnis liegt dann vor, wenn die Arbeitsvergütung nicht einmal **zwei Drittel** des in der Branche üblichen Tariflohns erreicht (*BAG* NZA 2009, 837; vgl. ferner *BAG* NZA 2006, 1354; *AnwGH NRW* NJW 2008, 668). Diese BAG-Rechtsprechung bleibt trotz Einführung des Mindestlohns seit dem 1.1.2015 weiterhin beachtlich, weil der Mindestlohn ja nur eine absolute Untergrenze markiert, nicht aber die meist höheren Tariflöhne nach dieser Rechtsprechung tangiert.

b) AGB-Kontrolle

32   Die gerichtliche Kontrolle allgemeiner Arbeitsbedingungen hat seit der Schuldrechtsreform stetig an Bedeutung gewonnen. Nach § 310 Abs. 4 S. 2 BGB finden die §§ 305 ff. BGB auf Arbeitsverträge grundsätzlich Anwendung, doch sind die arbeitsrechtlichen **Besonderheiten** angemessen zu berücksichtigen.

- Voraussetzung ist zunächst immer das **Vorliegen von „AGB"** i.S.d. § 305 Abs. 1 BGB. Vorformulierte Vertragsbedingungen müssen vom Verwender gestellt werden, wobei nach § 310 Abs. 3 Nr. 1 BGB bei Verbraucherverträgen die AGB grundsätzlich als vom Verwender gestellt gelten. Der Arbeitnehmer ist für das BAG „Verbraucher" (→ § 1 Rn. 5), so dass eine Inhaltskontrolle auch dann stattfindet, wenn die Vertragsbedingungen nur zur einmaligen Verwendung bestimmt sind und der „Verbraucher-Arbeitnehmer" auf deren Inhalt keinen Einfluss nehmen konnte (§ 310 Abs. 3 Nr. 2 BGB).

- Immer vorrangig gelten **Individualabreden, vgl. § 305b BGB.** „Aushandeln" bedeutet aber mehr als verhandeln. Es genügt nicht, dass der Arbeitgeber den Vertragsinhalt lediglich erläutert oder erörtert, ohne ihn mit dem Arbeitnehmer auch inhaltlich zu verändern. Klauseln, die objektiv ungewöhnlich sind und mit denen der andere Teil nicht rechnet (**überraschende Klauseln**), werden nicht Bestandteil des Vertrages, vgl. **§ 305c Abs. 1 BGB.**
- Vor der Inhaltskontrolle ist der Kontrollgegenstand zu präzisieren. Hierzu sind die Klauseln **auszulegen.** Maßstab ist das Verständnis eines verständigen, redlichen Vertragspartners unter Abwägung der Interessen der beteiligten Verkehrskreise (ErfK/*Preis*, § 310 BGB Rn. 31). Dazu muss auf den Horizont des **Arbeitnehmers** abgestellt werden. Führt die Auslegung zu keinem klaren Ergebnis, greift die **Unklarheitenregel** des **§ 305c Abs. 2 BGB**, wonach Zweifel zu Lasten des Verwenders gehen. In der BAG-Rechtsprechung zur „dynamischen" Bezugnahmeklausel auf Tarifnormen im Arbeitsvertrag hat sich das dahingehend ausgewirkt, dass, weil die Tarifgebundenheit des Arbeitgebers an den im Arbeitsvertrag genannten Tarifvertrag als Voraussetzung der Bezugnahme für den Arbeitnehmer nicht erkennbar war, eine **dauernd konstitutive** Wirkung der in Bezug genommenen Tarifnormen bejaht wurde, vgl. *BAG* NZA 2007, 965 (→ § 3 Rn. 44).
- In einem letzten Schritt ist die **Inhaltskontrolle nach §§ 307 ff. BGB** durchzuführen. Hierbei sind die im Arbeitsrecht geltenden Besonderheiten (sowohl rechtlicher als auch tatsächlicher Art) zu berücksichtigen. Dabei legt das BAG wie z.B. bei seinem Urteil zur grundsätzlich zulässigen Vertragsstrafe (*BAG* NZA 2004, 727) Wert auf die besonderen Beziehungen zwischen den Arbeitsvertragsparteien, die sich von der kaufrechtlich geprägten Rollenverteilung im AGB-Gesetz deutlich unterscheiden können (der Arbeitnehmer ist ja „Verkäufer" der Ware Arbeit, der Arbeitgeber ist Abnehmer dieser „Ware" und zahlungspflichtig – anders dagegen die Rollen bei Kauf- oder Werkvertrag!). Der **Anwendungsbereich** der Inhaltskontrolle ist zweifach beschränkt: Ausgenommen sind gem. § 310 Abs. 4 S. 1 BGB **kollektiv** gesetzte Inhaltsnormen aus Tarifverträgen und Betriebs- oder Dienstvereinbarungen. Damit soll eine mittelbare gerichtliche Inhaltskontrolle kollektiver Regelungen verhindert werden. Außerdem kann sich die Inhaltskontrolle (mit Ausnahme des Transparenzgebots) **nicht auf die Hauptkonditionen** des Arbeitsvertrags (Arbeitsaufgabe und -entgelt, Aufhebungsvertrag) erstrecken (§ 307 Abs. 3 BGB).
- Im Rahmen der eigentlichen Inhaltskontrolle ist in folgender Reihenfolge zu prüfen: Erst **§§ 309, 308,** dann **307 BGB.** Sind – wie meistens – keine speziellen Klauselverbote einschlägig, so ist auf die Generalklausel des § 307 BGB zurückzugreifen. Eine AGB-Klausel ist **unwirksam,** wenn sie einen Vertragspartner entgegen den Geboten von Treu und Glauben **unangemessen benachteiligt** (§ 307 Abs. 1 BGB). Bei dieser grundsätzlich

abstrakt-generellen Bewertung sind nach § 310 Abs. 3 Nr. 3 BGB auch die den Vertragsschluss begleitenden **Umstände** zu berücksichtigen. Beispielsweise hat das BAG formularvertragliche **Vertragsstrafen** als den „Besonderheiten des Arbeitsrechts" entsprechende berechtigte Sicherung der Arbeitsleistung anerkannt (entgegen § 309 Nr. 6 BGB: diese Norm passt nicht auf die nicht erzwingbare Vollstreckung der Arbeitsleistung → § 9 Rn. 17), jedoch aufgrund § 307 BGB die Höhe der konkreten Vertragsstrafe auf ihre Angemessenheit überprüft (*BAG* NZA 2004, 727; 2005, 1053; 2006, 34; vgl. ferner *Brors*, DB 2004, 1778; Erf K/*Müller-Glöge*, § 345 BGB Rn. 6 ff.).

- Besonders das **Transparenzgebot** (§ 307 Abs. 1 S. 2 BGB) ist von praktischer Wichtigkeit (vgl. *BAG* NJW 2008, 458; 2008, 680). Klauseln sollen so klar und verständlich formuliert werden, dass die Rechtsfolgen vor allem **belastender** Regelungen für den Arbeitnehmer hinreichend deutlich werden (zu Ausschlussklauseln vgl. *BAG* NZA 2005, 1111). Eine Klausel verletzt das Bestimmtheitsgebot, wenn sie vermeidbare Unklarheiten und Spielräume enthält.

Beispielsfall: Der Berufsanfänger Kevin wird bei einer Kanzlei als Rechtsanwalt mit einem Jahressalär von 80.000 € eingestellt. Bei der Vergütungsregelung findet sich folgender Passus: *„Durch die zu zahlende Bruttovergütung ist eine etwaig notwendig werdende Über- oder Mehrarbeit abgegolten".*
Nach zwei Jahren wird dem K seitens der Kanzlei ordentlich gekündigt. K verlangt hierauf Überstundenvergütung i.H.v. ca. 40.000,– €. Dabei ist die Ableistung entsprechend zahlreicher Überstunden zwischen den Parteien nicht im Streit. Kann K die Überstundenvergütung zu Recht verlangen?

1. AGB-Kontrolle: Die Abgeltungsklausel könnte wegen Intransparenz nach § 307 Abs. 1 S. 2 BGB unwirksam sein. Ob es sich dabei um eine Entgeltabrede oder nur um eine „Nebenabrede" zum Entgelt handelt, ist wegen der Norm des § 307 Abs. 3 S. 2 BGB unerheblich, weil dadurch zum Ausdruck gebracht wird, dass auch Hauptkonditionen der Transparenzkontrolle unterliegen.
Eine die pauschale Vergütung von Überstunden regelnde Klausel ist nur dann klar und verständlich, wenn sich aus dem Vertrag selbst ergibt, welche Arbeitsleistungen in welchem zeitlichen Umfang von ihr erfasst werden sollen. Der Arbeitnehmer muss bereits bei Vertragsschluss erkennen können, was ggf. „auf ihn zukommt" (*BAG* NJW 2012, 552 – Tz. 14). Hier lässt sich weder der Klausel selbst noch den anderen Bestimmungen entnehmen, wie viel Mehrarbeit über 40 Std. hinaus geschuldet wäre und was „etwaig notwendig" heißen soll. Nicht einmal eine Begrenzung auf die höchst zulässige Wochenarbeitszeit nach § 3 ArbZG ist zu erkennen. Die Klausel enthält daher vermeidbare Unklarheiten und ist wegen Intransparenz **unangemessen**, vgl. § 307 Abs. 1 S. 2 BGB.

2. Anspruch aus § 612 Abs. 1 BGB: Fraglich ist aber, ob K für seine geleisteten Überstunden eine Vergütung erwarten konnte. Tarifverträge oder eine allgemeine Verkehrssitte können bei höheren Diensten wie denen eines Rechtsanwalts nicht zu einer entsprechend berechtigten Vergütungserwartung führen. Vielmehr führen hier das hohe Grundgehalt des K und seine Erwartung auf Aufnahme in die Sozietät zu dem Schluss, dass § 612 Abs. 1 BGB den Anspruch hier nicht tragen kann (*BAG* NJW 2012, 552 m. Anm. *Müller-Bonanni*).

- **Rechtsfolge**: Die **Unwirksamkeit** einer Klausel führt nach § 306 Abs. 1 BGB nicht zur Unwirksamkeit des gesamten Vertrages (entgegen § 139 BGB). Anstelle der unwirksamen Klausel tritt die entsprechende gesetzliche Regelung (§ 306 Abs. 2 BGB), was im Arbeitsrecht allerdings selten weiter hilft (zu § 612 Abs. 1, 2 BGB als gesetzliche Regel s. Beispielsfall). Eine **geltungserhaltende Reduktion**, d.h. eine auf angemessene Inhalte zurückgestutzte Regelung, ist damit **ausgeschlossen**. Sonst würden die Richter ständig zur Formulierungshilfe bemüht – ohne jedes Gestaltungsrisiko bei überzogenen Klauseln! Allenfalls „teilbare" Klauseln können teilweise aufrecht erhalten bleiben („blue pencil-Test", vgl. *BAG* NZA 2005, 1053). In **Altfällen** (vor 2002) kann auch eine ergänzende Vertragsauslegung in Betracht kommen; der Arbeitgeber muss nicht etwa die Altklauseln durch Änderungskündigung an die aktuelle Rechtsprechung anpassen (*BAG* NJW 2011, 2153).

Prüfungsschema 6: AGB-Kontrolle im Arbeitsrecht

1. Vorliegen von AGB
   a) Vorformulierte Vertragsbedingungen
   b) Vom Verwender gestellt
   - *Beachte*: Fiktion des § 310 Abs. 3 Nr. 1 BGB ist anwendbar
   c) Für eine Vielzahl von Verträgen (*Achtung*: § 310 Abs. 3 Nr. 2 BGB ist anwendbar)

2. Einbeziehung in den Arbeitsvertrag
   - § 310 Abs. 4 S. 2 Hs. 2 BGB: keine Geltung von § 305 Abs. 2, 3 BGB
   a) Vorrang der Individualabrede, § 305b BGB
   b) Keine Einbeziehung überraschender Klauseln, § 305c Abs. 1 BGB

3. Auslegung der Vertragsbedingung
   a) Allgemeine Auslegungsregeln
   b) Unklarheitenregel, § 305c Abs. 2 BGB

4. AGB-Inhaltskontrolle
   - *Beachte*: § 310 Abs. 4 S. 2 Hs. 1 BGB: Berücksichtigung der arbeitsrechtlichen Besonderheiten; § 310 Abs. 4 S. 1 BGB: Keine Anwendung auf Kollektivnormen
   a) Anwendungsbereich der Inhaltskontrolle
   - §§ 307 Abs. 3, 310 Abs. 4 S. 3 BGB: grds. Kontrollfreiheit von Leistungsbeschreibungen, Entgeltabreden und deklaratorischen Klauseln (Ausnahme: § 307 Abs. 3 S. 2 BGB: Das **Transparenzgebot** gilt auch für solche Klauseln)
   b) Klauselverbote ohne Wertungsmöglichkeit, § 309 BGB
   Bedeutung haben erlangt:
   - § 309 Nr. 3 BGB: Geltung im Arbeitsrecht
   - § 309 Nr. 6 BGB: Keine Geltung im Arbeitsrecht
   - § 309 Nr. 7 BGB: Gilt für Haftungsausschlüsse des Arbeitgebers auch im Arbeitsrecht
   - § 309 Nr. 10 BGB: Keine Anwendung auf Konzernversetzungsklauseln
   - § 309 Nr. 12 BGB: Geltung im Arbeitsrecht
   - § 309 Nr. 13 BGB: Geltung im Arbeitsrecht

c) Klauselverbote mit Wertungsmöglichkeit, § 308 BGB
   Bedeutung hat erlangt:
   - § 308 Nr. 4 BGB: Geltung im Arbeitsrecht, insb. bei Widerrufsvorbehalten, vgl. *BAG* NZA 2007, 809
   - § 308 Nr. 5 BGB: Keine „gegenläufige" betriebliche Übung, vgl. *BAG* NJW 2009, 2475 d)   Generalklausel des § 307 Abs. 1, 2 BGB
   - *Beachte:* § 310 Abs. 3 Nr. 3 BGB: Berücksichtigung der den Vertragsschluss begleitenden Umstände
   - *Beachte:* § 307 Abs. 1 S. 2 BGB: Transparenzgebot

5. Rechtsfolge: Unwirksamkeit der Klausel
   - § 306 Abs. 1 BGB: Wirksamkeit des Vertrages im Übrigen
   - § 306 Abs. 2 BGB: Keine geltungserhaltende Reduktion, sondern Geltung des dispositiven Gesetzesrechts (z.B. § 612 Abs. 1 BGB bzw. Richterrecht)

Wichtig: „Inhaltskontrolle" meint in erster Linie die Angemessenheitskontrolle von Allgemeinen Geschäftsbedingungen (AGB). Durch § 310 Abs. 4 BGB werden Arbeitsvertragsklauseln weitgehend der AGB-Kontrolle unterzogen, weil der Arbeitgeber sie in der Regel vorformuliert; im Übrigen gilt die Verbraucherregel des § 310 Abs. 3 BGB auch für Arbeitnehmer. Ausgenommen von der Inhaltskontrolle nach §§ 307 ff. BGB bleiben kollektiv gesetzte Inhaltsnormen aus Tarifverträgen und Betriebsvereinbarungen. Außerdem kann die Inhaltskontrolle sich nicht auf die Hauptkonditionen (Arbeitsaufgabe und -entgelt, Aufhebungsvertrag) erstrecken (§ 307 Abs. 3 BGB).

---

c) Ausübungskontrolle

33   Vom BAG bislang eher vernachlässigt, kann selbst bei einer wirksamen Klausel deren konkrete **Handhabung** im Einzelfall kraft **§ 315 BGB**, z.B. bei der Ausübung von Widerrufsvorbehalten, am Maßstab billigen Ermessens korrigiert werden (vgl. *BAG* NJW 2005, 1820; ferner *Hanau/Hromadka*, NZA 2005, 73, 74; ErfK/*Preis*, § 611a BGB Rn. 384 ff.; *Schimmelpfennig*, NZA 2005, 603, 609).

Beispielsfall: Krankenschwester Berta tritt ihren Dienst im ambulanten Pflegedienst „Altersfreude" mit folgender Vertragsklausel an:
„B nimmt teil an der berufsbegleitenden Weiterbildung „Leitung/Management von ambulanten Pflegediensten" … A übernimmt hierfür die Lehrgangsgebühren. Sollte das Arbeitsverhältnis während der ersten 24 Monate enden, hat B die von A gezahlten Lehrgangsgebühren und das für die nachgewiesene Teilnahme gezahlte Gehalt an A zurückzuzahlen."
Kurz vor dem Ende der vereinbarten Probezeit (sechs Monate) kündigt A der B, weil diese sich auf eine andere Stelle beworben hatte. A fordert Weiterbildungskosten in Höhe von 4.000,– € von B. Zu Recht?

Lösung:
(1) Die **vertraglichen** Voraussetzungen für die Rückzahlung der Weiterbildungskosten sind erfüllt, weil das Arbeitsverhältnis der Parteien vor Ablauf von zwei Jahren wirksam beendet worden ist. Für eine einschränkende Auslegung der Vereinbarung dahin, dass

nur die Arbeit**nehmer**kündigung die Rückzahlungspflicht auslösen solle, ist kein Anhaltspunkt ersichtlich.

(2) Die vertragliche Rückzahlungsklausel könnte aber **rechtsunwirksam** sein.

(a) **§ 138 BGB.** Eine „Sittenwidrigkeitskontrolle" der Rückzahlungsklausel (i.V.m. Art. 12 GG) müsste eine für den Arbeitnehmer unzumutbare und ihn finanziell krass überfordernde Vertragsgestaltung feststellen. Jedoch ist grundsätzlich ein berechtigtes Interesse des Arbeitgebers anzuerkennen, die dem Arbeitnehmer finanzierte Qualifikation auch möglichst langfristig zu nutzen und entsprechende Bindungsfristen vorzusehen. Ein krasses Missverhältnis zwischen Leistung und Gegenleistung ist nicht erkennbar.

(b) **§§ 307, 310 Abs. 3, 4 BGB.** Eine „Angemessenheitskontrolle" setzt zunächst voraus, dass es sich um AGB, d.h. um vorformulierte und einseitig gestellte Klauseln handelt. Doch kann hier zugunsten der B § 310 Abs. 3 Nr. 1 BGB Anwendung finden, so dass dem A die Beweislast obliegt, dass B die Klausel eingeführt hat, wovon laut SV nicht ausgegangen werden kann. Im Übrigen ist mangels speziell anwendbarer Klauselverbote (§§ 308, 309 BGB) von § 307 Abs. 1 BGB ausgehend zu fragen, ob die Ausgestaltung der Rückzahlungsklausel die B unangemessen entgegen den Geboten von Treu und Glauben benachteiligt. Eine ausgewogene Gesamtregelung läge hier vor, wenn es der Arbeitnehmer in der Hand hätte, der Rückzahlungspflicht durch eigene Betriebstreue zu entgehen. Dieses schutzwerte Vertrauen des Arbeitnehmers wird aber verletzt, wenn die Kündigung durch den Arbeitgeber erfolgt, weil dieser dann ja selbst auf die Bildungsinvestition verzichtet (*BAG* NJW 1999, 443). Hier differenziert die Klausel nicht danach, aus welcher Sphäre (Arbeitnehmer oder Arbeitgeber) die Gründe für eine etwaige Beendigung des Arbeitsverhältnisses stammen. Nach dieser (von § 307 BGB geforderten) typisierenden Betrachtung ist die Rückzahlungsklausel für den Arbeitnehmer unangemessen benachteiligend und damit unwirksam. Eine teleologische Reduktion der Klausel scheidet aus. Das BAG nimmt also eine Prüfung der **angemessenen Verteilung von Vertragsrisiken** im Rahmen von § 307 Abs. 1 BGB i.V.m. § 310 Abs. 4 BGB vor (vgl. *BAG* NZA 2006, 1042; NJW 2004, 3059, noch auf § 242 BGB gestützt).

3. Befristung (§ 620 Abs. 3 BGB, §§ 14 ff. TzBfG) und Probezeit

a) Befristung und ihre Schranken

Wie sich aus § 620 Abs. 1 BGB ergibt, waren für den historischen Gesetzge- 34
ber befristete Dienstverhältnisse noch der Normalfall. Zur Vertragsgestaltung gehörte regelmäßig auch die **Fristbestimmung** (Laufzeit des Arbeitsvertrags). Während der Laufzeit war eine ordentliche Kündigung ausgeschlossen. So boten Befristungen dem Dienstnehmer mehr Schutz als unbefristete, aber kündbare Arbeitsverhältnisse. Mit der Einführung des immer strikteren Kündigungsschutzes (1951) änderte sich die Funktion des § 620 Abs. 1 BGB. Jetzt war zu befürchten, dass durch eine Mehrfachbefristung von Arbeitsverhältnissen der Kündigungsschutz umgangen würde. Das BAG verlangte daher für jeden Fall der Befristung einen **sachlichen Grund** (*BAG* NJW 1961, 798). § 620 BGB wurde daher um einen Abs. 3 ergänzt, der auf das **Teilzeit- und Befristungsgesetz** (TzBfG) vom 21.12.2000 verweist. Das TzBfG beinhaltet neben einer

Regelung der Teilzeitarbeit die Aufhebung des Beschäftigungsförderungs-
gesetzes sowie eine Neuregelung des Befristungsrechts außerhalb des BGB.

35   Nach § 14 Abs. 1 S. 1 TzBfG muss grundsätzlich jede Befristung durch einen
sachlichen Grund gerechtfertigt sein. § 14 Abs. 1 S. 2 TzBfG nennt dafür
Regelbeispiele, z.B. vorübergehenden betrieblichen Bedarf (z.B. Ernteeinsatz),
Vertretungen (z.B. bei Mutterschutz oder Elternzeit) oder die Eigenart der
Arbeitsleistung (künstlerische oder Medientätigkeit), die schon bisher vom
BAG grundsätzlich anerkannt waren. Durch das *ArbG Mainz* ist zu Recht in
Frage gestellt worden, ob die im Profifußball übliche Befristung eigentlich
durch „Eigenart" oder besonderen „Verschleiß" gerechtfertigt werden kann
(NZA 2015, 684; zur Problematik *Walker*, NZA 2016, 657). Vom BAG ist das
mit vertretbaren Argumenten jetzt bejaht worden (*BAG* NZA 2018, 703). Eine
zeitliche Höchstgrenze für die Befristung ist anhand des Befristungszwecks zu
bestimmen, was z.B. bei der Anschlussbefristung (Ziff. 2) wohl eine maximale
Befristungsdauer von **zwei Jahren** rechtfertigt.

　　Ohne sachlichen Grund sind befristete Arbeitsverträge beim gleichen Arbeitgeber nur bis zur Dauer von **zwei Jahren** zulässig (§ 14 Abs. 2 S. 1 TzBfG),
es sei denn, der Arbeitnehmer ist bereits 52 Jahre alt und war zuvor arbeitslos,
§ 14 Abs. 3 TzBfG: dann darf bis zu fünf Jahren sachgrundlos befristet werden.
Diese lange Befristungsdauer ist mit Unions- und Verfassungsrecht vereinbar
(*BAG* NZA 2015, 1131). Außerdem dürfen auch **Existenzgründer** nach § 14
Abs. 2a TzBfG bis zu vier Jahre lang sachgrundlos befristete Verträge abschließen.

　　Eine sachgrundlose Befristung ist nach **§ 14 Abs. 2 S. 2 TzBfG** auch dann unzulässig, wenn mit demselben Arbeitgeber (irgendwann?) **bereits zuvor** ein befristetes oder
unbefristetes Arbeitsverhältnis bestanden hatte. Dies sorgte vor allem bei Personalabtei-
lungen großer Arbeitgeber (Bund, Land, Stadt) für Unruhe. Was, wenn in grauer Vorzeit
der jetzt befristet Einzustellende schon einmal beschäftigt war? Das BAG hatte 2011 in
einem Akt kühner Rechtsfortbildung geurteilt, dass eine „Zuvor-Beschäftigung" schon
dann nicht mehr zu bejahen sei, wenn das frühere Arbeitsverhältnis **mehr als drei Jahre**
zurückliege. Das ergebe eine verfassungskonforme Auslegung der Vorschrift. Ein zeitlich völlig unbeschränktes Verbot der Vorbeschäftigung würde die Privatautonomie der
Arbeitsvertragsparteien und die Berufsfreiheit des Arbeitnehmers in übermäßiger Weise
beschränken. Die Drei-Jahres-Frist sei der Regelverjährung des § 195 BGB entlehnt (*BAG*
NZA 2011, 905). Diese Rechtsprechung hat das **BVerfG** mit Beschluss vom 6.6.2018
zu Recht verworfen und das BAG aufgefordert, die gesetzgeberische Wertung für ein
Verbot einer sachgrundlosen Befristung nach jeglicher früheren Beschäftigung
bei demselben Arbeitgeber zu respektieren. Mit seiner Rechtsprechung verstoße das BAG
gegen die „Grenzen vertretbarer Auslegung gesetzlicher Vorgaben" (*BVerfG* NZA 2018,
774). Doch könne das „jemals zuvor"-Verbot gegen die Verfassung verstoßen, wenn eine
Vorbeschäftigung **sehr lang** zurückliegt, **ganz anders** geartet war oder von **sehr kurzer
Dauer** gewesen ist (etwa bei geringfügigen Nebenbeschäftigungen während der Schul-
und Studien- oder Familienzeit).

36   Schließlich ist die Wirksamkeit der Befristung von ihrer **Schriftform** abhängig (§ 14 Abs. 4 TzBfG): Wer also als Arbeitgeber nicht § 126 Abs. 2 BGB

beachtet, befindet sich in einem unbefristeten Arbeitsverhältnis wider Willen! Jedoch reicht es zur Wahrung der Schriftform aus, wenn der Arbeitgeber das von ihm unterzeichnete Schreiben zum Abschluss eines befristeten Arbeitsvertrages dem Arbeitnehmer zukommen lässt und dieser das Angebot annimmt, indem er dasselbe Schriftstück (auch später noch) unterzeichnet (*BAG* NJW 2007, 315). Wird die Befristung zunächst nur mündlich vereinbart, der Arbeitsvertrag aber erst nach Arbeitsbeginn unterschrieben, so liegt laut BAG eine „nachträgliche Befristung" eines unbefristeten Arbeitsverhältnisses vor, die in der Regel unwirksam ist (*BAG* NZA 2005, 575). Eine rückwirkende Heilung des Mangels der Schriftform etwa nach § 141 BGB soll nicht möglich sein.

Die **Befristung einzelner Arbeitsbedingungen** wird dagegen nicht vom **37** TzBfG erfasst, sondern unterliegt als AGB der Inhaltskontrolle nach § 307 BGB. Der Befristungsabrede steht auch § 307 Abs. 3 BGB nicht entgegen, wenn die Befristung eine synallagmatische Pflicht betrifft, da sie als sog. „Preisnebenabrede" kontrollfähig bleibt (*BAG* NZA 2006, 40). Bezüglich der Inhaltskontrolle lässt sich als Faustformel festhalten, dass die Befristung einzelner Arbeitsbedingungen gerechtfertigt ist, wenn ein Sachgrund nach § 14 Abs. 1 TzBfG gegeben wäre (*BAG* NZA 2008, 229).

Prüfungsschema 7: Befristungskontrolle

1. **Zulässigkeit der Befristung**
   a) **Sachlicher Grund gem. § 14 Abs. 1 TzBfG, z.B.**
   - Vorübergehender betrieblicher Bedarf
   - Vertretungen
   - Eigenart der Arbeitsleistung
   b) **Gesetzliche Sonderregelungen, z.B.**
   - §§ 1, 2 WissZeitVG (Wissenschaftszeitvertragsgesetz)
   - § 21 BEEG (Bundeselterngeld- und Elternzeitgesetz)
   c) **Ausnahmsweise:** Befristung ohne Sachgrund gem. § 14 Abs. 2 bzw. Abs. 2a bzw. Abs. 3 TzBfG

2. **Schriftform, § 14 Abs. 4 TzBfG i.V.m. § 126 Abs. 2 BGB** (vor Antritt der Arbeit!)

3. **Rechtsfolgen**
   a) **Befristung wirksam:** Arbeitsverhältnis endet mit Ablauf der vereinbarten Zeit, § 15 Abs. 1 TzBfG (zur Zweckbefristung vgl. § 15 Abs. 2 TzBfG); „Kündigung" des befristeten Arbeitsverhältnisses unzulässig, vgl. aber § 15 Abs. 3, 4 TzBfG.
   b) **Befristung unwirksam:** Arbeitsverhältnis gilt nach § 16 S. 1 TzBfG unbefristet und kann über das Fristende hinaus fortgesetzt werden; zur Beendigung bedarf es der Kündigung.

4. **Klageart**
   Feststellungsklage auf „Entfristung" innerhalb von 3 Wochen nach dem vereinbarten Fristende, § 17 TzBfG.

b) Probezeit

38   Zu unterscheiden von der Befristung eines Arbeitsvertrags ist die Vereinbarung einer „Probezeit", die meistens ein unbefristetes Arbeitsverhältnis einleitet. Soll sie dem Arbeitsverhältnis aber **eigenständig und selbstständig** vorgeschaltet werden, bedarf es einer ausdrücklichen und schriftlichen Vereinbarung nach § 14 Abs. 1 Nr. 5 TzBfG. Innerhalb dieser Probebefristung darf nur gekündigt werden, wenn dies einzelvertraglich oder im anwendbaren Tarifvertrag vereinbart ist. Wird dagegen die Probezeit **nicht ausdrücklich** vereinbart, kann nach § 622 Abs. 3 BGB nur in den ersten sechs Monaten mit einer Frist von zwei Wochen gekündigt werden. Danach greift der Kündigungsschutz nach § 1 KSchG, so dass diese Zeit von beiden Arbeitsvertragspartnern als Phase minderen Kündigungsschutzes sehr ernst genommen werden sollte (→ § 10 Rn. 44). Auch das **ausdrücklich befristete** Arbeitsverhältnis „zur Probe" nach § 14 Abs. 1 Nr. 5 TzBfG wird aber dann automatisch in ein unbefristetes Arbeitsverhältnis übergeleitet, wenn es mit Wissen des Arbeitgebers fortgesetzt wird und der Arbeitgeber nicht unverzüglich widerspricht (§ 15 Abs. 5 TzBfG).

III. Wirksamkeitshindernisse des Arbeitsvertrags

39   Für Arbeitsverträge gelten die gleichen Unwirksamkeitsgründe wie für andere Rechtsgeschäfte. Zu unterscheiden sind dabei **Nichtigkeitsgründe**, die zur ursprünglichen Unwirksamkeit des Arbeitsvertrages führen können (z.B. §§ 105, 108, 113, 125 S. 2, 134, 138, 177 BGB), von nachträglichen Unwirksamkeitsgründen, insbesondere bei **Anfechtung** (§§ 119 ff., 142 BGB). Es handelt sich um **rechtshindernde Einwendungen**, die den vertraglichen Anspruch von vornherein nicht entstehen lassen. Dabei ist aber sorgfältig zu trennen zwischen **Abschlussverboten**, die den Vertrag als solchen verhindern wollen, und **Beschäftigungsverboten**, die den konkreten Einsatz des Arbeitnehmers verhindern – was aber nicht Unwirksamkeit des Vertrags bedeutet, sondern die (zeitweilige) rechtliche Unmöglichkeit der Vertragserfüllung. Bei der Bejahung der Nichtigkeit ist im Arbeitsrecht immer Zurückhaltung geboten, weil Sinn und Zweck z.B. der Arbeitsschutznormen häufig nur die konkrete Tätigkeit („Wie-Frage"), nicht aber das Arbeitsverhältnis insgesamt („Ob-Frage") verhindern wollen.

1. Nichtigkeitsgründe

a) Arbeitsleistungen, die gegen ein gesetzliches Verbot verstoßen (§ 134 BGB)

40   Ursprünglich unwirksam und damit nichtig sind z.B. Arbeitsverträge mit **Geschäftsunfähigen** bzw. **beschränkt Geschäftsfähigen** (§§ 105, 108

BGB). Bei letzteren ermöglicht § 113 Abs. 1 S. 1 BGB zwar den Vertragsschluss bei Ermächtigung durch die Erziehungsberechtigten (sog. *Arbeitsmündigkeit*); diese umfasst aber nicht den eigenständigen Abschluss eines Berufsausbildungsvertrags (vgl. §§ 10, 11 Abs. 2, 3 BBiG). Als „Beschäftigungsnormen" sind zusätzlich die leges speciales des Jugendarbeitsschutzgesetzes (JArbSchG) mit seinen Ausnahmebestimmungen (z.B. § 5 Abs. 1: Beschäftigungsverbot von Kindern; § 5 Abs. 2–5, § 6: Ausnahmen vom Beschäftigungsverbot) zu beachten.

Beim Verstoß gegen Arbeitsschutznormen zugunsten **Volljähriger** (z.B. **41** MuSchG, ArbZG) wird nach Sinn und Zweck der verletzten Norm in aller Regel nicht der Arbeitsvertrag als solcher unwirksam sein, sondern es soll nur die konkrete Beschäftigung verhindert werden. Als gegenüber der Nichtigkeitsklage milderes Mittel steht dem Arbeitnehmer ein **Leistungsverweigerungsrecht** zu. Gerade im Arbeitsrecht muss der zur Interpretation des Verbotsgesetzes auffordernde Wortlaut des § 134 BGB ernst genommen werden:

„… ist nichtig, wenn sich nicht aus dem Gesetz ein anderes ergibt."

Wenn allerdings der Abschluss eines Arbeitsvertrags mit einem Handwerksmeister nur zur Umgehung des sog. **„Meisterzwangs"** dienen soll – anders ist eine Eintragung in die Handwerksrolle nicht zu erlangen (§§ 1, 7 Handwerksordnung) –, ohne dass der Arbeitnehmer nennenswerte Leistungen als Betriebsleiter erbringt, ist dieser Vertrag wegen **Umgehung** des § 7 HandwO **nichtig**; ein fehlerhaftes Arbeitsverhältnis kommt nicht zustande (→ Rn. 55). Fehlt dagegen z.B. eine **Aufenthaltserlaubnis** für Ausländer, die nicht der EU angehören (seit 1.1.2005 geregelt im „Aufenthaltsgesetz", vgl. §§ 18, 39 AufenthG; § 284 SGB III regelt nur noch Arbeitserlaubnis für Neu-EU-Bürger), wird nur die Durchführung des Vertrags (d.h. die „Beschäftigung") unmöglich, der Vertrag selbst bleibt aber wirksam (bis zur evtl. Kündigung).

Achtung: Die (Total-)Nichtigkeit des Arbeitsvertrags nach § 134 BGB wird nur in Ausnahmefällen bejaht, soweit z.B. die darauf beruhende Beschäftigung von vornherein ohne Einholung der erforderlichen Genehmigungen als „illegal" geplant war und dadurch öffentliche Interessen beeinträchtigt werden (z.B. *BAG* BB 2005, 782: Arzt ohne Approbation). Für das Arbeitsverhältnis ist die bloße **Teilnichtigkeit** nach § 139 BGB bei Fortbestand des Arbeitsvertrags der Regelfall (ErfK/*Preis,* § 611a BGB Rn. 342 f.).

Beispiel: Wer unter Missachtung seiner steuer- und sozialversicherungsrechtlichen Meldepflichten Dienstleistungen ausführen lässt, verstößt als Arbeitgeber gegen das **Gesetz zur Bekämpfung der Schwarzarbeit und illegalen Beschäftigung** (SchwarzArbG – BGBl. I 2004, S. 1842) und ist verantwortlich für verbotene Schwarzarbeit. Jedoch ist fraglich, ob damit auch auf Schwarzarbeit gerichtete **Arbeitsverträge** nach § 134 BGB unwirksam sind. Zwar will das SchwarzArbG durch die Androhung von Geldbußen sowohl gegenüber dem Besteller als auch gegenüber dem Werkunternehmer die Schwarzarbeit schlechthin verbieten und einen entsprechenden Leistungsaustausch verhindern. Doch trifft die Nichtigkeitsfolge nach § 1 Abs. 2 SchwarzArbG i.V.m. 134 BGB ausdrücklich nur

Auftraggeber und -nehmer der Schwarzarbeit (*BGH* NJW 1990, 2542). Unselbstständige Dienstleistungen von Schwarzarbeit werden nur dem Arbeitgeber als Ordnungswidrigkeit angelastet, nicht aber dem Arbeitnehmer. Nach Sinn und Zweck des SchwarzArbG kann eine **Nichtigkeit** des unselbstständigen Schwarzarbeitsvertrags, die nur zu Lasten des Arbeitnehmers ginge, sinnvollerweise **nicht** bejaht werden. Steuerliche und sozialversicherungsrechtliche Meldepflichten wollen ja Beschäftigung nicht verhindern, sondern nur mit Abgaben zugunsten der Allgemeinheit belasten. Bestätigt wird dieses Ergebnis durch § 10 AÜG, der im vergleichbar illegalen Arbeitnehmerverleih ein wirksames Arbeitsverhältnis zum tatsächlichen Beschäftiger (Entleiher) begründet (vgl. *Hanau/Adomeit,* Rn. 648). Ein **freier Dienstvertrag** dagegen ist bei einem **beiderseitigen Verstoß** gegen § 1 Abs. 1 SchwarzArbG gem. § 134 BGB nichtig (*BAG* NJOZ 2004, 2595).

Von der Schwarzarbeit zu unterscheiden ist die **Schwarzgeldabrede** („Nettolohnabrede"). Zwar begeht der Arbeitgeber damit Sozialversicherungsbetrug (§ 266a StGB) und Steuerhinterziehung, doch soll dadurch nur ein Schutz der Sozialkassen und des Fiskus erreicht, nicht jedoch der Leistungsaustausch als solcher verhindert werden. Davon geht auch der Gesetzgeber in § 14 Abs. 2 S. 2 SGB IV aus. Der Arbeitsvertrag ist deshalb weder nach § 134 noch nach § 138 BGB nichtig (BAGE 105, 187 = NZA 2004, 313).

b) Arbeitsleistungen, die gegen die guten Sitten verstoßen (§ 138 BGB)

42   Ein Arbeitsvertrag kann auch gegen die guten Sitten verstoßen oder insbesondere wegen Wuchers nichtig sein (§ 138 Abs. 1, 2 BGB). Um zur Gesamtnichtigkeit des Arbeitsverhältnisses zu kommen, muss die vertraglich vereinbarte Dienstleistung **insgesamt** gegen die guten Sitten verstoßen (Inhaltssittenwidrigkeit). Das ist nur ausnahmsweise etwa bei Tätigkeiten zu bejahen, die nicht direkt gegen Strafgesetze verstoßen (sonst hat § 134 BGB Vorrang), wohl aber im relevanten Umfeld liegen und einem ähnlichen sittlich-moralischen Verdikt unterfallen, so z.B. bei krass gegen die Sexualmoral verstoßenden Dienstleistungen (z.B. Geschlechtsverkehr auf der Bühne, *BAG* NJW 1976, 1958). Ähnlich wie bei § 134 BGB ist auch bei sittenwidrigen Rechtsgeschäften der Arbeitnehmerschutzgedanke in der Weise zu beachten, dass nur offenkundige und gravierende (evidente) Verstöße gegen die sittliche Ordnung den Arbeitsvertrag insgesamt vernichten. Ansonsten ist von **Teilnichtigkeit (§ 139 BGB)** auszugehen, die sich nur auf Vertragsbestandteile (Entgelt, vgl. *BAG* NZA 2006, 1354) oder abtrennbare Geschäfte, z.B. bei der Übernahme einer Bürgschaft zugunsten des Arbeitgebers aus Angst um den Erhalt des Arbeitsplatzes (*BGH* NJW 2004, 161) auswirkt, nicht aber auf den Vertrag insgesamt (→ Rn. 31).

c) Nicht: Anfänglich-objektiv unmögliche Arbeitsleistungen

43   Die anfängliche Unmöglichkeit ist seit dem 1.1.2002 kein Nichtigkeitsgrund mehr, vgl. §§ 275 Abs. 1, 311a Abs. 1 BGB. Der Vertrag ist daher auch dann wirksam, wenn psychisch und physisch nicht erbringbare Arbeitsleistungen geschuldet werden, was etwa auf Verpflichtungen zur Arbeitsleistung für nicht existierende Betriebe oder auf Verträge zutrifft, die abhängige Dienste für zeitlich (z.B. 48-Stunden-Dienste) oder inhaltlich (z.B. Intelligenzsteigerung durch „Dianetik" o. ähnlich zweifelhafte Methoden) nicht erbringbare Leistungen zum Gegenstand haben. Es entsteht in diesem Fall ein Vertrag ohne Primärleistungspflichten, aber mit Sekundärpflichten, insb. Schadensersatz (§ 311a Abs. 2 BGB).

2. Anfechtbarkeit

Die Anfechtung wegen Irrtums im Auswahlverfahren ist ein beliebtes Klau- **44**
surthema. Dabei ist die Geltung der Anfechtungsregeln für den Arbeitsvertrag nicht selbstverständlich. Denn das Kündigungsrecht (§§ 620 Abs. 2, 622
BGB) kann auch **vor Arbeitsantritt** (d.h. vor der tatsächlichen Aufnahme der
Tätigkeit) schon ausgeübt werden. Deshalb wurde vertreten, dass die Anfech-
tungs- durch die Kündigungsregeln zu ersetzen seien (z.B. *Hönn,* ZfA 1987,
61). Die ganz h.M. betont aber die **Anwendbarkeit der §§ 119 ff. BGB auch
auf den Arbeitsvertrag:** Es macht einen wesentlichen Unterschied, ob die
Einstellungsentscheidung des Arbeitgebers auf einem Willensmangel beruht
(*sog. Vertragsanbahnungsproblem*), oder ob ein fehlerfrei zustande gekomme-
ner Vertrag bei der Durchführung Störungen unterliegt, die (dann) nur durch eine
Kündigung behoben werden können (sog. *Vertragsdurchführungsproblem,* vgl. nur
Picker, ZfA 1981, 20 ff., ferner *BAG* NZA 2014, 1131).

Durch die Anwendung der Anfechtungsregeln wird auch klargestellt, dass *alleine der* **45**
Arbeitsvertrag das Arbeitsverhältnis begründet (sog. **Vertragstheorie,** ganz h.M.). Würde
man der früher vertretenen Eingliederungstheorie *(Nikisch)* folgen und einen rein tatsächlichen „Einstellungsakt" für die Begründung genügen lassen, so bräuchte man mangels Willenserklärung keine Anfechtung. Die Eingliederungstheorie als zeitgebundene Konzession
an die „normative Kraft des Faktischen" ist längst überwunden. Heute wird stattdessen
eine Objektivierung der Rechtsgeschäftslehre betrieben (vgl. nur BGHZ 91, 324: Willenserklärung auch bei fehlendem Erklärungsbewusstsein möglich). Beruht ein vollzogenes
Arbeitsverhältnis auf einer nicht voll wirksamen privatautonomen Grundlage, so muss
es nach den Grundsätzen des **„fehlerhaften Arbeitsverhältnisses"** (unten IV) rückabgewickelt werden. Ist der Arbeitsvertrag hingegen geschlossen, so kann auch schon vor
der Arbeitsaufnahme („Eingliederung") z.B. der Mutterschutz bei Schwangeren greifen.

a) Anfechtungserklärung (§ 143 Abs. 1 BGB)

Erst mit der Anfechtungserklärung macht der Anfechtungsberechtigte von **46**
seinem einseitigen **Gestaltungsrecht** Gebrauch; sie ist deshalb unwiderruflich
und bedingungsfeindlich und muss dem Erklärungsempfänger zugehen (§ 130
BGB). Im Wege der Auslegung nach § 133 BGB muss ermittelt werden, ob
tatsächlich eine Anfechtungserklärung und nicht z.B. eine Kündigung gewollt
war. Der Begriff „Anfechtung" muss so nicht fallen, doch sollte die Auslegung ergeben, ob das Arbeitsverhältnis aufgrund eines Willensmangels bei
der Einstellungsentscheidung aufgelöst werden soll oder z.B. wegen schlechter Arbeitsleistungen, die nur zur Kündigung berechtigen würden. Trotz der
Einseitigkeit seiner Erklärung muss sich der Anfechtende eine Auslegung nach
dem **Empfängerhorizont** gefallen lassen (§§ 133, 157 BGB).

b) Anfechtungsgründe

Im Arbeitsrecht sind Besonderheiten vor allem im Zusammenhang mit dem **47**
Fehlen „verkehrswesentlicher Eigenschaften" (§ 119 Abs. 2 BGB) und bei der
Anfechtung wegen arglistiger Täuschung (§ 123 Abs. 1 BGB) zu beachten.

aa) § 119 Abs. 2 BGB

48   Eigenschaften von Arbeitnehmern sind dann „verkehrswesentlich", wenn dadurch ihre Eignung für die Erfüllung der arbeitsvertraglich vereinbarten Aufgabe entscheidend beeinträchtigt wird. Eine *vorübergehende* Verhinderung an der unbefristeten Arbeitsleistung wie bei Schwangerschaft kann deshalb nie verkehrswesentlich sein, es sei denn, der Arbeitsvertrag wird befristet abgeschlossen und für diese Zeit wegen Schwangerschaft undurchführbar. Für die Tätigkeit einer Arzthelferin bei einem **Frauenarzt** ist z.B. ein Transsexueller ungeeignet, dessen Geschlechtsumwandlung in Richtung Weiblichkeit sich gerade erst vollzieht (*BAG* NJW 1991, 2723). Der Irrtum über eine verkehrswesentliche Eigenschaft bezieht sich beim Arbeitsvertrag auf **persönliche Merkmale**. Wie sonst auch greift die Anfechtung nur durch, wenn anzunehmen ist, dass der Anfechtende den Vertrag bei Kenntnis der Sachlage und verständiger Würdigung des Falles nicht abgeschlossen hätte. Der Irrtum muss also *kausal* für die Einstellung gewesen sein. Der Anfechtende trägt hier außerdem das Schadensersatzrisiko nach § 122 BGB (Ersatz des „negativen Interesses").

bb) § 123 BGB

49   Die Anfechtung wegen arglistiger Täuschung ist hauptsächlich Thema der BAG-Rechtsprechung. Wer zulässige Fragen bewusst falsch beantwortet, täuscht den Arbeitgeber arglistig durch **positives Tun**. Wer dagegen eine unzulässige Frage falsch beantwortet, handelt weder arglistig noch rechtswidrig (→ Rn. 5 ff.). § 123 Abs. 1 BGB ist insoweit einschränkend zu Gunsten der Schonung der Privatsphäre des Arbeitnehmers auszulegen. Fragen ohne Bezug zur Arbeitsaufgabe, zumal solche mit diskriminierendem Charakter (Rn. 12 ff.), dürfen auch bewusst falsch beantwortet werden (Rn. 7). Trifft den Bewerber aber eine Aufklärungspflicht aus §§ 311 Abs. 2, 241 Abs. 2 BGB, so muss er ungefragt Auskunft geben; der Vertrag kann dann auch wegen Täuschung durch **Unterlassen** angefochten werden. Weiter ist zu fragen, ob die Täuschung überhaupt **kausal** für die Einstellung war – das lässt sich bei Falschangaben in umfangreichen Personalfragebögen keineswegs immer behaupten, hängt die Kausalität doch von der konkreten Tätigkeit ab, auf die es dem Arbeitgeber ankommt (vgl. *BAG* NZA 2012, 34 – Tz. 16 f.: Grad der Behinderung war bedeutungslos). Die Täuschung darf im Zeitpunkt der Anfechtungserklärung (vgl. § 124 BGB) ihre Bedeutung für den Bestand des Arbeitsverhältnisses aber noch nicht verloren haben (Zeitfaktor!).

Beispiel: Wer 20 Jahre, nachdem er für das Ministerium für Staatssicherheit der ehemaligen DDR („Stasi"-Tätigkeit) gearbeitet hatte, bei der Einstellung als Angestellter die Frage nach früherer Stasi-Tätigkeit verneinend beantwortet, hat den Arbeitgeber zwar getäuscht. Fraglich ist aber, ob diese Täuschung nach § 123 Abs. 1 BGB noch als **rechtswidrig** gelten muss. Denn bei der Ausübung des Fragerechts des Arbeitgebers ist auch der „Zeitfaktor" zu berücksichtigen. Persönliche Haltungen können sich im Laufe der Zeit ändern und im Sinne einer Bewährung vergangenes Fehlverhalten unerheblich machen, weil diese für das aktuelle Arbeitsverhalten nicht mehr prägend sein müssen. Das BAG hat daher entschieden, dass bei untergeordneter Stasi-Tätigkeit und nach 20 Jahren Zeitablauf eine Anfechtung nach § 123 Abs. 1 BGB nach Treu und Glauben (§ 242 BGB) nunmehr ausgeschlossen sei (*BAG* NZA 1998, 1052; anders dagegen für etwas mehr als zehn Jahre zurückliegende Stasi-Tätigkeit *BAG* ZTR 2005, 379).

c) Anfechtungsfrist

Bei einem Irrtum (§ 119 BGB) muss die Anfechtung *unverzüglich* erfolgen **50** (§ 121 Abs. 1 BGB), was im Arbeitsrecht gleichgesetzt wird mit der Zweiwochenfrist des § 626 Abs. 2 BGB. Bei einer arglistigen Täuschung dagegen muss die Anfechtung innerhalb eines Jahres nach Entdeckung der Täuschung erklärt werden (§ 124 Abs. 1, 2 BGB), wobei jedoch zu beachten ist, dass willkürliche Verzögerungen des einmal erkannten Anfechtungstatbestandes angesichts eines Dauerschuldverhältnisses durchaus zum Einwand der **Verwirkung** führen können (Rechtsgedanke des § 144 Abs. 1 BGB).

Beispielsfall: Das ordentliche Mitglied der „Scientology-Church e.V.", Ron H., wird bei der Bewerbung um eine psychologische Tätigkeit bei der Caritas nach Sektenzugehörigkeit gefragt und verneint diese Frage, weil er der Meinung ist, bei der Scientology-Church handele es sich um eine „Kirche" i.S.v. Art. 4 GG. Als dem Leiter der Caritas entsprechende Informationen zugespielt werden, möchte der wissen, ob er das Arbeitsverhältnis mit Ron H. wegen arglistiger Täuschung bei der Einstellung anfechten kann.

Prüfungsreihenfolge bei § 123 Abs. 1 BGB:

(1) Rechtswidrige Täuschung. Ron H. müsste eine (a) zulässige Frage (b) falsch beantwortet haben.

(a) Die **Zulässigkeit der Frage** ist hier zu bejahen, weil ein „Tendenzbetrieb" wie die Caritas (von der katholischen Kirche getragene Einrichtung) sich zum Einen dagegen wehren können muss, Mitglieder von „Psycho-Sekten" als konkurrierende Weltanschauungsgemeinschaften als Arbeitnehmer aufzunehmen. Zum Anderen sind Sektenmitglieder persönlich und fachlich ungeeignet, die psychologische Beratung auf der Basis des kirchlichen Auftrags der katholischen Einrichtung durchzuführen.

(b) Ron H. hat die zulässige Frage **bewusst falsch beantwortet** und damit einen entsprechenden Irrtum erregt, selbst wenn er der Meinung gewesen sein sollte, seine „Kirche" sei eine solche im Sinne von Art. 4 GG. Ihm muss nämlich klar gewesen sein, dass seiner Organisation von der deutschen Öffentlichkeit und Rechtsprechung, erst recht aber von den großen Kirchen diese Eigenschaft mit Hinweis auf den harten kommerziellen Kern der „Scientology-Church" nicht zuerkannt wird.

(2) Arglist: Das TB-Merkmal „arglistig" ist mit **vorsätzlich** gleich zu setzen. Ron H. musste auch subjektiv erkennen können, dass die von ihm falsch beantwortete Frage für eine Organisation wie die Caritas von wesentlicher Bedeutung für die Einstellungsentscheidung gewesen war.

(3) Kausalität der Täuschung: Die verschwiegene Tatsache war für die Einstellung auch **objektiv ursächlich**, weil eine kirchenabhängige Organisation wie die Caritas ein berechtigtes, in ihrer „Tendenzträger"-Eigenschaft wurzelndes Interesse hat, nicht-Mitglieder von „Psycho-Sekten" als Mitarbeiter im Tendenzbereich zu beschäftigen.

(Bei allen drei Punkten fließt entscheidend in die Wertung ein, dass nach *BAG* NJW 1996, 143 die Scientology-Organisation **nicht als Kirche** im Sinne des deutschen Staatskirchenrechts zu behandeln ist, sondern als eine „Institution zur Vermarktung bestimmter Erzeugnisse", deren religiöse und weltanschauliche Lehren nur als Vorwand für die Verfolgung wirtschaftlicher Ziele dienen. Zusammen mit der erheblichen psychischen Zwangseinwirkung auf ihre Mitglieder ergibt sich daraus ein Persönlichkeitsbild „des Scientologen", das mit einer Tätigkeit für eine der karitativen Nächstenliebe verpflichteten Einrichtung der katholischen Kirche nicht vereinbar erscheint. Das heißt allerdings nicht, dass Nicht-Tendenz-Unternehmen auch nach Sektenzugehörigkeit fragen dürften!)

IV. Ansprüche aus dem „fehlerhaften Arbeitsverhältnis"

51   Unwirksame Arbeitsverträge (→ Rn. 39) sind im Grundsatz nach den allgemeinen BGB-Regeln, insbesondere nach den Vorschriften über die ungerechtfertigte Bereicherung (§§ 812 ff. BGB), abzuwickeln. Wurden aber bereits **Arbeitsleistungen ausgetauscht**, gelten Besonderheiten, weil das Bereicherungsrecht nicht „ohne weiteres" der Komplexität des Arbeitsverhältnisses gerecht wird. Ein bereits vollzogenes, aber unwirksames Arbeitsverhältnis wird deshalb als „fehlerhaftes Arbeitsverhältnis" bezeichnet, das für die Vergangenheit als wirksam behandelt wird, für die Zukunft aber keinerlei Bestandsschutz genießt und von jeder Seite einseitig gelöst werden kann. Erforderlich ist eine zunächst von beiden Parteien gewollte Beschäftigung des Arbeitnehmers (*BAG* NJW 2000, 1438, 1439), nicht eine rein „faktische" Tätigkeit (→ Rn. 53).

52   Das „fehlerhafte Arbeitsverhältnis" ist das Paradebeispiel für den **Unterschied von Arbeitsvertrag und Arbeitsverhältnis**. Während der „Arbeitsvertrag" die tragende rechtsgeschäftliche Grundlage darstellt, bezeichnet das „Arbeitsverhältnis" die gesamte sich daraus entwickelnde Rechtsbeziehung zwischen Arbeitgeber und Arbeitnehmer (einschließlich der sozial- und steuerrechtlichen Nebenwirkungen!). Wird das Arbeitsverhältnis ohne gültigen Arbeitsvertrag vollzogen, stellt sich wie in der „fehlerhaften Gesellschaft" die Frage, wie die real gelebte Beziehung, der Überbau also, rückabgewickelt werden kann. Das kann nicht ohne Konzessionen an die geschaffenen Tatsachen faktischer Arbeitsvollzüge geschehen. Genau genommen gibt es aber kein „faktisches Arbeitsverhältnis", wie häufig noch gelehrt wird, weil abhängige Arbeit *ganz ohne Vertrag* für den Arbeitgeber keine Pflichten auslöst.

1. Nicht: Fehlender Arbeitsvertrag

53   Wer ohne Wissen des Arbeitgebers (bzw. eines vertretungsberechtigten Angestellten) für diesen Arbeit **ohne vertragliche Grundlage** leistet, kann für seine aufgedrängte Arbeitsleistung kein Entgelt verlangen. Denkbar wäre dies allenfalls bei einem dem Arbeitgeber zurechenbaren Rechtsscheintatbestand (z.B. Anscheinsvollmacht), der das Vertrauen des geduldeten Arbeitnehmers

auf eine vollzogene Einstellung rechtfertigte. Arbeitsrechtsspezifische Abweichungen von der Rechtsgeschäftslehre im Sinne der „Eingliederungstheorie" (→ Rn. 45) sind dagegen nicht anzuerkennen: Die Lehre vom „faktischen Arbeitsverhältnis" ist tot (doch lebt die falsche Terminologie in *BAG* NJW 2000, 1438, 1439 noch fort).

2. Rechtsfolgen des „fehlerhaften Arbeitsverhältnisses"

Kern der gewohnheits- und richterrechtlichen Grundsätze vom „fehlerhaften **54** Arbeitsverhältnis" ist der **Ausschluss der Nichtigkeitswirkung** für bereits vollzogene Arbeitsleistungen. Methodisch handelt es sich um eine „teleologische Reduktion" der Anfechtungs- bzw. Nichtigkeitsfolgen (vgl. §§ 134, 138, 142 BGB). Der mangelhafte Konsens wird (anders als der *fehlende* Konsens) als tragfähige privatautonome Grundlage für die erbrachte Arbeitsleistung angesehen (*Walker,* JA 1985, 148). Eine Rückabwicklung der erbrachten Leistungen nach §§ 812 ff. BGB kommt in der Regel nicht in Betracht. Danach müssten die ausgetauschten Leistungen rückerstattet werden. Der Arbeitnehmer müsste das Entgelt zurückzahlen, obwohl er es zumeist für seinen Unterhalt verbraucht haben wird. Der Arbeitgeber kann die geleisteten Dienste nicht „herausgeben" und müsste Wertersatz leisten, soweit er noch bereichert ist (§ 818 Abs. 2, 3 BGB). Diese Regeln für eine **vermögensrechtliche Rückabwicklung** passen nicht für das komplexere Arbeitsverhältnis und werden daher wie im Gesellschaftsrecht (sog. „fehlerhafte Gesellschaft") als dem Lebenssachverhalt unangemessen nicht angewandt. Vielmehr wirken die **Nichtigkeitsfolgen** nur in die Zukunft **(ex nunc)** und berechtigen zur Vertragsauflösung (wie bei einer fristlosen Kündigung, aber ohne Anwendung des KSchG oder BetrVG, vgl. BAGE 50, 370). Sind dagegen noch keine Leistungen ausgetauscht worden, ergeben sich keine Besonderheiten.

3. Ausnahme: Abwicklung nach Bereicherungsrecht

Wenn der Arbeitnehmer sich allerdings über die Unwirksamkeit seiner Tä **55** tigkeit z.B. bei krassen Verstößen gegen §§ 134, 138 BGB im Klaren sein muss (vgl. *BAG* NZA 2009, 663 – Tz. 30: besonders schwerer Mangel bei Umgehung von § 7 HandwO durch Konzessionsträgervertrag) oder er sich die Tätigkeit durch arglistige Täuschung des Arbeitgebers erschlichen hat (vgl. *BAG* BB 2005, 782: durch strafbare ärztliche Tätigkeit ohne Approbation kann Heilung für die Vergangenheit nicht eintreten), verdient er **keinen Schutz** nach den aufgezeigten Grundsätzen. Dies ist nach Sinn und Zweck der verletzten Norm zu beurteilen. Soweit nicht ohnehin § 817 S. 2 BGB anzuwenden ist, schuldet der Arbeitgeber für die erbrachten Leistungen allenfalls „Wertersatz", der nach der tarif- bzw. branchenüblichen Vergütung zu bemessen ist. Das bedeutet auch, dass Entgeltersatzleistungen wegen krankheitsbedingter Fehlzeiten oder anderer Abwesenheitszeiten nicht behalten werden dürfen (→ Fall 2 sowie Beispiel § 8 Rn. 31). Fraglich ist aber z.B. die Behandlung von Schadensersatzansprüchen aus Schlechterfüllung (§ 280 Abs. 1 BGB) bei Abwicklung nach Bereicherungsrecht, wenn die vertragliche Grundlage entfällt.

> **Beispielsfall:** Der EDV-Spezialist Claus hat sich durch arglistige Täuschung über seine nicht lange zurückliegende Stasi-Tätigkeit einen Arbeitsplatz bei der S-AG verschafft. Noch vor der schließlich erfolgten wirksamen Anfechtung seines Arbeitsvertrags verursacht er mit mittlerer Fahrlässigkeit einen **Vermögensschaden** aufgrund einer Fehlprogrammierung. In welcher Höhe haftet C für den Schaden?
>
> C hat zwar für seine tatsächlich erbrachten Dienste nur Anspruch auf Wertersatz nach § 818 Abs. 2, 3 BGB. Den Schaden verursachte er aber bei „betrieblicher Tätigkeit" unter Erfüllung seiner – wenn auch rechtswidrig erlangten – Arbeitsaufgabe. Das Bereicherungsrecht hält für die Antwort auf diese Schadensfrage keine Regelung bereit. Zu prüfen könnte deshalb zunächst eine **Haftung aus culpa in contrahendo (§§ 311 Abs. 2 Nr. 1, 241 Abs. 2, 280 Abs. 1 BGB)** sein, die auf Ersatz des Vertrauensschadens (→ Rn. 9 f.) geht. Doch passen die Fälle der vorvertraglichen Haftung nicht auf die „scheinbar" vertraglichen Fälle. Wegen des faktischen Arbeitsvollzugs muss hier vielmehr die Rechtsprechung zum fehlerhaften Arbeitsverhältnis greifen, so dass die Schadensregulierung nach den Grundsätzen der **Arbeitnehmerhaftung** (→ § 9 Rn. 29 ff.) vorzuziehen ist. Von C ist daher allenfalls ein „Bußgeld" (mittlere Fahrlässigkeit!), nicht aber der volle Schadensersatz zu fordern.

4. Minderjährigenschutz

56   Der besonders strikte Minderjährigenschutz im BGB fordert eine Sonderstellung des minderjährigen Arbeitnehmers. Dieser kann sich für die Zeit seines „fehlerhaften Arbeitsverhältnisses" auf seine quasi-vertraglichen Rechte berufen, ihn treffen aber keine Pflichten. Der minderjährige Arbeitgeber muss sich dagegen nicht auf Erfüllungsansprüche aus einem fehlerhaften Arbeitsverhältnis einlassen, sondern kann nach Bereicherungsrecht abwickeln.

Prüfungsschema 8: Das fehlerhafte Arbeitsverhältnis

> **1. Voraussetzungen**
> **a)** Fehlerhafter Vertragsschluss wegen
>   • Nichtigkeit (insb. §§ 134, 138 BGB – nur ausnahmsweise Gesamtnichtigkeit, i.d.R. ist § 139 BGB, Teilnichtigkeit, zu bejahen)
>   • Anfechtbarkeit (insb. §§ 119 Abs. 2, 123 BGB)
> **b)** Arbeitsverhältnis einvernehmlich in Vollzug gesetzt („faktische" Arbeitsleistung)
> **c)** Keine krasse Rechtswidrigkeit der Tätigkeit
> **d)** Keine durch Täuschung oder Drohung erschlichene Tätigkeit (§ 123 BGB)
>
> **2. Rechtsfolgen**
> **a)** Bis zur Anfechtungs- bzw. Unwirksamkeitserklärung wird Arbeitsverhältnis als wirksam behandelt: Für die Vergangenheit hat Arbeitnehmer alle Rechte und Pflichten.

b) Mit Anfechtungs- bzw. Unwirksamkeitserklärung entsteht sofortiges Lösungsrecht ohne Beachtung von KSchG/BetrVG.

c) **Ausnahme:** Minderjährigenschutz

V. Kontrollfragen

1. Warum begründet die Verletzung von § 11 AGG (geschlechtsneutrale Ausschreibung von Arbeitsplätzen) für sich alleine noch keine Haftung aus culpa in contrahendo (§§ 311 Abs. 2, 241 Abs. 2, 280 Abs. 1 BGB)?
2. Erklären Sie Unterschiede und Gemeinsamkeit der Rechtsfolgen aus der Verletzung von § 15 AGG einerseits und der Verletzung vorvertraglicher Verhaltenspflichten andererseits (§§ 311 Abs. 2 Nr. 1, 241 Abs. 2, 280 Abs. 1 BGB).
3. Lässt sich die Absicht einer kirchlichen Beratungsstelle, für ihre Schwangerschaftsberatung ausschließlich Frauen einzustellen, mit §§ 7, 1 AGG vereinbaren?
4. Darf eine schwangere Bewerberin ihre „besonderen Umstände" verleugnen, wenn sie ihrerseits als Schwangerschaftsvertretung auf einem Arbeitsplatz eingestellt werden soll, der wegen besonderer Gesundheitsrisiken an schwangere Frauen aus Arbeitsschutzgründen nicht vergeben werden kann?
5. Warum lassen sich als Vertrauensschaden aus §§ 311 Abs. 2 Nr. 1, 241 Abs. 2, 280 Abs. 1 BGB nicht Einstellungsansprüche als „Naturalrestitution" geltend machen?
6. Was spricht für, was gegen einen Einstellungsanspruch des wegen seiner Gewerkschaftszugehörigkeit diskriminierten Bewerbers (Art. 9 Abs. 3 Satz 2 GG)?
7. Wie lässt es sich erklären, dass die allgemeinen Nichtigkeitsgründe des Privatrechts (§§ 134, 138 BGB) in Bezug auf den Arbeitsvertrag in aller Regel nicht zur Nichtigkeit des Gesamtvertrags führen?
8. Warum gibt es ein konstitutives Schriftformgebot nicht bei der Begründung des Arbeitsverhältnisses, wohl aber bei seiner Befristung (§ 14 Abs. 4 TzBfG) bzw. Beendigung (§ 623 BGB)?
9. Wie würden Sie entscheiden, wenn sich ein junger Rechtsanwalt bei Ihnen über sein Bruttogehalt von 800,– € bei einer wöchentlichen Arbeitszeit von 35 Stunden beschwert – kann er mit Aussicht auf Erfolg Nachzahlung im Hinblick auf die üblicherweise höher liegende Vergütung für Anwaltstätigkeit verlangen?
10. Arbeitgeber Anton hat Ärger mit seinen ausländischen Arbeitskräften, die im Anschluss an ihren Heimaturlaub in der Regel weitere 2 Wochen der Arbeit fernbleiben, indem sie Arbeitsunfähigkeitsbescheinigungen vorweisen. Deshalb formuliert er eine „auflösende Bedingung" und fügt

diese dem Arbeitsvertrag seiner Mitarbeiter an, wonach das Arbeitsverhältnis „endet, wenn der Arbeitnehmer nicht nach Ende seines Erholungsurlaubs die Arbeit wie vereinbart aufnimmt". Wie bewerten Sie diese
Bedingung?

11. Worin besteht der wesentliche Unterschied zwischen einer Anfechtung und
einer Kündigung des Arbeitsverhältnisses?

12. Personalleiter Max hat es altem bayerischen Brauch folgend versäumt, die
auf vielen Vertragsverletzungen des immer wieder zu spät kommenden
Arbeiters Xaver beruhende verhaltensbedingte Kündigung schriftlich auszusprechen (§ 623 BGB). Kann er sich zur Begründung der Beendigung vor
dem Arbeitsgericht auch auf die formlos mögliche Anfechtung berufen?

Empfehlungen zur vertiefenden Lektüre:

Literatur: *Annuß*, Grundfragen der Entschädigung bei unzulässiger Geschlechtsdiskriminierung, NZA 1999, 738; *Coester*, Inhaltskontrolle von Arbeitsverträgen, Jura
2005, 251; *Diller*, Einstellungsdiskriminierung durch Dritte, NZA 2007, 649; *Hamann*,
Bewerberauswahl und Arbeitgeberkündigung im Lichte des AGG, Jura 2007, 641; *Horcher*, Kontrahierungszwang im Arbeitsrecht – unter besonderer Berücksichtigung von
§ 15 Abs. 6 AGG, RdA 2014, 93; *Joussen*, Der unwirksame Arbeitsvertrag, Jura 2014,
798; *Junker*, Die Verrechtlichung der Einstellung, NZA-Beilage 2/2012, 27; *Küttner*,
Arbeitsrecht und Vertragsgestaltung, RdA 1999, 59; *Löwisch*, Privatautonomie und Arbeitsrecht, Jura 2014, 131; *Oetker*, AGB-Kontrolle im Zivil- und Arbeitsrecht, AcP 212
(2012), 202; *Pallasch*, Diskriminierungsverbot wegen Schwangerschaft bei der Einstellung,
NZA 2007, 306; *Picker*, Die Anfechtung von Arbeitsverträgen, ZfA 1981, 1; *Preis*, Das
erneuerte BGB und das Bundesarbeitsgericht, FS 50 Jahre BAG, 2004, S. 123; *Reichold*,
Arbeitnehmerschutz und/oder Verbraucherschutz bei der Inhaltskontrolle des Arbeitsvertrags?, FS 50 Jahre BAG, 2004, S. 153; *Reichold/Beer*, Eine „Abmahnung" des EuGH mit
Folgen – Neue Anforderungen an die kirchliche Personalpolitik nach dem Urteil in der
Rechtssache Egenberger aus juristischer und theologischer Sicht, NZA 2018, 681; *Reim*,
Wirksamkeit von Vertragsklauseln in Formulararbeitsverträgen, JuS 2006, 120; *Richardi*,
Gestaltung der Arbeitsverträge durch AGB nach dem Schuldrechtsmodernisierungsgesetz,
NZA 2002, 1057; *Schreiber*, Gleichbehandlung im Arbeitsrecht, Jura 2010, 499; *Schwarze*,
Praktische Handhabung und dogmatische Einordnung des Nachweisgesetzes, ZfA 1997,
43; *Singer*, Arbeitsvertragsgestaltung nach der Reform des BGB, RdA 2003, 194; *Stöhr/
Illner*, Die Inhaltskontrolle von Arbeitsverträgen, JuS 2015, 299; *Thüsing*, Zulässige Ungleichbehandlung weiblicher und männlicher Arbeitnehmer, RdA 2001, 319; *Walker*, Der
Vollzug des Arbeitsverhältnisses ohne wirksamen Arbeitsvertrag, JA 1985, 138; *ders.*, Die
arbeitsrechtliche Konkurrentenklage, FS 50 Jahre Arbeitsgerichtsbarkeit Rheinland-Pfalz,
1999, S. 603; *Wank/Maties*, Allgemeine Geschäftsbedingungen in der Arbeitsrechtsklausur,
Jura 2010, 1; *Zerres*, Die Bedeutung des Teilzeit- und Befristungsgesetzes, Jura 2002, 512.

Rechtsprechung: *EuGH* NZA 2018, 569 (Unterschiedliche Behandlung von Bewerbern wegen ihrer Konfession im Stellenbesetzungsverfahren eines kirchlichen Arbeitgebers – „Egenberger"); *EuGH* NZA 2016, 1014 (Kein Anspruch von Scheinbewerbern auf
Schadensersatz und Entschädigung – „Kratzer"); *EuGH* NJW 2012, 989 (Gesamtumstände
bei aufeinander folgenden befristeten Arbeitsverhältnissen zu berücksichtigen – „Kücük"); *EuGH* NZA 2012, 493 (Keine Entschädigung alleine wegen grundlos abgelehnter
Bewerbung); *BVerfG* NZA 2018, 774 (Auslegung von § 14 Abs. 2 S. 2 TzBfG durch das

BAG verfassungswidrig); *BGH* NJW 2012, 2346 (Anwendung des AGG auf den GmbH-Geschäftsführer); *BAG* NZA 2018, 703 (Zulässige Befristung im Profifußball); *BAG* NZA 2017, 463 (Grenzen der tariflichen Regelungsbefugnis bei sachgrundloser Befristung); *BAG* NZA 2016, 1081 (Unzulässige Altersdiskriminierung bei tariflicher Teilzeitregelung); *BAG* NZA 2014, 483 (Rechtsmissbräuchliche Aneinanderreihung sachgrundloser Befristungen); *BAG* NJW 2012, 552 (AGB-Kontrolle von Überstundenpauschalabgeltungsklauseln bei Rechtsanwälten); *BAG* NZA 2012, 34 (Entschädigungsanspruch bei falscher Beantwortung der Frage nach Schwerbehinderung); *BAG* NZA 2011, 905 (Vorbeschäftigungsverbot bei sachgrundloser Befristung nicht länger als drei Jahre); *BAG* NJW 2009, 2554 (Nichtiges Umgehungsgeschäft durch Zurverfügungstellung eines Meistertitels); *BAG* NZA 2009, 837 (Lohnwucher, dazu *Boemke*, JuS 2010, 259); *BAG* NJW 2007, 315 (Schriftform bei Befristung); *BAG* NZA 2006, 1354 (Sittenwidriges Arbeitsentgelt bei Lehrkräften); *BAG* NJW 2006, 3083 (AGB-Kontrolle der Erstattungsklausel bei Ausbildungskosten); *BAG* NJW 2005, 2333 (Schriftliche Befristungsabrede nach Arbeitsbeginn).

Falldidaktische Beiträge: *Malorny/Richter*, JuS 2017, 1196 (u.a. Anfechtung eines Arbeitsvertrags); *Eufinger*, JA 2017, 343 (Befristung im Profifußball); *Stöhr/Hille*, JA 2016, 418 (u.a. AGB-Kontrolle bei Rückzahlungsklausel); *Eckervogt/Flesch*, AL 2016, 202 (u.a. AGB-Kontrolle); *Jacobs/Krois,* JuS 2013, 817 (Wirksamkeit einer Befristung); *Stöhr*, JA 2013, 174 (Anspruch aus § 15 Abs. 1, Abs. 2 AGG); *Polzer/Fuhrmann*, Jura 2012, 570 (u.a. Befristung); *Jacobs/Krois*, Jura 2012, 155 (Schadensersatz und Entschädigung nach § 15 AGG); *Joussen/Husemann/Bullmann*, Jura 2011, 154 (AGB-Kontrolle bei Klageverzichtsabrede); *Helml*, JuS 2010, 1095 (Assessorexamensklausur zur Befristungskontrolle).

Fall 2: Auf einem Auge blind

(Anfechtung des Arbeitsvertrags, Schwangerschaft, Schwerbehinderteneigenschaft, Rückabwicklung des fehlerhaften Arbeitsverhältnisses, Entgeltfortzahlung)

Sachverhalt

Die 35-jährige Clara ist seit dem 20.6. als Schwerbehinderte mit einem Grad der Behinderung (GdB) von 60 anerkannt. Sie ist auf einem Auge blind, auf dem anderen Auge in ihrem Sehvermögen eingeschränkt. Sie bewarb sich bei der Multimedia-GmbH (M), die ein Rechenzentrum betreibt, als Reinigungskraft mit einer Wochenarbeitszeit von 15 Stunden. Im Einstellungsgespräch beantwortete Clara die ausdrücklichen Fragen des Personalleiters Erich, ob sie bei der Reinigungstätigkeit durch eine bestehende Schwangerschaft einerseits oder eine „Behinderung" andererseits wesentlich beeinträchtigt sei, jeweils wahrheitswidrig mit „nein". Clara war nämlich zu diesem Zeitpunkt in der achten Woche schwanger. Ihr war zudem bewusst, dass sie aufgrund ihrer Sehbehinderung etliche Verunreinigungen übersehen würde.

Nachdem Clara sechs Wochen gearbeitet hatte, wurde sie weitere zwei Wochen krankgeschrieben. Nach ihrer Rückkehr an den Arbeitsplatz offenbarte sie sowohl ihre Schwangerschaft als auch ihre Schwerbehinderteneigenschaft und die damit verbundenen Beeinträchtigungen. Fünf Wochen später erhielt sie per Einschreiben von der M-GmbH die Mitteilung, dass ihr Arbeitsverhältnis wegen der unwahren Angaben ab sofort nicht mehr bestehe. Sie hätte ihre Schwangerschaft wie auch ihre Schwerbehinderteneigenschaft offenbaren müssen, zumal es sich bei ihren bisherigen Reinigungstätigkeiten gezeigt habe, dass ihre Sehbehinderung auch zu deutlichen Qualitätsmängeln geführt habe. Clara betont, dass sie trotz ihrer Sehbehinderung ohne Beanstandung jahrelang in einer Schule geputzt habe, gibt allerdings zu, dass sich das Sehvermögen auf dem einen Auge seither verschlechtert habe.

Clara möchte nun wissen, ob

1. das Arbeitsverhältnis mit der M-GmbH durch das Auflösungsschreiben beendet sei,
2. sie Anspruch auf Zahlung des vereinbarten Entgelts auch für diejenigen vergangenen Zeiten habe, in denen sie krankheitsbedingt fehlte.

Lösung

A. Beendigung des Arbeitsverhältnisses

I. Anfechtung wegen Schwangerschaft

1. Anfechtungserklärung (+)

Auslegung des „Auflösungsschreibens" (§§ 133, 157 BGB) ergibt:
Gewollt ist sofortige Beendigung: Ordentliche Kündigung daher (–)
Abstellen auf unwahre Angaben spricht für Anfechtungserklärung, weil allein durch Anfechtung ein Willensmangel bei Vertragsschluss korrigiert wird, während mit Kündigung auf Störungen bei der Durchführung des Arbeitsverhältnisses reagiert wird. Da somit vorliegend ein „Vertragsanbahnungsproblem" und kein „Vertragsdurchführungsproblem" geltend gemacht wird: Anfechtungserklärung (+)

2. Ausschluss der Anfechtung wegen § 17 MuSchG analog (–)

Zweck des § 17 MuSchG: Der Schwangeren soll (nur) das **rechtsfehlerfrei** begründete Arbeitsverhältnis erhalten bleiben, § 17 MuSchG analog daher (–)

3. Anfechtung wegen § 119 Abs. 2 BGB (–)

Schwangerschaft: „verkehrswesentliche Eigenschaft"?
Mangels Dauerhaftigkeit jedenfalls bei unbefristetem Arbeitsverhältnis (–)

4. Anfechtung wegen § 123 BGB (–)

Täuschungshandlung (+)
Widerrechtlich? Hängt von Zulässigkeit der Frage nach der Schwangerschaft ab.
Zulässigkeit wegen unmittelbarer geschlechtsbezogener Diskriminierung im Sinne des § 3 Abs. 1 S. 2 AGG (–)/Recht zur Lüge daher (+).

II. Anfechtung wegen Schwerbehinderteneigenschaft

1. Anfechtungserklärung (+) (s.o. I 1.)

2. Anfechtung wegen § 119 Abs. 2 BGB (+)

Eignungsminderung durch Sehbehinderung für die Reinigungstätigkeit „verkehrswesentlich"? Hier wohl (+), da unstrittig persönliche Eignung für Reinigungstätigkeit nicht uneingeschränkt zu bejahen ist. Ein Anfechtungsgrund nach § 119 Abs. 2 BGB liegt also vor.

3. Anfechtung wegen § 123 BGB (+)

Täuschungshandlung (+)
Widerrechtlich? Hängt von Zulässigkeit der Frage nach der Schwerbehinderteneigenschaft ab.
Pflichten des Arbeitgebers aus SGB IX begründen grundsätzlich ein berechtigtes Arbeitgeberinteresse an der Kenntnis vom (abstrakten) Schwerbehindertenstatus eines Bewerbers (frühere Rspr.). Jedoch soll nach § 164 Abs. 2 S. 1 SGB IX ein Schwerbehinderter *deshalb* nicht bei der Einstellung benachteiligt werden. Die *abstrakte* Fragestellung wäre deshalb unzulässig. Hier war jedoch nach der wesentlichen Beeinträchtigung für die Reinigungstätigkeit gefragt worden. Nach § 164 Abs. 2 S. 2 SGB IX i.V.m. § 8 Abs. 1 AGG darf eine unterschiedliche Behandlung dann erfolgen, soweit „eine bestimmte körperliche Funktion" eine wesentliche Voraussetzung für die berufliche Tätigkeit ist. Die M-GmbH muss von C als Reinigungskraft erwarten dürfen, dass sie alle Verunreinigungen wahrnimmt und entfernt.
Damit ist die so gestellte Frage trotz § 164 Abs. 2 S. 1 SGB IX zulässig, eine entsprechende arglistige Täuschung widerrechtlich. Ein Anfechtungsgrund nach § 123 BGB liegt vor.

III. Anfechtungsfrist

1. Anfechtungsfrist nach §§ 119 Abs. 2, 121 Abs. 1 S. 1 BGB mangels Unverzüglichkeit (–) (bei Arbeitsverträgen gilt § 626 Abs. 2 BGB analog: 2 Wochen!).
2. Anfechtungsfrist nach §§ 123, 124 Abs. 1, 2 BGB (+) (Jahresfrist gilt bei arglistiger Täuschung auch im Arbeitsrecht)

Ergebnis zu A:

Arbeitsverhältnis ist durch Anfechtung beendet.

B. Anspruch der C auf Entgeltfortzahlung wegen Krankheit

I. Anspruch aus § 611a Abs. 2 BGB i.V.m § 3 Abs. 1 EFZG (–)

Nach § 142 Abs. 1 BGB ist das angefochtene Rechtsgeschäft „als von Anfang an nichtig anzusehen". Vertragliche Entgeltansprüche scheiden daher aus.

II. Anspruch über die Grundsätze des „fehlerhaften Arbeitsverhältnisses" (–)

1. Grundsatz: Teleogische Reduktion des § 142 BGB

Wegen der Schwierigkeiten der Rückabwicklung in einem Dauerschuldverhältnis kommt bei bereits *in Vollzug gesetztem Arbeitsvertrag* der Anfechtung im Arbeitsrecht nur kündigungsähnliche (ex-nunc-) Wirkung zu. Anspruch daher grundsätzlich (+)

2. Ausnahme bei Täuschungshandlung

Bei Täuschungshandlungen verdient der Arbeitnehmer aber keinen Schutz, weil er auf den Bestand des Arbeitsverhältnisses (zunächst) nicht vertrauen konnte, Anspruch daher (–)

III. Anspruch aus §§ 812, 818 BGB (+)

Nach §§ 812 ff. sind nur die tatsächlich ausgetauschten Leistungen abzugelten. C steht nur der übliche Lohn für die *tatsächlich* geleistete Arbeit zu. Für die Zeit der Krankheit erhält C aber keinen Lohn („Soziallohn" unterfällt nicht §§ 812 ff. BGB).

Ergebnis zu B:

C steht nur der übliche Lohn für die tatsächlich geleistete Arbeit zu, nicht hingegen der Soziallohn aus Entgeltfortzahlung wegen Krankheit.

§ 8. Ansprüche des Arbeitnehmers

1   Aus dem Arbeitsvertrag erwachsen **gegenseitige Vertragspflichten** (§ 611a BGB): Der Arbeitsleistung des Arbeitnehmers (*„Leistung weisungsgebundener, fremdbestimmter Arbeit"* → § 9) steht als Gegenleistung die Entgeltzahlung des Arbeitgebers *(„Zahlung der vereinbarten Vergütung")* gegenüber. Es handelt sich um seine Hauptleistungspflicht (unten I), die von wichtigen Nebenpflichten (unten III) flankiert wird. Der Arbeitnehmer kann aber auch ohne Erbringung seiner Arbeitsleistung, z.B. bei Krankheit oder bei Urlaub oder sonstigen Leistungsstörungen, Entgeltansprüche als **Entgeltersatz** geltend machen; „Lohn ohne Arbeit" bedarf aber als Ausnahme vom Synallagma der gegenseitigen Verträge (§§ 320 ff. BGB) besonderer gesetzlicher Anordnung (unten II).

I. Ansprüche auf Entgeltzahlung (Hauptleistung)

1. Anspruchsgrundlage: Arbeitsvertrag

2   Grundsätzlich setzt der Entgeltanspruch des Arbeitnehmers einen wirksamen Arbeitsvertrag (→ § 7 Rn. 19) und die Erbringung der geschuldeten Arbeitsleistung (§ 614 BGB) voraus. Streng zu unterscheiden vom **Rechtsgrund Arbeitsvertrag** (i.V.m. § 611a BGB) sind aber die „Entgeltbestimmungsfaktoren" Tarifvertrag, Betriebsvereinbarung, Gesamtzusage, betriebliche Übung oder Gleichbehandlungsgrundsatz (→ § 3 Rn. 37 ff.), die die **Entgeltbestimmung im Detail** regeln, nicht aber den Arbeitsvertrag ersetzen können (→ § 3 Rn. 10, 12 ff.). Arbeitsvertrag und Entgeltbestimmungsquelle ergeben meist nur in der Zusammenschau den genauen Anspruchsinhalt.

> **Beispiel:** Aus dem Entgelttarifvertrag ergeben sich (1) Grundgehalt und (Überstunden-) Zuschläge, eine Betriebsvereinbarung regelt (2) übertarifliche Zulagen, zu denen sich (3) Jahressonderzahlungen des Arbeitgebers aufgrund Gesamtzusage oder betrieblicher Übung gesellen. Während die Zahlungen zu (1) und (2) das **Entgelt i.e.S.** („laufendes Entgelt" → Rn. 6) regeln, ergibt sich aus der Leistung zu (3) ein **Entgelt i.w.S.** („Sondervergütung" → Rn. 8).

3   Wird im Arbeitsvertrag die Entgeltfrage überhaupt nicht geklärt und liegt auch keine Tarifbindung vor, greift **§ 612 BGB** ein,

- der in Abs. 1 mit der Abgrenzung zwischen Gefälligkeit und Arbeitsvertrag „nach den Umständen" (vgl. §§ 133, 157 BGB) die **„Ob"-Frage** regelt: War überhaupt eine **entgeltliche** Dienstleistung konkludent vereinbart?

- und in Abs. 2 „die übliche Vergütung" als gesetzliche Antwort auf die offene Regelung der **„Wie hoch"-Frage** bestimmt.

Ohne ausdrückliche Vereinbarung ist daher auch nicht tarifgebundenen Arbeitnehmern in der Regel der entsprechende Tariflohn zu zahlen. Doch können auch andere arbeitsrechtliche Rechtsquellen (→ § 3) die „Üblichkeit" des Entgelts nach § 612 Abs. 2 BGB bestimmen.

Beispielsfall: Der Bauarbeiter Willi wird vom Bauunternehmer Max direkt an der Baustelle für den dortigen Bau in die Baukolonne aufgenommen. Nach Max' Worten „soll er da mithelfen". Eine Tarifbindung besteht nicht. Es gibt auch keinen Mindestlohn nach dem AEntG. Willi erfährt allerdings, dass seine Kollegen einen Stundenlohn von 20,– € erhalten. Als er keinen Lohn erhält, fragt er nach seinen Ansprüchen auf Entgeltzahlung.

(1) Entgeltliche Arbeitsleistung: Nach §§ 611a, 612 Abs. 1 BGB ist ein auf die Projektdauer befristeter Arbeitsvertrag zu Stande gekommen, weil W als Bauarbeiter nach den Umständen und objektiver Auslegung nicht nur unentgeltliche Dienste leisten sollte. Der Vertrag scheiterte auch nicht an der fehlenden Entgeltabrede (§ 612 BGB).

(2) Entgeltbestimmung: Mangels höherrangiger spezieller Entgeltbestimmungsquellen (kein spezieller Mindestlohn, kein Tarifvertrag) hat W Anspruch auf den Lohn, der üblicherweise an der Baustelle gezahlt wird. Das ergibt sich einerseits aus § 612 Abs. 2 BGB, andererseits und vorrangig aber aus der Pflicht des Arbeitgebers zur Gleichbehandlung. Mangels einer ausdrücklichen Entgeltvereinbarung ist W das gleiche Entgelt zu zahlen wie den anderen Bauarbeitern der Kolonne, vorausgesetzt, er leistet gleichwertige Arbeit (woran hier nicht zu zweifeln ist); auf den gesetzlichen Mindestlohn nach MiLoG als Auffangtatbestand kommt es hier also nicht an.

Achtung: Beim Entgeltanspruch des Arbeitnehmers ist grundsätzlich der Arbeitsvertrag als Rechtsgrund anzuführen in Verbindung mit der jeweils einschlägigen genauen Entgeltbestimmungsquelle, z.B. MiLoG, Tarifvertrag, Betriebsvereinbarung, Gesamtzusage etc. Subsidiär kann auf § 612 BGB zurückgegriffen werden.

2. Entgeltarten

Das Arbeitsentgelt setzt sich i.d.R. aus verschiedenen Bestandteilen auf der **4** Grundlage verschiedener Bestimmungsfaktoren zusammen. Sinnvollerweise sollte zwischen dem **laufenden Entgelt** (→ Rn. 6) und den **Sondervergütungen** (→ Rn. 8) unterschieden werden (vgl. § 4a EFZG). Hinzuweisen ist auf die Besonderheiten der „freiwilligen" Leistung (→ Rn. 11) und der betrieblichen Altersversorgung (→ Rn. 14).

a) Geld- und Naturalvergütung

Entgelt wird in aller Regel als **Geldschuld** (vgl. §§ 244, 245 BGB) vom **5** Arbeitgeber geschuldet. Meistens wird die Barauszahlung zugunsten einer unbaren Auszahlung abbedungen (z.B. durch Überweisung). Dann erlischt die Entgeltforderung erst mit der vorbehaltlosen Gutschrift auf dem Konto des

Arbeitnehmers (vgl. § 270 BGB). Seit 2002 ist der Arbeitgeber verpflichtet, die bargeldlose Überweisung in **Euro** vorzunehmen (§ 107 Abs. 1 GewO). Auch heute werden noch Entgeltanteile in „**Naturallohn**" bezahlt, z.B. bei Überlassung eines Dienstwagens zur privaten Nutzung (dazu *BAG* NZA 2007, 809), bei der Gewährung von Personalrabatten oder der vertraglich vorgesehenen Möglichkeit von Hinzuverdiensten (z.B. bei Croupiers → Beispiel Rn. 15). Die Uraltregel des § 115 Abs. 2 GewO a.F., die verhindern sollte, dass Gewerbetreibende ihre Arbeitnehmer mit den von ihnen erstellten Waren als Naturalvergütung „abspeisen" (sog. *Truckverbot*), ist 2002 modernisiert worden (vgl. § 107 Abs. 2 GewO). Branchenübliche Sachbezüge wie z.B. der monatliche Haustrunk für Brauerei-Mitarbeiter oder die Dienstwohnung für den Hausmeister sollen nämlich zulässig bleiben.

b) Entgelt im engeren Sinn (Grundvergütung, Zulagen, Provisionen)

6   Das Entgelt „im engeren Sinn" vergütet die **laufende Arbeitsleistung** „in der Zeit" *(pro rata temporis)*. Dabei ist die

- **Grundvergütung** das vereinbarte Entgelt pro Zeiteinheit (z.B. Stundenlohn, Monatsgehalt, sog. *Zeitlohn*), ausnahmsweise auch die erbrachte Leistung pro Zeiteinheit (sog. *Leistungs- oder Akkordlohn,* heute selten), während die
- **Zulagen/Zuschläge** aufgrund besonderer Arbeitsbedingungen (z.B. Nacht-, Schicht-, Sonn- und Feiertagsarbeit, Überstundenzuschläge, Erschwernis- und Leistungszulagen o.ä.) oder besonderer Zusagen des Arbeitgebers (z.B. übertarifliche Zulagen) einen regelmäßigen Zusatzverdienst gewähren;
- **Zielbonuszahlungen** sollen eine variable, auf individuell beeinflussbare Ziele fachlicher, sozialer oder qualifikatorischer Art bezogene Leistungsvergütung ermöglichen, die je nach Grad der Zielerreichung zu „erdienten" Sonderzahlungen im Folgejahr führen (*BAG* NZA 2011, 989; 2014, 595);
- ähnliches gilt für **Provisionen**, die als erfolgsbezogene Zusatzvergütung für bestimmte Angestelltengruppen in enger Anlehnung an die HGB-Normen für Handelsvertreter (vgl. § 65 HGB) im Arbeitsrecht Anwendung finden und regelmäßig anfallen.

7   Entgelt i.e.S. steht im **Gegenseitigkeitsverhältnis** mit der Arbeitsleistung („synallagmatische Verknüpfung" nach §§ 320 ff. BGB) und zählt daher zum „fortzuzahlenden Entgelt" bei Lohnersatzleistungen, z.B. bei Krankheit (§ 4 EFZG). Ist dem Arbeitnehmer die Erbringung der Arbeitsleistung unmöglich (§ 275 Abs. 1 BGB), so entfällt sein Anspruch auf die Gegenleistung (§ 326 Abs. 1 S. 1 BGB). Das Entgelt ist daher entsprechend (vgl. Verweis in § 326 Abs. 1 S. 1 auf § 441 Abs. 3 BGB) **zu kürzen** („ohne Arbeit kein Lohn" → Rn. 43).

Beispiel: Der angestellte Schreiner Gerd macht – alter Handwerkstradition folgend – den auf den Kirchweih-Sonntag folgenden Montag „blau", ohne von der Arbeitspflicht befreit zu sein. Hier handelt es sich, wenn nicht eine Nachholung der versäumten Leistung (außerhalb der normalen Arbeitszeit) möglich ist, zwar nicht um eine dauerhafte, sondern nur um eine **teilweise Unmöglichkeit** (vgl. den Begriff „soweit" in § 275 Abs. 1 BGB) des Arbeitsvertrags, weil nicht das gesamte Arbeitsverhältnis, sondern nur die auf den Montag fixierte **Teilleistung** unmöglich geworden ist. Doch kann das auf diesen Tag entfallende anteilige Arbeitsentgelt vom Arbeitgeber abgezogen werden, §§ 326 Abs. 1 S. 1, 441 Abs. 3 BGB.

Wichtig: Entgeltbestimmungsquellen bei der „laufenden Vergütung" sind in aller Regel nur Arbeitsvertrag und Tarifvertrag (→ Rn. 18).

c) Entgelt im weiteren Sinn (Gratifikationen, Sondervergütungen)

aa) Legaldefinition in § 4a EFZG

In § 4a S. 1 EFZG werden „Leistungen, die der Arbeitgeber **zusätzlich** zum laufenden Arbeitsentgelt erbringt", als *Sondervergütungen* bezeichnet. Solches Entgelt i.w.S. wird aus besonderem Anlass gewährt und sehr häufig durch ergänzende Betriebsvereinbarung, Gesamtzusage, betriebliche Übung oder Gleichbehandlung im Betrieb begründet. Die besonderen Zwecke solcher Leistungen lassen sich i.d.R. nur aus ihren besonderen **Anspruchsvoraussetzungen** erschließen. Hier kommt Vertragsfreiheit im Arbeitsverhältnis zum Zug. Begriffen wie „13. Monatsgehalt", „Treueprämie", „Jahresabschluss- bzw. -sonderzahlung" oder „Weihnachtsgratifikation" kann nur eine Indizfunktion zuerkannt werden, die z.B. bei atypischen Leistungsbedingungen auch widerlegt werden kann. Bei einer **Tantieme** ist die Bedeutung aber eindeutig: sie zielt auf eine Gewinnbeteiligung am Unternehmen und wird fällig mit der Erstellung der Jahresbilanz; in aller Regel wird sie wie die Provision als Entgelt i.e.S. behandelt (HWK/*Thüsing*, § 611a BGB Rn. 269).

8

Arbeitshinweis: Bei Sondervergütungen sollte eine rein begriffliche Argumentation vermieden werden. Vielmehr ist der Zweck der Sonderleistung im Wege der Auslegung der mitgeteilten Anspruchsvoraussetzungen (§§ 133, 157 BGB) zu ermitteln. Abstrakte Regeln lassen sich wegen der Vertragsfreiheit kaum aufstellen, auch nicht beim sog. „13. Monatsgehalt". Vorweg muss aber grundsätzlich die **Abgrenzung** zur periodischen Abgeltung der individuell geschuldeten Arbeitsleistung inkl. erfolgs- oder umsatzbezogener Entgeltbestandteile (auch bei nur jährlicher Ausschüttung) vollzogen werden, weil dies als Entgelt **im engeren Sinn** wegen seiner synallagmatischen Verknüpfung mit der individuellen Leistung nicht nur „bedingt" oder „unter Vorbehalt" oder mit Stichtagsklausel ausbezahlt werden kann (vgl. → Beispiel Rn. 11 zu *BAG*. NZA 2007, 853; NJW 2008, 680). Doch können auch bereits *erdiente* Ansprüche z.B. bei nachgelagerten Bonuszahlungen (Entgelt im weiteren Sinn) nicht unter Freiwilligkeitsvorbehalt gestellt werden (*BAG* NZA 2014, 595, vgl. auch *Lakies*, DB 2014, 659)

bb) Typisierung des Entgelts i.w.S.

9 • Sonderleistungen (nur) für **Arbeitsleistung** (+), wenn keine Bedingungen an Leistung geknüpft werden (so beim typischen 13. Monatsgehalt als „arbeitsleistungsbezogener Sonderzahlung", vgl. *BAG* NJW 1999, 3431).

Rechtsfolge: Behandlung wie Entgelt i.e.S., d.h. (anteilige) Kürzung nur bei Nichtleistung analog § 326 Abs. 1 BGB möglich („pro rata temporis"), aber kein Gesamtverfall bei Ausscheiden während oder kurz nach der Bezugsperiode (→ Beispiel Rn. 9).

• Sonderleistungen (nur) für **Betriebszugehörigkeit/-treue** (+), wenn Leistungsplan nur nach Dauer der Zugehörigkeit differenziert und tatsächliche Arbeitsleistung nicht voraussetzt (in der Praxis selten, z.B. typische Treueprämie).

Rechtsfolge: Verfall- bzw. Rückzahlungsklauseln und Stichtagsklauseln sind zulässig, soweit sie ausschließlich auf den Bestand des Arbeitsverhältnisses (z.B. „Bestand des Arbeitsverhältnisses zum 31.12." oder „zum 31.3. des Folgejahres") abstellen.

• Sonderleistungen für **Arbeitsleistung und Betriebszugehörigkeit** (Regelfall der „Gratifikation mit Mischcharakter") (+), wenn Auslegung nicht zu einem eindeutigen Ergebnis in die eine oder andere Richtung führt und die Leistung als „freiwillig" bezeichnet wird. Kollektive Bonuszahlungen ohne individuelle Unterschiede fallen i.d.R. in diese Kategorie. Dennoch dürfen individuelle Entgelte nicht unzulässig als „freiwillige" Leistung deklariert und damit widerruflich gestellt werden, soweit sie bereits individuell „erdient" worden sind (→ Rn. 11).

Rechtsfolge: Verfall- bzw. Rückzahlungsklauseln sowie Ausschlustatbestände sind in den Grenzen von §§ 307 ff., 315 BGB i.V.m. Art. 12 GG zulässig; die Rechtsprechung lässt aber nur bei transparent formulierten und angemessen ausgestalteten Klauseln den Bestand des Arbeitsverhältnisses als Leistungsvoraussetzung genügen.

Beispielsfall: Monika war bei der Büro-GmbH seit 1.7.2008 als Sekretärin beschäftigt. Im Anstellungsvertrag war vereinbart: „Frau M erhält für ihre Tätigkeit ein Bruttogehalt von monatlich 2.500 €. Zum Jahresende wird ein 13. Monatsgehalt ausgezahlt. Für 2008 erhält Frau M ein anteiliges von $^6/_{12}$." Nach der Entbindung im August 2009 nahm Monika im Anschluss an die Mutterschutzfrist „Elternzeit" bis zum Februar 2011. Für diese Elternzeit in 2009 (anteilig) und 2010 erhielt sie kein 13. Monatsgehalt. Kann sie trotz ihrer Elternzeit einen Anspruch darauf geltend machen?

Lösung:
(1) Auslegung der Sonderleistung: Das sog. „13. Monatsgehalt" wurde im Zusammenhang mit dem Entgelt i.e.S. vertraglich geregelt. Zusammen mit der anteiligen Gewährung für 2008 und den fehlenden besonderen Bezugsbedingungen spricht das nach §§ 133, 157 BGB für eine Sonderleistung ausschließlich für die erbrachte (Jahres-)Arbeitsleistung. Es handelt sich um einen Vergütungsbestandteil, der in den jeweiligen Abrechnungsmonaten verdient und erst am Jahresende ausgezahlt wird („arbeitsleistungsbezogene Sonderzahlung").

(2) Rechtsfolge für die Gewährung während der Elternzeit: Während der Elternzeit nach §§ 15 ff. BEEG sind die gegenseitigen Hauptleistungspflichten im Arbeitsverhältnis suspendiert: für die M bestand keine Arbeitspflicht, für die B-GmbH entfiel die Entgeltzahlungspflicht. Davon umfasst sind alle Vergütungsbestandteile, die in einem Gegenseitigkeitsverhältnis zur erbrachten Arbeitsleistung stehen. Zeiten des Ruhens der
gegenseitigen Hauptleistungspflichten lassen daher auch das 13. Gehalt entfallen (*BAG* NJW 1996, 278). **Anders** dagegen, wenn M nur wegen der Beschäftigungsverbote nach §§ 3 ff. MuSchG nicht arbeiten kann (→ Rn. 79): diese Zeiten wirken sich nicht anspruchsmindernd aus (vgl. schon *BAG* NJW 1999, 3431).

cc) Kürzungsmöglichkeiten durch Änderungsvorbehalte

Wegen **krankheitsbedingter** Abwesenheit ist in **§ 4a EFZG** eine Kürzung **10** ausdrücklich vorgesehen, die aber eine entsprechende Vereinbarung voraussetzt und inhaltlich Satz 2 zu beachten hat: Danach darf die Kürzung für jeden Krankheitstag nicht höher als $1/4$ des auf den Tag entfallenden Entgelts ausfallen.

Beispielsfall: Paul erhält monatlich 3.000,– € und eine jährliche Sonderzahlung in gleicher Höhe, freilich mit Kürzungsklausel („Anwesenheitsprämie"). Er arbeitet im Durchschnitt 20 Tage im Monat. 1998 blieb er der Arbeit krankheitsbedingt für insgesamt 20 Arbeitstage fern. Kürzungsmöglichkeit der Sondervergütung?

Lösung: Nach § 4a EFZG kann das auf einen Arbeitstag durchschnittlich entfallende Entgelt (150,– €) höchstens um ein Viertel (37,50 €) gekürzt werden, so dass Paul maximal 750,– € (37,50 × 20) abgezogen werden können.

Sonstige Kürzungsmöglichkeiten werden in Gestalt von sog. **Änderungsvorbehalten** regelmäßig klauselmäßig vom Arbeitgeber als Anspruchsausschluss vereinbart und bedürfen daher einer Inhaltskontrolle nach Sinn und Zweck der Sondervergütung (§ 308 Nr. 4 BGB) und nach Maßgabe transparent formulierter Kürzungsgründe (§ 307 Abs. 1 S. 2 BGB). Ein „jederzeit unbeschränkt" möglicher Widerruf ist dem Arbeitnehmer mangels jeglicher Begründung nicht zuzumuten (vgl. § 308 Nr. 4 BGB). Der widerrufliche Teil des Arbeitsentgelts darf nach der *BAG*-Rechtsprechung **nicht mehr als 25 %** betragen (*BAG* NJW 2007, 536). Nicht umsonst sollte im ArbVGE 2006 (*Henssler/Preis*) in § 96 Abs. 1 daher geregelt werden:

„Eine Vereinbarung, die dem Arbeitgeber das Recht zur einseitigen Änderung von Vertragsbedingungen vorbehält (Änderungsvorbehalt), unterliegt der Inhaltskontrolle (…). Sie ist unangemessen benachteiligend, wenn in der Vereinbarung weder der Zweck noch der Grund für die vorbehaltene Änderung in allgemeiner Form geregelt ist."

d) „Freiwillige" Leistungen

aa) Ausdrückliche Regelung

11   Entgelt i.w.S. wird sehr häufig als „freiwillige" Leistung des Arbeitgebers gewährt. Damit ist ein **Freiwilligkeitsvorbehalt** gemeint, der ausdrücklich formuliert sein muss, z.B.:

> „Soweit Sonderzahlungen, auf die kein gesetzlicher oder tariflicher Anspruch besteht, erbracht werden, handelt es sich um freiwillige Leistungen, die auch bei wiederholter Gewährung für die Zukunft keinen Rechtsanspruch begründen".

Der Freiwilligkeitsvorbehalt darf aber nicht **mehrdeutig** sein, so z.B., wenn der Arbeitgeber nicht in unmittelbarem Zusammenhang mit seiner konkreten Leistung klarstellt, dass eine über die einmalige Leistung des Arbeitgebers hinausgehende Bindung für die Zukunft **nicht gewollt ist**. Wer im Vertrag nur allgemein „freiwillige" Leistungen benennt, ohne auf deren beschränkte Wirkung hinzuweisen, hat das Entstehen einer betrieblichen Übung (→ § 3 Rn. 50) damit allein nicht ausgeschlossen. Auch ist die Kombination einer freiwilligen Leistung mit einem **Widerrufsvorbehalt** (Rn. 12) unklar und missverständlich, weil sich der Ausschluss jeden Rechtsbindungswillens durch den Arbeitgeber mit der Widerrufsmöglichkeit nicht verträgt (Verstoß gegen das Transparenzgebot, vgl. *BAG* NJW 2011, 2314 m. Anm. *Reinhard*).

Inhaltlich unangemessen ist der Freiwilligkeitsvorbehalt bei Leistungen, die als Entgelt i.e.S. (Rn. 6 f.) synallagmatisch an die Arbeitsleistung **gebunden** und daher nach Leistung „verdient" sind (auch bei nachgelagerter Einmalzahlung!) und nicht mehr entzogen werden können, so wie im folgenden Beispiel einer monatlich gezahlten „Leistungszulage":

> **Beispielsfall:** Karl ist bei der Seniorenglück-GmbH (S) seit 2002 als Altenpfleger beschäftigt. Auf der Grundlage des bestehenden Arbeitsvertrags erhält Karl ein monatliches Grundgehalt von 1.450 € brutto. Mit vorformuliertem Schreiben vom 2.4.2005 teilt S dem Karl mit: „Sie erhalten zusätzlich zum monatlichen Bruttoentgelt ab 1.4.2005 eine **monatliche Leistungszulage** von 200 €. Die Zahlung wird mit der monatlichen Gehaltszahlung fällig. Die Zahlung erfolgt als freiwillige Leistung ohne Anerkennung einer Rechtspflicht. Aus der Zahlung können für die Zukunft keinerlei Rechte hergeleitet werden."
>
> Im Juni 2007 stellte S die Zahlung der Zulage ohne Begründung ein. Karl ist der Auffassung, die S sei zur weiteren Zahlung der Zulage verpflichtet. Der „Freiwilligkeitsvorbehalt" sei unwirksam. Die S meint dagegen, ein Anspruch des Karl sei von vorneherein nicht entstanden.
>
> **Lösung:** Karl könnte nach § 611a Abs. 2 BGB i.V.m. dem Schreiben vom 2.4.2005 einen Anspruch auf Zahlung der Zulage haben. Das übergebene Schriftstück enthielt ein entsprechendes Vertragsangebot, Karl hat es unter Verzicht auf den Zugang der Annahme auch angenommen, § 151 BGB. Doch könnte der Ausschlussvorbehalt (**Freiwilligkeitsvorbehalt**) einen Anspruch des Karl vereiteln. Der Anhang zum Arbeitsvertrag ist eine AGB i.S.v. §§ 305 Abs. 1, 310 Abs. 3 Nr. 1, 2 BGB und unterliegt daher der Inhaltskontrolle, wobei das besondere Klauselverbot des § 308 Nr. 4 BGB nicht einschlägig ist,

weil kein überprüfbarer „Änderungsvorbehalt", sondern nur ein pauschaler „Freiwilligkeitsvorbehalt" vereinbart war. Solche einseitigen Leistungsbestimmungsrechte des Verwenders zur Einschränkung seiner Hauptleistungspflichten unterliegen der **Inhaltskontrolle nach § 307 BGB**. Sie weichen vom allgemeinen Grundsatz ab, dass Verträge für beide Seiten bindend sind (*pacta sunt servanda*). Im Arbeitsverhältnis kann der Arbeitnehmer grundsätzlich auf die Beständigkeit der monatlich zugesagten Vergütung vertrauen. Bei Abwägung der berechtigten Interessen i.S.v. § 307 Abs. 2 Nr. 1 BGB muss hier Arbeitgeber S vorgeworfen werden, dass er die **synallagmatische Verknüpfung** von Arbeitsleistung und Entgelt in Bezug auf die Zulage grundlegend gelöst hat. Seinem Flexibilisierungsinteresse hätte ausreichend über Widerrufs- (Rn. 12) und Anrechnungsvorbehalte Rechnung getragen werden können. Wird Entgelt i.e.S. aber unter einen Freiwilligkeitsvorbehalt gestellt, hat der Arbeitnehmer keine realistische Aussicht auf eine sichere Vergütung. Damit nutzt der Arbeitgeber seine strukturelle Überlegenheit über Gebühr aus. Die vorliegende Klausel benachteiligt Karl daher nach §§ 307 Abs. 1, 2 Nr. 1 BGB unangemessen und ist **unwirksam**. An die Stelle der unwirksamen Klausel
tritt nach § 306 Abs. 2 BGB dispositives Gesetzesrecht. Damit hat Karl nach § 611a Abs. 2 BGB i.V.m. dem Schreiben vom 2.4.2005 einen **Anspruch** auf Zahlung der Zulage von monatlich 200 € brutto (vgl. *BAG* NZA 2007, 853).

Die Rechtsprechung zu bereits „erdienter" Entlohnung ist aber nicht einheitlich. So hat der 10. *BAG*-Senat auch bei einer sehr hohen und individuellen **jährlichen** Sonderzahlung den Freiwilligkeitsvorbehalt anerkannt, obwohl damit die individuelle Arbeitsleistung besonders entgolten wurde (*BAG* NJW 2009, 2619 = NZA 2009, 535). Ein solches „pactum" soll nicht kontrollfähig sein. Dem kann nicht zugestimmt werden, weil jede missbräuchliche „Wollensbedingung" (so EU-RL) auch bei Entgeltabreden kontrollfähig ist (vgl. *Lembke*, NJW 2010, 257). Maßgeblich ist vielmehr auch hier die Unvereinbarkeit des Freiwilligkeitsvorbehalts mit dem Grundgedanken des synallagmatischen Zusammenhangs von Leistung und Gegenleistung (§ 307 Abs. 2 Nr. 1 BGB).

bb) Widerrufsvorbehalt

Nicht zu verwechseln mit dem Freiwilligkeitsvorbehalt ist der Widerrufs- **12** vorbehalt („Umgestaltungsvorbehalt", vgl. *Zöllner,* NZA 1997, 121, 123 ff.) des Arbeitgebers. Behält er sich wirksam einen Widerruf vor, so kann er dieses Gestaltungsrecht nur nach „billigem Ermessen" (§ 315 Abs. 1 BGB) ausüben, will er die Zusatzleistung einstellen oder reduzieren (→ Rn. 23). Er hat sich also **deutlich stärker gebunden** als bei einem Freiwilligkeitsvorbehalt (*BAG* NZA 2008, 1173, 1175). Bei der Auslegung der Bedingungen einer vorgeblich „freiwilligen" Leistung ist daher höchste Sorgfalt geboten. Wer eine nur widerrufliche und nicht freiwillige Leistung gewährt, bleibt ohne Widerruf daran gebunden (*BAG* NJW 1996, 276). Bei der **Klauselformulierung** ist das Verbot des **§ 308 Nr. 4 BGB** zu beachten. „Zumutbar" ist danach eine Klausel nur, wenn der im Gegenseitigkeitsverhältnis stehende widerrufliche Teil unter 25 % der Gesamtvergütung liegt und zudem der Tariflohn nicht unterschritten wird

(Rn. 10). Der Arbeitgeber muss die Widerrufsgründe im Arbeitsvertrag formelhaft benennen (z.b. „wirtschaftliche Notlage", vgl. *BAG* NJW 2007, 536).

cc) Rückzahlungs- oder Stichtagsklauseln

13   Nicht nur Widerruf, sondern sogar Rückzahlung kann zur Sicherung einer – **ausschließlich** – die Betriebstreue belohnenden Sondervergütung vereinbart werden. Ähnlich verhält es sich mit der Rückerstattung von **Aus- und Weiterbildungskosten**, die der Arbeitgeber für seine Mitarbeiter investiert hat und die er mit einer – grundsätzlich legitimen – Bleibebedingung verknüpft (Beispiel → § 7 Rn. 33). Solche Klauseln ordnen eine Rückzahlungspflicht z.B. bei Ausscheiden innerhalb des auf die Auszahlung folgenden Quartals oder – bei Weiterbildung – innerhalb zweier Folgejahre an. Eine ähnliche Funktion haben sog. **Stichtagsklauseln,** die eine Sonderzahlung überhaupt erst fällig stellen beim Verbleib z.B. bis zum 31. März des Folgejahres. **Wirksam** sind solche Klauseln aber nur bei

- „freiwilligen" Arbeitgeberleistungen (nicht: bei individuell leistungsbezogenen Bonuszahlungen, *BAG* NJW 2008, 680; *BAG* NZA 2011, 989),
- ausdrücklicher Vereinbarung und eindeutiger Fassung sowie
- zumutbarer Bindungsdauer (**Drittwirkung** von Art. 12 GG) und angemessenen Bindungsgründen.

Geringfügige Sondervergütungen bis 100,– € dürfen überhaupt nicht zurückverlangt werden, bei Leistungen bis zu einem Monatsgehalt darf die Bindungswirkung nur für ein Quartal (*BAG* NZA 2004, 924), bei solchen bis zu zwei Monatsgehältern nur für ein halbes Jahr vereinbart werden. Ob diese Rechtsprechung angesichts der Kündigungsfristen des § 622 Abs. 1, 2 BGB aufrecht erhalten werden kann, erscheint aber zweifelhaft.

Klauseln bezüglich der **Rückzahlung von Ausbildungskosten** sind gem. **§ 307 BGB** dann unwirksam, wenn die Rückzahlungsverpflichtung für alle, also auch für die in die Risikosphäre des Arbeitgebers fallenden Kündigungen (z.B. aus betriebsbedingten Gründen) fällig werden soll (*BAG* NZA 2007, 748; 2006, 1042 → Beispiel § 7 Rn. 33). Wirksam ist dagegen die Klausel, die Weiterbildungskosten *vor dem* Abschluss der Ausbildung bei Ausscheiden „auf eigenen Wunsch oder aus seinem Verschulden" zurückfordert (*BAG* DB 2011, 1338).

e) Betriebliche Altersversorgung

14   Auch Leistungen der betrieblichen Altersversorgung, d.h. *„Leistungen der Alters-, Invaliditäts- oder Hinterbliebenenversorgung aus Anlass eines Arbeitsverhältnisses"* (Legaldefinition in § 1 Abs. 1 S. 1 BetrAVG), ergeben sich anders als bei der gesetzlichen Rentenversicherung **nicht aus dem Gesetz** – das **BetrAVG** ist ein „Gesetz zur *Verbesserung* der betrieblichen Altersversorgung"! –, sondern aufgrund freier Entscheidung des Arbeitgebers. Rechtsgrund ist also auch hier der **Arbeitsvertrag** i.V.m. der Versorgungszusage, die häufig auch im Tarifvertrag, in einer Betriebsvereinbarung als „Versorgungsordnung" (auch als AGB),

in einer Gesamtzusage oder einer betrieblichen Übung enthalten ist oder kraft Gleichbehandlung als begründet gilt. Der Arbeitgeber ist dazu aber nicht verpflichtet. Sagt er eine
„Betriebsrente" zu, so handelt es sich um **Entgelt i.w.S.**, das

- kraft seines **Versorgungscharakters** beim Eintritt in den Ruhestand fällig wird,
- auf verschiedenen **Durchführungswegen**, nicht nur kraft Direktzahlung, sondern z.B.
  auch kraft einer Unterstützungskasse (betriebliches Versorgungswerk als e.V.) oder einer
  vom Arbeitgeber abgeschlossenen Lebensversicherung zugunsten des Arbeitnehmers
  oder im Wege der Entgeltumwandlung (§ 1 Abs. 2 Nr. 3 BetrAVG) umgesetzt werden
  kann,
- trotz Ausscheidens aus dem Unternehmen **als unverfallbare Anwartschaft** dem
  Arbeitnehmer erhalten bleibt, wenn gewisse Zeiten der Betriebszugehörigkeit und der
  Versorgungszusage erfüllt sind (näheres in §§ 1 b, 2 BetrAVG),
- nur bei wirtschaftlicher Notlage (sog. „zwingende Gründe") oder bei gravierenden
  Treuepflichtverletzungen des Arbeitnehmers widerrufen werden kann.

f) Abgrenzung

Kein Entgelt sind solche Bar- oder Sachleistungen, die dem Arbeitnehmer **15**
nicht als Gegenleistung für seine Arbeitsleistung vom Arbeitgeber zufließen,
sondern aus anderen Gründen, z.B. als Aufwendungsersatz nach § 670 BGB
(z.B. Reisespesen → Rn. 106), Schadensersatz oder als Abfindung für den
Verlust des Arbeitsplatzes (§§ 9, 10 KSchG).

Beispielsfall: Serviererin Ina verdient zusätzlich zu ihrem Bruttoverdienst bei der
Brauerei-GmbH noch durchschnittlich 200,– € im Monat an **Trinkgeldern** von ihren
zufriedenen Gästen, was einem Tagesschnitt von 10,– € entspricht. Sowohl für die
Zeiten ihres Erholungsurlaubs als auch für die Krankheitstage wird ihr aber nur der
anteilige Lohn ohne Trinkgelder fortbezahlt. Sie ist der Auffassung, das Trinkgeld sei
ähnlich einer Provision fester regelmäßiger Lohnbestandteil, der in die Entgeltfortzahlung eingehen müsse. Zu Recht?

Lösung: Die Ina zufließenden Trinkgelder sind **nicht Arbeitsentgelt** gem. § 611a
Abs. 2 BGB und damit weder nach § 11 BUrlG noch nach § 4 EFZG fortzuzahlen, weil
kein Rechtsgrund ersichtlich ist, der ihr nicht nur die Aussicht, sondern einen Anspruch
auf solche Zahlungen einräumt. Trinkgelder sind vielmehr Geldbeträge, die Dritte
„ohne rechtliche Verpflichtung dem Arbeitnehmer *zusätzlich* zu einer Arbeitgeber
geschuldeten Leistung" zahlen, vgl. § 107 Abs. 3 S. 2 GewO. Anders wäre der Fall nur
zu entscheiden, wenn der Arbeitgeber die regelmäßige Verdienstchance von Ina in seine
Entgeltvereinbarung einfließen lassen würde und dann selbst als Naturalvergütung
(hier: Verschaffung einer Verdienstmöglichkeit) schulden würde (*BAG* NJW 1996,
1012; vgl. aber § 107 Abs. 3 S. 1 GewO).

Prüfungsschema 9: Sondervergütungen („Gratifikationen")

1. Anspruchsqualität
a) Unbedingte Zusage → Behandlung wie Entgelt i.e.S.
b) Zusage **unter** Freiwilligkeits- oder Widerrufsvorbehalt (Entgelt i.w.S.)
Achtung: Im Zweifel entscheidet Auslegung, ob leistungsbezogenes Entgelt i.e.S.
(a) oder kollektive „freiwillige" Leistung i.w.S. (b) vorliegt – maßgebliches Indiz für
(a) ist individuelle Entgeltauszahlung (nicht: kollektive Ausschüttung!).

2. Auslegung der Zusage
a) Sondervergütung mit reinem Entgeltcharakter (z.B. „13. Monatsgehalt")
b) Sondervergütung für Betriebszugehörigkeit und/oder -treue (z.B. „Treueprämie")
c) **Im Zweifel:** Sondervergütung mit Mischcharakter, die sowohl Arbeitsleistung
als auch Betriebstreue honorieren soll.

3. Anspruchskürzung bzw. -ausschluss (nur bei Entgelt i.w.S.)
a) **Gesetzliche Regelung:** Kürzung von Sondervergütungen in den Grenzen des
§ 4a EFZG bei krankheitsbedingten Fehlzeiten möglich.
b) **Vertragliche Regelung** in den **Grenzen** der §§ 307 ff., insb. §§ 308 Nr. 4, 315
BGB i.V.m. Art. 12 GG möglich:
   • Verfallsklauseln auch bei betriebsbedingter Kündigung, soweit 2 b/c (+) und
   transparente sowie zumutbare Bedingung (+)
   • Rückzahlungsklauseln müssen verhältnismäßig sein, soweit 2 b (+) und transparente sowie zumutbare Bedingung (+)
   • Anwesenheitsklauseln nur unter Beachtung von § 4a EFZG, soweit 2 b/c (+)
   • Kürzungsklauseln bei Zusatzvergütung (1 b) möglich, soweit nicht mehr
   als 25 % des im Gegenseitigkeitsverhältnis stehenden Entgelts betroffen (*BAG*
   NJW 2005, 1820; NJW 2007, 536) und transparenter sowie zumutbarer Bedingung
c) **Bei fehlender vertraglicher Regelung** entscheiden Sinn und Zweck der Sondervergütung über Bindungswirkung (→ Betriebliche Übung, Rn. 26)

3. Entgeltbemessung und -änderung

a) Durch Gesetz (insb. Mindestlohngesetz)

16   Die schwierige Frage nach dem „gerechten Lohn" ist in einer Marktwirtschaft nicht Sache des Gesetzgebers, sondern folgt prinzipiell den Marktge-
setzen von Angebot und Nachfrage in **modifizierter** Form: den Resultaten
nämlich der Ausübung kollektiver Vertragsfreiheit zwischen den jeweiligen
Tarifpartnern nach dem sog. „Gegenmachtprinzip" (*Rieble*, Arbeitsmarkt
und Wettbewerb, 1996, Rn. 114). Allerdings hat die Erosion der Tarifbindung
in manchen Branchen zum (umstrittenen) Eingriff des Gesetzgebers geführt,
der zum 1.1.2015 einen **allgemeinen Mindestlohn** von 8,50 € brutto je Ar-
beitszeitstunde **politisch für nötig hielt** (näher *Bayreuther*, NZA 2014, 865;
Lembke, NZA 2015, 70; zur Problematik allgemein vgl. *Wank*, FS Buchner,
2009, S. 898). Zum 1.1.2019 wird er auf 9,19 € angehoben, zum 1.1.2020 soll
eine weitere Anhebung auf 9,35 € folgen. Abreden, die den Mindestlohn un-

terschreiten, sind unwirksam, vgl. § 3 S. 1 MiLoG. An die Stelle der unwirksamen Vergütungsvereinbarung tritt dann die Regel des § 612 Abs. 2 BGB: der Arbeitgeber schuldet dann nicht nur den Mindestlohn, sondern die tariflich übliche Entlohnung. Zu kritisieren ist, dass der Mindestlohn keine Rücksicht auf kollidierende Tarifverträge nimmt – er also nicht „tarifdispositiv" ist und insoweit die (vorzugswürdige) tarifautonome Lohnfindung entmachtet, die es auch im Niedriglohnbereich noch gibt.

Der Anspruch auf den gesetzlichen Mindestlohn nach dem MiLoG wirft eine Vielzahl von Einzelfragen auf. So war etwa umstritten, ob **Mindestlohn auch für Bereitschaftszeiten**, also Zeiten mit weniger starker Inanspruchnahme, zu zahlen ist (abl. *Thüsing/Hütter*, NZA 2015, 970). Vom BAG ist das zu Recht bejaht worden, da das MiLoG nicht nach dem Grad der Inanspruchnahme des Arbeitnehmers differenziere (*BAG* NJW 2016, 3675). Sehr problematisch ist auch, ob z.B. Treueprämien, Urlaubs- und Weihnachtsgeld, Provisionen sowie sonstige Zuschläge auf den Mindestlohn **angerechnet** werden können. In einer wegweisenden Entscheidung hat das BAG entschieden, dass „alle zwingend und transparent geregelten Gegenleistungen des Arbeitgebers für die Arbeitsleistung des Arbeitnehmers Bestandteil des Mindestlohns" sind (*BAG* NZA 2017, 378). Damit ist alles, was im **Synallagma des Arbeitsverhältnisses** (→ Rn. 7) steht, auf den Mindestlohn anzurechnen. Das gilt auch für Treueprämien sowie Schicht- bzw. Sonn- und Feiertagszulagen, die der Arbeitgeber für jede tatsächlich geleistete Arbeitsstunde vorbehaltlos zahlt (vgl. *BAG* NZA 2017, 378; NJW 2017, 3324), sowie Weihnachtsgeld und sonstige Jahressonderzahlungen, die zu 1/12 monatlich ausgezahlt werden (*BAG* BeckRS 2016, 74821).

Es gibt für Arbeitnehmer folgende Wege zum Mindestlohn (mit unterschiedlicher Nähe zur **Tarifautonomie** → § 11 Rn. 5ff., § 12):

Schaubild 10: Systematik gesetzlicher Mindestlohnvorgaben

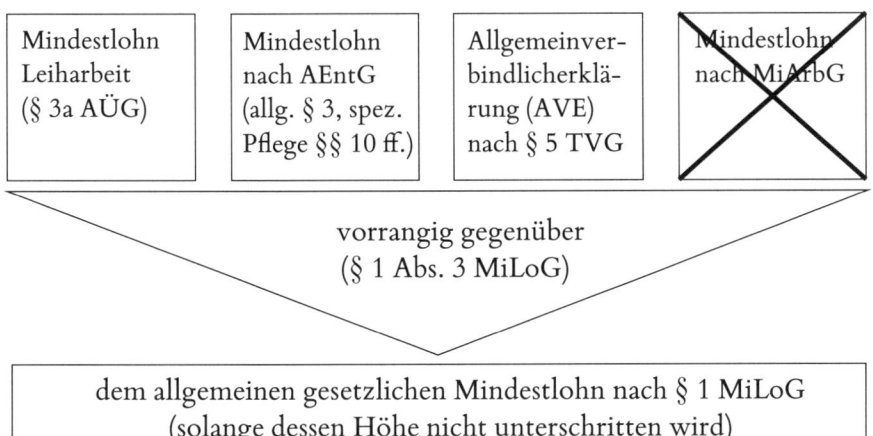

Neben dem neuen Mindestlohngesetz, das einen unabdingbaren Mindest- **17** lohnsockel statuiert, gibt es folgende **vorrangige**, weil speziellere Wege zu einem (besseren) Mindestlohn:

(1) erlaubt das AÜG in § 3a eine eigene Mindestlohnregelung speziell für die **Leih-/Zeitarbeit** (ähnlich wie traditionell § 19 HAG für das Heimarbeitsrecht);

(2) ermöglicht weiterhin das **Arbeitnehmer-Entsendegesetz** (AEntG) die Festsetzung von Mindestlöhnen und anderen Mindestbedingungen (§§ 2, 5 AEntG) aufgrund *bundesweiter* Tarife per Rechtsverordnung (nach Antrag auf AVE – ohne das Einvernehmen im Tarifausschuss gem. § 5 Abs. 1 S. 1 TVG –, vgl. § 7 Abs. 1 AEntG) mit der Folge, dass **Branchen-Mindestlöhne** mit international zwingender Wirkung auch für ausländische Unternehmen, die Mitarbeiter nach Deutschland entsenden, EU-konform Geltung beanspruchen. Das sog. Tarifautonomiestärkungsgesetz vom 2.7.2014 hat diese Verbindlich-Erklärung auf **alle Branchen** erstreckt – geschuldet wird dann von allen Unternehmen nicht nur der Mindestlohn, sondern der festgesetzte höhere Tariflohn. Für den Mindestlohn in der **Pflegebranche** wurde zudem in §§ 10–13 AEntG wegen der besonderen Bedeutung der kirchlichen Einrichtungen („Dritter Weg" → § 3 Rn. 48) eine besondere Kommissionslösung geschaffen, deren Vorschläge ebenfalls per RVO zum Branchen-Mindestlohn führen;

(3) wurde die tarifnahe klassische Allgemeinverbindlicherklärung von Lohntarifen nach § 5 TVG (→ § 12 Rn. 20) noch weiter geöffnet und setzt jetzt allein ein wenig greifbares „öffentliches Interesse" voraus (krit. *Bepler*, DJT-Gutachten 2014, S. B 111);

(4) kann man jetzt endgültig auf das verstaubte „Gesetz über die Festsetzung von Mindestarbeitsbedingungen" **(MiArbG)** von 1952, das 2009 gerade noch modernisiert wurde, verzichten.

Die Fülle der aktuellen Mindestlohnregelungen erzeugt konzeptionelle Unübersichtlichkeit und unabgestimmte Systeme (vgl. nur *Löwisch*, RdA 2009, 215; *Sittard*, NZA 2009, 346). Als Branchen-Mindestlöhne wahren sie dennoch nach Gegenstand und Verfahren eine gewisse Nähe zu den Einschätzungen der fachlich zuständigen Sozial- und Tarifpartner (soweit vorhanden). Dass der Staat den Weg hoheitlich festgesetzter Arbeitsbedingungen wählt, kann inzwischen aber nicht mehr als Ausnahme gelten, sondern greift auch durch die Kommission zur Festsetzung des Mindestlohns immer weiter um sich. Damit werden im Ergebnis Gewerkschaften und Arbeitgeberverbände nicht gestärkt, sondern zulasten der ordnungspolitisch vorzugswürdigen Regel tarifautonomer Lösungen (→ Rn. 18) geschwächt.

b) Durch Tarifvertrag

aa) Kollektives Aushandeln

18   Das Aushandeln des Entgelts durch die Verbände der Arbeitgeber und Gewerkschaften ist die historische Antwort auf das arbeitsvertragliche Ungleichgewicht zwischen Arbeitgeber und Arbeitnehmer (→ § 1 Rn. 6 ff.). Der Tarifvertrag ist noch immer der wichtigste Bemessungsfaktor für das Arbeitsentgelt. Er bewirkt keinen „Einheitslohn", sondern differenziert nach Branchen und Regionen (und beschränkt nur dort den Kostenwettbewerb). Ein Facharbeiter

in der Energieindustrie NRW kann mehr als doppelt so viel wie der vergleichbar qualifizierte Arbeitnehmer in der Schuh- oder Textilindustrie SchlH verdienen. Der Marktmechanismus wird nur **nach unten** begrenzt, während wegen des Günstigkeitsprinzips (§ 4 Abs. 3 TVG) dem Arbeitgeber Spielräume nach oben verbleiben, die er z.B. durch die freiwillige Gewährung von „übertariflichen Zulagen" nutzt (→ Rn. 23). Häufiger als die normative Bindung an den Entgelttarif (§§ 3, 4 TVG) ist aber die rein vertragliche Bindung kraft Bezugnahmeklausel (→ § 3 Rn. 43), die auch eine Änderung **nach unten** (z.B. im Wege der Vertragsänderung) erlaubt.

bb) Eingruppierung

Die richtige Tarifanwendung wird **Eingruppierung** genannt. Wie in einem Katalog 19 ordnet der Entgelttarif einer abstrakten Tätigkeit (z.B. „Angestellte/r im Sozial- und im Erziehungsdienst") eine Vergütungsstufe zu und definiert Anforderungen an die jeweilige Tätigkeit (z.B. durch Beschreibung der „Arbeitsvorgänge", vgl. §§ 12, 13 TVöD bzw. TV-L). Der Arbeitgeber hat deshalb kein „Wahlrecht" bei der Eingruppierung, sondern muss die **Entgeltbestimmung als tarifliche Rechtsfolge** (unter Mitbestimmung des Betriebsrats, vgl. § 99 Abs. 1 BetrVG) der vereinbarten Tätigkeit vollziehen (sog. „Tarifautomatik"). Irrt er sich dabei, hat der Arbeitnehmer Anspruch auch auf rückwirkende Höhergruppierung. Bei fehlender Tarifbindung („Bezugnahmeklausel") wirkt eine ausdrücklich vereinbarte Tarifvergütung allerdings **konstitutiv** und nicht, wie sonst, als deklaratorische Entgeltbestimmung, die folglich nur durch Vertragsänderung bzw. Änderungskündigung noch verändert werden kann.

cc) Flucht aus dem Tarif?

Eine Entgeltveränderung **ohne Tarifparteien** kann vom einzelnen Arbeit- 20 geber zum Zwecke der Abkoppelung von der Tarifentwicklung oder der Absenkung nach unten nur durch Beendigung der Tarifbindung durch (1) Austritt aus dem Arbeitgeberverband bzw. Umstellung auf OT-Mitgliedschaft (→ § 11 Rn. 19) und (2) Ablauf des gültigen Entgelttarifs (§ 3 Abs. 3 TVG, i.d.R. nach ein bis zwei Jahren) erreicht werden. Das alleine führt aber noch nicht weiter, weil es (3) einer anderweitigen Entgeltvereinbarung bedarf, um die Nachwirkung des Tarifentgelts zu verhindern (→ § 12 Rn. 22). Weil Arbeitnehmer selten auf erworbene Besitzstände freiwillig verzichten, müsste dann zur betriebsbedingten **Änderungskündigung** gegriffen werden, die nach § 2 KSchG nur gerechtfertigt ist, wenn die Entgeltabsenkung das mildere Mittel gegenüber einer sonst berechtigten betriebsbedingten Kündigung darstellte. Mit anderen Worten: Entgeltabsenkungen gegen den Willen des Arbeitnehmers sind **nur bei nachweisbarer Existenzgefährdung** des Betriebs durch Änderungskündigung möglich. Zu rechtfertigen ist diese starke Bestandssicherung mit dem besonderen Stellenwert der tariflichen bzw. vertraglichen Entgeltabrede als einem *essential* des Arbeitsvertrags: „pacta sunt servanda" (für differenzierende Lösungen aber z.B. *Reichold,* RdA 2002, 331 ff.; *Reiserer,* NZA 2007, 1249 f.).

c) Durch Betriebsvereinbarung

aa) Tarifvorbehalt für Entgeltregelungen

21   Die betriebliche Lohnbestimmung wird von vielen Kritikern des Flächen-
tarifs als ökonomisch einzig sinnvolle Lösung gefordert. Juristisch scheitert
das aber an **§ 77 Abs. 3 BetrVG** (i.V.m. Art. 9 Abs. 3 GG), der die Betriebsvereinbarung als Rechtsquelle für üblicherweise dem Tarif vorbehaltene Entgeltregelungen – auch für nicht tarifgebundene Arbeitgeber! – sperrt (→ § 12
Rn. 39). Allerdings können Entgeltregelungen zum Zwecke erwünschter Flexibilisierung durch Tarifvertrag an die Betriebsparteien **delegiert** werden.
Ohne tarifvertragliche Ermächtigung können Betriebsvereinbarungen dennoch nach § 87 Abs. 1 Nrn. 10, 11 BetrVG über außer- oder übertarifliche Zulagen, freiwillige Jahresgratifikationen, Treuegelder usw. (also meist **Entgelt
i.w.S.**) abgeschlossen werden, soweit keine tarifliche Regelung (tatsächlich)
vorliegt. Dabei ist zu beachten, dass der Arbeitgeber mitbestimmungsfrei
über das „Ob" der Vergütung entscheiden kann, sodann über die Vergütungshöhe, den -zweck und die -zielgruppe. Der Betriebsrat hat dagegen über die
„Wie"-Frage mitzubestimmen, also z.B. darüber, in welchem Verhältnis die
übertariflichen Zulagen der Außendienstler zu denen der Innendienstler stehen
sollen (sog. Verteilungsgrundsätze → § 14 Rn. 55). Gibt es einen Betriebsrat,
aber **keine Tarifbindung**, dann übernimmt dieser nach viel zu weit gehender *BAG*-Rechtsprechung die Rolle der Ersatz-Gewerkschaft, weil er über
die gesamte *„betriebliche Vergütungsordnung"* mitbestimmen kann: alle Vergü-
tungsbausteine leiste der Arbeitgeber „freiwillig", diese seien daher alle auch
(als Gesamtsystem!) mitbestimmungspflichtig (vgl. nur *BAG* NZA 2011, 598;
NZA 2008, 1426). Damit wird die Vertragsfreiheit des Arbeitgebers im Entgeltbereich elementar eingeschränkt: jede Individualabrede zum Entgelt soll
sich dem kollektiven System unterordnen (ausf. Kritik bei *Reichold*, FS Picker,
2010, S. 1079; *ders.*, FS Wank, 2014, S. 455; vgl. auch *Raab*, SR 2018, 144).

> **Beispielsfall:** Philipp ist EDV-Ingenieur und erhält von seiner Arbeitgeberin, der
> Sonix-AG, ein „frei vereinbartes Gehalt" in Höhe von 4.500 €. Die S-AG ist ebenso
> wie P tarifgebunden, hat mit einem Teil ihrer Mitarbeiter aber Gehälter vereinbart,
> die erheblich über denen der obersten Tarifgruppe liegen (**AT-Gehälter**). P gehört der
> höchsten Gruppe „AT II" an, unterhalb der die Gruppen „AT Ia" und „AT Ib" liegen.
> Mit dem neuen Tarifabschluss werden zum 1.6. die Tarifgehälter um 6,7% erhöht.
> Die Gehälter der AT Ia-Gruppe werden zum 1.6. einheitlich um 200 € erhöht, die der
> AT Ib-Gruppe in unterschiedlicher Höhe, mindestens jedoch um 215 €, und die der
> AT II-Gruppe ebenfalls unterschiedlich, durchschnittlich aber um 6%, ohne dass der
> Betriebsrat beteiligt wird. P erhält zum 1.6. 4.750 €. Im Arbeitsvertrag ist die Frage
> von Gehaltsanpassungen im Zusammenhang mit Tarifänderungen nicht angespro-
> chen. P fragt, ob er nicht Anspruch auf die 6,7%ige Tariflohnerhöhung habe, und ob
> die „Kürzung seiner übertariflichen Zulage" mangels Mitbestimmung nicht ohnehin
> unwirksam sei.

Lösung: (1) Anspruch auf Tariflohnerhöhung: Im „AT II"-Vertrag von P wurde trotz beiderseitiger Tarifbindung ein von der tariflichen Gehaltsskala unabhängiges Festgehalt vereinbart. Das war wegen des Günstigkeitsprinzips (§ 4 Abs. 3 TVG) auch zulässig, weil es P deutlich besser stellte. Mangels Anpassungsklausel und mangels einer Bezugnahme auf tarifliche Verbesserungen hat P daher keinen Anspruch auf tarifgemäße Verbesserung seiner freien Gehaltsvereinbarung.

(2) Unwirksamkeit mangels Mitbestimmung nach § 87 Abs. 1 Nr. 10 BetrVG: Der Betriebsrat (BR) wurde nicht an der Gehaltserhöhung der AT-Gruppen aus Anlass der Tariflohnerhöhung beteiligt. Sein Mitbestimmungsrecht (MBR) bestand aber nach § 87 Abs. 1 Nr. 10 BetrVG, weil (1) die AT-Angestellten nicht leitende Angestellte i. S. d § 5 Abs. 3 BetrVG sind und daher durch den Betriebsrat repräsentiert werden, (2) übertarifliche Festgehälter nicht tariflich geregelt werden, (3) der Arbeitgeber hier die Erhöhung der AT-Gruppen nach abstrakt-generellen Kriterien vorgenommen hat und somit ein „kollektiver" Tatbestand vorliegt. **Aus der fehlenden Mitbestimmung folgt aber kein Anspruch des P auf tarifliche Erhöhung seines Festgehalts** (a.A. aber *BAG*-Rspr. seit NZA 2004, 852). Vielmehr muss die Mitbestimmung die Vertragsgestaltung des Arbeitgebers und seine Dotierungsentscheidung bei Erhöhung der frei vereinbarten Gehälter respektieren. Aus der Nichtbeachtung der Mitbestimmung über die Verteilungsgrundsätze ergibt sich noch kein Erfüllungsanspruch auf die bisherige Vertragsgrundlage übersteigende Leistungen (so noch *BAG* NZA 1995, 277, vgl. aber § 14 Rn. 53); jedoch hat der BR Anspruch auf Abschluss einer BV zur Regelung der AT-Entgelte.

bb) Kündigung einer Betriebsvereinbarung

Will der Arbeitgeber eine Betriebsvereinbarung über Entgelte **verändern,** **22** so muss er mit dem Betriebsrat über die Modalitäten der Veränderung verhandeln. An die veränderte Dotationsentscheidung des Arbeitgebers ist dieser aber gebunden. Durch Betriebsvereinbarung versprochene Entgelte sind im Bereich der „freiwilligen" Leistungen (→ Rn. 11) weniger bestandskräftig als arbeitsvertragliche Zusagen. Der Arbeitgeber kann gegenüber dem Betriebsrat durch die **Kündigung der Betriebsvereinbarung** ohne Begründung und ohne Nachwirkung (mit einer Frist von drei Monaten, vgl. § 77 Abs. 5, 6 BetrVG) die Leistung einfach auf Null setzen: nach der „Topftheorie" entscheidet er allein über die Dotierungshöhe! Sollen seine Sonderleistungen aber nicht **ersatzlos** gestrichen, sondern nur reduziert werden, hat der Betriebsrat aus § 87 Abs. 1 Nr. 10 BetrVG ein Mitbestimmungsrecht über die Verteilung der reduzierten Mittel.

d) Durch vertragliche Vereinbarung

aa) Anrechnungsklauseln bei vertraglicher Gesamtvergütung

Der Arbeitgeber verspricht häufig ein laufendes **Gesamtgehalt** (Entgelt **23** i.e.S.), das sich aus der tariflichen Vergütung und einer übertariflichen **Zulage** zusammensetzt. Durch solche ergänzende Zulagen können besondere Leistungsanreize gesetzt und betriebliche sowie arbeitsmarktliche Besonderheiten berücksichtigt werden. Der Arbeitgeber wird die Zulagen meist unter den Vorbehalt „jederzeitiger **Anrechenbarkeit**" stellen, was bei jeder Tariflohnerhöhung zur Folge hat, dass über die Anrechnung der Zulage auf die Tariflohnerhöhung frei entschieden werden kann. Bei der Umsetzung der Anrechnung muss wiederum der Betriebsrat beteiligt werden (§ 87 Abs. 1 Nr. 10 BetrVG). Die strengen Maßstäbe der **AGB-Kontrolle** greifen – anders als beim Widerruf eines Entgeltbestandteils – bei der Anrechnung auf die Tariflohnerhöhung **nicht**: laut BAG gehören Anrechnungsklauseln zu den Besonderheiten des Arbeitsrechts (*BAG* NZA 2006, 746: „Wird in AGB eine Zulage unter dem Vorbehalt der Anrechnung gewährt, *ohne dass die Anrechnungsgründe näher bestimmt sind,* führt dies nicht zur Unwirksamkeit nach § 308 Nr. 4 BGB").

bb) Einseitige Gesamtzusage

24   Wird das **Entgelt i.w.S.** nicht bereits im Arbeitsvertrag festgelegt, so geschieht dies häufig nachträglich durch einseitige Gesamtzusagen bzw. **arbeitsvertragliche Einheitsregelungen (AGB)**. Die Bindungswirkung solcher Zusagen wird meist durch ausdrückliche Vorbehalte des Arbeitgebers auf die einzelne Leistung beschränkt bleiben (→ Rn. 11 ff.). Freiwilligkeitsvorbehalte als solche unterliegen als einzige Klauseln **keiner Inhaltskontrolle**, doch sind widersprüchliche Formulierungen zu vermeiden. Vor allem darf nicht „erdientes" Entgelt durch einen solchen Vorbehalt entzogen werden (→ Rn. 11).

cc) Individuelle Zielvereinbarung

25   Eine Flexibilisierung des Entgelts kann auch durch den Einbau von leistungsabhängigen Bestandteilen (Provisionen, Leistungsentgelte) insb. in Gestalt sog. „Zielvereinbarungen" erreicht werden (näher ErfK/*Preis*, § 611a BGB Rn. 504). Soweit **individuell beeinflussbare Ziele** fachlicher, sozialer oder qualifikatorischer Art mit dem Mitarbeiter sinnvoll (!) vereinbart werden können, handelt es sich um ein besonders motivationsförderndes Instrument (Bsp.: Umstellung der Rechnungslegung von Kameralistik auf Doppik). Allerdings müssen nicht nur Ziele vereinbart, sondern danach auch deren Erfüllung jeweils durch Mitarbeitergespräche festgestellt werden. Das ist sehr aufwändig! Je nach **Grad der Zielerreichung** kommt es dann zu „verdienten" Sonderzahlungen im Folgejahr. Doch muss das alles individuell besprochen werden. Der Arbeitgeber geht ein erhebliches **Risiko** für den Fall ein, dass Zieldefinition bzw. -erreichung oder -kontrolle unscharf („weich") erfolgen bzw. überhaupt aus Nachlässigkeit gar nicht vereinbart werden. Das BAG ahndet eine **Nichtverhandlung** des Arbeitgebers trotz entsprechender Vertragspflicht als (Neben-) Pflichtverletzung gem. §§ 280 Abs. 1 u. Abs. 3 i.V.m. §§ 283 S. 1, 252 BGB mit Schadensersatzansprüchen des Arbeitnehmers: der entgangene Normalbonus wird zugesprochen (*BAG* NJW 2008, 872; DB 2009, 513). In der Praxis sollte der Betriebsrat die Grundsätze und das Verfahren bei Zielvereinbarungen (welche Vorgaben? wie die Erreichung feststellen?) möglichst mit dem Arbeit-

geber einvernehmlich festlegen. Eine Betriebsvereinbarung (→ § 3 Rn. 38) zur Zielvereinbarung unterliegt auch keiner Inhaltskontrolle, sondern nur einer Rechtskontrolle (dazu *BAG* NZA 2011, 989).

e) Durch betriebliche Übung

Werden Sondervergütungen des Arbeitgebers ohne ausdrückliche Erklärung 26 mit einer gewissen Regelmäßigkeit ausgeschüttet (als **konkludente Gesamtzusage**), so kann eine betriebliche Übung entstehen. Das BAG versteht deren Ermittlung zu Recht als **Auslegungsproblem** (*BAG* NZA 2012, 81 – Rn. 12). Jegliche Abänderung nach Höhe, Zweck oder Formulierung der Leistung innerhalb von drei Jahren kann bereits die Bindung mangels eindeutigen Erklärungswerts des Verhaltens verhindern (→ § 3 Rn. 50 und *Fall 3*). Die „Abschaffung" einer betrieblichen Übung kann nur durch Änderungskündigung oder -vereinbarung, aber nicht durch quasi **„negative" betriebliche Übung** (d.h. jahrelange Hinnahme eines neu eingeführten Freiwilligkeitsvorbehalts, so noch *BAG* NJW 1998, 475, 476; 2000, 308) bewirkt werden. Dem steht das Verbot fingierter Erklärungen nach § 308 Nr. 5 BGB entgegen (*BAG* NJW 2009, 2475). Die Konstruktion eines konkludenten Änderungsvertrags erforderte ein „beredtes Schweigen" der Arbeitnehmer, das mit § 308 Nr. 5 BGB nicht vereinbar ist. Doch verhindern jedenfalls positive rechtliche Regelungen, die z.B. eine jährliche Überprüfung der Gehaltsanpassung vorsehen, das Entstehen einer Anpassungsautomatik kraft betrieblicher Übung (*BAG* NZA 1999, 203). Dagegen kann ein **abstrakter**, zu weit gefasster **Freiwilligkeitsvorbehalt** im Vertrag wegen dessen Intransparenz das Entstehen einer betrieblichen Übung nicht verhindern (*BAG* NZA 2012, 81, 84 – Tz. 32 ff.).

f) Durch Gleichbehandlung bzw. Gleichstellung

Der arbeitsrechtliche Gleichbehandlungsgrundsatz (→ § 3 Rn. 32 ff.) ist ge- 27 wohnheitsrechtlich anerkannt und verpflichtet den Arbeitgeber dazu, bei der Aufstellung und Durchführung von kollektiven Regelungen bzw. Leistungen nachvollziehbare **sachliche Gründe** zu verwenden. So darf er auch z.B. Außendienstangestellte gegenüber Innendienstlern bevorzugen, neu eintretende Mitarbeiter gegenüber ausscheidenden Mitarbeitern durch Sonderleistungen begünstigen oder Mitarbeiter mit leitenden Aufgaben gegenüber sonstigen Mitarbeitern besser stellen. Verboten ist eine Differenzierung allerdings dann, wenn der Gesetzgeber durch **Gleichstellungsgebote** die Vertragsfreiheit des Arbeitgebers beschränkt. Im Entgeltbereich verbot bis 2006 z.B. § 612 Abs. 3 BGB i.S.v. Art. 141 EG (heute Art. 157 AEUV) die auch nur mittelbare Diskriminierung von Frauen gegenüber Männern wegen ihres Geschlechts (→ *Fall 3*). Die aktuelle AGG-Norm des **§ 7 Abs. 2** erklärt i.V.m. §§ 1, 3 Abs. 2 AGG entsprechende Vereinbarungen für **unwirksam**. Das kann bei fehlerhaften **Kollektivregelungen** zu Schwierigkeiten bei der Rechtsfolge führen, weil zwar im Einzelfall (Individualklage) die dem Gleichheitsprinzip entsprechende

Vergütung zu gewähren ist, doch in Massenfällen die Entgeltregel insgesamt ihre Geschäftsgrundlage durch die Anpassung verliert und deshalb einer Neuformulierung bedarf. Eine generelle „Anpassung nach oben" ist jedenfalls in Massenfällen nicht die angemessene Sanktion (vgl. *Bauer/Krieger/Günther,* § 7 AGG Rn. 25 ff., 31; *Kamanabrou,* RdA 2006, 321, 333 f.; *Rieble/Zeder,* ZfA 2006, 273, 291 ff.).

4. Erfüllung

28 Das Erlöschen der Entgeltzahlungspflicht durch Erfüllung (§ 362 Abs. 1 BGB) wird in der Klausur meist nicht problematisiert, wirft aber in der Praxis folgende Detailfragen auf.

a) Fälligkeit (§ 614 BGB)

29 Nach § 614 S. 1 BGB ist die Vergütung erst **nach Erbringung** der Dienstleistung zu entrichten: *Ohne Arbeit kein Lohn.* Der Arbeitnehmer ist also entgegen § 271 BGB **vorleistungspflichtig.** Von § 614 BGB kann aber durch Tarifvertrag, Betriebsvereinbarung oder Arbeitsvertrag abgewichen werden. So sah früher § 36 Abs. 1 BAT für die Angestellten im öffentlichen Dienst die Gehaltsauszahlung (schon) am 15. des Monats vor, doch wurde dies heute in Zeiten knapper öffentlicher Mittel wieder auf das Monatsende verlagert (§ 24 Abs. 1 S. 2 TVöD/TV-L).

b) Erfüllungsort (§§ 269, 270 BGB)

30 Die gesetzliche Regel des § 269 BGB wird wegen der meist unbar vereinbarten Entgeltzahlung durch § 270 Abs. 1 BGB abgelöst, so dass der Arbeitgeber die Vergütung auf seine Gefahr und Kosten zu überweisen hat **(Schickschuld).** Erfüllungsort bleibt aber auch bei Geldschulden der Betriebssitz (§ 270 Abs. 4 i.V.m. § 269 Abs. 2, 3 BGB); der Arbeitgeber übernimmt bei Geldüberweisungen zwar das Verlustrisiko **(Transportgefahr)**, nicht aber das Verzögerungsrisiko. Er hat rechtzeitig geleistet, wenn er den Überweisungsauftrag vor Fristablauf bei seinem Geldinstitut einreicht (*BSG* NJW 1988, 2501).

c) Brutto- und Nettovergütung

31 Der Arbeitnehmer erhält regelmäßig nicht das gesamte vom Arbeitgeber geschuldete Bruttoentgelt, sondern nur das um Lohnsteuer und Sozialversicherungsbeiträge (ggf. auch vermögenswirksame Leistungen) geschmälerte **Nettoentgelt.** Zu diesen Abzügen ist der Arbeitgeber nach den Vorschriften des Steuer- und Sozialrechts befugt und verpflichtet. Ihm wird damit ein nicht unerheblicher bürokratischer Aufwand zugunsten der Staats- und Sozialversicherungskassen zugemutet. Haben sich die Arbeitsvertragsparteien auf eine bestimmte Vergütungshöhe geeinigt, so wird damit regelmäßig die **Bruttovergütung** gemeint sein (§§ 133, 157 BGB). Auch die Zahlungsklage wird daher in aller Regel als Klage auf den Bruttobetrag lauten; der verurteilte

Arbeitgeber hat dann die Steuern und Sozialversicherungsbeiträge abzuziehen und den Nettolohn an den Kläger auszuzahlen (→ § 6 Rn. 30). Kommt der Arbeitgeber mit der Entgeltzahlung in Verzug, so kann der Arbeitnehmer Verzugszinsen aus der in Geld geschuldeten Bruttovergütung verlangen (*BAG GS* NJW 2001, 3570). Dabei gilt der Zinssatz aus §§ 288 Abs. 1 S. 2, 247 Abs. 1 BGB, weil es sich im Arbeitsverhältnis nicht um Geschäftsverkehr i.S.d. § 288 Abs. 2 BGB handelt. Wollen die Vertragsparteien dagegen eine Nettovereinbarung abschließen mit der Folge, dass gesetzliche Abzüge das vereinbarte Entgelt nicht schmälern dürfen, so bedarf es einer ausdrücklichen **„Brutto für Netto-Abrede"**.

d) Entgeltüberzahlung

Der Arbeitgeber erfüllt seine Entgeltzahlungspflicht nach § 362 BGB durch die Auszahlung des Nettolohns. Kommt es irrtümlich zu einer höheren Auszahlung, etwa wegen Falschberechnung der Abzüge oder einer falschen tariflichen Eingruppierung, ist der Arbeitnehmer **ungerechtfertigt bereichert** und damit nach § 812 Abs. 1 S. 1 erste Alt. BGB zur Rückzahlung verpflichtet. Die Rückzahlungspflicht entfällt allerdings, soweit der Arbeitnehmer nicht mehr bereichert ist (§ 818 Abs. 3 BGB). Bereichert ist er auch dann, wenn durch die Ausgabe des ungerechtfertigt erlangten Entgelts anderweitige Aufwendungen erspart wurden. Weil das Arbeitsentgelt als die Grundlage der Lebenshaltung von Arbeitnehmern weitgehend verplant sei, kann nach Ansicht des BAG der „typische" Arbeitnehmer den Entreicherungseinwand ohne Beweisaufnahme regelmäßig dann mit Erfolg vorbringen, wenn die Überzahlung nicht mehr als 10 % des Monatseinkommens beträgt und er nicht zu den „Besserverdienenden" zählt (*BAG* NJW 1994, 2636). Hierdurch wird Konsum prämiert, was dann problematisch ist, wenn der Arbeitnehmer den Irrtum erkennen konnte. Unternimmt er in diesem Fall nichts zur Aufklärung des Irrtums, so kann er dem Arbeitgeber darüber hinaus noch aus Pflichtverletzung (§ 280 Abs. 1 BGB) haften. Er ist aber grundsätzlich nicht verpflichtet, eine Vergütungsabrechnung zu überprüfen. Zudem unterfällt der Rückzahlungsanspruch den kurzen tariflichen Ausschlussfristen (z.B. § 37 Abs. 1 S. 1 TVöD), soweit der Fehler in der Sphäre des Arbeitgebers lag (*BAG* DB 2005, 1172 = ZTR 2005, 365).

32

Beispielsfall: Der arbeitswütige und tarifgebundene Emil erhält am 1.3.2007 den förmlichen Bescheid über die Bewilligung seiner Erwerbsunfähigkeitsrente. Er setzt dennoch entgegen § 33 Abs. 2 S. 1 TVöD seine Tätigkeit als Güteprüfer bei der Bundeswehr fort. Erst ein Jahr später informiert er seine Dienststellenleitung über den Rentenbezug und stellt seine Tätigkeit ein. In der Zwischenzeit hatte Emil neben seinem laufenden Gehalt noch Urlaubsvergütung sowie Krankenbezüge in Höhe von insgesamt ca. 7.000,– € erhalten. Die Dienststellenleitung möchte diese Summe von Emil zurückfordern, weil sie der Meinung ist, dass Emil im letzten Jahr seiner Tätigkeit ohne Rechtsgrund gearbeitet hat und dementsprechend nur die Gegenleistung für seine **faktischen Dienste** verdient habe. Zu Recht?

Lösung: Die Dienststellenleitung kann die Beträge nur dann aus § 812 Abs. 1 S. 1 Alt. 1 BGB zurückfordern, wenn die Zahlungen an E (1) auf ihre Kosten ohne rechtlichen Grund erfolgt waren und (2) auch nicht durch die Grundsätze des fehlerhaften Arbeitsverhältnisses gerechtfertigt waren.

(1) Ohne rechtlichen Grund: Nach § 33 Abs. 2 S. 1 TVöD endet das Arbeitsverhältnis eines Angestellten, dessen Erwerbsunfähigkeit festgestellt wird, mit Ablauf des Monats, in dem die Zustellung des Rentenbescheids erfolgt, von selbst (auflösende Bedingung). Somit endete das Arbeitsverhältnis von E kraft normativer Wirkung am 31.3.2007. Für den nachfolgenden Zeitraum fehlte es damit an einem Rechtsgrund für seine Beschäftigung.

(2) Einwand fehlerhaftes Arbeitsverhältnis: Soweit beide Arbeitsvertragsparteien übereinstimmend den Vollzug des Arbeitsverhältnisses billigten, wäre der Anspruch der Dienststelle unbegründet, weil nach den Grundsätzen des fehlerhaften Arbeitsverhältnisses das vollzogene Arbeitsverhältnis für die Vergangenheit als fehlerfrei mit der Folge behandelt wird, dass eine Rückabwicklung der wechselseitig erbrachten Leistungen ausgeschlossen ist. Diese Grundsätze passen hier aber nicht, weil E's Arbeitsleistung nach Beendigung seines Arbeitsverhältnisses **nicht bewusst** von beiden Seiten gebilligt wurde, vielmehr nur aufgrund fehlender Kenntnis der Dienststellenleitung von der Rentengewährung. Damit ist diese Situation vergleichbar derjenigen, in der der Arbeitnehmer nach § 123 BGB den Arbeitgeber über eine einstellungsrelevante Tatsache täuscht und allein dadurch seine Einstellung erschleicht (→ *Fall 2*).

(3) Rückabwicklung nach Bereicherungsrecht: Somit sind die rechtsgrundlos erhaltenen Leistungen nach § 812 Abs. 1 S. 1 Alt. 1 BGB abzuwickeln. Allerdings schuldet E nicht den Gesamtbetrag der erhaltenen Zahlungen, weil zu berücksichtigen ist, dass die Dienststelle für die erhaltene Arbeitsleistung Wertersatz nach § 818 Abs. 2 BGB schuldet. Bei der Saldierung der ausgetauschten Leistungen ist jedoch zu beachten, dass nur die für die tatsächliche Erbringung der Arbeitsleistung gezahlten Beträge einzustellen sind, nicht aber darüber hinaus gehende „Sozialbezüge". Somit ist die Rückforderung der Urlaubsvergütung und der Krankenbezüge nach § 812 Abs. 1 S. 1 Alt. 1 BGB gerechtfertigt, weil diesen Zahlungen nicht tatsächliche Leistungen des E gegenüberstanden (*BAG NJW* 1998, 557).

5. Entgeltsicherung

Das Arbeitsentgelt stellt in aller Regel als einzige Einkommensquelle die 33
Existenzgrundlage des Arbeitnehmers dar und ist daher in besonderer Weise
vor Aufrechnung, Abtretung, Pfändung und Insolvenz geschützt.

a) Schutz gegen Aufrechnung (§ 394 S. 1 BGB)

Der Arbeitgeber kann nach § 394 S. 1 BGB **nicht** mit eigenen Forderungen 34
gegen die Entgeltforderung des Arbeitnehmers **aufrechnen**, soweit der Vergütungsanspruch **unpfändbar** ist. Die Unpfändbarkeit des Arbeitsentgelts ergibt
sich aus §§ 850 ff. ZPO. Unpfändbar sind die in § 850a ZPO aufgeführten
Ansprüche (z.B. Nr. 4: „Weihnachtsvergütungen"), bedingt pfändbar die Ver-
sorgungsbezüge nach § 850b ZPO. Die Norm des § 850c Abs. 1 ZPO legt den
sog. unpfändbaren Grundbetrag des Einkommens fest, dessen Höhe von den
gesetzlichen Unterhaltsverpflichtungen des Arbeitnehmers abhängt. Der nach
§ 850 Abs. 2, 3 ZPO maßgebende „vollstreckungsrechtliche" Begriff des **Ar-
beitseinkommens** ist viel weiter als der oben Rn. 6 verwendete Entgeltbegriff.

b) Schutz gegen Abtretung (§ 400 BGB)

Auch die **Abtretung** der Entgeltforderung nach § 398 BGB findet ihre 35
Grenze an der durch §§ 850 ff. ZPO vorgegebenen Unpfändbarkeit des Ar-
beitseinkommens (§ 400 BGB). Eine entgegenstehende Vereinbarung ist nichtig
(§ 134 BGB), so dass z.B. auch der Vermieter des Arbeitnehmers, der unter
Vorausabtretung der unpfändbaren Entgeltteile Wohnraum überlassen hat,
vom Arbeitgeber nicht den unpfändbaren Anteil mit dem Argument verlangen
kann, die Wohnraumüberlassung sei eine für den Arbeitnehmer „wirtschaftlich
gleichwertige" Leistung (*BAG* NJW 2001, 1443). Unbenommen bleibt den
Vertragspartnern aber ein über § 400 BGB hinausgehender **vertraglicher**
Abtretungsausschluss nach § 399 (2. Alt.) BGB (*pactum de non cedendo*). Der
Ausschluss durch Kollektivvertrag (TV, BV) ist wegen des Eingriffs in die
individuelle Vertragsfreiheit nicht unbedenklich, wird aber von der h.M. bejaht (MüKo-BGB/*Müller-Glöge*, § 611 Rn. 850; a.A. *Löwisch/Rieble*, § 1 TVG
Rn. 245). Gegenüber dem Abtretungsempfänger kann der Arbeitgeber nach
§ 404 BGB die ihm gegen den Arbeitnehmer zustehenden **Einreden** geltend
machen.

c) Schutz gegen Pfändung (§§ 850 ff. ZPO)

Für den Inhaber einer titulierten Geldforderung stellt das Arbeitseinkom- 36
men des Schuldners häufig das einzig erfolgversprechende Vollstreckungsob-
jekt dar. Der Schuldner wird demgegenüber durch die oben Rn. 34 erwähnten
Schutzvorschriften der ZPO (§§ 850 ff. ZPO) in einem existenziell notwendigen Minimum geschützt. Die darüber hinaus gehende **Lohnpfändung**
des Gläubigers betrifft den Arbeitgeber als **Drittschuldner** (vgl. §§ 829, 835,

840 ZPO: Auskunftspflicht). Mit Erlass des Pfändungs- und Überweisungs-
beschlusses ist er verpflichtet, den pfändbaren Betrag zu berechnen und dem
Gläubiger auszuzahlen. Die nicht unerheblichen **Kosten** der Lohnpfändung
können allenfalls durch Vereinbarung auf den Arbeitnehmer abgewälzt werden, weil die ZPO den Arbeitgeber als Drittschuldner unmittelbar in die
Pflicht nimmt.

d) Schutz gegen Insolvenz

37   Durch die **Insolvenzordnung** werden die Arbeitnehmer den sonstigen
Insolvenzgläubigern gleichgestellt. Für nicht erfüllte Entgeltansprüche *vor
Insolvenzeröffnung* müssen sie sich deshalb in die Reihe der Insolvenzgläubiger
(§ 38 i.V.m. § 108 Abs. 2 InsO) einreihen lassen. Anstelle des früheren Kon-
kursausfallgelds wird ihnen aber nach den §§ 165 ff. SGB III ein **Insolvenz-
geld** gewährt, das für die dem Insolvenzereignis vorausgehenden drei Monate
Entgeltersatz ermöglicht. Diese Sicherung des rückständigen Arbeitsentgelts ist
nach Wegfall der früheren Konkursvorrechte von besonderer Bedeutung für
die Arbeitnehmer. Es ist nicht mit Arbeitsentgelt gleichzusetzen, sondern ist
Lohnersatzleistung (*BAG* NZA 1998, 710). Entgeltansprüche *nach Eröffnung* des
Insolvenzverfahrens sind dagegen bevorrechtigte sog. Masseverbindlichkeiten
(§§ 53, 55 Abs. 1 Nr. 2 InsO).

6. Einreden und Einwendungen

38   Wenn der Entgeltanspruch unstreitig entstanden ist, kann der Arbeitgeber
dennoch Einreden bzw. Einwendungen (Gegenrechte) geltend machen, die der
Durchsetzung des Anspruchs

- eine **rechtsvernichtende** Einwendung (z.B. Erfüllung, Erlass, Ausschlussfrist) oder
- eine **rechtshemmende** Einwendung (z.B. Leistungsverweigerungsrecht,
  Verjährung), die besser **Einrede** genannt wird, weil sie den Anspruch nicht
  beseitigt,

entgegensetzt. Praxisrelevant sind in diesem Zusammenhang vor allem die
Einrede der Verjährung sowie die Einwendung der Ausschlussfrist und des
Verzichts.

a) Einrede der Verjährung (§ 214 Abs. 1 BGB)

39   Die gesetzliche Verjährungsfrist für Entgeltforderungen beträgt nach § 195
BGB **drei Jahre** und beginnt nach § 199 Abs. 1 BGB mit dem Schluss des
Jahres, in dem der Anspruch entstanden ist (vgl. § 614 BGB). Das zusätzliche
Erfordernis, dass der Arbeitnehmer von den den Anspruch begründenden
Umständen und der Person des Arbeitgebers Kenntnis erlangt haben muss, ist
im Arbeitsverhältnis unproblematisch erfüllt. In der Praxis wird die gesetzli-

che Frist durch wesentlich kürzere **Ausschlussfristen** modifiziert, die einer Angemessenheitskontrolle nach §§ 307, 310 Abs. 4 BGB standhalten müssen, soweit nicht Tarifklauseln betroffen sind (vgl. *Preis,* RdA 2002, 42 → Rn. 41).

b) Einwendung der Ausschlussfrist

Bei der Beendigung eines Arbeitsverhältnisses greifen üblicherweise tarifli- 40
che oder vertragliche Ausschlussfristen, die die Geltendmachung „aller aus dem Arbeitsverhältnis stammenden Ansprüche" auf wenige Monate begrenzen. Die auch „Verfallfristen" genannten Klauseln sind gesetzlich nicht geregelt, werden aber in § 4 Abs. 4 S. 3 TVG als Gegenstände von Tarifverträgen vorausgesetzt. Im Unterschied zur Verjährung gewähren sie nicht nur eine Einrede gegen das fortbestehende Recht, sondern lassen dieses mit Fristablauf **untergehen**. Sie sind von Amts wegen zu beachten, so dass sich der Schuldner – anders als bei der Verjährung – nicht darauf berufen muss: sie gelten daher als **Einwendung**. Auch bei nicht tarifgebundenen Arbeitnehmern wird meistens per Bezugnahmeklausel (→ § 3 Rn. 43) eine Ausschlussfrist wirksam vereinbart, doch sind auch **formularvertragliche** Verfallklauseln üblich, die alle nicht kollektivvertraglichen Ansprüche betreffen können und der Inhaltskontrolle nach § 307 BGB unterliegen (vgl. *Krause,* RdA 2004, 42, 111); § 309 Nr. 13 BGB kann ihre Verwendung nicht a priori ausschließen, weil die gerichtliche Geltendmachung sich nicht als eine „strengere Form" kraft AGB darstellen lässt und Ausschlussklauseln eine arbeitsrechtliche Besonderheit darstellen (*BAG* NJW 2005, 3305).

Wegen ihrer den Arbeitnehmer **benachteiligenden Wirkung** bedürfen Ausschlussfris- 41
ten einer strengen **Inhaltskontrolle** nach § 307 Abs. 1, 2 BGB. Wegen der sonst drohenden Beweisnot des Arbeitgebers sind sie zur raschen Herstellung von Rechtssicherheit angesichts des Massentatbestands monatlich fällig werdender Arbeitnehmerforderungen auch als Formularklauseln **grundsätzlich zulässig** (*BAG* NJW 2005, 3305). Doch verstoßen schon *einseitige* tarifliche Ausschlussfristen, nach denen nur Ansprüche der Arbeitnehmer, nicht aber solche des Arbeitgebers innerhalb kurzer Frist verfallen, gegen § 307 Abs. 1 S. 1 BGB, weil die einseitig den Arbeitnehmer treffende Erschwerung seiner Anspruchsdurchsetzung einer ausgewogenen Vertragsgestaltung widerspricht (*BAG* NZA 2006, 324; anders noch *BAG* NZA 1998, 431). Während **tarifliche zweistufige** Ausschlussfristen, d.h. solche, die nach einer Geltendmachung des Anspruchs zusätzlich die *gerichtliche* Geltendmachung innerhalb bestimmter Fristen erfordern, keiner Angemessenheitskontrolle unterliegen und nur bei extremer Kürze zu beanstanden sind (*Krause,* RdA 2004, 111), erklärt das *BAG* – anders als vor der Schuldrechtsreform! – jetzt zweistufige **vertragliche Klauseln** dann für unwirksam, wenn sie auf **beiden Stufen** nicht mindestens eine angemessene Drei-Monats-Frist einhalten (*BAG* NZA 2008, 699; NJW 2006, 795; NJW 2005, 3305). Dies wird aus dem Leitbildcharakter der dreijährigen Regelverjährung (§§ 195, 199, 202 BGB) und der Erwägung gefolgert, dass die vereinbarte Ausschlussfrist dem Kläger eine faire Chance lassen muss, seine Ansprüche nach Einholung fachkundigen Rats und angemessener Abwägung von Pro und Contra geltend machen zu können. Auch solche Fristen, die laut Vertrag **unabhängig** von der Kenntnis des Anspruchsinhabers zu laufen beginnen, müssen vor dem Leitbild des § 199 BGB als fragwürdig erscheinen.

c) Einwendung des Verzichts (§ 397 BGB) bei Ausgleichsklauseln

42   Ähnliche Auslegungsfragen ergeben sich bei **Ausgleichsklauseln** bzw. **Ausgleichsquittungen**, die bei Beendigung des Arbeitsverhältnisses vereinbart werden. Regelmäßig wird damit bestätigt, dass keine wechselseitigen Ansprüche aus dem Arbeitsverhältnis mehr bestehen. Damit einher geht häufig eine Empfangsbestätigung über den Erhalt der letzten Vergütung und der Arbeitspapiere, auf deren Erteilung der Arbeitnehmer einen Anspruch nach § 368 BGB hat („Quittung"). Die sog. **Ausgleichsklausel** ist als Rechtsgeschäft nach §§ 119 ff. BGB anfechtbar (z.B. wegen Drohung, wenn die Herausgabe der Arbeitspapiere von der Unterzeichnung abhängig gemacht wird) und kann – je nach Auslegung – die Rechtswirkungen eines Erlassvertrags (§ 397 Abs. 1 BGB), eines negativen (deklaratorischen) Schuldanerkenntnisses (§ 397 Abs. 2 BGB) oder eines außergerichtlichen Vergleichs (§ 779 BGB) haben. **Im Regelfall ist gewollt, dass die Parteien „meinen", einander nichts mehr zu schulden.** Wenn eine Forderung dennoch nachweislich noch offen ist, kann trotz der Ausgleichsklausel Zahlung verlangt werden. Bei dem hier regelmäßig vorliegenden *deklaratorischen* Schuldanerkenntnis ist ein Verzicht auf unbekannte Forderungen nicht gewollt, vgl. *BAG* NJW 2008, 461: „Wenn feststeht, dass eine Forderung entstanden ist, verbietet dieser Umstand im Allgemeinen die Annahme, der Gläubiger habe sein Recht nach § 397 Abs. 1 oder 2 BGB einfach wieder aufgegeben". Ein Erlass liegt im Zweifel also **nicht** vor. Wird in einem **Aufhebungsvertrag** (§ 623 BGB) eine Ausgleichsklausel als **Nebenabrede** aufgenommen, unterliegt diese der **AGB-Kontrolle** (*BAG* NJW 2012, 103). Sollen damit nur **einseitig** Ansprüche des Arbeitgebers erfasst werden und wird dafür keine entsprechende **Gegenleistung** („Abfindung") gewährt, so benachteiligt diese den Arbeitnehmer **unangemessen**. Unwirksam ist auch der Verzicht auf **zwingende** Ansprüche aus Gesetz (z.B. § 13 Abs. 1 S. 3 BUrlG), Tarifvertrag (§ 4 Abs. 4 TVG) oder Betriebsvereinbarung (§ 77 Abs. 4 S. 2 BetrVG).

Fall 3:   Weihnachtskarten für Zerlina

(Betriebliche Übung, Betriebsvereinbarung, (mittelbare) Geschlechtsdiskriminierung, Gleichbehandlungsgrundsatz, Gratifikation, Normenhierarchie im Arbeitsrecht, Teilzeitbeschäftigung – *BAG* NZA 1995, 985; 1998, 423)

Sachverhalt

Zerlina ist seit 1990 bei der Morgenpost (M) als Zeitungszustellerin in Teilzeit beschäftigt. Bei M, die nicht tarifgebunden ist, sind etwa 220 teilzeitbeschäftigte Zeitungszusteller nebenberuflich sowie 15 vollzeitbeschäftigte Vertriebsinspekteure und -helfer hauptberuflich angestellt. Die Zeitungszusteller haben die Aufgabe, an sechs Tagen in der Woche in den ihnen zugewiesenen Zustellbezirken die Tageszeitungen bis 6.30 Uhr auszutragen.

Darüber hinaus kassieren die Zusteller von einigen Abonnenten, die bar bezahlen, das Zeitungsgeld. Die besser vergüteten Vertriebshelfer haben sich ab 3 Uhr morgens am Geschäftssitz der M bereit zu halten und bei plötzlicher Verhinderung eines Zustellers für eine Vertretung zu sorgen. Gelingt das nicht, müssen sie selbst zustellen. Die noch besser vergüteten Vertriebsinspekteure müssen allen Reklamationen nachgehen und den gesamten Vertrieb einschließlich des Fuhrparks betreuen und verantworten.

In einer Betriebsvereinbarung wurde bei M festgelegt: „Es wird jährlich unter Berücksichtigung der allgemeinen Einkommensentwicklung und der wirtschaftlichen Lage überprüft, ob allen Arbeitnehmern ein Weihnachtsgeld gewährt werden kann." Diese Betriebsvereinbarung wurde von der Geschäftsleitung am 23.4.2011 und vom Betriebsrat am 21.5.2011 unterzeichnet. Zuvor war dem Betriebsrat ein Schreiben der Geschäftsleitung vom 24.4.2011 zugegangen, in dem ergänzend zur Betriebsvereinbarung erklärt wurde, dass die Geschäftsführung nicht die Absicht habe, „die Weihnachtsgeldzahlungen der Zeitungszusteller von denen der Vertriebsinspekteure und -helfer abzukoppeln."

Mit unterschiedlichen Formulierungen wurden seit November 2011 Sonderzahlungen in Höhe eines Monatsentgelts an alle Beschäftigten bei M ausgeschüttet. So hieß es z.B. im November 2012: „Wir haben uns entschlossen, Ihnen in diesem Jahr mit einer Sonderzahlung in Höhe Ihrer Monatsvergütung zum Ende des Jahres eine Freude zu bereiten." Und im November 2013: „Gern teilen wir Ihnen mit, dass wir uns auch in diesem Jahr zu einer Sonderzahlung in Höhe einer Monatsvergütung entschlossen haben." Im November 2014 erfolgte eine Sonderzahlung in Höhe der Monatsvergütung ohne weitere Information. November 2015: „Eine kleine Freude hoffen wir Ihnen mit der Sonderzahlung in Höhe Ihrer Monatsvergütung zum Ende dieses Monats bereiten zu können."

Im Jahre 2016 erhielten nur die Zeitungszusteller ein Sachgeschenk in Form eines Kaffeeautomaten. Dies wurde ihnen in einem Schreiben Mitte November wie folgt mitgeteilt: „Anstelle einer Sonderzahlung möchten wir Ihnen in diesem Jahr mit unserem neuen Kaffeeautomaten eine kleine Freude bereiten." Im Jahr 2017 erfolgte an die Zusteller gar keine Sonderzahlung mehr. Die anderen Vertriebsangestellten hingegen erhielten „ohne Anerkennung einer Rechtspflicht" weiterhin eine Sonderzahlung („Weihnachtsgeld") in Höhe eines Monatseinkommens. Seit 2016 allerdings bekamen alle Zeitungszusteller, auch Zerlina, von M Weihnachtskarten zur Verfügung gestellt, um diese den Abonnenten um die Weihnachtszeit aushändigen zu können, was erfahrungsgemäß zu guten Trinkgeldern führt.

Zerlina fordert nun für die Jahre 2016 und 2017 die Zahlung des „Weihnachtsgeldes" in Höhe einer monatlichen Vergütung. Sie meint, nach der jahrelangen vorbehaltlosen Zahlung sei die Morgenpost aufgrund betrieblicher Übung weiterhin verpflichtet, eine solche jährliche Sonderzahlung zu erbringen, zumal auch ein ausdrücklicher Widerruf nicht erfolgt sei. Außerdem habe sie unter dem Gesichtspunkt der Gleichbehandlung einen Anspruch auf Weihnachtsgeld in Höhe ihres Monatseinkommens. Es sei nicht sachgerecht, zwischen den teilzeitbeschäftigten Zeitungszustellern und den vollzeitbeschäftigten Vertriebsangestellten zu differenzieren. Eine Regelung, die Teilzeitbeschäftigte vom Weihnachtsgeld ausschließe, stelle eine mittelbare Diskriminierung von Frauen dar, denn Teilzeitbeschäftigte seien mehrheitlich Frauen (was tatsächlich zutrifft). Außerdem ergebe sich schon aus der Betriebsvereinbarung aus dem Jahre 2011 ein solcher Anspruch.

Kann Zerlina von der Morgenpost für die Jahre 2016 und 2017 Zahlung des Weihnachtsgeldes beanspruchen?

Lösung

Klausurtipp: Hier kann der Anspruch aus unterschiedlichen Rechtsgründen zu bejahen sein. Der Arbeitsvertrag bleibt aber jeweils Ausgangspunkt und zentrale Anspruchsgrundlage (→ § 3 Rn. 5, 12). Daher ist er – i.V.m. § 611a BGB (→ § 4 Rn. 17) – zusammen mit den jeweiligen Zusatznormen zu zitieren. Der Aufbau ist geprägt von der Normenhierachie. Die einschlägigen Anspruchsnormen sind von unten nach oben durch zu prüfen (→ § 3 Rn. 19).

I. Anspruch aus Arbeitsvertrag i.V.m. § 611a BGB und Betrieblicher Übung (–)

Keine Gratifikationsregelung im Arbeitsvertrag, Voraussetzung daher: Betriebliche Übung.

1. Voraussetzungen der betrieblichen Übung

Regelmäßige Wiederholung bestimmter Verhaltensweisen des Arbeitgebers, aus denen die Arbeitnehmer schließen können, ihnen solle eine Leistung oder eine Vergünstigung auf Dauer eingeräumt werden.
(BAG: konkludente Willenserklärung des Arbeitgebers/a.A.: Vertrauenshaftung)
Bei Weihnachtsgeld: Wenn ohne erkennbare Beschränkung auf das jeweilige Jahr in drei aufeinanderfolgenden Jahren eine gleichförmige Gratifikation gewährt wird.

2. Hier: ausreichender Bindungswille der M (–)

Ankündigungsschreiben der M zeigen (2012: „… in diesem Jahr …"; 2013: „… auch in diesem Jahr … ."), dass die Sonderzahlung nicht ohne jede Einschränkung und auf Dauer gewährt werden sollte.
Für das Jahr 2015 findet der mangelnde Bindungswille in den Worten „eine kleine Freude" Ausdruck. Eine nur in den Jahren 2014 und 2015 geleistete vorbehaltlose Zahlung reicht für betriebliche Übung ohnehin nicht aus.

II. Anspruch aus Arbeitsvertrag i.V.m. § 611a BGB und der Betriebsvereinbarung (–)

1. Auslegung der Betriebsvereinbarung

Aus dem Wortlaut der Betriebsvereinbarung ergibt sich lediglich, dass jährlich überprüft werden soll, ob eine Zahlung der Gratifikation möglich ist.

2. Schreiben der Geschäftsleitung

Mangels der nach § 77 Abs. 2 BetrVG notwendigen Unterzeichnung des Betriebsrats ist das Schreiben nicht Bestandteil der Betriebsvereinbarung geworden. Darüber hinaus sagt die Geschäftsleitung mit dem Schreiben nicht zu, allen Arbeitnehmern gleichmäßig eine Weihnachtsgratifikation zu gewähren.

III. Anspruch aus Arbeitsvertrag i.V.m. § 611a BGB und § 4 Abs. 1 TzBfG (–)

1. Ungleichbehandlung

Unterschiedliche Behandlung liegt durch Zahlung der Weihnachtsgratifikation nur an die Vertriebshelfer vor.

2. Sachliche Rechtfertigung

Tätigkeit der Vertriebshelfer ist vielfältiger und anspruchsvoller. Dies rechtfertigt auch eine unterschiedliche Behandlung. Daher kein Verstoß gegen § 4 Abs. 1 TzBfG.

IV. Anspruch aus Arbeitsvertrag i.V.m. §§ 611a BGB, 3 Abs. 2, 7 Abs. 2 AGG (–)

1. Mittelbare Diskriminierung, § 3 Abs. 2 AGG

Es müssten bei M überwiegend Arbeitnehmerinnen als Zeitungszusteller tätig sein. Hiervon ist nach dem SV auszugehen.

2. Gleiche oder gleichwertige Arbeit?

Die Tätigkeiten von Zeitungszustellern und Vertriebshelfern sind jedoch nicht gleichwertig (gleicher „Arbeitswert" nach Anschauung der beteiligten Verkehrskreise); somit ist die faktisch ungleiche Behandlung „sachlich gerechtfertigt" i.S.v. § 3 Abs. 2 AGG.

V. Anspruch aus Arbeitsvertrag i.V.m. § 611a BGB und dem arbeitsrechtlichen Gleichbehandlungsgrundsatz (–)

Eine Differenzierung zwischen den einzelnen Arbeitnehmergruppen liegt vor.

1. Sachlicher Grund: unterschiedliche Tätigkeit

Zweck des freiwillig gewährten Weihnachtsgeldes: zusätzliche Vergütung geleisteter Dienste und Beitrag zu den anlässlich des Weihnachtsfestes entstehenden besonderen Aufwendungen. Unterschiedliche Tätigkeit der Vertriebshelfer und der Zusteller ist insoweit kein sachlicher Differenzierungsgrund.

2. Sachlicher Grund: Weihnachtskarten

Zahlung des Weihnachtsgeldes an die Arbeitnehmer im Innendienst soll zwischen diesen und den Zeitungszustellern einen Ausgleich dafür schaffen, dass diese kein Trinkgeld erhalten. Dies ist ein ausreichender sachlicher Grund, zumal M durch die von ihr gewährten Weihnachtskarten die Zeitungszusteller dabei unterstützt, ihren Verdienst durch nicht unerhebliche Trinkgelder zu erhöhen.

VI. Ergebnis

Anspruch der Z auf Zahlung der Gratifikation für die Jahre 2016 und 2017 (–)

II. Ansprüche auf Entgelt ohne Leistung ("Lohn ohne Arbeit")

1. Der Grundsatz "Ohne Arbeit kein Lohn" (§ 326 Abs. 1 S. 1 BGB)

43   Die Entgeltansprüche des Arbeitnehmers knüpfen i.d.R. an die Erbringung seiner Arbeitsleistung an. Den §§ 326 Abs. 1 S. 1, 614 S. 1 BGB liegt der Grundsatz "Ohne Arbeit kein Lohn" zu Grunde. Wer also die betriebsübliche Arbeitszeit versäumt, dessen Arbeitsleistung ist nach allgemeinen BGB-Regeln **unmöglich** geworden – zumindest für diesen Zeitabschnitt (§ 275 Abs. 1 BGB → *Beispiel* Rn. 7). Man begründet das mit dem **Fixschuldcharakter** der Arbeitsleistung, der auch von §§ 615, 616 BGB vorausgesetzt wird (→ Rn. 47). Die Auswirkungen auf die Zahlungspflicht ergeben sich auch im Arbeitsrecht grundsätzlich aus § 326 Abs. 1 S. 1 BGB, wenngleich überlagert durch die Spezialregeln der §§ 615, 616 BGB. Der Reformgesetzgeber des BGB hat dieses synallagmatische Prinzip ausdrücklich bestätigt.

44   Die Bindung der Arbeitsleistung an fest vorgegebene Arbeitszeiten ist allerdings in Auflösung begriffen. Wer in **einfacher Gleitzeit** arbeitet, hat nur in der sog. Kernzeit (z.B. 9–12 und 14–16 Uhr) Anwesenheitspflicht. Nur in der Kernzeit kann daher Arbeitszeit versäumt werden und (Teil-)Unmöglichkeit eintreten. Werden leitende Angestellte mit der sog. **Vertrauensarbeitszeit** ohne jede Zeiterfassung "beglückt", kann Unmöglichkeit wegen Arbeitszeitversäumnis überhaupt nicht mehr eintreten. Durch die volle "Arbeitszeitsouveränität" wandelt sich die zeitgebundene Fixschuld des Arbeitnehmers in eine "zeitliche Vorratsschuld" um, für die § 615 BGB keine Rolle mehr spielt, weil die Nachholbarkeit der Leistung vermutet wird. Eine Nichtleistung ist dann nicht mehr aufgrund Zeitversäumnis, sondern nur aufgrund klar definierter Tatbestände wie Urlaub, Krankheit etc., ansonsten nur bei mangelhafter Aufgabenerfüllung denkbar (dazu *Reichold*, NZA 1998, 393).

45   Vom synallagmatischen Prinzip ergeben sich im Arbeitsrecht aber zahlreiche Ausnahmen, die über §§ 615, 616 BGB weit hinausgehen und dem Charakter des Arbeitsrechts als **Sozialprivatrecht** Rechnung tragen. Zu unterscheiden sind dabei spezialgesetzlich "vorgesehene", ausdrücklich geregelte Unterbrechungen der Arbeitspflicht (z.B. Krankheit, Urlaub, unten 4, 5) von den **nicht** "vorhersehbaren" Unterbrechungen, den klassischen "Leistungsstörungen" (unten 2, 3). Das lässt sich wie folgt schematisieren:

Prüfungsschema 10: „Ohne Arbeit kein Lohn"

---

1. **Anspruch entstanden?**
   a) Abschluss eines Arbeitsvertrags
   b) Arbeitsverhältnis noch nicht beendet
2. **Anspruch erloschen?**
   Grundsätzlich gilt:
   Unmöglichkeit der (Teil)Leistung des **Arbeitnehmers** (§ 275 Abs. 1 BGB) führt nach § 326 Abs. 1 S. 1 BGB zum Erlöschen des Anspruchs auf den Arbeitslohn (**unabhängig** vom Vertreten-Müssen des Arbeitnehmers)
   Aber Achtung: Zahlreiche Ausnahmen kraft Gesetzes (→ 3 a–d)
3. **Anspruch trotz Nichtleistung aufrecht erhalten?**
   Anspruch bleibt aufrecht erhalten,
   a) wenn die Unmöglichkeit der (Teil-)Leistung vom **Arbeitgeber** zu vertreten ist (§ 326 Abs. 2 S. 1 BGB) oder in seine **Risikosphäre** fällt, d.h. bei „Annahmeverzug", **§ 615 S. 1 BGB** (→ Rn. 49), bei Verwirklichung seines Wirtschaftsrisikos (sog. „Verwendungsrisiko" des Arbeitgebers → Rn. 52) sowie bei betriebsbedingter Unmöglichkeit, **§ 615 S. 3 BGB** (→ Rn. 46 und *Fall 4*)
   b) bei vorübergehender personenbedingter Unmöglichkeit, **§ 616 BGB** (→ Rn. 57)
   c) bei krankheitsbedingter Unmöglichkeit, §§ 3 ff. EFZG, §§ 18, 20 MuSchG (→ Rn. 62)
   d) bei urlaubs- und feiertagsbedingter Unmöglichkeit, BUrlG bzw. § 2 EFZG (→ Rn. 82)

---

2. Annahmeverzug bzw. -unmöglichkeit (§ 615 DGD)

a) Anspruchsgrundlage: Arbeitsvertrag i.V.m. §§ 611a, 615 S. 1 oder S. 3 BGB

Eine allgemeine BGB-Regel, die „Lohn ohne Arbeit" ermöglicht, hält § 615 **46** BGB bereit: Während des „Annahmeverzugs" des Arbeitgebers behält der Arbeitnehmer, unabhängig von der Verschuldensfrage, seinen Entgeltanspruch. Es **bleibt** also beim ursprünglichen Anspruch aus Arbeitsvertrag. Die besondere Aussage von § 615 BGB ist, dass der Arbeitnehmer **zur Nachleistung nicht verpflichtet** sei. Damit wird wegen der Besonderheiten abhängiger Arbeit eine entscheidende Ausnahme von den allgemeinen Verzugsregeln gemacht: *auch wenn er noch nachholen könnte,* wird der Arbeitnehmer von seiner Leistungspflicht befreit. Allerdings muss er sich anderweit kausal entstandene Vermögensvorteile anrechnen lassen, § 615 S. 2 BGB. Vorrangig ist aber eine andere Frage: Was eigentlich ist „Annahmeverzug" im Arbeitsrecht?

b) Verzug und/oder Unmöglichkeit im Arbeitsrecht

Fraglich ist bei der Anwendung des § 615 BGB, ob die typischerweise an fes- **47** te betriebliche Arbeitszeiten gebundene Arbeitsleistung überhaupt nachholbar ist, oder anders gefragt: ob nicht der „Verzug" der Arbeitsleistung gegenüber ihrer „Unmöglichkeit" die absolute Ausnahme ist, denkt man an die Grund-

sätze des allgemeinen BGB-Schuldrechts. Danach schließen sich bekanntlich
Verzug und Unmöglichkeit aus, es sei denn, der Ausnahmefall des (absoluten
oder relativen) **Fixgeschäfts** wäre zu bejahen, der sich dadurch auszeichnet,
dass die Versäumung der Leistungszeit zur Unmöglichkeit führt (*Medicus/Pe-
tersen*, Rn. 160 ff.). Gerade dieser Ausnahmefall ist aber bei der Arbeitspflicht
als einer **zeitgebundenen Arbeitsleistung** die Regel: Wer die geschuldete
Arbeitsleistung versäumt, kann diese regelmäßig (Ausnahme z.B. in Gleitphase
oder bei Vertrauenszeit) nicht mehr nachholen. Nachgeleistete Arbeit ist ein
„aliud" zur ursprünglich geschuldeten. Damit verbliebe dem § 615 BGB als
„Verzugs"-Regel aber **kein Anwendungsbereich**: auf die normale Arbeitsleistung mit Fixschuldcharakter müssten ausschließlich §§ 275 Abs. 1, 326 BGB
Anwendung finden. Dies würde nach § 326 Abs. 1 S. 1 BGB dazu führen, dass
z.B. der Arbeitgeber, der wegen einer durch eine Naturkatastrophe zerstörten
Arbeitsstätte dem Arbeitnehmer schuldlos keine Arbeit anbieten kann, dem
Arbeitnehmer keinen Lohn zu zahlen bräuchte. Diese Konsequenz wird von
einer auf *Picker* zurückgehenden, die Gesetzesmaterialien berücksichtigenden
Lehrmeinung aber durch erweiternde Auslegung des § 615 BGB vermieden
(vgl. *Picker,* JZ 1979, 292; 1985, 698; HWK/*Krause,* § 615 BGB Rn. 9; MüKo-
BGB/*Henssler,* § 615 Rn. 99 f.; *Reichold,* ZfA 2006, 223, 228 ff.; *Richardi,* NJW
1987, 1234 f.). Dieser herrschenden Lehre wurde im Rahmen der Schuldrechtsreform durch die klarstellende Einfügung des **§ 615 S. 3 BGB** Rechnung
getragen. Danach behält der Arbeitnehmer den Anspruch auf die Vergütung
auch in den Fällen, in denen der Arbeitgeber das Risiko des Arbeitsausfalls
trägt („**Betriebsrisiko**"). Dogmatisch ist § 615 BGB damit lex specialis zu
§ 326 BGB. Der Annahmeverzug führt zur **Annahmeunmöglichkeit** auch
dann, wenn die Beschäftigung aus Gründen unterbleibt, die weder Arbeitgeber
noch Arbeitnehmer zu verantworten haben, denen der Arbeitgeber aber „näher
steht": er muss die Sphärenverantwortung für das Leistungssubstrat „Betrieb"
als sog. **Betriebsrisiko** übernehmen (→ *Fall 4*).

48   **Annahmeverzug** im Sinne von § 615 BGB ist danach zu bejahen, wenn

- der Arbeitnehmer eine *nicht zeitgebundene* Leistung schuldet, die er auch nachleisten
  könnte (z.B. bei Teilzeit oder Telearbeit – **echter „Annahmeverzug**"), die ihm aber
  bei Angebot gem. §§ 293 ff. BGB die Nachholung erspart (§ 615 S. 1 BGB),
- der Arbeitnehmer eine zeitgebundene Leistung als *Fixschuld* schuldet, die er vertragsrecht anbietet, die vom Arbeitgeber aber nicht angenommen wird, obwohl der ihn beschäftigen könnte („**Annahmeunwilligkeit**", herkömmliche BAG-Rspr. zu § 615 S. 1
  BGB), schließlich dann, wenn
- der Arbeitnehmer eine zeitgebundene Leistung als *Fixschuld* schuldet, die er vertragsgerecht anbietet, die vom Arbeitgeber aber nicht angenommen wird, weil der ihn nicht
  beschäftigen kann („**Annahmeunmöglichkeit**" in den Fällen des sog. „**Betriebsrisikos**", Fall des § 615 S. 3 → Rn. 51 ff.).

Wichtig: Die Arbeitsleistung ist in aller Regel (bei Vollzeitarbeit) Fixschuld, d.h. an feste Leistungszeiten gebunden und daher nicht nachholbar („*Zeit ist Geld*"). Das ist bei der Anwendung von § 615 BGB zu berücksichtigen. Seine Rechtsfolgen umfassen auch die viel häufigere Annahmeunmöglichkeit, so dass § 615 BGB als lex specialis zu § 326 BGB auch die Fälle des sog. Betriebsrisikos umfasst, was jetzt in § 615 S. 3 BGB klar gestellt worden ist.

Beispielsfall: Alfons kann an einem Montag nach ausgiebigem und alkoholintensivem Kirchweih-Besuch am Sonntag zuvor seine vertragsgemäße Arbeit als EDV-Ingenieur bei der Firma C nicht leisten, weil

a) er nicht rechtzeitig zu sich kommt, danach den Montag zum „blauen Montag" erklärt und unentschuldigt der Arbeit fern bleibt,

b) ein Stromausfall die U-Bahnen lahm legt und Alfons erst zwei Stunden zu spät die Arbeit erreicht,

c) er seinen Arbeitsplatz nicht mehr wieder erkennt, weil von dem modernen Bürogebäude nach einem wüsten Brand, dessen Ursache nicht aufzuklären ist, nur noch ein rauchender Trümmerhaufen übrig geblieben ist,

d) er zwar rechtzeitig seinen Arbeitsplatz erreicht, ihm von seinem Vorgesetzten aber erklärt wird, er sei fristlos entlassen, weil er, wie jetzt bekannt geworden sei, wertvolles Firmengerät an sich genommen und seinen Arbeitgeber daher bestohlen habe. Alfons bestreitet das vehement und bietet seine weitere Arbeitsleistung an. **Beantworten Sie jeweils die Frage nach dem Schicksal der Gegenleistung für die nicht erbrachte Leistung!**

a) Hier ist A (**vorsätzlich**) der Arbeit fern geblieben, so dass (Teil-)Unmöglichkeit nach §§ 275 Abs. 1, 326 Abs. 1 S. 1, 2. Hs. BGB eingetreten ist, die C jedenfalls zur Entgeltverweigerung für diesen Tag berechtigt. Zu den sonstigen Rechtsfolgen der Nichtleistung vgl. MHdB ArbR/*Reichold,* § 43 Rn. 33 ff. Anstelle des Rücktritts treten im Arbeitsrecht jeweils die spezielleren Kündigungsregeln der §§ 620 ff. BGB und des KSchG.

b) Hier liegt ebenfalls (**zufallsbedingte**) Unmöglichkeit der Arbeitsleistung vor, so dass auch hier die §§ 275 Abs. 1, 326 Abs. 1 S. 1, 2. Hs. BGB Anwendung finden. A würde seinen Anspruch auf Arbeitslohn verlieren, wenn nicht §§ 615, 616 BGB für diesen Fall eine Sonderregelung vorsehen. Während § 615 BGB ausscheidet, weil A seine Arbeitsleistung nicht anbieten kann, kommt § 616 BGB nicht zur Anwendung, weil der Ausfall öffentlicher Verkehrsmittel für A nicht ein „durch einen in seiner Person liegender Grund" war, es sich also nicht um einen „*personenbedingten*" Versäumnisgrund im Sinne des § 616 BGB handelte (→ *Fall 4*). Damit verbleibt es bei der Rechtsfolge des § 326 Abs. 1 S. 1, 2. Hs. BGB (sog. „**Wegerisiko**").

c) Auch hier könnte man von einer „zufallsbedingten" Unmöglichkeit sprechen, weil weder A noch C den Brand des Bürogebäudes zu vertreten haben. Für A, der nicht arbeiten kann, obwohl er seine Arbeit anbietet, liegt ein Fall des „Annahmeverzugs" vor. Hier greift die „**Sphärenverantwortung**" des Arbeitgebers C, der nach der **Betriebsrisiko-Lehre** (früher h.M.) bzw. nach § 615 S. 3 BGB für die „Substratsgefahr" der von ihm organisierten und verantworteten Unternehmung haftet und A daher nach §§ 611a, 615 BGB zur Gegenleistung verpflichtet bleibt. C hat aber die Möglichkeit, seine Arbeitnehmer zu Notarbeiten heranzuziehen.

d) Die fristlos ausgesprochene Kündigung ist formal nach §§ 623, 626 BGB nur dann wirksam, wenn sie **schriftlich** erfolgt (§§ 126 Abs. 1, 125 BGB). Die materielle

Berechtigung nach § 626 BGB ist Tatfrage, kann hier aber mangels Schriftform dahinstehen. A hat wegen der formal unwirksamen Kündigung und auf Grund des Angebots seiner Arbeitsleistung (§ 295 BGB) jedenfalls Anspruch auf Verzugslohn (§ 615 BGB), so lange ihn C nicht weiter beschäftigt, ohne dass das Arbeitsverhältnis wirksam beendet wurde (*BAG* NJW 1985, 935).

c) Fallgruppe 1: Keine Arbeitsleistung, weil Arbeitgeber nicht beschäftigen will

49   Die vom BAG herkömmlich dem § 615 S. 1 BGB allein vorbehaltene (direkte) Anwendung bezog sich nur auf den „Annahmeverzug" wegen vom Arbeitgeber verweigerter Annahme der angebotenen Arbeitsleistung. Die Voraussetzungen des Annahmeverzugs richten sich hier nach den allgemeinen Regeln der §§ 293 ff. BGB. Besondere Bedeutung erlangt der Annahmeverzug im **gekündigten Arbeitsverhältnis**: Erklärt das Arbeitsgericht die Kündigung für unwirksam, muss der Arbeitgeber das Entgelt für den Zeitraum zwischen Kündigung und dem (endgültigen) Urteil nachzahlen, soweit nicht trotz Kündigung weiter beschäftigt wurde.

50   Als Voraussetzungen des Annahmeverzugs sind zu prüfen

- im **ungekündigten** Arbeitsverhältnis (1) „Arbeitswilligkeit" durch Abgabe eines ordnungsgemäßen Angebots, d.h. persönlich (§ 613 BGB), zur rechten Zeit und am rechten Ort gemäß der Arbeitsaufgabe (= tatsächliches „vertragsgemäßes" Angebot, § 294 BGB), (2) „Arbeitsfähigkeit", was z.B. bei Krankheit im Sinne des EFZG ausscheidet (§ 297 BGB), (3) die „nackte Tatsache" der Nichtannahme, ohne dass den Arbeitgeber ein Verschulden treffen muss (§ 293 BGB),

- im **gekündigten** Arbeitsverhältnis (1) „Arbeitswilligkeit" durch Abgabe eines **wörtlichen** Angebots (§ 295 BGB), weil ja die Kündigung als eindeutige Ablehnung aufzufassen ist (es genügt jegliche Form des Protests gegen die Kündigung, z.B. als Klage), es sei denn, das Angebot ist wegen § 296 BGB **entbehrlich**: laut BAG muss der Arbeitgeber nämlich als Ausfluss seiner Beschäftigungspflicht (→ Rn. 95) dem gekündigten Arbeitnehmer einen funktionsfähigen Arbeitsplatz auch bei längerer, z.B. krankheitsbedingter Abwesenheit zur Verfügung stellen als „eine dem Kalender synchron laufende Daueraufgabe" (*BAG* NJW 1993, 2637, 2639), (2) „Arbeitsfähigkeit", deren Fehlen bei Krankheit durch Übersendung von Arbeitsunfähigkeitsbescheinigungen trotz Kündigung für den nachfolgenden Zeitraum feststeht, es sei denn, das Angebot ist wegen § 296 BGB entbehrlich (s.o.); letzteres soll sogar bei unbefristeter Arbeitsunfähigkeit zu Gunsten des Arbeitnehmers gelten (*BAG* NJW 1995, 2653).

d) Fallgruppe 2: Keine Arbeitsleistung, weil Arbeitgeber nicht beschäftigen kann

In den Fällen des sog. **Betriebsrisikos** verabschiedete sich die Rechtspre- 51
chung jahrzehntelang vom BGB, seitdem vom Reichsgericht 1923 behauptet
worden war, dass kollektive Phänomene wie das streikbedingte Betriebsrisiko
(„Arbeitskampfrisiko" → Rn. 54) nicht mit den individualistischen BGB-
Regeln adäquat lösbar seien (RGZ 106, 272, 275 f.). Die h.L. vertritt zu Recht
die Ansicht, dass auch Fälle betriebstechnisch begründeter Leistungsstörung
durch § 615 BGB der Risikosphäre des Arbeitgebers als „Substratsgefahr" zugewiesen seien (*Hromadka/Maschmann* I, § 8 Rn. 32 ff.; MHdB ArbR/*Reichold*,
§ 43 Rn. 22). Der Gesetzgeber hat sich ihr mit der Neufassung des § 615 S. 3
BGB angeschlossen (*Reichold*, ZfA 2006, 223, 229 f.).

aa) Wirtschaftsrisiko

Dabei ist das Betriebsrisiko vom sog. „Wirtschaftsrisiko" streng zu trennen, das es dem 52
Arbeitgeber nahe legen könnte, z.B. wegen **marktbedingter Absatzprobleme** die Weiterproduktion einzustellen und den Lohn zu kürzen. Der Arbeitgeber darf solche Engpässe
grundsätzlich als sein unternehmerisches „Verwendungsrisiko" nicht auf die Arbeitnehmer
abwälzen (allenfalls Kurzarbeit beantragen oder betriebsbedingt kündigen). Das hat auch
gar nichts mit „Unmöglichkeit" zu tun – die Arbeitsleistung bleibt ja möglich –, sondern
mit der Einhaltung von Vertragspflichten: der Arbeitgeber kann mit Hinweis auf die
schlechte Marktlage die Bezahlung seiner „Innengläubiger" (Arbeitnehmer) genauso wenig
verweigern wie die Befriedigung seiner „Außengläubiger", also seiner Lieferanten etc.,
wenn diese ihre Leistung erbracht haben.

bb) Betriebsrisiko

Nach der Lehre vom Betriebsrisiko muss der Arbeitgeber das Entgelt auch 53
dann zahlen, wenn er seine Arbeitskräfte ohne sein Verschulden (§§ 276, 278
BGB) **aus betriebstechnischen Gründen** (z.B. Stromausfall, Maschinen-
defekt, behördliches Verbot, Naturkatastrophe etc.) nicht beschäftigen kann.
Damit verdrängt jetzt § 615 S. 3 BGB die allgemeine Regel des § 326 Abs. 1 S. 1
BGB, weil der Arbeitgeber als Organisator der betrieblichen Arbeit für deren
Funktionieren verantwortlich ist – er trägt die „Substratsgefahr", d.h. die **Ent-
geltgefahr** auch beim zufälligen Untergang des Arbeitssubstrats (→ Rn. 48
Beispiel c).

e) Fallgruppe 3: Keine Arbeitsleistung, weil Arbeitgeber streikbedingt nicht beschäftigen kann („Arbeitskampfrisiko") → § 13 Rn. 23 f.

Besonderheiten gelten aber für die **arbeitskampfbedingte** Unmöglichkeit 54
der Arbeitsleistung. Schon das Reichsgericht formulierte in seiner berühm-
ten „Kieler Straßenbahner-Entscheidung" (RGZ 106, 272), dass im mittelbar
streikbetroffenen Unternehmen aus Gründen der Klassensolidarität der Lohn
verweigert werden dürfe. Heute dominieren Wertungen des Arbeitskampf-

rechts die Risikotragung abweichend von der Gefahrtragung des Arbeitgebers nach § 615 BGB.

55   Als im Mai 1920 die Arbeitnehmer des stadteigenen Kraftwerks in Kiel streikten, konnten die Fahrer, Schaffner und Kontrolleure der Straßenbahnen, die sich am Streik **nicht** beteiligten, wegen des Stromausfalls nicht beschäftigt werden. Es war der Fall eines **streikbedingten** Betriebsrisikos. Das RG verweigerte 1923 erst in der Revision die Lohnzahlung, die die Vorinstanzen wegen § 615 BGB noch zugesprochen hatten. Der damals strittigen Alternative – Unmöglichkeit (§ 323 a.F. BGB) oder Annahmeverzug (§ 615 a.F. BGB) bei Wegfall der Beschäftigungsmöglichkeit – wich das RG mit der Bemerkung aus, der individualistische Standpunkt des BGB eigne sich nicht zur Bewältigung kollektiver Phänomene (RGZ 106, 272, 275 f.).

56   Nicht Klassenkampf-Argumente, sondern Argumente der **Kampfparität** im Arbeitskampf bestimmen seit 1980 die Wertungen. Streikbedingte Betriebsstörungen geben dem betroffenen Arbeitgeber eines **mittelbar** betroffenen, d.h. fremden Unternehmens ein Recht zur Entgeltverweigerung, wenn

- ein Arbeitskampf stattfindet, dessen Fernwirkungen unmittelbar oder mittelbar zu einer Störung der Kampfparität führen können (d.h., dass ArbN des fremden Unternehmens vom umkämpften Tarifabschluss fachlich und räumlich betroffen sind: *Partizipationsgedanke!*), und
- die Beschäftigung entweder betriebstechnisch unmöglich ("Betriebsrisiko") oder wirtschaftlich unzumutbar wird ("Wirtschaftsrisiko", z.B. Zulieferer müsste auf Halde produzieren, dazu *Reichold,* JuS 1996, 1049, 1056 f.).

3. Personenbedingte Unmöglichkeit (§ 616 BGB)

57   Die zweite allgemeine Regel, die "Lohn ohne Arbeit" ermöglicht, ist § 616 BGB. Die häufigste "persönliche" Störung, nämlich **Arbeitsunfähigkeit infolge Krankheit**, wurde als Massenproblem in das EFZG überwiesen, gehört aber historisch und systematisch in den Kontext des § 616 BGB (→ Rn. 62 sowie → *Beispielsfall* § 3 Rn. 18). Auch § 616 BGB hat als lex specialis zu § 326 BGB Anwendungsvorrang, wird allerdings in der Praxis durch ausformulierte Tarifregelungen konkretisiert.

a) "Persönliche" und nur vorübergehende Verhinderung

58   Nach § 616 S. 1 BGB kann der Arbeitnehmer auch dann Entgeltzahlung verlangen, wenn er "für eine verhältnismäßig nicht erhebliche Zeit durch einen *in seiner Person liegenden Grund* ohne sein Verschulden an der Dienstleistung verhindert wird." Damit wird auf den Leistungsstörungs-Tatbestand des (neuen) **§ 275 Abs. 3 BGB** verwiesen, der nur **kraft Einrede** zu berücksichtigen ist ("Unzumutbarkeit" der Leistung). Abweichend von § 326 Abs. 1 S. 1 BGB wird hier also die Gegenleistungsgefahr bei der weder vom Gläubiger noch vom Schuldner zu vertretenden Unmöglichkeit der Arbeitsleistung auf den Arbeitgeber verlagert, weil er es zumindest **kurzfristig** hinnehmen muss, dass ein (einzelner) Arbeitnehmer aus (unverschuldeten!) persönlichen Gründen der Arbeit fernbleibt. Mit solcher aus „persönlichen" Gründen verursachter kurzfristiger Abwesenheit **muss jeder Arbeitgeber rechnen** (DFL/*Kamanabrou*, § 616 Rn. 2).

Meist regeln **Tarifverträge** die Einzelheiten dieses dispositiven Anspruchs. So gewährt **59** z.B. § 29 TVöD/TV-L („Arbeitsbefreiung") für folgende Tatbestände Dienstbefreiung nach § 616 BGB:

- Niederkunft der Ehefrau/Lebenspartnerin (ein Arbeitstag),
- Tod des Ehegatten/Lebenspartners/in, eines Kindes oder Elternteils (zwei Arbeitstage),
- Umzug aus dienstlichem oder betrieblichem Grund an einen anderen Ort (ein Arbeitstag),
- 25- und 40-jähriges Arbeitsjubiläum (ein Arbeitstag),
- schwere Erkrankung eines Angehörigen im selben Haushalt (ein Arbeitstag),
- schwere Erkrankung eines noch nicht 12-jährigen Kindes, wenn im Kalenderjahr kein Anspruch nach § 45 SGB V besteht, oder einer Betreuungsperson, wenn Beschäftigte deshalb die Betreuung ihres noch nicht 8-jährigen Kindes oder dauernd pflegebedürftiger behinderter Kinder übernehmen müssen (bis zu vier Arbeitstage),
- ärztliche Behandlung (notwendig) während der Arbeitszeit.

Ähnlich werden Freistellungen zur Erfüllung allgemeiner staatsbürgerlicher Pflichten (Art. 48 GG), religiöser Festlichkeiten, gerichtlicher Vorladungen und sonstiger während der Arbeitszeit anfallender **wichtiger Termine** über § 616 BGB abgewickelt. Die Norm des **§ 629 BGB** gewährt einen Anspruch auf „Freizeit zur Stellungsuche" nach Kündigung, nicht aber einen Entgeltanspruch. Dieser ergibt sich wieder aus § 616 BGB, so dass Sie als aufmerksamer Leser dieses Buchs bei § 629 BGB den § 616 BGB vermerken sollten (falls das prüfungsrechtlich erlaubt ist), um klarzustellen, dass sich der **Entgeltanspruch ausschließlich aus § 616 BGB**, nicht dagegen aus § 629 BGB ergibt.

Praxistipp: Im Zweifel empfiehlt sich eine vertragliche und/oder tarifvertragliche Regelung der „persönlichen" Freistellungstatbestände. Ist eine dahingehende Konkretisierung getroffen, kommt ein Rückgriff auf § 616 BGB nicht mehr in Frage.

Beispielsfall: Der türkische Arbeitnehmer Mehmet erfährt von einem Todesfall in seiner Großfamilie in der Türkei und fordert deshalb von seinem Arbeitgeber Bauer eine **bezahlte Freistellung** nach § 616 BGB. Bauer antwortet, dass ihn die „Versippung" des Mehmet relativ wenig interessiere, insbesondere seien Todesfälle regelmäßig nur dann erheblich, wenn es die engste Verwandtschaft betreffe. Mehmet reist trotzdem für drei Tage in die Türkei, um an dem Familienbegräbnis teilzunehmen. Kann er Anspruch auf Entgeltfortzahlung nach § 616 BGB erheben?

Lösung: M hat zwar seine Arbeitspflicht verletzt, als er ohne Erlaubnis seines Arbeitgebers die Reise in die Türkei angetreten hat. Dies könnte aber gerechtfertigt sein. Bei einer **verfassungskonformen Auslegung des § 616 BGB** ist nämlich die religiöse (Art. 4 GG) und familiäre (Art. 6 GG) Verpflichtung des türkischen Arbeitnehmers insoweit zu berücksichtigen, als er danach für eine verhältnismäßig nicht erhebliche Zeit unter Fortzahlung der Bezüge von der Arbeitspflicht freizustellen ist. Die bezahlte Freistellung ist hier ereignisbezogen auf ca. drei Arbeitstage zu begrenzen (*LAG Frankfurt a.M.* NZA 1986, 717).

b) Nicht: Objektive Hindernisse (z.B. Wegerisiko)

60   Einzelfälle belasten den Arbeitgeber weniger als massenhaft auftretende „objektive" Störungen, die von § 616 BGB wegen des TB-Merkmals *in seiner Person liegenden Grund* gerade nicht erfasst werden (→ Beispiel Rn. 48b). Deshalb kann bei allgemeinen Verkehrshindernissen, z.B. wenn Eisglätte oder ein Lawinenunglück den Antritt der Arbeit verhindern (→ *Fall 4*), nicht auf § 616 BGB zurückgegriffen werden (zum Smog-Alarm als Verkehrshindernis einerseits und als Grund für ein Betriebsverbot andererseits vgl. *Richardi*, NJW 1987, 1231). Entscheidend für die Abwägung ist jeweils, ob die Verhinderung gerade auf den persönlichen Lebensumständen des Arbeitnehmers beruht, dann greift § 616 BGB, oder ob es sich um *objektive Leistungshindernisse* handelt, die zur selben Zeit für mehrere Arbeitnehmer gleichzeitig bestehen (ErfK/*Preis*, § 616 BGB Rn. 3). Das **Wegerisiko** trägt grundsätzlich der Arbeitnehmer, weil es zu seinen eigenen Schuldnerpflichten gehört, zum Betrieb als dem „Erfüllungsort" (§ 269 BGB → Rn. 29) zu gelangen; trifft ihn freilich ein individuelles Unglück (z.B. Reifenpanne), kann er sich ggf. dennoch auf § 616 BGB berufen.

c) Freistellung des Betriebsratsmitglieds

61   Zur Wahrnehmung **mitbestimmungsrechtlicher Aufgaben** gewährt § 37 Abs. 2 BetrVG den Mitgliedern des Betriebsrats Befreiung von ihrer beruflichen Tätigkeit unter Fortzahlung der Bezüge, soweit es nach Umfang und Art des Betriebs zur ordnungsgemäßen Durchführung ihrer Aufgaben „erforderlich" ist. Das BetrVG setzt damit als selbstverständlich voraus, dass Betriebsratsaufgaben während der Arbeitszeit zu erfüllen sind, ohne dass eine Schmälerung des Gehalts eintritt. Diese auf sämtliche Amtsträger der Betriebsverfassung ausgedehnte Freistellungspflicht setzt keine Zustimmung des Arbeitgebers voraus, wohl aber eine Mitteilungs- und Anmeldepflicht des Amtsträgers. Mit der **kompletten Freistellung** des Amtsträgers nach § 38 BetrVG (in Abhängigkeit von der Größenordnung des Betriebs) und der nach § 37 Abs. 6 und 7 BetrVG ermöglichten Teilnahme an Schulungsveranstaltungen wird das Recht der Amtsträger der Betriebsverfassung auf Arbeitsbefreiung noch erweitert.

Prüfungsschema 11: Vorübergehende Arbeitsverhinderung (§ 616 BGB)

1. Keine **speziellere** Regelung durch Gesetz (z.B. Freistellung des Betriebsrats, § 37 Abs. 2 BetrVG bzw. Personalrats, § 46 Abs. 2 BPersVG), TV oder Einzelabrede
2. Arbeitsverhinderung durch Unmöglichkeit oder Unzumutbarkeit der Arbeitsleistung (**§ 275 Abs. 3 BGB**)
3. Leistungshindernis **(nur) in der Person** des Arbeitnehmers
4. Kausalität für den Arbeitsausfall
5. Kein Verschulden des Arbeitnehmers (§§ 276, 277 BGB: „Verschulden gegen sich selbst")

6. Verhinderung für eine **verhältnismäßig nicht erhebliche Zeit** (ereignisbezogene Wertung!)
7. Höhe der Vergütung nach dem Entgeltausfallprinzip

4. Krankheitsbedingte Unmöglichkeit (EFZG, MuSchG)

Die Entgeltfortzahlung im Krankheitsfall und bei Schwangerschaft ist **62** die praktisch wichtigste Durchbrechung der synallagmatischen Grundregel des § 326 Abs. 1 S. 1 BGB. Durch das **Entgeltfortzahlungsgesetz (EFZG)** vom 26.5.1994 wurden die früher verstreuten Regelungen (§§ 616 Abs. 2 BGB, 63 HGB, 133c GewO und LohnFG) vereinheitlicht. Der Krankenstand schwankt mit der Konjunktur. Er hängt auch signifikant ab von der Stellung des Arbeitnehmers in der betrieblichen Rangordnung. Dass AT-Angestellte (d.h. Angestellte, die über Tarif bezahlt werden → *Beispielsfall* Rn. 21) wesentlich seltener krank sind als sonstige Angestellte, dürfte auch mit einer unterschiedlichen Motivationslage bei Erfüllung der arbeitsvertraglichen Aufgabe zusammenhängen.

a) Anspruchsgrundlage: § 3 EFZG

Anders als nach der alten Regelung des § 1 LohnFG („… so verliert er da- **63** durch nicht den Anspruch auf Arbeitsentgelt für die Zeit der Arbeitsunfähigkeit …") begründet § 3 Abs. 1 EFZG einen **eigenständigen gesetzlichen Vergütungsanspruch** gegen den Arbeitgeber, dessen Höhe sich nach § 4 EFZG bemisst. Als Anspruchsgrundlage ist deshalb allein § 3 Abs. 1 EFZG zu zitieren, weil das Arbeitsentgelt als Grundlage der Entgeltfortzahlung im Gesetz nicht mehr erwähnt wird. Die Arbeitnehmereigenschaft des Anspruchsstellers ist nun im Anspruchsaufbau der allgemeinen Eingangsvorschrift des § 1 EFZG zu entnehmen. Folgende weitere Anspruchsmerkmale sind besonders zu beachten:

aa) Krankheitsbedingte Arbeitsunfähigkeit

Nach § 3 Abs. 1 EFZG wird der Anspruch auf Entgeltfortzahlung bis zur **64** Dauer von sechs Wochen nur dann gewährt, wenn der Arbeitnehmer

„durch Arbeitsunfähigkeit infolge Krankheit an seiner Arbeitsleistung verhindert (wird), ohne dass ihn ein Verschulden trifft".

Zu prüfen sind also

- **Krankheit,** d.h. jeder regelwidrige körperliche oder geistige Zustand, der einer Heilbehandlung bedarf (nicht: eine normal verlaufende Schwangerschaft);
- **Arbeitsunfähigkeit,** die auf der Krankheit beruht und den Arbeitnehmer objektiv außer Stande setzt, seiner Arbeitspflicht nachzukommen (so dass z.B. eine leichte Heiserkeit zwar den Rundfunksprecher arbeitsunfähig

machen kann, nicht aber den Büroangestellten); das BAG kennt nur volle oder fehlende Arbeitsfähigkeit, nicht aber eine „Teil-Arbeitsunfähigkeit" dazwischen (dafür *Boecken,* NZA 1999, 675, mit Verweis auf § 275 BGB und Beschäftigungspflicht);

- **Kausalität,** d.h., dass die krankheitsbedingte Arbeitsunfähigkeit *die alleinige Ursache* der Arbeitsverhinderung gewesen sein muss. Wer sich in einem Sonderurlaub (ohne Entgeltfortzahlung) kraft Vereinbarung mit dem Arbeitgeber befindet (z.B. Weltreise), der kann bei einer in dieser Zeit auftretenden Erkrankung also keine Krankenbezüge verlangen: schon der Sonderurlaub lässt die Arbeitspflicht ruhen, so dass mangels Arbeitspflicht Arbeitsunfähigkeit wegen Krankheit nicht eintreten kann.

bb) Ohne „Verschulden"

65   Den Arbeitnehmer darf an der Arbeitsunfähigkeit kein Verschulden treffen. Hier muss der **sozialpolitische Zweck** der Regelung gesehen werden, die es den Arbeitnehmern nicht untersagen will, krank zu werden, sondern die nur ganz gravierende Fälle der Selbstgefährdung im Sinne des sog. „Verschuldens gegen sich selbst" (das BAG verweist hier auf § 254 BGB, während richtig von **§ 277 BGB** auszugehen ist) ausschalten will. Deswegen muss der Gesetzeswortlaut besser so verstanden werden (vgl. § 51 Abs. 1 S. 1 ArbVGE 2006):

> „Soweit der Arbeitnehmer wegen Krankheit arbeitsunfähig ist, behält er innerhalb von zwölf Monaten für bis zu sechs Wochen seinen Entgeltanspruch (Entgeltfortzahlungsanspruch), es sei denn er hat die krankheitsbedingte Arbeitsunfähigkeit unter grober Abweichung von der im eigenen Interesse zu erwartenden Verhaltensweise herbeigeführt".

Arbeitnehmer müssen sich also nicht wie „Gesundheitsapostel" benehmen, dürfen aber auch nicht durch besonders leichtfertiges oder sogar vorsätzliches Verhalten ihre Arbeitsfähigkeit beeinträchtigen.

Beispielsfall: Der Arbeitnehmer Albert hat sich bei einem Verkehrsunfall deshalb schwere Gesichtsverletzungen zugezogen, weil er sich vorschriftswidrig nicht angeschnallt hat. Er fordert Entgeltfortzahlung nach § 3 EFZG. Zu Recht?
Lösung: Die Entgeltfortzahlung könnte hier am **„Verschulden"** des A scheitern. Nach § 21a Abs. 1 S. 1 StVO war A verpflichtet, die vorgeschriebenen Sicherheitsgurte während der Fahrt anzulegen. Aufgrund der Nichtbeachtung dieser Vorschrift hat sich A kausal seine Gesichtsverletzungen zugezogen. Fraglich ist, ob er durch dieses Verhalten gegen § 277 BGB (BAG: § 254 BGB) in dem Sinne verstoßen hat, dass er in leichtfertiger Weise Leben und Gesundheit aufs Spiel gesetzt hat. Leicht fahrlässiges Verhalten führt noch nicht zum Verlust der Entgeltfortzahlung. Angesichts der erheblichen Gefahren für Leib und Leben, die auch dem sorgfältigsten Kraftfahrer im modernen Straßenverkehr drohen, gelten Sicherheitsgurte neben dem Airbag als das derzeit wirksamste Mittel, um sich zu schützen. Wer sich dieser normierten Pflicht entzieht, verstößt damit gegen das von einem verständigen Menschen im eigenen Interesse zu erwartenden Verhalten. Der Arbeitnehmer soll ebenso wie die anderen Teilnehmer im Straßenverkehr durch das Anschnallen das Verletzungsrisiko bei Unfällen entscheidend

herabsetzen. Verletzt er diese geringen Anforderungen an seine Sorgfaltspflicht, darf er den Arbeitgeber nicht mit den daraus kausal entstandenen EFZG-Ansprüchen belasten. Auf die Strafbarkeit seines Verhaltens kommt es dabei für das Zivilrecht nicht an. Vielmehr muss gefragt werden, ob er eine besonders naheliegende Sicherheitsvorkehrung missachtet hat und ob daraus ein entsprechender Gesundheitsschaden entstanden ist. Beides ist hier zu bejahen, so dass ein Anspruch gegen den Arbeitgeber ausscheidet (*BAG* NJW 1982, 1013).

Als unverschuldete Arbeitsunfähigkeit gilt auch eine Arbeitsverhinderung infolge einer nicht rechtswidrigen Sterilisation oder eines nicht rechtswidrigen Abbruchs der Schwangerschaft (Einzelheiten in § 3 Abs. 2 EFZG). Wegen der „multifaktoriellen Genese" kann auch bei einem Rückfall nach erfolgreich absolvierter Therapie i.d.R. kein Verschulden des alkoholkranken Arbeitnehmers i.S.v. § 3 Abs. 1 S. 1 EFZG bejaht werden (*BAG* NJW 2015, 2444). Selbst dann, wenn der Arbeitnehmer wegen eines Wutanfalls kurzzeitig die Kontrolle über sich verliert und sich beim dreimaligen Draufschlagen auf ein Schild die Hand bricht, wird ihm vom *LAG Hessen* noch die EFZ zugestanden (Urt. v. 23.7.2013 − 4 Sa 617/13, BB 2013, 2996).

cc) Wartezeit

Gemäß der Norm des **§ 3 Abs. 3 EFZG** kann erst nach vierwöchiger un- **66** unterbrochener Dauer des Arbeitsverhältnisses der gesetzliche Entgeltfortzahlungsanspruch entstehen. Gemeint ist dabei der *rechtliche* Bestand des Arbeitsverhältnisses, so dass auch dann, wenn tatsächlich nicht gearbeitet werden konnte („Anfangserkrankung"), nach Ablauf von vier Wochen nach Vertragsbeginn der Arbeitnehmer Anspruch auf Entgeltfortzahlung für die restliche Dauer seiner Anfangserkrankung hat.

Beispiel: Der Arbeitsvertrag wird von Klaus mit der S-AG am 15. März abgeschlossen, Arbeitsbeginn soll am 1. Mai sein. Klaus kann wegen einer Viruserkrankung die Arbeit nicht antreten und bleibt weitere fünf Wochen dem nicht angetretenen Arbeitsplatz fern. Entgeltfortzahlungsansprüche entstehen für ihn **erst ab dem 29. Mai** höchstens für sechs weitere Wochen.

b) Anspruchshöhe

Sind die Voraussetzungen des § 3 Abs. 1 EFZG erfüllt, hat der Arbeitnehmer **67** einen gesetzlichen Anspruch auf die Fortzahlung des **vollen Arbeitsentgelts**, das ihm bei Gesundheit und regelmäßiger Arbeitszeit zustehen würde (Entgeltausfallprinzip, § 4 Abs. 1 EFZG). Allerdings sind die Modifikationen nach § 4 Abs. 1a EFZG zu beachten, wonach zusätzliches Arbeitsentgelt für Überstunden und Aufwendungsersatz nicht zur Krankheitsvergütung zählt, weil diese Beträge eben nur bei tatsächlicher Arbeitsleistung anfallen. Auch verkürzte betriebliche Arbeitszeiten mit entsprechend gekürztem Arbeitsentgelt muss sich der kranke Arbeitnehmer auf seine Entgeltfortzahlungsansprüche anrechnen lassen (§ 4 Abs. 3 EFZG). Wichtig ist aber die **Tarifdispositivität** der Bemessungsgrundlage des fortzuzahlenden Arbeitsentgelts, die sich aus § 4 Abs. 4 EFZG ergibt. Sie führt dazu, dass sich Tarifverträge *diesbezüglich* (also die „Bemessung" betreffend) völlig vom Gesetz in Bezug auf die Entgeltfortzahlungshöhe abkoppeln können.

c) Anspruchsdauer

aa) Regeldauer

68   Grundsätzlich muss der Arbeitgeber für **sechs Wochen** Entgeltfortzahlung leisten (§ 3 Abs. 1 S. 1 EFZG). Fraglich ist die Behandlung von Wiederholungserkrankungen des Arbeitnehmers. § 3 Abs. 1 S. 2 EFZG möchte den Arbeitgeber vor unzumutbaren Fortzahlungskosten bewahren, wenn es sich um sog. **Fortsetzungserkrankungen** handelt. „Dieselbe Krankheit" liegt vor, wenn die wiederholte Erkrankung auf demselben Grundleiden beruht bzw. wenn sie auf dieselbe chronische Veranlagung zurückzuführen ist (z.B. Rheumaleiden, das wiederholt zur Arbeitsunfähigkeit führt).

> **Achtung:** „Dieselbe" Krankheit ist nicht gleichzusetzen mit der „gleichen" Krankheit, so dass ein Arbeitnehmer, der sich zweimal im Lauf eines Jahres jeweils einen Beinbruch an unterschiedlichen Stellen einhandelt, nicht im Sinne des EFZG an einer Fortsetzungserkrankung leidet. Auch der immer wieder erkältete Arbeitnehmer muss seine Krankheit nicht auf dasselbe Grundleiden zurückführen lassen, zumindest dann, wenn die erste Erkältungskrankheit ausgeheilt war.

69   Der Arbeitgeber muss **über die vorgeschriebenen sechs Wochen hinaus** Entgeltfortzahlung leisten, wenn

- bei **Fortsetzungserkrankung** („dieselbe Krankheit") entweder zwischen dem Ende der letzten und dem Beginn der neuen Arbeitsunfähigkeit ein Zeitraum von sechs Monaten oder zwischen dem Beginn der ersten Arbeitsunfähigkeit und dem Beginn der letzten Arbeitsunfähigkeit ein Zeitraum von zwölf Monaten liegt,
- eine von der ersten Erkrankung **verschiedene Krankheit** nach dem Ende der ersten Erkrankung auftritt (z.B. Viruserkrankung einerseits, Knieoperation andererseits). Solche „neuen" Erkrankungen verursachen die Klage über zu hohe Krankheitszahlungen und dehnen die Fortzahlungspflicht häufig weit aus (dazu kritisch *Hanau*, RdA 1999, 159, 163).

> **Beispielsfall:** Der Arbeitnehmer Viktor wird im Januar vier Wochen wegen eines Hautleidens arbeitsunfähig, im April vier Wochen wegen einer Viruserkrankung und im September desselben Jahres weitere drei Wochen wegen des im Januar behandelten Hautleidens (Nachoperation). Kann er für alle Krankheitsperioden in diesem Jahr Entgeltfortzahlung beanspruchen?

Lösung: Für alle drei Perioden besteht für Viktor ein Anspruch auf Entgeltfortzahlung nach § 3 Abs. 1 EFZG, weil
(1) die Viruserkrankung im April eine vom Hautleiden im Januar verschiedene Krankheit war und damit einen neuen Anspruch auslöste,
(2) die Fortsetzungserkrankung im September nach § 3 Abs. 1 S. 2 Nr. 1 EFZG wegen des Verstreichens von sechs Monaten wiederum einen vollen Entgeltfortzahlungsanspruch auslöste. Die Arbeitsunfähigkeit wegen einer anderen, unabhängigen Erkrankung unterbricht nicht den Fristenlauf nach § 3 Abs. 1 S. 2 EFZG (vgl. *Schmitt*, EFZG, § 3 Rn. 234)

bb) Krankengeld

Kann der Arbeitnehmer Entgeltfortzahlung nicht mehr verlangen, erhält er **70** für längstens 78 Wochen von der für ihn zuständigen gesetzlichen Krankenkasse ein **Krankengeld** in Höhe von 70 % des regelmäßigen Arbeitsentgelts (§§ 44 ff. SGB V).

Beispielsfall: Der Innendienst-Angestellte Eduard ist glücklicher Gewinner eines Preisausschreibens „für Wagemutige", das ihm die Möglichkeit beschert, zusammen mit geübten Fallschirmspringern im Pulk von einer Bundeswehrmaschine aus 3000 Meter Höhe abzuspringen. Nach anfänglichem Zögern entschließt sich Eduard, trotz völliger Untrainiertheit, das Abenteuer zu wagen. Beim Sprung aus den Wolken geht auch alles gut – bis auf Kleinigkeiten bei der Landung: hier erleidet Eduard aufgrund seiner schwachen Konstitution einen Wadenbeinbruch, der ihn für immerhin sechs Wochen vom Arbeitsplatz fernhält. Die Arbeitgeberin, eine Versicherungs-AG, möchte wissen, ob sie Eduard mit der Begründung kündigen kann, dass solche waghalsigen Freizeitabenteuer abgesprochen und genehmigt werden müssten, um den Verletzungsfolgen vorzubeugen.

Lösung: (1) Entgeltfortzahlung. E ist als Arbeitnehmer durch den Freizeitunfall, der als „Krankheit" i.S.d. § 3 Abs. 1 S. 1 EFZG gilt, vorübergehend an seiner Arbeitsleistung gehindert worden. Fraglich ist, ob ihn daran ein Verschulden i.S.d. § 3 Abs. 1 S. 1 EFZG traf. Hier ist zu erwägen, ob es E nicht als grobe Fahrlässigkeit nach § 277 BGB anzulasten ist, dass er an einem Fallschirmsprung teilnahm, ohne entsprechende Trainingsmaßnahmen zu ergreifen. Auch der Gewinn eines Preisausschreibens entbindet nämlich nicht von vernünftigen Vorsorgemaßnahmen, die eigene Gesundheit betreffend. Der Sprung ins Ungewisse war daher trotz der Sprungbegleitung durch erfahrene Fallschirmspringer keine einfache Fahrlässigkeit, sondern angesichts der zerbrechlichen Verfassung von E ein grob fahrlässiges Verhalten, das im Sinne eines „Verschuldens gegen sich selbst" nach der BAG-Rechtsprechung zur Verweigerung der Entgeltfortzahlung durch den Arbeitgeber berechtigt **(2) Kündigung wegen grober Fahrlässigkeit.** Die Frage nach der Kündigung des E wegen seines grob fahrlässigen Freizeitverhaltens muss unabhängig von § 8 Abs. 1 EFZG beantwortet werden. Dort wird ja nur die Fortzahlung des Arbeitsentgelts trotz Kündigung geregelt, nicht aber die Frage nach der Berechtigung der Kündigung. Hierzu ist nur kurz darauf zu verweisen, dass die Freizeitbetätigung von E grundsätzlich. nicht Kündigungsgegenstand sein darf, jedenfalls solange nicht, als sie sich nicht auf die Erfüllung seiner Arbeitspflichten auswirkt. Die Tatsache aber, dass Freizeitbetätigungen auch zu Ausfallzeiten führen können, muss der Arbeitgeber in Kauf nehmen.

Einziges Regulativ hierzu ist die Verschuldensregelung im § 3 EFZG, die hier ja zu Gunsten der Versicherungs-AG jedenfalls Entgeltfortzahlungskosten verhindert. Ein darüber hinaus gehender Kündigungsgrund im Verhalten oder in der Person des E ist aber nicht ersichtlich

d) Anzeige- und Nachweispflichten (§ 5 EFZG)

aa) Anzeigepflicht

71   Nach § 5 Abs. 1 S. 1 EFZG ist der Arbeitnehmer verpflichtet, dem Arbeitgeber die Arbeitsunfähigkeit und deren voraussichtliche Dauer formlos, aber **unverzüglich mitzuteilen.** „Ohne schuldhaftes Zögern" (§ 121 BGB) erfolgt die Anzeige nur dann, wenn sie den Arbeitgeber am ersten Tag der Erkrankung erreicht. Verletzt der Arbeitnehmer diese Anzeigepflicht in schuldhafter Weise, so hat er gegen eine arbeitsvertragliche Nebenpflicht verstoßen; das kann zu einer Abmahnung führen.

bb) Nachweispflicht

72   Dauert die Arbeitsunfähigkeit **länger als 3 Kalendertage,** so hat der Arbeitnehmer spätestens am vierten Tag der Arbeitsunfähigkeit eine ärztliche Bescheinigung über das Bestehen der Arbeitsunfähigkeit und ihre voraussichtliche Dauer vorzulegen (§ 5 Abs. 1 S. 2 EFZG). Das gilt grundsätzlich auch im Fall der Auslandserkrankung. Zu beachten ist die Möglichkeit des Arbeitgebers, als Sanktion bei fehlendem Nachweis die Entgeltfortzahlung so lange zu verweigern, wie die Bescheinigung nicht vorgelegt wird. Allerdings muss nach Vorlage das Entgelt rückwirkend ab Beginn der Arbeitsunfähigkeit gezahlt werden, so dass es sich bei § 7 Abs. 1 Nr. 1 EFZG nur um ein *zeitweiliges* Leistungsverweigerungsrecht handelt.

73   Fraglich ist aber der Nachweis von Kurzzeiterkrankungen, weil § 5 Abs. 1 S. 2 EFZG nur bei einer länger als drei Kalendertage dauernden Arbeitsunfähigkeit die Vorlage der ärztlichen Bescheinigung (**„Arbeitsunfähigkeitsbescheinigung"** – **AUB**) fordert. Allgemein gilt, dass der Arbeitnehmer, der die Entgeltfortzahlung nach § 3 EFZG begehrt, die zur Arbeitsunfähigkeit führende Erkrankung **darzulegen und zu beweisen hat.** Diesen Beweis führt er in der Regel durch Vorlage einer ärztlichen Bescheinigung. Wichtig ist aber, dass die AUB nicht die einzige zulässige Art der Beweisführung ist (*BAG NJW* 1998, 2762, 2764). Gelingt dem Arbeitnehmer der Nachweis seiner krankheitsbedingten Arbeitsunfähigkeit – auf welche Weise auch immer –, so endet das zeitweilige Zurückbehaltungsrecht des Arbeitgebers nach § 7 EFZG. Misslingt dem Arbeitnehmer aber der Beweis, so fehlt es am Nachweis des Tatbestands nach § 3 Abs. 1 EFZG, so dass der Anspruch scheitert.

Beispielsfall: Hanna ist Bürokraft im Versicherungsunternehmen N-AG und hat in ihrem Arbeitsvertrag eine Klausel stehen, wonach sie bei Arbeitsverhinderung unverzüglich unter Angabe der Gründe Mitteilung zu machen hat. Eine Arbeitsunfähigkeitsbescheinigung (AUB) müsse **mit Beginn der Krankheit** innerhalb von drei Tagen vorgelegt werden. Nachdem sich Hanna am 6.12. wegen einer Magenverstimmung telefonisch bei der N-AG abmeldet und diese Krankmeldung telefonisch am nächsten Tag wiederholt, erhält sie von der N-AG für diese beiden Tage keine Entgeltfortzahlung mit der Begründung, **sie habe hierfür keine ärztliche AUB vorgelegt.** Hanna macht dagegen geltend, sie habe beim Telefonat am 6.12. mit der Disponentin der N-AG abgeklärt, dass weder für den ersten noch für den zweiten Tag der Erkrankung ein Attest vorzulegen sei. Sie meint daher, ihr stünden Entgeltfortzahlungsansprüche für die zwei Krankheitstage zu. Zu Recht?

Lösung: Unabhängig davon, ob die vertragliche Vereinbarung der Vorlage einer AUB mit Beginn der Krankheit nach § 5 Abs. 1 S. 3 EFZG zulässig war oder eine vertragliche Verschlechterung darstellte, ist hierfür allein ausschlaggebend, ob H ihre Arbeitsunfähigkeit infolge Krankheit nach § 5 EFZG der N-AG gegenüber **nachgewiesen** hat. Dabei kann offen bleiben, ob das Telefonat mit der Disponentin der N-AG so wie behauptet stattgefunden hat oder nicht. Denn entscheidend ist, ob der H der Nachweis ihrer krankheitsbedingten Arbeitsunfähigkeit gelungen ist. Die Nichtvorlage der AUB alleine führt noch nicht zum endgültigen Leistungsverweigerungsrecht des Arbeitgebers, sondern erst die Nichtvorlage sonstiger Beweismittel für die Krankheit der H. Das ist ihr vorliegend nicht gelungen, so dass der Anspruch auf Entgeltfortzahlung nicht begründet ist (*BAG* NJW 1998, 2762).

Einer nach § 5 Abs. 1 EFZG ordnungsgemäß ausgestellten Arbeitsunfä- **74** higkeitsbescheinigung kommt nach ständiger Rechtsprechung des BAG ein **hoher Beweiswert** zu; sie ist der gesetzlich ausdrücklich vorgesehene und insoweit wichtigste Beweis für das Vorliegen krankheitsbedingter Arbeitsunfähigkeit. Normalerweise ist deshalb der Beweis als erbracht anzusehen, wenn der Arbeitnehmer im Rechtsstreit eine solche Bescheinigung vorlegt. Will der Arbeitgeber jedoch wegen stichhaltiger Indizien das Attest anzweifeln, so hat er nach den Grundsätzen der Erschütterung des Anscheinsbeweises solche Umstände darzulegen und zu beweisen, die Anlass zu ernsthaften Zweifeln an der behaupteten Arbeitsunfähigkeit geben (z.B. Rückdatierung, fehlende Unterschrift, vorausgehender abschlägig beschiedener Urlaubsantrag, für Krankheit untypische Tätigkeit etwa beim Hausbau, vgl. *Boecken,* NZA 1999, 680).

Auch einer in einem **EU-Staat** ausgestellten Arbeitsunfähigkeitsbescheinigung kommt **75** der gleiche Beweiswert zu wie einer inländischen AUB. Allerdings ist darauf zu achten, ob der ausländische Arzt zwischen einer bloßen Erkrankung und einer mit *Arbeitsunfähigkeit verbundenen Krankheit* unterschieden und damit eine den deutschen Anforderungen entsprechende Beurteilung vorgenommen hat (*BAG* NJW 1998, 2764). Ob tatsächlich Arbeitsunfähigkeit vorlag, muss dem Attest entnommen werden können. Durch die EuGH-Rechtsprechung zum Fall „Paletta" (*EuGH* NJW 1992, 2687; NZA 1996, 635) wurde allerdings der ordnungsgemäß im EU-Ausland ausgestellten AUB ein so hoher Beweiswert zugesprochen, dass selbst offenkundige Missbräuche dabei durch den deutschen Arbeitgeber kaum widerlegbar erschienen. Dem Arbeitgeber ist es jedoch niemals verwehrt, **Nach-**

weise zu erbringen, anhand deren das deutsche Gericht feststellen kann, ob es sich um missbräuchliche oder gar betrügerische Inanspruchnahme der Entgeltfortzahlung handelt. Das BAG hat hier in Umsetzung der EuGH-Rechtsprechung vom Arbeitgeber nicht nur den Nachweis ernsthafter Zweifel an der krankheitsbedingten Arbeitsunfähigkeit verlangt, sondern den Nachweis der missbräuchlichen oder betrügerischen Inanspruchnahme der Entgeltfortzahlung, der vom Gericht nach § 286 Abs. 1 ZPO unter Berücksichtigung des gesamten Inhalts der Verhandlungen und des Ergebnisses einer etwaigen Beweisaufnahme nach freier Überzeugung zu würdigen ist (*BAG* NZA 1997, 705).

e) Drittverschuldete Arbeitsunfähigkeit (§ 6 EFZG)

76   Hat ein Dritter z.B. bei einem Verkehrsunfall die krankheitsbedingte Arbeitsunfähigkeit verursacht, so kommen deliktische Schadensersatzansprüche (z.B. §§ 823 ff. BGB, 7 StVG) für den geschädigten Arbeitnehmer in Betracht. Dieser erleidet allerdings wegen der (zwingenden, vgl. § 12 EFZG) Entgeltfortzahlung **keinen Verdienstausfall**. Das darf den Schädiger aber nicht entlasten. Ein sog. „normativer Schaden" ist dennoch entstanden. Deshalb ordnet § 6 EFZG einen gesetzlichen **Forderungsübergang** (*cessio legis*) hinsichtlich des Verdienstausfalls (nicht hinsichtlich anderer Schäden!) an. Der Arbeitgeber kann also beim Dritten Regress für seine Entgeltfortzahlung nehmen, wobei diesem seine Einwendungen nach §§ 412, 404 BGB erhalten bleiben. Verfügt der Arbeitnehmer über seinen deliktischen Anspruch oder verweigert er seine Mitwirkung (§ 6 Abs. 2 EFZG) und verhindert damit endgültig oder vorübergehend den Forderungsübergang, so steht dem Arbeitgeber ein (dauerhaftes oder vorläufiges) Leistungsverweigerungsrecht nach § 7 Abs. 1 Nr. 2 EFZG zu.

f) Mutterschutz, Elterngeld, Pflegezeit

77   Das Mutterschutzgesetz (MuSchG) weist das finanzielle Schwangerschaftsrisiko zu einem erheblichen Teil dem **Arbeitgeber** zu, indem es ihn gem. §§ 18, 20 MuSchG zu Entgeltersatzleistungen in unterschiedlichem Ausmaß heranzieht. Nach erfolgreicher verfassungsrechtlicher Beanstandung dieser finanziellen Belastung der Arbeitgeber (*BVerfG* NJW 2004, 146) werden den Arbeitgebern durch das Aufwendungsausgleichsgesetz (AAG) die mutterschutzbezogenen Ersatzleistungen jetzt in vollem Umfang von den Krankenkassen erstattet (Aufbringung der Mittel im Umlageverfahren, § 7 AAG). Hingegen wurde der Anspruch auf „**Elterngeld**" (§§ 1 ff. BEEG) **nicht als Lohnersatz** ausgestaltet, sondern als öffentliche Sozialleistung, die auf der Grundlage öffentlichen Sozialrechts (der Rechtsweg führt zu den *Sozial*gerichten, § 13 BEEG) durch Sozialbehörden erbracht wird. Zahlungsansprüche gegen den Arbeitgeber scheiden hier also von vornherein aus (nicht dagegen Freistellungsansprüche, §§ 15 f. BEEG: bei der sog. Elternzeit handelt es sich um eine *unbezahlte* Freistellung → Beispiel Rn. 9).

78   **Freistellungsansprüche** ermöglicht nicht nur die Elternzeit nach §§ 15 f. BEEG, sondern auch die **Pflegezeit** nach §§ 2, 3 PflegeZG u.a. für die maximal 10-tägige Akutpflege bzw. maximal sechsmonatige Pflege naher Angehöriger in häuslicher Umgebung, aber

auch zu deren bis zu dreimonatiger Sterbebegleitung. Bei vollständiger Freistellung ruhen **beide** Hauptpflichten, für die teilweise Freistellung bedarf es dagegen einer Vereinbarung (§ 3 Abs. 4 PflegeZG). Entgelt wird also nur bei teilweiser Freistellung in je nach Arbeitszeit verringertem Umfang fortgezahlt; doch gibt es seit 2015 als Ausgleich immerhin ein sog. Pflegeunterstützungsgeld (§ 44a Abs. 3 SGB XI) aus der Pflegekasse. Mit dem 2015 noch erweiterten **Familienpflegezeitgesetz** wird Beschäftigten seit 2012 darüber hinaus u.a. die Möglichkeit eingeräumt, innerhalb eines maximalen Zeitraums von **zwei Jahren** die Arbeitszeit zu reduzieren, um nahe Angehörige in häuslicher Umgebung zu pflegen. Hierauf besteht aber kein Anspruch, der sich auch gegen den Willen des Arbeitgebers durchsetzen könnte, sondern es bedarf einer **einvernehmlichen** Regelung, wonach es während der Pflegephase zu einer Entgeltaufstockung von z.B. 25 % bei hälftiger Reduzierung kommt, die auch staatlich gefördert werden kann (vgl. *Schiefer/Köster/Pöttering*, DB 2014, 2965). Die Kompliziertheit der Regeln zu Entgeltaufstockung und Wertguthaben inkl. Versicherung lassen allerdings keine große Resonanz in der Wirtschaft erwarten.

aa) Anspruch aus § 18 MuSchG („Mutterschutzlohn")

Berufstätigen Frauen soll wegen einer Schwangerschaft kein finanzieller 79 Nachteil entstehen. Für den Fall, dass sie deshalb von gesetzlichen **Beschäftigungsverboten** z.B. wegen Nachtarbeit (§ 5 MuSchG) oder ärztlichen Beschäftigungsverboten (§ 16 MuSchG) schon vor Beginn der allgemeinen Schutzfristen erfasst werden, sichert ihnen § 18 MuSchG das durchschnittliche Entgelt der letzten drei Monate vor Beginn des Monats, in dem die Schwangerschaft eingetreten ist, zu. Während der Schutzfristen (§ 3 MuSchG) und der Elternzeit besteht dieser Anspruch aber nicht. Er besteht auch dann nicht, wenn der Arbeitgeber von seinem mutterschutzrechtlichen Umsetzungsrecht nach billigem Ermessen (§§ 106 GewO, 315 BGB) Gebrauch macht, die Schwangere also z.B. vom Nacht- in den Tagdienst oder vom Flug- in den Bodendienst umsetzt (*BAG* NZA 1999, 1044).

bb) Anspruch aus § 20 MuSchG (Zuschuss zum Mutterschaftsgeld)

Für die **gesetzlichen Schutzfristen** in den letzten sechs Wochen vor der 80 Entbindung einerseits (§ 3 Abs. 1 S. 1 MuSchG erlaubt aber die Weiterarbeit bei ausdrücklicher Erklärung der Schwangeren) und den acht Wochen nach der Entbindung andererseits (§ 3 Abs. 2 S. 1 MuSchG ordnet ein absolutes Beschäftigungsverbot an) steht der gesetzlich krankenversicherten Frau ein Anspruch auf Mutterschaftsgeld gegen ihre Krankenkasse zu (§§ 19 Abs. 1 MuSchG, 200 RVO). Diese Sozialleistung ist auf einen Höchstbetrag von 13,– € täglich begrenzt, so dass der Arbeitgeber den – erheblichen! – Unterschiedsbetrag zum „um die gesetzlichen Abzüge verminderten durchschnittlichen kalendertäglichen Arbeitsentgelt" als **Zuschuss** nach § 20 Abs. 1 MuSchG zu entrichten hat. Aufgrund der Norm des **§ 1 Abs. 2 AAG** werden ihm diese Zahlungen nach Umsetzung des Nachbesserungsauftrags durch das BVerfG (BVerfGE 109, 64 = NJW 2004, 146 = JZ 2004, 354 m. krit. Anm. *Kube*) seit 2006 voll umfänglich erstattet (Rn. 77).

cc) Konkurrenz mit EFZG

81   Wie bei Arbeitsunfähigkeit wegen Krankheit muss die Schwangerschaft **alleinige** Ursache für die Nichtleistung sein, um die Ansprüche aus §§ 18, 20 MuSchG auszulösen (→ Rn. 64). Das Beschäftigungsverbot z.b. nach § 5 MuSchG muss die nicht wegzudenkende Ursache für die Nichtleistung sein („*conditio sine qua non*"). Erhält die Schwangere daher Entgeltfortzahlung wegen **Krankheit**, ist der Anspruch auf Mutterschutzlohn auch dann ausgeschlossen, wenn der EFZG-Anspruch erschöpft ist, die Krankheit aber andauert (z.b. bei anomalem Schwangerschaftsverlauf, *BAG* NJW 1995, 2434; NZA 1997, 882).

5. Urlaubs- und feiertagsbedingte Unmöglichkeit

82   „Lohn ohne Arbeit" erhält der Arbeitnehmer auch in den vom Gesetzgeber ausdrücklich geregelten Fällen des Erholungsurlaubs, des Bildungsurlaubs und der Feiertagsruhe.

> **Achtung:** Die Entbindung des Arbeitnehmers von der Arbeitspflicht bedeutet regelmäßig auch das Entfallen der Bezüge. Die Entgeltfortzahlung trotz Nichtleistung bedarf als Ausnahme von der Regel immer besonderer vertraglicher oder gesetzlicher Begründung (z.B. § 1 BUrlG).

a) Erholungsurlaub: Anspruch aus §§ 1, 11 BUrlG

83   Reden wir von Urlaub, meinen wir damit regelmäßig den gesetzlichen Anspruch auf Erholungsurlaub, der bundeseinheitlich im Bundesurlaubsgesetz (BUrlG) geregelt wird. Der Entgeltanspruch im Erholungsurlaub ergibt sich aus § 1 i.V.m. § 11 BUrlG (**„Urlaubsentgelt"**):

> **§ 1 (Urlaubsanspruch).** Jeder Arbeitnehmer hat in jedem Kalenderjahr Anspruch auf *bezahlten* Erholungsurlaub.

Die Urlaubsvergütung beruht auf § 611a Abs. 2 BGB und ist rechtlich **identisch** mit dem **Entgeltanspruch** (*BAG* NJW 2001, 460). Für die Dauer des Urlaubs entsteht kein neuer Entgeltanspruch. § 11 Abs. 1 BUrlG regelt die genaue Berechnung nach dem sog. Referenzprinzip (durchschnittlicher Arbeitsverdienst in den letzten 13 Wochen vor Urlaubsbeginn).

84   Die Entgeltfortzahlung kraft Urlaubs setzt die **Urlaubserteilung** des Arbeitgebers nach § 7 BUrlG voraus. Erst durch diese – als „*Urlaubs*gewährung" kenntlich zu machende – ausdrückliche Arbeitgebererklärung wird der Urlaub rechtlich festgelegt. Ein Selbstbeurlaubungsrecht des Arbeitnehmers besteht nicht. Er muss aber seiner „Obliegenheit" nachkommen und einen Urlaubsantrag stellen (§ 7 Abs. 1 S. 1 BUrlG), um die vom Arbeitgeber als arbeitsvertragliche **Nebenpflicht** geschuldete Erfüllungshandlung („zeitliche Festlegung des Urlaubs") auszulösen. Stellt der Arbeitnehmer keinen Antrag oder werden seine Urlaubswünsche aus anderen Gründen nicht erfüllt, so besteht wegen § 7 Abs. 3 BUrlG die Gefahr des **Verfalls** seines Anspruchs.

aa) Rechtsnatur des Urlaubsanspruchs

Der Anspruch **entsteht** nach sechsmonatigem Bestand des Arbeitsverhält- **85**
nisses (§ 4 BUrlG) in voller Höhe, *unabhängig* von tatsächlich erbrachten Leistungen. Der Arbeitgeber darf also gegen das Urlaubsverlangen des Arbeitnehmers nicht einwenden, dieser habe die Erholung „gar nicht verdient". Das
EU-Recht gewährt den Urlaubsanspruch sogar dann, wenn der Arbeitnehmer
während des gesamten Kalenderjahres arbeitsunfähig erkrankt war und keinerlei Arbeitsleistung erbracht hat (*EuGH* NJW 2009, 495 Tz. 41 – „Schultz-
Hoff"; vgl. auch *BAG* NJW 2013, 1980).

> **Wichtig:** Urlaub muss nicht erarbeitet werden, sondern ergibt sich als **arbeitsvertrag-**
> **licher Anspruch** aus dem Arbeitsverhältnis (Nebenpflicht des Arbeitgebers). Das Er-
> holungsbedürfnis des Arbeitnehmers wird nach dem BUrlG unwiderleglich vermutet.

Er **verfällt** jedoch, wenn er nicht **im** laufenden Kalenderjahr (bzw. nicht im **86**
anschließenden Übertragungszeitraum, vgl. § 7 Abs. 3 S. 2 BUrlG) geltend
gemacht wird. Der Urlaubsanspruch ist nämlich streng an das Kalenderjahr
gebunden und damit kraft Gesetzes **befristet.** Kann der Urlaub jedoch wegen lang anhaltender Arbeitsunfähigkeit nicht genommen werden (Krankheit
schließt Urlaub aus, vgl. § 9 BUrlG), so kann es zu **kumulierten** Urlaubsansprüchen aus verschiedenen Jahren kommen, die erst nach der Wiedererlan-
gung der Arbeitsfähigkeit **unmittelbar** zu nehmen sind.

> **Beispielsfall:** Die 45-jährige Anna ist Busfahrerin und Fahrausweisprüferin in Tübin-
> gen bei der N-GmbH. Sie hat einen vertraglichen Anspruch auf jährlichen Erholungs-
> urlaub von 30 Tagen. In den Jahren 2007 bis 2009 erhielt Anna keinen Jahresurlaub,
> weil sie ab 11. Januar 2007 krankheitsbedingt arbeitsunfähig war. Erst am 9. Juni 2010,
> also nach knapp 3 1/2 Jahren, nahm sie ihre Arbeit wieder auf. Im weiteren Verlauf des
> Jahres 2010 gewährte die N-GmbH der Anna einen Erholungsurlaub von 30 Tagen.
> Mit Schreiben vom 22. April 2011 machte sie erfolglos ihren Urlaub aus den Jahren
> 2007 bis 2009 geltend.
> Hat Anna Anspruch auf Gewährung von 90 Urlaubstagen für die Jahre 2007 bis 2009?
>
> **Lösung:** Die durch das *EuGH*-Urteil *Schultz-Hoff* (Slg. 2009, I-179) möglich erschei-
> nende Kumulierung von wegen Arbeitsunfähigkeit nicht genommenen Urlaubsta-
> gen ändert nichts an der – unionsrechtlich weiterhin zulässigen – **Befristung** des
> Urlaubsanspruchs gem. § 7 Abs. 3 BUrlG. Auch die übertragenen Urlaubstage aus
> den Vorjahren unterfallen dem Fristenregime dieser Norm. Konsequenz dessen ist,
> dass der Urlaubsanspruch trotz langwieriger krankheitsbedingter Arbeitsunfähigkeit
> **erlischt,** wenn der Arbeitnehmer im Kalenderjahr oder im Übertragungszeitraum
> so rechtzeitig gesund und arbeitsfähig wird, dass er in der verbleibenden Zeit sei-
> nen Urlaub nehmen kann (ErfK/*Gallner*, § 7 BUrlG Rn. 53). Andernfalls käme es
> zu einer nicht gerechtfertigten Privilegierung des ehemals arbeitsunfähig erkrank-
> ten, jetzt aber genesenen Arbeitnehmers gegenüber den anderen Arbeitnehmern.
> Daher verfielen die beanspruchten 90 Urlaubstage der Anna spätestens mit Ablauf
> des **Urlaubsjahres 2010.** Ungeachtet dessen, ob es überhaupt rechtlich möglich ge-
> wesen wäre, so viele Urlaubstage zu kumulieren, hätten die beanspruchten 90 Tage
> rein rechnerisch im Jahre 2010 genommen werden können (*BAG* NZA 2012, 29).

Mit seiner „Schulte"-Entscheidung vom 22.11.2011 (*EuGH* NJW 2012, 290 = NZA 2011, 1333) relativierte der EuGH seine weitgehende Urlaubs-Rspr. und betonte, dass der Erholungszweck nicht durch ein unbegrenztes Ansammeln von Urlaubsansprüchen erfüllt werden könne: nach einem Übertragungszeitraum von **15 Monaten** müsse auch der kumulierte Urlaub verfallen. Daraus folgerte z.B. das LAG Baden-Württemberg (ZTR 2012, 347), dass Urlaubsansprüche bei durchgehender Arbeitsunfähigkeit spätestens 15 Monate nach Ende des Urlaubsjahres untergehen und deshalb bei einer späteren Beendigung des Arbeitsverhältnisses **nicht mehr abzugelten** sind (näher *Oertel/Chmel*, DB 2012, 460).

bb) Nichterfüllung des Urlaubsanspruchs

87   Erfüllt der Arbeitgeber den Urlaubswunsch nicht, weil z.B. dringende betriebliche Belange oder Wünsche „sozial vorrangiger" Kollegen entgegenstehen, oder bleiben beide Seiten ganz untätig, muss der Arbeitnehmer zur Vermeidung des ersatzlosen Urlaubsverfalls den Arbeitgeber **rechtzeitig**, d.h. im laufenden Jahr, zur (ggf. erneuten) Urlaubsgewährung **auffordern**, um ihn in **Verzug** zu setzen: Für den während seines Verzugs eintretenden Untergang des Urlaubsanspruchs hat der Arbeitgeber Schadensersatz im Wege des „Ersatzurlaubs" zu leisten (§§ 280 Abs. 1, 286 Abs. 1, 287 S. 2, 249 Abs. 1 BGB).

cc) Umfang des Urlaubsanspruchs

88   Die gesetzliche **Mindestdauer** des Urlaubs beträgt jährlich nach § 3 Abs. 1 BUrlG **24 Werktage** (nicht: Arbeitstage). Weil heute i.d.R. nicht sechs Tage in der Woche gearbeitet wird („Werktage", vgl. § 3 Abs. 2 BUrlG), bedarf es einer Umrechnung auf die heute übliche **Fünf-Tage-Woche** (besteht am Samstag keine Arbeitspflicht, handelt es sich um keinen potenziellen Arbeitstag). Somit errechnet sich der gesetzliche Urlaub mit der Formel 24 : 6 Werktage = 4 × 5 Arbeitstage = 20 Arbeitstage (vier Wochen). Dieser Mindesturlaub ist **tariffest** (§ 13 Abs. 1 S. 1 BUrlG), so dass tarifliche Urlaubsregelungen die vier Wochen nur verlängern, nicht etwa verringern dürfen. In der Tarifpraxis ist eine Urlaubsdauer von knapp **sechs Wochen** üblich. Als tarifliche Zusatzleistung wird üblicherweise auch „Urlaubsgeld" zusätzlich zum fortlaufenden Gehalt als freiwillige Leistung (→ Rn. 11) gezahlt.

Die tarifliche Urlaubsstaffelung im **TVöD** (§ 26 Abs. 1), die öffentlich Bediensteten bis zum 30. Lebensjahr 26 Arbeitstage, bis zum 40. Lebensjahr 29 Arbeitstage und erst danach die vollen 30 Arbeitstage gewährte, wurde vom BAG wegen **Altersdiskriminierung** für unwirksam erklärt. Die unter 40jährigen würden dadurch ohne rechtfertigenden Grund benachteiligt. Die tarifliche Urlaubsstaffelung verfolge nicht das legitime Ziel, einem gesteigerten Erholungsbedürfnis älterer Menschen Rechnung zu tragen, weil dieses bereits ab dem 30. bzw. 40. Lebensjahr kaum zu begründen sei. Als Konsequenz ergebe sich ein Anspruch der unter 40jährigen auf **Anpassung „nach oben"**, so dass auch deren Urlaubsanspruch in jedem Kalenderjahr 30 Arbeitstage betrage (*BAG* NZA 2012, 803).

dd) *Urlaubsstörungen*

Nur in § 9 (Urlaubserkrankung) und in § 10 BUrlG (Maßnahmen der medi- **89** zinischen Vorsorge oder Rehabilitation) hat der Gesetzgeber **Urlaubsstörungen** anerkannt mit der Folge, dass die nachgewiesenen Tage der Arbeitsunfähigkeit nach EFZG als „**Nachurlaub**" gewährt werden müssen. Andere Fälle der Urlaubsstörung (z.B. Hochzeit im Urlaub) verpflichten den Arbeitgeber deshalb nicht zur Nachgewährung von Urlaub. Handelt ein Arbeitnehmer seiner Pflicht aus § 8 BUrlG zuwider, auf eine dem Urlaubszweck widersprechende Erwerbstätigkeit (**Urlaubsarbeit**) zu verzichten, entfällt dadurch nicht sein Urlaubs- und Entgeltanspruch; denn diese Nebenpflichtverletzung kann allenfalls mit einer Abmahnung sanktioniert werden, nicht aber durch Entzug des Urlaubs (*BAG* NJW 1988, 2757).

ee) *Urlaubsabgeltung*

Nur ausnahmsweise ist Urlaub nach § 7 Abs. 4 BUrlG **abzugelten**, wenn **90** er wegen Beendigung des Arbeitsverhältnisses nicht mehr „in natura" gewährt werden kann. Aus dem Surrogatcharakter des Anspruchs folgt, dass die sonstigen Voraussetzungen eines Urlaubsanspruchs gegeben sein müssen, insbesondere darf er nicht bereits verfallen sein (→ Rn. 86). Zwar kann nach der EuGH-Rechtsprechung der Urlaubsabgeltungsanspruch zumindest bei **andauernder Arbeitsunfähigkeit** bis zum Ende des Arbeitsverhältnisses sich als eine auf finanzielle Vergütung i.S.v. Art. 7 Abs. 2 der Arbeitszeitrichtlinie gerichtete **reine Geldforderung** darstellen, die nach Entstehen dieses Anspruchs auch **vererblich** sein könnte (Aufgabe der Surrogatstheorie). Endet jedoch das Arbeitsverhältnis mit dem **Tod** des Arbeitnehmers, so erlischt mit der Beendigung zugleich der Urlaubsanspruch. Hier kann ein vererbbarer Urlaubsabgeltungsanspruch nicht mehr entstehen (*BAG* NJW 2012, 634; NJW 2013, 1980; ferner *Düwell*, NZA-Beilage 3/2011, 133, 139 f.). Anders sieht dies jetzt der *EuGH* im Fall „Bollacke": der Tod dürfe keinen Anspruchsverlust bewirken, weil Urlaubs- und Urlaubsabgeltungsanspruch zwei Aspekte des gleichen Anspruchs seien, letzterer mithin auch vererblich sein müsse (NJW 2014, 2415). Das überzeugt vor dem Hintergrund der deutschen Dogmatik nicht.

b) Bildungsurlaub: Anspruch aus Landesgesetz

Viele, aber nicht alle Bundesländer gewähren zum Zwecke der politischen Bildung **91** und/oder beruflichen Weiterbildung ihren Arbeitnehmern sog. **Bildungsurlaub** als vom Arbeitgeber bezahlte Freistellung für regelmäßig fünf Arbeitstage im Kalenderjahr. Die Gesetze ähneln einander insoweit, als die Freistellung nur für anerkannte Bildungsveranstaltungen von anerkannten Trägern der Weiterbildung ermöglicht wird. Auch die Bildungsfreistellung ist rechtlich davon abhängig, dass der Arbeitgeber den Bildungsurlaub durch eindeutige Erklärung **gewährt**. Die Mitteilung des Arbeitnehmers alleine, er beanspruche Bildungsurlaub, kann die Freistellung nicht auslösen (kein Selbstbeurlaubungsrecht). Eine vorbehaltlose Freistellung **zum Zweck der Weiterbildung** löst automatisch den Entgeltfortzahlungsanspruch aus.

c) Feiertagsruhe: Anspruch aus § 2 EFZG

92   Für Arbeitszeit, die infolge eines gesetzlichen Feiertages ausfällt, hat der Arbeitgeber nach § 2 Abs. 1 EFZG dem Arbeitnehmer das Arbeitsentgelt zu zahlen, „das er ohne den Arbeitsausfall erhalten hätte". Die Höhe der fortzuzahlenden Vergütung richtet sich also nach dem **Entgeltausfallprinzip**. Neben der laufenden Grundvergütung sind auch Zulagen und Zuschläge zu zahlen, die bei tatsächlicher Arbeitsleistung entstanden wären. „Feiertag" ist ein jährlich wiederkehrender kirchlicher oder weltlicher Gedenktag (z.B. der 3.10. als einziger bundesgesetzlicher Feiertag), an dem nicht gearbeitet wird. Die Feiertage werden grundsätzlich von den Bundesländern (Art. 70 Abs. 1 GG) festgelegt und sind vorwiegend kirchlichen Ursprungs (vgl. Tabelle dtv-Arbeitsgesetze Nr. 18 b).

> **Verständnisfrage:** Warum regelt § 2 EFZG nur die Entgeltzahlung an **Feiertagen** und nicht an normalen Sonntagen?
>
> **Antwort:** Nur an gesetzlichen Feiertagen, die auf Arbeitstage fallen, kann die Arbeitszeit „infolge eines gesetzlichen Feiertages" ausfallen. *An Sonntagen besteht in der Regel schon keine vertragliche Arbeitspflicht,* so dass auch Arbeitszeit nicht „ausfallen" kann. Zur Arbeitspflicht an Sonn- und Feiertagen vgl. §§ 9 ff. ArbZG.

93   Der Feiertag muss die *alleinige* Ursache des Arbeitsausfalles sein. An dieser **Kausalität** fehlt es, wenn der Arbeitnehmer aus anderen Gründen der Arbeit fern bleibt. Ist er z.B. krank, so ist der Feiertag nicht alleinige Ursache der Arbeitsverhinderung. Deshalb regelt § 4 Abs. 2 EFZG, dass der Arbeitnehmer in diesem Falle die Entgeltfortzahlung nach § 2 EFZG erhält. Ähnlich bestimmt § 3 Abs. 2 BUrlG, dass Sonn- und Feiertage nicht als Werktage im Sinne des BUrlG gelten, so dass die Entgeltfortzahlung an Sonn- und Feiertagen auch während des Erholungsurlaubs sich nach § 2 EFZG bemisst.

> **Beispielsfall:** Eine Woche vor Pfingsten teilt die streikführende IG Metall dem metallverarbeitenden Unternehmen Schraube GmbH mit, dass ihre Mitglieder aufgefordert worden seien, bei Schraube am 4.6. die Arbeit niederzulegen. Der Streik wird am 8.6., dem Freitag vor Pfingsten, durch die Gewerkschaft wieder beendet, ohne dass Schraube davon unterrichtet wurde. Zur Arbeitsaufnahme der Streikenden kam es bei Schraube erst am Dienstag nach Pfingsten. Der streikende Arbeitnehmer Bruno möchte wissen, ob er seine **Feiertagsvergütung** für Pfingstmontag von Schraube erhalten kann, weil der Beschluss der Streikleitung zur Streikeinstellung ihm am Freitag vor Pfingsten bekannt wurde.
>
> **Lösung:** S muss nur dann das Feiertagsentgelt an B zahlen, wenn die Pfingstfeiertage die **alleinige Ursache** des Arbeitsausfalls waren. Das hängt davon ab, ob der streikbedingte Arbeitsausfall bei S schon am Freitag vor oder erst am Dienstag nach Pfingsten beendet war. Wären die Feiertage noch in den Arbeitskampf einbezogen gewesen, so müssten die Feiertagsbezüge ersatzlos entfallen. Somit kommt es auf die Bestimmung des **Streikendes** an. Dazu ist nicht auf den kollektiven Gewerkschaftsbeschluss abzustellen, sondern auf das Verhalten des einzelnen Arbeitnehmers, ohne dessen

individuelle Streikbeteiligung der Beschluss der Gewerkschaft substanzlos bleibt. Ebenso wie die Suspendierung der Arbeit durch Streikteilnahme muss auch deren Beendigung durch irgendeine, auch schlüssige, Erklärung dem Arbeitgeber gegenüber deutlich
werden. Weil B erst Dienstag nach Pfingsten die Arbeit aufgenommen hat, war S nicht
verpflichtet, die Feiertagsbezahlung allein aufgrund des kollektiven Gewerkschafts-
beschlusses wieder aufzunehmen. Vielmehr durfte er davon ausgehen, dass der Streik
erst durch Arbeitsaufnahme beendet worden war (*BAG* NJW 1989, 122, dazu *Reichold*,
JuS 1996, 1050).

Fall 4: Der plötzliche Wintereinbruch

(Leistungsstörungen im Arbeitsrecht, Wegerisiko, Annahmeverzug
bzw. Unmöglichkeit der Arbeitsleistung, §§ 615, 616 BGB)

Sachverhalt

Infolge eines plötzlichen Wintereinbruchs mit nachfolgendem Eisregen konnte am Morgen
des 20. März in der gesamten Innenstadt von Ingolstadt kein einziger öffentlicher Nahver-
kehrsbus fahren. Auch der sonstige Straßenverkehr war für wenige Stunden lahmgelegt.
Der Arbeitnehmer Alfons konnte deshalb seinen Arbeitsplatz bei der B-Brauerei erst um
11.00 Uhr statt, wie vorgesehen, um 8.00 Uhr erreichen.
Als er dort ankam, erfuhr Alfons auch noch, dass aufgrund des plötzlichen Nachtfrosts
die normalerweise ausreichend isolierten Wasserleitungen geplatzt waren. In der Brauerei
konnte deshalb den ganzen Tag über nicht gearbeitet werden.
Alfons möchte jetzt wissen, ob er trotzdem für den 20. März Lohn erhält.

Lösung

Anspruch des A auf Lohn für den 20. März?

Klausurtipp: Für die Falllösung muss erkannt werden, dass hier zwei verschiedene
Unmöglichkeitstatbestände vorgetragen werden. Dem sollte strukturell dadurch Rechnung getragen werden, dass zwischen der Lohnzahlung für die Zeit von 8 bis 11 Uhr
einerseits und die Zeit danach andererseits getrennt aufgebaut und subsumiert wird.

I. Lohnzahlung für die Zeit von 8.00 Uhr bis 11.00 Uhr (−)

1. (Teil-)Unmöglichkeit, §§ 275 Abs. 1, 326 Abs. 1 S. 1, 2. Hs. BGB (+)

Wegen Fixschuldcharakters der Arbeitsleistung tritt **allein durch Zeitablauf** Unmöglichkeit ein. Gemäß § 326 Abs. 1 S. 1 BGB erlischt der Anspruch auf die Gegenleistung
(Lohnzahlung) deshalb grundsätzlich, weil Alfons die Teilleistung von 8.00 Uhr bis
11.00 Uhr nicht erbringen konnte (**„ohne Arbeit kein Lohn"**).

2. Arbeitsrechtliche Spezialregelungen

a) § 615 S. 1 BGB (−)

Voraussetzungen: Annahmeverzug des Arbeitgebers und Leistungsvermögen des Arbeitnehmers. Mangels Angebot des A Annahmeverzug (−)

b) § 616 S. 1 BGB (–)

Nach **§ 616 S. 1 BGB** müsste der Arbeitnehmer für eine verhältnismäßig nicht erhebliche Zeit ohne Eigenverschulden durch einen in seiner Person liegenden Grund an der Erbringung der Arbeitsleistung gehindert worden sein. Hier: **objektives** Leistungshindernis (der gesamte Busverkehr war lahm gelegt). § 616 BGB daher (–)

II. Lohnzahlung für die Zeit ab 11 Uhr (+)

Risiko des Arbeitsausfalls beim Arbeitgeber, § 615 S. 3 BGB (+)

Grundsatz wieder: Anspruch auf Lohnzahlung nach § 326 Abs. 1 S. 1 BGB erloschen. Hier konnte A ab 11 Uhr seine Arbeitsleistung anbieten, der Arbeitgeber konnte diese aber nicht annehmen. Unklar ist vom SV her, ob eine „weit überwiegende" Verantwortlichkeit des Arbeitgebers B vorliegt (vgl. § 326 Abs. 2 S. 1 BGB). Jedenfalls kommt hier § 615 S. 3 BGB in Betracht, der entsprechend § 615 S. 1 BGB anzuwenden ist, wenn der Arbeitgeber das **„Risiko des Arbeitsausfalls"** trägt. Der Anspruch auf Lohnzahlung bleibt dann also erhalten, ohne dass der Arbeitnehmer nachleisten müsste. Die Verantwortungssphäre des Arbeitgebers erstreckt sich auf seine objektive organisatorische Verantwortung für einen funktionierenden Betrieb. Im Sinne einer „Substratsgefahrtragung" trägt er daher das Risiko des Arbeitsausfalls (sog. **Betriebsrisiko**). Daher Anspruch des A (+).

III. Ansprüche auf Nebenleistungen

94   Der Mensch lebt nicht vom Geld allein. Der Arbeitnehmer auch nicht. Vielmehr bringt er seine **Persönlichkeit** in das Arbeitsverhältnis ein. Man spricht deshalb vom „personalen Gehalt" des Arbeitsverhältnisses (*Wiese,* ZfA 1996, 439). Entsprechend werden dem Arbeitgeber sog. „Schutz- und Förderungspflichten" über die Entgeltzahlungspflicht hinaus als **Nebenpflichten** abverlangt. Früher sprach man von der „Fürsorgepflicht" des Arbeitgebers, die ihm als Sozialverantwortung aufgrund Arbeitsvertrags zukomme. Heute folgert man weniger sozialromantisch aus der mittelbaren Drittwirkung der Grundrechte (→ § 3 Rn. 27 f.) eine Fülle von ausdrücklich festgelegten (z.B. AGG, ArbSchG, ArbZG, BUrlG, NachwG) oder zumindest im Arbeitsverhältnis angelegten Leistungs- oder Verhaltenspflichten des Arbeitgebers, die (im Zweifel über § 242 BGB) entsprechend einklagbare Rechte begründen. Hier können nur die wichtigsten kurz erwähnt werden. Wichtig ist die Frage ihrer **Durchsetzung**. Eine gerichtsförmige Auseinandersetzung ist hier selten sinnvoll. Vielmehr kommt für die praktische Durchführung und Beachtung solcher Verhaltenspflichten dem **Betriebsrat** eine entscheidende Funktion zu. Er hat laut § 75 Abs. 1 Satz 1 BetrVG zusammen mit dem Arbeitgeber u.a. darüber zu wachen,

> „dass alle im Betrieb tätigen Personen nach den Grundsätzen von Recht und Billigkeit behandelt werden, insbesondere, dass jede Benachteiligung von Personen aus Gründen ihrer Rasse oder wegen ihrer ethnischen Herkunft, ihrer Abstammung oder sonstigen Herkunft, ihrer Nationalität, ihrer Religion oder Weltanschauung, ihrer Behinderung,

ihres Alters, ihrer politischen oder gewerkschaftlichen Betätigung oder Einstellung oder wegen ihres Geschlechts oder ihrer sexuellen Identität unterbleibt."

1. Anspruch auf vertragsgemäße Beschäftigung (§§ 611a, 613, 242 BGB)

Das BGB kennt in § 615 BGB zwar einen Entgeltanspruch trotz fehlender **95** Beschäftigung an (→ Rn. 46), nicht aber einen Anspruch **auf Beschäftigung**. Anders als im Kauf- und im Werkvertragsrecht (§§ 433 Abs. 2, 640 Abs. 1 BGB) gibt es keine gesetzliche Abnahmeverpflichtung des „Käufers" von Arbeit. Das hat die BAG-Rechtsprechung mit Rücksicht auf das Persönlichkeitsrecht des Arbeitnehmers 1955 geändert: seitdem wird nicht nur im ungekündigten, sondern auch im gekündigten Arbeitsverhältnis eine tatsächliche Beschäftigungspflicht des Arbeitgebers aus Arbeitsvertrag i.V.m. §§ 611a, 613, 242 BGB (Drittwirkung von Art. 2 Abs. 1, 1 Abs. 1 GG) richterrechtlich anerkannt (zuletzt *BAG GS* NJW 1985, 2968). Neben der Entgeltzahlungspflicht stellt die Beschäftigungspflicht die **wichtigste Schuldnerpflicht** des Arbeitgebers dar, die von *Preis* als der Arbeitspflicht korrespondierende (zweite) Hauptpflicht des Arbeitgebers dogmatisch eingeordnet wird (ErfK/*Preis*, § 611a BGB Rn. 564; HWK/*Thüsing*, § 611a BGB Rn. 321), von der h.L. jedoch als (wesentlichste) **Nebenpflicht** bezeichnet wird (MHdB ArbR/*Reichold*, § 92 Rn. 1).

Beispiel: Der Großverleger Bruno degradiert seinen Chefredakteur zum Pförtner des Pressehauses – unter Fortbezahlung der üppigen Bezüge. Das muss sich der Journalist wegen seines Anspruchs auf **vertragsgemäße** Beschäftigung von Rechts wegen nicht gefallen lassen. Er kann diesen Anspruch im Wege der einstweiligen Verfügung geltend machen und die Beschäftigung als Pförtner verweigern (§ 273 BGB), darüber hinaus Schadensersatz aus § 280 Abs. 1 BGB fordern. In Betracht kommt ggf. auch ein Anspruch aus § 823 Abs. 1 BGB (schwere Verletzung des allgemeinen Persönlichkeitsrechts). Schließlich kann er selbstverständlich auch wegen schwerer Vertragsverletzung nach § 626 BGB fristlos kündigen (beachte auch § 628 Abs. 2 BGB!). Zum Anspruch auf Schmerzensgeld bei schwerer Persönlichkeitsverletzung vgl. *BAG* NZA 1999, 645 („Die faulste Mitarbeiterin Deutschlands").

Die Beschäftigungspflicht des Arbeitgebers **endet**, wenn kein Arbeitsver- **96** trag (mehr) vorhanden ist oder sonst betriebliche Interessen gefährdet wären, so z.B. bei der Verdachtskündigung wegen einer Straftat oder bei schwerwiegenden Konflikten am Arbeitsplatz. Eine **einseitige Suspendierung** (unter Entgeltfortzahlung) bedarf also auch im gekündigten Arbeitsverhältnis besonderer Begründung (zur Weiterbeschäftigung *nach Vertragsende* im laufenden Kündigungsprozess → § 10 Rn. 35). Anders ist die Rechtslage bei einer **einvernehmlichen Freistellung**, z.B. bei unbezahltem Sonderurlaub für eine Weltreise oder ein „sabbatical": es handelt sich dann um eine Aussetzung der Arbeits- und Beschäftigungspflicht kraft Vereinbarung („Sonderurlaub").

2. Anspruch auf gesetzes- und verfassungskonforme Beschäftigung

97   Der Arbeitnehmer hat Anspruch nicht nur auf vertragsgemäße, sondern erst recht auf **gesetzeskonforme** Beschäftigung. Deshalb regeln eine Vielzahl von Gesetzen **explizit** arbeitsvertragliche Nebenpflichten; dazu gehört etwa auch die Pflicht zur Urlaubserteilung nach §§ 1, 7 BUrlG (→ Rn. 84) und zur Nachweiserteilung nach § 2 NachwG (→ § 7 Rn. 27). Fraglich ist jedoch vor allem bei öffentlich-rechtlichen Schutzvorschriften, die den sozialen oder technischen Arbeitsschutz verwirklichen, ob der Arbeitnehmer sich darauf auch **kraft Arbeitsvertrags** berufen kann. Deshalb sollen kurz die wichtigsten privatrechtlichen Normen vorgestellt werden.

a) Anspruch auf Schutz gegen Gesundheitsgefährdung (§ 618 BGB)

98   Schon *Otto v. Gierke* lobte den § 618 BGB als „Tropfen sozialistischen Öles" im sonst wirtschaftsliberalen BGB. Heute ermöglicht es diese Vorschrift, die modernen Normen des Arbeitsschutzrechts (→ § 3 Rn. 29) jeweils auch als vertragliche **Nebenpflichten** des Arbeitgebers seinen Arbeitnehmern gegenüber aufzufassen. Wenn § 618 Abs. 1 BGB z.B. von der Beschaffenheit der *Räume* spricht, heißt das, dass sich der Arbeitgeber an die Standards der „*Arbeitsstättenverordnung (ArbStättVO)*" zu halten hat − als Vertragspflicht seinen Beschäftigten gegenüber (ErfK/*Wank*, § 618 BGB Rn. 4). Privatrechtliche Wirkung entfalten aber nur solche Normen, die überhaupt geeigneter Gegenstand einer vertraglichen Vereinbarung sein könnten (MHdB ArbR/*Reichold*, § 93 Rn. 6). Betrachtet man die „europäischen" Normen z.B. der §§ 3, 4 ArbSchG (Grundpflichten, Allgemeine Grundsätze), so kann es sich bei so allgemeinen Anweisungen an den Arbeitgeber (z.B. hat er „für eine geeignete Organisation zu sorgen", § 3 Abs. 2 Nr. 1) nicht um Anspruchsnormen handeln, aus denen Erfüllungsansprüche folgen. Anderes gilt aber z.B. für die Kostenregelung in § 3 Abs. 3 ArbSchG.

99   Eine rein privatrechtliche Sanktionierung wie durch § 618 Abs. 3 BGB wäre im Arbeitsschutz aber unzureichend, geht es doch um den Schutz von Leib und Leben im Betrieb. Deshalb wenden sich die Arbeitsschutznormen in erster Linie an den Arbeitgeber als den Adressaten **öffentlich-rechtlicher Sozialverantwortung** bei gewerblicher Betätigung, die behördlich durch das Gewerbeaufsichtsamt bzw. die Berufsgenossenschaften überwacht wird (dazu *Zöllner/Loritz/Hergenröder*, § 32 V). Auch bei **Arbeitsunfällen** greift typischerweise nicht Deliktsrecht nach Maßgabe der Rechtsfolgenverweisung des § 618 Abs. 3 BGB, sondern das Recht der **sozialen Unfallversicherung** nach § 104 SGB VII: es haften die Berufsgenossenschaften als Träger der Unfallversicherung (→ § 9 Rn. 27).

Beispielsfall: Der Nichtraucher Gerhard möchte es nicht länger hinnehmen, mit dem Kettenraucher Norbert zusammen in dem Großraumbüro der Werbeagentur P arbeiten zu müssen. Sein Chef wiederum ist der Meinung, dass die für seine Werbekampagnen extrem wichtigen Kreativprozesse nur mittels kommunikativer Büro-Zusammenarbeit erfolgreich verliefen. Norbert könne aber kreativ nur mit Zigarette wirken. Gerhard hält dagegen, dass seine Kreativität durch den Raucherdampf extrem leide. Außerdem sei die **Gesundheitsschädlichkeit von Passivrauchen** inzwischen nachgewiesen; für sich könne er das in Gestalt von häufiger Übelkeit und Migräne nachdrücklich bestätigen. Deshalb beanspruche er ein Nichtraucherbüro. Falls er das nicht bekomme, müsse er seine Arbeit nach §§ 618 Abs. 1, 273 Abs. 1 BGB verweigern.

Lösung: Seiner Pflicht aus § 618 Abs. 1 BGB genügt der Arbeitgeber i.d.R. dadurch, dass er einen Arbeitsplatz zur Verfügung stellt, dessen Belastung mit Schadstoffen nicht über das in der Umwelt sonst übliche Maß hinausgeht. Das Arbeitsschutzrecht soll die Arbeitnehmer vor erhöhten Gefahren schützen, die ihnen durch die Arbeit drohen, nicht aber gegen das allgemeine Lebensrisiko aller Menschen (*BAG* NJW 1997, 611). Der Gesetzgeber hat seit dem 3.10.2002 durch § 5 Abs. 1 ArbStättVO aber klar gestellt, dass jeder nicht rauchende Arbeitnehmer vom Arbeitgeber wirksam vor den Gesundheitsgefahren durch Tabakrauch geschützt werden soll, so dass G einen **rauchfreien Arbeitsplatz** fordern kann, und zwar unabhängig von seiner individuellen gesundheitlichen Disposition. Seit 2007 kann der Arbeitgeber sogar, „soweit erforderlich", für den Betrieb oder einzelne Bereiche ein **allgemeines Rauchverbot** erlassen, vgl. § 5 Abs. 1 S. 2 ArbStättVO. Zu Ausnahmen für Arbeitsstätten mit Publikumsverkehr vgl. § 5 Abs. 2 ArbStättVO. Auch in der Werbeagentur P müssen daher zumindest getrennte Arbeitsplätze für Raucher und Nichtraucher geschaffen werden (dazu näher MHdB ArbR/*Reichold*, § 93 Rn. 10 ff.).

b) Anspruch auf diskriminierungsfreie Beschäftigung (§ 12 AGG)

Eine besonders wichtige Konkretisierung der „verfassungsgemäßen" Be- **100** schäftigungspflicht ergibt sich aus § 12 Abs. 1 AGG, wonach der Arbeitgeber die „**erforderlichen Maßnahmen**" zum Schutz seiner Mitarbeiter/innen vor Benachteiligungen i.S.d. § 1 AGG (vgl. auch Katalog des § 75 Abs. 1 BetrVG → Rn. 94) zu treffen hat und dabei auch ausdrücklich zu vorbeugenden Maßnahmen aufgefordert wird. Für das **europarechtlich** vorgegebene Ziel des Gesetzes, das Arbeitsleben und damit auch den Betrieb von Diskriminierungen und Verletzungen der Menschenwürde möglichst frei zu halten, wird also der Arbeitgeber als Organisator **streng** in die Pflicht genommen. Das Angebot nach § 12 Abs. 2 Satz 2 AGG wird er daher gerne annehmen, wonach geeignete Schulungen der Beschäftigten (insb. seiner Führungskräfte) zur Verhinderung von Benachteiligungen immerhin als „Erfüllung seiner Pflichten nach Abs. 1" gelten. Diese moderne Version der alten § 120b GewO-Regel (Aufrechterhaltung der guten Sitten und des Anstandes) nennt man heute *compliance*-relevant (*Bauer/Krieger/Günther*, § 12 AGG Rn. 4) vor allem deshalb, weil der moderne Gesetzgeber sehr misstrauisch folgende einklagbare **Sanktionen** privatrechtlicher Art vorgesehen hat:

- § 12 Abs. 1: Zuweisung der allgemeinen Schutzpflicht an den **Arbeitgeber** inklusive einer Pflicht zu vorbeugenden Maßnahmen (Präventivschutz);
- § 12 Abs. 2: Zuweisung einer besonderen **Schulungspflicht** an den Arbeitgeber i.S.d. US-amerikanischen *training defense* als Erfüllung einer präventiven Schutzpflicht, die freilich nur von der Verantwortung für sog. „Erstverstöße" entbindet, nicht von den Reaktionspflichten nach Abs. 3 und 4;
- § 12 Abs. 3: Zuweisung einer konkreten **Reaktionspflicht gegenüber Beschäftigten** beim Bekanntwerden objektiver Verstöße gegen § 7, die zu angemessenen Maßnahmen wie z.B. Abmahnung, Umsetzung, Versetzung oder Kündigung führen müssen;
- § 12 Abs. 4: Zuweisung einer konkreten **Reaktionspflicht gegenüber Dritten** (Kunden, Lieferanten, Geschäftspartner) beim Bekanntwerden objektiver Verstöße, die diesen gegenüber ebenso zu angemessenen Maßnahmen führen müssen (i.d.R. Hinweis auf Verstoß, z.B. Beleidigung, und Bitte um Abhilfe);
- § 12 Abs. 5: Aushang- bzw. Bekanntmachungspflichten in Bezug auf das AGG;
- § 13: Beschwerderecht der Beschäftigten mit der Folge konkreter Folgeverantwortung des Arbeitgebers, der ggf. Abhilfe schaffen muss;
- § 14: **Leistungsverweigerungsrecht** der Betroffenen, soweit der Arbeitgeber untätig bleibt, dies allerdings nur, „soweit dies zu ihrem Schutz erforderlich ist" (Verhältnismäßigkeitsprinzip!);
- § 15: **Entschädigung und Schadensersatz** (→ § 7 Rn. 15 f.): Weil jede Diskriminierung gem. § 7 Abs. 3 eine Pflichtverletzung nicht nur des Täters, sondern auch innerhalb der Vertragsbeziehung des Opfers *zum Arbeitgeber* ist, muss der Arbeitgeber bei Zurechenbarkeit nach §§ 276, 278 BGB (§ 3 Abs. 5 gilt hierfür *nicht* abschließend!) immer dann haften, wenn er Organisations- und/oder Schutzpflichten selbst oder durch seine Führungskräfte als Erfüllungsgehilfen verletzt hat (vgl. *Wagner/Potsch,* JZ 2006, 1085, 1090). Haftet der Arbeitgeber danach im „Außenverhältnis" zum diskriminierten Mitarbeiter, kann er ggf. aufgrund §§ 280 Abs. 1 BGB, 7 Abs. 3 AGG im Regresswege im Innenverhältnis auf den Täter zugreifen (→ § 9 Rn. 29 ff.);
- § 16: **Maßregelungsverbot** gegenüber den Betroffenen, wenn diese ihre Rechte in zulässiger Weise ausgeübt haben (vgl. § 612a BGB).

Bei alledem darf die Schwierigkeit des Nachweises z.B. sexueller **Belästigung** (§ 3 Abs. 4 AGG) nicht unterschätzt werden: § 22 AGG verlangt vom Benachteiligten die Darlegung von **Indizien**, die eine Diskriminierung „vermuten", d.h. zur Überzeugung des Gerichts überwiegend wahrscheinlich erscheinen lassen (→ § 7 Rn. 13). Dass daraus nicht ohne weiteres ein Kündigungsgrund folgen muss, zeigt der Fall *BAG* NJW 2004, 3508 („erkennbare Ablehnung" muss nach außen in Erscheinung getreten sein).

c) Anspruch auf Schutz der informationellen Selbstbestimmung

101   Der Arbeitnehmer hat aufgrund seines allgemeinen **Persönlichkeitsrechts** kraft Art. 2 Abs. 1 i.V.m. Art. 1 Abs. 1 GG Anspruch auf Achtung seiner Menschenwürde und auf Entfaltung seiner individuellen Persönlichkeit. In seine Privatsphäre darf der Arbeitgeber nur bei **berechtigtem** betrieblichen Interesse eingreifen. Schon bei der Einstellung (→ § 7 Rn. 5 ff.), danach bei der Führung von Personalakten, bei der personenbezogenen Datenerhebung oder z.B. bei der Telefonüberwachung muss die „informationelle Selbstbestimmung" des Arbeitnehmers als Verfassungsgebot beachtet werden. Wer z.B. als Arbeitgeber seinen Mitarbeitern die **private** Nutzung des Internets erlaubt, muss als „Provider" auch noch das „Telekommunikationsgesetz" (TKG, insb. § 88) kennen. Jedenfalls sind die besonderen **gesetzlichen Regeln** der §§ 22 ff. Bundesdatenschutzgesetz (BDSG) sowie der Datenschutzgrundverordnung (DSGVO) als einfachrechtliche Konkretisierung des Grundrechts zu beachten (→ Rn. 103 ff.). Danach sind Speicherung, Übermittlung und Nutzung von personenbezogenen Daten für Zwecke des Beschäftigungsverhältnisses im Grundsatz zulässig, wenn die Datenverarbeitung für Begründung bzw. Durchführung oder Beendigung des Arbeitsverhältnisses nach § 26 Abs. 1 S. 1 BDSG **erforderlich** ist, die Datenerhebung aus „*Compliance*"-Gründen **notwendig** erscheint (§ 26 Abs. 1 S. 2 BDSG) oder eine datenschutzrechtliche Einwilligung nach § 26 Abs. 2 BDSG vorliegt (näher → Rn. 104 ff.).

Die **Abwägung** zwischen den – jeweils verfassungsrechtlich geschützten **102** – Interessen der Vertragsparteien lässt sich auch für die Möglichkeit und die Grenzen

- des Fragerechts des Arbeitgebers bzw. der Auskunftspflicht des Arbeitnehmers vor der Einstellung und auch **während** des Arbeitsverhältnisses (*BAG* NZA 1996, 637),
- der Vertraulichkeit bei der Führung jener Personalakten, die nicht elektronisch erfasst sind,
- bei der Einstellungsuntersuchung oder Testverfahren, die grundsätzlich nur bei besonderem Anlass (z.B. Flugdienst) oder mit Einwilligung des Arbeitnehmers zulässig sind,
- des heimlichen Mithörens von Telefongesprächen, das grundsätzlich unzulässig ist und im gerichtlichen Verfahren nicht verwertet werden darf (*BAG* NJW 1998, 1331),

nutzbar machen.

Achtung: Im seltensten Fall ergibt sich die Verletzung von Arbeitgeber-Nebenpflichten „eindeutig" aus dem Gesetz. Vielmehr erfordert ihre Feststellung eine Abwägung zwischen den kollidierenden Interessen beider Parteien. Ein unzulässiger Eingriff in das Arbeitnehmer-Persönlichkeitsrecht liegt stets vor, wenn er nach Inhalt, Form und den Begleitumständen nicht erforderlich und nicht angemessen, **d.h. nicht verhältnismäßig** war.

d) Anspruch auf Einhaltung der Vorgaben des Beschäftigungsdatenschutzes

In Zeiten umfassender Digitalisierung und Vernetzung („Big Data") wird **103** der Anspruch des Arbeitnehmers auf Datenschutz immer wichtiger. Die gesetzlichen Eckpfeiler dieses Schutzes sind durch die Europäische **Datenschutzgrundverordnung** (DSGVO), dort insb. Art. 88, sowie die Novellierung des

BDSG, insb. § 26, vor kurzem erst neu justiert worden. Beide Regelungen sind zum 25.5.2018 in Kraft getreten. Die DSGVO ist eine der wenigen für das Arbeitsrecht relevanten EU-Sekundärrechtsakte, die in Deutschland *unmittelbare* Wirkung entfalten (→ § 3 Rn. 23). Da sie im Bereich des Beschäftigtendatenschutzes dem nationalen Gesetzgeber Umsetzungsspielraum belässt (*lies* Art. 88 DSGVO), hat der deutsche Gesetzgeber mit § 26 BDSG glücklicherweise die meisten unionsrechtlichen Vorgaben bereits umgesetzt. Soweit § 26 BDSG strengere Vorgaben enthält, als sie von der DSGVO vorgegeben werden, ist dies zulässig. Die DSGVO bezweckt nur eine Mindest- und keine Vollharmonisierung, lässt also eine Abweichung „nach oben" zum Schutz der Beschäftigten zu (ganz h.M., vgl. nur *Düwell/Brink*, NZA 2016, 665, 666; *Kort*, DB 2016, 711, 714 f.; *Gola/Pötters/Thüsing*, RDV 2016, 58, 59; a.A. *Maschmann*, DB 2016, 2480).

> **Hinweis:** Für Sie bedeutet das, dass Sie die Rechtmäßigkeit einer Datenverarbeitung im Beschäftigungskontext zunächst anhand von § 26 BDSG überprüfen sollten. Erst wenn sich die Datenverarbeitung nach § 26 BDSG als rechtmäßig darstellt, müssen Sie ggf. noch prüfen, ob auch die Vorgaben der DSGVO eingehalten worden sind.

104   § 26 Abs. 1 S. 1 BDSG stellt die Grundregel auf, dass personenbezogene Daten von Beschäftigten für Zwecke des Beschäftigungsverhältnisses nur verarbeitet werden dürfen,

> „wenn dies für die Entscheidung über die Begründung eines Beschäftigungsverhältnisses oder nach Begründung des Beschäftigungsverhältnisses für dessen Durchführung oder Beendigung oder zur Ausübung oder Erfüllung der sich aus einem Gesetz oder einem Tarifvertrag, einer Betriebs- oder Dienstvereinbarung (Kollektivvereinbarung) ergebenden Rechte und Pflichten der Interessenvertretung der Beschäftigten erforderlich ist."

Die Erforderlichkeit für die in § 26 Abs. 1 S. 1 BDSG genannten Zwecke bestimmt sich auf Grundlage einer **praktischen Konkordanz** zwischen den Interessen des Arbeitgebers und denen des Beschäftigten (vgl. Legaldefinition in § 26 Abs. 8 BDSG). Es geht um eine **Abwägung** zwischen den Interessen des „Verantwortlichen" (vgl. Art. 4 Nr. 7 Hs. 1 DSGVO) an der Datenverarbeitung und den Interessen des Beschäftigten an informationeller Selbstbestimmung (vgl. BT-Drs. 18/11325, S. 97; *Wybitul*, NZA 2017, 413, 414). Beide Interessen müssen möglichst weitgehend berücksichtigt werden. Die Datenverarbeitung muss **verhältnismäßig**, d.h. geeignet, erforderlich und angemessen zur Erreichung des verfolgten Zwecks sein (MHdB ArbR/*Reichold*, § 96 Rn. 123 f.).

Soweit tatsächliche Anhaltspunkte den Verdacht begründen, dass ein Beschäftigter im Dienst eine **Straftat** begangen haben könnte, kann eine Datenerhebung und -verarbeitung nach § 26 Abs. 1 S. 2 BDSG zulässig sein, soweit es die Schwere der in Frage kommenden Straftat zulässt. Ob § 26 Abs. 1 S. 2 BDSG auch bei **Verfehlungen unterhalb** der Strafbarkeitsschwelle einschlägig sein kann, ist entgegen der Rspr. zur Vorgängerregelung des § 32 Abs. 1 S. 2 BDSG a.F. umstritten (*BAG* NJW 2012, 3594, 3596; NZA 2017, 112,

114 f.), mit Blick auf den klaren Wortlaut allerdings richtigerweise zu verneinen (a.A. Paal/
Pauly/*Gräber/Nolden*, § 26 BDSG Rn. 22 f.).

Eine Datenverarbeitung im Beschäftigungskontext kann auch aufgrund ei- **105**
ner – jederzeit frei widerruflichen (vgl. Art. 7 Abs. 3 DSGVO) – **datenschutz-
rechtlichen Einwilligung** zulässig sein. Dies ist im Zuge der BDSG-Novelle
durch § 26 Abs. 2 BDSG ausdrücklich vom Gesetzgeber anerkannt worden.
Die frühere Streitfrage, ob im Arbeitsverhältnis als einem Verhältnis persönlicher Abhängigkeit (→ § 2 Rn. 19 ff.) eine freiwillige Einwilligung überhaupt
möglich ist (bejahend *BAG* NJW 2015, 2140, 2143; *Riesenhuber*, RdA 2011,
257), hat sich damit erledigt. Die Einwilligung muss grundsätzlich **schriftlich**
erfolgen. Ihre weiterhin erforderliche **Freiwilligkeit** ist „insbesondere" dann
zu bejahen, wenn dadurch ein „für die beschäftigte Person rechtlicher oder
wirtschaftlicher Vorteil erreicht wird oder Arbeitgeber und beschäftigte Person
gleichgelagerte Interessen verfolgen", vgl. § 26 Abs. 2 S. 2 BDSG. Damit wird
eine Einwilligung, die sich für Beschäftigte insgesamt als **nachteilig** heraus-
stellt, regelmäßig nicht den Anforderungen von § 26 Abs. 2 BDSG genügen
(*Wybitul*, NZA 2017, 413, 416 f.; MHdB ArbR/*Reichold*, § 96 Rn. 127).

Achtung: Die Anforderungen des § 26 BDSG sind von Arbeitgebern nicht nur einzuhalten, wenn personenbezogene Daten dateimäßig gespeichert oder verwertet werden,
sondern gem. **§ 26 Abs. 7 BDSG** auch dann, wenn diese Daten verarbeitet werden,
„ohne dass sie in einem Dateisystem gespeichert sind oder gespeichert werden sollen". So beurteilt
sich z.B. auch die Rechtmäßigkeit der Durchsuchung eines Spinds oder Rollcontai-
ners des Beschäftigten sowie die Befragung von Bewerbern und Beschäftigten ohne
dateimäßige Protokollierung durch den Arbeitgeber nach § 26 BDSG. Insgesamt führt
§ 26 Abs. 7 BDSG zu einer erheblichen **Erweiterung des sachlichen Anwendungs-
bereichs** der Regeln über den Beschäftigtendatenschutz in Deutschland (vgl. *Pfrang*,
DuD 2018, 380), insb. auch gegenüber der DSGVO, die eine solche Erweiterung nicht
vorsieht (was aber zulässig ist, → Rn. 103).

e) Anspruch auf Schutz von Eigentum und sonstiger Vermögens- 106
interessen

Der Arbeitgeber hat durch § 618 BGB eine gesetzliche Pflicht **nur** zum
Schutz von Leib, Leben und Gesundheit des Arbeitnehmers. Doch gelten auch
ohne Gesetz ähnliche Grundsätze zur **Vermögenssorge** des Arbeitgebers kraft
Arbeitsvertrags (§ 242 BGB), insbesondere im Zusammenhang mit

- **der Einbringung von Arbeitnehmer-Eigentum** in den Betrieb: Nebenpflicht zur „verkehrsüblichen" (soweit nicht schon spezialgesetzlich
  geforderten) Sicherung der notwendig bzw. üblicherweise eingebrachten
  Arbeitnehmersachen wie z.B. Kleidung, persönliches Werkzeug, Wertge-
  genstände. Soweit Fahrrad- oder PKW-Stellplätze zur Verfügung gestellt
  werden (worauf kein Anspruch besteht!), sind diese verkehrsüblich (nach
  deliktsrechtlichen Kriterien) zu sichern (vgl. *BAG* NJW 2000, 3369: Lack-

schäden an abgestellten Fahrzeugen durch Arbeiten eines Dritten auf dem Werksgelände sind dem Arbeitgeber nicht ohne weiteres zuzurechnen);
- **der Entgeltzahlung:** Nebenpflicht zur gesetzeskonformen Einbehaltung und Abführung von Lohnsteuern und Sozialversicherungsbeiträgen gegenüber den zuständigen Behörden; Erfüllung der gesetzlichen Drittschuldnerpflichten bei Lohnpfändung (→ Rn. 36);
- **dem Aufwendungsersatz** (§ 670 BGB analog): Nebenpflicht zur Erstattung solcher Aufwendungen, die der Arbeitnehmer in Erfüllung seiner Arbeitsaufgabe als erforderlich ansehen durfte (und die nicht durch das Arbeitsentgelt als abgegolten gelten können, z.B. Fahrt- und Reisekosten, Arbeitsmittel, Schutzkleidung);
- **den Eigenschäden des Arbeitnehmers:** Nebenpflicht zum Wertersatz entsprechend § 670 BGB auch für solche Vermögensschäden, die der Arbeitnehmer bei einer betrieblichen Tätigkeit erlitten hat (vgl. *Reichold,* NZA 1994, 488, 492 f. sowie → § 9 Rn. 42 ff.);
- **der Freistellung des Arbeitnehmers von Haftungsansprüchen Dritter** (§§ 257, 670 BGB analog): Nebenpflicht zur Befreiung des Arbeitnehmers von deliktischen Ansprüchen Dritter in Bezug auf die Verrichtung seiner Arbeitsaufgabe. Wegen des Zusammenhangs mit dem innerbetrieblichen Schadensausgleich wird diese Frage → § 9 Rn. 38 ff. behandelt.

107   Zu warnen ist vor einer **Überspannung** der Vermögenssorgepflicht des Arbeitgebers. Er hat zwar naheliegende Auskünfte z.B. in Bezug auf Zusatzversorgungs- oder Unterstützungskassen (betriebliche Altersversorgung) oder Betriebskrankenkassen zu erteilen. Er tritt aber andererseits in seiner Eigenschaft als Vertragspartner nicht in eine allgemeine Pflicht zur Vermögensbetreuung des Arbeitnehmers ein: er hat einen Vertrag nicht nach § 675 BGB, sondern nach § 611a BGB abgeschlossen!

3. Anspruch auf gesetzeskonforme Förderung (§§ 629, 630 BGB)

108   Der Arbeitgeber fördert seine Mitarbeiter schon dadurch, dass er ihrer Persönlichkeit bei der Erfüllung ihrer Arbeitsaufgabe Raum gibt (→ Rn. 95: Beschäftigungspflicht). Gesetzliche Ansprüche ergeben sich meist nur im Zusammenhang mit der **Beendigung** des Arbeitsverhältnisses (vgl. §§ 629, 630 BGB). Soweit nicht die Arbeit selbst, sondern gerade die Freistellung davon zur Förderung beiträgt, ist weiter an den Anspruch auf **Arbeitnehmerweiterbildung** („Bildungsurlaub" → Rn. 91) sowie an die Mitwirkung des Betriebsrats bei der betrieblichen **Berufsbildung** nach §§ 96 ff., insb. § 97 Abs. 2 BetrVG zu erinnern (vgl. *Franzen,* NZA 2001, 865). Im Übrigen ist aber zu bemerken, dass man „Förderung" im Grunde genau so wenig wie „Vertrauen" oder „Reputation" einklagen kann. Der Arbeitgeber ist jedenfalls gesetzlich gehalten, seinen Arbeitnehmern
- Freizeit zur Stellungssuche nach § 629 BGB zu gewähren (→ Rn. 59),

- ein einfaches oder qualifiziertes **Arbeitszeugnis** zu erstellen, § 109 GewO (vgl. § 630 S. 4 BGB). Während das einfache Zeugnis sich nur lakonisch auf Art und Dauer der Beschäftigung erstreckt (§ 109 S. 2 GewO), enthält das qualifizierte Zeugnis auch Angaben, die sich auf **Leistung und Verhalten** des Arbeitnehmers erstrecken (§ 109 S. 3 GewO). Bei der „Zeugnissprache" hat sich ein Kauderwelsch entwickelt, das den Zielkonflikt zwischen „wahrheitsgemäßer" und „wohlwollender" Beurteilung drastisch zum Ausdruck bringt. Kritik am Verhalten des Arbeitnehmers lässt sich nur durch „beredtes Schweigen" ins Zeugnis schmuggeln (näher *Hromadka/Maschmann I*, § 10 Rn. 423 ff.). Das BAG hat z.B. anerkannt, dass die Endnote „gut" durch die Formulierung „**stets** zur vollen Zufriedenheit" zum Ausdruck kommt. Der Arbeitnehmer, der diese Beurteilung einfordert, ist darlegungs- und beweispflichtig (*BAG* NJW 2004, 2770). Das Arbeitszeugnis dient dem Arbeitnehmer als **Bewerbungsunterlage**. Es muss deshalb nicht nur inhaltlich zutreffen, sondern auch in gehöriger Form erteilt sein (dazu lesenswert *Popp*, DB 2016, 1075). So musste das BAG sogar darüber urteilen, ob der Zeugnisanspruch auch dann erfüllt sei, wenn das Zeugnis zweimal gefaltet worden war, um den Zeugnisbogen in einem Geschäftsumschlag üblicher Größe unterzubringen. Lesen Sie die höchst interessante, aber nicht prüfungsrelevante Antwort in *BAG* NJW 2000, 1060!

4. Anspruch auf Entgelttransparenz zwischen Frau und Mann (§§ 10 ff. EntgTranspG)

Seit 2017 soll das sog. „Entgelttransparenzgesetz" (EntgTranspG) das „Gebot **109** des *gleichen Entgelts für Frauen und Männer*" durch einen **Auskunftsanspruch** gem. § 10 EntgTranspG sicher stellen. Der Anspruch besteht allerdings nur für Beschäftigte in Betrieben mit i.d.R. **mehr als 200 Beschäftigten** (§ 12 Abs. 1 EntgTranspG). Das **Entgeltgleichbehandlungsgebot** soll die Regeln des AGG konkretisieren und gilt für alle Arbeitgeber (Konkretisierung von Art. 157 AEUV, vgl. *Wank*, RdA 2018, 34 → § 3 Rn. 22). In § 3 Abs. 1 EntgTranspG heißt es:

> „Bei gleicher oder gleichwertiger Arbeit ist eine unmittelbare oder mittelbare Benachteiligung wegen des Geschlechts im Hinblick auf sämtliche Entgeltbestandteile und Entgeltbedingungen verboten."

Verlangt werden kann von Arbeitnehmern nach **§ 10 EntgTranspG** Auskunft über das durchschnittliche monatliche Bruttoentgelt und bis zu zwei einzelne Entgeltbestandteile von mit vergleichbaren Tätigkeiten befassten Beschäftigten des anderen Geschlechts. Informiert werden muss über die Kriterien und das Verfahren der Entgeltfindung sowie über das **Vergleichsentgelt**, siehe § 11 EntgTranspG. *Wichtig*: Beim Vergleichsentgelt des anderen Geschlechts ist nicht etwa der Durchschnittswert aller mit einer vergleichbaren Tätigkeit im Betrieb befassten Personen anzugeben, sondern gem. § 11 Abs. 3 S. 2 Entg-TranspG ein „auf Vollzeitäquivalente hochgerechneter statistischer Median des durchschnittlichen monatlichen Bruttoentgelts sowie der benannten Entgeltbestandteile, jeweils bezogen auf ein Kalenderjahr". Der **Median** ist der Wert, der an der mittleren Stelle steht, wenn man alle einschlägigen Werte der Größe nach sortiert. Ob die Angabe des Medians zu einem Zugewinn an Entgelttransparenz führt, so dass sich darauf – auch unter Beachtung von § 22 AGG – erfolgreich eine **Klage auf Gleichbehandlung** stützen lässt, muss bezweifelt werden. Das zeigt folgendes

Beispiel: Franziska arbeitet in einem Betrieb der Metallindustrie mit 400 Mitarbeitern, in dem sieben männliche Arbeitskollegen eine mit ihrer Tätigkeit vergleichbare Arbeit ausüben. Ihr durchschnittliches Bruttomonatsgehalt beträgt 2.500 Euro, ebenso wie das der anderen drei Frauen mit vergleichbarer Tätigkeit. Von den sieben männlichen Arbeitskollegen mit vergleichbaren Tätigkeiten verdienen drei 2.400 Euro, einer 2.500 Euro und drei 4.000 Euro brutto im Monat.

Macht Franziska nun einen Auskunftsanspruch nach § 10 EntgTranspG geltend, erfährt sie, dass der statistische Median des durchschnittlichen monatlichen Bruttoentgelts der Männer mit vergleichbarer Tätigkeit 2.500 Euro (2.400 – 2.400 – 2.400 – *2.500* – 4.000 – 4.000 – 4.000) beträgt. Da dies exakt ihrem eigenen durchschnittlichen Bruttomonatsgehalt entspricht, scheint es, als würden Frauen bezogen auf das Arbeitsentgelt in ihrem Betrieb und Tätigkeitsbereich *nicht* ungleich behandelt. Dass sich die durchschnittliche Vergütung bei den Männern mit vergleichbarer Tätigkeit auf 3.100 Euro brutto beläuft, wohingegen sie bei Frauen nur 2.500 Euro beträgt (immerhin ein Unterschied von knapp 20 %!), wird damit *nicht* aufgedeckt.

Abwandlung: Wie oben, nur dass das Bruttomonatsgehalt von Franziska und den drei Frauen mit vergleichbarer Tätigkeit je 3.200 Euro beträgt und von den sieben männlichen Arbeitskollegen mit vergleichbaren Tätigkeiten drei 2.000 Euro sowie vier 4.000 Euro brutto pro Monat verdienen.

Hier zeigt sich, dass der Median auch eine vermeintliche Diskriminierung vorgaukeln kann: Macht Franziska einen Auskunftsanspruch aus § 10 EntgTranspG geltend, wird ihr mitgeteilt, dass der statistische Median bei den Männern bei 4.000 Euro (2.000 – 2.000 – 2.000 – *4.000* – 4.000 – 4.000 – 4.000) liegt. Männer scheinen daher in Franziskas Betrieb und Tätigkeitsbereich rund 20 % mehr zu verdienen als Frauen. Dass die durchschnittliche Vergütung der Frauen mit 3.200 Euro brutto im Monat sogar höher liegt als die der Männer (3.142,86 Euro), bleibt Franziska bei der bloßen Angabe des Medians verborgen.

IV. Kontrollfragen

1. Aus welcher Vorschrift ergibt sich, dass Arbeitsverträge auch ohne Einigung über die Gegenleistung wirksam entstehen können?
2. Nach welchen Kriterien ist das Entgelt „im engeren Sinn" (Grundvergütung) vom Entgelt „im weiteren Sinn" (Sondervergütung) abzugrenzen?
3. Beschreiben Sie den Zusammenhang zwischen einer Sondervergütung und dem Begriff der „freiwilligen" Leistung!

4. Warum lassen sich Entgeltabsenkungen gegen den Willen des Arbeitnehmers nur in seltenen Ausnahmefällen durchsetzen?

5. Obwohl die Lohnpolitik in der Regel Sache der Tarifparteien ist, kommt es sehr häufig vor, dass auch der Betriebsrat über Entgeltbestandteile mitbestimmt. Nennen Sie den Grund für dieses Mitbestimmungsrecht anhand einiger Beispiele!

6. Was hat man unter einer „negativen" betrieblichen Übung im Entgeltbereich zu verstehen?

7. Wann ist die Entgeltzahlung fällig, geht man vom Gesetz aus?

8. Benennen Sie den Unterschied zwischen der Einrede der Verjährung und der Einwendung der Ausschlussfrist!

9. Die Angestellte Amalie hat Kernzeiten von 10.00 bis 12.00 und 14.00 bis 16.00 Uhr (Anwesenheitspflicht). Hat sie bei einem Zahnarztbesuch, der von 8.00 bis 9.30 dauert, Anspruch auf Bezahlung als Arbeitszeit, wenn sie vorbringt, dass sie regelmäßig während dieser Gleitzeiten zu arbeiten pflegt?

10. Warum ist der Verzug-Tatbestand des allgemeinen Schuldrechts im Arbeitsverhältnis typischerweise sehr selten einschlägig?

11. Auf der Baustelle der A-GmbH kann nicht gearbeitet werden, weil
    a) das Betonfahrzeug wegen eines Verkehrsstaus nicht rechtzeitig die Masse liefert,
    b) der Bauarbeiter Rudolf aus Rache den halbfertigen Keller unter Wasser gesetzt hat,
    c) die Gewerkschaft Bau-Steine-Erden das Zementwerk bestreikt, das die Baustoffe hätte liefern sollen!
    Können die Bauarbeiter der A-GmbH auch für die Zeiten, in denen nicht gearbeitet werden konnte, ihre Lohnfortzahlung fordern? Was ist mit den Lohnansprüchen von Rudolf? Begründen Sie jeweils Ihre Entscheidung!

12. Welche BGB-Norm hat die Entgeltfortzahlung wegen Krankheit geregelt, bevor sie spezialgesetzlich im EFZG verselbstständigt wurde? Welche Unmöglichkeitsregel wäre für Krankheit anzuwenden, wenn keine arbeitsrechtliche Sonderregelung getroffen worden wäre?

13. Warum kann man das Elterngeld nach BEEG nicht als Lohnersatzleistung bezeichnen?

14. Welcher wesentliche Unterschied besteht zwischen dem Erholungsurlaub nach BUrlG und dem gesetzlich nicht geregelten sog. Sonderurlaub?

15. Welche Sanktionen stehen dem Arbeitnehmer zu, dessen Entgeltansprüche nicht bei Fälligkeit erfüllt werden?

16. Welche rechtlichen Möglichkeiten haben Beschäftigte, das Gehalt ihrer Kollegen anderen Geschlechts mit vergleichbaren Tätigkeiten im Betrieb zu erfahren?

Empfehlungen zur vertiefenden Lektüre:

Literatur: *Bayreuther,* Der gesetzliche Mindestlohn, NZA 2014, 865; *ders.,* Das neue Mutterschutzrecht im Überblick, NZA 2017, 1145; *Bepler,* Gleichbehandlung in Betrieb, Unternehmen, Konzern, NZA-Beilage 18/2004, 3; *Boemke,* Lohnanspruch (§ 611 I BGB) und Mindestlohn (§ 1 MiLoG), JuS 2015, 385; *Boemke/Jäger,* Die Entstehung des Lohnanspruchs des Arbeitnehmers, RdA 2016, 141; *Düwell,* Urlaubsrecht im Umbruch, NZA-Beilage 3/2011, 133; *Düwell/Brink,* Beschäftigtendatenschutz nach der Umsetzung der Datenschutz-Grundverordnung: Viele Änderungen und wenig Neues, NZA 2017, 1081; *Forst,* Betriebliche Übung, custom and practice, usage d'entreprise – Gibt es ein ius commune betrieblicher Regelsetzung durch regelhaftes Verhalten in Europa?, ZfA 2013, 167; *Franzen,* Anwendungsfragen des Auskunftsanspruchs nach dem Entgelttransparenzgesetz (EntgTranspG), NZA 2017, 814; *Hanau/Hromadka,* Richterliche Kontrolle flexibler Entgeltregelungen in Allgemeinen Arbeitsbedingungen, NZA 2005, 73; *Kania,* Betriebsratsbeteiligung bei der Durchsetzung von Entgelttransparenz, NZA 2017, 819; *Kort,* Der Beschäftigtendatenschutz gem. § 26 BDSG-neu, ZD 2017, 319; *Krause,* Vereinbarte Ausschlussfristen, RdA 2004, 36, 106; *Lembke,* Die Gestaltung von Vergütungsvereinbarungen, NJW 2010, 257; *Lobinger,* Arbeitsverfassung und gesetzlicher Mindestlohn, ZfA 2016, 99; *Löwisch,* Die neue Mindestlohngesetzgebung, RdA 2009, 215; *Pfrang,* Die „nicht-dateimäßige" Verarbeitung von Beschäftigtendaten, DuD 2018, 380; *Picker,* Betriebsrisikolehre und Arbeitskampf, JZ 1979, 285; *Reichold,* Grundlagen und Grenzen der Flexibilisierung im Arbeitsvertrag, RdA 2002, 321; *ders.,* Entgeltmitbestimmung und „betriebliche Vergütungsordnung", FS Picker, 2010, S. 1079; *Reichold/Pfrang,* Die deklaratorische Einwilligung des Arbeitnehmers im Datenschutzrecht bei Unwirksamkeit oder Widerruf, KSzW 2017, 106; *Reiserer,* Flexible Vergütungsmodelle, NZA 2007, 1249; *Richardi* Lohn oder Kurzarbeitergeld bei Smog-Alarm, NJW 1987, 1231; *Rieble,* Flexible Gestaltung von Entgelt und Arbeitszeit im Arbeitsvertrag, NZA-Beilage 3/2000, 34; *Schwarze,* Staatliche Entgeltregulierung und privatautonome Entgeltgestaltung, SR 2018, 131; *Singer,* Flexible Gestaltung von Arbeitsverträgen, RdA 2006, 362; *Wagner/Potsch,* Haftung für Diskriminierungsschäden nach dem AGG, JZ 2006, 1085; *Wank,* Mindestlöhne – Begründungen und Instrumente, FS Buchner, 2009, S. 898; *ders.,* Das Entgelttransparenzgesetz – Prämissen und Umsetzung, RdA 2018, 34; *Wiese,* Der personale Gehalt des Arbeitsverhältnisses, ZfA 1996, 439; *Wybitul,* Der neue Beschäftigtendatenschutz nach § 26 BDSG und Art. 88 DSGVO, NZA 2017, 413; *Zöllner,* Vorsorgende Flexibilisierung durch Vertragsklauseln, NZA 1997, 121.

Rechtsprechung: *EuGH* NJW 2014, 2415 (Urlaubsabgeltung trotz Tod des Arbeitnehmers); *EuGH* NZA 2013, 1359 (Berechnung des Mindestlohns); *EuGH* NJW 2012, 290 (Tarifliche Verfallklausel – Grenzen der Übertragbarkeit von krankheitsbedingt kumuliertem Urlaub – „Schulte"); *EuGH* NJW 2009, 495 (Abgeltung für bei Vertragsende wegen Krankheit nicht genommenen Urlaubs – „Schultz-Hoff"); *BAG* NJW 2017, 3324 (Anrechenbarkeit von Sonn- und Feiertagszuschlägen auf den gesetzlichen Mindestlohn); *BAG* NJW 2017, 3258 (Mitarbeiterüberwachung mittels eines Software-Keyloggers); *BAG* NJW 2017, 1193 (Zulässigkeit einer verdeckten Videoüberwachung zur Aufdeckung von Straftaten); *BAG* NZA 2017, 378 (Jede synallagmatische Vergütungszahlung ist auf den Mindestlohnanspruch anrechenbar); *BAG* NJW 2016, 3675 (Anspruch auf den gesetzlichen Mindestlohn auch in Bereitschaftszeiten); *BAG* NZA 2015, 604 (Datenschutzrechtliche Einwilligung in Videoaufnahme im firmeneigenen Video); *BAG* NJW 2015, 2444 (Entgeltfortzahlung bei alkoholbedingter Arbeitsunfähigkeit); *BAG* NJW 2014, 2974 (Sonderurlaub trotz suspendierter Hauptleistungspflichten); *BAG* NZA 2014, 545 (Schadensersatz wegen nichtgewährtem Urlaub); *BAG* NZA 2012, 81 (pauschaler Freiwilligkeitsvorbehalt verhindert nicht betriebliche Übung); *BAG* NZA 2012, 29 (Befristung und Verfall auch des krankheitsbedingt kumulierten Urlaubs); *BAG* NJW 2012, 103 (AGB-Kontrolle einer Ausgleichsklausel im Aufhebungsvertrag); *BAG* NJW 2011, 2314 (Intransparenz der Verknüpfung von Freiwilligkeits- mit Widerrufsvorbehalt, dazu *Boemke*, JuS 2011, 835); *BAG* NZA 2009, 1105 (keine ablösende BV einer betrieblicher Übung, dazu *Boemke,* JuS 2010, 75); *BAG* NJW 2009, 2475 (Aufgabe der Rspr. zur gegenläufigen betrieblichen Übung, dazu *Boemke*, JuS 2009, 1061); *BAG* NZA 2007, 853 (kein Freiwilligkeitsvorbehalt bei Entgelt i.e.S.); *BAG* NJW 2007, 536 (Widerrufsvorbehalt bei übertariflichen Leistungen); *BAG* NJW 2005, 1820 (ergänzende Auslegung unwirksamer Widerrufsvorbehalte in Altverträgen, dazu *Mückl*, Jura 2005, 688); *BAG GS* NJW 2001, 3570 (Anspruch auf Verzugszinsen aus Bruttoentgelt).

Falldidaktische Beiträge: *Malorny/Richter*, JuS 2017, 1196 (u.a. Annahmeverzug und Unmöglichkeit im Arbeitsrecht); *Eufinger*, JuS 2015, 1013 (u.a. Mindestlohngesetz); *Latzel/ Sausmikat*, JA 2015, 497 (u.a. Urlaubsanspruch und Urlaubsabgeltung); *Schmidt,* Jura 2015, 188 (Prüfung eines Urlaubsanspruchs); *Brose/Wiebke*, JuS 2012, 721 (Schadensersatz wegen Verletzung des allgemeinen Persönlichkeitsrechts durch Mobbing); *Stöhr*, JuS 2012, 151 (u.a. AGB-Kontrolle einer Ausschlussfrist); *Pötters/Traut*, Jura 2011, 401 (u.a. „Emmely"-Fall, § 626 BGB, Lohnwucher, gegenläufige betriebliche Übung); *Schubert*, JuS 2008, 52 (Annahmeverzugslohn, betriebliche Übung); *Huster/Hasler*, Jura 2010, 316 (Entgeltfortzahlung bei Eigenverschulden, Forderungsübergang auf SV-Träger); *Helml*, JuS 2010, 1095 (Vergütung von Bereitschaftsdienstzeit); *Boemke*, JuS 2008, 241 (Anrechnung tariflicher Lohnerhöhungen auf individualrechtlich gewährte Zusatzleistungen).

§ 9. Ansprüche des Arbeitgebers

1   Aufgrund des Arbeitsvertrags kann der Arbeitgeber vom Arbeitnehmer die *„Leistung weisungsgebundener, fremdbestimmter Arbeit"* (§ 611a Abs. 1 S. 1 BGB) verlangen. Bei dieser **Arbeitspflicht** handelt es sich um seine Hauptleistungspflicht (unten I), die von wichtigen Nebenpflichten (Verhaltenspflichten, unten II) flankiert wird. Verletzt der Arbeitnehmer seine vertraglichen Pflichten, handelt es sich seltener um Nichterfüllung (Unmöglichkeit → § 8 Rn. 43) als um **Schlechterfüllung**, die insb. zu Schadensersatzansprüchen aus Pflichtverletzung (§ 280 Abs. 1 BGB) führen kann (unten III). Hierfür gelten im Arbeitsverhältnis besondere Haftungsgrundsätze („Haftungsprivilegierung" des Arbeitnehmers).

I. Anspruch auf Arbeitsleistung (Hauptleistung)

1. Anspruchsgrundlage: Arbeitsvertrag

2   Wie der Gegenleistungsanspruch des Arbeitnehmers (→ § 8 Rn. 2) ist auch der Leistungsanspruch des Arbeitgebers von einem wirksamen Arbeitsvertrag abhängig. Wer nicht einvernehmlich mit dem Arbeitgeber seine Arbeit aufnimmt, kann mangels vertraglicher Grundlage für seine nicht geschuldete Arbeit auch kein Entgelt verlangen (→ § 7 Rn. 50). Zu unterscheiden vom **Rechtsgrund Arbeitsvertrag** sind wieder die „Bestimmungsfaktoren" Tarifvertrag, Betriebsvereinbarung, betriebliche Übung oder Weisungsrecht (→ § 3 Rn. 37 ff.), die die notwendige Leistungsbestimmung im Detail regeln. Die Regelung der **Arbeitsaufgabe** ist aber originär den Vertragsparteien zugewiesen, die damit das Arbeitsverhältnis „charakterisieren" (vgl. § 2 Abs. 1 Nr. 5 NachwG).

Beispiel: Die Layouterin Gisela wird vom großen Verlagshaus Grütz & Jux in Teilzeit angestellt. In § 1 ihres Redakteurvertrags heißt es: „Frau G ist Layouterin im Ressort Layout der Redaktion SANDRA und kann für alle im Rahmen der Redaktion anfallenden Layout-Aufgaben eingesetzt werden …". Nach acht Jahren muss die Zeitschrift SANDRA wegen deutlich rückläufiger Umsatzentwicklung eingestellt werden. Als G daraufhin betriebsbedingt gekündigt wird, wendet sie ein, sie könnte ohne weiteres bei der Zeitschrift STERN des gleichen Verlags weiterbeschäftigt werden, weil da die Layout-Stelle gerade frei geworden sei.

G kann nicht mit dem Argument gegen ihre Kündigung vorgehen, sie könnte bei einer anderen Zeitschrift des Verlags G & J weiterbeschäftigt werden, weil nach dem Inhalt ihres Arbeitsvertrags das **Weisungsrecht** (Direktionsrecht) des Verlags auf eine Umsetzung innerhalb der Redaktion SANDRA **beschränkt** war. Die Schließung der gesamten Redaktion S stellt daher ein dringendes betriebliches Erfordernis nach § 1 Abs. 2 KSchG dar (*BAG* NJW 2000, 2604; vgl. auch *BAG* NJW 1999, 667).

Je klarer also die **Arbeitsaufgabe** durch vertragliche Festlegung (z.B. Ar- 3
beitsplatzbeschreibung) geregelt ist, desto weniger Spielraum hat der Arbeitgeber noch für sein **einseitiges Weisungs- bzw. Direktionsrecht**, das den
vertraglich bestimmten Rahmen nicht überschreiten darf (§ 106 GewO → § 3
Rn. 41, 52). Weisungen dienen heute in der Regel nur der „Grobsteuerung",
nicht der engen fachlichen Arbeitsanleitung (MHdB ArbR/*Reichold*, § 40 Rn. 4,
16 ff.). Unverzichtbar bleibt immer die **sachlich-organisatorische** Steuerung
in Fragen wie Arbeitsplatz- und Personalausstattung, Arbeitszeitregelung etc.
(→ § 2 Rn. 27). Nachteil der vertraglichen Festlegung ist für den betroffenen
Mitarbeiter die geringere Versetzbarkeit und damit auch seine leichtere Kündbarkeit (→ Beispiel Rn. 2) bei Wegfall des Arbeitsplatzes.

Schaubild 11: Bestimmung der Arbeitsaufgabe

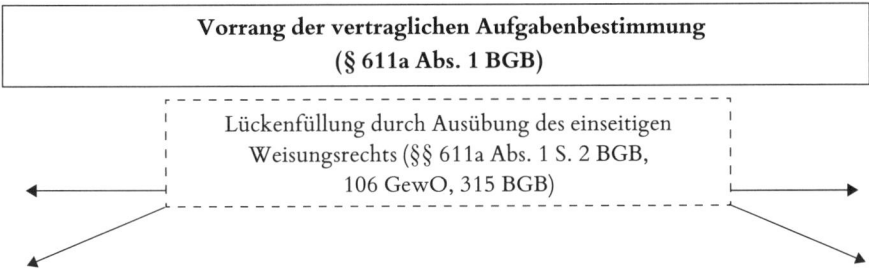

Achtung: Je weniger klar die Arbeitsaufgabe des Arbeitnehmers **vertraglich** bestimmt
ist, desto umfassender ist seine Weisungsabhängigkeit vom Arbeitgeber und damit auch
seine Versetzbarkeit.

2. Inhalt der Arbeitspflicht

Der Arbeitnehmer erfüllt seine Leistungspflicht, wenn er (a) als der richtige 4
Schuldner (b) die richtige Leistung (c) am richtigen Ort (d) zur richtigen Zeit
erbringt.

a) Persönliche Leistungspflicht (richtiger Schuldner, § 613 BGB)

Der Arbeitnehmer hat seine Arbeitsleistung (im Zweifel) höchstpersönlich zu 5
erbringen. Er ist also nicht berechtigt, einen Ersatzmann (nicht einmal seinen
Zwillingsbruder) zur Arbeit zu schicken, wenn er „verhindert" ist (§ 616 BGB
gäbe sonst auch keinen rechten Sinn → § 8 Rn. 57 f.). Aus § 613 S. 1 BGB ergibt
sich auch, dass nach dem Tod des Arbeitnehmers nicht etwa dessen Erben einen
Anspruch auf seinen Arbeitsplatz haben. **Ausnahmsweise** aber kann dem Arbeitnehmer (vertraglich) zugestanden werden, sich z.B. durch seine Ehefrau bei einer
Tätigkeit als Hausmeister oder Platzwart vertreten zu lassen, was bei Schädigungen dann zur Anwendung des § 278 BGB (Haftung für Erfüllungsgehilfen) führt.

6   § 613 S. 2 BGB weist für die **Gläubigerseite** gleichfalls darauf hin, dass „im Zweifel" der Anspruch auf die Dienste nicht übertragbar sei (Abtretungsverbot, vgl. § 399 BGB). Nur der Arbeitgeber als Vertragspartner kann die Leistung verlangen, nicht ein von ihm beauftragter Dritter. Doch ist ein Arbeitsvertrag zu Gunsten Dritter (§ 328 BGB) wie beim **Leiharbeitsverhältnis** nach AÜG durchaus zulässig: der Verleiher (Zeitarbeit-Unternehmer) ist vertraglicher Arbeitgeber und damit entgeltpflichtig, unterstellt den Arbeitnehmer aber mit dessen Zustimmung auf eine bestimmte Zeit (deshalb **„Zeitarbeit"**) dem Weisungsrecht eines Dritten (Entleiher). Man unterscheidet dann das Arbeitsverhältnis (Grund- oder Valutaverhältnis) mit dem Verleiher vom *Beschäftigungsverhältnis* mit dem Entleiher (→ § 2 Rn. 35, vgl. *Walker*, AcP 194 (1994), 295, 308 ff.). Von diesen „Drittbeziehungen" (*Konzen*, ZfA 1982, 59) zu unterscheiden ist die **Rechtsnachfolge** in die Stellung des Arbeitgebers insbesondere beim Betriebsübergang, § 613a BGB (→ § 2 Rn. 6 ff.), oder beim Tod des Arbeitgebers, §§ 1922, 1967 BGB: in beiden Fällen wird der neue Arbeitgeber kraft Gesetzes alleiniger Gläubiger des Anspruchs auf die Arbeitsleistung.

b) Qualität der Arbeitsleistung (richtige Leistung)

7   Auch wenn sich der Inhalt der Arbeitspflicht aus dem Arbeitsvertrag ergibt, wird über die Qualität der Arbeitsleistung kaum je etwas vereinbart. Die Norm des § 243 Abs. 1 BGB (Gattungsschuld) passt nicht, weil es nicht um die „mittlere Art und Güte" von Sachleistungen geht, sondern um persönliche Dienstleistungen. Nach § 611a Abs. 1 BGB schuldet der Arbeitnehmer **nur ein Wirken**, nicht ein Werk. Das Entgelt hat er sich für seine (persongebundene!) Tätigkeit als solche verdient; eine Erfolgsgarantie wie beim Werkvertrag ist damit nicht verbunden (→ § 2 Rn. 15). Daraus lässt sich ein **subjektiver Leistungsbegriff** ableiten, der dem Arbeitnehmer nach h.M. abverlangt wird: er muss die Arbeit unter angemessener Ausschöpfung seiner persönlichen Leistungsfähigkeit verrichten (*BAG* NJW 2004, 2545).

8   Andererseits erfordert aber § 276 Abs. 2 BGB auch die Berücksichtigung gewisser **objektiver** (verkehrsüblicher) Berufsstandards. Der ArbVGE 2006 hatte das treffend wie folgt formuliert (§ 27 Abs. 3 S. 1):

> Der Arbeitnehmer schuldet die angemessene Ausschöpfung seiner persönlichen Leistungsfähigkeit, die nach dem Vertragsinhalt von ihm erwartet werden kann.

Etwas kürzer formuliert das BAG: „Der Arbeitnehmer muss tun, was er soll, und zwar so gut, wie er kann" (*BAG* NJW 2004, 2545, 2546).

9   Für die **Pflichtverletzung** im Arbeitsverhältnis, deren Folgen die §§ 611 ff. BGB nicht regeln – es gibt kein „Gewährleistungsrecht" des Dienstvertrags! –, ist dieser subjektivierte Sorgfaltsmaßstab entscheidend. Haftbar nach § 276 BGB (oder abgemahnt) kann nur werden, wer (vorwerfbar) schlechter arbeitet, als er arbeiten *könnte*. Kann er wirklich nicht besser arbeiten als er jetzt arbeitet, obwohl das von ihm vertraglich erwartet werden konnte, ist das Anlass für eine **personen**bedingte Kündigung (z.B. bei krankheitsbedingter Leistungsminderung → § 10 Rn. 46), nicht aber für eine Abmahnung. Im Grenzbereich kann dem *low performer* (Niedrigleister) bei längerfristiger deutlicher Überschreitung der durchschnittlichen Fehlerquote nach Abmahnung nur gekündigt werden, wenn er seine Leistungsfähigkeit **vorwerfbar** nicht ausgeschöpft hat (was schwer zu beweisen sein wird, vgl. *BAG* NZA 2008, 693).

> **Wichtig:** „Richtige" Arbeit leistet, wer unter gehöriger Anspannung seiner subjektiven Fähigkeiten die von ihm vertraglich übernommene Arbeitsaufgabe verkehrsgerecht erfüllt.

c) Richtiger Ort der Arbeitsleistung (§ 269 BGB)

Für die herkömmliche **betriebliche** Arbeitsleistung lässt sich der Arbeitsort **10** entweder aus dem Vertrag (vgl. § 2 Abs. 1 Nr. 4 NachwG) oder aus den Umständen klar bestimmen: Arbeitsort ist der **Beschäftigungsbetrieb**. Aus der „Natur des Schuldverhältnisses", § 269 Abs. 1 BGB, ergibt sich dann, dass dem Schuldner der Arbeitsleistung eine **Bringschuld** obliegt, weil er die Arbeit als Kooperationsleistung im Betrieb des Arbeitgebers schuldet. Leistungs- und Erfüllungsort fallen hier zusammen und sind nach § 29 Abs. 1 ZPO für den Gerichtsstand maßgeblich (→ § 6 Rn. 11). Soll die Arbeit an alternierenden Arbeitsplätzen (z.B. Telearbeit) oder im Außendienst (z.B. Versicherungsvertreter) erfolgen, entscheidet nach der Norm des § 48 Abs. 1a ArbGG der **„gewöhnliche Arbeitsort"**, der ausnahmsweise auch am Wohnort des nicht am Sitz des Arbeitgebers Beschäftigten liegen kann, i.d.R. aber dem Erfüllungsort entsprechen wird (*Bergwitz*, NZA 2008, 443). Der Arbeitnehmer hat daraus nur dann einen Vorteil, wenn er „von zuhause aus" den Arbeitgeber verklagen kann.

Ergibt sich der Arbeitsort nicht schon hinreichend aus der Arbeitsaufgabe, **11** so kommt dem Arbeitgeber ein **Weisungsrecht** in Bezug auf den konkreten Arbeitsplatz zu. Dabei muss er „billiges Ermessen" nach § 315 Abs. 1, 3 BGB walten lassen, so dass es z.B. der Nichtraucher nicht dulden muss, seine Arbeitserbringung im Gemeinschaftsbüro durch einen Kettenraucher gestört zu sehen. Er hat aus §§ 273, 618 BGB i.V.m. § 5 ArbStättVO einen Anspruch auf **„Umsetzung"** auf einen anderen Arbeitsplatz (Beispiel → § 8 Rn. 99). Ändert sich nicht nur der Arbeitsort, sondern die Arbeitsaufgabe als solche, so kann es sich um eine Vertragsänderung (**„Versetzung"**) handeln, die nicht einseitig vom Arbeitgeber durchgesetzt werden darf (→ Rn. 3), sondern nur einvernehmlich (§ 311 Abs. 1 BGB) oder durch Änderungskündigung (§ 2 KSchG) erfolgen kann. Aus diesem Grund werden häufig Erweiterungen des Weisungsrechts z.B. zum Einsatz im Bereich des Konzerns (sog. Konzernversetzungsklausel, dazu *Maschmann*, RdA 1996, 24, 36 ff.) oder zum Einsatz auf einen „gleichwertigen" anderen Arbeitsplatz im Unternehmen im Wege einer **Versetzungsklausel** vereinbart (zur AGB-Kontrolle vgl. *BAG* NZA 2007, 145). Ansonsten muss der Arbeitnehmer ohne seine Einwilligung (§ 311 Abs. 1 BGB) einen Ortswechsel grundsätzlich nicht akzeptieren (wohl aber einen „Platzwechsel").

Arbeitshinweis: Vermeiden Sie besser die Begriffe **Umsetzung** bzw. **Versetzung**. Sie stehen nicht für klare Rechtsfolgen. Die „Versetzung" ist nur in § 95 Abs. 3 BetrVG für die Zwecke der betrieblichen Mitbestimmung legal definiert als wesentliche Veränderung des „Arbeitsbereichs". Für die **hier wesentliche** Frage, ob die „Versetzung" vom Arbeitgeber einseitig angeordnet oder nur einvernehmlich geregelt werden kann, ergibt der Begriff alleine aber nichts. Vielmehr muss die Abgrenzung zwischen Vertragsänderung, d.h. Änderung der vereinbarten Arbeitsaufgabe (§ 311 Abs. 1 BGB), und zulässiger **Leistungsbestimmung** (Weisung, §§ 611a Abs. 1 S. 2 BGB, 106 GewO) je nach den Umständen des Einzelfalls getroffen werden (vgl. *BAG* NJW 1997, 78; NZA 2007, 145).

d) Richtige Zeit der Arbeitsleistung

12   Weil die Versäumung der geschuldeten Arbeitszeit in der Regel zur Unmöglichkeit der Leistung während des abgelaufenen Zeitabschnitts führt (§ 275 Abs. 1 BGB: Teilunmöglichkeit), ist die Bestimmung der „richtigen" Arbeitszeit besonders wichtig (sog. Fixschuldcharakter der Arbeitsleistung → § 8 Rn. 43). Zu unterscheiden sind dabei die

- **Dauer** (der Umfang) der Arbeitszeit (*wie lange* arbeite ich im Abrechnungszeitraum, d.h. in der Woche, im Monat oder im Jahr?) als Entgelt-Berechnungsfaktor von der

- **Lage** der Arbeitszeit (*wann genau* muss ich im Abrechnungszeitraum arbeiten?). Für die „zeitlich richtige" Arbeitsleistung ist vor allem die konkret geschuldete Lage am Tag (in der Woche etc.) ausschlaggebend.

aa) Arbeitszeitdauer

13   Die Arbeitszeitdauer meint den Umfang des **Arbeitszeitdeputats**; dessen Festlegung gehört zu den „essentialia negotii" des Arbeitsvertrags (vgl. § 2 Abs. 1 Nr. 7 NachwG), weil die Höhe des Arbeitsentgelts vom Umfang der Beschäftigung, also der Voll- oder Teilzeit oder geringfügigen Beschäftigung (§ 8 SGB IV) in der Woche bzw. im Monat abhängt (→ § 3 Rn. 5, 10). Das **Arbeitszeitgesetz** (ArbZG) begrenzt die Vertragsfreiheit im öffentlichen Interesse des Arbeitnehmerschutzes nur **nach oben** (vgl. auch MuSchG, JArbSchG), ersetzt aber nicht die vertragliche Festlegung des jeweiligen Arbeitszeitdeputats und regelt auch nicht die Teilzeit (vgl. aber § 2 TzBfG).

14   Das ArbZG geht zwar von einem Acht-Stunden-Tag aus (§ 3 S. 1 ArbZG), benennt ihn aber nicht mehr als „Regelarbeitszeit", sondern setzt nur eine **Höchstgrenze von 48 Stunden** in der Woche (§ 3 S. 2 ArbZG → Beispiel § 3 Rn. 8). „Arbeitszeit" wird in § 2 Abs. 1 ArbZG definiert als „die Zeit vom Beginn bis zum Ende der Arbeit ohne die Ruhepausen". Länger als sechs Stunden hintereinander darf man nicht ohne Ruhepause beschäftigt werden (§ 4 S. 3 ArbZG). Außerdem muss nach Beendigung der täglichen Arbeitszeit „eine ununterbrochene Ruhezeit von mindestens elf Stunden" eingehalten werden (§ 5 Abs. 1 ArbZG). Die Rahmenregelungen des ArbZG ermöglichen **flexible Arbeitszeitmodelle**, z.B. je 10 Stunden an 5 Tagen abwechselnd mit je 6 Stunden an 6 Tagen, solange der geforderte Durchschnitt von 48 Wochenstunden in sechs Monaten nicht überschritten wird (§ 3 S. 2 ArbZG, sog. Ausgleichszeitraum). Begriffe wie

„Überstunden" oder „Mehrarbeit" kommen im ArbZG nicht (mehr) vor – sie sind heute maßgeblich nur noch für tarifliche oder andere Entgeltregelungen. Die **Tarifverträge** kümmern sich dagegen um regelmäßige Wochenarbeitszeiten (z.B. 38 Stunden) mit einem tariflichen Durchschnittsentgelt, können allerdings einzelvertragliche Veränderungen der Arbeitszeitdauer rechtlich nicht verhindern (→ Beispiel § 3 Rn. 10: Frage der Reichweite des Günstigkeitsprinzips, § 4 Abs. 3 TVG).

Wichtig: Das Arbeitszeitgesetz setzt der Vertragsgestaltung (öffentlich-rechtliche) **Höchstgrenzen**, ermöglicht aber innerhalb dieser Grenzen flexible Arbeitszeitmodelle. Es ersetzt weder die vertragliche Festlegung des Arbeitszeitumfangs als Rechengröße für die Entgeltzahlung noch die Festlegung der Abgeltung bzw. Bezahlung von Mehrarbeit. **Änderungen** der Arbeitszeitdauer können nur durch Vertrag oder durch Kündigung, nicht aber durch Weisung erfolgen (auch nicht bei nur vorübergehender Senkung, sog. **Kurzarbeit**). Ausnahmsweise sieht die Norm des § 8 TzBfG unter gewissen Voraussetzungen einen Anspruch auf Abschluss eines Änderungsvertrags zur Verringerung der Arbeitszeit **auf Dauer** vor.

bb) Arbeitszeitlage

Die genaue Festlegung der konkreten Arbeitszeiten am Tag bzw. in der **15** Woche macht die Arbeitspflicht erst zur **Fixschuld** (MHdB ArbR/*Reichold*, § 40 Rn. 65). Hier geht es um den Beginn und das Ende der täglichen Arbeitszeit, um die Lage der Pausen und die Verteilung auf die Woche. Üblicherweise wird im Arbeitsvertrag Bezug genommen auf die „betriebsübliche Arbeitszeit" (vgl. § 87 Abs. 1 Nr. 3 BetrVG), die der betrieblichen **Mitbestimmung** unterliegt, weil die Verteilung der Arbeitszeit auf die Tage und die Woche typischerweise kollektiv geregelt wird (Betriebsvereinbarung → § 3 Rn. 38). Ohne betriebliche oder vertragliche Regelung unterliegt die Lage der Arbeitszeit aber allein dem **Weisungsrecht** des Arbeitgebers nach §§ 611a Abs. 1 S. 2 BGB, 106 GewO. Dieses kann vom Arbeitgeber auch dann wirksam ausgeübt werden, wenn (gesetzlich und kollektivvertraglich erlaubte) **Sonntagsarbeit** zugewiesen wird und dies zuvor 30 Jahre lang niemals so praktiziert wurde. Eine „konkludente" Vertragsänderung zugunsten des betroffenen Arbeitnehmers (sog. **Konkretisierung**) ist hierdurch nicht eingetreten. Durch Nichtbetätigung des Weisungsrechts über längere Zeit hinweg verzichtet der Arbeitgeber nicht etwa ganz darauf (es sei denn, entsprechende Anhaltspunkte sprächen für eine Vertragsänderung, vgl. *BAG* NJW 2010, 394; krit. *Preis/Ulber*, NZA 2010, 729).

Wird dem Arbeitnehmer ausdrücklich („Sie können kommen, wann Sie wollen!") **16** oder konkludent **Zeitsouveränität**, z.B. bei Vertrauensarbeitszeit, gewährt, dann wird ihm das Leistungsbestimmungsrecht nach § 315 Abs. 1 BGB vom Arbeitgeber übertragen (vgl. *Reichold*, NZA 1998, 398). Mangels fixierter Arbeitszeit laufen dann die Normen der §§ 615, 616 BGB leer (→ § 8 Rn. 44). Freilich bleiben Weisungen des Arbeitgebers als sachlich-organisatorische Weisung möglich, z.B. Konferenztermine betreffend (→ Rn. 3). Unmöglichkeit kann aber nicht mehr wegen Versäumung der Arbeitszeit eintreten, sondern allenfalls wegen Schlechterfüllung bei mangelhafter Aufgabenbewältigung (→ Rn. 24 ff.).

Zum Rechtscharakter des sog. **Arbeitszeitkontos** vgl. *BAG* NZA 2008, 1135: Wer bestimmte Zeiten auf dem vom Arbeitgeber geführten Arbeitszeitkonto gutschreiben lassen will, muss darlegen, dass der damit behauptete Vergütungsanspruch auch besteht; die Teilnahme an einer tariflich vorgesehenen Regenerationskur auf der Insel Rügen verwirklicht nicht die Arbeitspflicht und kann daher nicht gutgeschrieben werden.

Beispielsfall: Die Zahnarzthelferin Ursula hat Ärger mit ihrem Chef Walter, für den sie laut Vertrag 24 Wochenstunden arbeiten soll. Die 24 Stunden leistet sie kraft mündlicher Vereinbarung gleichmäßig am Mittwoch, Donnerstag und Freitag ab. Ursula möchte jetzt wissen, ob
(1) die Umkleidezeiten vor dem Antritt und nach dem Ende der Arbeit zur Arbeitszeit zählen oder nicht,
(2) sie es dulden muss, besonders am Freitag ständig bis zu drei Überstunden abzuleisten, zumal dann auch noch bis zu elf Stunden täglicher Arbeitszeit anfallen, und welche Bezahlung sie dann fordern kann, (3) sie es sich gefallen lassen muss, kurzfristig „Zwangsurlaub" verordnet zu bekommen, weil Walter bereits zweimal am Freitag ganztägige Weiterbildungen besucht hat, dies aber erst am Mittwoch zuvor bekannt gab und deshalb seinen Helferinnen Urlaub gab (U hält davon wenig, weil sie den Tag als Arbeitstag schon eingeplant hatte).

Lösung: (1) Die Arbeitszeit beginnt in der Regel mit der Aufnahme der Arbeitsleistung selbst (vgl. § 2 Abs. 1 S. 1 ArbZG). Umkleide- oder Reinigungszeiten gelten als Vor- bzw. Nachbereitung der Arbeit und gehören **nicht** zur vergütungspflichtigen Arbeitszeit (*BAG* NZA 2001, 458); Ausnahmen gelten aber z.B. bei Schauspielern oder Ärzten wegen des untrennbaren Bezugs zur Arbeitsaufgabe.
(2) Zu unterscheiden ist die **öffentlich-rechtliche** Zulässigkeit von der **vertraglichen** Zulässigkeit der Arbeitszeitverlängerung. a) Nach § 3 S. 2 ArbZG darf die tägliche Höchstarbeitszeit von **10 Stunden** grundsätzlich nicht überschritten werden. Bei Zuwiderhandlungen drohen Geldbußen, vgl. § 22 Abs. 1 Nr. 1 ArbZG. Zulässige Ausnahmen nach § 7 ArbZG auf Grund eines Tarifvertrags sind nicht ersichtlich. b) Vertraglich schuldet U nach der Handhabung des Vertrags im Zweifel acht Stunden pro Tag, keine Stunde mehr. Allerdings wird man aus dringenden betrieblichen Gründen im Einzelfall Ausnahmen machen müssen. Bei ärztlichen Dienstleistungen muss z.B. eine Behandlung zu Ende geführt werden können, auch wenn die Arbeitszeit dadurch überschritten wird. Doch muss deshalb die **regelmäßige** Überschreitung der täglichen Arbeitszeit um ca. 25–30 % nicht hingenommen werden, so dass U ein Leistungsverweigerungs- bzw. Beendigungsrecht zusteht (§ 273 Abs. 1 BGB). Soweit sie die Überstunden geleistet hat, steht ihr eine entsprechende Entgelt-Mehrforderung zu, die jedoch ohne eine (tarif-)vertragliche Grundlage nicht mit einem besonderen „Überstundenzuschlag" versehen werden kann (für Teilzeitkräfte kommen tarifliche Überstundenzuschläge erst bei Überschreitung der regelmäßigen Arbeitszeit in Frage).
(3) Die kurzfristige Absage von Arbeit verstößt nur dann nicht gegen den Arbeitsvertrag, wenn eine Vereinbarung über die **Nachholung** der Arbeit getroffen worden ist. Eine solche Vereinbarung kann auch konkludent erfolgen, wenn sich z.B. die Teilzeitkräfte zur Nachholung bereit erklären, was im ärztlichen Bereich durchaus üblich ist. Ohne eine solche Vereinbarung gilt aber im Zweifel, dass die für den Freitag zeitlich fixierte Arbeitszeit aus Gründen, die der Arbeitgeber zu vertreten hat, unmöglich geworden ist. Verzugslohnansprüche der U nach **§ 615 BGB** sind begründet, wenn sie die Arbeitsbereitschaft angeboten und den Urlaub nicht genommen hat. Die Arbeit muss dann nicht mehr nachgeholt werden (→ § 8 Rn. 47 f.).

3. Durchsetzung der Arbeitspflicht/Sanktionen bei Nichtleistung

Die Durchsetzung der Arbeitspflicht im **Klageweg** ist als Leistungsklage **17** (→ § 6 Rn. 30) ohne weiteres möglich, aber nicht sehr sinnvoll. Wegen § 888 Abs. 3 ZPO i.V.m. § 62 Abs. 2 S. 1 ArbGG ist ein stattgebendes Urteil wegen des persönlichen Charakters der Arbeitsleistung nämlich **nicht vollstreckbar**. Ein Leistungsurteil zu begehren, dessen Durchsetzung die Rechtsordnung verweigert, ist keine empfehlenswerte Strategie (selbst wenn ein „Trostpflaster" nach § 61 Abs. 2 ArbGG – pauschalierte Entschädigung – gewährt wird). Eben so wenig wie die Herstellung des ehelichen Lebens (vgl. § 888 Abs. 3 ZPO) soll die Fortsetzung einer Arbeitsgemeinschaft von Gerichts wegen erzwungen werden können. Der Arbeitgeber ist darauf auch gar nicht angewiesen. Er sitzt im Betrieb ohnehin am längeren Hebel und diktiert das Gesetz des Handelns (→ § 5 Rn. 9). Ihm stehen bei Nichtleistung folgende **Sanktionen** zur Verfügung (vgl. MHdB ArbR/*Reichold,* § 43 Rn. 33 ff.; *Kraft,* NZA 1989, 777):

(1) **aus Gesetz:**
- Verweigerung der Entgeltzahlung (§§ 614, 320, 326 Abs. 1 S. 1 BGB),
- Nichterfüllungsschaden (§§ 280 Abs. 1, 3, 283 S. 1, 249 ff. BGB, z.B. Mehraufwand für eine Ersatzkraft),
- pauschalierte Entschädigung (ohne Schadensnachweis) nach Leistungsklage auf Arbeitsleistung (§ 61 Abs. 2 S. 1 ArbGG),
- Kündigung nach Abmahnung (→ § 10 Rn. 54).

(2) **aus Vertrag:**
- Vertragsstrafe (aber: Inhaltskontrolle beachten, vgl. *BAG* NZA 2004, 727),
- Kürzung freiwilliger Leistungen (→ Schema 9).

II. Ansprüche auf Erfüllung von Nebenpflichten

Neben der Arbeitspflicht schuldet der Arbeitnehmer eine Vielzahl von Ne- **18** benpflichten, die man früher als „Treuepflichten" (das Gegenüber zur „Fürsorgepflicht" → § 8 Rn. 94) kennzeichnete. Es geht dabei aber nicht um persönliche Treue, wie es der Begriff suggerierte, sondern um „Vertragstreue" nach § 242 BGB. Wie in jedem Schuldverhältnis sollen auch Arbeitnehmer in ihrem gesamten Verhalten die Interessen des Arbeitgebers als Vertragspartner *angemessen* berücksichtigen. Anders herum: der Arbeitgeber hat einen Anspruch darauf, dass der Arbeitnehmer seine *berechtigten* Interessen dadurch wahrt, dass er ihm z.B. keinen Wettbewerb macht (§§ 60, 74 HGB), nicht gegen Arbeitsschutzvorschriften verstößt (§ 15 ArbSchG), nicht sein Eigentum beschädigt oder Geschäftsgeheimnisse ausplaudert (vgl. §§ 17 ff. UWG). Die Betonung liegt jeweils auf der „angemessenen" Rücksicht des Arbeitnehmers bzw. auf dem „berechtigten" Interesse des Arbeitgebers: je weiter sich Nebenpflichten von der Hauptpflicht zur „richtigen Arbeit" entfernen, desto zurückhaltender sind ungeschriebene Rücksichtspflichten des Arbeitnehmers anzuerkennen (zutr. ErfK/*Preis*, § 611a BGB Rn. 708). Zu den **Sanktionen** bei Schlechterfüllung → Rn. 24 ff.

> **Achtung:** Eine Verletzung von **Nebenpflichten** kann nur nach sorgfältiger Abwägung der gegenseitigen *berechtigten* Interessen nach dem Verhältnismäßigkeitsprinzip festgestellt werden (→ § 8 Rn. 102). Während es z.B. rechtlich nicht beanstandet werden kann, dass sich der kleine Bankangestellte in seiner Freizeit kritisch über die „Machenschaften des Großkapitals" äußert, fällt die Beurteilung desselben Vorgangs beim leitenden Angestellten anders aus (→ § 3 Rn. 27 f.: Drittwirkung der Grundrechte, sowie → Rn. 23).

1. Anspruch auf vertragsgerechtes Wettbewerbsverhalten

19   Einen besonders hohen Stellenwert genießen heute Nebenpflichten, die das „loyale" Wettbewerbsverhalten der Arbeitnehmer betreffen. Sogar im StGB gibt es inzwischen „Straftaten gegen den Wettbewerb" (§§ 298 ff. StGB), die z.B. Bestechlichkeit von Angestellten unter Strafe stellen, freilich nur als Antragsdelikt (§ 299 Abs. 1 StGB). Ausdrückliche Regelungen von Wettbewerbspflichten für Arbeitnehmer finden sich in der GewO, im HGB und im UWG:

- §§ 60, 61 HGB regeln das **Wettbewerbsverbot** *im bestehenden* Arbeitsverhältnis unmittelbar nur für kaufmännische Angestellte („Handlungsgehilfen", § 59 HGB); jedoch gilt diese Regelung analog für alle Arbeitnehmer (§§ 60, 61 HGB konkretisieren die vertragliche Nebenpflicht), z.B. auch für Angestellte bei Anwälten, Steuerberatern und Architekten (vgl. *BAG* NJW 2008, 392). Danach ist dem Arbeitnehmer grundsätzlich jede Konkurrenztätigkeit zum Nachteil des eigenen Arbeitgebers untersagt, auch wenn der Arbeitsvertrag dazu keine Regelung enthält.
- §§ 74 ff. HGB regeln i.V.m. **§ 110 GewO** vertragliche **Wettbewerbsverbote** *nach Ausscheiden* des Arbeitnehmers: sie sind zwar zulässig, müssen aber schriftlich vereinbart sein, dürfen höchstens zwei Jahre umfassen und bedürfen zum Ausgleich einer Karenzentschädigung. § 74a Abs. 1 HGB stellt klar, dass sie nur bei „berechtigtem geschäftlichen Interesse" des Arbeitgebers verbindlich sind.
- § 299 Abs. 1 StGB zeigt nur die „Spitze des Eisbergs" wettbewerbswidrigen Verhaltens, insoweit hier **Korruption strafrechtlich** verfolgt wird. Wer als Arbeitnehmer von Dritten (nicht nur ganz belanglose) Belohnungen oder Geschenke in Bezug auf sein Arbeitsverhalten entgegennimmt, sollte das – abseits der strafrechtlichen Sanktion – unbedingt dem Arbeitgeber anzeigen (vgl. § 3 Abs. 2 TVöD), um nicht Gefahr zu laufen, seine **vertragliche Loyalitätspflicht** zu verletzen (MHdB ArbR/*Reichold*, § 54 Rn. 49 ff.); denn die Annahme von „Schmiergeld" hat nichts mit „richtiger" Arbeitsleistung zu tun.
- §§ 17 ff. UWG stellen den **Geheimnisverrat** durch Arbeitnehmer unter Strafe, wenn er „Geschäfts- oder Betriebsgeheimnisse" betrifft. Die wirtschaftliche Bedeutung von Betriebsspionage kann kaum überschätzt werden. Doch muss hier genau unterschieden werden: Nur vom Arbeitgeber als geheimhaltungsbedürftig bezeichnete Tatsachen

unterliegen der *vertraglichen* Schweigepflicht aus § 242 BGB. Geheimhaltungsbedürftig sind solche Tatsachen nicht, die **offenkundig** sind, d.h. für jedermann zugänglich z.b. im Internet oder in einer Fachzeitschrift stehen. Schwierig wird das bei der Nutzung von sozialen Netzwerken (Facebook & Co.) und der Veröffentlichung z.B. von Kundenlisten durch übereifrige Angestellte (vgl. *Frik/Klühe*, DB 2013, 1174). *Nach Beendigung* des Arbeitsverhältnisses ist der Arbeitnehmer in der Verwertung redlich erlangter Geheimnisse grundsätzlich frei (*Fezer*, JZ 1993, 956). Zudem muss der Arbeitgeber auch ein „berechtigtes Interesse" an dieser Geheimhaltung haben, doch dürfen z.B. Wettbewerbsverstöße oder Umweltstraftaten von Beschäftigten aufgedeckt werden dürfen (ErfK/*Preis*, § 611a BGB Rn. 716 f.), obwohl der Gang an die Öffentlichkeit nach Meinung deutscher Gerichte einer besonderen Abwägung von Art. 2, 5 bzw. Art. 12 GG bedarf (vgl. BGHZ 80, 25, 28 f. – „BILD"./.*Wallraff*).

Das BAG hat im Fall einer anonym erstatteten Strafanzeige eines Arbeitneh- **19a** mers gegen seinen Vorgesetzten *(„whistle-blowing")* betont, dass die vertragliche Rücksichtnahmepflicht des Anzeigeerstatters aus § 241 Abs. 2 BGB jedenfalls keine **unverhältnismäßige** Reaktion erlaube: Berechtigung der Anzeige (z.B. Schwere der Straftat) wie auch Motivationslage des Anzeigeerstatters (z.B. persönliche Rache) müssten bei der verfassungsrechtlich relevanten Abwägung zwischen erlaubter Rechtsverfolgung (Art. 2 Abs. 1, 20 Abs. 3 GG) und nicht erlaubter Anschwärzung (Art. 12 Abs. 1 GG – Verschwiegenheitspflicht als Nebenpflicht) den Ausschlag geben für die rechtliche Zulässigkeit des „Verpfeifens" (und damit den Maßstab bestimmen für eine Kündigung wegen Vertragspflichtverletzung, vgl. *BAG* NJW 2004, 1547). Der EGMR lässt diese Abwägung zu Lasten des Unternehmens (und seines guten Rufs) nunmehr tendenziell zugunsten des Arbeitnehmers ausschlagen, wenn ein besonderes **öffentliches Interesse** am Thema vorliegt. Damit wird das „Anzeigerecht" gegen den Arbeitgeber unter dem neuen Aspekt der Meinungsfreiheit (Art. 10 EMRK) deutlich **gestärkt** (*EGMR* NJW 2011, 3501 – „Heinisch", dazu *Forst*, NJW 2011, 3477; *Schlachter*, RdA 2012, 108). Der beschwerde-aktiven Altenpflegerin aus Berlin wurden zwar 15.000 € Schadensersatz bzw. Entschädigung zugesprochen, doch ihr Arbeitsplatz konnte vom EGMR nicht gerettet werden. Die von deutschen Arbeitsgerichten (bis hinauf zum BVerfG) nicht beanstandete fristlose Kündigung hatte Bestand. Der von ihr behauptete Abrechnungsbetrug war nicht beweisbar, die „Leichtfertigkeit" der Anzeige wurde in Deutschland anders bewertet als in Straßburg. Die Abwägung zugunsten des *„whistle-blowers"* muss nun deutlicher als bisher das besondere öffentliche Interesse an den angezeigten Missständen in Rechnung stellen. Doch verändert sich damit nicht die grundsätzliche Linie der deutschen Rechtsprechung (zutr. *Schlachter*, RdA 2012, 108, 112).

2. Anspruch auf vertrags- und gesetzesgerechtes Arbeitsverhalten

20   Das Arbeitsverhalten der Arbeitnehmer soll sich durch Vertrags- und Gesetzestreue auszeichnen, so dass z.b. besondere **betriebliche Regelungen** wie Alkohol-, Rauch- oder Lärmverbote als *generelle* Weisungen (MHdB ArbR/*Reichold,* § 55 Rn. 14 f.) ebenso zu beachten sind wie besondere **gesetzliche Regelungen** wie z.b. die Unterlassung sexueller Belästigung, vgl. § 7 Abs. 3 i.V.m. § 3 Abs. 4 AGG. Dass den Arbeitnehmer darüber hinaus eine Pflicht zur Unterlassung von betriebs- oder kollegenschädlichen Verhalten trifft, also z.b. zur Unterlassung von Beschädigung von Betriebseigentum oder von „Psychoterror" gegen Kollegen (sog. **Mobbing**), ergibt sich wiederum aus § 241 Abs. 2 BGB als Nebenpflicht aus dem Arbeitsvertrag. Doch haften Kollegen untereinander nicht aus Vertrag (§ 280 Abs. 1 BGB), sondern nur nach § 823 Abs. 1 i.V.m. § 253 Abs. 2 BGB (auch immaterieller Schaden ersatzfähig bei Verletzung des Persönlichkeitsrechts, hierzu *Rolfs,* § 611 BGB Rn. 85; *Wagner,* GedS Heinze, 2005, S. 969, 976 ff. sowie → § 8 Rn. 100).

3. Nebentätigkeiten

21   Arbeitnehmer sind nicht „rund um die Uhr" für ihr Unternehmen da. Sie können daher außerhalb ihrer vertraglichen Arbeitszeit (in der Freizeit) prinzipiell tun und lassen, was sie wollen, d.h. auch Nebentätigkeiten oder Ehrenämter ausüben, ohne dass der Arbeitgeber das verhindern kann. Das folgt schon aus Art. 2 und 12 GG. **Einschränkungen** ergeben sich aber dann, wenn die Nebentätigkeit z.b. zur Verletzung von Arbeitszeit-Höchstnormen führt (mehrere Beschäftigungsverhältnisse werden arbeitszeitrechtlich zusammen gerechnet → Rn. 14) oder *berechtigte* Interessen des Arbeitgebers beeinträchtigt werden, z.b. bei **Konkurrenztätigkeiten** (→ Rn. 19). Die Rechtsprechung (vgl. MHdB ArbR/*Reichold,* § 55 Rn. 50 ff.; ErfK/*Preis,* § 611a BGB Rn. 725 ff.) hält sich im Ergebnis an die oben 1./2. getroffene Einteilung in Ansprüche des Arbeitgebers auf vertragsgerechtes Wettbewerbsverhalten einerseits und gesetzes- bzw. vertragsgerechtes Arbeitsverhalten andererseits.

> **Beispiel:** Erwin ist bei einer öffentlich-rechtlichen Rundfunkanstalt in Vollzeit als Hörfunksprecher beschäftigt. Er möchte bei einem privaten Fernseh-Sender als Nebentätigkeit Kommentare aus dem „Off", d.h. ohne im Bild gezeigt zu werden, sprechen. Ihm wird die Erlaubnis aber verweigert, zu Recht?
>
> Grundsätzlich darf Erwin außerhalb seiner Arbeitszeit tun und lassen, was er will. Berechtigte Wettbewerbsinteressen seines Arbeitgebers können diesen Grundsatz aber einschränken. Wie sich aus den analogiefähigen Regeln der §§ 60, 74 HGB ergibt, ist ein Wettbewerbsverbot nur dann wirksam, wenn es einem **berechtigten Interesse** des Arbeitgebers entspricht (vgl. § 74a Abs. 1 S. 2 HGB). Die öffentlich-rechtlichen Rundfunkanstalten stehen im publizistischen Wettbewerb mit kommerziellen Anbietern u.a. um Werbeeinnahmen. Erwin kann durch seine erworbenen Kenntnisse den Erfolg und die

Attraktivität des Privatsenders fördern. Damit darf ihm in diesem Fall die Nebentätigkeit untersagt werden (*BAG* AP Nr. 5 zu § 611 BGB Nebentätigkeit).

4. Private Lebensführung

Berechtigte Interessen des Arbeitgebers bestehen regelmäßig nur an der **22** Qualität des Arbeitsverhaltens der Arbeitnehmer, nicht an der Qualität ihrer privaten Lebensführung. Deshalb formulierte § 2 Abs. 2 des älteren ArbVGE 1992:

„Der private Lebensbereich darf nicht zum Gegenstand arbeitsvertraglicher Pflichten gemacht werden, soweit sich aus ihm keine Beeinträchtigung des Arbeitsverhältnisses ergeben kann".

So darf es („normalen") Arbeitnehmern nicht verboten sein, am Wochenende gefährlichen Sportarten nachzugehen – selbst auf die Gefahr hin, dass wegen eines Sportunfalls ein wochenlanger Arbeitsausfall droht (zu den Konsequenzen nach EFZG → § 4 Rn. 2; § 8 Rn. 64). Die Ausübung von Extremsportarten ist schon deshalb kein Kündigungsgrund. **Ausnahmen** gelten aber z.B. für Spitzenfußballer oder -schauspieler, denen vertragliche Einschränkungen ihres Privatlebens zugemutet werden können, insoweit dieses sich schädlich auf ihre beruflichen Fähigkeiten (körperliche Fitness bzw. Präsenz) auswirken kann. Der Arbeitgeber hat dann ein *berechtigtes* Interesse an solchen Klauseln zur Sicherung des besonderen „Humankapitals" – eine Vermarktung ist andernfalls ausgeschlossen!

Von „**Tendenzträgern**" (vgl. § 118 Abs. 1 BetrVG), z.B. Redakteuren einer Tageszei- **23** tung, sowie von **leitenden Angestellten** kann erwartet werden, dass sie auch in ihrem außerdienstlichen Verhalten die Belange ihres Arbeitgebers angemessen berücksichtigen (→ Rn. 18). Je stärker Mitarbeiter das Unternehmen als solches repräsentieren, desto eher müssen sich diese auch außerdienstliche Verhaltensanforderungen aus § 241 Abs. 2 BGB gefallen lassen (MHdB ArbR/*Reichold,* § 55 Rn. 49: meist nur als „Unterlassungspflichten"). Noch klarer ausgeprägt sind diese **Loyalitätsobliegenheiten** in kirchlichen Arbeitsverhältnissen (einschließlich Caritas und Diakonie, vgl. § 118 Abs. 2 BetrVG). So ist für den Bereich der **katholischen Kirche** explizit geregelt, dass Mitarbeiter, die aus der Kirche austreten, in der Regel nicht weiterbeschäftigt werden können (Art. 5 Abs. 3 Sätze 4, 6 Grundordnung 2015). Bei der Kündigung eines Chefarztes im katholischen Klinikum würde nach der Grundordnung 2015 dagegen eine Abwägung zwischen dem Selbstverständnis der Kirchen (hier: keine Wiederverheiratung Geschiedener) und dem Recht des Arbeitnehmers auf Achtung seines Privatlebens eine Kündigung in der Regel nicht mehr rechtfertigen können, sofern dadurch nicht ein „öffentliches Ärgernis" verursacht worden sein sollte (im Ergebnis bereits *BAG* NJW 2012, 1099; a.A. *BVerfG* NZA 2014, 1387; vgl. kirchenkritisch *EuGH* NZA 2018, 1187).

5. Durchsetzung der Nebenpflichten/Sanktionen bei Schlechtleistung

a) Schlechtleistung (Qualitätsmängel) im Arbeitsverhältnis

24   Das Sanktionenproblem bei der Durchsetzung der Arbeitspflicht (→ Rn. 17) stellt sich ein wenig verändert bei der **„Schlechtleistung"**. Was bedeutet das eigentlich im Arbeitsverhältnis? Wir haben gehört, dass der Arbeitnehmer nur „subjektive" Mühewaltung schuldet, also ein Wirken, kein Werk (→ Rn. 7 f.). Anders als im Werkvertrag gibt es beim Dienstvertrag keine Nacherfüllungspflicht (§ 634 Nr. 1 BGB, str.) und keine Erfolgsgarantie: den Arbeitnehmer trifft also nicht wie den Warenverkäufer oder den Werkunternehmer eine Gewährleistungspflicht. Das lässt sich auch plausibel erklären mit der **unternehmerischen Steuerung** (Leitungsmacht) des Arbeitgebers beim Arbeitsvollzug. Eine Verantwortlichkeit für das schlechte Arbeitsergebnis trifft den Arbeitnehmer daher regelmäßig nicht (*Hanau/Adomeit* Rn. 703; HWK/*Krause* § 619a BGB Rn. 7 ff.; MHdB ArbR/*Reichold*, § 43 Rn. 31 f., 60 f.), so dass eine Lohnminderung nur ganz ausnahmsweise, etwa bei verkappter „Nichtleistung", in Frage kommt.

Bei **Qualitätsmängeln** kann der Arbeitgeber also nur reagieren mit

- **Abmahnungen,** soweit eine Vertragsverletzung eingetreten ist (Vertragsstörung als Verletzung des „Äquivalenzinteresses" → § 10 Rn. 51 ff.), und/oder mit
- **Schadensersatzforderungen,** soweit eine Vermögensverletzung eingetreten ist (Störung des „Integritätsinteresses" → Rn. 26 ff.).

> **Wichtig:** Schlechtleistung im Arbeitsverhältnis lässt sich bei typischen Qualitätsmängeln regelmäßig nur im Wege der Abmahnung oder im Wege des Schadensersatzes auf Grund Schutzpflichtverletzung (§§ 280 Abs. 1, 241 Abs. 2 BGB) sanktionieren (*Otto/ Schwarze/Krause*, § 6 Rn. 24 ff.).

b) Selbstständige Durchsetzung von Nebenpflichten

25   Die regelmäßige Ursache von „Schlechtleistung" ist die Verletzung von Nebenpflichten, die sanktioniert wird über Abmahnungen und/oder Schadensersatz. Sie kann aber auch zu selbstständigen Ansprüchen führen. Vor allem **Wettbewerbspflichten** des Arbeitnehmers (→ Rn. 19) werden nicht nur durch Schadensersatzforderungen sanktioniert (vgl. § 61 HGB), sondern können auch durch eigenständige Unterlassungsansprüche (vollstreckbar nach § 890 ZPO) durchgesetzt werden. Deshalb wird man je nach eigenständiger Durchsetzbarkeit unterscheiden müssen zwischen

- **selbstständigen Nebenpflichten,** die als allgemeine Schutz- oder Treuepflichten ohne engeren Bezug zur Arbeitsleistung aus § 241 Abs. 2 BGB geschuldet werden und selbstständig eingeklagt werden können, so z. B.

als Auskunfts- (BAGE 81, 15) oder Unterlassungsanspruch vor allem im Wettbewerbsverhalten. Korrektes Verhalten am **Arbeitsplatz** (z.B. § 7 Abs. 3 AGG, § 5 EFZG), ausnahmsweise auch das außerdienstliche Verhalten (→ Rn. 23) kann dagegen nur durch Betriebsbuße, Abmahnung oder Kündigung sanktioniert werden, und

- **unselbstständigen Nebenleistungspflichten**, die mit der Erbringung der geschuldeten Arbeitsleistung so eng zusammenhängen, dass keine eigenständigen, sondern die für Nicht- oder Schlechtleistung vorgesehenen Sanktionen greifen, so z.B. bei Nichtbeachtung von Umwelt- und Arbeitsschutzregeln (§§ 15, 16 ArbSchG) oder bei Beschädigung von Arbeits- und Betriebsmitteln.

Als Sanktionen bei **Schlechtleistung** stehen zur Verfügung:

(1) **aus Gesetz:**
- Grundsätzlich **keine Entgeltminderung** wegen mangelhafter Leistung (keine Nacherfüllungspflicht im Dienstvertrag, vgl. MHdB ArbR/ *Reichold*, § 43 Rn. 60 f.),
- Schadensersatz, soweit Schlechtleistung im eigentlichen Sinn (**Qualitätsmängel**), § 280 Abs. 1, 3 i.V.m. § 283 BGB (Schaden besteht aber nicht allein im Minderwert der „schlechten" Arbeit, sondern bedarf kausal bedingter besonderer Beseitigungskosten!), oder Verletzung von Schutz- und Rücksichtnahmepflichten, §§ 280 Abs. 1, 241 Abs. 2 BGB (**Integritätsverletzung** → Rn. 29),
- Kündigung nach Abmahnung (→ § 10 Rn. 54).

(2) **aus Vertrag:**
- Vertragsstrafe bzw. Betriebsbuße,
- Kürzung freiwilliger Leistungen (→ Schema 9).

III. Ansprüche auf Schadensersatz („Haftungsprivilegierung" des Arbeitnehmers)

Der Streit über schlechte Arbeitsleistung soll nicht auf das Entgelt durchschlagen. Deshalb haben Schadensersatzansprüche des Arbeitgebers eine große Bedeutung. Grundsätzlich können sie wegen Pflichtverletzung (§§ 280 Abs. 1, 241 Abs. 2 BGB) nur geltend gemacht werden, soweit der Arbeitnehmer schuldhaft (§ 276 Abs. 1 BGB) seine arbeitsvertraglichen Pflichten verletzt und dadurch adäquat kausal einen Schaden herbeiführt. Doch ergeben sich **arbeitsrechtliche Besonderheiten** in dreierlei Hinsicht:

- der Arbeitnehmer haftet nicht für Personenschäden, weil diese von der Sozialversicherung (Unfallversicherung: SGB VII) erfasst werden;
- der Arbeitnehmer haftet nicht nach dem „Alles oder Nichts-Prinzip" des § 249 BGB für den gesamten Schaden („Totalreparation"), sondern nur nach

Abwägung aller Umstände des Einzelfalls (§ 254 analog, vgl. *BAG GS* NJW 1995, 210).

- das Verschulden des Arbeitnehmers bei Pflichtverletzung wird entgegen § 280 Abs. 1 S. 2 BGB **nicht vermutet**, sondern ist vom Arbeitgeber **nachzuweisen**, vgl. § 619a BGB.

1. Der tatbestandliche Ausschluss der Personenschäden

27   Der Arbeitgeber als Person wird durch seine Arbeitnehmer im seltensten Fall in seiner Gesundheit geschädigt – das Problem des **Arbeitsunfalls** stellt sich vielmehr häufiger zwischen Arbeitskollegen untereinander (→ *Fall 5*). Schon vor über 100 Jahren wurde erkannt, dass eine zivilrechtliche Abwicklung solcher Schadensfälle unter Betriebsangehörigen – in welcher Konstellation auch immer – der betrieblichen Verbundenheit und Kooperation schwer schaden würde (ganz abgesehen davon, dass Arbeitsunfälle sehr häufig wegen Eigenverschuldens keinen Schädiger kennen). So hat der Gesetzgeber schon 1884 die gesetzliche **Unfallversicherung** eingeführt und damit dem BGB von vornherein einen Teil des Haftungsrechts weggenommen – also „Haftungsersetzung durch Versicherungsschutz". Die öffentlich-rechtliche Versicherungslösung verbindet hohe Versorgungssicherheit mit einer nach Risiken gestaffelten Prämienzahlung der Unternehmen – und kann sogar aus wohlerwogenen sozialstaatlichen Erwägungen für den Regelfall die Haftungszurechnung trotz Verschuldens vorsehen (vgl. *Otto/Schwarze/Krause*, § 21 Rn. 16 ff.; *Waltermann*, RdA 1998, 337).

28   **Voraussetzung** des Eintritts des UV-Trägers (Berufsgenossenschaft) und des Ausschlusses der privatrechtlichen Haftungsnormen (einschließlich des Schmerzensgelds) ist nach **§ 105 Abs. 1 SGB VII**,

- dass eine Person „durch eine betriebliche Tätigkeit"
- einen Arbeits- oder Wegeunfall (§ 8 SGB VII)
- von Versicherten desselben Betriebs
- weder vorsätzlich noch im allgemeinen Straßenverkehr

herbeigeführt hat (MHdB ArbR/*Reichold*, § 59 Rn. 3 ff.). Damit unterfallen nur noch **vorsätzliche** Schädigungen im Betrieb oder aber **nicht betrieblich veranlasste** Schäden dem allgemeinen Haftungsrecht nach BGB. Neu an § 105 SGB VII ist die Ausweitung der Haftungsfreistellung gegenüber versicherten Unternehmern, gegenüber Beamten und ähnlichen versicherungsfreien Personen und sogar gegenüber nicht versicherten Unternehmern. Diese Ausweitung der Haftungsfreistellung unterstreicht den Charakter einer „sozialen Haftpflichtversicherung" (*Waltermann,* RdA 1998, 339).

2. Die Haftungsbeschränkung bei Sach- und Vermögensschäden

a) Haftungsgrundsätze nach BGB

Wer fremdes Eigentum verletzt, haftet laut BGB sowohl deliktisch als auch **29** aus Pflichtverletzung, soweit eine besondere vertragliche Verbindung besteht und eine vertragliche Nebenpflicht verletzt wurde (z.B. bei der Beschädigung des Dienstwagens). Auch wenn der Schaden nur leicht fahrlässig verursacht wurde (§ 276 Abs. 2 BGB), geht die Haftung auf **vollen Schadensersatz** (§ 249 BGB: Totalreparation). Grundsätzlich gehört das Haftungsrisiko für jeden Menschen zu seinem allgemeinen Lebensrisiko, das er z.B. durch eine Haftpflichtversicherung absichern kann. Doch verkennt die vom BGB vorausgesetzte Selbstverantwortung die Situation des Arbeitnehmers. An seinem beruflichen Haftungsrisiko hat die Rechtsprechung schon seit Jahrzehnten den Arbeitgeber beteiligt (**„innerbetrieblicher Schadensausgleich"**), weil dieser ja die Organisationsherrschaft über seinen Betrieb ausübt und damit auch Risiken beherrschen kann, die sich dem Einfluss des Arbeitnehmers völlig entziehen. Dennoch bleibt der Arbeitnehmer natürlich vertraglich zu sorgfältiger Arbeit verpflichtet (→ Rn. 7), muss aber schadensrechtliche Konsequenzen nicht in voller Härte befürchten.

b) Rechtsprechungsentwicklung

(Nur) Für den Fall so genannter **„gefahrgeneigter Tätigkeiten"** wurde **30** deshalb bis in die 70er Jahre vom BAG ein innerbetrieblicher Schadensausgleich vorgesehen. Nach dieser inzwischen überholten Rechtsprechung wurde eine besonders riskante Tätigkeit nur bei grob fahrlässigem Handeln als schadensersatzpflichtig anerkannt, nicht dagegen bei leichter Fahrlässigkeit. Ein Krankenhaus-Haftungsfall löste die längst fällige Neubesinnung aus.

Beispiel: Eine Kinderkrankenschwester bringt einen 12 Tage alten Säugling in einem fahrbaren Kinderbett zu seiner Mutter auf die Station. Als sie das Kind aus dem Kinderbett nehmen will, rutscht es ihr aus den Händen und fällt aus einer Höhe von etwa einem Meter auf den Boden. Das Kind erleidet einen Scheitelbeinbruch und muss etwa drei weitere Wochen in der Klinik behandelt werden. Handelte es sich um eine haftungsprivilegierte „gefahrgeneigte Tätigkeit"? (*BAG* AP Nr. 86 zu § 611 BGB Haftung des Arbeitnehmers).

An diesem Beispiel zeigt sich das **Risiko *jeglicher* Arbeitnehmertätigkeit.** **31** Es konnte hier keine Rede von einer besonderen Gefahrenlage sein. Vielmehr lassen sich auch relativ einfache Dienstleistungen wie das Herausheben des Säuglings aus dem Kinderbett nicht ohne jedes Schadensrisiko verrichten. Die harte Konsequenz der Vollhaftung der Krankenschwester (ein „Arbeitsunfall" schied hier deshalb aus, weil das Opfer ja weder „Versicherter" war noch eine „versicherte Tätigkeit" verrichtete, § 8 SGB VII; vielmehr handelte es sich um einen Außenhaftungsfall, der primär den Arbeitgeber traf, welcher aber von der Schwester Regress fordern konnte → Rn. 40) wurde dennoch für unbillig gehalten, weil gelegentliche Fehler auch sorgfältigen Arbeitnehmern einmal unterlaufen können, obwohl sie im Einzelfall vermeidbar sind (Volksmund: **„Das kann mal passieren"**). Besonders die Arbeiten an teuren Maschinen, z.B. an hochkomplexen EDV-Anlagen, Flugzeugen oder mit gefährlichen Stoffen, zeigen die Risiken auf, denen sich Arbeitnehmer weisungsgemäß aussetzen, ohne dass zwischen Entgelt und Schadensrisiko ein auch nur annäherndes Äquivalenzverhältnis besteht (→ Beispiel Rn. 34).

32   Die Rechtsprechung hat daher 1994 durch einen Spruch des Großen Senats (*BAG GS* NJW 1995, 210) die BGB-Regeln der §§ 276, 249 als für die Risiken des Arbeitslebens **nicht angemessen** verworfen: sie bedürften, so das BAG, auf Grund der gewachsenen Haftungsrisiken der Arbeitnehmer und der Organisationsmacht des Arbeitgebers einer Modifikation. Der Große Senat betonte, dass die auf Grund betriebsbedingter, in Ausführung des Arbeitsvertrags erfolgender Tätigkeit des Arbeitnehmers entstehenden Schäden eine Haftung nur insoweit begründeten, als diese auch nach der Abwägung zwischen *Tätigkeitsverantwortung* des Arbeitnehmers (subjektives Verschulden) und der *Organisationsverantwortung* des Arbeitgebers (Risikozuweisung nach § 254 BGB analog) noch allen Umständen des Einzelfalls (täter- und tatbezogene Umstände!) gerecht würde („Billigkeitshaftung"). Eine Haftung bei „leichter" Fahrlässigkeit gibt es überhaupt nicht mehr (*BAG* NJW 1999, 1049, 1051). Der Reformgesetzgeber hat diese Rechtsprechung durch die **Neufassung** des § 276 Abs. 1 S. 1 BGB bestätigt: „aus dem sonstigen Inhalt des Schuldverhältnisses", hier also dem Charakter des Arbeitsverhältnisses, ergibt sich das Nicht-Vertretenmüssen von **leichtester** Fahrlässigkeit (a.A. *Krause,* NZA 2003, 581; *Waltermann,* RdA 2005, 99, denen zuzustimmen ist, dass aus § 276 Abs. 1 S. 1 BGB sich nicht eine andere Haftungskonzeption als bisher ergibt; doch schließt das m. E. nicht aus, dass § 276 Abs. 1 S. 1 BGB für das Arbeitsverhältnis die oben beschriebene Aussage trifft). Freilich hat die Konzeption der h.M. eine **entscheidende Lücke**: § 254 BGB kann alleine keinen Haftungsgrund für den Arbeitgeber setzen (soweit nicht „echtes" Mitverschulden vorliegt), sondern bedarf einer Ergänzung durch die Schutzpflichtnorm des **§ 241 Abs. 2 BGB**, die allein eine Risikohaftung des Arbeitgebers begründen kann (zutr. *Langenbucher,* ZfA 1997, 534 f.; vgl. auch MHdB ArbR/*Reichold,* § 57 Rn. 30).

> **Wichtig:** Jede Haftungsfrage im Arbeitsverhältnis muss als **Einzelfallentscheidung** nach sorgfältiger Abwägung zwischen Vorwerfbarkeit (Tätigkeitsverantwortung, § 276 BGB) des Arbeitnehmers einerseits und Organisationsverantwortung („Betriebsrisiko", §§ 241 Abs. 2, 254 BGB analog) des Arbeitgebers andererseits getroffen werden (vgl. *Hanau/Adomeit,* Rn. 706: „sehr gerecht, aber sehr ungenau").

c) Prüfungsaufbau

33   Fraglich ist der richtige Aufbau eines Ersatzanspruchs des Arbeitgebers gegen den Arbeitnehmer. Trotz der neuen Fassung des § 276 Abs. 1 S. 1 BGB wird nach Ansicht des BAG weiterhin nicht die Prüfung des Haftungsgrunds (Tatbestand) modifiziert, sondern soll erst bei der Prüfung der Rechtsfolgen die Haftungsprivilegierung des Arbeitnehmers zur Geltung gebracht werden (vgl. nur *BAG* NJW 2004, 2469). Erst bei der Frage nach dem **Umfang des Schadensersatzes** (§§ 249 ff. BGB) erfolgt dann die besondere Billigkeitsabwägung nach Schadensanlass und Schadensfolgen sowie dem Grad des Verschuldens (tatbezogene Gründe) einerseits, nach Stellung, Ausbildung, Einkommen und Vorverhalten des Arbeitnehmers andererseits (täterbezogene Gründe, vgl. nur *Annuß,* NZA 1998, 1092; *Waltermann,* RdA 2005, 106 f.). Somit empfiehlt sich folgendes

Prüfungsschema 12: Haftung des Arbeitnehmers

I. Haftungsgrund (§ 280 Abs. 1 bzw. § 823 Abs. 1 BGB*)

1. **Tatbestand:** Schlechterfüllung des Arbeitsvertrags, §§ 280 Abs. 1, 611a BGB (insb. Schädigung des Arbeitgebereigentums bei betrieblicher Tätigkeit)
2. **Rechtswidrigkeit:** Wird durch Schaden indiziert (Rechtfertigung z.B. bei Notwehr, § 227 BGB)
3. **Vertretenmüssen (§ 276 BGB):** Wird entgegen § 280 Abs. 1 S. 2 BGB nicht vermutet, sondern ist nach **§ 619a BGB** vom Arbeitgeber darzulegen und zu beweisen
   ⋆ (Für Tatbestand des § 823 Abs. 1 BGB gelten keine Besonderheiten, weitere Prüfung erfolgt aber nach den gleichen arbeitsrechtlichen Kriterien wie zu § 280 Abs. 1 BGB)

II. Haftungsumfang (§§ 249 ff. BGB)

4. **Rechtsfolge:** Keine Totalreparation, sondern Schadensminderung (§§ 241 Abs. 2, 254 BGB analog) nach folgenden Grundsätzen:
   a) „Betriebliche" Tätigkeit in Ausführung des Arbeitsvertrags
   b) Einordnung des Arbeitnehmerverhaltens nach **Verschuldensgraden**
   • leichteste Fahrlässigkeit *(typisches Abirren)* → keine Haftung
   • mittlere Fahrlässigkeit *(Das kann schon mal passieren)* → Quotenhaftung, beachte aber c)
   • grobe Fahrlässigkeit *(Das darf nicht passieren)* → Haftung, beachte aber d)
   • *gröbste* Fahrlässigkeit und Vorsatz → volle Haftung
   c) Abwägung des Eigenverschuldens mit der Organisationsverantwortung des Arbeitgebers (§§ 241 Abs. 2, 254 BGB analog z.B. durch Obliegenheitsverletzungen auf Grund falscher Anweisungen, fehlerhaften Arbeitsgeräts, fehlender Schadensvorsorge etc.) sowie umfassende Billigkeitsprüfung nach tat- und täterbezogenen Umständen
   d) Ergebniskontrolle nach dem sozialstaatlich veranlassten **Grundsatz:**
   Es darf kein grobes Missverhältnis zwischen Arbeitsentgelt des Schädigers und Schadensumfang entstehen!

d) Haftungsmilderung (§ 254 BGB analog)

In der Anspruchsprüfung zu trennen ist also das Vertretenmüssen als Haf- **34** tungs*grund* von der Differenzierung nach Verschuldensgraden, die erst beim

Haftung*umfang* erheblich wird. Die neue Fassung des § 276 Abs. 1 S. 1 BGB erlaubt bei Feststellung leichter Fahrlässigkeit jetzt den Ausschluss jeglicher Haftung (mildere *gesetzliche* Haftung!). Ansonsten bedarf es bei der Haftungsbemessung umfassender **sozialer Billigkeitserwägungen**, die sogar noch grob fahrlässig verursachte Schäden auf „arbeitnehmerfreundliche" Haftungsumfänge reduzieren können, wie das folgende Beispiel zeigt:

> **Beispielsfall:** Der 25-jährige Franz ist als Arbeiter für die Wartungsabteilung der Lufthansa auf dem Flughafen München beschäftigt. Arbeitsvertraglich ist ihm der Genuss von Alkohol im Dienst und während eines angemessenen Zeitraums vorher untersagt. Er verdient monatlich brutto 2.000 €. Ende Januar trat Franz um 5.10 Uhr seine Frühschicht an und erhielt den Auftrag, mit einem 30 Tonnen schweren Enteisungsfahrzeug auf das Flughafengelände zu fahren. Auf der Fahrt schlief er kurz ein, weil er unter den Nachwirkungen eines alkoholseligen Zechgelages stand. Das Fahrzeug kam von der Fahrbahn ab, streifte einen Lichtmast und durchbrach den Begrenzungszaun des Flughafens. Es entstand ein Sachschaden von 75.000 €. Bei Franz wurde eine Blutalkoholkonzentration von 1,41 Promille festgestellt. In welcher Höhe haftet er?
>
> **Lösung:** Franz hat seine arbeitsvertragliche Pflicht dadurch verletzt, dass er seinen Dienst im alkoholisierten Zustand angetreten und das Enteisungsfahrzeug trotz absoluter Fahruntauglichkeit gefahren hat. Rechtswidrigkeit und Verschulden nach § 276 BGB liegen vor. Fraglich ist jedoch der **Haftungsumfang**. In Anbetracht des arbeitsvertraglichen Alkoholverbots und der dennoch durchzechten Nacht ist das Verhalten von Franz als grob fahrlässig zu werten. Er hat die ihm als Arbeitnehmer obliegende Sorgfaltspflicht in ungewöhnlich hohem Maße verletzt. Ein mitwirkendes Verschulden oder „Betriebsrisiko" der Arbeitgeberin kann dem Sachverhalt nicht entnommen werden und fiele gegenüber dem Eigenverschulden kaum ins Gewicht. Dennoch haftet Franz angesichts seiner bescheidenen Einkünfte **nicht in voller Höhe**. Es liegt ein besonders deutlicher Fall des Missverhältnisses zwischen Arbeitsentgelt und Haftungsrisiko vor. Ein Arbeitgeber, der einfache Arbeiter mit der Bedienung teuerster Maschinen beauftragt, muss sich dieses von ihm veranlasste Risiko im Rahmen des innerbetrieblichen Schadensausgleichs zurechnen lassen. Auch angesichts der Schwere des Fehlverhaltens kann dem Arbeitnehmer allenfalls eine Haftung in Höhe von ca. 10.000 € zugemutet werden (*BAG* NZA 1998, 140).

aa) Betriebliche Tätigkeit

35   Der Arbeitgeber darf nicht mit dem allgemeinen Lebensrisiko des Arbeitnehmers belastet werden. Betrieblich veranlasst sind nur solche Tätigkeiten, die ihm arbeitsvertraglich übertragen worden sind oder die er im Interesse des Arbeitgebers für den Betrieb ausführt. Darunter fällt z.B. nicht die außerdienstliche Schwarzfahrt mit einem Kundenfahrzeug, wohl aber ein prinzipiell weisungsgemäßes Verhalten auch dann, wenn es leichtsinnig oder grob fehlerhaft ausgeführt wird und deshalb zu Schäden führt (*BAG* NJW 2003, 377, 378). Das BAG ist hier recht großzügig und lässt es genügen, wenn der Arbeitnehmer aus seiner Sicht meinte, im betrieblichen Interesse zu handeln und kein Exzess vorliegt (*BAG* NJW 2004, 3360, 3363; ferner *Rolfs*, § 619a BGB Rn. 8; *Waltermann,* RdA 2005, 103 f.). Entscheidend ist die Berechtigung zur

Übernahme der Tätigkeit, nicht die Art ihrer Ausführung. Nicht betrieblich „veranlasst" ist grundsätzlich auch **Mobbing** unter Kollegen (*BAG* NZA 2008, 223): Ein solches Verhalten im Betrieb verstößt a priori gegen die (ungeschriebene) Nebenpflicht zu „sozialverträglichem" Kooperationsverhalten; es ist keinesfalls ein vertraglich „berechtigtes" Verhalten (vgl. § 7 Abs. 3 AGG → § 8 Rn. 100). Anders ist zu entscheiden, wenn AGG-Verstöße z.B. Vorgesetzten bei ihrer dienstlichen Tätigkeit (z.B. fehlerhafte Stellenausschreibung) unterlaufen (insoweit zutr. *Stoffels*, RdA 2009, 204, 209).

bb) Risikozuweisung nach Verschuldensgraden

Der innerbetriebliche Schadensausgleich möchte das Schadensrisiko nach **36** Abwägung zwischen Organisationsverantwortung („Betriebsrisiko") des Arbeitgebers und Eigenverschulden des Arbeitnehmers gerecht zuweisen. Für eine Abwägung in diesem Sinn ist bei **leichtester** Fahrlässigkeit kein Raum, weil jeder Arbeitgeber solche regelmäßig auftretenden Irrungen hinzunehmen hat. Bei **mittlerer** Fahrlässigkeit entfaltet die Abwägung ihre eigentliche Bedeutung, weil hier Faktoren wie z.B. Gefahrneigung der Tätigkeit, Versicherbarkeit des Risikos und Stellung des Arbeitnehmers im Betrieb (z.B. fehlende Routine etc.) das „Ob" und das „Wie" einer Schadensteilung maßgeblich beeinflussen. Bei **grober** Fahrlässigkeit, z.B. Missachtung einer schon mehrere Sekunden auf „Rot" geschalteten Ampel (BAGE 90, 148), ist umgekehrt das Betriebsrisiko zu vernachlässigen, weil das Eigenverschulden dominiert; doch muss hier eine sozialstaatlich veranlasste Ergebniskontrolle dafür sorgen, dass der Schaden keine **existenzbedrohende Wirkung** äußert (→ Beispiel Rn. 34).

Allerdings hat das BAG für **besonders grobe („gröbste")** Fahrlässigkeit Haftungserleichterungen nach Billigkeit zunächst ausgeschlossen (*BAG* NJW 1998, 1810). Bei einer Narkoseärztin, die durch grobe und unentschuldbare Außerachtlassung von Sicherheitsvorschriften bei der Blutzufuhr den Tod eines Patienten verschuldete, erschien die Schadenshöhe von 110.500 DM noch zumutbar (zumal sie versichert war). Doch für den Fall einer „gröbst" fahrlässigen Notabschaltung eines MRT-Diagnosegeräts durch eine geringfügig verdienende Reinigungskraft gewährte das *BAG* trotz immenser Schadensfolgen die üblichen Haftungserleichterungen (*BAG* NJW 2011, 1096). Danach wird man diesem Merkmal keine besondere Bedeutung im Hinblick auf eine **umfängliche** Haftung mehr zuerkennen können. Umstritten ist, ob die Haftung bei grober Fahrlässigkeit durch den Richter generell summenmäßig beschränkt werden könnte (z.B. auf drei Nettovergütungen, abl. *Schaub,* ZRP 1995, 447 f.). Eine solche Entscheidung kann de lege lata nicht getroffen werden; sie muss dem **Gesetzgeber** vorbehalten bleiben (MHdB ArbR/*Reichold,* § 57 Rn. 43).

e) Mankohaftung

Nachdem die neue „Billigkeitshaftung" für jegliche betriebliche Tätig- **37** keit gilt, beruht auch die Haftung des Arbeitnehmers für die **Differenz von**

Soll- und Ist-Beständen *(Mankohaftung)* auf den gleichen Prinzipien. Allerdings bestand eine Besonderheit hinsichtlich der **Beweislast**. Bis 1998 wurde bei Arbeitnehmern mit Kassenverantwortung (Defizitverantwortung) von der in der Formulierung des § 282 BGB a.F. zum Ausdruck kommenden Beweislastumkehr ausgegangen, nach der der Schuldner bei Unmöglichkeit die Beweislast für das Nichtvertretenmüssen trug. Dies hatte zur Folge, dass den Arbeitnehmern der – schwer zu führende – Entlastungsbeweis auferlegt wurde. Diese Rechtsprechung wurde vom BAG 1998 aufgegeben, weil sie der Organisationsabhängigkeit des Arbeitnehmers nicht gerecht werde (*BAG* NJW 1999, 1049). Die Risikoverteilung im Arbeitsverhältnis lässt sich also mit der zwischen „normalen" Gläubigern und Schuldnern nicht vergleichen. Seit dem 1.1.2002 stellt **§ 619a BGB** klar, dass die in der Formulierung des § 280 Abs. 1 S. 2 BGB zum Ausdruck kommende Beweislastumkehr im Verhältnis des Arbeitnehmers zum Arbeitgeber keine Anwendung findet.

Beruht der Fehlbestand jetzt auf einer schuldhaften (mit mindestens **mittlerer** Fahrlässigkeit verursachten) Pflichtverletzung, so wird der Arbeitgeber in vielen Fällen weder die Pflichtverletzung noch das Verschulden des Arbeitnehmers nachweisen und daher seinen Anspruch aus § 280 BGB nicht durchsetzen können. Er befindet sich im „Beweisnotstand". Die Rechtsprechung berücksichtigt das durch eine „abgestufte" Darlegungslast: zu dessen Indizienvortrag muss sich der Arbeitnehmer substantiiert äußern. Doch gehen streitig bleibende Indiztatsachen zu Lasten des Arbeitgebers (vgl. *Deinert,* RdA 2000, 22, 29 ff.). Die aus dem Beweisnotstand des Arbeitgebers folgende Gefahr sich folgenlos „selbst bedienender" Arbeitnehmer wird in der Praxis durch sog. **Mankovereinbarungen** vermieden: Der Arbeitnehmer übernimmt die Haftung für das im Einzelnen festgelegte Manko, der Arbeitgeber verpflichtet sich im Gegenzug zur Zahlung eines Mankogelds. Da durch derartige Mankovereinbarungen von den Grundsätzen über die Haftungsbeschränkung des Arbeitnehmers abgewichen wird, sind an ihre Zulässigkeit hohe Anforderungen zu stellen (näher hierzu *Deinert,* RdA 2000, 32 ff.; *Schwirtzek,* NZA 2005, 437).

3. Exkurs: Freistellungsanspruch des Arbeitnehmers bei Außenhaftung (→ § 8 Rn. 106)

38   Schädigt der Arbeitnehmer bei einer betriebsbedingten Tätigkeit einen betriebsfremden **Dritten**, so haftet er diesem gegenüber nach allgemeinen Regeln, d.h. in der Regel nach § 823 Abs. 1 BGB. Selbst wenn in diesem Fall auch der Arbeitgeber dem Dritten gegenüber aus Vertrag (i.V.m. § 278 BGB) oder aus Delikt (i.V.m. § 831 BGB) haftet, sind Arbeitgeber und Arbeitnehmer Gesamtschuldner, §§ 421 S. 1, 840 Abs. 1 S. 1 BGB. Bei deliktischer Haftung ist der Arbeitnehmer dabei im Innenverhältnis gegenüber dem Arbeitgeber allein verpflichtet, § 840 Abs. 2 BGB. Nach den allgemeinen Regeln müsste der Arbeitnehmer daher letztlich den von ihm verursachten Schaden unabhängig vom Grad seines Verschuldens in voller Höhe **selbst** tragen (zu den Auswirkungen im Unfallversicherungsrecht – „gestörtes Gesamtschuldverhältnis" – vgl. *BGH* NJW 2004, 951).

Dies widerspricht den Grundsätzen über die Haftungsbeschränkung des **39** Arbeitnehmers. Liegen deren Voraussetzungen vor, so hat daher der Arbeitnehmer, der einen betriebsfremden Dritten bei einer betriebsbezogenen Tätigkeit schädigt, nach allgemeiner Ansicht einen Anspruch gegen den Arbeitgeber **auf Freistellung** von gegen ihn geltend gemachten Schadensersatzansprüchen Dritter (→ *Fall 5*). Denn es ist aus Sicht des Arbeitnehmers Zufall, ob er z.B. eine im Eigentum des Arbeitgebers stehende oder eine nur „geleaste" (gemietete) Maschine beschädigt. Der innerbetriebliche Schadensausgleich findet also auch statt, wenn Ansprüche Dritter wegen Schlechterfüllung der Arbeitspflicht geltend gemacht werden (vgl. *Langenbucher*, ZfA 1997, 527f.; *Otto/Schwarze/Krause*, § 16 Rn. 24). Mittlere Fahrlässigkeit des Arbeitnehmers führt auch dann allenfalls zu einem internen „Bußgeld". Bei Mitverschulden des Arbeitgebers im Sinne eines deutlichen Überwiegens seiner Organisationsverantwortung (→ Rn. 32) wird der Arbeitnehmer überhaupt nicht zur Verantwortung gezogen.

Schaubild 12: Außenhaftung des Arbeitnehmers

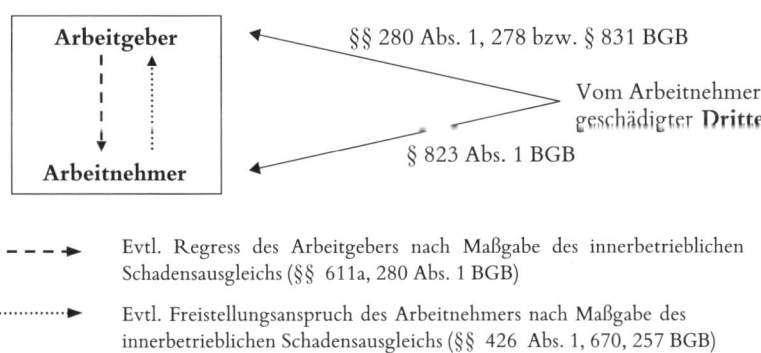

– – – ▶	Evtl. Regress des Arbeitgebers nach Maßgabe des innerbetrieblichen Schadensausgleichs (§§ 611a, 280 Abs. 1 BGB)
·············▶	Evtl. Freistellungsanspruch des Arbeitnehmers nach Maßgabe des innerbetrieblichen Schadensausgleichs (§§ 426 Abs. 1, 670, 257 BGB)

Dogmatisch wurde dieser Freistellungsanspruch zunächst auf die Fürsor- **40** gepflicht des Arbeitgebers (→ § 8 Rn. 96, 105) gestützt; sinnvoller erscheint aber die analoge Anwendung des § 670 i.V.m. § 257 BGB (*Beckers*, S. 54f.; MHdB ArbR/*Reichold*, § 58 Rn. 14; *Otto/Schwarze/Krause*, § 16 Rn. 25, 27ff.). Denn der Arbeitnehmer muss hiernach nicht vorrangig leisten. „Freistellung" bedeutet ja gerade einen Anspruch des Arbeitnehmers auf „Befreiung von der Verbindlichkeit" (§ 257 S. 1 BGB). Erfüllt er zunächst aber ausnahmsweise selbst die Schadensersatzansprüche des Dritten, so hat er einen **Erstattungsanspruch** gegen den Arbeitgeber, der sich bei gesamtschuldnerischer Haftung im Außenverhältnis (§§ 421, 840 BGB) aus § 426 Abs. 1 S. 1 BGB herleiten lässt (wobei die Grundsätze über die Haftungsbeschränkung des Arbeitnehmers nach §§ 276 Abs. 1 S. 1, 426 Abs. 1 S. 1 BGB „etwas anderes bestimmen"), ansonsten sich *direkt* aus § 670 BGB ergibt.

41   Im Fall der **Insolvenz des Arbeitgebers** gehen aber sowohl der Freistellungsanspruch als auch der Erstattungsanspruch des vom Dritten in Anspruch
genommenen Arbeitnehmers ins Leere. Ein innerbetrieblicher Schadensausgleich ist nicht mehr möglich. Das Insolvenzrisiko liegt somit beim Arbeitnehmer (*BGH* NJW 1994, 852). In der Literatur wird diese vom BGH gezogene
deliktsrechtliche Konsequenz zwar kritisiert, jedoch lässt sich **de lege lata** eine
andere Lösung nur vertreten, soweit sich der geschädigte Dritte ähnlich wie
der Arbeitgeber die Verantwortung für die Organisation des Arbeitsprozesses
zurechnen lassen müsste (§ 254 BGB analog könnte z.B. für den Entleiher von
Arbeitskräften gelten, nicht aber für außenstehende Kunden, vgl. *Katzenstein*,
RdA 2003, 355). Andernfalls würde der Schutz des geschädigten Dritten
zu Gunsten des Arbeitnehmerschutzes vernachlässigt, was nicht vertretbar
erscheint (MHdB ArbR/*Reichold*, § 58 Rn. 10 ff.; *Otto/Schwarze/Krause*, § 16
Rn. 20). Zum Haftungsprivileg des Entleihers gem. § 104 Abs. 1 SGB VII
vgl. *BGH* NJW 2015, 940.

4. Exkurs: Eigenschaden des Arbeitnehmers (→ § 8 Rn. 106)

42   Der Arbeitnehmer kann nicht nur den Arbeitgeber oder Dritte, sondern
auch **sich selbst** bei einer betrieblichen Tätigkeit schädigen (Eigenschaden).
Als „Erstgeschädigter" müsste er nach dem allgemeinen Grundsatz *casum sentit
dominus* den Schaden grundsätzlich selbst tragen. Doch bietet sich wegen der
betrieblichen Veranlassung eine Harmonisierung mit dem bei anderen
Schäden erfolgenden „innerbetrieblichen Schadensausgleich" an (vgl. *Langenbucher*, ZfA 1997, 553 ff.; *Reichold*, NZA 1994, 492 ff.). Das kann aber wie beim
Freistellungsanspruch nur vom Rechtsgedanken des Aufwendungsersatzes
(§ 670 BGB analog) her bei Schäden im Betätigungsbereich des Arbeitgebers
gerechtfertigt werden (*BAG* NZA 2011, 406; NZA 1997, 1346). Dabei trägt der
geschädigte Arbeitnehmer die **Beweislast** für diejenigen Umstände, die eine
grob fahrlässige Schadensverursachung **ausschließen**, wenn er die volle Erstattung des erlittenen Schadens verlangt (*BAG* NZA 2011, 406, 409 – Rz. 39 f.).
Er steht insoweit also schlechter als nach §§ 280 Abs. 1, 619a BGB, wonach der
Arbeitgeber ihm sein Verschulden seinerseits darlegen und beweisen muss, um
Schadensersatz fordern zu können (Rn. 37).

43   Der hiernach **ersatzfähige Eigenschaden** muss tatbestandlich

- einen Vermögensgegenstand betreffen, der mit Wissen und Wollen des Arbeitgebers für die Arbeitsleistung verwendet wurde (das trifft z.B. auf das
  ArbN-Kfz zu, nicht aber auf dessen bürgerliche Kleidung), oder sonst bei
  einer betrieblich veranlassten Tätigkeit eingetreten sein (**„erforderliche"**
  Tathandlung i.S.d. § 670 BGB?),
- für den vom Arbeitgeber auch keine besondere zur Abdeckung des Scha-
  densrisikos bestimmte Vergütung gezahlt worden ist,

- wobei den Arbeitnehmer kein ganz überwiegendes Eigenverschulden analog § 254 BGB am Schadenseintritt treffen darf (umfassende Abwägung nach Billigkeit → Rn. 33 f.).

Die BAG-Rechtsprechung hat zutreffend betont, dass weder weisungs- noch regelwidriges Verhalten des Arbeitnehmers auf den Arbeitgeber abge- wälzt werden kann (z.B. kein Ersatz der Verfahrenskosten bei regelwidriger Journalisten-Recherche, *BAG* NZA 1992, 691). Erst recht können dienstlich veranlasste Geldbußen nicht als „erforderliche" Tathandlung entsprechend § 670 BGB anerkannt werden (vgl. *BAG* NJW 2001, 1962: Erstattungszusagen des Arbeitgebers sind deshalb nach § 138 BGB unwirksam).

Beispielsfall: Hans ist als Bratschist beim örtlichen Symphonie-Orchester beschäftigt. Vor der Vorstellung am 10.12. merkt er beim Einspielen im Probenraum, dass der Kontakt des Bogens zu den Saiten der Bratsche nicht optimal ist. Als er deshalb den Bogen ablegen will, um ihn mit Kolophonium zu präparieren, entgleitet dieser seiner linken Hand, fällt auf den Boden und bricht entzwei. Der Schaden beträgt 3000 €. Im einschlägigen Tarifvertrag heißt es dazu: „Der Arbeitgeber haftet in den Fällen, in denen er die Benutzung eines eigenen Instruments gestattet hat, für die Beschädigungen und den Verlust der zu dienstlichen Zwecken im Betrieb befindlichen Instrumente des Musikers, es sei denn, dass der Musiker die Beschädigungen oder den Verlust verschuldet hat." Hat H Anspruch auf Ersatz seines „Eigenschadens"?

Lösung: H kann analog § 670 BGB Schadensersatz fordern, wenn (1) die Selbstschädigung auf Grund einer für die Arbeitsleistung „erforderlichen" Handlung erfolgte, die (2) auch nicht ganz überwiegend durch H selbst verschuldet war (Abwägung der Eigen- mit der Organisationsverantwortung). An der Betriebsbedingtheit auch des „Einspielens" als „erforderlicher" Tathandlung nach § 670 BGB analog lässt sich hier nicht zweifeln, wohl aber am überwiegenden Eigenverschulden. **Ohne** tarifliche Regelung müsste man das Fallenlassen des Bogens ohne ersichtlichen Grund, ohne Leistungs- und Zeitdruck oder besonders beengte Verhältnisse wohl als mittleres Verschulden des H bezeichnen: eine quotale Mithaftung des H wäre daher sehr naheliegend. **Fraglich** ist jedoch der Einfluss der tariflichen Regelung. Wäre diese so auszulegen, dass H jedes Verschulden zu vertreten hätte, so würde das krass abweichen von den richterrechtlichen Grundsätzen des innerbetrieblichen Schadensausgleichs. Deshalb sollte eine verfassungskonforme Auslegung der Tarifregel dahingehend erfolgen, dass nur bei eindeutigen Anhaltspunkten ein abweichender Regelungswille unterstellt werden kann. Deshalb wird man hier zum gleichen Ergebnis einer „Bußgeld"-Haftung des H kommen können, die jedoch etwa $^2/_3$ des Schadens dem Arbeitgeber auferlegt (*BAG* NZA 2000, 727).

Beim Ersatz des Eigenschadens handelt es sich vom rechtsdogmatischen Aus- **44** gangspunkt her um **Wertersatz** in (extensiver und analoger) Anwendung des § 670 BGB: es sollen nicht nur „freiwillige" Aufwendungen, sondern erst recht „unfreiwillige" Schäden ersatzfähig sein. Genau genommen handelt es sich also nicht um Schadensersatz. Deshalb sind die Schadensnormen (§§ 249 ff. BGB) nur sinngemäß anwendbar, soweit die Schadensfolgen Ausdruck des betrieblichen Risikos sind. So kann der Arbeitnehmer, der sein Kfz beim dienstlichen

Gebrauch beschädigt, zwar den Unfallschaden ersetzt verlangen, nicht aber den entgangenen Gewinn beim Weiterverkauf (*Otto/Schwarze/Krause,* § 27 Rn. 41). Totalreparation lässt sich aus § 670 BGB gerade nicht folgern. Vielmehr müssen die einzelnen Schadensfolgen im „Schutzbereich" der tätigkeitsspezifischen **Risikoverteilung** zwischen Arbeitgeber und Arbeitnehmer liegen.

IV. Kontrollfragen

1. Welche rechtlichen Konsequenzen hat eine sehr genaue vertragliche Festlegung der Arbeitsaufgabe?
2. Anton möchte drei Tage lang wegen eines Auswärtsspiels seiner Lieblingsmannschaft dem Arbeitsplatz fernbleiben. Sonderurlaub kann er nicht beanspruchen. Deshalb schickt er seinen Zwillingsbruder Albert, der ihm täuschend ähnlich sieht und gleiche Fähigkeiten mitbringt, zur Arbeit. Als der Schwindel am dritten Tag auffliegt, fragt der Arbeitgeber von Anton nach den rechtlichen Konsequenzen. Muss er dem „Ersatzmann" Albert Entgelt zahlen? Kann er Anton das Entgelt für drei Tage abziehen?
3. Warum lässt sich dem Begriff „Versetzung" keine klare individualrechtliche Bedeutung zuordnen?
4. Erläutern Sie, auf welche Bereiche der Arbeitszeit sich das Weisungsrecht des Arbeitgebers erstrecken kann.
5. Warum ersetzt das Arbeitszeitgesetz nicht eine (tarifliche, betriebliche oder vertragliche) Regelung in Bezug auf die Arbeitszeit?
6. Warum ist die Durchsetzung der Arbeitspflicht des Arbeitnehmers im Klageweg wenig sinnvoll?
7. Welche Abwägung hat der Feststellung einer Verletzung von Nebenpflichten des Arbeitnehmers vorauszugehen?
8. Wie beurteilen Sie folgende Vertragsklausel aus dem früheren Muster-Arbeitsvertrag für „Lizenzspieler" im DFB: „Der Spieler hat sich in der Öffentlichkeit und privat so zu verhalten, dass das Ansehen des Vereins, der Verbände und des Fußballsports allgemein nicht beeinträchtigt wird. Äußerungen in der Öffentlichkeit, insbesondere Interviews für Fernsehen, Hörfunk und Presse bedürfen der vorherigen Zustimmung des Vereins"?
9. Warum ist eine eigenständige Sanktionierung der Verletzung von Nebenpflichten im Arbeitsverhältnis nur ausnahmsweise sinnvoll und möglich?
10. Warum wurde schon vor über 100 Jahren das zivilrechtliche Haftungssystem für Körper- und Personenschäden im Betrieb durch eine Sozialversicherungslösung ersetzt?
11. Wie lautete die Begründung des Großen Senats des BAG, als er 1994 die Haftung des Arbeitnehmers für Sach- und Vermögensschäden einer besonderen, vom BGB abweichenden Regelung unterwarf?

12. Angenommen, Ihre Freundin erzählt Ihnen, sie hätte sich bei einem Sturz im Treppenhaus ihres Arbeitgebers nicht nur eine schmerzhafte Zerrung zugezogen, sondern auch einen Kleiderschaden erlitten – muss der Arbeitgeber wegen des Kleiderschadens Ersatz leisten?

Fall 5: Fliegende Ziegelsteine

Haftung des Arbeitnehmers für Sach- und Personenschäden, innerbetrieblicher Schadensausgleich, Eigenschaden des Arbeitnehmers

Sachverhalt

Die bisher stets zuverlässig arbeitenden Bauarbeiter Armin (A) und Bert (B) aus Würzburg sind bei der Baufirma des F in Nürnberg beschäftigt und erzielen ein Nettogehalt von jeweils 2000 €. Sowohl A als auch F sind Gewerkschafts- bzw. Verbandsmitglied. F wurde von einem Sportverein beauftragt, eine neue Turnhalle in München zu bauen. A und B, die in der Regel auf Würzburger Baustellen eingesetzt werden, sollten dabei die Außenmauer der Turnhalle errichten.

An einem schönen Montagmorgen im Mai dachten beide an den Biergarten vom Vorabend und die soeben eröffnete Freibadsaison und machten sich nur lustlos an ihre Arbeit. Plötzlich kam B eine Idee zur Motivationssteigerung. Er schlug A vor, sich die für die Errichtung der Außenmauer benötigten Ziegelsteine aus einigem Abstand gegenseitig zuzuwerfen. Unter großem Gejohle taten sie dies sogleich. Durch das laute Geschrei neugierig geworden, blieb der vorbeikommende Passant Oskar (O) aus Neugier unter dem Gerüst stehen. A wurde durch den Zuschauer übermütig und warf einen Ziegelstein sehr unkontrolliert direkt auf B zu. Dieser konnte nicht schnell genug reagieren, so dass der Ziegelstein ihm heftig gegen die Schulter prallte. Entsetzt trat A einen Schritt zurück und stolperte über die hinter ihm gelagerten Ziegelsteine, die daraufhin vom Gerüst fielen. Einige Ziegelsteine trafen O und verletzten ihn leicht, andere stürzten auf die unten gelagerten, für den weiteren Aufbau der Halle vorgesehenen Fensterscheiben des F, die zersprangen. F entstand dadurch ein Sachschaden in Höhe von 5000 €. Schließlich fiel infolge des Stolperns das Mobiltelefon des A im Wert von 200 € aus seiner Hosentasche und wurde zerstört. A ist vertraglich zum Mitführen seines Mobiltelefons verpflichtet, um eventuelle Weisungen von F auch auswärts entgegennehmen zu können, ohne dass er hierfür eine zusätzliche Vergütung erhielt.

O und B möchten für die erlittenen Verletzungen Schadensersatz und Schmerzensgeld. A möchte für sein Mobiltelefon 200 € Ersatz.

F, der sowohl Ärger mit A als auch mit O und B befürchtet und daneben Sorge hat, dass B und A sich untereinander in die Haare bekommen, bittet seine Rechtsabteilung zu prüfen,

1. ob und in welcher Höhe er von A Schadensersatz – inklusive der Freistellung von etwaigen Ansprüchen des O oder B gegen ihn (F) – verlangen könne;
2. ob A seinerseits Ansprüche gegen ihn geltend machen könne;
3. ob B gegen A Ansprüche geltend machen kann und
4. ob eine Klageerhebung gegen A für den Fall, dass dieser die Zahlung verweigert, Aussicht auf Erfolg hätte?

Der für A und F geltende Tarifvertrag enthält in § 24 folgende Regelung:
> „Für Streitigkeiten aus dem Arbeitsverhältnis ist allein der Sitz des Betriebes, bei einer
> Zweigniederlassung oder Filiale deren Sitz Gerichtsstand."

Ein Verstoß des F gegen Vorschriften zur Arbeitssicherheit oder Unfallverhütung liegt
nicht vor.

Lösung

Klausurtipp: In der Frage 1 sind nicht nur Ansprüche des F gegen A zu prüfen, sondern
auch solche von O und B gegen F. Diese sind von der Fragestellung her innerhalb des
Anspruchs F gegen A zu erörtern. Da Ansprüche von O und B gegen F für diesen einen
Schaden darstellen, sind sie im Rahmen dieses Prüfungspunktes zu diskutieren.

A. Ansprüche des F gegen A

Schadensersatzansprüche wegen der beschädigten Glasfenster und der Gesundheitsverlet-
zung von B und O.

I. aus § 280 Abs. 1 BGB

1. Wirksamer Arbeitsvertrag (+)

2. Pflichtverletzung (+)

liegt im Verletzen fremder Rechtsgüter bei der Arbeitsausführung.

3. Rechtswidrigkeit (+)

4. Verschulden

Maßstab § 276 Abs. 1 S. 1 i.V.m. Abs. 2 BGB (+)

5. Haftungsausfüllende Kausalität (+)

Zerstörung der Fensterscheiben und mögliche Regressansprüche von B und O kausal durch
die Pflichtverletzung herbeigeführt.

6. Schaden

a) Haftungsumfang

Möglicherweise Einschränkung nach den Regeln des innerbetrieblichen Schadensausgleichs gem. §§ 241 Abs. 2, 254 Abs. 1 BGB analog.

aa) Betriebliche Tätigkeit (+)

bb) Verschuldensgrad

Hier ist von „normaler" grober Fahrlässigkeit auszugehen, Abgrenzung zu „gröbster" und
mittlerer Fahrlässigkeit: am Bau „darf das nicht passieren".

Klausurtipp: Sie müssen die Haftungsabstufung nur insoweit darlegen, als es für die Falllösung relevant ist: Es reicht aus, in der Klausur zu erläutern, dass es eine je nach Verschuldensgrad abgestufte Haftung gibt, und zu prüfen, welcher Verschuldensgrad vorliegt, um dann die Haftungsfolge daraus abzuleiten.

cc) Rechtsfolge

Grundsätzlich volle AN-Haftung, im vorliegenden Fall nach dem Verhalten des A auch angemessen, keine Bedrohung seiner wirtschaftlichen Existenz.

b) Konkreter Schaden

Für die zerstörten Fensterscheiben ist Geldersatz nach § 251 Abs. 1 BGB zu leisten.

c) Freistellung

Freistellungsanspruch setzt Ansprüche von B und/oder O gegen F voraus.

Klausurtipp: F hat selbst nicht gehandelt, er kann also nur haften, wenn ihm die Handlung des A zuzurechnen ist. Bei O kommt mangels vertraglicher Beziehung nur ein deliktischer Anspruch und daher nur § 831 BGB in Betracht. B hingegen könnte daneben auch einen vertraglichen Schadensersatzanspruch, nämlich aus § 280 Abs. 1 BGB haben. Das Verschulden des A wäre dem F dann über § 278 BGB zuzurechnen.

aa) Ansprüche B gegen F

(1) Schlechterfüllung des Arbeitsvertrags, § 280 Abs. 1 BGB ( )

(a) Pflichtverletzung des A ist F über § 278 BGB zuzurechnen, da § 278 BGB auch bei Verletzung von „Schutzpflichten" des Schuldners durch den Erfüllungsgehilfen gilt. Aber Kürzung über § 254 Abs. 1 BGB, da B die Pflichtverletzung als eigene Idee mitverschuldet hat (Kürzung um 50 % angemessen).

Klausurtipp: Die Prüfung des § 278 BGB lässt sich natürlich umgehen, indem man es dahinstehen lässt, ob dem F das Verschulden des A in diesem Verhältnis zuzurechnen ist und gleich auf § 104 SGB VII verweist. Ganz „sauber" ist eine derartige Vorgehensweise im Gutachten jedoch nicht.

(b) Anspruch aber nach § 104 Abs. 1 S. 1 SGB VII ausgeschlossen, weil Heilbehandlungskosten und Schmerzensgeld als „Schäden" nach BGB kraft Gesetzes komplett vom Unfallversicherungssystem und den dort vorgesehenen Ansprüchen verdrängt werden.

Hinweis: Anspruch ginge nach § 116 Abs. 1 SGB X auf Sozialversicherungsträger über.

(2) Ansprüche aus §§ 831 Abs. 1 S. 1 und 823 Abs. 1 BGB (–)

Diese Ansprüche sind ebenso ausgeschlossen, da sich der Gesetzgeber für eine einheitliche sozialversicherungsrechtliche Regelung der Personenschäden im Arbeitsverhältnis entschieden hat.

bb) Ansprüche O gegen F

Anspruch aus § 831 Abs. 1 S. 1 BGB grundsätzlich (+)
Anspruch jedoch wegen Entlastungsmöglichkeit nach § 831 Abs. 1 S. 2 BGB ausgeschlossen.

d) Ergebnis

F kann von A nur Ersatz für die zerstörten Fensterscheiben verlangen.

II. aus § 823 Abs. 1 BGB

1. Anspruchsvoraussetzungen (+)

2. Anspruchsumfang

Hier wieder Grundsätze des innerbetrieblichen Schadensausgleichs anwendbar → Ergebnis wie oben, A haftet in voller Höhe.

B. Ansprüche des A gegen F

Ansprüche auf Ersatz für das zerstörte Telefon.

I. aus Pflichtverletzung des Arbeitsvertrags, § 280 Abs. 1 BGB

Für diese Anspruchsgrundlage (wie für weitere Schadensersatzansprüche auch) fehlt es an einer schuldhaften Handlung des F.

II. aus § 670 BGB („Aufwendungsersatz")

Eine direkte Anwendung der Vorschrift kommt nicht in Betracht, da keine Aufwendung, sondern ein Schaden vorliegt.

III. aus § 670 BGB analog

1. Doppelte Analogie

Wird hinsichtlich des Auftrags und der Aufwendung aus Billigkeitserwägungen nahezu einhellig anerkannt.

2. Betriebsbezogenheit (+)

Schaden entstand bei Durchführung der Arbeit, nicht nur gelegentlich der Arbeit.

3. Eigenschaden ohne finanziellen Ausgleich durch Sonderzuwendung (+)

A ist zum Mitführen des Telefons vertraglich verpflichtet. In diesem Fall liegt ein arbeitsbedingt eingetretener Schaden vor. Keine Verwirklichung des allgemeinen Lebensrisikos, keine Sondervergütung.

4. Haftungsumfang

Ziel soll eine einheitliche Haftung im innerbetrieblichen Verhältnis sein. Deshalb ist auch hier § 254 Abs. 1 BGB analog heranzuziehen, jedenfalls soweit § 670 BGB als

„Schadensersatz"anspruch verwendet wird. Hier grobe Fahrlässigkeit des A, die über § 254 Abs. 1 BGB zum Haftungsausschluss des F führt.

C. Ansprüche des B gegen A

Ansprüche auf Ersatz wegen der erlittenen Körperverletzungen.

I. Ersatz der Arzt- und Heilungskosten aus § 823 Abs. 1 i.V.m. § 249 Abs. 2 BGB

1. Anspruchsvoraussetzungen (+)

2. Anspruchsumfang

Anspruch nach § 105 Abs. 1 SGB VII ausgeschlossen.

II. Schmerzensgeld aus § 823 Abs. 1 i.V.m. § 253 Abs. 2 BGB

1. Voraussetzungen zur Zahlung eines Schmerzensgeldes liegen vor.
2. Anspruch ebenfalls nach § 105 Abs. 1 SGB VII ausgeschlossen.

Hinweis: *Schmerzensgeldanspruch* ginge nicht nach § 116 Abs. 1 SGB X auf den Sozialversicherungsträger über, da der Anspruch kein reiner Schadensersatzanspruch ist, sondern auch eine Genugtuungsfunktion hat.

D. Klageerhebung

Klausurtipp: Lassen Sie sich nicht dadurch verwirren, dass Sie die Begründetheit der Klage schon im Rahmen der vorangegangenen Fragen geprüft haben: In Frage 4 ist nur noch die Zulässigkeit zu erörtern und hinsichtlich der Begründetheit nach oben zu verweisen.

I. Rechtsweg zu den Arbeitsgerichten (+)

Ist nach § 2 Abs. 1 Nr. 3 lit. a bzw. 3 lit. d ArbGG eröffnet.

II. Örtliche Zuständigkeit

Örtlich zuständig Arbeitsgericht Nürnberg, da eine wirksame Gerichtsstandsvereinbarung vorliegt: §§ 48 Abs. 2 S. 1 Nr. 1, 46 Abs. 2 ArbGG, 12 ZPO. § 38 ZPO wird durch § 48 Abs. 2 S. 3 ArbGG als lex specialis verdrängt.

III. Zulässigkeit der Klage als Leistungsklage gemäß § 253 ZPO (+)

Empfehlungen zur vertiefenden Lektüre:

Literatur: *Annuß,* (Nichts) Neues zur Arbeitnehmerhaftung?, NZA 1998, 1089; *Beckers,* Die Außenhaftung des Arbeitnehmers, 1996; *Deinert,* Mankohaftung, RdA 2000, 22; *Hanau/Rolfs,* Abschied von der gefahrgeneigten Arbeit, NJW 1994, 1439; *Hromadka,* Grenzen des Weisungsrechts, NZA 2012, 233; *Jacobs,* Reformbedarf im Arbeitszeitrecht,

NZA 2016, 733; *Katzenstein,* Die Außenwirkung der arbeitsrechtlichen Haftungsbeschränkungen, RdA 2003, 346; *Kraft,* Sanktionen im Arbeitsverhältnis, NZA 1989, 777; *Krause,* Geklärte und ungeklärte Probleme der Arbeitnehmerhaftung, NZA 2003, 577; *Langenbucher,* Risikohaftung und Schutzpflichten im innerbetrieblichen Schadensausgleich, ZfA 1997, 523; *Laskawy,* Die Tücken des nachvertraglichen Wettbewerbsverbots im Arbeitsrecht, NZA 2012, 1011; *Latzel,* Sprachanforderungen an Arbeitnehmer und Leistungsstörung, RdA 2013, 73; *Preis/Reinfeld,* Schweigepflicht und Anzeigerecht im Arbeitsverhältnis, AuR 1989, 361; *Reichold,* Geschäftsbesorgung im Arbeitsverhältnis, NZA 1994, 488; *ders.,* Zeitsouveränität im Arbeitsverhältnis: Strukturen und Konsequenzen, NZA 1998, 393; *Ricken,* Arbeit im Sinne des Arbeitszeitrechts, DB 2016, 1255; *Rolfs,* Die Neuregelung der Arbeitgeber- und Arbeitnehmerhaftung bei Arbeitsunfällen durch das SGB VII, NJW 1996, 3177; *Schreiber,* Beschränkte Arbeitnehmerhaftung, Jura 2009, 26; *Servatius,* Die Haftung des Arbeitnehmers für Nicht- und Schlechtleistung, Jura 2005, 838; *Ullrich,* Lohngewähr oder Mängelgewährleistung, NJW 1984, 585; *Waltermann,* Haftungsfreistellung bei Personenschäden – Grenzfälle und neue Rechtsprechung, NJW 2004, 901; *ders.,* Risikozuweisung nach den Grundsätzen der beschränkten Arbeitnehmerhaftung, RdA 2005, 98.

Rechtsprechung: *EGMR* NJW 2011, 3501 (Anzeigerecht des „whistle-blowers" bei besonderem öffentlichen Interesse an der Aufdeckung von Missständen – „Heinisch"); *BGH* NJW 2015, 940 (Haftungsprivilegierung des Entleihers bei Arbeitsunfall eines Leiharbeitnehmers); *BGH* NJW 2004, 951 (Gestörtes Gesamtschuldverhältnis bei betriebsbedingten Personenschäden); *BGH* NJW 1994, 852 (Unbeschränkte Außenhaftung des Arbeitnehmers); *BAG* NJW 2015, 429 (Schadensersatzanspruch des Arbeitgebers bei Wegnahme von Zahngold durch Krematoriumsmitarbeiter); *BAG* NJW 2012, 1099 (Abwägung zwischen Selbstverständnis der Kirchen und Achtung des Privatlebens bei Kündigung eines Chefarztes im katholischen Klinikum); *BAG* NJW 2011, 1096 (Haftungsprivilegierung auch bei „gröbster" Fahrlässigkeit); *BAG* NZA 2011, 406 (Beweislast des Arbeitnehmers bei Freistellungsanspruch analog § 670 BGB für nicht grob fahrlässige Schadensverursachung); *BAG* NJW 2010, 394 (Weisungsrecht bei Anordnung von Sonntagsarbeit; Voraussetzungen der „Konkretisierung", dazu *Boemke,* JuS 2010, 822); *BAG* NZA 2008, 1135 (Rechtscharakter des Arbeitszeitkontos); *BAG* NZA 2008, 223 (Mobbing unter leitenden Ärzten; Haftung des Arbeitgebers nach § 278 BGB); *BAG* NZA 2007, 145 (AGB-Kontrolle einer zu weit gefassten Versetzungsklausel); *BAG* NZA 2004, 727 (AGB-Kontrolle einer Vertragsstrafenabrede); *BAG* NJW 2004, 2469 (Haftung des Arbeitnehmers bei Beschädigung des Dienstwagens); *BAG* NJW 2004, 2545 (Minderleistung als Kündigungsgrund); *BAG* NJW 2004, 1547 („Whistleblowing" als Kündigungsgrund).

Falldidaktische Beiträge: *Fischels/Kies,* JuS 2018, 155 (Freistellungsanspruch und beschränkte Arbeitnehmerhaftung); *Latzel/Sausmikat,* JA 2015, 497 (u.a. Anspruch auf Arbeitszeitverkürzung bzw. -verlängerung); *Preis/Sagan,* JuS 2013, 919 (Innerbetrieblicher Schadensausgleich); *Reiter,* Jura 2006, 71 (Innerbetrieblicher Schadensausgleich); *Helml,* JuS 2006, 621 (Schadensersatzpflicht des Arbeitnehmers in Fällen des Auflösungsverschuldens); *Reipen,* JuS 2006, 527 (Haftungsprivileg des Arbeitgebers im Mehrpersonenverhältnis); *Reichold,* JuS 2004, 318 (Eigenschäden des Arbeitnehmers); *Weyand,* JuS 2003, 675 (Standardfragen des innerbetrieblichen Schadensausgleichs).

§ 10. Beendigung des Arbeitsverhältnisses

I. Beendigungsgründe

1. Die eingeschränkte Kündigungsfreiheit des Arbeitgebers

Die Kündigung gilt als „Keule des Arbeitsrechts". Der Arbeitnehmer verliert 1 dadurch seinen Arbeitsplatz und möglicherweise seinen materiellen und ideellen Lebensinhalt. Deshalb sichert ihm das **Kündigungsschutzgesetz (KSchG)** seit 1951 den Schutz vor der Willkür des Arbeitgebers: Nach § 1 Abs. 2 KSchG ist eine ordentliche Kündigung nur wirksam, wenn sie *„sozial gerechtfertigt"* ist (→ Rn. 45). Das Sozialstaatsprinzip schränkt also die Privatautonomie (Kündigungsfreiheit) des Arbeitgebers deutlich ein. Genauer ist es Art. 12 Abs. 1 GG, der den Gesetzgeber zur Sorge dafür verpflichtet, dass der Arbeitnehmer seinen frei gewählten Arbeitsplatz nur nach Maßgabe sachlich berechtigter Gründe gegen seinen Willen aufgeben muss (grundrechtliche **Schutzpflicht**, vgl. BVerfGE 84, 133, 146 f.; ErfK/*Schmidt*, Art. 12 GG Rn. 4; *Hanau*, FS Dieterich, 1999, S. 205 f.). Andererseits darf der Arbeitgeber an einmal begründete Arbeitsverhältnisse nicht übermäßig gebunden werden, so dass dem **Bestandsschutzinteresse** des Arbeitnehmers die ebenfalls auf Art. 12 GG beruhende wirtschaftliche Betätigungsfreiheit (**Unternehmerfreiheit**) des Arbeitgebers gleichwertig gegenüber steht (BVerfGE 97, 169, 176).

Auch **Ökonomen** sehen es als rationale Lösung an, wenn ein langfristiger und 2 inhaltlich „offener" Vertrag wie der Arbeitsvertrag nicht ohne weiteres gekündigt werden kann. Ein starker Kündigungsschutz schafft von Beginn an Vertrauen in die Verlässlichkeit der Arbeitsbeziehung und schützt die spezifischen Investitionen des schwächeren Teils (→ § 4 Rn. 4) – er verhindert opportunistisches Verhalten des Arbeitgebers (*Schellhaaß*, NZA-Beilage 21/2003, S. 33). Kommt es dennoch zum Kündigungsstreit, muss der Arbeitgeber eine Abfindung als „Entschädigungszahlung" einkalkulieren (*Kirstein/Kittner/Schmidtchen*, S. 105 ff.). Ob ein (zu) starker Kündigungsschutz dem volkswirtschaftlich erwünschten Abbau der Arbeitslosigkeit entgegen steht, ist sehr umstritten und ökonomisch valide kaum nachzuweisen (vgl. *Franz/Rüthers*, RdA 1999, 33 f.; *Kleinhenz*, Gutachten DJT 2000, B 65 f.). Der Übergang zu einer **Abfindungslösung** nach österreichischem Vorbild (nur bei betriebsbedingter Kündigung) würde den Unternehmen zwar mehr Kalkulierbarkeit bei Kündigungen ermöglichen (dafür z.B. *Buchner*, NZA 2002, 535; *Hromadka*, ZfA 2002, 392 f.; *Preis*, NZA 2003, 255 → Rn. 37), doch auch viel mehr Kosten verursachen als bislang. Die Förderung **befristeter** Verträge (→ § 7 Rn. 34 ff.) und der Ausbau der **Zeitarbeit** (→ § 9 Rn. 6) sind jedenfalls eine ökonomisch sinnvolle und notwendige Ergänzung des starken deutschen Bestandsschutzes (vgl. *Hanau,* Gutachten DJT 2000, C 71 ff.; *Preis*, NJW 2000, 2304).

2. Bedeutung der Beendigungsklagen

3   Arbeitsrecht wird gern verkürzt auf ein **„Recht der Kündigung"**, was auch die auffallend hohe Zahl der arbeitsgerichtlichen Kündigungsstreitigkeiten nahe legt. In der Tat liegt hier das „Nervenzentrum des Arbeitsvertragsrechts". Dabei überwiegt an den 123 deutschen Arbeitsgerichten aber die vergleichsweise Erledigung ohne streitiges Urteil (→ § 5 Rn. 9 f.). In diesem Buch werden deshalb auch viele Beispiele in den Zusammenhang von Kündigungsprozessen gestellt (→ § 3 Rn. 27, *Fall 1*, § 5 Rn. 9, § 6 Rn. 5, 9, § 7 Rn. 24, § 8 Rn. 47, 69, § 9 Rn. 2).

4   Doch gibt es auch andere Beendigungsgründe des Arbeitsverhältnisses, die ebenso wie die Kündigung durch eine **Feststellungsklage** gerichtlich überprüft werden können. Dabei ist streng zu unterscheiden zwischen fristgebundenen *besonderen* (§§ 4 KSchG, 17 TzBfG) und fristungebundenen *allgemeinen* Feststellungsklagen (→ § 6 Rn. 16 ff.). Die Klage des Arbeitnehmers ist jeweils **begründet**, wenn das Arbeitsverhältnis nicht rechtswirksam beendet wurde, d.h. die Kündigung oder Befristung oder Auflösung etc. des Arbeitsvertrags nicht wirksam war.

> **Achtung:** Zu beachten ist dabei immer, dass die kurze Drei-Wochen-Frist des § 4 KSchG für die gerichtliche Geltendmachung **aller Unwirksamkeitsgründe** (mit Ausnahme von Fehlern der Schriftform, vgl. Wortlaut des § 4 S. 1: „nach Zugang der *schriftlichen* Kündigung …") bei **jeder Form** der Kündigung gleichermaßen auch dann gilt, wenn das KSchG ansonsten nicht greift (→ § 6 Rn. 17).

Schaubild 13: System der Beendigungsgründe

Einseitige Beendigung	Vereinbarte Beendigung
1. **Kündigung** (§§ 620 Abs. 2, 622, 623 BGB: ordentlich; §§ 623, 626 BGB: außerordentlich)	1. **Befristung bzw. Bedingung** (§ 620 Abs. 3 BGB i. V.m. TzBfG → § 7 Rn. 34 ff.)
2. **Anfechtung** (§§ 119 ff. BGB → § 7 Rn. 44 ff.)	2. **Auflösungsvertrag** (§§ 311 Abs. 1, 6 23 BGB)
3. **Lossagung** bei nichtigem Arbeitsvertrag (z.B. §§ 134, 138 BGB, → § 7 Rn. 40 ff.)	

Sonderfälle:
* § 9 KSchG: Auflösung auf Grund Parteiantrags durch Gestaltungsurteil (trotz unwirksamer Kündigung!)
* § 12 KSchG: Lossagerecht nach KSch-Prozess und inzwischen angetretenem neuen Arbeitsverhältnis
* Tod des Arbeitnehmers (§ 613 BGB → § 9 Rn. 5)
* Lösende Aussperrung (→ § 13 Rn. 8)

3. Einseitige Beendigung

a) Durch Kündigung

Der Hauptfall einer einseitigen Beendigung des Arbeitsverhältnisses ist die 5
Kündigung. Blickt man in das BGB, so erfährt man nur, dass die Kündigung
als solche **ordentlich** (fristgebunden, §§ 620 Abs. 2, 622, 623 BGB) oder **außerordentlich** (fristlos, § 620 Abs. 2, 623, 626 BGB) möglich ist. Die Regeln
des BGB vermitteln mit Ausnahme des § 626 BGB einen rein *formalen* Kündigungsschutz. Leider fehlt in § 620 oder § 622 BGB der Verweis auf den *materiellen (sozialen)* Kündigungsschutz durch § 1 KSchG, der sich nur auf ordentliche
Kündigungen bezieht (vgl. § 13 Abs. 1 S. 1 KSchG → Rn. 34 ff.). Im Folgenden
soll der **formale Kündigungsschutz** des BGB, der für jede Kündigung gilt,
vorweg behandelt werden.

> **Achtung:** Bei jeder Kündigung muss zunächst die Einstufung als ordentliche oder
> außerordentliche anhand des BGB vorgenommen werden. Erst anschließend sind die
> besonderen Voraussetzungen des KSchG zu prüfen, die sich grundsätzlich **nur auf
> ordentliche** Kündigungen beziehen (→ Rn. 34).

aa) Rechtsnatur

Kündigung ist die einseitige, empfangsbedürftige Willenserklärung, durch 6
die das Arbeitsverhältnis für die Zukunft *(ex nunc)* sofort (§ 626 BGB) oder
nach Ablauf einer Frist (§ 622 BGB) **unmittelbar** beendet wird. Sie hat rechts
gestaltende Wirkung und steht grundsätzlich beiden Arbeitsvertragsparteien
zu, ohne dass dies extra vereinbart sein müsste (§ 620 Abs. 2 BGB). Mit dieser
rechtsgestaltenden Wirkung nicht vereinbar ist eine **Bedingung**, z.B. „die
Kündigung wird bei Neubeauftragung unserer Firma gegenstandslos" (auflösende Bedingung, § 158 Abs. 2 BGB). Als einseitiges Rechtsgeschäft ist die
Kündigung grundsätzlich *bedingungsfeindlich* (*BAG* NJW 2001, 3355). Ist die
Kündigung dem Vertragspartner zugegangen und ein rechtzeitiger Widerruf
nicht erfolgt (§ 130 BGB → Rn. 12), ist wegen der unmittelbaren Gestaltungs-
wirkung eine einseitige Rücknahme nicht mehr möglich. Selbst eine schwangere Arbeitnehmerin, die in Unkenntnis ihrer „anderen Umstände" *selbst* gekündigt hat (vgl. Kündigungsverbot für Arbeitgeber gem. § 17 MuSchG →
Rn. 76 f.), wird daran festgehalten: auch eine Irrtumsanfechtung kann diese
ihre Kündigung nicht mehr aus der Welt schaffen (*BAG* NJW 1992, 2173). Jedoch kann trotz wirksamer Kündigung in der Folge eine „Rücknahme" (auch
vor Gericht) angeboten werden, die bei Annahme durch den Kündigungsgeg-
ner das Arbeitsverhältnis unter Beseitigung der Kündigungswirkung **kraft
Vereinbarung fortsetzt** (§ 311 Abs. 1 BGB). Eine solche „Rücknahme" auch
im Prozess stellt dogmatisch exakt eine vertragliche Verlängerungsvereinba-
rung dar (vgl. *BAG* NJW 1983, 1628, 1629).

bb) Form

7   Seit dem 1.5.2000 stellt **§ 623 BGB** jede Kündigung unter Schriftformzwang (*nicht* aber die Anfechtung → Rn. 16). Die Norm soll Arbeitnehmer vor
einer unbedachten Kündigungserklärung (auch der eigenen, z.B. im Affekt,
vgl. *BAG* NJW 2005, 844) schützen. Die Kündigung muss also in der Form
des § 126 Abs. 1 BGB erfolgen, so dass das Schreiben vom Aussteller **eigen-
händig** durch Namensunterschrift unterzeichnet werden muss. Unzulässig ist
deshalb auch die Kündigung per Telefax oder E-Mail: der Empfänger erhält
hier jeweils nur eine „Kopie". Eine digital erstellte Signatur wird ausdrücklich
durch § 623 S. 1 Hs. 2 BGB ausgeschlossen. Die Nichteinhaltung der Schriftform hat nach § 125 S. 1 BGB die **Nichtigkeit** der Kündigung zur Folge. Auch
die kurze Klagefrist nach § 4 KSchG ist für den Arbeitnehmer dann *nicht verbindlich* (→ Rn. 4), so dass er sich bei späterer Klageerhebung nur den Einwand
aus § 242 BGB (Verbot widersprüchlichen Verhaltens) bzw. aus **Verwirkung**
(nach Zeit- und Umstandsmoment) entgegen halten lassen muss (vgl. *Eberle,*
NZA 2003, 1121, 1123: Verwirkung wohl spätestens nach sechs, frühestens
nach zwei Monaten möglich).

cc) Inhalt und Auslegung

8   Die Norm des § 623 BGB nötigt nicht zu besonderen inhaltlichen Vorgaben.
Besteht das Schreiben aus dem Satz „Hiermit kündige ich den Arbeitsver-
trag", so ist dem Formzwang genügt, auch wenn völlig unklar bleibt, ob eine
ordentliche oder außerordentliche Kündigung gewollt war (*Preis/Gotthardt,*
NZA 2000, 351). Denn es reicht der hinreichend deutliche **Auflösungswille.**
Unklarheiten über die Art der erklärten Kündigung gehen zu Lasten des Er-
klärenden, so dass im Zweifel eine **ordentliche Kündigung** zu den üblichen
Fristen und Terminen im Wege der Auslegung (§ 133 BGB) als erklärt gilt.
Um die einschneidendere **außerordentliche Kündigung** bejahen zu können,
muss der Wille des Kündigenden zweifelsfrei auf den Tatbestand des § 626
Abs. 1 BGB (lex specialis zu § 314 BGB) bezogen sein, so dass entweder der
„wichtige Grund" oder die sofortige Lösung des Arbeitsverhältnisses als erklärt
gelten müssen (vgl. ErfK/*Müller-Glöge,* § 620 BGB Rn. 21). Wird dagegen ein
Termin genannt, so ist regelmäßig eine ordentliche Kündigung zum nächsten
zulässigen Termin gewollt. Dabei ist ausreichend, wenn sich der Arbeitnehmer
den Beendigungszeitpunkt z.B. anhand § 622 Abs. 2 S. 1 BGB selbst ausrechnen
kann (*BAG* NZA 2013, 1077 f.; NJW 2014, 3534 f.).

dd) Kündigungsfristen und -termine (§ 622 BGB)

9   Im **Regelfall** wird das Arbeitsverhältnis mit einer bestimmten *Frist* zu
einem bestimmten *Termin* beendet. Die gesetzliche Grundkündigungsfrist in
§ 622 Abs. 1 BGB beträgt vier Wochen (= 28 Tage, nicht = „ein Monat"!) zum
Termin 15. oder Ende des Kalendermonats. Fällt dieser Termin z.B. auf einen

Mittwoch, so muss die Kündigung spätestens am Mittwoch vier Wochen zuvor
zugehen, z.B. am 17.4. zum 15.5. Das ergibt sich aus §§ 187 Abs. 1, 188 Abs. 2
BGB. Dabei ist das für den Fristlauf maßgebende **Ereignis** der Zugang der ordentlichen Kündigung, so dass die Kündigungsfrist am folgenden Tag beginnt
und am dem Ereignis entsprechend benannten Tag endet (z.B. Mittwoch). § 193
BGB ist nach inzwischen auch vom *BGH* geteilter Ansicht (*BGH* NJW 2005,
1354) nicht anwendbar, so dass es unerheblich ist, ob der letzte Tag der Frist auf
einen Samstag, Sonn- oder Feiertag fällt. **Kündigungsfristen** müssen immer
vom Termin aus **zurückgerechnet** werden.

> **Beispiel:** Beim Verlag BETA ist arbeitsvertraglich eine Kündigungsfrist von „einem
> Monat zum Quartalsende" vereinbart. Drucker Anton möchte zum 30.9. kündigen (Ter-
> min). Er muss also vom 30.9. aus die Ein-Monats-Frist zurückrechnen und wird zum
> Ergebnis kommen, dass die Kündigung spätestens am **31.8.** bei B eingehen muss (§§ 187
> Abs. 1, 188 Abs. 2 BGB). Geht die Kündigung erst am 1.9. zu, wird sie dagegen erst zum
> 31.12. – dem nächst möglichen Kündigungstermin – kraft Umdeutung (§ 140 BGB)
> wirksam. Dass die einzelvertragliche **Verlängerung** der gesetzlichen Kündigungsfristen
> zulässig ist, ergibt sich aus § 622 Abs. 5 S. 2 BGB. Dass die Zahl der Kündigungstermine
> wie hier auf das Quartalsende **eingeschränkt** werden kann, ergibt sich zwar nicht aus-
> drücklich aus dem Gesetz, stellt aber eine vertragliche Besserstellung des Arbeitnehmers
> dar, solange § 622 Abs. 6 BGB beachtet wird (ErfK/*Müller-Glöge*, § 622 BGB Rn. 41).

Aus § 622 Abs. 2 BGB ergibt sich die zunehmende Schutzwürdigkeit des **10**
Arbeitnehmers mit längerer Betriebszugehörigkeit. Die verlängerten Fristen
hat nur der **Arbeitgeber** zu beachten, nicht der Arbeitnehmer. Die gesetzliche Höchstfrist – sieben Monate – kann nach 20 Jahren Betriebszugehörigkeit
frühestens im Alter von 45 Jahren erreicht werden (vgl. § 622 Abs. 2 S. 2 BGB
– *zum 1.1.2019 aufgehoben!*). Damit werden allerdings Beschäftigungszeiten
„*vor Vollendung des 25. Lebensjahres*" vom Gesetzgeber nicht berücksichtigt, was,
wie vom *EuGH* (Slg. 2010, I-365 – „Kücükdevici", NJW 2010, 427), vom
BVerfG (NJW 2010, 3422) und vom *BAG* (NJW 2010, 3740) bestätigt worden
ist, einen klaren Verstoß gegen das AGG-Verbot der **Altersdiskriminierung**
darstellt: hier ausnahmsweise einmal als eine ungerechtfertigte Diskriminierung **jüngerer** Arbeitnehmer (vgl. zu den Konsequenzen *Beispiel*). Jedoch setzt
in der Praxis häufig der **Tarifvertrag** andere Fristen und Termine, die auch
bei fehlender Tarifbindung der Parteien durch § 622 Abs. 4 BGB ausdrücklich
den **Vorrang** erhalten. Die gesetzliche Fristenregelung ist also **tarifdispositiv**
(auch zu Lasten des Arbeitnehmers!). Einzelvertraglich können die gesetzlichen
Fristen dagegen nur in den Ausnahmefällen des § 622 Abs. 5 S. 1 BGB abge-
kürzt werden.

Beispielsfall: Tina, geboren am 12.2.1978, ist seit 4.6.1996 bei der V-GmbH als Versandarbeiterin beschäftigt. Auf das Arbeitsverhältnis finden die gesetzlichen Kündigungsfristen Anwendung. Mit am 19.12.2006 zugegangenem Schreiben erklärte die V die ordentliche Kündigung zum 31.1.2007, hilfsweise zum nächst möglichen Termin. Mit der fristgemäß eingegangenen Kündigungsschutzklage macht T geltend, dass die Kündigung erst zum 30.4.2007 wirke, weil nach § 622 Abs. 2 S. 1 Nr. 4 BGB die Kündigungsfrist nach 10jähriger Betriebszugehörigkeit vier Monate zum Monatsende betrage. Die Norm des § 622 Abs. 2 S. 2 BGB – mit Wirkung zum 1.1.2019 aufgehoben! – dürfe wegen Verstoßes gegen das Verbot der Altersdiskriminierung (§§ 1, 7 AGG) nicht mehr Anwendung finden, so dass ihre Beschäftigungszeiten seit der Einstellung anno 1996 voll anzurechnen seien.

Lösung: Fraglich ist hier die Dauer der Kündigungsfrist. Bei Anwendung von § 622 Abs. 2 S. 2 BGB würden für T nur **drei** Jahre Beschäftigungsdauer berücksichtigt (2003–2006), so dass die Kündigungsfrist nach § 622 Abs. 2 S. 1 Nr. 1 BGB einen Monat zum Ende eines Kalendermonats betragen würde, so wie vorliegend von V berechnet. Ohne die Regel des § 622 Abs. 2 S. 2 BGB wären dagegen **zehn** Jahre Beschäftigungsdauer zu berücksichtigen. Die Kündigungsfrist würde dann, wie von Tina vorgebracht, nach § 622 Abs. 2 S. 1 Nr. 4 BGB **vier Monate** zum Monatsende betragen. Nach der vom *BAG* bestätigten *EuGH*-Rechtsprechung im Fall „Kücükdevici" (NJW 2010, 427) ist die Vorschrift des § 622 Abs. 2 S. 2 BGB, wonach bei der Berechnung der Beschäftigungsdauer im Rahmen der Kündigungsfrist die Zeiten vor Vollendung des 25. Lebensjahres unberücksichtigt bleiben sollen, wegen der Diskriminierung wegen des Alters nicht mehr anzuwenden. Ein Rechtfertigungsgrund hierfür ist nicht ersichtlich. Die Unanwendbarkeit des § 622 Abs. 2 S. 2 BGB gilt für alle Kündigungen, die nach Ablauf der Umsetzungsfrist für das Merkmal Alter der RL 78/2000/EG am **2. Dezember 2006** ausgesprochen worden sind (vgl. *BAG* NJW 2010, 3740 – Tz. 19). Die Kündigungsfrist für T läuft daher in der Tat bis zum 30.4.2007 (so bereits *LAG Düsseldorf* DB 2007, 2655).

ee) Keine Begründungspflicht

11   Die Kündigung muss keine **Begründung** enthalten, wie sich aus einem Umkehrschluss aus § 626 Abs. 2 S. 3 BGB ergibt. Denn danach muss der fristlos Kündigende nur „auf Verlangen" den Kündigungsgrund unverzüglich schriftlich mitteilen. Das ist recht unbefriedigend, zumal der Betriebsrat solche Gründe im Vorfeld der Kündigung erfährt (§ 102 Abs. 1 S. 2 BetrVG), sie dem Arbeitnehmer aber nicht zu eröffnen braucht. Jedoch sollte zumindest im Geltungsbereich des KSchG aus Sinn und Zweck des § 1 KSchG eine Begründungspflicht aus § 242 BGB (vertragliche Nebenpflicht → § 8 Rn. 94) folgen. Gesetzlich ist sie ausnahmsweise vorgeschrieben für Berufsausbildungsverhältnisse nach der Probezeit (§ 22 Abs. 3 BBiG) und für die Kündigung einer Schwangeren (§ 17 Abs. 2 S. 2 MuSchG).

ff) Zugang

12   In Prüfungsarbeiten sehr beliebt sind Probleme des Zugangs nach § 130 Abs. 1 S. 1 BGB gerade bei Kündigungsschreiben, weil hier gleich zwei Fristenprobleme entstehen können:

- Wahrt der **Zugang** der Kündigung die gesetzliche (tarifliche, vertragliche) Kündigungsfrist zum vorgesehenen Kündigungstermin (z.B. nach § 622 BGB → *Beispiel* Rn. 10)? **Achtung:** Hier gilt § 193 BGB nicht (→ Rn. 9)!
- Wahrt der Eingang der Klageschrift die Drei-Wochen-Frist **ab Zugang** der Kündigung nach § 4 KSchG? **Achtung:** Hier gilt § 193 BGB fristverlängernd (→ *Fall 6*)!

Schaubild 14: Zugangsfragen bei der Kündigung

Zugang

(1) Wahrt das Kündigungsschreiben   (2) Wird die Klagefrist
die Frist zum Kündigungstermin?   (3 Wochen) gewahrt?

Zugangsfragen sind wegen § 130 BGB schon Gegenstand der Anfänger- **13** übung. Deshalb nur in aller Kürze: Die einem **Anwesenden** übergebene Kündigung wird mit Übergabe wirksam. Die Vorlage des Schriftstücks zum Durchlesen kann ausreichen, wenn dem Empfänger die für das Verständnis nötige Zeit verbleibt (*BAG* NJW 2005, 1533). Einem **Abwesenden** ist die Kündigung zugegangen, wenn sie so in seinen Machtbereich gelangt ist, dass er unter normalen Umständen die Möglichkeit hat, vom Inhalt der Erklärung Kenntnis zu nehmen. Der Streitfall des urlaubsbedingt abwesenden Arbeitnehmers, dem der Arbeitgeber das Kündigungsschreiben zustellen lässt, wird vom BAG ohne arbeitsrechtlichen „Sonderweg" so gelöst: (1) **Machtbereich** (+), weil in den Briefkasten gelangt; (2) **Möglichkeit der Kenntnisnahme** (+), weil Heimatadresse für den Arbeitgeber auch dann verbindlich bleibt, wenn er von der urlaubsbedingten Abwesenheit des Arbeitnehmers weiß; dieser bleibt für die „Möglichkeit der Kenntnisnahme" trotz Urlaubs verantwortlich (*BAG* NZA 1988, 875). Bei urlaubsbedingter Versäumung der Klagefrist ist aber die Kündigungsschutzklage **nachträglich** zuzulassen (§ 5 KSchG). Die *absolute* Frist des § 5 Abs. 3 S. 2 KSchG begrenzt diesen Rechtsschutz bei unverschuldeter Säumnis auf **sechs Monate**; eine Wiedereinsetzung analog § 233 ZPO kann diese Frist nicht noch weiter verlängern (*BAG* NJW 2010, 2681).

Allerdings trägt der Kündigende die **Beweislast** für den Zugang der Kündigung. Des- **14** halb wird sehr häufig das ominöse Schreiben im Betrieb oder durch Boten am Wohnort des Kündigungsempfängers **ausgehändigt**. Auch das „Einschreiben Einwurf" der Deutschen Post AG hat den Vorteil, dass die Zustellung hier durch genaue Datierung dokumentiert wird mit der Folge eines „Anscheinsbeweises" für den tatsächlichen Zugang (*Reichert*, NJW 2001, 2523; krit. *Bauer/Diller*, NJW 1998, 2795). Das „Einschreiben (Rückschein)" geht dagegen nicht schon durch den Einwurf des Benachrichtigungszettels zu, sondern erst mit der Aushändigung des Schreibens durch die Post (ganz h.M.). Wird das Schreiben nicht abgeholt, geht es als „unzustellbar" an den Absender zurück. Die Zustellung ist **gescheitert**. Der Kündigende bleibt „Herr seiner Erklärung" und muss einen neuen Zustellungsversuch unternehmen (*BAG* NJW 1997, 146). Auch bei Verzögerung der Abholung kann der Zugang erst mit der tatsächlichen Aushändigung bejaht werden. Das Einschreiben ist dem Arbeitgeber daher nicht zu empfehlen.

gg) Kündigung durch Vertreter

15   Kündigt ein Vertreter des Arbeitgebers (z.B. Prokurist), so muss die wenig bekannte Norm des § 174 BGB beachtet werden: ohne Vorlage einer **Vollmacht** kann die Kündigung vom Arbeitnehmer unverzüglich zurückgewiesen werden. Jedoch ist diese Wirksamkeitsfalle durch § 174 S. 2 BGB schnell zu entschärfen: die Kenntnis der Vollmacht ist regelmäßig zu unterstellen, wenn es sich um eine dem Arbeitnehmer bekannte Person mit **Kündigungsbefugnis** im Unternehmen (z.B. Personalleiter) handelte. Eine bloße Mitteilung im Arbeitsvertrag über die (abstrakte) Position des Kündigungsberechtigten reicht aber nicht aus, wenn dieser für die Gekündigte nicht auch **tatsächlich** in Erscheinung getreten ist und dadurch persönlich **bekannt** war (so *BAG* NZA 2011, 683 – Reinigungskraft; *BAG* NZA 1997, 1343 – Berliner Polizei).

b) Durch Anfechtung

16   Die Anfechtung nach §§ 119 ff. BGB unterscheidet sich von der Kündigung dadurch, dass nicht eine Störung bei Vollzug des Arbeitsvertrags (Vertragsdurchführungsproblem), sondern ein Willensmangel bei der **Vertragsanbahnung** (Irrtum, Drohung, Täuschung → § 7 Rn. 44 ff.) zur Auflösung des Arbeitsverhältnisses führt. Im Wege der Auslegung der Auflösungserklärung (§ 133 BGB → *Fall 2*) muss die Abgrenzung zur Kündigung erfolgen und einen Anfechtungsgrund (z.B. §§ 119 Abs. 2, 123 BGB) hinreichend deutlich machen. Die Anfechtung entspricht nur in ihrer Wirkung der fristlosen Kündigung, aber **nicht in ihren Voraussetzungen:** es gilt weder der Schriftformzwang (→ Rn. 7) noch muss der Betriebsrat angehört oder müssen Kündigungsverbote (z.B. § 17 MuSchG) beachtet werden. Zu Ansprüchen aus dem „fehlerhaften" Arbeitsverhältnis → § 7 Rn. 51.

c) Durch Lossagungserklärung bei nichtigem Vertrag

17   Bei sonstigen Unwirksamkeitsgründen (Nichtigkeitsgründe → § 7 Rn. 40 ff.) kann sich jeder Vertragsteil analog zur Anfechtungserklärung jederzeit für die Zukunft durch einseitige Willenserklärung, die der Gegenseite zugehen muss (§ 130 BGB), vom Vertrag „lossagen". Auch auf dieses „nicht fristgebundene Lossagungsrecht eigener Art" (*Hromadka/Maschmann* I, § 10 Rn. 24) finden Normen des KSchG keine Anwendung.

> **Arbeitshinweis:** Differenzieren Sie sehr genau zwischen den Beendigungstatbeständen: es muss sich nicht zwingend um eine Kündigung gehandelt haben (→ *Fall 2*). Bei mehreren Beendigungstatbeständen ist nach den vorgesehenen Beendigungszeitpunkten zu differenzieren, so dass z.B. die außerordentliche (fristlose) Kündigung vor der ordentlichen Kündigung geprüft werden muss (→ *Fall 6*).

4. Vereinbarte Beendigung

Bereits *bei Abschluss* des Arbeitsvertrags kann vereinbart werden, dass das Ar- **18** beitsverhältnis nach Ablauf einer **Frist** oder bei Eintritt einer **Bedingung** endet. Doch müssen hier die §§ 14 ff. TzBfG genau beachtet werden (vgl. § 620 Abs. 3 BGB). Ein Arbeitsverhältnis kann aber auch durch Vertrag im beiderseitigen Einverständnis **aufgelöst** werden, was nach § 623 BGB der Schriftform bedarf.

a) Befristung und Bedingung (TzBfG → **Prüfungsschema 7**)

aa) Beendigung durch Fristende (§ 15 TzBfG)

Für befristete Arbeitsverhältnisse ist nach § 3 Abs. 1 TzBfG der „kalender- **19** mäßig" befristete vom „zweckbefristeten" Arbeitsvertrag zu unterscheiden. Der *auf bestimmte Zeit* geschlossene Arbeitsvertrag **(befristeter Vertrag)** soll also entweder durch den Kalender oder durch Art, Zweck oder Beschaffenheit einen klaren Beendigungszeitpunkt kennen − *(nur)* diese Abrede soll deshalb **schriftlich** fixiert werden (§ 14 Abs. 4 TzBfG), um wirksam zu sein (Rechtsfolge bei Formmangel: § 16 TzBfG!). Damit der Kündigungsschutz nicht umgangen werden kann, erfordern befristete Verträge einen sachlichen Grund (§ 14 Abs. 1 TzBfG → § 7 Rn. 35). Der Sachgrund selbst muss aber nicht schriftlich fixiert werden. Ausnahmsweise ist eine kalendermäßige Befristung *ohne Sachgrund* bis zur Höchstdauer von zwei Jahren möglich (§ 14 Abs. 2 TzBfG → § 7 Rn. 36).

Bei der Kalenderbefristung endet das Arbeitsverhältnis (ohne Kündigung!) **20** allein **mit Ablauf** der vereinbarten Zeit (§ 15 Abs. 1 TzBfG). Kündigungsschutzregeln finden keine Anwendung. Bei der Zweckbefristung endet es mit **Zweckerreichung**, doch kann das aus Arbeitnehmersicht häufig nicht klar beurteilt werden. Um ihn rechtzeitig vom bevorstehenden Ende zu informieren, hat der Gesetzgeber deshalb in § 15 Abs. 2 TzBfG eine **Auslauffrist** von zwei Wochen zur Voraussetzung der Beendigung gemacht. Wird das Arbeitsverhältnis allerdings nach Zweckerreichung mit Wissen des Arbeitgebers fortgesetzt, so gilt es als **auf unbestimmte Zeit verlängert** und damit als unbefristetes, dem Kündigungsschutz unterliegendes Arbeitsverhältnis, wenn nicht der Arbeitgeber dem Arbeitnehmer die Zweckerreichung „unverzüglich mitteilt" (§ 15 Abs. 5 TzBfG).

bb) Beendigung durch Eintritt der Bedingung (§§ 158 BGB, 21 TzBfG)

Anders als das befristete wird das **auflösend bedingte** Arbeitsverhältnis im **21** TzBfG nicht definiert, wohl aber in § 21 TzBfG geregelt. Es unterscheidet sich vom befristeten Vertrag durch die **Unsicherheit** über den Eintritt der Bedingung (*Hromadka/Maschmann* I, § 4 Rn. 9). Das Schriftformgebot bezieht sich deshalb auf die unmissverständlich zu formulierende auflösende Bedingung (z.B. Eintritt der Erwerbsunfähigkeit, vgl. § 33 Abs. 2 TVöD/TV-L), die denselben „sachlichen" Anforderungen wie bei der Befristung genügen muss, um wirksam zu sein. Eben deshalb muss auch die Auslauffrist des § 15 Abs. 2 TzBfG wie bei der Zweckbefristung gelten, um den Arbeitnehmer vom **erfolgten** Eintritt der Bedingung zu unterrichten. Solche Bedingungen müssen aber bei „persönlichen" Gründen (z.B. Eintritt der Fluguntauglichkeit bei Bordpersonal) streng darauf geprüft werden, ob es sich nicht um eine unzulässige Umgehung des gesetzlichen Kündigungsschutzes handelt (vgl. *BAG* NZA 2000, 717).

In der Praxis wird häufig eine **Kombination** von auflösender Bedingung und Zeitbefristung (bzw. Zweck- und Zeitbefristung, sog. „**Doppelbefristung**") bevorzugt, so etwa wenn im Mai 2012 vereinbart wird: „*Das Arbeitsverhältnis ist befristet für die Dauer der Erkrankung der Lehrkraft R, **längstens aber bis zum 31.1.2013**.*" Wegen der Unklarheit darüber, ob die zu vertretende Lehrkraft überhaupt wieder gesund wird, handelt es sich dabei um ein „künftiges ungewisses Ereignis" (*BAG* NJW 2011, 3675 – Rz. 16) und damit um eine auflösende Bedingung; eine Zweckbefristung scheidet hier aus. Die Wirksamkeit der Kombination dieser **auflösenden Bedingung** mit der Zeitbefristung („längstens aber bis…") könnte aber wegen der Norm des § 15 Abs. 5 TzBfG zweifelhaft sein. Verstirbt etwa die zu vertretende kranke Lehrkraft, kann dann der befristet eingestellte Vertreter dennoch wirksam bis zum Ende der **Kalenderbefristung** weiter beschäftigt werden? Oder befindet er sich schon im unbefristeten Arbeitsverhältnis? Der zweite Vertragsteil möchte das gerade verhindern. Die Weiterarbeit nach Eintritt der auflösenden Bedingung kann in der Tat zulässigerweise mit der Norm des § 15 Abs. 5 TzBfG in „teleologischer Reduktion" derart ausgelegt werden, dass nicht ein unbefristet fortdauerndes, sondern nur ein bis zum Ende der Zeitbefristung fortlaufendes Arbeitsverhältnis gewollt war – was zulässig sein muss (*BAG* NJW 2011, 3675).

cc) Altersgrenze

22   Ein besonders häufiger Fall der auflösenden Bedingung (so früher das BAG) bzw. der **Befristung** (so jetzt *BAG* NZA 2004, 1336) ist das Erreichen einer bestimmten Altersgrenze (z.B. 65. Lebensjahr, vgl. § 33 Abs. 1 lit. a TVöD/TV-L). Richtigerweise handelt es sich um eine Befristung, weil die Bedingung „Erleben des 65. Lebensjahrs bei *Bestehen des Arbeitsverhältnisses*" eine besondere, nämlich eine uneigentliche *Rechtsbedingung* darstellt, die anders als die eigentliche „*auflösende*" Bedingung nicht direkt vom Ermessen der Beteiligten abhängig ist (zutr. *Hromadka*, NJW 1994, 911). Im Ergebnis ist die Befristung **sachlich gerechtfertigt**, wenn ein Bedürfnis des Arbeitgebers an einer ausgewogenen Altersstruktur oder einer berechenbaren Personal- und Nachwuchsplanung besteht und wenn damit die mit dem Bezug *dauerhafter* Rentenleistungen verbundene wirtschaftliche Absicherung des Arbeitnehmers verbunden ist (*BAG* NZA 2004, 1336). Wegen ihrer beschäftigungspolitischen Zwecksetzung liegt laut EuGH hierin auch keine gegen das Verbot der Altersdiskriminierung verstoßende „Zwangspensionierung" (*EuGH* NJW 2007, 3339 – „Palacios"). Doch ist die pauschale Altersgrenze von **60 Jahren** für **Piloten** laut dem *EuGH* eine nicht zu rechtfertigende, weil „nur" dem Ziel der Flugsicherheit geschuldete Altersdiskriminierung, die auch durch Tarifparteien so absolut nicht festgesetzt werden darf (*EuGH* NJW 2011, 3209 m. krit. Anm. *Krieger*).

Auch die Regelung in § 41 SGB VI zeigt, dass wegen der besonderen Bedeutung der Altersgrenze (Art. 12 GG!) ein Fristende *vor* dem Regelalter 65 einer ganz besonderen vertraglichen Vereinbarung oder Bestätigung bedarf (→ § 12 Rn. 36). Angesichts des zukünftigen Rentenalters 67 wird es ohnehin häufig neuer oder veränderter Vereinbarungen bedürfen, wenn nicht der Gesetzgeber eine klar stellende Norm erlässt (*Rolfs*, NZA-Beilage 1/2008, S. 13). Immerhin regelt § 41 S. 3 SGB VI, dass – soweit ein anwendbarer Tarifvertrag nichts anderes vorsieht – die Vertragsparteien selber den Beendigungszeitpunkt über die Regelaltersgrenze hinaus ggf. mehrfach **verlängern** können, was vom EuGH als zulässige Befristungsregelung akzeptiert wurde (*EuGH* NZA 2018, 355).

b) Auflösungsvertrag

Die auch „Aufhebungsvertrag" genannte **einvernehmliche** Vertragsbeendigung wird seit dem 1.5.2000 vom Gesetzgeber in § 623 BGB erwähnt. Zu seiner Wirksamkeit bedarf der Auflösungsvertrag der **Schriftform**; die elektronische Form (§ 126a BGB) ist wie bei der Kündigung ausgeschlossen (→ Rn. 7). Ansonsten aber darf aufgrund der Vertragsfreiheit (§ 311 Abs. 1 BGB) zu jedem Zeitpunkt ohne Rücksicht auf den Kündigungsschutz (→ Rn. 34) das Arbeitsverhältnis durch Auflösungsvertrag beendet werden. Daraus resultiert seine große praktische Bedeutung. Wer auf dem Arbeitsmarkt gute Chancen hat, scheidet bei Zerwürfnissen lieber (gegen Abfindung!) freiwillig aus, als sich dem wenig renommierlichen Kündigungsprozess auszusetzen. Allerdings ruht dann der Anspruch auf Arbeitslosengeld (sog. Sperrzeit, vgl. § 159 Abs. 1 S. 2 Nr. 1 SGB III). Den Arbeitgeber trifft eine Aufklärungspflicht über besonders nahe liegende, dem Arbeitnehmer drohende sozialrechtliche Folgen des Auflösungsvertrags (→ § 8 Rn. 107).   **23**

Vom Auflösungsvertrag ist der sog. **Abwicklungsvertrag** zu unterscheiden (*Hümmerich*, NZA 2001, 1280). Bei diesem erklärt der Arbeitgeber die Kündigung und schließt **erst danach** mit dem Arbeitnehmer einen Vertrag, in dem der Arbeitnehmer die Kündigung akzeptiert und Abwicklungsfragen wie z.B. eine Abfindung als Entlassungsentschädigung, die Freistellung oder die Rückgabe von Arbeitsmitteln vereinbart werden (HWK/*Kliemt*, Anh. § 9 KSchG Rn. 50). Dem damit verfolgten Zweck der Vermeidung von Sperrzeiten bei der Gewährung von Arbeitslosengeld hat das *BSG* einen Riegel vorgeschoben, indem es den Abwicklungsvertrag sozialversicherungsrechtlich einem Auflösungsvertrag in Bezug auf das darin liegende versicherungswidrige Verhalten i.S.d. § 159 Abs. 1 S. 2 Nr. 1 SGB III **gleichgestellt** hat (*BSG* NZA 2004, 661). Anders wird man den Fall behandeln müssen, in dem Arbeitnehmer *ohne vorherige Absprache* nach betriebsbedingter Kündigung das Abfindungsangebot nach § 1a KSchG (→ Rn. 23a) lediglich hinnehmen – ein sperrzeitwidriges Verhalten kann darin nicht erblickt werden.

Die Regelung in **§ 1a KSchG** sollte nach Ansicht des Gesetzgebers bei   **23a** betriebsbedingten Kündigungen eine Entlastung der Gerichte bewirken. Der gekündigte Arbeitnehmer kann danach (1) bei Vorliegen des gesetzlich geforderten **Hinweises** im Kündigungsschreiben, Abs. 1 S. 2, und (2) durch das Verstreichenlassen der Kündigungsfrist, Abs. 1 S. 1, einen **gesetzlichen**

Abfindungsanspruch in Höhe von einem halben Monatsverdienst pro Beschäftigungsjahr (ohne eigene Willenserklärung) erwerben. Jenseits dogmatischer Feinheiten (zutr. für „gesetzlichen" Anspruch plädieren z.B. *Bader*, NZA 2004, 70; *Giesen/Besgen*, NJW 2004, 185; *Quecke*, RdA 2004, 94; *Raab*, RdA 2005, 4; a.A. – konsensualer Vertrag – *Bauer/Krieger*, NZA 2004, 77; *Preis*, DB 2004, 70, 71 f.; *Rolfs*, ZIP 2004, 333, 336 ff.) ist zu erwarten, dass dieser gesetzliche „Abfindungsvorschlag" bei den Parteien nur dann ankommt, wenn diese anwaltlich gar nicht oder schlecht beraten sind. Dem eigentlichen Abfindungspoker wird gerade bei umstrittenen Kündigungen dadurch keineswegs vorgebeugt – im Gegenteil wird dieser durch die halbherzige Lösung des Gesetzgebers erst richtig hochgetrieben. Denn § 1a KSchG schließt weitergehende vertragliche Lösungen im Rahmen eines gerichtlichen Verfahrens, aber auch außerhalb keineswegs aus (zutr. *Bader*, NZA 2004, 70). Insgesamt handelt es sich um eine „rechtstechnisch kaum begreifbare" Regelung (HWK/*Quecke*, § 1a KSchG Rn. 2).

24 Auflösungsverträge können **angefochten** werden, wenn z.B. mit einer fristlosen Kündigung gedroht wurde (§ 123 BGB). Fraglich ist dabei, ob zur Geltendmachung der Anfechtung bei Drohung § 124 BGB Anwendung finden kann, oder ob nicht vielmehr die kurze Frist des § 4 KSchG *analog* gelten muss (so *Hromadka*, FS Zöllner, 1998, S. 790 ff.; a.A. *BAG* NZA 2008, 348, 352). Darf ein verständiger Arbeitgeber eine fristlose Kündigung jedoch ernsthaft in Erwägung ziehen, ist die Drohung nicht widerrechtlich (*BAG* NZA 2000, 27). Beruft sich der Arbeitnehmer auf eine Überrumpelung, fehlt es laut BAG schon an einer Drohung: Weil der Arbeitnehmer den Abschluss verweigern könne, fehle es an einer Zwangslage und einem strukturellen Ungleichgewicht (*BAG* NJW 1996, 2593). Auch ein **Widerrufsrecht** nach §§ 312b Abs. 1 Nr. 1, 312g Abs. 1 BGB steht dem Arbeitnehmer regelmäßig nicht zu, weil kein außerhalb von Geschäftsräumen abgeschlossener Vertrag vorliegt. Es fehlt sowohl am „Vertriebsgeschäft" als auch am erforderlichen Überraschungsmoment (vgl. *BAG* NJW 2004, 2401). Von einem Auflösungsvertrag kann gem. §§ 323 ff. BGB zurückgetreten werden, wenn eine Partei ihre Verpflichtungen nicht erfüllt (zum Rücktritt in diesem Zusammenhang *Reinfelder*, NZA 2013, 62).

25 Den Auflösungsvertrag mit einer **Auslauffrist** zu versehen, kann dann „gefährlich" werden, wenn darin der Sache nach eine (nachträgliche) Befristung liegt. Sinn und Zweck der Vertragsaufhebung ist es aber, eine einvernehmliche Beendigung *höchstens* in den Grenzen der ordentlichen Kündigungsfrist herbei zu führen (*BAG* NJW 1997, 3043).

Beispielsfall: Andreas vereinbart mit Arbeitgeber Otto, das seit zehn Jahren unbefristet laufende Arbeitsverhältnis nur noch zwei Jahre fortzusetzen und dann einverständlich zu beenden. Es wird u.a. formuliert: „Der vorstehende Auflösungsvertrag wird zur Vermeidung einer betriebsbedingten Kündigung wegen mangelnden Bedarfs infolge Personalabbau abgeschlossen …". Andreas meint später bei Ablauf seines Vertrags, es handle sich in Wirklichkeit um eine nachträgliche Befristung eines unbefristeten Arbeitsverhältnisses, die ohne Sachgrund unwirksam sei.

Lösung: Ein Auflösungsvertrag unterliegt im Kernbereich keiner gerichtlichen Inhalts-kontrolle (*Bauer*, NZA 2002, 172 f.). Handelt es sich jedoch seinem Regelungsgehalt nach in Wirklichkeit um eine befristete Fortsetzung eines Dauerarbeitsverhältnisses, bedarf er der arbeitsgerichtlichen Befristungskontrolle, um eine funktionswidrige Verwendung des Auflösungsvertrags zu verhindern. Hier hat der Beendigungszeitpunkt die Kündi-gungsfrist um ein Vielfaches überschritten; auch fehlten andere typische Regelungen, so dass eine unzulässige Befristung vorliegt – das Arbeitsverhältnis wurde also nicht wirksam beendet (*BAG* NJW 2000, 2042).

5. Keine Beendigungsgründe (Abgrenzung)

a) Tod des Arbeitgebers (Gesamtrechtsnachfolge)

Anders als beim Tod des Arbeitnehmers beendet der Tod des **Arbeitge-** 26
bers – relevant nur bei einzelkaufmännisch geführten Unternehmen! – nicht
das Arbeitsverhältnis; vielmehr treten die Erben in die Rechte und Pflichten
des Arbeitgebers ein (§§ 1922, 1967 BGB). Die **persönliche** Pflicht zur Arbeitsleistung gilt nach § 613 BGB nur für den Arbeitnehmer (→ § 9 Rn. 5).
Für den Arbeitgeber ist dagegen der Unternehmensbezug der Arbeitsleistung
i.d.R. wesentlicher als der Persönlichkeitsbezug (Ausnahmen z.B. bei persönlicher Pflege).

b) Betriebsübergang (§ 613a BGB – Einzelrechtsnachfolge)

Der Zweck des § 613a BGB besteht gerade darin, den Bestand der Arbeits 27
verhältnisse trotz Arbeitgeberwechsels zu sichern (→ § 2 Rn. 6 ff.). Bevor die
Norm 1972 ins BGB aufgenommen wurde, bestand eine empfindliche Lücke
im Bestandsschutz, weil bei Betriebsübergang eine Übernahme bereits vorhandener Arbeitsverhältnisse vom Erwerber auch **abgelehnt** werden konnte (Fall
der im BGB nicht geregelten **Vertragsübernahme**, vgl. auch Spezialnorm
im Mietrecht: § 566 BGB). § 613a Abs. 4 BGB verstärkt den Schutz des Arbeitsplatzes durch ein **Kündigungsverbot**: *wegen* des Betriebsübergangs darf
nicht gekündigt werden (anders begründete Kündigungen bleiben möglich,
z.B. bei Kündigung des Betriebsveräußerers nach dem Sanierungskonzept des
Erwerbers, vgl. *BAG* NJW 2003, 3506). Das Gesetz musste also die Rechtsfolge „Vertragsübergang" (mit allen Rechten und Pflichten!) wegen der Einzel-
rechtsnachfolge ausdrücklich anordnen; bei Gesamtrechtsnachfolge folgt dies
schon aus Erbrecht (→ Rn. 26) bzw. Gesellschaftsrecht (vgl. z.B. § 20 Abs. 1
Nr. 1 UmwG – Verschmelzung, § 131 Abs. 1 Nr. 1 UmwG – Spaltung, vgl. aber
§ 324 UmwG, der ausdrücklich auf § 613a BGB verweist).

Der Arbeitnehmer kann dem Übergang allerdings nach § 613a Abs. 6 BGB **wider-** 28
sprechen. Soweit er ordnungsgemäß nach § 613a Abs. 5 BGB unterrichtet wurde, muss
er innerhalb eines Monats dieses „Gestaltungsrecht" (ErfK/*Preis*, § 613a BGB Rn. 97)
ausüben, darf es dann aber nicht mehr einseitig widerrufen (*BAG* NJW 2004, 1891). Hat
der Alt-Arbeitgeber freilich keine Beschäftigungsmöglichkeit (z.B. wegen Betriebsaufgabe

oder nach Verschmelzung), muss der widersprechende Arbeitnehmer mit einer betriebsbedingten Kündigung rechnen – selbst dann, wenn die Ausübung des Widerrufs **kollektiv** durch eine Mehrzahl von Arbeitnehmern erfolgt (*BAG* NJW 2005, 775, dazu HWK/ *Willemsen*, § 613a BGB Rn. 352 ff.; *Rieble*, NZA 2005, 1). Ein sachlicher Grund für die Ausübung des Widerrufs ist nicht erforderlich. Verbleibt im Fall des **Teilbetriebsübergangs** beim bisherigen Arbeitgeber noch ein Restbetrieb, muss dieser nach Widerspruch die allgemeinen Voraussetzungen des § 1 Abs. 2, 3 KSchG beachten: er ist verpflichtet, dem widersprechenden Arbeitnehmer einen geeigneten und zumutbaren freien Arbeitsplatz im Betrieb oder Unternehmen anzubieten bzw. während der Widerspruchsfrist freizuhalten (*BAG* NZA 2003, 430). Auch ist der widersprechende Arbeitnehmer in die **Sozialauswahl** mit einzubeziehen (vgl. ErfK/*Preis*, § 613a Rn. 107 ff.). Es ist eine auf den gesamten Betrieb (einschließlich des später übergehenden Betriebsteils) bezogene Sozialauswahl durchzuführen, die Beweggründe des Widersprechenden sollen dabei angesichts der abschließenden Regelung in § 1 Abs. 3 KSchG unbeachtlich sein (*BAG* NZA 2008, 33).

c) Insolvenz des Arbeitgebers

29   Wird der Arbeitgeber insolvent und ist ein Insolvenzverfahren über sein Vermögen eröffnet (vgl. §§ 11 ff. InsO), so tritt der **Insolvenzverwalter** als „Arbeitgeber" an seine Stelle (§ 80 InsO). Der Vermögensverfall ändert aber nichts an der Fortsetzung der Arbeitsverhältnisse. Das ergibt sich auch aus § 113 InsO, der (nur) eine insolvenzrechtliche **Abkürzung** der Kündigungsfristen auf drei Monate ausspricht, nicht aber das materielle Kündigungsrecht verändert. Diese besondere Frist verdrängt jedoch auch längere tarifvertragliche Kündigungsfristen (*BAG* NJW 2000, 972). Auch § 613a BGB bleibt trotz Insolvenz wirksam, so dass auch eine „übertragende" Sanierung, d.h. der Betriebsübergang in der Insolvenz, die Arbeitsplätze im Grundsatz nicht gefährdet (vgl. § 128 InsO). Zum Schicksal des Entgelts vor und nach Insolvenzeröffnung → § 8 Rn. 37.

d) Dauernde Unmöglichkeit (§ 275 BGB)

30   Die Unmöglichkeit (§ 275 Abs. 1 BGB) oder Unzumutbarkeit (§ 275 Abs. 3 BGB) der Arbeitsleistung schließt zwar einen Anspruch des Arbeitgebers aus und lässt den Entgeltanspruch des Arbeitnehmers nach §§ 326, 615, 616 BGB entfallen (→ § 8 Rn. 43). Doch selbst eine dauerhafte Unmöglichkeit (z.B. Umzug an unbekannte Adresse, dauernde Erkrankung) führt **nicht automatisch** zur Beendigung des Arbeitsverhältnisses und erübrigt nicht die Kündigung. Sie ist aber Grund für eine (personenbedingte) Kündigung (*BAG* NJW 1990, 2953; NZA 2015, 931 → Rn. 46).

e) Wegfall der Geschäftsgrundlage (§ 313 Abs. 3 BGB)

31   Ähnliches gilt für Fälle der Störung der Geschäftsgrundlage (§ 313 BGB), die vor allem durch **Anpassung** (§ 313 Abs. 1 BGB) die Fortsetzung eines Vertrags ermöglichen sollen (z.B. im Wege der Änderungskündigung, § 2 KSchG). Als Kündigungsersatz könnte nur der **Wegfall** der Geschäftsgrundlage dienen, der aber laut der Regel in § 313 Abs. 3 S. 2 BGB für Dauerschuldverhältnisse durch das Recht der Kündigung ersetzt wird (§§ 314,

626 BGB). Der Reformgesetzgeber hat 2001 damit die Meinung bestätigt, die in § 626 BGB die (ausschließliche) arbeitsrechtliche Ausformung des Gedankens des Wegfalls der Geschäftsgrundlage erblickt (*Herschel*, FS G. Müller, 1981, S. 199; *Preis*, Prinzipien des Kündigungsrechts bei Arbeitsverhältnissen, 1987, S. 476). Allerdings kann es doch außergewöhnliche Fälle geben, in denen der ganze Vertrag gegenstandslos geworden ist, weil der Zweck des Arbeitsverhältnisses durch äußere Ereignisse endgültig oder doch für unabsehbare Zeit, für Arbeitgeber und Arbeitnehmer erkennbar, unerreichbar geworden ist. Der Arbeitnehmer kann sich dann auf das Fehlen einer Kündigungserklärung nicht berufen (*BAG* NJW 1996, 476 – keine Wiedereinstellung 1992 nach der Wende, nachdem Abschiebung aus der DDR 1978/79 erfolgt war).

f) Suspendierung

Die Suspendierung des Arbeitsverhältnisses lässt die gegenseitigen Haupt- **32** pflichten nur **ruhen**, hebt das Arbeitsverhältnis aber als solches nicht auf. Gesetzliche „Ruhens"-Tatbestände sind z.B. Elternzeit (§§ 15 ff. BEEG), Pflegezeit (§ 3 Abs. 1 PflegeZG) oder die Wahrnehmung politischer Ämter (Art. 48 GG). Die einseitige Suspendierung der Arbeitspflicht aufgrund des subjektiven **Streikrechts** (→ § 13 Rn. 17) oder aufgrund einer besonderen Gefährdung von Unternehmensinteressen (→ § 8 Rn. 96) darf ebenfalls nicht mit einer Kündigungserklärung verwechselt werden.

II. Materieller Kündigungsschutz

Bei Kündigungsfällen müssen drei Rechtsschichten genau unterschieden **33** werden:

- der **formale** Kündigungsschutz nach BGB (→ Rn. 5 ff.),
- der allgemeine Kündigungsschutz nach dem Kündigungsschutzgesetz (KSchG → Rn. 34 ff.),
- der **materielle** besondere Kündigungsschutz nach Spezialgesetzen (z.B. § 17 MuSchG, §§ 168 ff. SGB IX) oder Tarifvertrag (→ Rn. 70 ff.). Diese Schichten bauen aufeinander auf nach dem Verhältnis von *lex generalis* (BGB) zu *lex specialis* (z.B. SGB IX).

Schaubild 15: Rechtsquellen des Kündigungsschutzes

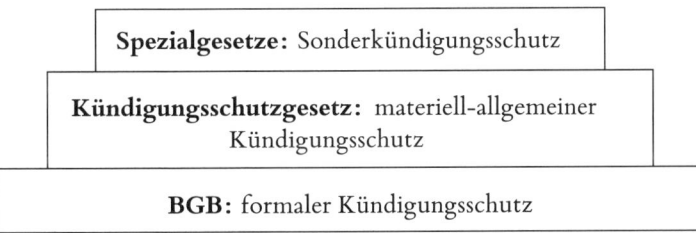

1. Sinn und Zweck des Bestandsschutzes nach KSchG

a) Wirksamkeitsvoraussetzung „soziale Rechtfertigung"

34   Das KSchG beschränkt die Kündigungsfreiheit des Arbeitgebers. Die Beendigung des Arbeitsverhältnisses muss „sozial gerechtfertigt" sein (→ Rn. 1). Damit wird kein quasi-dinglicher Bestandsschutz auf einen festen Arbeitsplatz begründet, sondern die zugrunde liegende vertragliche Beziehung vor **sachlich unbegründeter Beendigung** seitens des Arbeitgebers geschützt. Den (sehr!) unbestimmten Rechtsbegriff in § 1 Abs. 1 (überzogene Kritik bei *Rüthers,* NJW 2002, 1603) teilt der Gesetzgeber in drei Fallgruppen auf (§ 1 Abs. 2 S. 1):

- Gründe in der **Person** des Arbeitnehmers (→ Rn. 46),
- Gründe im **Verhalten** des Arbeitnehmers (→ Rn. 51),
- dringende **betriebliche** Gründe (→ Rn. 57).

Der ausführliche Absatz 2 nennt für die betriebsbedingte Kündigung noch weitere Untermerkmale – z.B. fehlende Beschäftigungsmöglichkeit –, die das Obermerkmal (**„Blankettbegriff"**) der fehlenden „sozialen Rechtfertigung" ausfüllen. Dennoch ist es für den Rechtsanwender unmöglich, ohne genaue Kenntnis der BAG-Rechtsprechung allein auf der Basis von § 1 KSchG die gerechtfertigte von der ungerechtfertigten Kündigung zu unterscheiden.

b) Wirksamkeitskontrolle und (vorläufige) Weiterbeschäftigung

35   **Rechtstechnisch** wird der Bestandsschutz durch die (nachträgliche) Wirksamkeitskontrolle der Arbeitsgerichte verwirklicht. Zwar endet das Arbeitsverhältnis zunächst durch Kündigung (mit Ablauf der Kündigungsfrist). Doch steht erst nach rechtskräftigem Abschluss des Kündigungsschutzprozesses (ggf. durch mehrere Instanzen!) fest, ob diese Kündigung auch **rechtswirksam** war. War sie dies nicht, muss der Kläger weiter beschäftigt und für die Vergangenheit bezahlt werden (soweit Annahmeverzug, § 615 BGB, eingetreten ist → § 8 Rn. 49), wenn nicht im Vergleichswege eine einvernehmliche Auflösung (nur gegen Abfindung) erreicht wird (→ Rn. 23).

Fraglich ist in der Phase der Unsicherheit **während des Kündigungsschutzprozesses**, ob hier ein sog. (vorläufiger) „Weiterbeschäftigungsanspruch" besteht – nicht wie im gekündigten Arbeitsverhältnis bis zum Ende der Kündigungsfrist „aus Vertrag" (→ § 8 Rn. 95), sondern noch nach Ablauf der Kündigungsfrist bis zum rechtskräftigen Abschluss des Rechtsstreits **„ohne Vertrag"**. Diese Rechtsfolge ergibt sich

- **gesetzlich** aus § 102 Abs. 5 BetrVG: das setzt aber den frist- und ordnungsgemäßen Widerspruch des Betriebsrats nach § 102 Abs. 3 BetrVG unter Bezugnahme auf die dortigen Gründe voraus (→ Rn. 69), ist damit also abhängig von einer entsprechenden Initiative des Betriebsrats – der Arbeitnehmer hat keinen Anspruch auf das Tätigwerden des Betriebsrats zu seinen Gunsten (MüArbR/*Wank*, 3. Aufl., § 99 Rn. 12), oder
- aufgrund **Rechtsfortbildung** des BAG: „Wenn die Kündigung unwirksam ist und überwiegende schutzwerte Interessen des Arbeitgebers einer solchen Beschäftigung

nicht entgegenstehen" (BAGE 48, 122), soll auch außerhalb des besonderen Anspruchs aus § 102 Abs. 5 BetrVG ein Weiterbeschäftigungsanspruch bestehen, allerdings nur dann, wenn die Kündigung „*offensichtlich* unwirksam" ist oder eine arbeitsgerichtliche Instanz die Kündigungsschutzklage für begründet erklärt hat. Die h.L. lehnt diese Rechtsfortbildung ab, weil eine „prozessuale Lösung" nach Maßstab des § 940 ZPO der systemgerechte Weg gewesen wäre. Es erscheint auch kaum einsichtig, den Arbeitgeber dadurch vor seiner Belegschaft lächerlich zu machen, dass er den z.B. wegen Wegfalls der Beschäftigung gekündigten Arbeitnehmer nach dem stattgebenden Urteil des Arbeitsgerichts „vorläufig" weiter beschäftigen soll – auf welchem Arbeitsplatz? Die nur *vorübergehende* Ungewissheit bis zum rechtskräftigen Abschluss des Verfahrens sollte daher im Wege einer interessengerechten Regelungsverfügung nach § 940 ZPO bzw. im Wege der vorläufigen Vollstreckbarkeit (§ 62 ArbGG) überbrückt werden (zutr. MüArbR/*Wank*, 3. Aufl., § 99 Rn. 48 ff.).

c) Allgemeine Prinzipien des Kündigungsschutzes

Rechtsdogmatisch wird die „soziale Rechtfertigung" der Kündigung **36** ergänzt durch allgemeine Prinzipien des Kündigungsschutzes, die über § 1 KSchG hinaus auch auf § 626 BGB (außerordentliche Kündigung) Anwendung finden und im **Verhältnismäßigkeitsprinzip** wurzeln (*Preis* Prinzipien S. 285 ff.). Die Kündigung muss wirklich erforderlich sein, die aufgetretenen Störungen zu beheben, so dass andere „mildere" Mittel (z.B. Abmahnung, Versetzung, Umschulung etc.) ausgeschöpft sein müssen, bevor gekündigt werden kann – die Kündigung ist „*ultima ratio*". Sie muss zudem auf einer zutreffenden (negativen) **Prognose** über die nicht mehr behebbare Störung des Arbeitsverhältnisses beruhen – Kündigungen sind zukunftsbezogen (MüArbR/*Berkowsky*, 3. Aufl., § 110 Rn. 59 ff.; zutr. *Preis*, NJW 1998, 1890 gegen *Rüthers*, NJW 1998, 1433). Aus einem Prognosefehler kann sich deshalb ein Wiedereinstellungsanspruch ergeben (→ Rn. 64). Und ihr muss schließlich eine umfassende **Interessenabwägung** nach Art. 12 GG zwischen Auflösungs- und Bestandsschutzinteresse vorausgehen, wie das in § 626 Abs. 1 BGB auch deutlich formuliert ist – die Kündigung ist immer Einzelfallentscheidung und muss die Belange *beider* Seiten berücksichtigen.

> **Wichtig:** Sozial gerechtfertigt ist eine Kündigung nur, wenn sie *geeignet, erforderlich und angemessen,* also verhältnismäßig je nach den Anforderungen des speziellen Kündigungstatbestandes ist.

Rechtspolitisch muss man den deutschen Kündigungsschutz auch als „**Insider- 37 Outsider**"-**Problem** würdigen – er schützt im Zweifel den Arbeitsplatzbesitzer und benachteiligt den Arbeitslosen. Wegen des betont „sozialen" Arbeitsplatzschutzes drohen deutsche Betriebe tendenziell zu „vergreisen". Zwar darf der Kündigungsschutz nicht mit der Konjunktur stehen und fallen. Den Arbeitsrichtern ist hier eine hohe Verantwortung auferlegt. Doch würde ihre Tätigkeit berechenbarer, wenn *de lege ferenda* das KSchG auf ein System von Schadensersatz- und Abfindungsregelungen nach ausländischen Vorbildern umgestellt würde (→ Rn. 2). Freilich sorgen Gewerkschaften bzw. Betriebsräte durch Errichtung von Beschäftigungs- und Qualifizierungsgesellschaften (BQG) und Sozialplänen meist für eine sozialverträgliche Abwicklung von **Betriebsstilllegungen** (d.h. massenhaft ausgesprochenen betriebsbedingten Kündigungen) – wenn dies auch meist nur in größeren Unternehmen funktioniert (→ Rn. 80).

38   Als Schutzgesetz muss das KSchG **zwingendes Recht** sein. Der allgemeine Kündigungsschutz kann weder ausgeschlossen noch modifiziert werden, es sei denn, *günstigere* Regeln werden vereinbart (z.B. ist der Ausschluss der betriebsbedingten Kündigung möglich). Der Arbeitnehmer „verzichtet" ebenfalls mittelbar auf seinen Kündigungsschutz, wenn er die kurze Ausschlussfrist (*materielle* Präklusion, vgl. § 7 KSchG) des § 4 KSchG, die auch für Kleinbetriebe und für neu eingestellte Arbeitnehmer gilt (→ Rn. 5), zur Erhebung der Kündigungsschutzklage versäumt.

39   Bei der Prüfung kündigungsrechtlicher Fälle müssen die drei Schichten (Schaubild 15) wie folgt verknüpft werden:

Prüfungsschema 13: Begründetheit einer ordentlichen Kündigung

> **1.** Auslegung der Erklärung (Rn. 8 bzw. 16)
> **2. Formelle** Wirksamkeit der Kündigung (§ 623 BGB, vgl. Rn. 7)
> **3.** Anhörung des Betriebsrats, § 102 BetrVG (Rn. 65)
> **4. Materielle** Wirksamkeit der ordentlichen Kündigung:
>   **a)** Einhaltung der Klagefrist, §§ 4, 7 KSchG (Rn. 12 ff.)?
>   **b)** Sonderkündigungsschutz nach speziellen Regeln (Rn. 70)?
>   **c)** Anwendbarkeit des KSchG?
>   (1) persönlich, § 1 Abs. 1 KSchG (Rn. 40)
>   (2) sachlich, § 23 Abs. 1 KSchG (Rn. 42)
>   **d)** Soziale Rechtfertigung, § 1 KSchG?
>   (1) personenbedingt (Rn. 46)
>   (2) verhaltensbedingt (Abmahnung erforderlich, Rn. 51)
>   (3) betriebsbedingt (Sozialauswahl erforderlich, Rn. 57)

2. Anwendungsbereich des KSchG

a) Persönlicher Geltungsbereich (§ 1 Abs. 1 KSchG)

40   Das KSchG gilt nur für „Arbeitnehmer", daher auch für leitende Angestellte (§ 14 Abs. 2). Allerdings wird hier der Kreis der Leitenden **eingeschränkt** auf solche mit konkreter Personalverantwortung (... *zur selbständigen Einstellung oder Entlassung von Arbeitnehmern berechtigt* ..., vgl. auch *BAG* NJW 2002, 3192). Ansonsten wird auf den allgemeinen Arbeitnehmer-Begriff (→ § 2 Rn. 12 ff.) abgestellt, so dass z.B. arbeitnehmerähnliche Personen einerseits, Gesellschafter und/oder Geschäftsführer andererseits (explizit in § 14 Abs. 1) vom Kündigungsschutz ausgenommen sind (→ *Fall 7*).

Achtung: Der leitende Angestellte mit Personalverantwortung unterfällt zwar dem KSchG, erfährt aber keinen Bestandsschutz, sondern muss sich nach § 14 Abs. 2 S. 2 KSchG einen reinen **Abfindungsschutz** gefallen lassen: der Antrag des Arbeitgebers auf Auflösung des Arbeitsverhältnisses bedarf keiner Begründung! Grund: Ist die vertrauensvolle Zusammenarbeit auf dieser Ebene zerbrochen, ist eine Weiterbeschäftigung sinnlos (doch muss der Arbeitgeber saftige Abfindungszahlungen leisten!)

Der allgemeine Kündigungsschutz greift erst nach einer **Wartezeit** von **41** sechs Monaten im Unternehmen ein. Damit wird eine kündigungsrechtliche „Probezeit" ermöglicht, die zwar nicht ein freies, aber doch ein „freieres" Kündigungsrecht mit kurzer Frist (§ 622 Abs. 3 BGB) zur Folge hat (→ Rn. 44). Allerdings wird ein „ohne Unterbrechung" bestehendes Arbeitsverhältnis verlangt, so dass eine zeitliche Unterbrechung von ca. zwei Monaten dem Kündigungsschutz wohl schadet (MüArbR/*Berkowsky*, 3. Aufl., § 109 Rn. 60). Kürzere Unterbrechungen verhindern den Eintritt des Kündigungsschutzes nach 6 Monaten dann nicht, wenn ein „enger sachlicher und zeitlicher Zusammenhang" mit dem bisherigen Arbeitsverhältnis besteht. Die Frist beginnt mit dem *rechtlichen* Beginn des Arbeitsverhältnisses, nicht mit dem tatsächlichen Arbeitsantritt, und wird durch Zeiten der Arbeitsunfähigkeit natürlich nicht unterbrochen (**„rechtlicher"** Bestand des Arbeitsverhältnisses!).

b) Sachlicher Geltungsbereich (§ 23 KSchG)

Der allgemeine Kündigungsschutz ist Arbeitnehmern in **Kleinbetrieben** **42** verschlossen, § 23 Abs. 1 S. 2: Wo in der Regel *zehn oder weniger* Arbeitnehmer (ohne Azubis) beschäftigt sind, gilt also nur ein Kündigungsschutz „zweiter Klasse" (→ Rn. 44). Teilzeitkräfte sind nach ihrer regelmäßigen wöchentlichen Arbeitszeit mit 0,5 (nicht mehr als 20 Std.) bzw. mit 0,75 (nicht mehr als 30 Std.) anzusetzen. Wer also *(nach dem 1.1.2004!)* z.B. fünf Vollzeit- und sieben Teilzeitkräfte beschäftigt, muss genau auf die **Wochenarbeitszeiten** achten: 8,5 Arbeitnehmer (5 + 3,5) dispensieren vom KSchG, nicht dagegen 10,25 (5 + 5,25) – auch 10,25 sind schon mehr als zehn Arbeitnehmer! Zu beachten ist bei der höchst komplizierten Regel des § 23 Abs. 1 S. 3, dass der neue Schwellenwert 10 nur die Arbeitnehmer betrifft, deren Arbeitsverhältnis ab dem 1.1.2004 begonnen hat (Rechenexempel bei *Biehl,* JA 2005, 46 f.).

Die Privilegierung der Kleinbetriebe darf aber nicht missbraucht werden, z.B. da- **43** durch, dass ein einziges Unternehmen in so viele „Betriebe" parzelliert wird, bis dort jeweils die Schwellenzahl unterschritten ist. Das BVerfG hat hierzu klargestellt, dass nur im **kleinen Unternehmen** – hier arbeiten Chef und Mitarbeiter noch Hand in Hand – die Herausnahme aus dem Kündigungsschutz wegen des „besonderen Stellenwerts" des Vertrauensverhältnisses gerechtfertigt sei (BVerfGE 97, 169, 178). In § 23 sollte anstelle des Betriebsbegriffs daher der Begriff „Unternehmen" stehen, um den – teleologisch gewollten! – individualrechtlichen Bezug zum Arbeitgeber (= Unternehmer) zu verdeutlichen (vgl. *Preis,* RdA 2000, 257, 264 ff., der den Unternehmensbezug des materiellen Kündigungsschutzes betont). Auch in § 1 Abs. 1 KSchG ist – trotz der Formel „Betrieb oder Unternehmen" – nur das Unternehmen gemeint. Ein sog. Berechnungsdurchgriff von einer Konzernholding (Obergesellschaft) auf eine ihrer Tochtergesellschaften, um den wenigen Holding-Angestellten trotz § 23 Abs. 1 S. 2 KSchG einen Kündigungsschutz zu ermöglichen, ist aber **unternehmensübergreifend** nicht möglich (*BAG* NJW 1999, 3212; vgl. auch *BAG* DB 2011, 118).

3. Kündigungsschutz außerhalb des KSchG (§ 242 BGB)

44   Der Arbeitnehmer ist nicht rechtlos, soweit das KSchG nicht zur Anwendung kommt. Er ist nicht allein auf den formalen Schutz des BGB (→ Rn. 5 ff.) verwiesen. Vielmehr kann er sich auf die Drittwirkung des Art. 12 GG, vermittelt durch § 242 BGB, berufen (BVerfGE 97, 169, 178). Auch die Diskriminierungsverbote des AGG können trotz § 2 Abs. 4 AGG über § 242 BGB zur Geltung gebracht werden (*Willemsen/Schweibert*, NJW 2006, 2583, 2584 f.). Soweit allerdings das KSchG den Bestandsschutz als Ausfluss des **Grundsatzes von Treu und Glauben** (§ 242 BGB) abschließend geregelt hat, kann nicht einfach über § 242 BGB ein adäquater Kündigungsschutz erreicht werden (*Preis*, NZA 1997, 1266; MüArbR/*Wank*, 3. Aufl., § 100 Rn. 31: „abgeschwächte Inhaltskontrolle"). Doch können **treuwidrige**, d.h. willkürliche, auf sachfremden Motiven beruhende Kündigungen z.B. bei widersprüchlichem Verhalten des Arbeitgebers, beim Ausspruch einer Kündigung zur Unzeit bzw. in ehrverletzender Form oder bei **diskriminierenden** Kündigungen auch außerhalb des KSchG unwirksam sein (*BAG* NJW 2002, 532, 534); alleine die Homosexualität eines Mitarbeiters kann z.B. auch in der Probezeit eine Kündigung nicht rechtfertigen (→ § 3 Rn. 28). Dagegen scheidet der Willkürvorwurf bei einem irgendwie einleuchtenden Grund für die Rechtsausübung (z.B. Vertrauensverlust, vgl. *BAG* NJW 2002, 532) aus. Der Arbeitnehmer muss darlegen und beweisen, dass die Kündigung nach § 242 BGB treuwidrig ist (*BAG* NZA 2001, 833). **Nicht zu vergessen:** Die dreiwöchige Klagefrist (§ 4 KSchG) gilt (1) vom ersten Tag des Arbeitsverhältnisses an, (2) auch in Kleinbetrieben (*Quecke*, RdA 2004, 99).

4. Soziale Rechtfertigung

45   Der Kündigungsgrund stammt entweder aus der Arbeitnehmer-Sphäre oder aus der unternehmerischen Sphäre (→ Schaubild 16). Die klare Zuordnung ist aber vor allem zwischen *personen-* und *verhaltensbedingter* Kündigung nicht immer einfach, insbesondere wenn es um sog. **Mischtatbestände** geht. Das *BAG* stellt hier ab auf die Sphäre, aus der die Störung des Arbeitsverhältnisses primär stammt (z.B. *BAG* NZA 1998, 323: Straftaten durch öffentlich Bedienstete im Privatbereich).

Beispielsfall: Der Bahnangestellte Bruno trinkt mehr als ihm gut tut. Er tut das zunächst nur zuhause, bald aber auch am Arbeitsplatz im Bahnhof. Eine Fehlleistung unterläuft ihm aber nicht. Ob er alkoholsüchtig ist, darüber streiten die Ärzte. Ist ihm personen- oder verhaltensbedingt zu kündigen? Oder anders: Ist ihm gegenüber eine Abmahnung möglich? (Lösung Rn. 56).

Schaubild 16: Trias der Kündigungsgründe

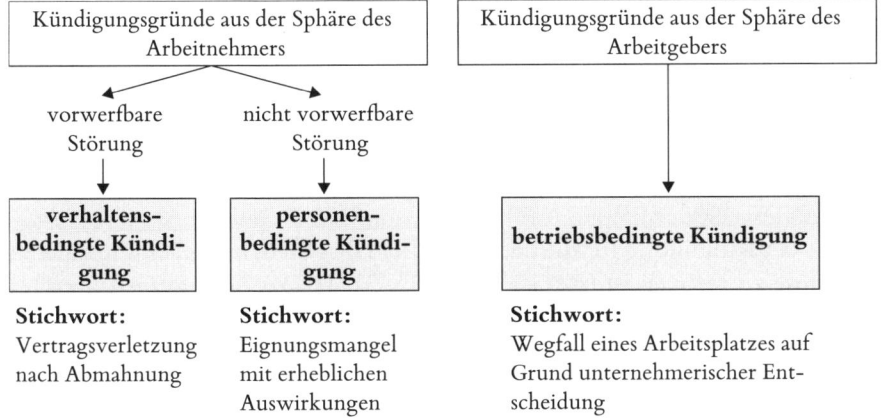

Kündigungsgründe aus der Sphäre des Arbeitnehmers		Kündigungsgründe aus der Sphäre des Arbeitgebers
vorwerfbare Störung	nicht vorwerfbare Störung	
verhaltens- bedingte Kündigung	**personen- bedingte Kündigung**	**betriebsbedingte Kündigung**
Stichwort: Vertragsverletzung nach Abmahnung	Stichwort: Eignungsmangel mit erheblichen Auswirkungen	Stichwort: Wegfall eines Arbeitsplatzes auf Grund unternehmerischer Entscheidung

a) Personenbedingte Kündigung

Die Störung des Arbeitsvertrags ergibt sich hier aus **Eignungsmängeln** des **46** Arbeitnehmers, die anders als bei der *verhaltensbedingten* Kündigung von ihm nicht verschuldet sind, sondern z.B. in Krankheit, Sucht, haftbedingter Abwesenheit, nachlassenden Fähigkeiten oder besonderen persönlichen Eigenschaften wurzeln, d.h. auf einer in persönlichen Eigenschaften bzw. Verhältnissen liegenden „**Störquelle**" beruhen (*BAG* NJW 2011, 1896, Rz. 12).

Arbeitshinweis: Als Faustregel gilt: Dem Arbeitnehmer kann *personenbedingt* gekündigt werden, wenn er (dauerhaft) nicht mehr richtig arbeiten kann.

Für die Praxis besonders bedeutsam ist die Kündigung wegen **Krankheit**. **47** Wiederholte Kurzerkrankungen einerseits, Langzeiterkrankungen andererseits belasten die Arbeitsbeziehung erheblich – nicht allein wegen der hohen Entgeltfortzahlungskosten. Das BAG legt hier an die *soziale Rechtfertigung* besonders hohe Maßstäbe an; zudem ist das „betriebliche Eingliederungsmanagement" **(BEM)** gem. § 167 Abs. 2 SGB IX in allen Krankheitsfällen, die länger als sechs Wochen andauern, zu beachten (→ Rn. 79). Aus dem Verhältnismäßigkeitsprinzip (→ Rn. 36) wurde vom BAG eine **Drei-Stufen-Prüfung** entwickelt (vgl. *BAG* NJW 2000, 893). Zu fragen ist:

aa) Negativprognose

48   Wird der Arbeitnehmer auch in der weiteren Zukunft seine Arbeitsleistung ganz oder teilweise nicht erbringen können, liegt also eine negative Gesundheitsprognose vor (*Eignung* der Kündigung)? Kann die Erkrankung dagegen als ausgeheilt gelten, ist von einem nur vorübergehenden Eignungsmangel ohne Kündigungsrelevanz auszugehen.

bb) Erhebliche Beeinträchtigung

49   Sind die wirtschaftlichen Interessen des Arbeitgebers z.B. durch hohe EFZ-Kosten und/oder Einarbeitungskosten erheblich beeinträchtigt? Können sie auch nicht anderweitig, z.B. durch Überbrückungsmaßnahmen, befriedigt werden (*Erforderlichkeit* der Kündigung – „Ultima-Ratio"-Prinzip)? Das bedarf konkreter Darlegung (Kostenbezifferung!) nach § 1 Abs. 2 S. 4 KSchG, lässt sich jedoch nicht nur bei *dauernder* Leistungsunfähigkeit ohne weiteres bejahen (*BAG* NJW 2000, 893; NZA 2015, 931), sondern auch dann, wenn bei Ausspruch der Kündigung für die nächsten zwei Jahre nicht mit einer günstigeren Prognose zu rechnen ist (*BAG* NJW 2002, 3271). Der Darlegung konkreter Störungen im Betriebsablauf bedarf es allerdings nicht, wenn z.B. eine zwei Jahre *übersteigende* Freiheitsstrafe vom Arbeitnehmer zu verbüßen ist (*BAG* NJW 2011, 1896, 1898 – Rz. 21 ff.).

cc) Interessenabwägung

50   Führen die betrieblichen Beeinträchtigungen zu einer billigerweise nicht mehr hinzunehmenden Belastung des Arbeitgebers (*Angemessenheit* der Kündigung)? Hier sind die Umstände des Einzelfalls wie z.B. betriebliche Ursache der Erkrankung, ungestörter bisheriger Bestand des Arbeitsverhältnisses, Häufigkeit und Dauer der Fehlzeiten, aber auch familiäre Verhältnisse (z.B. Unterhaltspflichten!) und Schwerbehinderung (*BAG* NJW 2001, 912) konkret zu berücksichtigen. Die sich aus dem Verhältnismäßigkeitsgrundsatz ergebende Pflicht des Arbeitgebers, den Arbeitnehmer womöglich auf einem anderen *leidensgerechten* Arbeitsplatz weiter zu beschäftigen, bedeutet aber nicht dessen Pflicht zur „Freikündigung" zu Lasten eines Arbeitskollegen (*BAG* NZA 2015, 931).

b) Verhaltensbedingte Kündigung

51   Die Störung des Arbeitsvertrags ergibt sich hier aus **Verhaltensmängeln** des Arbeitnehmers, die auf einer *vorwerfbaren* Verletzung von Haupt- oder Nebenpflichten des Arbeitsvertrags beruhen. Der Schwerpunkt der Kündigungsprüfung liegt also auf der Frage nach der Schwere der Vertragsverletzung und ihrer Vorwerfbarkeit. *Außerdienstliches* Verhalten kann eine Kündigung in der Regel nicht rechtfertigen (→ § 9 Rn. 22), wohl aber z.B. die unzulässige Internet-Nutzung zu privaten Zwecken im Betrieb (*BAG* NJW 2006, 540).

Arbeitshinweis: Als Faustregel gilt: Dem Arbeitnehmer kann *verhaltensbedingt* gekündigt werden, wenn er nicht richtig (vertragsgerecht) arbeitet, obwohl er richtig arbeiten *könnte*.

Die kündigungsrechtliche Verhältnismäßigkeitsprüfung erfolgt hier ähnlich **52** wie bei der *personenbedingten* Kündigung in folgenden Stufen:

aa) Negativprognose

Wird der Arbeitnehmer auch in der weiteren Zukunft durch seine (abge- **53** mahnten) Vertragsverletzungen das Arbeitsverhältnis belasten, ist also eine weitere vertrauensvolle Zusammenarbeit trotz der aufgetretenen Störungen nicht mehr zu erwarten? Hier verschafft eine vorherige Abmahnung eine etwas sicherere Prognosegrundlage.

bb) Abmahnung

Eine Kündigung ist nur *erforderlich* („Ultima-Ratio"-Prinzip), wenn die **54** Verhaltensmängel nicht schon durch eine „Abmahnung" des Arbeitgebers, d.h. durch eine schriftliche Beanstandung abgestellt werden können. Bei steuerbarem Verhalten soll dem Arbeitnehmer eine Rückkehr zu vertragsgerechtem Verhalten ermöglicht werden – der Arbeitgeber hat daher erst die „gelbe Karte" zu zeigen, bevor die „rote Karte" bei Fortsetzung der Verhaltensmängel folgen kann (vgl. MüKo-BGB/*Hergenröder*, § 1 KSchG Rn. 198 ff.). Wegen des abgemahnten Verhaltens kann nicht mehr gekündigt werden (konkludenter **Verzicht**), doch erst danach bekannt gewordene weitere Pflichtverletzungen ermöglichen die Kündigung durchaus (*BAG* NJW 2010, 1398 – Rufschädigung durch Barkeeper).

Im BGB wird der allgemein **schuldrechtliche** Sinn der Abmahnung jetzt in §§ 281 Abs. 3, 314 Abs. 2 S. 1, 323 Abs. 3 ausdrücklich anerkannt: Es geht um die Rechtsähnlichkeit zwischen Rücktritt und Kündigung und der für die Ausübung dieser Gestaltungsrechte notwendigen (geschäftsähnlichen) **Warnung** des Schuldners durch den Gläubiger vor dem Scheitern der Vertragsbeziehung (z.B. als Nachfristsetzung, § 323 Abs. 1 BGB).

Die Abmahnung ist *regelmäßige*, aber nicht zwingende Voraussetzung einer verhaltensbedingten Kündigung – das ergibt sich bereits aus der Verweisung in § 314 Abs. 2 S. 2 BGB auf § 323 Abs. 2 BGB. Krasse Verstöße wie z.B. die Annahme von Schmiergeld oder andere Straftaten erschüttern den Vertrauensbereich so nachhaltig, dass eine Abmahnung sinnlos wäre, so dass fristlos gekündigt werden kann (z.B. *BAG* NJW 1993, 1544: „Androhung" künftiger Erkrankung; *BAG* NJW 2011, 2905: Manipulation bei Arbeitszeiterfassung; *BAG* NZA 2014, 250: Falsche Angaben bei Spesenabrechnungen). Doch muss ansonsten bei allen Störungen im Leistungs- und Vertrauensbereich abgemahnt werden, auch z.B. bei Alkoholmissbrauch im privaten Bereich (Fall der *personenbedingten* Kündigung, vgl. *BAG* NJW 1998, 554, 557), um dem Arbeitnehmer eine „zweite Chance" zu geben und damit dem Verhältnismäßigkeitsprinzip zu genügen. Wer aber *zu oft* abmahnt, kann die Warnfunktion auch abschwächen, so dass das BAG dann eine „besonders eindringliche" **letzte Abmahnung** verlangt, um eine Kündigung noch zu ermöglichen (*BAG* DB 2002, 689). Doch darf nicht schon die **dritte** Abmahnung wegen immer gleicher Pflichtverletzung als „wertlos" betrachtet werden – sonst wäre gerade der nachsichtige Arbeitgeber vom Kündigungsrecht benachteiligt (vgl. *BAG* NZA 2005, 459).

> **Achtung:** Bei Vertragsstörungen im Leistungs- und Vertrauensbereich, die auf Person und/oder Verhalten des Arbeitnehmers zurückzuführen sind, muss vor einer (ordentlichen) Kündigung immer dann eine **Abmahnung** (vgl. auch § 314 Abs. 2 S. 1 BGB) ausgesprochen werden, wenn durch eine Verhaltensänderung des Arbeitnehmers die ordentliche Vertragserfüllung weiterhin möglich wäre („Gelbe Karte").

cc) Interessenabwägung

55   Auch die verhaltensbedingte Kündigung ist nur gerechtfertigt, wenn es einem verständigen Arbeitgeber unzumutbar ist, das Arbeitsverhältnis fortzusetzen. Die *Angemessenheit* der Kündigung ist aber meist schon indiziert durch das mehr oder weniger vertragstreue Verhalten des Arbeitnehmers im Vorfeld der Kündigung, doch kommt es ggf. noch auf dessen Auswirkungen z.B. auf den **Betriebsfrieden** maßgeblich an (*BAG* NJW 2005, 619).

dd) Mischtatbestände

56   Wegen der **schwierigen Abgrenzung** zur personenbedingten Kündigung ist dem Arbeitgeber im Zweifel *immer* anzuraten, aufgetretenen Störungen, die in der Person und/oder im Verhalten des Arbeitnehmers wurzeln, entweder durch Verwarnung/**Ermahnung** (= Beanstandung als Ausdruck des vertraglichen Rügerechts *ohne* Kündigungsandrohung), **Abmahnung** oder aber durch Umsetzung bzw. Versetzung zu begegnen, bevor er zur Kündigung als „ultima ratio" greift. So kann autoritärer Führungsstil oder mangelnde Fähigkeit zur Menschenführung schlecht „abgemahnt" werden; vielmehr handelt es sich um Eignungsmängel (vgl. *BAG* NZA 1996, 581), bei denen wohl nur Versetzung oder Änderungskündigung (vgl. § 1 Abs. 2 S. 3 KSchG!) helfen können, bevor an eine Kündigung gedacht werden darf – erst dann ist sie auch *erforderlich*!

> **Lösung** (Beispielsfall Rn. 45): Bruno kann auch dann abgemahnt werden, wenn nicht klar ist, ob er im Betrieb trinkt, **weil** er sich nicht anders verhalten kann (d.h. Alkoholkrankheit = personenbedingt), oder ob er trinkt, **obwohl** er sich anders verhalten kann (d.h. Vertragsverletzung = verhaltensbedingt). Solange sein Arbeitsverhalten nicht nachlässt, ist allerdings die auf Leistungsmängel zielende Abmahnung eigentlich nicht veranlasst (außer bei bestehendem Alkoholverbot – dann Verstoß gegen betriebliche Verhaltenspflichten). Es gibt kein allgemein gültiges Alkoholverbot am Arbeitsplatz.

Der Arbeitgeber hat nicht die rechtliche Möglichkeit, den Arbeitnehmer zu einer Blutalkoholuntersuchung zu zwingen – er ist vielmehr auf das Einverständnis des Arbeitnehmers angewiesen (*BAG* NJW 2000, 604). Gab B jedoch Anlass zur Frage nach seinem Alkoholkonsum, kann der Arbeitgeber in Grenzfällen eine „Ermahnung" aussprechen, bei irgendwie steuerbarem Verhalten auch eine „Abmahnung", um dem Arbeitnehmer die Gefährdung des Arbeitsvertrags vor Augen zu führen. Erweist sich B freilich als „krank", so kann eine Abmahnung mangels steuerbarem Verhalten nicht zum Ziel führen und bleibt wirkungslos, weil nur eine personenbedingte Kündigung (→ Rn. 46) ausgesprochen werden könnte.

c) Betriebsbedingte Kündigung

Die Störung des Arbeitsvertrags ergibt sich hier aus dem **Wegfall der Be-** **schäftigungsmöglichkeit** für einen oder mehrere Arbeitnehmer, der sich als kausale Folge einer freien, vom Arbeitsrichter nicht überprüfbaren Unternehmerentscheidung darstellt. Wegen dieser vom Arbeitnehmer nicht beeinflussbaren Störung verlangt das Gesetz *dringende* betriebliche Erfordernisse, § 1 Abs. 2 S. 1 KSchG. **57**

Arbeitshinweis: Als Faustregel gilt: Dem Arbeitnehmer kann *betriebsbedingt* gekündigt werden, wenn der Arbeitgeber nicht mehr ausreichend Arbeitsplätze zur Verfügung stellen kann.

Die **unternehmerische Entscheidung** als solche (i.S.d. unternehmerischen Strategie) darf einer gerichtlichen Kontrolle nicht unterliegen – Arbeitsrichter könnten sonst versucht sein, dem Unternehmer Auflagen hinsichtlich seiner Investitions- oder Produktionspolitik zu machen. So weit darf es in einer Marktwirtschaft nicht kommen (vgl. Art. 12, 14 GG → Rn. 1). Ob, was, wie viel, wo und mit welchen Methoden produziert wird oder welche Dienstleistungen erbracht werden, bestimmen nicht die Gerichte, sondern die Unternehmer (*Hromadka/Maschmann* I, § 10 Rn. 194). Ihnen steht es auch frei, bisher selbst ausgeübte Betriebsfunktionen wie z.B. Reinigungsarbeiten (*BAG* NJW 1987, 3216) oder Abbruch- und Stemmarbeiten (*BAG* NJW 2000, 378) an einen anderen Unternehmer zu vergeben, wenn dies von spezialisierten Subunternehmern aus Kostengründen günstiger gemacht werden kann. Es ist nicht Sache der Richter, dem Arbeitgeber eine „bessere" oder „richtigere" Unternehmenspolitik vorzuschreiben und damit in seine Kostenkalkulation einzugreifen (*BAG* NJW 2000, 378, 379). Vielmehr kann die unternehmerische Entscheidung nur darauf überprüft werden, ob sie „offenbar unsachlich, unvernünftig oder willkürlich" ist und möglicherweise nur als Vorwand dient (**„Missbrauchskontrolle"**). Kündigungsrechtlich relevant ist diese Entscheidung nur in Gestalt ihrer **betriebsorganisatorischen Umsetzung** (*Kaiser*, NZA-Beilage 1/2005, 34). **58**

Die Darlegung und der Nachweis der „sozialen Rechtfertigung" einer *betriebsbedingten* Kündigung scheitert häufig an den hohen Anforderungen, die von der Rechtsprechung innerhalb der folgenden drei Stufen geprüft werden: **59**

aa) Betriebliche Erfordernisse

60   Ist die Kündigung *geeignet,* insofern aus innerbetrieblichen Gründen, d.h. eigenen „gestaltenden" Entscheidungen (z.b. Arbeitsverdichtung, Betriebseinschränkung oder -stilllegung, vgl. *BAG* NJW 2001, 2116), oder aus außerbetrieblichen Gründen, d.h. darauf „reagierenden" (BAG: „selbstbindenden") Entscheidungen (z.B. Auftragsmangel, Wegfall von Drittmitteln) eine betriebsorganisatorische Weichenstellung erfolgt ist, die die Beschäftigung *kausal* entfallen lässt? Der Arbeitgeber muss hier substantiiert darlegen und ggf. beweisen, *welche* unternehmerische Maßnahme (z.b. Reduzierung von Planstellen, Umorganisation im Hinblick auf Betriebsveräußerung, Einstellung eines Teilbereichs → *Beispiel* § 9 Rn. 2) *welchen* Arbeitsplatz *warum* wegfallen lässt (ErfK/*Oetker,* § 1 KSchG Rn. 226 f.; *Bitter,* DB 1999, 1217 ff.). Fallen die organisatorische Entscheidung und die Kündigung praktisch zusammen, muss der Arbeitgeber dennoch *konkrete* Angaben dazu machen, wie sich die Verringerung der Produktion auf die Arbeitsmenge auswirkt und in welchem Umfang dadurch ein **konkreter Arbeitskräfteüberhang** entsteht (*BAG* NJW 2000, 378, 380; ähnlich *Hillebrecht,* ZfA 1991, 106 ff.). Der Arbeitgeber wird also (spätestens) durch das Kündigungsrecht zu einer (nachvollziehbar!) rationalen Personalpolitik gezwungen!

60a   Einen Sonderfall der betriebsbedingten Kündigung kann die sog. **„Druckkündigung"** darstellen. Eine solche liegt vor, wenn Dritte unter Androhung von Nachteilen für den Arbeitgeber von diesem die Entlassung eines bestimmten Arbeitnehmers fordern, so dass der Arbeitgeber nur wegen der Drucksituation kündigt. An die Zulässigkeit einer solchen Kündigung sind allerdings **strenge Anforderungen** zu stellen (vgl. *BAG* NZA 2014, 109): Der Arbeitgeber hat sich zunächst schützend vor den betroffenen Arbeitnehmer zu stellen. Nur wenn auch auf diese Weise die Drohung nicht abgewendet werden kann und bei Verwirklichung der Drohung schwere wirtschaftliche Schäden für den Arbeitgeber entstehen würden, kann die Kündigung sozial gerechtfertigt sein. Die Kündigung muss folglich das einzig praktisch in Betracht kommende Mittel sein, um die Schäden abzuwenden.

bb) Dringlichkeit

61   Ist die an sich betriebsbedingte Kündigung auch *erforderlich,* d.h. kann der Arbeitskräfteüberhang auch anders als durch Kündigung ausgeglichen werden, z.B. durch den Abbau von Überstunden oder Leiharbeitnehmern? Aus dem **Gesetz** ergibt sich zudem, dass eine Weiterbeschäftigung im selben Betrieb oder sonst im Unternehmen auf einem anderen (vergleichbaren!) *freien* Arbeitsplatz ausgeschlossen sein muss (*§ 1 Abs. 2 S. 2 Nr. 1 lit. b* KSchG). Umsetzung und Versetzung sind eben „mildere" Maßnahmen. Anders als der Wortlaut des Gesetzes suggeriert („und"), hängt der Kündigungsschutz nach § 1 Abs. 2 S. 2 KSchG aber *nicht* vom Bestehen oder vom Belieben des **Betriebsrats** ab (*Wank,* RdA 1987, 137 ff.). Der Widerspruch des Betriebsrats (→ Rn. 65) bedeutet nur, dass der betroffene Arbeitnehmer dann vom entsprechenden Einwand anderweitiger Beschäftigungsmöglichkeit entlastet ist (ErfK/*Oetker*, § 1 KSchG Rn. 382) und der spezielle Weiterbeschäftigungsanspruch nach § 102 Abs. 5 BetrVG greift. Schließlich soll nach § 1 Abs. 2 *S. 3* KSchG noch geprüft werden, ob nicht (zumutbare) Umschulungs- oder Fortbildungsmaßnahmen einerseits oder eine Weiterbeschäftigung zu geänderten (d.h. verschlechterten!) Arbeitsbedingungen andererseits jeweils **im Einverständnis** mit dem Betroffenen möglich wären (Vorbehalt des § 2 KSchG reicht aus, vgl. *Hromadka/Maschmann I*, § 10 Rn. 204 ff.).

cc) Sozialauswahl (§ 1 Abs. 3 KSchG)

Ist die „erforderliche", d.h. unvermeidbare Kündigung auch personell „*angemessen*"? Nach § 1 Abs. 3 KSchG soll nur derjenige entlassen werden, der am wenigsten sozial schutzwürdig ist. Diese personelle Angemessenheit wird vom BAG sogar im Kleinbetrieb auch anhand von § 242 BGB geprüft (→ Rn. 44), sofern der Arbeitgeber in **evidenter** Weise „das gebotene Mindestmaß an sozialer Rücksichtnahme" außer Acht gelassen hat, z.B. bei vergleichsweise langer Betriebszugehörigkeit *und* höherem Alter (*BAG* NZA 2001, 833; *Preis*, NZA 1997, 1268; krit. *Annuß*, BB 2001, 1901 f.). Die Prüfung nach § 1 Abs. 3 KSchG erfordert folgende drei weiteren Schritte:

- **Auswahlkreis:** Welche Arbeitnehmer im selben Betrieb (nicht: im ganzen Unternehmen!) sind nach ihrer (vertraglichen) Arbeitsaufgabe und ihrer Bezahlung in die Auswahl einzubeziehen, d.h. untereinander vergleichbar? Eine Layouterin, die vertraglich nur für eine bestimmte Zeitschrift zuständig ist, kann daher bei Einstellung dieser Zeitschrift nicht mit anderen Layoutern in anderen Zeitschriften des Verlagshauses verglichen werden (*BAG* NJW 2000, 2604 → Beispiel § 9 Rn. 2). Außerdem darf z.B. ansonsten vergleichbaren Teilzeitkräften nicht vorrangig vor Vollzeitkräften gekündigt werden (vgl. § 4 Abs. 1 S. 1 TzBfG sowie *BAG* NJW 1999, 1733; 2004, 3795). Besonders geschützte Arbeitnehmer (z.B. Schwerbehinderte → Rn. 78) können ohne behördliche Genehmigung nicht in die Auswahl einbezogen werden.
- **Auswahlkriterien** *(soziale Schutzwürdigkeit)*: Welche Arbeitnehmer aus dem Kreis der vergleichbaren Arbeitnehmer werden durch die Kündigung am wenigsten hart getroffen? Das Gesetz nennt **eindeutige** Kriterien, nämlich die *Dauer* der Betriebszugehörigkeit, das Lebensalter, die familienrechtlichen Unterhaltspflichten und eine Schwerbehinderung (vgl. *Quecke* RdA 2004, 87 f.). Die Vermögenssituation ist dagegen irrelevant. Der länger betriebszugehörigen und allein erziehenden Mutter kommt danach fraglos der Vorrang vor z.B. ebenso alten männlichen Alleinverdienern zu, ganz egal, wie viel Privatvermögen beide jeweils im Rücken haben. Nach der Neuregelung ist bei Einbeziehung zusätzlicher Kriterien (z.B. Berufskrankheit) ein enger Bezug zum Arbeitsverhältnis zu wahren; doch dürfen die vier Grundkrite-

62

rien nicht aus dem Auge verloren werden. Das Kriterium „Lebensalter" als *eines* von mehreren Auswahlkriterien ist wegen seines Bezugs zu den Vermittlungschancen am Arbeitsmarkt und etwaigen Versorgungsleistungen wohl *kein* Verstoß gegen die RL 2000/78/EG; die Umsetzungsnormen des § 10 S. 1, 2 AGG entsprechen den Zielen der Richtlinie (*BAG* NJW 2010, 1395; ErfK/*Oetker*, § 1 KSchG Rn. 329 f.).

- **Auswahlentscheidung** (unter Berücksichtigung entgegenstehender *betrieblicher Bedürfnisse*, § 1 Abs. 3 S. 2 KSchG): Schließlich muss gefragt werden, ob eine „ausreichende" Gewichtung erfolgt ist – der Arbeitgeber hat also durchaus einen Beurteilungsspielraum bei der Sozialauswahl! –, und ob nicht ein „**berechtigtes** betriebliches Bedürfnis" des Arbeitgebers daran besteht, Arbeitnehmer wegen ihrer Kenntnisse, Fähigkeiten und Leistungen oder zur Sicherung einer ausgewogenen Sozialstruktur aus der Sozialauswahl herauszunehmen. Der Gesetzgeber verschließt sich insoweit also nic¹ . dem unternehmerischen Interesse an leistungsfähigen Mitarbeitern und lässt es zu, dass der besonders „unabkömmliche" Mitarbeiter (mit Schlüsselfunktion) trotz seiner geringeren sozialen Schutzwürdigkeit aus der Sozialauswahl als „unkündbar" wieder herausgenommen wird; der Arbeitgeber muss diese „Herausnahme" aber maßgeblich im Prozess geltend machen, damit der Richter die „Berechtigung" seiner Maßnahme überprüfen kann (näher ErfK/*Oetker,* § 1 KSchG Rn. 350).

dd) Kollektivregelungen (§ 1 Abs. 4 KSchG)

63   Tarifliche oder betriebliche Regelungen zu den Modalitäten einer Sozialauswahl (sog. „**Auswahlrichtlinien**", vgl. § 95 BetrVG) möchte der Gesetzgeber besonders fördern, weil er zu Recht vermutet, dass dadurch die Sozialverträglichkeit von unvermeidlichem Stellenabbau erleichtert wird (ähnlich einem Sozialplan → § 14 Rn. 63). Wenn nach § 1 Abs. 4 KSchG diese *kollektivvertraglichen* Maßstäbe der Sozialauswahl deshalb „nur auf grobe Fehlerhaftigkeit" überprüft werden können, bedeutet das aber **keinen Freibrief**: die vier Hauptkriterien dürften z.B. nicht einfach durch Betriebsvereinbarung abgeschafft werden.

d) Wiedereinstellungsanspruch wegen Prognosefehlers

64   Maßgeblicher Zeitpunkt für die Beurteilung der Sozialwidrigkeit einer Kündigung ist der **Zugang** der Kündigungserklärung (→ Rn. 12) und nicht etwa der Eintritt ihrer Wirksamkeit zum vorgesehenen Kündigungstermin – häufig erst Monate später (→ Rn. 9). Das führt zu einem **Prognoserisiko** des Arbeitgebers: Die eine Kündigung zunächst rechtfertigende Stilllegungsentscheidung des Arbeitgebers kann sich nach einiger Zeit z.B. durch Betriebsübernahme (Beispiel → § 7 Rn. 24) in völlig anderem Licht darstellen (*BAG* NJW 1997, 2257; NZA 2008, 357). Das bedeutet zwar nicht, dass deshalb die Kündigung „nachträglich" unwirksam wird. Auch kann es keine Verurteilung zur „nachträglichen" Fortsetzung des durch Kündigung ja bereits beendeten

Arbeitsverhältnisses geben (*BAG* NJW 2001, 1297). Der Prognosefehler begründet aber nach der BAG-Judikatur dann ausnahmsweise einen Anspruch auf **Wiedereinstellung**, wenn

- sich gerade *im Zeitraum* zwischen Kündigungserklärung und Kündigungstermin unvorhergesehen eine Beschäftigungsmöglichkeit (wieder) ergibt, nicht aber danach (vgl. *Oetker*, ZIP 2000, 647 f.), und diese auch auf dem Prognosefehler beruht: Wer nach einer Kündigung wegen **Krankheit** Wiedereinstellung verlangt, weil z.B. die Entziehungskur bei Alkoholkrankheit erfolgreich war, hat damit die Negativprognose zwar erschüttert, jedoch einen Prognosefehler noch nicht nachgewiesen (*BAG* NJW 2000, 2762);
- nicht berechtigte Interessen des Arbeitgebers entgegenstehen, der z.B. den Arbeitsplatz wieder besetzt haben kann, solange er dabei nicht treuwidrig gehandelt hat (*BAG* NJW 2001, 1297, 1301);
- auch nicht durch Abfindungsvergleich einem Fortsetzungsvertrag die Grundlage entzogen worden ist (vgl. *Nicolai/Noack*, ZfA 2000, 109 ff.).

5. Anhörung des Betriebsrats (§ 102 BetrVG)

Die Mitwirkung des Betriebs- bzw. Personalrats nach § 102 BetrVG (bzw. **65** § 31 Abs. 2 SprAuG, § 79 Abs. 1 BPersVG etc.) *vor* Ausspruch der Kündigung hat **prozeduralen** Charakter: dem Betriebsrat soll Gelegenheit gegeben werden, auf den Kündigungsentschluss des Arbeitgebers rechtzeitig einzuwirken, ihn vielleicht noch umzustimmen. Dadurch wird die materielle Kündigungsfreiheit des Arbeitgebers aber nicht berührt (*Preis*, NZA 1997, 1258). Doch wird die Außerachtlassung dieser Formalie streng bestraft: die Kündigung ist **unwirksam**, soweit der Arbeitgeber den Betriebsrat entweder überhaupt nicht oder nicht ordentlich informiert, § 102 Abs. 1 S. 3 BetrVG.

a) Anhörung (§ 102 Abs. 1 BetrVG)

Der Betriebsrat (Personalrat) wird dann, aber auch nur dann **ordnungsgemäß** unter- **66** richtet, wenn ihm der Arbeitgeber die aus seiner Sicht tragenden „Gründe" (S. 2) umfassend und nachvollziehbar mitgeteilt hat (*BAG* NZA 1996, 703). Diese Unterrichtung ist für **jede (einzelne)** Kündigung notwendig (verschiedene Kündigungssachverhalte oder Kündigungsarten → *Fall 6*). Dabei geht es nicht um eine „vorgezogene" Prüfung der Rechtmäßigkeit durch den Betriebsrat – das ist nicht seines Amtes. Vielmehr geht es um eine „Angemessenheitskontrolle": der Arbeitgeber wird gezwungen, sich schon im Vorfeld der Kündigung der Stichhaltigkeit seiner Gründe ausreichend klar zu werden und diese auch plausibel darzulegen, sie also zu „rationalisieren" (vgl. MüArbR/*Berkowsky*, 3. Aufl., § 125 Rn. 4: „Clearingverfahren" eigener Art). Folgt z.B. die Auswahl der zu kündigenden Kindergärtnerinnen angeblich sozialen Kriterien, muss der Personalrat die Sozialdaten der Betroffenen kennen, um die ordentliche Sozialauswahl überhaupt beurteilen zu können (*BAG* NZA 1996, 703). Hält der Arbeitgeber dagegen eine Sozialauswahl gar nicht für nötig, braucht er entsprechende Daten auch nicht mitzuteilen (*„subjektive Determination"* der Anhörung, vgl. *BAG* NZA 2000, 764).

67   Dass der Betriebsrat aber überhaupt **existieren** muss, um sein Anhörungsrecht (Mitwirkungsrecht → § 14 Rn. 42) ausüben zu können, ist Voraussetzung
jeglicher Mitwirkung zu Gunsten der Arbeitnehmer. Bekanntlich findet man
in vielen Kleinunternehmen keinen Betriebsrat (→ § 14 Rn. 17: es gibt keinen
Zwang zur Betriebsverfassung!).

> **Achtung:** Ohne Betriebsrat keine Anhörung vor Ausspruch einer Kündigung nach
> § 102 BetrVG – am fehlenden Betriebsrat kann eine Kündigung keinesfalls scheitern
> (eigentlich logisch zwingend, aber dennoch ein häufiger Fehler!). **Umgekehrt gilt:**
> Wo ein Betriebsrat existiert, muss *jede* Kündigung (auch die Änderungskündigung und
> die Kündigung außerhalb des KSchG) vor ihrem Ausspruch dem Betriebsrat mitgeteilt
> werden!

68   Stützt der Arbeitgeber im **Prozess** die Kündigung auf neue, dem Betriebsrat
nicht mitgeteilte Gründe (sog. „Nachschieben von Kündigungsgründen"), so
muss unterschieden werden:

- Handelt es sich um Gründe, die bereits vor Ausspruch der Kündigung dem
  Arbeitgeber bekannt waren, jedoch nicht mitgeteilt wurden, so können
  sie **nicht mehr verwertet** werden – er hat den Betriebsrat insoweit nicht
  ordentlich informiert.
- Handelt es sich jedoch um Gründe, die erst nach Ausspruch der Kündigung
  (jedoch vor der mündlichen Verhandlung) dem Arbeitgeber bekannt wurden, jedoch zuvor schon existierten, so können diese nachgeschoben werden,
  wenn der Betriebsrat nochmals entsprechend informiert (angehört) wurde
  (sog. „Filterfunktion" des § 102 BetrVG, krit. MüArbR/*Berkowsky,* 3. Aufl.,
  § 125 Rn. 49 ff.).

b) Reaktion des Betriebsrats (§ 102 Abs. 2, 3 BetrVG)

69   Der Betriebsrat (vertreten durch seinen Vorsitzenden, vgl. § 26 Abs. 2 BetrVG)
kann auf die Mitteilung des Arbeitgebers wie folgt reagieren:

- Sein Schweigen oder die nicht binnen Wochenfrist rechtzeitig erfolgte Äu-
  ßerung gelten als *Zustimmung,* § 102 Abs. 2 S. 2 BetrVG.
- Er kann form- und fristgerecht **Bedenken** äußern, § 102 Abs. 2 BetrVG, was
  zwar positive Auswirkungen im Prozess für den Gekündigten äußern kann
  (Beweiswürdigung), aber nicht muss.
- Er kann form- und fristgerecht **Widerspruch** einlegen, § 102 Abs. 3 BetrVG,
  soweit er sich auf einen der dort abschließend benannten Gründe konkret
  bezieht. Hier kommt die Verknüpfung mit der betriebsbedingten Kündigung nach § 1 Abs. 2 KSchG (→ Rn. 61) voll zum Tragen: der Betriebsrat hat
  den Arbeitnehmer von der Darlegung der Sozialwidrigkeit der Kündigung
  entlastet und ihm die Gelegenheit gegeben, nach § 102 Abs. 5 BetrVG **Weiterbeschäftigung** bis zum rechtskräftigen Abschluss des Rechtsstreits zu
  verlangen (→ Rn. 35). Rechtsdogmatisch handelt es sich nicht mehr um den

Beschäftigungsanspruch *aus dem Arbeitsverhältnis* (→ § 8 Rn. 95), sondern um eine Fortsetzung des alten Arbeitsverhältnisses, auflösend bedingt durch die rechtskräftige Abweisung der Kündigungsschutzklage.

Fall 6:   Unerwartete Kündigung

Kündigungsschutzverfahren, betriebsbedingte Kündigung, Anhörung des Betriebsrats, außerordentliche Kündigung, Zugang der Kündigung während des Urlaubs des Arbeitnehmers

Sachverhalt

Die X-KG mit Sitz in Reutlingen stellt Kunststoffteile für die Automobilindustrie her. Aufgrund schlechter Auftragslage beschließt sie Rationalisierungsmaßnahmen, infolge derer der Arbeitnehmerbestand von derzeit 200 Arbeitnehmern auf zukünftig 120 zurückgeführt werden soll. Die X-KG hat die zuständige Agentur für Arbeit am 3. Januar 2005 schriftlich unter Wahrung aller formalen Anforderungen darüber unterrichtet, dass beabsichtigt ist, 80 Arbeitnehmern zu kündigen. Dieser Anzeige war auch eine Abschrift beigefügt, die belegt, dass die X-KG den Betriebsrat ebenfalls ordnungsgemäß über ihre Pläne unterrichtet hat. Insbesondere hat der Betriebsrat eine Abschrift der Anzeige an die Agentur für Arbeit erhalten. Eine Antwort der Behörde hat die X-KG nicht erhalten. Auch dem seit 1. Januar 2001 unbefristet bei der X-KG beschäftigten Arbeitnehmer A soll daher eine betriebsbedingte Kündigung ausgesprochen werden. Der beabsichtigten Kündigung des A stimmte der Betriebsrat nach Anhörung zu, da die Verhältnismäßigkeit gewahrt und die Sozialauswahl nicht zu beanstanden sei.

Daraufhin wurde A mit Schreiben vom 5. Februar 2005 zum 31. März 2005 ohne Angabe von Gründen gekündigt. Das Schreiben wurde noch am selben Tag vom Firmenboten in den Briefkasten des A geworfen. Erst mit Schreiben vom 10. Februar 2005 wurde die Kündigung mit den Rationalisierungserwägungen begründet.

Auf Grund Urlaubs, von dessen Antritt auch sein Arbeitgeber wusste, erhielt A beide Schreiben erst am Samstag, dem 26. Februar 2005.

Am Dienstag, dem 1. März 2005 stellte der von A bevollmächtigte Rechtsanwalt R Antrag beim zuständigen Arbeitsgericht Reutlingen, die Klage nachträglich zuzulassen und festzustellen, dass die Kündigung vom 5. Februar 2005 unwirksam sei und das Arbeitsverhältnis ungekündigt fortbestehe.

Am 21. März 2005 überreicht ein Vertreter der X-KG dem A ein neues Kündigungsschreiben, in dem mit der Begründung, A habe am 2. März 2005 unter Alkoholeinfluss einen firmeneigenen PKW beschädigt, eine „fristlose Kündigung" ausgesprochen wird. Dabei wurde der Betriebsrat nochmals angehört. Der Prozessvertreter des A erweitert daraufhin am 1. April 2005 den Klageantrag auch gegen diese Kündigung. In der Güteverhandlung, in der keine Einigung erzielt werden konnte, wurde zu beiden Kündigungen verhandelt. Prüfen Sie die Erfolgsaussichten der Klagen des A.

Lösung

Klausurtipp: Trennen Sie die einzelnen Klageanträge in der Prüfung! Dies erhöht nicht nur die Übersichtlichkeit der Falllösung und erspart Inzidentprüfungen, sondern hilft vor allem, den Gedankengang zu strukturieren. Im vorliegenden Fall ist dabei mit der zeitlich späteren *außerordentlichen Kündigung* zu beginnen, weil durch sie das Arbeitsverhältnis sofort beendet sein würde.

A. Klage gegen die Kündigung vom 21. März 2005

I. Zulässigkeit

1. Ordnungsgemäße Klageerhebung (+)

→ §§ 46 Abs. 2 ArbGG, 495 Abs. 1, 253 Abs. 2 ZPO

2. Rechtsweg zu den Arbeitsgerichten (+)

Sachliche Zuständigkeit bei Kündigungsschutzklagen: §§ 2 Abs. 1 Nr. 3 lit b, 5 Abs. 1 S. 1 ArbGG, örtliche Zuständigkeit (§§ 46 Abs. 2 ArbGG, 17 ZPO, 161 Abs. 2, 124 Abs. 1 HGB) des ArbG Reutlingen als Sitz der X-KG, instanzielle Zuständigkeit nach § 8 Abs. 1 ArbGG: Arbeitsgericht.

3. Parteifähigkeit (+)

X-KG parteifähig nach §§ 46 Abs. 2 S. 1 ArbGG, 50 Abs. 1 ZPO, 161, 124 Abs. 1 HGB, prozessfähig nach §§ 51 Abs. 1 ZPO, 161 Abs. 2, 125 HGB (vertreten durch den persönlich haftenden Gfter).
A ist selbst postulationsfähig, § 11 Abs. 1 ArbGG, Vertretung möglich, aber nicht zwingend.

4. Klageart: Feststellungsklage

Besonderes Feststellungsinteresse nach §§ 4 Abs. 1, 13 Abs. 1 S. 2 KSchG, wonach diese Klage als Rechtsschutz gegen Beendigung des Arbeitsverhältnisses vorgesehen ist.
Keine Subsidiarität, da Feststellungsklage weitreichendere Wirkungen hat als eine eventuelle Leistungsklage (auf Lohn für die Zeit nach der Kündigung).

5. Objektive Klagenhäufung, §§ 260, 263 ZPO

→ hier durch rügelose Einlassung nach § 267 ZPO zulässig.

6. Prozesslage

Güteverhandlung nach § 54 ArbGG ohne Einigung beendet.
Nächster Schritt: Streitige Verhandlung vor der Kammer, §§ 54 Abs. 4, 57 ArbGG.

II. Begründetheit

Klage begründet, wenn Arbeitsverhältnis nicht durch Kündigung vom 21. März 2005 beendet.

1. Formelle Voraussetzungen

a) Kündigungserklärung (+)

Einseitige empfangsbedürftige Willenserklärung (+)
„Fristlose Kündigung" als außerordentliche Kündigung zu deuten, § 133 BGB.
Schriftform, § 623 BGB (+)
Zugang, § 130 BGB (+)

b) Anhörung des Betriebsrats (+)

Anhörung des Betriebsrats nach § 102 BetrVG liegt vor.
Sie ist zu *jeder* Kündigung erforderlich, auch wenn sie denselben Arbeitnehmer zweimal betrifft.

2. Materielle Voraussetzungen

a) Klagefrist, § 4 KSchG (+)

Anwendbarkeit des § 4 KSchG bei außerordentlichen Kündigungen (+), § 13 Abs. 1 S. 2 KSchG.
Zugang 21. März 2005 (Montag)
Fristbeginn, § 187 Abs. 1 BGB, 22. März 2005 (Dienstag)
Fristende, § 188 Abs. 2 BGB, 11. April 2005 (Montag)
Klage am 1. April daher rechtzeitig.

> **Klausurtipp:** Seit 2004 gilt die Klagefrist des § 4 KSchG für alle Arbeitsverhältnisse und alle Unwirksamkeitsgründe mit Ausnahme des Schriftformmangels. Für den Prüfungsaufbau bedeutet dies, dass § 4 KSchG nicht mehr im Rahmen der Anwendbarkeit des KSchG geprüft wird, sondern direkt im Anschluss an die formalen Voraussetzungen einer wirksamen Kündigung. Dass es sich um die erste **materielle** Wirksamkeitsfrage handelt, ergibt sich aus dem Zusammenhang von §§ 4, 7 KSchG: das Fehlen ihrer Voraussetzungen führt zur „Unbegründetheit" (und nicht zur „Unzulässigkeit") der Klage. Dogmatisch handelt es sich um eine prozessuale Frist mit materiell-rechtlicher Präklusionswirkung (Ausschlussfrist).

b) Wichtiger Grund, § 626 Abs. 1 BGB (+)

aa) Grundsätzliche Eignung

Übermäßiger Alkoholgenuss bei der Arbeit ist grundsätzlich ein wichtiger Kündigungsgrund.

bb) Abwägung im Einzelfall

Beschädigung von Firmeneigentum durch A, daher auch im konkreten Fall außerordentliche Kündigung gerechtfertigt.

c) Erklärungsfrist, § 626 Abs. 2 BGB (−)

Kenntnis 2. März 2005 (Mittwoch)
Fristbeginn, § 187 Abs. 1 BGB, 3. März 2005 (Donnerstag)
Fristende, § 188 Abs. 2 BGB, 16. März 2005 (Mittwoch)
Kündigung am 21. März 2005 daher verspätet.

III. Ergebnis

Klage gegen die Kündigung vom 21. März 2005 wäre zulässig und begründet.

B. Klage gegen die Kündigung vom 5. Februar 2005

I. Zulässigkeit der Klage

Klage als Feststellungsklage vor dem ArbG Reutlingen zulässig. Feststellungsinteresse vorhanden, weil neben der unwirksamen außerordentlichen Kündigung die Kündigung vom 5. Februar 2005 weiterhin bestehen bleibt (sog. punktueller Streitgegenstand).

II. Begründetheit der Klage

Klage begründet, wenn Arbeitsverhältnis nicht durch Kündigung vom 5. Februar 2005 beendet. Daher Wirksamkeit der Kündigung zu prüfen.

1. Formelle Voraussetzungen

a) Abgabe der Erklärung (+)

Erklärung ist als Kündigung zu deuten, § 133 BGB.

b) Zugang der Erklärung (+)

Urlaub hindert Zugang nicht. Auch wenn der X-KG die Abwesenheit des A bekannt war, ändert dies nichts: dem Zugang ist ein subjektives Tatbestandsmoment fremd (→ Rn. 13).

c) Inhalt der Erklärung

Angabe eines Kündigungsgrundes nicht erforderlich, arg. § 626 Abs. 2 S. 3 BGB

d) Schriftform (+)

e) Anhörung des Betriebsrats, § 102 Abs. 1 BetrVG (+)

f) Kündigungsfrist

§ 622 Abs. 2 S. 1 Nr. 1 BGB: einen Monat zum Monatsende
→ am 5. Februar konnte zum 31. März fristgerecht gekündigt werden.

2. Materielle Voraussetzungen

a) Klagefrist, § 4 KSchG (–)

Zugang 5. Februar 2005
Fristbeginn, § 187 Abs. 1 BGB: 6. Februar 2005 (Tag des Zugangs nicht mitrechnen)
Fristende, § 188 Abs. 2 2. Var. BGB: 26. Februar 2005, 24 Uhr (Tag wieder abziehen)
26. Februar 2005 = Samstag, daher Fristende gem. § 193 BGB erst Montag,
28. Februar 2005, 24 Uhr.
Klageeinreichung am 1. März 2005 verfristet.
Aber: Möglichkeit der nachträglichen Zulassung, § 5 Abs. 1 KSchG (+)
Antrag wurde gestellt, Verbindungspflicht, § 5 Abs. 2 KSchG, und Frist, § 5 Abs. 3 KSchG, sind gewahrt.

b) Anwendbarkeit des KSchG (+)

Persönlich: Arbeitsverhältnis länger als 6 Monate, § 1 Abs. 1 KSchG
Betrieblich: Kleinbetriebsgrenze weit überschritten, § 23 Abs. 1 KSchG

c) Spezieller Kündigungsschutz nach §§ 17, 18 KSchG

Vorliegen einer anzeigepflichtigen Massenentlassung § 17 Abs. 1 S. 1 Nr. 2 KSchG
Erfüllung der Anzeigepflichten an die Agentur für Arbeit (Mitteilung vom 3. Januar 2005) und ordnungsgemäße Beteiligung des Betriebsrates, § 17 Abs. 2, 3 KSchG
Keine Kündigungssperre nach § 18 Abs. 1 KSchG, Kündigung wurde erst über einen Monat nach Eingang der Anzeige ausgesprochen (am 5. Februar 2005). Auf die Frage, ob Ausspruch der Kündigung oder die tatsächliche Beendigung des Arbeitsverhältnisses maßgeblich ist, kommt es daher nicht an (vgl. *EuGH* NJW 2005, 1099).

d) Soziale Rechtfertigung, § 1 Abs. 2 KSchG (+)

Hier: betriebsbedingte Kündigung als freie unternehmerische Entscheidung zulässig (Sachverhalt gibt zu weiteren Prüfungen keinen Anlass!).

III. Ergebnis

Klage gegen die Kündigung vom 5. Februar 2005 zwar zulässig, aber **unbegründet**. A wurde (nur) **ordentlich** wirksam gekündigt.

III. Besonderer Kündigungsschutz

Außerhalb des materiellen allgemeinen Kündigungsschutzes kennt das deut- **70** sche Gesetzesrecht einen sehr weitgehenden **statusbezogenen** Kündigungsschutz (*Preis*, NZA 1997, 1259), der an besondere persönliche Eigenschaften der Arbeitnehmer anknüpft. Deren besondere Schutzbedürftigkeit resultiert aus ihren („politischen") Funktionen oder aus einem öffentlich-rechtlichen Fürsorgeinteresse (Arbeitsschutz). Verwirklicht wird der besondere Kündigungsschutz durch den **Ausschluss der ordentlichen** (nicht: der außerordentlichen) Kündigung. Eine dennoch ausgesprochene Kündigung ist unwirksam, § 134 BGB (Gesetzesverstoß).

Dem entsprechend können **Kündigungsschranken** auch **vertraglich** (ein- **71** zelvertraglich, betrieblich, häufig tarifvertraglich) vereinbart werden, die z.B. nach Erreichen eines bestimmten Lebensalters oder einer bestimmten Beschäftigungszeit (z.B. § 34 Abs. 2 TVöD/TV-L) die ordentliche (betriebsbedingte) Kündigung grundsätzlich ausschließen. Das Recht zur außerordentlichen Kündigung (§ 626 BGB) ist aber **grundsätzlich unabdingbar**.

> **Arbeitshinweis:** Der **besondere** Kündigungsschutz kraft Gesetzes oder (Tarif-)Vertrags schließt regelmäßig **nur** die ordentliche Kündigung aus. Sein Vorliegen ist daher **vorrangig** zu prüfen (→ Prüfungsschema 13). Eine außerordentliche (fristlose) Kündigung bleibt möglich (§ 626 BGB) und beurteilt sich (u.U. leicht modifiziert) nach allgemeinen Grundsätzen (→ Rn. 86).

1. Kündigungsschutz als Amtsschutz (§ 15 KSchG)

72   Der Funktionsfähigkeit der Betriebs- bzw. Personalverfassung dient der Kündigungsschutz von Amtsträgern in § 15 KSchG (durch Abs. 3a noch erweitert auf die Initiatoren einer Wahl → § 14 Rn. 17). Betriebsrats- bzw. Personalratsmitglieder sollen ihr Amt ohne Angst vor Entlassung wahrnehmen können. Den gleichen Schutz vermitteln § 179 Abs. 3 SGB IX für die „Vertrauensperson" der Schwerbehinderten und § 29a HAG für den heimarbeitenden Amtsträger. Auch **politische Abgeordnete** dürfen kraft Verfassungsrechts (Art. 48 GG, § 2 AbgG) allenfalls außerordentlich gekündigt werden. Jedoch muss selbst der privilegierte Funktionär (spätestens) bei **Betriebsstilllegung** die betriebsbedingte Kündigung akzeptieren, § 15 Abs. 4, 5 KSchG.

73   Verfahrensrechtlich **verstärkt** wird der Amtsträgerschutz durch § 103 BetrVG (§ 108 BPersVG), wonach selbst eine **außerordentliche** Kündigung an die *vorherige* Zustimmung des Betriebs- bzw. Personalrats gebunden wird (ohne dass § 182 Abs. 3 BGB Anwendung findet, vgl. *BAG* NJW 2004, 2612). Wird die Zustimmung vom (möglicherweise befangenen) Gremium, das ohne den Betroffenen zu beschließen hat, nicht erteilt, so kann das Arbeitsgericht die Zustimmung ersetzen, § 103 Abs. 2 BetrVG. Dabei können immer nur schwere Vertragsstörungen die Kündigung stützen, nicht dagegen Verletzungen von Amtspflichten (→ § 14 Rn. 25). Verfassungsrechtlich stellt diese weitgehende Beschränkung der Kündigungsfreiheit die Grenze des nach Art. 12 GG Zulässigen dar (*Preis*, NZA 1997, 1260). Praktisch handelt es sich um ein so schwieriges Verfahren, dass selbst bei schwersten Verfehlungen die außerordentliche Kündigung eines Betriebsrats kaum möglich ist, solange dessen Rechtsberater sein Handwerk versteht (dazu *Diller,* NZA 2004, 579: „Der Wahnsinn hat Methode").

2. Kündigungsschutz als besonderer Sozialschutz

74   Die besonders schutzbedürftigen

- Schwangeren und Mütter nach Entbindung (§ 17 MuSchG),
- Arbeitnehmer in der Eltern- bzw. Pflegezeit (§§ 18 BEEG, 5 PflegeZG),
- Auszubildenden (§ 15 BBiG),
- schwerbehinderten Menschen (§§ 168 ff. SGB IX)

dürfen allesamt nicht ohne weiteres ordentlich gekündigt werden. Bei Auszubildenden besteht ein *temporärer* Schutz vor ordentlicher Kündigung, um deren Ausbildung nicht zu behindern bzw. zu diskriminieren.

75   Beim Mutterschutz- und Eltern- bzw. Pflegezeitrecht ebenso wie beim Schwerbehindertenrecht handelt es sich um die Sonderform eines öffentlich-rechtlichen **Kündigungsverbots mit Erlaubnisvorbehalt:** eine Kündigung ist allenfalls möglich nach einem entsprechenden privatrechtsgestaltenden Ver-

waltungsakt der zuständigen Behörden (*Preis,* NZA 1997, 1260). Auch hiernach wird „in besonderen Fällen" und „ausnahmsweise" (§ 17 Abs. 2 MuSchG)
die Kündigung zugelassen, jedoch nur in Schriftform und unter Angabe des
behördlich zugelassenen Grunds (§ 17 Abs. 2 S. 2 MuSchG, vgl. ferner § 174
SGB IX → Rn. 79).

a) Mutter- und Elternschutz

Nach § 17 Abs. 1 MuSchG ist **jede** Kündigung einer Arbeitnehmerin wäh-   **76**
rend der Schwangerschaft und bis zum Ablauf von vier Monaten nach der
Entbindung (sog. „Schutzfrist") unzulässig, es sei denn, die zuständige Behörde hat ausnahmsweise der Kündigung auf Antrag des Arbeitgebers nach § 17
Abs. 2 MuSchG zugestimmt (ohne dass verwaltungsrechtliche Bestandskraft
eingetreten sein muss – bis dahin handelt es sich um eine *schwebend wirksame*
Kündigung, vgl. *BAG* NJW 2004, 796). Ähnlich ist nach § 18 Abs. 1 BEEG ab
dem Zeitpunkt, von dem an Elternzeit verlangt worden ist, maximal jedoch
acht Wochen vor Beginn und dann natürlich auch **während der Elternzeit**
jede Kündigung ausgeschlossen, wobei wieder der Erlaubnisvorbehalt gilt.
Auch für die Pflege- und die Familienpflegezeit gelten entsprechende Verbote
(§§ 5 PflegeZG, 9 Abs. 3 FPfZG). Die Kündigungsverbote lassen sich verfassungsrechtlich wegen Art. 6 GG rechtfertigen, sind in ihrer rechtstechnischen
Ausgestaltung aber durch die Verdoppelung des Rechtswegs (Verwaltungs- *und*
Arbeitsgerichtsverfahren) bürokratisch unverhältnismäßig aufwändig geraten.
Hier ist für den Beginn der Klagefrist nicht die Zustellung der Kündigung,
sondern nach § 4 S. 4 KSchG die **Bekanntgabe** der behördlichen Entscheidung
an den Arbeitnehmer ausschlaggebend (→ § 6 Rn. 17); allerdings setzt das
voraus, dass der Arbeitgeber mit der Einschaltung einer Behörde überhaupt
rechnen musste (z.B. nicht bei Unkenntnis von der Schwangerschaft, vgl. *BAG*
NZA 2003, 1335; *J. Schmidt,* NZA 2004, 79).

Eine vor Beginn der Schwangerschaft ausgesprochene Kündigung ist wirksam; ent-   **77**
scheidend ist, ob im Zeitpunkt des **Zugangs** der Kündigung (→ Rn. 13) die Schwangerschaft objektiv schon bestanden hat. Im Zweifel ist zur Feststellung des Beginns der
Schwangerschaft von dem ärztlich bestimmten Entbindungsdatum die durchschnittliche
Dauer von **280 Tagen** zurückzurechnen; dem Arbeitgeber bleibt aber eine Widerlegung
dieser Vermutungsregel unbenommen (*BAG* NZA 1998, 1049). Werdende Mütter „sollen"
dem Arbeitgeber nach § 15 Abs. 1 MuSchG ihre Schwangerschaft mitteilen, müssen das
aber nicht. Kündigt der Arbeitgeber daher in Unkenntnis der Schwangerschaft, bleibt der
Sonderkündigungsschutz dennoch erhalten, wenn der Arbeitgeber innerhalb einer **Ausschlussfrist** von zwei Wochen nach Zugang der Kündigung von den anderen Umständen der Gekündigten erfährt; dabei genügt es, wenn die Arbeitnehmerin mitteilt, sie sei
„vermutlich schwanger" (*BAG* NZA 1991, 669). § 5 Abs. 1 S. 2 KSchG entschärft jetzt die
Problematik: nachträgliche Klagezulassung ist möglich. Endet die Schwangerschaft z.B.
auf Grund einer Fehlgeburt vorzeitig, endet der Kündigungsschutz. Die Arbeitnehmerin
hat auch das dem Arbeitgeber unverzüglich mitzuteilen (*BAG* NJW 2001, 92).

b) Schwerbehindertenschutz

78   In Umsetzung des Art. 3 Abs. 3 S. 2 GG wird **schwerbehinderten Men-schen** (Grad der Behinderung von mindestens 50, vgl. § 2 Abs. 2 SGB IX) ebenfalls ein behördlicher Kündigungsschutz durch das „Integrationsamt" gewährleistet, § 168 SGB IX. Ihnen kann nur mit einer Mindestfrist von vier Wochen ordentlich gekündigt werden, § 169 SGB IX. Jede Kündigung, auch die Änderungskündigung, bedarf der **vorherigen** Zustimmung des Integra-tionsamtes. Dagegen greift diese behördliche Fürsorge nicht bei der Anfech-tung wegen Täuschung über mangelnde Eignung wegen einer Behinderung (→ *Fall 2*). Rechtspolitisch ist die vom Gesetzgeber im SGB IX angelegte Beschäftigungsförderung schwerbehinderter Menschen durch ihren nicht nur temporär greifenden **absoluten Kündigungsschutz** als kontraproduktive Überregulierung zu kritisieren (vgl. nur §§ 164, 171 f. SGB IX): der Arbeits-markt wird solche Kündigungsverbote auf andere Weise zu umgehen wissen (*Preis*, NZA 1997, 1260 f.) und damit die Diskriminierung behinderter Men-schen eher noch verschärfen.

79   Das Verfahren des sog. „**BEM** = betriebliches Eingliederungsmanagement" nach § 167 Abs. 2 SGB IX geht allerdings – trotz der Regelung im SGB IX! – **alle** Arbeitnehmer, d.h. auch nichtbehinderte Menschen an. Bei der dort vorgeschriebenen „Gesundheitsprävention" sollen Arbeitgeber und Interes-senvertretung zusammenwirken, um länger erkrankten Kolleg/inn/en **recht-zeitig** durch Mobilisierung internen und externen Sachverstands den Weg zur Weiterarbeit ggf. an neuer („leidensgerechter") Stelle zu weisen (vgl. um-fassend *Beck*, NZA 2017, 81). Laut BAG handelt es sich dabei zwar nicht um eine formelle Wirksamkeitsvoraussetzung der Kündigung, wohl aber um eine Konkretisierung des **Verhältnismäßigkeitsprinzips** im Vorfeld einer perso-nenbedingten Kündigung (→ Rn. 47). Das BEM ist gegenüber der Kündigung das „mildere" Mittel (*BAG* NZA 2008, 173). Es genügt den gesetzlichen Min-destanforderungen, wenn es die zu beteiligenden Stellen, Ämter und Personen einbezieht, keine vernünftigerweise in Betracht zu ziehende Anpassungs- und Änderungsmöglichkeit ausschließt und die von den Teilnehmern eingebrachten Vorschläge sachlich erörtert (*BAG* NZA 2010, 398). Wird das BEM dagegen **unterlassen**, verschärft dies Darlegungs- und Beweislast des Arbeitgebers in Bezug auf die Erforderlichkeit der Kündigung. Doch kann die Mitwirkung des Betroffenen auch nicht erzwungen werden; zumindest eine ordnungsgemäße Belehrung des Arbeitnehmers muss der Arbeitgeber aber nachweisen (*BAG* NZA 2011, 993).

Der Schwerbehindertenschutz greift auch dann, wenn der Arbeitgeber von der Behin-derung nichts wusste. Ähnlich wie bei der Schwangerschaft kommt es nur darauf an, dass beim Zugang der Kündigung die Schwerbehinderung **objektiv** vorliegt. Jedoch muss der potenziell Geschützte den Arbeitgeber in angemessener Zeit von seiner (beantragten) Behinderung unterrichten, andernfalls der Kündigungsschutz aus § 168 SGB IX verwirkt sein kann. Jedoch reicht es aus, wenn die Berufung auf die Schwerbehinderteneigenschaft in der fristgerecht eingereichten **Klageschrift** enthalten ist – selbst dann, wenn diese erst nach Ablauf von drei Wochen zugestellt wird (*BAG* NZA 2011, 411). Einer **außerordentlichen Kündigung** „soll" nach § 174 Abs. 4 SGB IX die behördliche Zustimmung erteilt werden, wenn die Kündigung aus einem Grunde erfolgt, der nicht im Zusammenhang mit der Behinderung steht. Damit wird der verfassungsrechtlich geforderten Unabdingbarkeit des § 626 BGB Rechnung getragen, auch wenn nicht einsichtig ist, warum hier wiederum zwei Instanzen kumulativ über die gleichen Rechtsfragen zu befinden haben (Verwaltungs- *und* Arbeitsgerichtsbarkeit). Für die Klagefrist ist auch hier wieder auf § 4 S. 4 KSchG zu verweisen (→Rn. 76).

3. Kündigungsschutz bei Massenentlassungen (§§ 17 ff. KSchG)

Nicht allein Kündigungen, sondern „Entlassungen", d.h. auch andere vom **80** Arbeitgeber veranlasste Beendigungen einer bestimmten Größenordnung (in Kleinbetrieben z.B. mehr als fünf Arbeitnehmer, in Großbetrieben z.B. mindestens 30 Arbeitnehmer), verpflichten den Arbeitgeber nach § 17 KSchG zu einer **Anzeige beim Arbeitsamt**. Damit wird bei betriebsbedingten Kündigungen in größerer Zahl einerseits die Einschaltung der Arbeitsverwaltung, andererseits auch die Stellungnahme des Betriebsrats zur (zusätzlichen) **formellen Wirksamkeitsvoraussetzung** betriebsbedingter Kündigungen. Eine materielle Verbesserung des individuellen Bestandsschutzes ist dagegen auch durch die zugrunde liegende RL 98/59/EG nicht beabsichtigt worden. Meldet der anzeigepflichtige Arbeitgeber nicht die Massenentlassung, so ist die einzelne „Entlassung" nur unwirksam, soweit sich der Arbeitnehmer darauf beruft (MüArbR/*Berkowsky*, 3. Aufl., § 134 Rn. 37). Laut EuGH bezieht sich der Begriff „Entlassung" auf die **Kündigungserklärung** des Arbeitgebers, nicht auf die tatsächliche Beendigung. Entgegen der früheren deutschen Rechtspraxis darf der Arbeitgeber also Massenentlassungen erst nach Ende des Konsultationsverfahrens und nach Anzeige der beabsichtigten Massenentlassung vollziehen (*EuGH* NZA 2005, 213 – „Junk"); das BAG hat dies anerkannt, dem Arbeitgeber jedoch zunächst Vertrauensschutz gewährt (*BAG* NJW 2006, 3161). Trotz ihrer primär arbeitsmarktbezogenen Zielsetzung haben die §§ 17 ff. KSchG also kündigungsschutzrechtliche Relevanz, selbst dann, wenn es nur um Massen*änderungs*kündigungen geht (EuGH 21.9.2017 – C-429/16, ZESAR 2018, 137 m. Anm. *Reichold*).

IV. Die außerordentliche Kündigung

Nach § 626 Abs. 1 BGB kann jede Vertragspartei sich „aus wichtigem **81** Grund" vom Dienst- oder Arbeitsvertrag ohne Einhaltung einer Frist durch außerordentliche Kündigung lösen. Weil **Unzumutbarkeit** die Grenze jeder Vertragsbindung ist, enthält § 626 Abs. 1 BGB eine im Kern **zwingende** Regel (→ Rn. 70). Das zeigt auch die Norm des § 314 Abs. 1 BGB, die als *lex generalis* für alle Dauerschuldverhältnisse 2002 geschaffen wurde, ohne dadurch aber die *lex specialis* des § 626 BGB zu verdrängen (BT-Drs. 14/6040, S. 177). Der systematische Zusammenhang zwischen §§ 313, 314 BGB verdeutlicht jetzt auch die dogmatische Nähe der außerordentlichen Kündigung zum Institut des Wegfalls der Geschäftsgrundlage (→ Rn. 31).

Prüfungsschema 14: Begründetheit einer außerordentlichen Kündigung

1. Auslegung der Erklärung (Rn. 8, 16)
2. **Formelle** Wirksamkeit der Kündigung (Rn. 7)
3. Anhörung des Betriebsrats, § 102 BetrVG (Rn. 65)
4. Bei Sonderkündigungsschutz: Zustimmung nach §§ 17 Abs. 2 MuSchG, 174 SGB IX, 103 BetrVG (Rn. 75, 78)?
5. **Materielle** Wirksamkeit der außerordentlichen Kündigung:
   a) Einhaltung der Klagefrist, § 13 Abs. 1 S. 2 KSchG (Rn. 82)?
   b) Vorliegen eines „**wichtigen Grundes**", § 626 Abs. 1 BGB (Rn. 83)?
   c) Umfassende Interessenabwägung, § 626 Abs. 1 BGB (Rn. 85)?
   d) Einhaltung der Kündigungs*erklärungs*frist, § 626 Abs. 2 BGB (Rn. 87)?

1. Klagefrist (§ 13 Abs. 1 S. 2 KSchG)

82   Obwohl das KSchG auf außerordentliche Kündigungen keine Anwendung findet, wie § 13 Abs. 1 S. 1 KSchG klar stellt, gilt dennoch laut § 13 Abs. 1 S. 2 KSchG die **Drei-Wochen-Frist** des § 4 KSchG (Folge: § 7 KSchG!). Das hat einen guten Sinn, weil außerordentliche Kündigungen auch mit einer „sozialen Auslauffrist" versehen werden können und dann schwer von einer ordentlichen Kündigung zu unterscheiden sind. Außerdem wird häufig eine **Umdeutung** in eine ordentliche Kündigung nötig (§ 140 BGB): im Zweifel will der Arbeitgeber den Arbeitnehmer ja „los werden", so dass in der Erklärung nach § 626 BGB auch die „nur" ordentliche Kündigung enthalten ist (→ *Fall 7*). Wird also die Klagefrist versäumt, kann der „wichtige Grund" nach § 626 BGB nicht mehr geltend gemacht werden.

Achtung: Auch bei einer außerordentlichen Kündigung nach § 626 BGB muss die kurze Klagefrist des § 4 KSchG beachtet werden (vgl. § 13 Abs. 1 S. 2 KSchG)!

2. Wichtiger Grund (§ 626 Abs. 1 BGB)

83   Ob ein „wichtiger Grund" für eine außerordentliche Kündigung vorliegt, ist nach der Rechtsprechung des BAG in zwei Schritten zu prüfen:

- Der Sachverhalt muss „**an sich**" geeignet sein, einen Kündigungsgrund nach § 626 Abs. 1 BGB darzustellen (→ Rn. 84), und er muss

- nach einer **umfassenden Interessenabwägung**, bei der sämtliche Umstände des Einzelfalls zu berücksichtigen sind, die Unzumutbarkeit der Weiterbeschäftigung bis zum Ende der ordentlichen Kündigungsfrist (*lies* § 626 Abs. 1 BGB!) begründen (→ Rn. 85).

Dazu ist kritisch anzumerken, dass die eigenständige Bedeutung der ersten Stufe als Fortsetzung historisch überkommener „absoluter" Kündigungsgründe (bis 1969 etwa §§ 123, 124 GewO a.F.) mehr als fragwürdig ist. Wenn selbst Kassendifferenzen von ca. 20 DM oder veruntreute Leergutbons von 1,30 € „an sich" zur fristlosen Kündigung führen können (vgl. *BAG* NJW 2000, 1211 bzw. NJW 2011, 167), zeigt sich darin die Funktionslosigkeit dieser Prüfung. Sinnvoller erscheint es, sich an der Trias der ordentlichen Kündigungsgründe zu orientieren (Schaubild 16).

Wichtig: Ein wichtiger Kündigungsgrund ist immer dann gegeben, wenn ein die ordentliche Kündigung rechtfertigender personen-, verhaltens- oder betriebsbedingter Grund vorliegt, der so schwer wiegt, dass für eine Fortsetzung des Arbeitsverhältnisses die **Geschäftsgrundlage entfallen** ist (vgl. § 313 Abs. 3 S. 2 BGB).

a) „An sich wichtiger" Grund

Es gibt keinen *numerus clausus* „an sich wichtiger" Kündigungsgründe. Ursprünglich wurden vor allem krasse Störungen im Leistungs- bzw. im Vertrauensbereich dem § 626 Abs. 1 BGB zugeordnet, insbesondere beharrliche Arbeitsverweigerung, Vermögensdelikte, Tätlichkeiten oder grobe Beleidigungen des Arbeitgebers, Verstoß gegen Wettbewerbsverbote etc. Somit standen **verhaltensbedingte** Gründe ganz im Vordergrund, bei denen eine Abmahnung wegen der Schwere der Tat entbehrlich erschien (→ Rn. 54). Das BAG betont, dass noch immer der dringende Verdacht eines Diebstahls auch geringwertigster Gegenstände „an sich einen wichtigen Grund" auf der ersten Prüfungsstufe darstellt (*BAG* NJW 2000, 1969, 1971); das gilt selbst dann, wenn eine Verkäuferin 62 Miniflaschen mit Alkoholika wegnimmt, die nicht mehr als reguläre Ware verkauft werden konnten (*BAG* NZA 2004, 486, dazu *Schlachter*, NZA 2005, 433). Auch können teure Privattelefonate nach Mauritius (*BAG* NJW 2004, 2612), das stundenlange Aufsuchen von Internetseiten mit pornografischem Inhalt (*BAG* NJW 2006, 540) ebenso wie *wiederholte* sexuelle Belästigungen (*BAG* NJW 2012, 407 m. Anm. *Reinhard*) oder gar der Vorwurf des sexuellen Missbrauchs (*BAG* NJW 2011, 2231) einen wichtigen Kündigungsgrund darstellen. Weitergehend wurde inzwischen vom BAG anerkannt, dass auch personen- und betriebsbedingte Gründe als wichtige Gründe Anerkennung finden können: Obwohl hier grundsätzlich das Abwarten der ordentlichen Kündigungsfrist zumutbar erscheint, ist wegen der häufigen ordentlichen **Unkündbarkeit** (→ Rn. 71) die Annahme eines „wichtigen Grunds" im Ergebnis unausweichlich, um dem Arbeitgeber nicht sein Beendigungsrecht verfassungswidrig zu beschneiden (*BAG* NJW 2001, 1229 sowie *Oetker,* ZfA 2001, 332 f.).

84

b) Umfassende Interessenabwägung

85   Bei der Abwägung der konkreten Umstände spielt für das BAG neben dem „Ultima ratio-Prinzip" vor allem das sog. **„Prognoseprinzip"** die entscheidende Rolle (→ Rn. 36). Eine verhaltensbedingte fristlose Kündigung ist demnach gerechtfertigt, wenn dem Kündigenden die Fortsetzung des Arbeitsverhältnisses wegen der eingetretenen **Vertrauensstörung** nicht einmal bis zum Ablauf der Kündigungsfrist mehr **zumutbar** ist. Kann der Arbeitnehmer dagegen mit vertretbaren Gründen annehmen, sein Tun sei nicht vertragswidrig oder werde zumindest geduldet, so muss der Arbeitgeber zu dem milderen Mittel der Abmahnung greifen, wenn ein steuerbares Verhalten in Rede steht und erwartet werden kann, dass das Vertrauen wieder herstellbar ist (vgl. § 314 Abs. 2 BGB). Das kann nach dem viel diskutierten „Emmely"-Urteil des *BAG* sogar dann bejaht werden, wenn der Unterschlagung von Leergutbons (Wert 1,30 €) eine beanstandungsfreie Dienstzeit von 30 Jahren gegenüber steht: „Je länger eine Vertragsbeziehung ungestört bestanden hat, desto eher kann die Prognose berechtigt sein, dass der dadurch erarbeitete Vorrat an Vertrauen durch einen erstmaligen Vorfall nicht vollständig aufgezehrt wird" (*BAG* NJW 2011, 167, 171 – Rz. 47; dazu *Stoffels*, NJW 2011, 118). Nur bei besonders schwerwiegenden Verstößen, deren Vertrags- und Rechtswidrigkeit dem Arbeitnehmer ohne weiteres erkennbar ist und bei denen eine Billigung des Arbeitgebers offensichtlich ausscheidet, ist eine Abmahnung sinnlos (soweit nicht ein erarbeitetes „Vertrauenskapital" wie im „Emmely"-Fall eine solche nötig erscheinen lässt). Das ist erheblich bei **„Verdachtskündigungen"**, wenn der Arbeitgeber seine Kündigung damit begründet, dass gerade der Verdacht eines nicht erwiesenen strafbaren oder vertragswidrigen Verhaltens der Fortsetzung des Arbeitsverhältnisses die Vertrauens- und damit die Geschäftsgrundlage entzogen habe. Jedoch bedarf es hierzu der vollständigen Aufklärung des Sachverhalts und vor allem auch der Anhörung des oder der Betroffenen (*BAG* NJW 2000, 1211); entzieht sich der Arbeitnehmer der Anhörung, wird die Erklärungsfrist (§ 626 Abs. 2 BGB) gehemmt und geht dies im Ergebnis nicht zu Lasten des Arbeitgebers (*BAG* NJW 2014, 3389).

Beispielsfall: Beim ICE-Steward Mirko werden bei einer routinemäßigen Stichprobenkontrolle nach Beendigung seines Dienstes im sog. Bordtreff drei Kaffeebecher aus Porzellan (Wert je € 3,28) und zwei Packungen eines Westfälischen Knochenschinkens (Wert je € 2,69) gefunden, die unstreitig aus dem Bestand seiner Arbeitgeberin, der DB AG, stammen. Nach deren Dienstanweisung zur Personalverpflegung ohne Entgelt stehen den Mitarbeitern des Restaurantwagens eine „Vesper" und ein Abendessen zu, das grundsätzlich im Zugrestaurant einzunehmen ist. Freie Anwesenheitskost darf nicht mitgenommen werden. Darf die DB AG dem M außerordentlich kündigen?

Lösung: Die außerordentliche Kündigung ist nach § 626 Abs. 1 BGB wirksam, wenn (1) wegen eines „an sich" wichtigen Grundes (2) nach einer umfassenden Interessenabwägung die Weiterbeschäftigung des M bis zum Ende der ordentlichen Kündigungsfrist für die DB AG unzumutbar war.

1. „An sich wichtiger" Grund. Die Umstände legen hier den dringenden Verdacht eines Diebstahls bzw. einer Unterschlagung nahe, die auch bei geringwertigen Sachen wie hier noch die Schwelle des wichtigen Grundes erreicht. Straftatbestände setzen Vorsatz voraus. Dem Arbeitnehmer muss die Widerrechtlichkeit seines Verhaltens folglich bewusst sein, jedenfalls dann, wenn eine klare Dienstanweisung zur Personalverpflegung ohne Entgelt wie hier die Grenzen des erlaubten Tuns dem M vor Augen führte. Dabei kommt es nicht auf die strafrechtliche Bewertung seines Verhaltens an, sondern auf den Verstoß gegen vertragliche Haupt- oder Nebenpflichten (*BAG* NJW 2011, 167, 169 – Rz. 30).

2. Umfassende Interessenabwägung. M konnte hier nicht davon ausgehen, dass die DB AG die Mitnahme der Kaffeebecher und der Schinkenpackungen dulden würde. Das folgt schon aus seiner Vertrauensstellung als Steward, dem trotz geringer Überwachungsmöglichkeiten der DB AG eine Vielzahl der in ihrem Eigentum stehenden Güter zum Verkauf und zur Obhut anvertraut war. Wegen des sich aufdrängenden Verdachts des Missbrauchs des in ihn gesetzten Vertrauens konnte die DB AG hier nicht auf das mildere Mittel der Abmahnung verwiesen werden. Die außerordentliche Kündigung war somit nach § 626 Abs. 1 BGB gerechtfertigt (*BAG* NJW 2000, 1969).

c) Besonderheiten bei unkündbaren Arbeitnehmern

Grundsätzlich gilt für ordentlich (tariflich) **unkündbare** Arbeitnehmer **86** (→ Rn. 71) nach § 626 BGB nichts anderes als für vergleichbare kündbare Arbeitnehmer, deren Weiterbeschäftigung „bis zum Ablauf der Kündigungsfrist" ebenfalls unzumutbar wäre. Denn sonst würde der tariflich Unkündbare gegenüber dem Kündbaren ungerechtfertigt benachteiligt werden. Es soll also nach § 626 BGB keine Kündigung aus „minder wichtigem Grund" geben. Andererseits aber kann der Ausschluss der außerordentlichen Kündigung in einem bestehenden Dauerschuldverhältnis nicht zu einer (auch verfassungsrechtlich) unzumutbaren „Ewigkeitsbindung" führen (*Bröhl*, S. 65). Deshalb ist – methodisch vorzugswürdig (*Bröhl*, S. 66 ff.; *Oetker*, ZfA 2001, 336 ff.) – unter **verfassungskonformer Restriktion** der Tarifnorm eine Kündigung bei „evidenter Unzumutbarkeit" der Aufrechterhaltung des Arbeitsverhältnisses (z.B. in Fällen der Betriebsstilllegung oder der dauerhaften Erkrankung) gegenüber dem geschützten Arbeitnehmer möglich, die den Regeln der ordentlichen Kündigung folgt. Das BAG allerdings geht von einer „außerordentlichen Kündigung unter Gewährung einer Auslauffrist" aus (*BAG* NJW 2000, 1969, 1974). An einem **einzelvertraglichen** Kündigungsausschluss muss sich der Arbeitgeber allerdings stärker festhalten lassen als an einer pauschalen Tarifregelung (*BAG* BB 2004, 2303).

3. Kündigungserklärungsfrist (§ 626 Abs. 2 BGB)

87   Die außerordentliche Kündigung muss innerhalb einer **Ausschlussfrist** („nur") von zwei Wochen erklärt werden, § 626 Abs. 2 S. 1 BGB. Andernfalls vermutet der Gesetzgeber unwiderleglich, dass die Fortsetzung des Arbeitsverhältnisses nicht unzumutbar ist. Die Frist schützt vor allem den Arbeitnehmer, weil er nach Ablauf nicht mehr mit einer sofortigen Entlassung rechnen muss.

88   Problematisch ist oft die Bestimmung des **Fristbeginns** nach § 626 Abs. 2 S. 2 BGB. Der Kündigungsberechtigte muss eine sichere und möglichst vollständige Kenntnis der maßgeblichen Tatsachen erlangen, bevor er die Kündigung ausspricht – bei der Verdachtskündigung kann das besonders schwierig sein (*BAG* NJW 2014, 3389 → Rn. 85). Er muss in gebotener, aber nicht hektischer Eile die Ermittlungen anstellen. In großen Unternehmen ist ausschlaggebend für die Kenntniserlangung und Entscheidungsbildung das zuständige Organ (z.B. Personalausschuss, vgl. *BAG* NZA 1994, 1086) und dessen nicht unangemessen verzögerte Einberufung (→ *Fall 7*). Bei sog. **Dauertatbeständen** (z.B. wiederholte Unpünktlichkeiten) beginnt die Ausschlussfrist mit dem letzten Vorfall, der das „Fass zum Überlaufen" bringt. Bei häufigen Kurzerkrankungen kann das heißen, dass der Lauf der Frist des § 626 Abs. 2 BGB ständig neu in Gang gesetzt wird, sobald und solange diese den Schluss auf eine dauerhafte Krankheitsanfälligkeit zulassen und damit eine negative Gesundheitsprognose begründen (*BAG* NJW 2014, 3054). Wird bei einem Straftatbestand nicht schon nach Bekanntwerden der Tat (→ Beispiel Rn. 85), sondern erst nach der Verurteilung gekündigt, so ist das nicht zu beanstanden. Die Ausschlussfrist läuft hier ab Kenntniserlangung von der *Verurteilung* des Arbeitnehmers als der kündigungserheblichen Tatsache (*BAG* NJW 1996, 2253: Volksverhetzung durch ausländerfeindliche Flugblätter).

89   Existiert ein Betriebsrat, muss dieser nach § 102 Abs. 2 S. 3 BetrVG vor Ausspruch der Kündigung angehört werden. Damit mindert sich die Zwei-Wochen-Frist noch um weitere **drei Tage**, weil dem Betriebsrat eine entsprechende Überlegungsfrist zusteht und die Frist des § 626 Abs. 2 BGB dadurch nicht verlängert wird. Im Regelungsbereich des § 103 BetrVG (→ Rn. 73) tritt im Falle der Verweigerung der Zustimmung durch den Betriebsrat der Antrag auf gerichtliche Ersetzung der Zustimmung an die Stelle des Ausspruchs der Kündigung (vgl. auch § 174 Abs. 5 SGB IX: Fristwahrung nicht nötig, soweit Kündigung „unverzüglich nach Erteilung der Zustimmung" ausgesprochen).

V. Die Änderungskündigung

1. Inhalts- statt Bestandsschutz (§ 2 KSchG)

90   Die Änderungskündigung wird durch § 2 KSchG dem Kündigungsschutz unterworfen, obwohl es ja nicht um die Beendigung des Arbeitsverhältnisses,

sondern nur um seine „Änderung" geht. Dadurch wird ein gesetzlicher **Inhaltsschutz** der ursprünglichen Arbeitsbedingungen erreicht, der freilich vor dem Hintergrund sich ständig wandelnder Rahmenbedingungen für das Unternehmen in seiner Starrheit problematisch erscheint. Zur Vermeidung einer umständlichen Änderungskündigung empfiehlt sich daher grundsätzlich eine **vorsorgende Flexibilisierung** des Arbeitsvertrags durch Vorbehaltsklauseln (→ Rn. 92).

2. Abgrenzung zur Vertragsänderung

a) Teilkündigung

Anders als die Änderungskündigung möchte die „Teilkündigung" das Arbeitsverhältnis **91** nicht als Ganzes in Frage stellen, sondern nur einzelne Bedingungen „herauskündigen", d.h. Änderungen nur durch Wegfall eines isolierbaren Teils ermöglichen. Sie hat daher „kassatorischen" Charakter (*G. Hueck,* RdA 1968, 202). Der Kündigende soll aber nach h.M. nicht **einseitig** einzelne missliebige Teile aus dem verhandelten Gesamtpaket ohne Einvernehmen mit dem Vertragspartner entfernen dürfen – deshalb wird die Teilkündigung für **unzulässig** gehalten. Schon *Götz Hueck* (RdA 1968, 205) hat aber betont, dass anstelle der Teilkündigung die Parteien regelmäßig einen „Widerrufsvorbehalt" vereinbaren wollen. Damit ist (wieder) auf die vertragliche Vorsorge bei der Abfassung von Arbeitsverträgen zu verweisen (→ § 8 Rn. 10 ff.).

b) Vorbehaltsklauseln (Änderungsvorbehalte)

Anstelle der unzulässigen Teilkündigung kann der Arbeitgeber von An-   **92** fang an Vorbehaltsklauseln vorsehen, die im Leistungsbereich (z.B. Versetzungsklauseln) und im Entgeltbereich (z.B. Widerrufsklauseln → § 8 Rn. 12) eine (sachlich durch angemessen formulierte AGB begründete) **nachträgliche Änderungsbefugnis** erlauben (Billigkeitskontrolle nach § 315 BGB!). Eine einseitige Abwälzung des Wirtschaftsrisikos auf den Arbeitnehmer lässt sich damit aber nicht rechtfertigen. Das BGB verlangt ausweislich der §§ 310 Abs. 4, 307 Abs. 2 BGB eine Angemessenheitskontrolle solcher AGB-Klauseln nach Maßgabe der vertraglichen Risikoverteilung (Inhaltskontrolle → § 7 Rn. 32). Durch einseitige Klauseln darf jedenfalls nicht das vertraglich vereinbarte Synallagma des Arbeitsverhältnisses im Kern entwertet werden (BAGE 116, 267 = NZA 2006, 423 zur Arbeit auf Abruf; dazu auch *Reichold,* RdA 2002, 321, 330 ff.).

c) Weisungsrecht (→ § 3 Rn. 52)

Die Änderungskündigung ist nicht notwendig, soweit das Weisungsrecht   **93** reicht. Die dem Arbeitgeber kraft Arbeitsvertrags zustehende **Leitungsmacht** sichert einen breiten „horizontalen" Einsatzbereich und damit eine gewisse Flexibilität in Bezug auf die Arbeitsleistung (→ § 9 Rn. 3). Solange nicht die Weisung den Arbeitsvertrag verändert, was unzulässig ist, bedarf es also keiner Änderungskündigung (vgl. *Hromadka,* RdA 1992, 234). Das BAG hat daher zutreffend für den Fall, dass die vom Arbeitgeber erstrebten Änderungen sich schon durch die Ausübung des Weisungsrechts gem. §§ 106 S. 1 GewO, 611a Abs. 1 S. 2 BGB durchsetzen lassen, eine Änderungskündigung für **überflüssig** und die entsprechende Klage für unbegründet erklärt (*BAG* NJW 2012, 3051).

3. Duale Struktur

94   Der Gesetzeswortlaut des § 2 KSchG weist klar auf das Zusammenspiel von **Kündigung** *und* **Änderungsangebot** hin. Der Sache nach geht es dem Arbeitgeber um eine Vertragsänderung, die einvernehmlich problemlos möglich ist (§ 311 Abs. 1 BGB: „Änderung des Inhalts eines Schuldverhältnisses"), nicht jedoch ohne weiteres gegen den Willen des Arbeitnehmers möglich sein soll. Zur Kündigungserklärung muss als zweites Element ein bestimmtes oder bestimmbares Änderungsangebot (§ 145 BGB) *spätestens* mit Zugang der Kündigungserklärung hinzutreten (*BAG* NZA 2002, 54). Daraus ergibt sich folgendes

Prüfungsschema 15: Begründetheit einer Änderungskündigung

1. Erklärung einer bedingten Kündigung **zusammen** mit einem Angebot auf Abschluss eines Änderungsvertrags (Rn. 95)
2. **Formelle** Wirksamkeit der Änderungskündigung (Rn. 7)
3. Anhörung des Betriebsrats, § 102 BetrVG (Rn. 65)
4. Bei Sonderkündigungsschutz: Zustimmung nach §§ 17 Abs. 2 MuSchG, 168 SGB IX, 103 BetrVG (Rn. 75, 78)?
5. **Materielle** Wirksamkeit der Änderungskündigung:
   a) Einhaltung der Klagefrist (Rn. 82)?
   b) Annahme des Änderungsangebots mit oder ohne Vorbehalt des § 2 KSchG (Rn. 97)?
   c) **Änderung der Arbeitsbedingungen** „sozial gerechtfertigt" nach § 1 Abs. 2 KSchG (Rn. 98)?

a) Echte Kündigung

95   Die Änderungskündigung ist insoweit „echte" Kündigung, als das Arbeitsverhältnis **endet**, wenn sich der Arbeitnehmer weigert, das Änderungsangebot anzunehmen. Die formalen Voraussetzungen einer Kündigung wie Schriftform (§ 623 BGB) und rechtzeitiger Zugang etc. (→ Rn. 7 ff.) müssen daher ebenso vorliegen wie behördliche Zustimmungen beim Sonderkündigungsschutz (→ Rn. 70). Auch außerordentliche Kündigungen sind analog § 2 KSchG möglich, bei unkündbaren Arbeitnehmern (→ Rn. 86) sogar notwendig (*BAG* NZA 2010, 628 – Rz. 24). Rechtsdogmatisch lässt sich die Änderungskündigung als durch die Ablehnung des Änderungsangebots **aufschiebend bedingte** Kündigung (§§ 620 Abs. 2, 622, 158 Abs. 1 BGB) darstellen. Das widerspricht nur auf den ersten Blick der Bedingungsfeindlichkeit der Kündigung (→ Rn. 6). Denn hier hängt der Eintritt der Bedingung vom Willen des Kündigungsempfängers ab (sog. **Potestativbedingung**), so dass die sonst unzulässige Ungewissheit über die Wirksamkeit der Kündigung gerade nicht besteht: der Empfänger hat es ja *selbst* in der Hand, über den Eintritt der Bedingung zu entscheiden.

b) Änderungsangebot

Das Änderungsangebot des Arbeitgebers muss nach allgemeinen Regeln **96** mit einem schlichten „Ja" annehmbar sein (§§ 145, 147 BGB). Es darf der Kündigung **nicht nachfolgen**, weil sonst die Bewertung der Kündigung „im Zeitpunkt des Zugangs" nicht mehr möglich wäre (*BAG* NZA 2002, 54). Geht es dem Arbeitgeber in erster Linie um die Änderung der Arbeitsbedingungen, so kann er auch ein schlichtes Änderungsangebot machen (§ 311 Abs. 1 BGB), muss ansonsten aber die wirksame Verknüpfung zur Kündigung gem. § 2 KSchG herstellen. Das einer ersten Kündigung „nachgereichte" Änderungsangebot kann mangels Schriftform auch nicht in eine zweite „Änderungskündigung" umgedeutet werden.

c) Reaktion des Arbeitnehmers

Der Arbeitnehmer kann das Änderungsangebot nur dann auf seine „soziale **97** Rechtfertigung" überprüfen lassen, wenn er es innerhalb von drei Wochen nach Zugang der Kündigung **unter Vorbehalt** annimmt, § 2 S. 1, 2 KSchG. Eine konkludente Annahme liegt in der Erhebung der Änderungsschutzklage, nicht aber in der bloßen Weiterarbeit. Denn er müsste ja auch weiterarbeiten, würde er ohne Vorbehalt annehmen oder würde er das Angebot ganz ablehnen. Die **vorbehaltlose** Annahme ist nicht an die Frist des § 2 S. 2 KSchG gebunden, sondern kann bis zu dem Tag erfolgen, an dem der Arbeitgeber unter Einhaltung der Kündigungsfrist letztmals hätte kündigen können (BAGE 104, 315 = NZA 2003, 659). Nach Ablauf der Klagefrist (§ 2 S. 2 KSchG) weiß der Arbeitgeber regelmäßig, dass nur noch zwei Möglichkeiten bestehen: entweder arbeitet der Arbeitnehmer zu den neuen Bedingungen weiter oder das Arbeitsverhältnis wird mit Ablauf der Kündigungsfrist sein Ende finden. Möchte er Planungssicherheit, so mag er eine Frist nach § 148 BGB setzen.

4. Soziale Rechtfertigung

Der Wortlaut von § 2 S. 1, § 4 S. 2 und § 8 KSchG legt offen, dass der dem § 1 **98** KSchG entlehnte Prüfungsmaßstab sich nicht auf die „Beendigung", sondern auf die **Änderung der Arbeitsbedingungen** beziehen muss. Die Voraussetzungen für eine Beendigungskündigung müssen daher (selbstverständlich) nicht vorliegen, um die Wirksamkeit einer Änderungskündigung zu begründen – das folgt schon aus dem „Ultima-ratio"-Prinzip. Das BAG prüft in zwei Schritten:

- Welche in der Person, im Verhalten oder im Betrieb wurzelnden Gründe bedingen die Kündigung?
- Hat sich der Arbeitgeber bei einem an sich anerkennenswerten Grund darauf beschränkt, nur solche Änderungen vorzuschlagen, die der Arbeitnehmer billigerweise hinnehmen muss?

99 Zunächst ist zu trennen zwischen dem „Anlass" und dem „Ziel" der Änderungskündigung. Beide müssen nicht nur jeweils für sich genommen einem berechtigten Anliegen entsprechen. Sie müssen vor allem in einem angemessenen Verhältnis *zueinander* stehen. Das Korrektiv der Interessenabwägung sorgt auch hier dafür, dass Bagatellen nicht *ohne Not* zu einer aufgezwungenen Vertragsänderung führen. Maßgeblich ist in der Praxis meist, ob eine Änderung der **Leistung** oder eine Änderung der **Gegenleistung** angestrebt wird (vgl. *Hromadka*, NZA 1996, 8 ff.). Mit Leistungsänderungen muss der Arbeitnehmer schon im Rahmen des Weisungsrechts, aber auch darüber hinaus rechnen. Dagegen wird eine Entgeltkürzung allein aus Gründen der Gleichbehandlung vom BAG grundsätzlich nicht anerkannt (*BAG NJW* 2000, 756; NZA 2002, 750). Gerade bei Entgeltfragen darf der Grundsatz der Vertragsfreiheit nicht durch Änderungskündigungen überspielt werden. Ganz anders verhält es sich dagegen bei **Nebenbedingungen** wie der Abschaffung von Überstundenpauschalen zu Gunsten eines Ausgleichs in Freizeit (*BAG NZA* 2001, 492). Einseitige Veränderungen im Randbereich der Vertragsbedingungen sind dem Arbeitnehmer eher zuzumuten als im Kernbereich des Synallagmas, so auch bei Änderungskündigung auf Wegfall des Werkbusverkehrs (*BAG NZA* 2003, 1029). Doch hat das BAG bisher noch keinen Fall entdeckt, in dem die Voraussetzungen für eine Änderungskündigung zur **Entgeltabsenkung** bejaht wurden (vgl. *Hromadka*, DB 2002, 1322, 1325). Das wird nur möglich sein, wenn ein Fall des § 313 Abs. 1 BGB vorliegt, also ein Fall der evidenten Störung der Geschäftsgrundlage.

Fall 7: Eine gründliche Kündigung

Außerordentliche Kündigung eines GmbH-Geschäftsführers, Kündigungserklärungsfrist und Willensbildung in der GmbH, Nachschieben von Kündigungsgründen, Umdeutung in eine ordentliche Kündigung, vgl. *BGH NJW* 1998, 3274

Sachverhalt

Gustav ist seit 2012 einer von zwei Geschäftsführern einer Altenheim-GmbH; für diese Tätigkeit erhält er eine monatliche Vergütung von 6000,– €. Gleichzeitig hält er an der A-GmbH 40 % der Anteile, während die Stadt S zu 60 % beteiligt ist. Aufgrund privater

Probleme ist er schon mehrfach angetrunken bei Geschäftsterminen erschienen, worauf einige Geschäfte scheiterten. Hierfür wurde er von der A-GmbH bereits abgemahnt. Nachdem Gustav am 14. Dezember 2014 bei einem wichtigen Termin wiederum volltrunken erschien, wurde Fritz, der zweite Geschäftsführer der A-GmbH, von der Stadt S am 16. Dezember 2014 aufgefordert, eine außerordentliche Gesellschafterversammlung einzuberufen (vgl. §§ 49 Abs. 2, 50 Abs. 1, 2 GmbHG). In dieser sollte eine Abberufung von Gustav als Geschäftsführer, die Kündigung seines Anstellungsvertrages und die Bestellung eines neuen Geschäftsführers beschlossen werden. Fritz, der mit Gustav gut zurechtkommt, erklärte sich zunächst zur Einberufung – jedoch nicht vor Januar – bereit, teilte dann aber durch Schreiben vom 17. Januar 2015 mit, dass derzeit eine Versammlung nicht stattfinden könne.

Nachdem die Stadt S am 20. Januar 2015 Fritz erneut vergeblich zur Einberufung der Gesellschafterversammlung der A-GmbH aufgefordert hatte, lud sie mit Einschreiben vom 16. März 2015 selbst unter Bezugnahme auf das Einberufungsrecht nach § 50 III GmbHG zur Gesellschafterversammlung auf den 28. März 2015. Dort wurde neben der Abberufung des Gustav auch die fristlose Kündigung seines Anstellungsvertrages „wegen Trunkenheit" beschlossen. Dabei wurde in das Protokoll der Gesellschafterversammlung aufgenommen, dass eine Fortsetzung der Geschäftsführertätigkeit durch Gustav nicht mehr möglich sei. Mit Schreiben vom selben Tag wurde der Beschluss dem Gustav mitgeteilt und ihm gegenüber die Kündigung ausgesprochen.

Nunmehr ist Gustav empört. Im Rahmen der nächsten ordentlichen Gesellschafterversammlung, die am 15. Mai 2015 stattfindet, äußert er sich abfällig über die Unverschämtheit dieser Kündigung. Er ist der Ansicht, dass die Kündigung nicht rechtens sei und verlangt von der Stadt S, seine Tätigkeit als Geschäftsführer weiter ausüben zu dürfen. Die Stadt S weist Gustav darauf hin, dass die Kündigung vom 28. März 2015 schon deshalb wirksam sei, weil Gustav, wie sie mittlerweile erfahren habe, am 27. März 2015 dreißig Minuten zu spät zu einem Geschäftstermin erschienen sei. Dadurch sei ein wichtiges Geschäft geplatzt. In jedem Fall sehe sie aufgrund der Zerstörung des Vertrauensverhältnisses keine Möglichkeit mehr, ihn weiter zu beschäftigen.

Hat Gustav einen Anspruch auf weitere Beschäftigung ab Mai 2015?

Lösung

Anspruch des G auf weitere Beschäftigung aus § 611 BGB?

Klausurtipp: Bei diesem Bearbeitervermerk wird von Ihnen nicht die Prüfung der klassischen Kündigungsschutzklage erwartet. Hier geht es vielmehr darum, die Problematik der Kündigung rein materiellrechtlich in den Anspruchsaufbau zu integrieren. Deshalb beginnt die Lösung mit der Prüfung des vertraglichen Primäranspruchs.

A. Anspruch entstanden

→ Wirksamer Anstellungsvertrag, § 611 BGB (+)
Nach der Trennungstheorie ist beim Geschäftsführer Arbeits- bzw. Dienstverhältnis getrennt vom organschaftlichen Verhältnis zu beurteilen. Dieser Vertrag ist unbefristet, somit Anspruch zunächst entstanden. Es handelt sich um einen Dienstvertrag nach § 611 BGB (*Kein* Arbeitsvertrag gem. § 611a BGB).

B. Anspruch erloschen

→ durch Kündigung?

I. Außerordentliche Kündigung

Klausurtipp: Prüfen Sie jeden Kündigungsgrund einzeln. Jeder kann für sich genommen ausreichender Grund für eine außerordentliche Kündigung sein.

1. Kündigung wegen Trunkenheit

a) Erklärung (+)

Schriftform (§ 623 BGB) (+)
Zugang nach § 130 BGB (+)

b) Wichtiger Grund, § 626 Abs. 1 BGB (+)

aa) „An sich wichtiger" Grund (+)

Trunkenheit bei der Arbeit ist sachlicher Grund, jedenfalls soweit es sich nicht um eine „Krankheit" handelt.

bb) Interessenabwägung im Einzelfall

Abmahnung bereits geschehen;
in der Zeit bis zur Beendigung durch ordentliche Kündigung (§ 621 Nr. 3 BGB: 30. April 2015) könnten weitere Geschäfte platzen;
Unzuverlässige Präsentation der GmbH nach außen;
→ außerordentliche Kündigung auch im Einzelfall zumutbar.

c) Kündigungserklärungsfrist, § 626 Abs. 2 BGB (–)

aa) Zeitpunkt der Kenntniserlangung

Nach Rechtsprechung bei Kollegialorganen (hier: Gesellschafterversammlung) erst mit der Kollegialversammlung (28. März 2015).

bb) Ausnahme?

Hier Kenntnis des Mehrheitsgesellschafters (vgl. § 47 Abs. 4 S. 2 GmbHG) bereits am 16. Dezember 2014.
→ Verlangen nach §§ 49, 50 Abs. 1 GmbHG wurde gestellt, aber abgelehnt
Ausübung des Selbsthilferechts nach § 50 Abs. 3 GmbHG?
Hier Weigerung des F am 17. Januar 2015, Ausübung des Selbsthilferechts am 16. März 2015
→ mit Sinn und Zweck des § 626 Abs. 2 BGB nicht vereinbar, in einer derart wichtigen Angelegenheit so lange zuzuwarten, somit fiktiver Fristbeginn mit Weigerung des F am 17. Januar 2015.
Frist des § 626 Abs. 2 BGB ist somit verstrichen.

d) Zwischenergebnis

Kündigung wegen Trunkenheit unwirksam.

2. Kündigung wegen Unpünktlichkeit

a) Möglichkeit des Nachschiebens von Kündigungsgründen grds. (+)

Nach h.M. erlaubt, soweit Kündigungsgründe vorliegen, die vor dem Ausspruch der Kündigung entstanden waren. Die hier gerügte Verspätung war am 27. März 2015 passiert, somit Kündigungserklärung am 28. März 2015 möglich.

b) Kündigungserklärungsfrist eingehalten (–)

→ Nachschieben kann aber nur dann wirksam erfolgen, wenn bezüglich überhaupt „irgend einen" wichtigen Grunds die Kündigungserklärungsfrist eingehalten worden ist. Das ist aber bezüglich der ursprünglichen Kündigung wegen Trunkenheit gerade nicht passiert. Diese wurde zu spät erklärt, was auch nicht durch das Nachschieben eines *anderen* Kündigungsgrundes geheilt werden kann. Eine eigene „neue" Kündigungserklärung wegen des neuen Sachverhalts ist nicht erfolgt.

3. Ergebnis

→ Außerordentliche Kündigung unwirksam.

II. Umdeutung in ordentliche Kündigung, § 140 BGB?

> **Klausurtipp:** Für den Geschäftsführer einer GmbH gilt kein Kündigungsschutz, vgl. § 14 Abs. 1 Nr. 1 KSchG. Vielmehr greift allenfalls eine vorsichtig analoge Prüfung von KSchG-Prinzipien unter dem Gesichtspunkt der Treubindung im GmbH-Recht (§ 242 BGB).

1. Nichtiges Rechtsgeschäft (+)

Außerordentliche Kündigung vom 28. März 2015.

2. Umdeutbarkeit (+)

Vom strengen in weniger strenges Rechtsgeschäft grundsätzlich möglich.

3. Entsprechung (+)

§ 621 BGB bedarf allenfalls eines sachlichen Grundes, der jedenfalls gegeben ist, wenn sogar ein „wichtiger Grund" vorliegt. Eine Erklärungsfrist ist nicht einzuhalten. In seiner Wirkung entspricht die ordentliche Kündigung der außerordentlichen Kündigung insoweit, als das Arbeitsverhältnis aufgelöst wird.

4. Hypothetischer Wille (+)

Die A-GmbH hat ihren Willen, G aus dem Arbeitsverhältnis zu entlassen, bekräftigt, weil das Vertrauensverhältnis zerstört sei.

III. Ergebnis

Dienstverhältnis mit Ablauf des 30. April 2015 durch ordentliche Kündigung beendet. Darüber hinaus besteht kein Beschäftigungsanspruch aus § 611 BGB mehr.

> **Klausurtipp:** Bei dieser Klausur mit einer materiell-rechtlichen Fragestellung waren Ausführungen zu Klagefrist bzw. Rechtswegzuständigkeit entbehrlich. Dass es sich materiell nicht um Arbeitsrecht, sondern um Dienstvertragsrecht handelt, musste aber selbstverständlich erkannt werden.

VI. Kontrollfragen

1. Könnte der Gesetzgeber „zur Entfesselung des Arbeitsmarktes" den Kündigungsschutz nach KSchG abschaffen und die Beendigungsfreiheit des Arbeitgebers nur an § 242 BGB binden?
2. Welche Art der Vertragsbeendigung ist nach der Kündigung die in der Praxis geläufigste?
3. Wie lässt sich im Wege der Auslegung (§ 133 BGB) die außerordentliche von der ordentlichen Kündigung unterscheiden?
4. Warum möchte der moderne Gesetzgeber die Kündigung nach § 623 BGB nicht in der elektronischen Form nach § 126a BGB zulassen?
5. Erklären Sie, warum die Versendung des Kündigungsschreibens durch ein Einschreiben mit Rückschein nicht der sicherste Weg der Zustellung ist!
6. Was macht den rechtsdogmatischen Unterschied zwischen einer Anfechtung und einer Kündigung aus?
7. Monika wird vom Privatsender Larifari für die Moderation einer bestimmten Sendung eingestellt. Der Arbeitsvertrag enthält die Klausel: „M obliegt die redaktionelle Betreuung und Moderierung der Sendung XY." Als nach zwei Jahren die Sendung abgesetzt wird, wird M mitgeteilt, dass ihr „zweckbefristeter Arbeitsvertrag" wegen Einstellung der Sendung beendet sei. Kann sich M gegen die Beendigung ihres Arbeitsverhältnisses wehren?
8. Kann der Arbeitnehmer den am Arbeitsplatz unterschriebenen Auflösungsvertrag, der auch der Schriftform des § 623 BGB genügt, mit dem Argument widerrufen, er mache aus seinem Recht aus § 312 BGB Gebrauch?
9. Helmut möchte sein Textilgeschäft altersbedingt aufgeben und findet als Käufer die „Young-Miss-GmbH". Seine altgediente Verkäuferin Paula sieht sich allerdings nicht in der Lage, in dem neuen „jungen Laden" weiter zu arbeiten und möchte dem Betriebsübergang widersprechen. Was ist ihr zu raten?
10. Auf welchen allgemeinen Rechtsgrundsätzen beruht die Prüfung der „sozialen Rechtfertigung" einer ordentlichen Kündigung?
11. Kann in den ersten sechs Monaten der Betriebszugehörigkeit oder in einem Kleinstbetrieb ganz allgemein ohne Einschränkung gekündigt werden?

12. Die in einer von der Amtskirche getragenen Schule tätige Lehrerin Linda hat ihr Herz für die kleine, aber streitbare Sekte „Erlöser der Menschheit" entdeckt und tritt für diese Sekte öffentlich auf, wohl wissend, dass sie damit die Tendenz ihres Arbeitgebers deutlich kritisiert. Kann ihr der kirchliche Schulträger deshalb kündigen, und wenn ja, aus welchem Grund? Bedarf es einer Abmahnung?

13. Der Krankenpfleger Anton ist aufgrund seiner Beschäftigungszeit und seines Alters nach dem TVöD „unkündbar". Seit einigen Wochen kommt er freitags regelmäßig zu spät zum Dienst. Der Verwaltungsleiter hat bereits eine „Ermahnung" und eine „Abmahnung" erteilt. Anton setzt sein vertragswidriges Verhalten jedoch fort. Kann ihm gekündigt werden?

14. In einem Zeitungsverlag wird wegen der Kündigung von Zeitungszustellern der Betriebsrat nach § 102 BetrVG nicht angehört, weil dieser sich für die Zeitungszusteller „nicht zuständig" fühlt. Was ist dem kündigungsberechtigten Vertriebsleiter dringend zu raten?

15. Dem im EDV-Haus Tycoon seit längerem nicht mehr zur Arbeit angetretenen Mitarbeiter Richard K. soll wegen beharrlichen Fernbleibens von der Arbeit gekündigt werden, die Kündigungsschreiben kommen jedoch beharrlich mit dem Vermerk „unzustellbar" zurück. Der Geschäftsführer fragt an, ob er dem R. K. per E-Mail kündigen kann, weil dies die einzig erfolgversprechende Adresse sei. Was ist ihm zu raten?

Empfehlungen zur vertiefenden Lektüre:

Literatur: *Bauer/Krieger*, Neuer Abfindungsanspruch – 1a daneben!, NZA 2004, 77; *Bayreuther*, Der Leiharbeitnehmer im Kündigungsrecht, NZA 2016, 1304; *Beck*, Betriebliches Eingliederungsmanagement – Eine Zwischenbilanz nach zehn Jahren Rechtsprechung des BAG, NZA 2017, 81; *Benecke*, AGG und Kündigungsschutz – das BAG und die diskriminierende Kündigung, AuR 2016, 9; *Bitter*, Der kündigungsrechtliche Dauerbrenner: Unternehmerfreiheit ohne Ende?, DB 1999, 1214; *Bröhl*, Die Orlando-Kündigung, FS Schaub, 1998, S. 55; *Deinert*, Die Druckkündigung im Lichte der Diskriminierungsverbote, RdA 2007, 275; *Ehmann/Sutschet*, Die betriebsbedingte Kündigung, Jura 2001, 145; *Feldmann/Schuhmann*, Überflüssiges „Schleppnetz" – Zum Streitgegenstand der Kündigungsschutzklage, JuS 2017, 214; *Gilberg*, Die Vertrauenskündigung, RdA 2015, 209; *Hanau*, Verfassungsrechtlicher Kündigungsschutz, FS Dieterich, 1999, S. 201; *Haußmann/Merten*, „Kündigungspflicht" und ihre arbeitsrechtliche Umsetzung, NZA 2015, 258; *Hromadka*, Möglichkeiten und Grenzen der Änderungskündigung, NZA 1996, 1; *G. Hueck*, Die Teilkündigung im Arbeitsrecht, RdA 1968, 201; *Kirtstein/Kittner/Schmidtchen*, Kündigungsschutzrecht in den USA und in Deutschland, in: Ott/Schäfer (Hrsg.), Ökonomische Analyse des Arbeitsrechts, 2001, S. 90; *Kaiser*, Die Unternehmerentscheidung bei betriebsbedingten Kündigungen, NZA-Beilage 1/2005, 31; *Kalb*, Von der Verdachts- zur Vertrauenskündigung, ZfA 2016, 467; *Nägele-Berkner*, Das Nachschieben von Kündigungsgründen bei der Kündigung von Schwerbehinderten – BAG versus BVerwG, NZA 2016, 19; *Odemer*, Examensprobleme zur Kündigungsschutzklage, JA 2015, 449; *Oetker.*, Arbeitsrechtlicher Kündigungsschutz und Tarifautonomie, ZfA 2001, 287; *Preis*, Prinzipien des Kündigungsrechts bei Arbeitsverhältnissen, 1987; *ders.*, Der Kündigungsschutz außerhalb des Kündigungsschutzgesetzes, NZA 1997, 1256; *Rebhahn*,

Abfindung statt Kündigungsschutz? – Rechtsvergleich und Regelungsmodelle, RdA 2002, 272; *Rolfs*, Begründung und Beendigung des Arbeitsverhältnisses mit älteren Arbeitnehmern, NZA-Beilage 1/2008, 8; *Rupp*, Das betriebliche Eingliederungsmanagement im Kündigungsschutzprozess, NZA 2017, 361; *Rüthers,* Vom Sinn und Unsinn des geltenden Kündigungsschutzrechts, NJW 2002, 1601; *Schellhaaß*, Ist weniger Kündigungsschutz gleich mehr Beschäftigung?, NZA-Beilage 21/2003, 28; *Schwab*, Streitgegenstand und Rechtskraft bei der arbeitsrechtlichen Kündigungsschutzklage, RdA 2013, 357; *Seel*, Betriebsbedingte Kündigung – Ein Leitfaden zur „gerichtsfesten" Vorbereitung, JA 2012, 692; *Stöhr*, Verdachtskündigung und Druckkündigung, JuS 2010, 1052; *Thüsing*, Der Abfindungsanspruch des § 1a KSchG, JuS 2006, 97; *Waltermann*, Verbot der Altersdiskriminierung, NZA 2005, 1265; *Wank,* Rechtsfortbildung im Kündigungsschutzrecht, RdA 1987, 129; *Willemsen*, Verhaltensbedingte Kündigung: Fünf Thesen und fünf Fragezeichen, RdA 2017, 115; *Wolter*, Reformbedarf beim Kündigungsrecht aus Arbeitnehmersicht – Praxiserfahrungen und Schlussfolgerungen, NZA 2003, 1068.

Rechtsprechung: *EGMR* AuR 2016, 373 (Kündigung wegen privater E-Mails am Arbeitsplatz); *EuGH* NZA 2018, 1187 (Kündigung des Chefarztes eines katholischen Krankenhauses wegen Wiederheirat als AGG-Verstoß); *BAG* NZA 2017, 1332 (Fristlose Kündigung wegen illoyalen Verhaltens); *BAG* NZA 2016, 1527 (Fristlose Kündigung eines LKW-Fahrers wegen Drogenkonsums); *BAG* NZA 2015, 741 (Verdachtskündigung eines Berufsausbildungsverhältnisses); *BAG* NZA 2014, 653 (Änderungskündigung einer Gemeindereferentin); *BAG* NZA 2014, 109 (Betriebsbedingte Druckkündigung); *BAG* NJW 2012, 407 (Außerordentliche Kündigung wegen sexueller Belästigung); *BAG* NJW 2011, 1896 (Personenbedingte Kündigung bei mehr als zweijähriger Haft); *BAG* NJW 2011, 167 (Abwägung bei einmaligem Bagatelldelikt zugunsten langjährig störungsfrei Beschäftigter – „Emmely", dazu *Boemke*, JuS 2011, 175); *BAG* NJW 2010, 1398 (Abmahnung als Kündigungsverzicht); *BAG* NZA 2008, 403 (Wartezeitkündigung, Abmahnung, dazu *Boemke*, JuS 2008, 564); *BAG* NZA 2007, 549 (Sozialauswahl nach Punktesystem, dazu *Boemke*, JuS 2007, 972); *BAG* NJW 2006, 540 (Internetnutzung als Kündigungsgrund); *BAG* NJW 2004, 3795 (Einbeziehung von Teilzeitkräften in die Sozialauswahl, dazu *Boemke*, JuS 2005, 94); *BAG* NJW 2004, 2545 (Kündigung wegen Minderleistung).

Falldidaktische Beiträge: *Reichold/Pfrang*, AL 2018, 30 (u.a. Erfolgsaussichten einer Kündigungsschutzklage bei diskriminierender Druckkündigung); *Jacobs/Krois*, JuS 2016, 150 (Erfolgsaussichten einer Kündigungsschutzklage); *Stöhr/Hille*, JA 2016, 418 (u.a. Wirksamkeit einer Kündigung); *Schmidt*, Jura 2015, 188 (Abgrenzung verhaltens- und personenbedingte Kündigung, außerordentliche Kündigung); *Preis/Sagan*, JuS 2013, 919 (Wirksamkeit einer Kündigung, Verdachtskündigung); *Stoffels/Buntner,* ZJS 2013, 576 (Kündigung wegen Facebookeintrag); *Fischinger*, JuS 2012, 531 (Aufhebungsvertrag, Wirksamkeit einer Kündigung, Befristung); *Hartmeyer/Ludwig*, JuS 2012, 611 (u.a. Aufhebungsvertrag); *Polzer/Fuhrmann*, Jura 2012, 570 (Erfolgsaussichten einer Kündigungsschutzklage); *Joussen/ Husemann/Bullmann*, Jura 2011, 154 (Bagatellkündigung, Verdachtskündigung, Fall „Emmely"); *Jacobs/Krois*, JuS 2010, 228 (Kündigungsschutz und AGG); *Allenberg/Fröhlich*, Jura 2008, 708 (krankheitsbedingte Kündigung, Kündigung im Kleinbetrieb); *Jacobs/Noltin*, JA 2008, 186 (Kündigung wegen Betriebsübergang); *v. Hoyningen-Huene*, JuS 2008, 894 (Kündigung wegen privater Internetnutzung); *Servatius*, Jura 2006, 811 (Betriebsbedingte Kündigung in der Fallbearbeitung).

4. Teil. Das Kollektivarbeitsrecht

§ 11. Koalitionsrecht

I. Strukturen des kollektiven Arbeitsrechts

Während das *individuelle Arbeitsrecht* unmittelbar die arbeitsvertraglichen Be- **1** ziehungen zwischen Arbeitgeber und dem einzelnen Arbeitnehmer betrachtet, befasst sich das *kollektive Arbeitsrecht* mit denjenigen rechtlichen Regelungen, die die **Existenz, Organisation und Funktion** der arbeitsrechtlichen Kollektive, d.h. der Koalitionen und Belegschaften, sowie ihre rechtlichen Beziehungen zu ihren Mitgliedern und zu ihren Gegenspielern betreffen. Im Wesentlichen unterscheiden wir darin zwischen

- Koalitionsrecht (unten II.),
- Tarifvertragsrecht (§ 12),
- Arbeitskampfrecht (§ 13) und
- Betriebsverfassungsrecht (§ 14).

Kollektives Arbeitsrecht lässt sich grob einteilen in **Organisations- und 2 Verfahrensnormen** einerseits, die institutionelle Voraussetzungen der Tarif- und Betriebsparteien regeln, und **materielle Kompetenznormen** andererseits, die den Tarif- bzw. Betriebsparteien gesetzgebungsähnliche Regelungsbefugnisse übertragen. Die richterliche Interpretation dieser Kompetenzen vor allem im Tarifvertragsgesetz (TVG) und im Betriebsverfassungsgesetz (BetrVG) ist daher von eminenter, auch politischer Bedeutung für die Abgrenzung von kollektiven Regelungsbefugnissen und individueller Privatautonomie bei der Gestaltung des Arbeitsverhältnisses. Die Zuständigkeit für die materiellen Arbeitsbedingungen, insbesondere die Festsetzung von Branchenlöhnen, legt den Tarifparteien ein hohes Maß an Verantwortung für den Wirtschaftsstandort Deutschland auf. Bei alledem darf aber nicht der historische und rechtsdogmatische Ausgangspunkt vergessen werden (ausführlich *Picker*, Tarifautonomie, S. 53):

> **Wichtig:** Die kollektive Ordnung des Arbeitslebens ist **nicht Selbstzweck, sondern nur Hilfsmittel** zur grundsätzlich privatautonomen Gestaltung der Arbeitsbedingungen; sie soll den einzelnen Arbeitnehmer nicht entmündigen und bedarf daher ständiger Rückbindung an und Legitimation durch privatrechtliche Prinzipien.

Zu den Besonderheiten der **deutschen Entwicklung** gehört, dass die Beteiligung der **3** Arbeitnehmer nicht alleine durch das Tarifvertragssystem verwirklicht wird, sondern *gleichzeitig* durch Gesetz auch eine Mitbestimmungsordnung in Betrieb und Unternehmen geschaffen worden ist. Die Arbeitnehmer nehmen also Einfluss auf die Arbeitsbedingungen über

- Gewerkschaften auf überbetrieblicher **Branchenebene** (TVG),
- Betriebsräte (bzw. Personalräte) auf **betrieblicher Ebene** (BetrVG/PersVG) und
- die Mitwirkung in Aufsichtsräten auf **Unternehmensebene**, soweit die Voraussetzungen des Mitbestimmungsgesetzes 1976 bzw. des Drittelbeteiligungsgesetzes 2004 erfüllt sind (mehr als 2000 bzw. mehr als 500 Arbeitnehmer; Rechtsform GmbH, AG, KGaA, VVaG, Genossenschaft).

4   Diese dualistische Entwicklung geht zurück auf die **historische Konkurrenzsituation** zwischen freien Gewerkschaften einerseits und staatlich gebildeten Betriebsräten andererseits (zum deutschen „Sonderweg" *Reichold*, Betriebsverfassung als Sozialprivatrecht, 1995, S. 193 ff.). Den frei gebildeten Koalitionen steht der Arbeitskampf als *ultima ratio* für die Erzielung „gerechter" Verhandlungsergebnisse zur Verfügung, während die institutionelle Mitbestimmung im Betrieb einerseits und im Aufsichtsrat des Unternehmens andererseits gesetzlich abschließend geregelt wurde (BetrVG bzw. MitbestG 1976/ DrittelbG). Für die freiheitliche Dimension der Tarifautonomie bezeichnend ist ihre relativ dürftige gesetzliche Verankerung im schlanken TVG; der Arbeitskampf und auch das innere Koalitionsverbandsrecht sind überhaupt nicht kodifiziert. **Rechtstatsächlich** ist anzumerken, dass die kollektive Interessenvertretung über Tarifbindung einerseits, gewählte Betriebsräte andererseits nur in *Großbetrieben über 1000 Beschäftigten* regelmäßig auch tatsächlich gewährleistet ist. Mit abnehmender Betriebsgröße sinkt diese „Kernzone" industrieller Beziehungen erheblich bis auf Werte von knapp 5 % für West- und 6 % für Ostdeutschland in der Größenklasse 5–50 Beschäftigte (vgl. § 12 Rn. 41 Schaubild 18; *Hromadka/Maschmann* II, § 11 Rn. 11; *Reichold*, NZA 1999, 561 f.).

II. Grundlagen der Tarifautonomie (Art. 9 Abs. 3 GG)

1. Begriff und Bedeutung der Koalitionen

5   Im Arbeits- und Verfassungsrecht ist die *„Koalition"* der gemeinsame Oberbegriff für

- Gewerkschaften und
- Arbeitgeberverbände.

6   Im Grundgesetz ist allerdings nicht von „Koalitionen" die Rede, sondern von *Vereinigungen zur Wahrung und Förderung der Arbeits- und Wirtschaftsbedingungen* (Art. 9 Abs. 3 S. 1 GG). Ihre Hauptaufgabe liegt in der **staatsunabhängigen Selbstverwaltung** des Arbeitslebens vor allem durch den Abschluss von Tarifverträgen (vgl. § 1 TVG). Im „Vertrag über die Schaffung einer Währungs-, Wirtschafts- und Sozialunion" zwischen der Bundesrepublik Deutschland und der Deutschen Demokratischen Republik (sog. Staatsvertrag vom 18.5.1990) formulierten die Parteien völkerrechtlich verbindliche Leitsätze zur **„Sozialunion"**, die die Bedeutung der Tarifautonomie wie folgt unterstrichen:

„Löhne und sonstige Arbeitsbedingungen werden nicht vom Staat, sondern durch freie Vereinbarungen von Gewerkschaften, Arbeitgeberverbänden und Arbeitgebern festgelegt."

Weiterhin sind die Koalitionen als **„Sozialpartner"** durch   7
- die Mitwirkung bei der sozialpolitischen Gesetzgebung,
- die Rechtsvertretung ihrer Mitglieder bei Streitigkeiten vor den Arbeitsgerichten (vgl. § 11 Abs. 2 S. 2 Nr. 4 ArbGG → § 6 Rn. 15),
- die Entsendung ihrer Vertreter in Gremien und Ausschüsse der Arbeits- und Sozialbehörden, z.B. als ehrenamtliche Richter zu den Arbeitsgerichten (vgl. §§ 16, 20 ff. ArbGG) oder in die Selbstverwaltungsorgane der Bundesagentur für Arbeit (vgl. § 379 Abs. 1 SGB III),
- die Mitwirkung im Rahmen der Betriebsverfassung und der Mitbestimmung auf Unternehmensebene (vgl. § 2 BetrVG, § 7 Abs. 2 MitbestG)

vielfältig in die staatliche und staatsunabhängige Sozialpolitik verwoben.

2. Rechtstatsachen zu Gewerkschaften und Arbeitgeberverbänden

a) Gewerkschaften

Die Gewerkschaften sind die Interessenvertreter der Arbeitnehmer und   8
versammeln auf sich als Mitglieder ca. 20 % der aktiven Arbeitnehmer. Sie sind i.d.R. nicht als „Berufsvereine" organisiert, d.h. nach einem bestimmten Tätigkeitsprofil oder Berufsbild (z.B. Bauschreiner, zu den Lokführern s. aber Rn. 10), sondern nach einem berufsübergreifenden sog. **Industrieverbandsprinzip** (deshalb die Bezeichnung „Industriegewerkschaft" z.B. in der Metall- und Elektroindustrie). Damit können Arbeitnehmer einer bestimmten Branche unabhängig von ihrer genauen beruflichen Tätigkeit zusammengefasst werden, was die Schlagkraft der Organisation erhöht. Zusätzlich trägt dazu der **Fusionsprozess** unter den Gewerkschaften bei, so dass aus ehemals 16 **DGB-Gewerkschaften** inzwischen noch **acht** übrig geblieben sind:
- IG Bauen-Agrar-Umwelt (früher IG Bau-Steine-Erden und Gewerkschaft Gartenbau, Land- und Forstwirtschaft),
- IG Bergbau, Chemie, Energie (früher IG Bergbau und Energie, IG Chemie-Papier-Keramik und Gewerkschaft Leder),
- Gewerkschaft Erziehung und Wissenschaft (GEW),
- IG Metall (einschließlich der früheren Gewerkschaften Textil und Bekleidung sowie Holz und Kunststoff),
- Ver.di – Vereinte Dienstleistungsgewerkschaft e.V. (entstanden aus DAG, IG Medien, HBV, DPG, ÖTV),
- Gewerkschaft Nahrung-Genuss-Gaststätten (NGG),
- Gewerkschaft der Polizei (GdP),
- Eisenbahn- und Verkehrsgewerkschaft (EVG).

9   Das Streben nach Konzentration der Gewerkschaftskräfte ist Folge des Mitgliederschwunds, des Sterbens mancher Branchen und der aufgezehrten Finanzen. Für ihre unterschiedlichen Organisationsbereiche werden die Fusionsgewerkschaften **keine Einheitstarife** mehr abschließen können. So hat die IG Metall den Beschäftigten der Textilindustrie nicht die Übernahme in die Metalltarife versprechen können, die Dienstleistungsgewerkschaft Ver.di kann ihren öffentlichen Dienst-Tarif TVöD aus Kostengründen nicht mit privaten Krankenhaus-Konzernen vereinbaren.

10   Neben den dominierenden DGB-Gewerkschaften gibt es **weitere Gruppierungen** wie den Christlichen Gewerkschaftsbund (CGB), die Union der Leitenden Angestellten (ULA), den Deutschen Beamtenbund (DBB bzw. dbb-tarifunion) und berufsbezogene Organisationen wie den Marburger Bund (Ärzte) oder den Journalistenverband (DJV), die allesamt für **Wettbewerb** unter den Gewerkschaften sorgen. Im Jahr 2006 hat die Ärztevertretung „Marburger Bund" erfolgreich und in Abkehr von Ver.di **eigene** Tarifverträge für kommunale und Landes-Kliniken abgeschlossen, im Jahr 2007 hat der lange und hartnäckige Arbeitskampf der Lokführer-Gewerkschaft GDL in Abkehr von Transnet (heute EVG) ebenso für Aufsehen gesorgt und mit dem von der Deutschen Bahn AG lange abgelehnten eigenständigen Tarifabschluss gezeigt, dass schlagkräftige **Berufsgewerkschaften** die Interessen ihrer Mitglieder häufig effektiver durchzusetzen verstehen als die großen DGB-Gewerkschaften (dazu näher *Jacobs,* NZA 2008, 325; *Reichold,* NZA 2007, 1262; *Bayreuther,* NZA 2008, 12). Dass der Gesetzgeber anno 2015 ein „Gesetz zur Tarifeinheit" (TEG → § 12 Rn. 28 ff.) zur Eingrenzung dieser Tarifpluralität für notwendig hielt, ist verfassungsrechtlich fragwürdig und tarifpolitisch wenig sinnvoll (vgl. nur *Greiner,* NZA 2015, 769).

Beispielsfall: Der Arbeitgeberverband Ostmetall, der Sachsen, Sachsen-Anhalt und Thüringen vereint, schließt mit der **Christlichen Gewerkschaft Metall** (CGM) einen Tarifvertrag ab, der den betroffenen Unternehmen flexiblere Arbeitszeitbedingungen, z.B. einen Arbeitszeitkorridor, wonach die auf 2000 Jahresstunden beruhende Wochenarbeitszeit durch freiwillige Vereinbarung zwischen 31 und 42 Stunden schwanken kann, anbieten soll. Die Beschäftigten sollen die Wahlmöglichkeit erhalten, auf Urlaubstage zu verzichten und dafür entsprechend mehr Geld zu verdienen. Die Stundenlöhne entsprechen den Bestimmungen des bereits mit der IG Metall vereinbarten Vertrages.

Die **IG Metall** protestiert gegen den Abschluss dieses Tarifvertrages, weil die CGM weder über eine nennenswerte Anzahl von Mitarbeitern verfüge noch in den Betrieben eine größere Zahl von Betriebsratsmandaten errungen habe. Es handele sich somit um eine willfährige Organisation, die den Wünschen der Arbeitgeber jederzeit nachgebe und damit nicht als Gewerkschaft im Sinne des TVG Anerkennung finden könnte. Nach welchen Kriterien wird das Arbeitsgericht über die Tariffähigkeit entscheiden? (Lösung → Rn. 21).

b) Arbeitgeberverbände

Die Arbeitgeberverbände sind regional abgegrenzte und branchenbezogene **11**
Vereinigungen von Arbeitgebern wie z.B. der Verband „Südwestmetall" in
Baden-Württemberg, der die dortigen Unternehmen der Metall- und Elektroindustrie organisiert. Regionale Arbeitgeberverbände sind in Zentralverbän-
den **branchenweit** zusammengeschlossen (sog. „Fachspitzenverbände", z.B.
hat „Gesamtmetall" 16 regionale Mitgliedsverbände). Diese wiederum sind
Mitglied in Landesvereinigungen und Bundesvereinigungen der Arbeitgeberverbände. Die Bundesvereinigung der Deutschen Arbeitgeberverbände **(BDA)**
umfasste 2011 z.B. 46 Fachspitzenverbände mit mehreren hundert Mitglieds-
verbänden sowie 15 überfachliche Landesverbände mit ebenfalls mehreren hundert Regionalverbänden. Der Organisationsgrad der Arbeitgeber wurde früher
auf etwa 80 % geschätzt, dürfte nach neueren Erhebungen jedoch zumindest in
den neuen Bundesländern wesentlich geringer sein. Untersuchungen haben in
der Metall- und Elektroindustrie im Osten einen Wert von 21 %, im Westen
von 43 % ergeben (vgl. MüArbR/*Löwisch/Rieble,* 3. Aufl., § 159 Rn. 23). Durch
die Zulassung von „OT-Mitgliedschaften" **(„ohne Tarifbindung")** wird auf
Fluchttendenzen reagiert. Zu den Folgen für die Tarifwilligkeit → Rn. 19.

3. Verfassungsrechtliche Voraussetzungen der Koalition

Die als Koalitionsfreiheit bezeichnete Gewährleistung des **Art. 9 Abs. 3 GG** **12**
(*bitte lesen!*) hatte historisch den Zweck, zuerst die Anerkennung, dann die
Freiheit der Gewerkschaften bei der Aushandlung von Arbeits- und Wirtschaftsbedingungen gegenüber der Arbeitgeberseite zu gewährleisten: „In
ihrem Mittelpunkt steht die staatsfreie Regelung der Arbeitsbedingungen
durch Tarifvertrag **(Tarifautonomie)"** (*Gamillscheg,* S. 128). Bei der großen
Bedeutung der Arbeitsbedingungen für den Wirtschaftsstandort Deutschland
leuchtet es ein, dass die „Vereinigung" i.S.d. Art. 9 Abs. 3 GG bestimmten
Anforderungen des Verfassungsrechts gerecht werden muss, um als **Koalition**
anerkannt zu werden:

a) Vereinigung privaten Rechts

Es muss sich um **„Vereinigungen"**, d.h. einen freiwilligen Zusammen- **13**
schluss privaten Rechts mit einer dauerhaften Organisation handeln, nicht
zu verwechseln etwa mit öffentlich-rechtlichen Kammern (z.B. IHK) mit
Zwangsmitgliedschaft. Bei den Gewerkschaften handelt es sich historisch bedingt um „nicht eingetragene" Vereine, während die Arbeitgeber-Vereini-
gungen regelmäßig eingetragene Vereine des bürgerlichen Rechts sind. Trotz
fehlender Rechtsfähigkeit sind die Gewerkschaften aufgrund Gewohnheits-
rechts prozessual nach § 50 Abs. 2 ZPO handlungsfähig (aktive und passive
Parteifähigkeit).

b) Zweck der Vereinigung

14   Der satzungsgemäße Zweck der Vereinigung muss auf die **„Wahrung und Förderung von Arbeitsbedingungen"** als den historischen Kern der Koalitionsfreiheit zielen. Dass Arbeitsbedingungen als Kehrseite Wirtschaftsbedingungen der Unternehmen sind, führt aber nicht dazu, dass reine Wirtschaftsverbände oder Verbrauchervereinigungen sich Koalitionsstatus anmaßen könnten; hier wird gerade der Kern der Tarifautonomie verfehlt, dem es um die Bedingungen *abhängiger Arbeit* und um die Regelungen des *Arbeitsmarkts* geht.

c) Gegnerunabhängigkeit

15   Die Koalition muss **gegnerunabhängig** sein, weil nur dann eine interessengemäße Vertretung der Mitglieder gewährleistet ist. Mitglieder von Gewerkschaften können demnach nicht Arbeitgeber sein, wie umgekehrt Arbeitnehmer nicht bei Arbeitgeberverbänden (der jeweiligen Branche) aufgenommen werden können. Gegnerunabhängigkeit heißt auch, dass finanzielle Abhängigkeiten gegenüber den Verbänden der Gegenseite (z.B. Streikgelderstattung durch die Arbeitgeber!) die Gewerkschaftseigenschaft gefährden. Ein „Werksverein" ist deshalb keine Gewerkschaft, weil regelmäßig nur die **überbetriebliche** Gewerkschaft naheliegenden Pressionen durch den Arbeitgeber ausweichen kann. Eine Ausnahme gilt allerdings für Großunternehmen wie die Deutsche Bahn AG, solange diese in ihrer Branche monopolartig den Markt beherrschen. Weil das Postulat der Überbetrieblichkeit nur Konsequenz der verfassungsrechtlich zu fordernden Gegnerunabhängigkeit ist, kann im Einzelfall wie bei der Bahn eine Gewerkschaft wie die EVG oder GDL auch dann akzeptiert werden, wenn es im Wesentlichen nur für dieses eine Großunternehmen Tarifpolitik macht und sich in der Satzung nicht ausdrücklich auf den Unternehmensbezug versteift (zur Gegnerunabhängigkeit und Überbetrieblichkeit ausführlich JKOS/*Schubert*, § 2 Rn. 57 ff.).

d) Durchsetzungswillen

16   Die Koalition muss **Durchsetzungswillen** besitzen. Die Rechtsprechung hat dieses Merkmal aufgestellt, um eine einigermaßen realistische Grundlage für erfolgreiche Tarifverhandlungen zu setzen. Durchsetzungswille ist allerdings nur eine *subjektive,* aus der Satzung und dem sonstigen Tarifverhalten zu entnehmende Eigenschaft, die noch nichts mit der tatsächlichen (faktischen) sozialen Mächtigkeit (→ Rn. 18) zu tun hat. Die Koalitionsgarantie muss nämlich auch jungen und kleinen Verbänden am Anfang ihrer Tätigkeit die Möglichkeit bieten, den etablierten Gewerkschaften Konkurrenz zu bieten.

Wichtig: Die verfassungsrechtlichen Anforderungen an eine Koalition sollen nur **Mindestanforderungen** sein, um den Wettbewerb der Koalitionen untereinander überhaupt zu ermöglichen. Sie sind zu unterscheiden von den *tarifrechtlichen* Anforderungen an Gewerkschaften bzw. Arbeitgeberverbände nach Tarifvertragsgesetz (TVG).

4. Tariffähigkeit einer Koalition (§ 2 TVG)

Soweit das BAG über die tarifrechtlichen Voraussetzungen einer Gewerk- **17** schaft zu entscheiden hatte, wurde stärker auf die zu gewährleistende **Ordnungsfunktion** der Tarifpartner Wert gelegt. Weil nur annähernd gleich starke Partner der verfassungsrechtlich erwünschten Selbstregulierung im Arbeitsleben gerecht werden können, müssen für die Rechtsprechung zur **Tariffähigkeit** nach § 2 TVG folgende Merkmale hinzukommen:

a) Soziale Mächtigkeit

Soziale Mächtigkeit oder „**Durchsetzungsfähigkeit**" meint die *tatsächliche* **18** Möglichkeit, durch entsprechende Organisationsstärke, hohe Mitgliederzahlen und die Arbeitskampfbereitschaft der Organisation zu einem vernünftigen Tarifabschluss zu gelangen. Die Funktionsfähigkeit des Tarifvertragssystems soll dadurch sichergestellt werden. Nur wenn die Gewerkschaft von ihrem sozialen Gegenspieler ernst genommen wird, kann der Inhalt der ausgehandelten Arbeitsbedingungen als annähernd gerechtes Ergebnis zweier annähernd gleich starker Verhandlungspartner von der Rechtsordnung akzeptiert werden. Das *BAG* hat das im CGM-Verfahren als „**Durchsetzungskraft**" bezeichnet, „die erwarten lässt, dass sie als Tarifpartner vom sozialen Gegenspieler wahr- und ernstgenommen wird". Als Indiz ausreichen kann schon der nennenswerte Abschluss von (Anschluß-)Tarifverträgen (*BAG* NZA 2006, 1112). Der Interessenverband „Bedienstete der Technischen Überwachung" erfüllte diese Voraussetzungen dagegen kraft seiner Mitgliederzahl, seiner unbedeutenden tariflichen Aktivitäten und seiner begrenzten sachlichen und personellen Mittel nicht (*BAG* NZA 2001, 160), wohl aber der Berufsverband „Unabhängige Flugbegleiter-Organisation" (UFO), in dem bundesweit ca. 6.500 von insgesamt ca. 20.000 Flugbegleitern organisiert sind: auch bei einer kleinen Mitgliederzahl kann sich die Durchsetzungsfähigkeit aus der „Schlüsselstellung" ihrer Mitglieder ergeben (vgl. *BAG* NZA 2005, 697).

b) Tarifwilligkeit

Der Verband muss grundsätzlich über alle Arbeitsbedingungen verhand- **19** lungs- und abschlussbereit sein und darf nicht durch Satzungsbestimmungen seine Verhandlungsmacht selbst auf gewisse ausgewählte Fragen beschränken (keine „Tabuzone" z.B. für Arbeitszeitfragen). Das **geltende Tarifrecht** ist als verbindlich anzuerkennen. Für den Regelfall ist auch Arbeitskampfbereitschaft zu fordern (Ausnahmen können etwa im kirchlichen Bereich gerechtfertigt sein). Reine „**OT-Verbände**" der Arbeitgeber, die ihren Mitgliedern nur Serviceleistungen, aber keine Tarifbindung ermöglichen, sind deshalb nicht tariffähig, wohl aber als Koalition anzuerkennen (ErfK/*Linsenmaier*, Art. 9 GG Rn. 40; MüArbR/*Löwisch/Rieble*, 3. Aufl., § 160 Rn. 1). Gibt es in einem Arbeitgeberverband OT-Mitgliedschaften *neben* Vollmitgliedschaften (sog. Aufteilungsmodell), so ist das sowohl mit Vereinsrecht wie auch mit Tarifrecht vereinbar (h.M., vgl. *BAG* NZA 2010, 102; NZA 2008, 1366; ErfK/*Franzen,* § 2 TVG Rn. 9a). Die beiden Gruppen müssen jedoch satzungsmäßig klar getrennt und ihr Status auch für die Gegenseite transparent sein (JKOS/*Schubert,* § 2 Rn. 183). Umstritten ist, ob ein **„Blitzaustritt"** in die OT-Mitgliedschaft während der Tarifverhandlungen möglich ist. Das BAG möchte dies nur bei entsprechender Information der Gegenseite für (tarifrechtlich!) zulässig halten (*BAG* NZA 2010, 230). Unterbleibt eine solche Offenlegung, soll die Tarifbindung gem. § 3 Abs. 1 TVG andauern: der verhandelte Tarifvertrag bleibt danach also trotz OT-Mitgliedschaft noch verbindlich! Das wird als Übersteigerung der Tarifbindungswirkung der Mitgliedschaft kritisiert (so ErfK/*Franzen,* § 3 TVG Rn. 11a; *Konzen,* FS Bauer, 2010, S. 559; *Rieble,* RdA 2009, 280; a.A. *Krause,* GedS Zachert, 2010, S. 605).

c) Demokratische Organisation

20   Damit die Verbandsspitze mitgliedschaftliche Legitimation besitzt und die Mindestanforderungen an einen Verband erfüllt, der mit normativer Wirkung für seine Mitglieder und zum Teil auch für Außenstehende Arbeitsnormen setzen kann, sollen übliche vereinsrechtliche Strukturen die Einwirkung der Mitglieder auf die Willensbildung des Verbandes sichern. OT-Mitglieder dürfen in Arbeitgeberverbänden daher keinen Einfluss auf die **tarifliche Willensbildung** nehmen. Dieses Merkmal bedeutet aber nicht, dass der Staat oder die Gerichte auf die innere Verbandsorganisation der Gewerkschaften Einfluss nehmen dürften; diese steht ihrerseits unter dem Schutz des Art. 9 Abs. 3 GG (Organisationsautonomie). Ein **Aufnahmeanspruch** z.B. für Arbeitnehmer kann als Folge der Drittwirkung des Art. 9 Abs. 3 S. 2 GG zu Lasten einer Koalition dann bejaht werden, wenn es sich um eine sehr mächtige Gewerkschaft mit nahezu monopolartigem Vertretungsanspruch handelt (*BGH* NJW 1985, 1216).

d) Festschreibung im Staatsvertrag 1990

21   Im **Staatsvertrag 1990** (→ Rn. 6) wurde die Tariffähigkeit der Koalitionen wie folgt umschrieben:

> „Tariffähige Gewerkschaften und Arbeitgeberverbände müssen frei gebildet, gegnerfrei, auf überbetrieblicher Grundlage organisiert und unabhängig sein, sowie das geltende Tarifrecht als für sich verbindlich anerkennen; ferner müssen sie in der Lage sein, durch Ausüben von Druck auf den Tarifpartner zu einem Tarifabschluss zu kommen."

Hier handelt es sich um ein lediglich völkerrechtlich verbindliches Protokoll, dessen Inhalt sich nicht als innerstaatlich bindende Interpretation von Verfassung einerseits und TVG andererseits verstehen lässt. Immerhin aber ist hierin eine **authentische Interpretation** des TVG zu sehen, die bei den Gerichten auch Gefolgschaft findet. Das BAG hat in der gesetzlichen **Festschreibung** der „Durchsetzungsfähigkeit" (→ Rn. 18) im letzten Halbsatz der oben zitierten

Passage des Staatsvertrags (A III Nr. 2) sogar eine „wesentliche Änderung der rechtlichen Verhältnisse" gesehen, die es rechtfertige, die materielle Rechtskraft eines Gerichtsbeschlusses von 1972 in einem neuen Verfahren einzuschränken (*BAG* NZA 2001, 156, 159 – IG Metall ./. CGM).

> **Lösung des Beispielsfalls Rn. 10:** Im Beschlussverfahren über die Tariffähigkeit der CGM (§ 2a Abs. 1 Nr. 4 ArbGG) wird es vor allem um die **Durchsetzungsfähigkeit** (soziale Mächtigkeit) der CGM gehen. An die Durchsetzungsfähigkeit auch kleiner Gewerkschaften dürfen im Lichte von Art. 9 Abs. 3 S. 3 GG keine übertriebenen Anforderungen gestellt werden. Allein die Tatsache, dass eine kleine Gewerkschaft bereits Tarifverträge abgeschlossen hat, kann dafür sprechen, dass sie als Verhandlungspartner von der Gegenseite ernst genommen wird. Hierbei darf es sich allerdings nicht um reine „Gefälligkeitsverträge" handeln, so dass aufzuklären ist, inwieweit eigene Forderungen der CGM Eingang in das Tarifwerk gefunden haben (so auch *LAG Baden-Württemberg* NZA-RR 2005, 85, bestätigt von *BAG* NZA 2006, 1112, wo festgestellt wird, dass von der CGM – im Bereich des Handwerks – aktiv genug in den Prozess des Aushandelns von Tarifverträgen eingegriffen wurde).

5. Wirkungen der Koalitionsfreiheit

a) Individualgrundrecht

Das Grundrecht der Koalitionsfreiheit bedeutet das individuelle Recht eines 22 jeden Arbeitgebers und eines jeden Arbeitnehmers,

- eine Koalition zu gründen,
- sich an der Gründung einer Koalition zu beteiligen,
- einer bestehenden Koalition beizutreten,
- beim Beitritt zwischen mehreren Koalitionen zu wählen.

Auf diese Weise lässt sich die **positive** Koalitionsfreiheit beschreiben, der umgekehrt aber die ebenso wichtige **negative** Koalitionsfreiheit korrespondiert. Danach ist umgekehrt garantiert, dass Arbeitnehmer wie Arbeitgeber aus ihren Koalitionen auch wieder austreten oder ihnen von vornherein fernbleiben dürfen. Diese erste individuelle Schicht der Gewährleistung ist in der Verfassung mit unmittelbarer Drittwirkung ausgestattet (Art. 9 Abs. 3 S. 2 GG). Der Arbeitgeber darf deshalb die Einstellung eines Arbeitnehmers nicht von dessen **Austritt** aus der Gewerkschaft abhängig machen (BAGE 54, 353 → § 3 Rn. 26). Im bereits zitierten Staatsvertrag 1990 zwischen der Bundesrepublik und der DDR (→ Rn. 6) wurde die **individuelle** Koalitionsfreiheit wie folgt umschrieben:

> „Jedermann hat das Recht, zur Wahrung und Förderung der Arbeits- und Wirtschaftsbedingungen Vereinigungen zu bilden, bestehenden Vereinigungen beizutreten, aus solchen Vereinigungen auszutreten und ihnen fernzubleiben. Ferner wird das Recht gewährleistet, sich in den Koalitionen zu betätigen. Alle Abreden, die diese Rechte einschränken, sind unwirksam."

b) Kollektive Koalitionsfreiheit

23   Durch die Verfassung wird auch eine **Bestands- und Betätigungsgarantie der Koalitionen** als solche verbürgt. Weder der Staat noch mächtige Dritte sollen die Verbände in ihrer Existenz, ihrer organisatorischen Autonomie und ihrer koalitionsgemäßen Betätigung gefährden dürfen. Das heißt für die

- **Bestandsgarantie**, dass ein Verbot von Gewerkschaften ebenso verfassungswidrig wäre wie z.b. ein pauschales Verbot jeglicher gewerkschaftlichen Mitgliederwerbung. Durch die Werbung neuer Mitglieder sichern die Gewerkschaften ihren Fortbestand, von der Mitgliederzahl hängt ihre Verhandlungsstärke ab. So hat das BVerfG entschieden, dass die Mitgliederwerbung durch die Koalition und ihre Mitglieder auch während der Arbeitszeit jedenfalls bei nicht erheblichen betrieblichen Störungen zugelassen werden muss (*BVerfG* NJW 1996, 1201);

- die **Betätigungsgarantie** erstreckt sich auf alle Verhaltensweisen, die nach ständiger Rechtsprechung *„koalitionsspezifisch"* sind. Dazu gehört vor allem der Abschluss von Tarifverträgen, aber auch der weitere, historisch gesicherte Betätigungsbereich von Gewerkschaften und Arbeitgeberverbänden, wie z.B. die Betätigung in den **Betrieben** auch über die Norm des § 2 Abs. 2 BetrVG hinaus, z.B. wenn **betriebsfremde** Gewerkschaftsbeauftragte um Mitglieder vor der Kantine während der Mittagspause werben; dabei müssen allerdings die berechtigten betrieblichen Belange des **Arbeitgebers** berücksichtigt werden (z.B. Interesse an einem störungsfreien Betriebsablauf, vgl. *BAG* NJW 2006, 2207, dazu *Dieterich,* RdA 2007, 110). Eine tarifzuständige Gewerkschaft soll daher auch grundsätzlich berechtigt sein, **E-Mails zu Werbezwecken** auch ohne Einwilligung des Arbeitgebers und Aufforderung durch die Arbeitnehmer an deren betriebliche E-Mail-Adressen zu versenden (*BAG* NJW 2009, 1990).

24   Allerdings kann der **Gesetzgeber**, wie bei der gesetzlichen Regelung von befristeten Arbeitsverträgen mit wissenschaftlichem Personal geschehen (WissZeitVG), in den Wirkungsbereich der Koalitionen eingreifen (*BVerfG* NJW 1997, 513). Art. 9 Abs. 3 GG verleiht den Tarifpartnern **kein Normsetzungsmonopol**, wohl aber eine Normsetzungsprärogative. Deshalb muss ein Eingreifen des Gesetzgebers den Grundsatz der Verhältnismäßigkeit wahren, so dass bei einer herkömmlich durch Tarifvertrag geregelten Materie ein Eingriff des Gesetzgebers immer begründungsbedürftig ist. Sein Handeln muss die (schwierig zu bestimmende!) Grenze zwischen sinnvoller **Ausgestaltung** und übermäßigem **Eingriff** in die Tarifautonomie wahren (ErfK/*Linsenmaier,* Art. 9 GG Rn. 82 ff.). Dass z.B. das 2015 erlassene Tarifeinheitsgesetz (TEG) die davon besonders betroffenen Berufs- oder Spartengewerkschaften wie Marburger Bund, GDL oder VC (→ Rn. 10) teils unverhältnismäßig stark in ihrer Betätigung beschnitten hat, wurde vom BVerfG anno 2017 bestätigt (→ § 12 Rn. 28 ff.).

Beispiel: Durch die Einführung eines allgemeinen **gesetzlichen Mindestlohns ohne Tariföffnung** durch den Gesetzgeber zum 1.1.2015 (→ § 8 Rn. 16) hat dieser in den Kernbereich der Koalitionsfreiheit eingegriffen: die Regelung der Branchenlöhne, genauer deren Untergrenze ist herkömmlich alleine Aufgabe der Tarifparteien (krit. daher z.B. *Henssler*, RdA 2015, 43, 46 wegen fehlender Tarifdispositivität des MiLoG). Ein ähnlicher Eingriff in die kollektive Koalitionsfreiheit durch die Einführung von **Mindestlöhnen** für bestimmte Branchen nach dem AEntG wurde von der Rechtsprechung allerdings noch für verfassungsgemäß erklärt (vgl. *BVerfG* NZA 2007, 609).

Reduziert der Gesetzgeber dagegen, wie vorübergehend (1996–98) geschehen, die bislang 100 %ige **Entgeltfortzahlung** auf 80 % des Durchschnittslohns (§ 4 EFZG a.F.), so hängt die verfassungsrechtliche Wirksamkeit dieses gesetzgeberischen Eingriffs maßgeblich von der Regelungstechnik ab. Würden durch den Eingriff des Gesetzgebers alle bestehenden Tarifverträge außer Kraft gesetzt, wäre ein Verstoß gegen das Verhältnismäßigkeitsprinzip ernsthaft zu erwägen. Dadurch, dass er im alten § 4 EFZG lediglich eine dispositive, d.h. die geltenden Tarifverträge nicht antastende Gesetzesregel aufgestellt hatte, war ein unverhältnismäßiger Eingriff in die Koalitionsbetätigungsgarantie nicht erfolgt.

Prüfungsschema 16: Koalitionsfreiheit und Tariffähigkeit

1. **Vereinigung:**
   freiwilliger Zusammenschluss privaten Rechts mit dauerhafter Organisation
2. **Satzungsmäßiger Zweck:**
   Wahrung und Förderung von *Arbeits*bedingungen
3. **Gegnerunabhängigkeit:**
   finanzielle und organisatorische Unabhängigkeit von der Gegenseite
4. **Durchsetzungswille:**
   subjektiv aus der Satzung zu entnehmende Eigenschaft
5. **Tariffähigkeit:**
   a) Soziale Mächtigkeit:
   Durchsetzungsfähige Organisation, hinreichende Mitgliederzahl, Arbeitskampfwilligkeit, ggf. Vertretung von Arbeitnehmern in einer „Schlüsselposition" (z.B. Cockpit, GDL)
   b) Tarifwilligkeit:
   Keine satzungsmäßige Beschränkung der Verhandlungsmacht sowie Verhandlungs- und Abschlussbereitschaft
   c) Demokratische Organisation:
   Legitimation durch verbandsrechtliche Mitbestimmung der Mitglieder
6. **Rechtsfolgen:**
   a) 1–4 (+): Verfassungsrechtliche Bestands- und Betätigungsgarantie der Koalition
   b) Soweit auch 5 (+): Recht zum Abschluss von Tarifverträgen nach TVG (→ Prüfungsschema 17)
   c) Einklagbare *Unterlassungsansprüche aus § 1004 Abs. 1 S. 2 BGB analog i.V.m. § 823 Abs. 1 BGB, Art. 9 Abs. 3 S. 2 GG* bei Behinderung durch Dritte
   d) Bei Eingriffen durch Gesetz oder VO: Verwaltungs- und Verfassungsrechtsweg

Fall 8:   Darf es eine Gewerkschaft in der Gewerkschaft geben?

Koalitionsfreiheit als absolutes Recht, Drittwirkung des Art. 9 Abs. 3 S. 2 GG, Gegnerunabhängigkeit, Durchsetzungswille, Unterlassungsanspruch – vgl. *BAG* NZA 1998, 754

Sachverhalt

Klaus Kabel hat zusammen mit 20 anderen Kollegen seiner DGB-Gewerkschaft im April 1994 den „Verband der Gewerkschaftsbeschäftigten" (VGB) als eingetragenen Verein (e.V.) gegründet. In der Präambel zur Satzung des VGB wird betont, dass „das bewährte Institut der Tarifautonomie auch im innergewerkschaftlichen Raum zur Geltung gebracht werden soll". Demgemäss können als Mitglieder nur Beschäftigte des DGB und seiner Einzelgewerkschaften aufgenommen werden. Weiter heißt es in der Satzung u.a.:

„§ 2 (Verbandszweck).
Der Verband vertritt die wirtschaftlichen und sozialen Interessen der Beschäftigten der Gewerkschaften und ihrer Dachorganisation gegenüber diesen Organisationen. Bei seiner Aufgabenerfüllung ist er von diesen Organisationen unabhängig …
§ 4 (Grundsätze).
(1) Der Verband ist weder eine konkurrierende noch eine gegnerische Organisation zum DGB und seinen Mitgliedsgewerkschaften.
(2) Der Verband bekennt sich zu den Prinzipien freier und unabhängiger Gewerkschaften, insbesondere zum Grundsatzprogramm des DGB.
(3) Der Verband bejaht die Einheitsgewerkschaft. Er übernimmt daher nur Aufgaben, die, bezogen auf Gewerkschaftsverwaltungen, von der Gewerkschaft HBV gemäß ihrer Satzung wahrgenommen werden sollen, rechtlich von der Gewerkschaft HBV aber nicht wahrgenommen werden können.
§ 5 (Aufgaben).
Vor allem die Wahrung und Verbesserung der Einkommens- und Arbeitsbedingungen der Beschäftigten der Gewerkschaften und ihrer Dachorganisation sind Anliegen des Verbandes …"

Klaus räumt in einer Werbebroschüre zwar ein, dass dem VGB noch die Mächtigkeit fehle, um wirksam Tarifverträge erstreiten zu können. Jedoch wolle der VGB „für die Gewerkschaftsbeschäftigten eine echte Tarifvertragspartei werden, die imstande ist, über Gehalts- und Arbeitsbedingungen mit den gewerkschaftlichen Arbeitgebern gleichgewichtig und mit dem nötigen Nachdruck zu verhandeln – wenn nötig auch dafür zu streiken." Alle Gewerkschaftsbeschäftigten sind zugleich deren Mitglieder.
Ende 1994 beschließt der Hauptvorstand der damaligen Gewerkschaft Deutscher Eisenbahner in Deutschland (GdED): „Eine Mitgliedschaft im Verband der Gewerkschaftsbeschäftigten („VGB") ist mit der Mitgliedschaft in der GdED unvereinbar". Klaus fürchtet nun aufgrund weiterer Verlautbarungen des Hauptvorstands, dass jedes der inzwischen rund 500 Mitglieder des VGB aufgrund dieses Unvereinbarkeitsbeschlusses von der Kündigung des Arbeitsverhältnisses mit der jeweiligen Gewerkschaft bedroht ist und lässt durch seinen Rechtsanwalt die GdED auffordern, es zu unterlassen, eine gleichzeitige Mitgliedschaft bei ihr und dem VGB für unzulässig zu erklären mit der Folge, dass sowohl Ausschluss aus der GdED wie auch fristlose Kündigung des Beschäftigungsverhältnisses angedroht würden. Klaus ist der Meinung, dass das Vorgehen der GdED gegen das Grundrecht der Koalitionsfreiheit nach Art. 9 III GG verstoße und deshalb rechtswidrig sei.

Muss die GdED den Unvereinbarkeitsbeschluss und damit zusammenhängende Konsequenzen den VGB-Mitgliedern gegenüber unterlassen?

Lösung

Anspruchsgrundlage: § 1004 Abs. 1 S. 2 BGB analog i.V.m. § 823 Abs. 1 BGB, Art. 9 Abs. 3 GG

I. Geschütztes Rechtsgut

Anwendung von § 1004 BGB ist nicht auf das Eigentum beschränkt, sondern ist auf weitere „absolut" geschützte Rechtspositionen auszudehnen.

1. Koalitionsfreiheit

Nach Art. 9 Abs. 3 S. 2 GG besteht das Koalitionsrecht nicht nur als Abwehrrecht gegen den Staat, sondern es wird auch im Privatrecht geschützt (Drittwirkung der Koalitionsfreiheit). Daher absolutes Recht i.S.d. § 823 Abs. 1 BGB, folglich auch von § 1004 BGB erfasst.

2. VGB als Koalition

a) Vereinigung (+)

Auf Dauer angelegter privatrechtlicher Verein

b) Ziele (+)

Nach §§ 2, 5 der Vereinssatzung ist Ziel die Wahrnehmung der Interessen der Arbeitnehmer

c) Unabhängigkeit (+)

Voraussetzung für Koalitionspartner ist seine Unabhängigkeit vom Koalitionsgegner.
Hier Problem: „Gewerkschaft in der Gewerkschaft".
Aber: Unterschied zwischen Verpflichtung im Außenverhältnis (hier sind Angestellte der Gewerkschaft verpflichtet) und im Innenverhältnis beachtlich: hierzu wird in der Satzung (§§ 2, 5) deutlich gegen die Gewerkschaft als „Organisation" Position bezogen. Unabhängigkeit daher gewahrt.

d) Durchsetzungswille (+)

Noch keine Tarifverträge abgeschlossen, aber Abschlusswille für „Koalition" ausreichend!

e) Zwischenergebnis

VGB kann sich auf Koalitionsrecht als absolutes, von §§ 823 Abs. 1, 1004 Abs. 1 BGB geschütztes Recht berufen.

II. Rechtswidriger Eingriff

1. Eingriff (+)

Unvereinbarkeitsbeschluss greift in Betätigung und Bestand der Koalition ein.

2. Rechtfertigung (–)

a) Art. 5 Abs. 1 GG (–)

Zum Schutzbereich der Meinungsfreiheit zählt nicht die Androhung ganz erheblicher Nachteile (Kündigung)

b) Art. 9 Abs. 3 GG (–)

Eine Konfliktsituation besteht nicht, trennt man nur sauber zwischen Außen- und Innenverhältnis. Die Koalitionsbetätigung nach außen wird durch den VGB nicht berührt.

III. Wiederholungsgefahr (+)

IV. Ergebnis

Die Unterlassungsklage ist begründet.

Empfehlungen zur vertiefenden Lektüre:

Literatur: *Boemke*, Bindung der Tarifvertragsparteien an die Grundrechte, FS 50 Jahre BAG, 2004, S. 613; *Buchner,* Mitgliedschaft in Arbeitgeberverbänden ohne Tarifbindung, NZA 1994, 2; *Däubler*, Betriebsräte und Gewerkschaften, FS Wlotzke, 1996, S. 257; *Deinert*, Negative Koalitionsfreiheit, RdA 2014, 129; *Dieterich*, Die Grundrechtsbindung von Tarifverträgen, FS Schaub, 1998, S. 117; *ders.*, Gesetzliche Tarifeinheit als Verfassungsproblem, AuR 2011, 46; *Franzen,* Tarifeinheit – Element der Tarifautonomie oder Grundrechtsverletzung?, ZfA 2009, 297; *Giesen*, Tarifeinheit und Verfassung, ZfA 2011, 1; *Henssler*, Mindestlohn und Tarifrecht, RdA 2015, 43; *Konzen*, Die Kodifikation der Tarifeinheit im Betrieb, JZ 2010, 1036; *Löwisch,* Schutz der Selbstbestimmung durch Fremdbestimmung, ZfA 1996, 293; *Oetker*, Das private Vereinsrecht als Ausgestaltung der Koalitionsfreiheit, RdA 1999, 96; *Picker,* Die Tarifautonomie in der deutschen Arbeitsverfassung, 2000; *ders.*, Die Tarifautonomie am Scheideweg von Selbstbestimmung und Fremdbestimmung im Arbeitsleben, FS 50 Jahre BAG, 2004, S. 795; *Pieroth*, Koalitionsfreiheit, Tarifautonomie und Mitbestimmung, FS 50 Jahre BVerfG, Bd. 2, 2001, S. 293; *Poscher*, Die Koalitionsfreiheit als ausgestaltungsbedürftiges und ausgestaltungsfähiges Grundrecht, RdA 2017, 235; *Reichold*, Wie viel Staat verkraftet die Tarifautonomie?, NJW 2014, 2534; *Richardi*, Kollektivgewalt und Individualwille bei der Gestaltung des Arbeitsverhältnisses, 1968; *Rieble,* Arbeitsmarkt und Wettbewerb, 1996; *ders.*, Die Akteure im kollektiven Arbeitsrecht, RdA 2004, 78; *ders.*, Staatshilfe für Gewerkschaften, ZfA 2005, 245; *Schüren*, Tarifverträge ohne mitgliedschaftliche Legitimation – eine Skizze, FS 50 Jahre BAG, 2004, S. 877; *Seiwerth*, Die Gemeinwohlbindung der Koalitionen und des Tarifvertrags, RdA 2017, 373; *Thüsing/Traut*, Zur begrenzten Reichweite der Koalitionsfreiheit im Unionsrecht, RdA 2012, 65; *Thüsing*, Tarifautomie und Gemeinwohl, FS 50 Jahre BAG, 2004, S. 889; *Waltermann*, Entwicklungslinien der Tarifautonomie, RdA 2014, 86; *ders.*, Zur Grundrechtsbindung der tarifvertraglichen Rechtsetzung, FS 50 Jahre BAG, 2004, S. 913; *Wank*, Empfiehlt es sich, die Regelungsbefugnisse der Tarifparteien im Verhältnis zu den Betriebsparteien neu zu ordnen?, NJW 1996, 2273; *Wendeling-Schröder,* Arbeitsrecht und Gewerkschaften, RdA 1999, 138; *Wiedemann,* Tarifautonomie und staatliches Gesetz, FS Stahlhacke, 1995, S. 675; *ders.*, Die Gestaltungsaufgabe der Tarifvertragsparteien, RdA 1997, 297.

Rechtsprechung: *BVerfG* NJW 1996, 1201 (Mitgliederwerbung als geschützte Koalitionsbetätigung); *BAG* DB 2014, 1208 (Keine Verpflichtung einer Koalition zum Abschluss eines Tarifvertrags); *BAG* NZA 2010, 1068 = NJW 2011, 333 (Aufgabe des Grundsatzes der Tarifeinheit, dazu *Boemke*, JuS 2010, 1112); *BAG* NZA 2010, 230 (Tarifrechtliche Folgen des „Blitzwechsels" eines Arbeitgebers in die Gastmitgliedschaft ohne Tarifbindung); *BAG* NJW 2009, 1990 (Direktversand gewerkschaftlicher E-mails an betriebliche Adressen); *BAG* NZA 2006, 1112 (Durchsetzungskraft einer Arbeitnehmervereinigung – CGM); *BAG* NJW 2006, 2207 (Zutrittsrecht betriebsfremder Gewerkschaftsfunktionäre in den Betrieb).

Falldidaktische Beiträge: *Stoffels/Buntner*, ZJS 2013, 576 (Beeinträchtigung der Koalitionsfreiheit); *Kottmann/Wilcke*, Jura 2011, 312 (Tariffähigkeit einer Spartengewerkschaft).

§ 12. Tarifvertragsrecht (TVG)

I. Praktische Bedeutung der Tarifverträge

Die große praktische Bedeutung der Tarifverträge ergibt sich schon daraus, **1** dass im Tarifregister (§ 6 TVG) von 1949 bis September 2015 für die Bundesrepublik insgesamt mehr als **405.000 Tarifverträge** eingetragen wurden. Im September 2015 waren davon ca. 71.500 gültig. Der ständige Anstieg gültiger Tarifverträge gegenüber den Vorjahreszahlen ergibt sich aus der immer stärkeren **Differenzierung** ihrer Inhalte. So wurden z.B. eigene Tarifverträge zur Altersteilzeit oder während der Wirtschaftskrise 2008/09 beschäftigungssichernde Tarifverträge zur Kurzarbeit abgeschlossen. Die Zahl der Unternehmen mit **Firmentarifverträgen** stieg 2014 auf über 10.500, davon 8.064 im Westen und 2.575 im Osten Deutschlands. Trotz der Zunahme der Firmentarife kann aber nicht von einer wesentlichen Verlagerung der Tarifautonomie in die Betriebe gesprochen werden: eine Mehrzahl der Arbeitnehmer im Westen (51 %) fällt noch in den Geltungsbereich der Verbandstarifverträge, im Osten sind es dagegen nur 36 %. Unter Firmentarifen arbeiten derzeit 8 % der Arbeitnehmer im Westen und 12 % im Osten (*Quelle:* IAB-Betriebspanel 2016). Heißt das im Umkehrschluss, dass die tariffreie Zone bis zu 50 % der Beschäftigten (im Osten) erfasst? Nein, weil nicht vergessen werden darf, dass rund jeder **fünfte** Arbeitnehmer **indirekt** vom Branchentarif profitiert, weil sich sein Unternehmen daran trotz fehlender Tarifbindung bei der Vertragsgestaltung orientiert – die Zahlung des üblichen Tarifs hat noch immer eine wichtige Funktion im Wettbewerb um die besten Mitarbeiterinnen und Mitarbeiter!

Die als „Flächentarif" bezeichneten **Verbandstarifverträge**, die zwischen **2** Arbeitgeberverbänden und Gewerkschaften abgeschlossen werden, existieren in mehr als 300 Wirtschaftszweigen. Sie werden meist auf regionaler Ebene, z.B. für ein Bundesland, abgeschlossen, seltener für Deutschland insgesamt. Daraus ergeben sich mehr als 1100 sektoral und regional **unterschiedliche**

Tarifbereiche. Als „Tarifbereich" wird der fachliche und räumliche Geltungsbereich eines Manteltarifvertrages angesehen, z.B. der MTV der Metall- und
Elektroindustrie in Nordrhein-Westfalen oder der MTV Einzelhandel in Thüringen. Von den Ende 2014 **gültigen** Tarifverträgen sind 29.951 Verbandstarifverträge und 40.265 Firmentarifverträge. Von allen gültigen Tarifverträgen
sind 8.861 Manteltarifverträge (MTV), 29.362 Tarifverträge mit einzelnen
„Mantelbestimmungen", 8.903 Tarifverträge über die Höhe des Arbeitsentgelts
(zusammen also rund 47.000 **„Ursprungstarifverträge"**) sowie rund 23.090
Änderungs-, Anschluss- und Paralleltarifverträge (*Quelle*: WSI-Tarifarchiv).

II. Parteien des Tarifvertrags (§ 2 TVG)

1. Tariffähigkeit

3   § 2 Abs. 1 TVG benennt die Tarifvertragsparteien, liefert aber keine Legaldefinition des Begriffs der **Tariffähigkeit**, sondern setzt ihn voraus. Nur wer
nach den → § 11 Rn. 17 ff. genannten Voraussetzungen als Gewerkschaft bzw.
Arbeitgeberverband anerkannt werden kann, ist fähig, Partei eines wirksamen
Tarifvertrages zu sein. Die Tariffähigkeit ist ein Sonderfall der Rechtsfähigkeit
und für alle Gesetze von Belang, die von Gewerkschaften bzw. Arbeitgeberverbänden sprechen. Auch der **einzelne Arbeitgeber** kann nach § 2 Abs. 1 TVG
tariffähig sein; für ihn kann im Hinblick auf diesen Normzweck nicht das
Merkmal der sozialen Mächtigkeit verlangt werden. Zusammenschlüsse von
Gewerkschaften und Arbeitgebervereinigungen, die das Gesetz als **Spitzenorganisationen** bezeichnet, können nach § 2 Abs. 2 TVG stellvertretend für
die ihnen angeschlossenen Verbände Tarifverträge abschließen, wenn sie eine
entsprechende Vollmacht haben. Das ist z.B. für die Vereinigung kommunaler
Arbeitgeberverbände (VKA) zu bejahen, nicht aber für den DGB und die BDA,
die beide als Spitzenorganisationen ausdrücklich nicht tariffähig sein wollen.
Doch gibt es auch die **originäre** Befugnis nach § 2 Abs. 3 TVG (→ Rn. 4 am
Ende).

> **Wichtig:** Tariffähigkeit bedeutet, verbindliche Normen für Arbeitsverhältnisse er-
> zeugen zu können.

2. Tarifzuständigkeit

4   Weitere Wirksamkeitsvoraussetzung für den Abschluss von Tarifverträgen
ist die jeweils vorhandene **Tarifzuständigkeit** der Tarifpartner. Im TVG nicht
geregelt, findet sich wenigstens im ArbGG hierfür eine Verfahrensregelung
(§ 97 i.V.m. § 2a Abs. 1 Nr. 4 ArbGG). Die Tarifzuständigkeit richtet sich nach

dem in der Satzung des jeweiligen Tarifpartners festgelegten Geschäftsbereich und ist Bestandteil der Organisationsautonomie i.S.v. Art. 9 Abs. 3 GG. Damit wird der maximale tarifliche Geltungsbereich in **räumlicher, betrieblich-branchenmäßiger, beruflich-fachlicher und persönlicher** Hinsicht festgelegt (*Löwisch/Rieble*, TVG, § 2 Rn. 254). Innerhalb der DGB-Gewerkschaften wird durch überschneidungsfreie Abgrenzung der Einzelgewerkschaften nach dem Industrieverbandsprinzip gemäß dem Grundsatz „Ein Betrieb – eine Gewerkschaft" eine effiziente Interessenvertretung ohne Kompetenzkonflikte ermöglicht. Durch das Aufkommen der **Spartengewerkschaften** (→ § 11 Rn. 10) wird allerdings die seitens des DGB vorgesehene „Tarifeinheit" zu einer „Tarifpluralität", weil sich z.B. im Krankenhaus Ver.di-Tarife (für das gesamte Personal) mit MB-Tarifen (nur für Ärzte) kreuzen (→ Rn. 25 ff.).

Besonders schwierig gestalten sich Fragen der Tariffähigkeit und -zuständigkeit in der **Leiharbeit**. Durch Tarifverträge kann hier der Grundsatz „*equal pay – equal treatment*" zulasten der Leiharbeitnehmer abgeändert werden (vgl. § 9 Nr. 2 AÜG sowie *Schüren/Wank*, RdA 2011, 1, 5 ff. zur EG-RL 2008/104). Doch sind diese faktisch kaum gewerkschaftlich organisiert. Keine Gewerkschaft könnte danach „soziale Mächtigkeit" für den Bereich der Zeitarbeitsbranche erfolgreich behaupten (so *ArbG Berlin* BB 2009, 1477 – abl. Anm. *Franzen*, BB 2009, 1472). Die Verleiher schlossen deshalb Tarifverträge mit „Tarifgemeinschaften" der DGB-Gewerkschaften bzw. der Christlichen Gewerkschaften (CGZP) mit dem zutreffenden Argument ab, dass damit wesentliche Branchen der **Beschäftigungsunternehmen** (Entleiher) abgedeckt seien (z.B. Metall- und Elektrobranche). Denn die Branche des **Einsatzbetriebs** ist maßgeblich für die Entgeltgestaltung des Leiharbeitnehmers, nicht etwa der Wirtschaftszweig „Arbeitnehmerüberlassung". Das BAG hat in seiner **CGZP**-Entscheidung deren Tarifverträge aber mittels eines formalen „Tricks" dennoch für unwirksam erklärt: Als Spitzenverband erfülle die CGZP nicht die Anforderungen des § 2 Abs. 2 u. 3 TVG, weil ihr Organisationsbereich nicht vollständig mit denen ihrer Mitgliedsgewerkschaften übereinstimme (*BAG* NZA 2011, 289). Für dieses neu kreierte Erfordernis der **vollständigen Kongruenz** der Zuständigkeitsbereiche gibt es aber keine Gesetzesgrundlage. Damit wird auch Sinn und Zweck des § 2 Abs. 3 TVG verfehlt: wozu taugt eine Spitzenorganisation in diesem Sinn, wenn sie nicht mehr können soll als ihre Mitgliedsverbände? (zutr. Kritik bei HWK/*Henssler*, § 2 TVG Rn. 31a, 34; *Löwisch*, SAE 2011, 61, 63). Die Tariffähigkeit einer Spitzenorganisation nach § 2 Abs. 3 TVG ist eine **originäre** und nicht bloß abgeleitete Befugnis, sonst bräuchte es hierfür keine gesetzliche Regelung (s.o. Rn. 3).

III. Form (§ 1 Abs. 2 TVG)

Der Tarifvertrag wird als privatrechtlicher Vertrag von den Tarifvertragsparteien geschlossen. Wegen seiner großen Bedeutung für eine Vielzahl von Arbeitnehmern bedarf er der **Schriftform** (§ 1 Abs. 2 TVG), um keine Zweifel am Inhalt der Vereinbarungen auftreten zu lassen (Bekanntmachungsfunktion). Bei Nichteinhaltung der Schriftform ist der Tarifvertrag deshalb nichtig (§§ 125, 126 BGB). Obwohl der Tarifvertrag *Rechtsnormen* enthält, ist neben der

Schriftform nicht auch noch eine **Verkündung** (wie bei Gesetzen) erforderlich; Tarifverträge sind zwar beim Bundesminister für Arbeit und Sozialordnung in das Tarifregister einzutragen (§§ 6, 7 TVG) und vom Arbeitgeber an geeigneter Stelle im Betrieb auszulegen (§ 8 TVG) – eine Verletzung dieser „Ordnungs-vorschriften" hat aber anders als die Verletzung der Schriftform *keinen Einfluss* auf die Gültigkeit des Tarifvertrages.

IV. Inhalt (§ 1 Abs. 1 TVG)

6   Der Tarifvertrag ist ein „hybrides Gebilde" (*Söllner*, NZA-Beilage 24/2000, 40). In ihm vereinigen sich Privatautonomie und Rechtsetzung, wie sich bereits aus dem Absatz 1 des § 1 TVG ergibt:

> „Der Tarifvertrag regelt die Rechte und Pflichten der Tarifvertragsparteien und enthält Rechtsnormen, die den Inhalt, den Abschluss und die Beendigung von Arbeitsverhältnis-sen sowie betriebliche und betriebsverfassungsrechtliche Fragen ordnen können."

7   Soweit der Tarifvertrag also lediglich „Rechte und Pflichten der Tarifver-tragsparteien" regelt, unterscheidet er sich in nichts von einem ganz normalen Schuldvertrag; solche Regelungen zählen daher zum **schuldrechtlichen Teil** des Tarifvertrags. Soweit der Tarifvertrag auf der anderen Seite aber „Rechts-normen" setzt, ist er **Normenvertrag** mit der besonderen normativen Wir-kung auf die tarifgebundenen Arbeitgeber und Arbeitnehmer (§§ 3, 4 TVG).

8   Sehr lange konnte man sich die **Normsetzungsbefugnis** der Tarifpartner nicht an-ders als „delegatorisch" aus der Staatsgewalt abgeleitet erklären. Damit lief man aber Gefahr, die Tarifautonomie unter öffentlich-rechtlichen Vorbehalt zu stellen und ihre freiheitsrechtliche Dimension zu unterschätzen. So ist mit *Richardi* (Kollektivgewalt S. 164; MüArbR 3. Aufl., § 152 Rn. 16 f.) zu betonen, dass die tarifvertragliche Gestaltungs-macht privatrechtlich begründet werden kann, weil sie einen besonderen Fall normativer Gestaltung innerhalb der Privatautonomie darstellt und **nicht zu verwechseln** ist mit öffentlich-rechtlicher Delegation staatlicher Hoheitsgewalt. Die Rechtsnormwirkung von genuin privatrechtlichen Vereinbarungen kann allerdings nur durch die Gesetzes-anordnung in § 4 TVG und damit durch die Mitwirkung des Staates erreicht werden, wie bereits *Alfred Hueck* in seiner Abhandlung zu den sog. Normenverträgen 1923 belegt hat (JherJb. 73, S. 33–108). Denn nach den Grundsätzen des Privatrechts können Parteien eines Normenvertrags ohne besondere gesetzliche Ermächtigung ihren Vereinbarungen keine Unabdingbarkeit oder unmittelbare Wirkung gegenüber vertragsunbeteiligten Dritten zumessen. Ohne die Gesetzesnorm gäbe es nur eine verbandsrechtliche Verpflichtung der tarifgebundenen Parteien, die Vertragsnormen in ihren eigenen Vertragsbeziehungen zu übernehmen, nicht aber eine direkte Normwirkung (vgl. *Höpfner*, Die Tarifgeltung im Ar-beitsverhältnis, 2015, S. 340: „Es handelt sich um autonome Rechtsetzung, aber heterono-me Rechtsgeltung"; ferner *Wiedemann*, FS Dieterich, 1999, S. 661 – Kombinationstheorie).

1. Schuldrechtlicher Teil

Der schuldrechtliche Teil eines Tarifvertrags begründet (relative) Pflichten **9**
der Tarifvertragsparteien wie im normalen Schuldvertrag. Auch ohne ausdrückliche Regelung sind jedem Tarifvertrag immanent die besonders wichtige **(relative) Friedenspflicht** einerseits und die **Durchführungspflicht**
andererseits.

a) Friedenspflicht

Die **Friedenspflicht** verbietet es den Tarifpartnern, Änderungen oder **10**
Verbesserungen der vertraglich vereinbarten Rechtsnormen im Wege des
Arbeitskampfes während der Laufzeit des Tarifvertrags zu erstreiken. Dabei
muss der Umfang der Friedenspflicht durch Auslegung der jeweiligen tarif-
traglichen Regelung genau ermittelt werden; nur soweit dieser eine konkrete
Frage ausdrücklich regelt, ist der Weg für eine kampfweise Durchsetzung
im Hinblick auf diese Regelung versperrt. Eine **absolute Friedenspflicht**
wird dann angenommen, wenn die Tarifparteien ein grundsätzliches Verbot
sämtlicher Kampfhandlungen ausdrücklich für die Dauer des Tarifvertrags
vereinbart haben.

Beispiel: Auch wenn die Regelung der Entgeltfortzahlung im Tarifvertrag nur „deklaratorisch" die gesetzlichen Bestimmungen wiederholt oder in Bezug nimmt, ist dieser
Gegenstand in den Tarifvertrag aufgenommen und kann während der Laufzeit nicht im
Wege des Arbeitskampfes einer Neuregelung zugeführt werden. Diese Möglichkeit besteht
erst nach Ablauf des Tarifvertrags und der dann abgelaufenen Friedenspflicht.

b) Durchführungspflicht

Die **Durchführungspflicht** der Parteien meint die eigentlich selbstver- **11**
ständliche Vertragstreuepflicht beider Tarifparteien, mit allen zur Verfügung
stehenden verbandsrechtlichen Mitteln dafür zu sorgen, dass die Mitglieder auf
die Einhaltung der Tarifregeln hingewiesen werden und ihre Durchführung
ermöglichen. Umstritten ist allerdings, wie weit diese selbstverständliche **Nebenpflicht** aus § 241 Abs. 2 BGB auch gerichtlich durchgesetzt werden kann.
Selbst wenn man entsprechende Leistungsklagen des Arbeitgeber-Verbands
auf Durchsetzung der Tarifinhalte bei den Mitgliedern (sog. Einwirkungsanspruch) für zulässig hält, scheitert spätestens bei der Vollstreckung „auf Einwirkung" nach § 888 ZPO der effektive Anspruch. Ein Verband kann nur durch
„gutes Zureden" auf seine Mitglieder einwirken, Tarifverträge nicht durch
entgegenstehende Einzelabreden zu unterlaufen oder aber rechtlich anderweitig außer Kraft zu setzen: der Anspruch ist „weitgehend wertlos" (*Walker*,
FS Schaub, S. 758). Die effektivste Durchsetzung tarifvertraglicher Normen
erfolgt noch immer im **Individualstreitverfahren** zwischen Arbeitnehmer
und Arbeitgeber, lässt sich aber nicht durch Organisationsklagen erzwingen.

12   Allerdings hat das BAG in der umstrittenen Burda-Entscheidung (BAGE 91, 210 = NJW 1999, 3281) den Rechtsschutz für **Gewerkschaften** auf neue Füße zu stellen versucht. Die IG Medien klagte damals gegen eine betriebliche Erhöhung der Arbeitszeit ohne Lohnausgleich bei der Burda Druck GmbH, die einzelvertraglich (d.h. nicht kraft Betriebsvereinbarung, sondern kraft Regelungsabrede → § 14 Rn. 49) umgesetzt wurde. Das BAG gab der Gewerkschaft recht, weil durch einen **Tarifbruch** die Koalitionsbetätigungsfreiheit als „absolutes Recht" der IG Medien verletzt worden sei und daher ein **Unterlassungsanspruch** aus § 1004 i.V.m. Art. 9 Abs. 3 GG, § 823 Abs. 1 BGB gegen die betriebliche Abweichung gegeben sei, jedenfalls soweit beiderseitige Tarifgebundenheit besteht und tarifgebundene Arbeitnehmer namhaft gemacht werden können. Abgesehen davon, dass schon diese Namhaftmachung den Anspruch zum Scheitern bringen kann (so *BAG* NZA 2003, 1221, dagegen *Dieterich*, FS Wißmann, S. 114), ist der Anspruch als solcher rechtsdogmatisch schwer zu begründen, weil nicht die *Durchsetzung* subjektiver Rechte von der Tarifautonomie garantiert wird, sondern lediglich ihre *Aushandlung* (als geschützte Koalitionsbetätigung, zutr. *Walker*, ZfA 2000, 40; *Buchner*, NZA 1999, 897, 900; *Löwisch*, BB 1999, 2080, 2082). Lässt man mit dem BAG den Unterlassungs- und Beseitigungsanspruch zu, geht dieser Anspruch nur auf **Beseitigung** der *gegenwärtigen Störung* (d.h. Herstellung tarifkonformer Verhältnisse durch entspr. Erklärung des Arbeitgebers), **nicht dagegen** auf Wiederherstellung des tarifkonformen Zustands durch Nachzahlung der verweigerten tariflichen Leistungen an die Arbeitnehmer (kein *Folgen*beseitigungsanspruch, vgl. *BAG* NJW 2012, 250; dazu *Reichold*, RdA 2012, 245, 247). Auch kann der Betrag nicht als „Schadensersatz" eingefordert werden, weil der klagenden Gewerkschaft ein Schaden nicht entstanden ist.

2. Normativer Teil

13   § 1 Abs. 1 TVG erwähnt zuerst die **Inhaltsnormen**. Dazu rechnen alle Bestimmungen, die das Arbeitsverhältnis inhaltlich ausgestalten und deshalb *unmittelbarer Inhalt* eines Arbeitsvertrages sein können. Hierzu zählen Regelungen über Entgelte bzw. Zulagen und Prämien, Arbeitszeiten, Urlaub, Kündigungsfristen, Vermögensbildung etc. Zu den Abschlussnormen zählen Regeln, die das „Ob" oder das „Wie" des Vertragsschlusses regeln, also z.B. Formvorschriften bei Abschluss von Arbeitsverträgen. Die sog. **betrieblichen Normen** betreffen das „betriebliche Rechtsverhältnis", also Fragen *notwendig einheitlicher* Betriebsorganisation, die in Einzelarbeitsverträgen nicht sinnvoll erscheinen. Hierzu zählte man traditionell sog. Solidarnormen (Benutzung von gemeinsamen Sozialeinrichtungen wie z.B. Kantine) und Ordnungsnormen (Rauchverbote, Torkontrollen, Sicherheitsregeln); heute spricht man einschränkender von Zulassungs- und Arbeitsverteilungsnormen (z.B. Arbeitszeitschutz durch TV nach § 7 ArbZG, Altersteilzeitregelung nach § 2

Abs. 2 ATG, Beschäftigungssicherungs-TV → *Beispiel* § 3 Rn. 40). Schließlich können durch **betriebsverfassungsrechtliche Normen** auch Angelegenheiten der Betriebsverfassung normativ geregelt werden, was eine „Zulassung" im Betr-VG voraussetzt. Durch die BetrVG-Reform 2001 wurde z.B. der Spielraum für besondere Organisationstarife zur Schaffung etwa eines unternehmenseinheitlichen Betriebsrats enorm erweitert (§ 3 BetrVG).

V. Wirkung (§ 4 TVG)

1. Funktionen der normativen Wirkung

Ganz im Vordergrund des Tarifvertrags stehen die **normativen Regelun-** 14 **gen** (Rechtsnormen), die sich nicht an die Vertragspartner, sondern an deren Mitglieder, also die einzelnen Arbeitgeber und Arbeitnehmer richten, und den Inhalt der zwischen ihnen abgeschlossenen Arbeitsverträge betreffen. Diese Normenwirkung wird in § 4 Abs. 1 TVG wie folgt beschrieben:

> „Die Rechtsnormen des Tarifvertrages, die den Inhalt, den Abschluss oder die Beendigung von Arbeitsverhältnissen ordnen, gelten unmittelbar und zwingend zwischen den beiderseits Tarifgebundenen, die unter den Geltungsbereich des Tarifvertrags fallen."

Diese besondere gesetzesgleiche Wirkung des Tarifvertrags sichert seine 15

- **Schutzfunktion,** weil dadurch den Arbeitnehmern ein gewisses Mindestniveau von Arbeitsbedingungen garantiert wird, und seine
- **Kartellfunktion,** weil dadurch die Arbeitsbedingungen innerhalb einer bestimmten Branche regional gleichmäßig durch die Unternehmen hindurch geregelt sind, so dass ein Unterbietungswettbewerb zu Lasten der Arbeitnehmer verhindert wird und den Arbeitgebern grundsätzlich gleiche Kalkulationsbedingungen bezüglich der Arbeitskosten ermöglicht werden.

Weitere Funktionen, wie z.B. in § 4a Abs. 1 TVG erwähnt, sind wissenschaftlich nicht weiterführend (z.B. „Ordnungsfunktion" oder „Befriedungsfunktion").

2. Unmittelbare und zwingende Wirkung (§ 4 TVG)

„**Unmittelbar**" wirken die tariflichen Normen nach § 4 Abs. 1 TVG, weil 16 ihr Inhalt ohne weitere Zwischenstufe von selber, d.h. gesetzesgleich die einzelnen Arbeitsverhältnisse ergreift. Somit kann selbst bei Unkenntnis der tariflichen Bindung und ihres Inhalts nicht ein schlechterer Einzelarbeitsvertrag zwischen beiderseits tarifgebundenen Vertragsparteien rechtswirksam abgeschlossen werden.

17   „Zwingend" wirken die Normen deshalb, weil sie von beiden Arbeitsvertragsparteien nicht zu Ungunsten des Arbeitnehmers verändert, d.h. verschlechtert werden dürfen. Diese Einschränkung ergibt sich aus § 4 Abs. 3
TVG, dem sog. **Günstigkeitsprinzip:** Nur eine vertragliche *Verbesserung* der
Arbeitsbedingungen gegenüber den tariflichen Normen kann von der Rechtsordnung aus Gründen des Arbeitnehmerschutzes anerkannt werden (→ § 3
Rn. 9). Die Burda-Entscheidung des BAG (→ Rn. 12) hat es strikt abgelehnt,
in einen „Günstigkeitsvergleich" eine Arbeitsplatzgarantie mit einzubeziehen
(sog. **„betriebliches Bündnis für Arbeit"**). Diese enge Sicht wurde zwar
kritisiert (vgl. nur *Kort,* FS 50 Jahre BAG, 2004, S. 753; *Schliemann,* NZA 2003,
122), hat sich aber aus Gründen des Arbeitnehmerschutzes (für ihn handelt es
sich dabei um die arbeitsrechtliche Version der Alternative „Tod oder Leben")
wohl zutreffend durchgesetzt. Das BAG bevorzugt den **Sachgruppenver-
gleich,** wonach nur solche Regelungen auf „Günstigkeit" verglichen werden
können, die denselben Regelungsgegenstand betreffen (z.B. Urlaubsdauer,
Grundentgelt, tarifliche Zuschläge, Krankenbeihilfe etc.). Auch die Einräumung eines Wahlrechts kann im Einzelfall als „günstiger" betrachtet werden
(→ § 3 Rn. 9 f., vgl. *Löwisch/Rieble,* TVG, 3. Aufl., § 4 Rn. 565 ff.). Entscheidend ist immer die Frage, ob ein **verständiger** Arbeitnehmer unter Berücksichtigung der Umstände des Einzelfalls in der abweichenden Vereinbarung
eine **Besserstellung** seiner Person erblicken würde oder nicht (sog. „objektiv-
hypothetischer" Maßstab, vgl. ErfK/*Franzen,* § 4 TVG Rn. 39).

3. Regelvoraussetzung Tarifbindung (§ 3 TVG)

a) Regelfall beiderseitige Mitgliedschaft (§ 3 Abs. 1 TVG)

18   Voraussetzung für die normative Wirkung ist die **Tarifbindung** („Tarifgebundenheit") der Normunterworfenen. Denn die Normsetzungsbefugnis kraft
Privatrechts (→ Rn. 8) erfordert als Legitimationsgrundlage die **beiderseitige**
Mitgliedschaft, § 4 Abs. 1 S. 1 i.V.m. § 3 Abs. 1 TVG. Tarifautonomie kann nach
ihrer Geschichte und nach ihren freiheitsrechtlichen Wurzeln richtig nur als
„kollektiv ausgeübte" Privatautonomie verstanden werden (*Picker,* ZfA 1998,
599; *Rieble,* ZfA 2000, 5). Dem hat sich jetzt auch das BAG angeschlossen (*BAG*
NZA 2001, 613; *Dieterich,* FS Schaub, 1998, S. 121; *Schliemann,* FS Hanau, 1999,
S. 583 f.). Wer als Arbeitgeber oder Arbeitnehmer einer tariffähigen Koalition
angehört, akzeptiert die gemeinsame Normsetzungsbefugnis für seine eigene
Vertragsbindung: er ist einerseits Koalitionsmitglied, andererseits Arbeitsver-
tragspartei. Dieses Regelmodell der mitgliedschaftlichen Legitimation gilt
nach § 4 Abs. 1 S. 1 TVG für die wichtigen **Inhaltsnormen** (einschließlich der
Abschluss- und Beendigungsnormen): sowohl der Arbeitgeber wie auch die
einzelnen Arbeitnehmer müssen jeweils in ihren Verbänden organisiert sein
(§ 3 Abs. 1 TVG). Zur „Weitergeltung" trotz Austritt → Rn. 23; zur „Rückwirkung" beim Eintritt → Rn. 24.

b) Ausnahmefall Mitgliedschaft nur des Arbeitgebers (§ 3 Abs. 2 TVG)

Die Tarifmacht für **betriebliche und betriebsverfassungsrechtliche** **19** **Normen** ist den TV-Parteien nur unter der Bedingung eingeräumt, dass sie von ihr *betriebseinheitlich* ohne Rücksicht auf die Organisationszugehörigkeit Gebrauch machen (→ Rn. 13). Allein deshalb reicht die Tarifbindung lediglich des **Arbeitgebers** aus (§ 3 Abs. 2 TVG). Um die Normwirkung auch gegenüber den nicht-organisierten „Außenseitern" zu rechtfertigen, darf die Betriebsnorm nicht das individuelle Arbeitsverhältnis erfassen, sondern muss sich auf das „betriebliche Rechtsverhältnis" beschränken (HWK/*Henssler*, § 1 TVG Rn. 52). Der einzelne Arbeitnehmer kann daraus keine individuellen Rechte und Pflichten ableiten. Nur diese enge Auslegung der „entsprechenden" normativen Wirkung (§ 4 Abs. 1 S. 2 TVG) rechtfertigt die auf den Betrieb bezogene „Allgemeinverbindlichkeit" der Betriebs(verfassungs)normen (→ Rn. 34).

> **Beispielsfall:** Der Manteltarifvertrag sieht folgende Regelungen vor: (1) Die individuelle regelmäßige **wöchentliche Arbeitszeit** der Vollzeitbeschäftigten beträgt 35 Stunden. (2) Für **einzelne** Arbeitnehmer kann die individuelle regelmäßige wöchentliche Arbeitszeit auf bis zu 40 Stunden verlängert werden, soweit der Arbeitnehmer damit einverstanden ist. Die Zahl der über 35 Stunden Arbeitenden darf nicht mehr als 13 % aller Arbeitnehmer des Betriebs einschließlich der Angestellten und der leitenden Angestellten übersteigen.
>
> **Frage:** Welche Arten tariflicher Normen liegen hier vor? Inwieweit werden auch nicht-organisierte Außenseiter gebunden?
>
> **Antwort:** Die Arbeitszeitregelung enthält keineswegs nur Inhaltsnormen, sondern auch Betriebsnormen. Soweit die Wochenarbeitszeit für Vollzeitkräfte festgelegt wird, handelt es sich um eine **Inhaltsnorm**, weil hierdurch der wöchentlich geschuldete Umfang der Arbeitspflicht normativ geregelt wird (§ 4 TVG). Soweit für 13 % der betrieblichen Belegschaft ein erhöhter Arbeitszeitumfang ermöglicht wird, handelt es sich dagegen um eine **Betriebsnorm**, weil hierdurch eine Arbeitsverteilung erfolgt, die nur für den Betrieb insgesamt durch den Arbeitgeber berechnet werden kann; eine Übernahme in einzelne Arbeitsverträge wäre sinnlos, weil die Möglichkeit zur Mehrarbeit regelmäßig abhängig ist vom Verhalten der Restbelegschaft. Entsprechend unterschiedlich ist die **normative Wirkung** der Arbeitszeitnormen: Die 35 Stunden-Woche verpflichtet nur Organisierte – Nichtorganisierte könnten auch länger arbeiten. Die 13 %-Quote dagegen muss einheitlich auf den gesamten Betrieb Anwendung finden, weil sie sonst sinnlos wäre (str., vgl. näher *Reichold* ZfA 1998, 248).

c) Ausnahmefall Allgemeinverbindlichkeit

Selbst bei beiderseits fehlender Tarifbindung kann eine normative Wir- **20** kung durch **Allgemeinverbindlicherklärung (AVE, § 5 TVG)** eintreten, wenn in einem bestimmten Tarifgebiet und in einer bestimmten Branche die Allgemeinverbindlicherklärung *„im öffentlichen Interesse"* geboten erscheint. Darüber entscheidet ein paritätisch zusammengesetzter Tarifausschuss (§ 5

Abs. 1 S. 1 TVG). Die bis 2015 geforderte Tarifbindung von mindestens 50 %
Beschäftigter der in der Branche tätigen Unternehmen ist durch das sog. „Tarifautonomiestärkungsgesetz" ersatzlos entfallen. Für das „öffentliche Interesse"
gibt es jetzt nur schwammige Kriterien (§ 5 Abs. 1 S. 2 TVG), deren Anwendung kaum „justiziabel" erscheint (krit. *Bepler*, DJT-Gutachten 2014, B 111 ff.;
Reichold, NJW 2014, 2534, 2536). Doch hat das BAG im Grundsatzurteil vom
21.3.2018 (10 ABR 62/16, NZA-Beil. 1/2018, 8) vier allgemeinverbindliche
Tarifverträge des **Baugewerbes** für wirksam erklärt und dabei betont, dass
die einzige Voraussetzung der AVE nach § 5 Abs. 1 TVG, das Bestehen eines
„öffentlichen Interesses", schon bei „überwiegender Bedeutung" i. S. v. § 5
Abs. 1 S. 2 Nr. 1 TVG zu vermuten und nur bei besonders gewichtigen Umständen oder überragenden entgegen stehenden Interessen zu verneinen sei.
Demnach werden bei einem *gemeinsamen* Antrag der Tarifpartner zukünftig
mehr AVE-Erklärungen als bisher zu erwarten sein. Als Rechtsfolge erfassen
die Rechtsnormen des Tarifvertrages – immer nur in seinem Geltungsbereich! – auch bisher nicht tarifgebundene Unternehmen wie eine staatliche
Rechtsverordnung (→ § 3 Rn. 30). Das Verfahren der AVE ist im Grunde
ein Fremdkörper im grundsätzlich privatrechtlich strukturierten Gebiet des
Tarifrechts. Die Zwangswirkung solcher Tarifnormen auf Außenseiter sollte
die **Ausnahme** bleiben, was bisher bejaht werden kann: Von den am 1.4.2012
rund 67.000 als gültig in das Tarifregister eingetragenen Tarifverträgen waren
nur 495 allgemeinverbindlich, mithin weniger als 1 %! (*Quelle:* www.bmas.de).

d) Abgrenzung zur Bezugnahmeklausel

21   Keine normative, sondern lediglich eine **vertragliche** Bindung erzeugen
Bezugnahmeklauseln, die den Tarifinhalt zum Vertragsinhalt machen (→ § 3
Rn. 43 ff.); auf sie ist § 4 Abs. 3, 4 TVG nicht anzuwenden. Bei ihrer Auslegung
ist darauf zu achten, dass durch die meist verwendete Formulierung „im Übrigen gelten …" nur der vertraglich offen gelassene Bereich durch die Tarifwerke
ausgefüllt werden soll – die eigenständige vertragliche Vereinbarung darf
dagegen nicht verdrängt werden.

4. Nachwirkung (§ 4 Abs. 5 TVG) und Nachbindung
   (§ 3 Abs. 3 TVG)

a) Nachwirkung bei Ablauf des Tarifvertrags (§ 4 Abs. 5 TVG)

22   Ist die Laufzeit des Tarifvertrags beendet und schließt sich kein neuer Tarifvertrag unmittelbar an, ordnet § 4 Abs. 5 TVG eine „Nachwirkung" an,
damit **kein Regelungsvakuum** entsteht. Die tariflichen Rechtsnormen gelten
(unbegrenzt lange, vgl. *BAG* NZA 2004, 387) weiter, „bis sie durch eine andere
Abmachung ersetzt werden". Die Nachwirkung ist allerdings **„statisch"** und
erfasst keine (weiteren) Tarifänderungen. Sie betrifft außerdem

- nur Arbeitsverhältnisse, die **vor Ablauf** des Tarifvertrags zustande gekommen sind – neue Arbeitsverhältnisse werden vom nachwirkenden Tarifvertrag normativ nicht mehr erfasst (str., a.A. Wiedemann/*Wank*, § 4 Rn. 332 ff.);
- die Normen **verlieren** ihre **zwingende** (nicht: ihre unmittelbare) **Wirkung**, so dass mit den Beschäftigten auch ungünstigere Arbeitsbedingungen vereinbart werden können. Einseitige Verschlechterungen durch den Arbeitgeber scheiden also aus *("Vereinbarung"* ist gefordert*)*, nicht jedoch ablösende Betriebsvereinbarungen. Individualrechtlich kommt ohne Einigung mit dem Arbeitnehmer nur eine **Änderungskündigung** (§ 2 KSchG) in Betracht. Allerdings schließt der Wortlaut der Norm die Möglichkeit einer die Nachwirkung ablösenden, auf den Ablösungszeitraum gerichteten untertariflichen Vergütungsabrede **vor Ablauf** des Tarifvertrags nicht aus (*BAG* NZA 2009, 265; DB 2005, 2305).

b) „Nachbindung" bei Austritt des Arbeitgebers (§ 3 Abs. 3 TVG)

Von der Nachwirkung gem. § 4 Abs. 5 TVG zu unterscheiden ist die „**Nach-** 23 **bindung**" der Tarifgebundenheit nach § 3 Abs. 3 TVG (verlängerte Tarifgebundenheit). Während bei der „Nachwirkung" (nur) der Tarifvertrag abgelaufen ist, reagiert die „Nachbindung" auf eine **Statusänderung** (meist) des Arbeitgebers. Auch wenn der aus seinem Verband austritt, kann er **nicht sofort** die Tarifbindung beenden: die „Flucht aus dem Verbandstarif" kann wegen § 3 Abs. 3 TVG nicht unmittelbar erfolgreich sein:

> „Die Tarifgebundenheit bleibt bestehen, bis der Tarifvertrag endet".

Damit soll die **Tariftreue** der Arbeitgeber gefördert und **missbräuchlicher Abkehr** vom Verband begegnet werden (HWK/*Henssler*, § 3 TVG Rn. 41; MüArbR/*Rieble/Klumpp*, 3. Aufl., § 177 Rn. 26). Auch der nach Austritt des Arbeitgebers in die Gewerkschaft eintretende Arbeitnehmer kann noch die tarifliche Vergütung fordern: die Tarifgebundenheit **gilt verlängert** mit allen Folgen (*BAG* NZA 2012, 281). Wer sich also den hohen Tariflöhnen in seiner Branche durch Verbandsaustritt entziehen will, kann dies erst mit Ablauf bzw. Abänderung bzw. Kündigungsmöglichkeit (vgl. *BAG* NZA 2001, 453) des jeweiligen Tarifvertrags tun und erst **danach** eigene Entgelte unabhängig vom Verbandstarif mit der Belegschaft aushandeln. Von einer **Kumulation** von Nachbindung *und* Nachwirkung handelt der folgende Fall:

Beispielsfall: Die Baufirma des klagenden Baufacharbeiters (Mitglied IG Bau) ist zum 31. März aus ihrem Arbeitgeberverband wirksam **ausgetreten**. Zum gleichen Zeitpunkt, am 1. April, wurde ein neuer Bezirkslohntarifvertrag für den entsprechenden regionalen Tarifbereich abgeschlossen. Der Kläger hat, ohne dass mit ihm eine neue Vereinbarung getroffen wurde, im folgenden Monat für seine geleisteten Arbeitsstunden 16,05 € brutto statt, wie vom alten Lohntarif vorgesehen, 20,35 € Stundenlohn erhalten und möchte den Differenzbetrag einklagen. Zu Recht?

Lösung: Es treffen **Ende der Tarifbindung** des Arbeitgebers und **Beendigung des Tarifvertrages** zusammen. Es stellt sich daher die Frage nach dem Verhältnis von § 3 Abs. 3 TVG zu § 4 Abs. 5 TVG. Das BAG vertritt hierzu die Meinung, dass die Rechtsnormen des abgelaufenen Lohntarifs auch nach Verbandsaustritt des Arbeitgebers in **analoger** Anwendung von § 4 Abs. 5 TVG so lange weitergelten, bis sie für das einzelne Arbeitsverhältnis verbindlich durch eine andere Abmachung ersetzt werden. Das wird begründet mit der „**Ordnungsfunktion**" der Tarifnormen, die auch nach Austritt und Ablauf des Tarifvertrags insoweit greifen soll, als andernfalls die Arbeitsverhältnisse inhaltsleer würden. Es besteht keine Spezialität des § 3 Abs. 3 TVG gegenüber § 4 Abs. 5 TVG, so dass der Kläger hier erfolgreich den alten Lohntarif beanspruchen konnte, weil für ihn (1) mangels Tarifbindung der neue Lohntarif nicht galt, (2) mangels neuer Vereinbarung der alte Tarif nachwirken konnte (*BAG* NZA 1996, 769).

c) „Rückwirkung" der Tarifgebundenheit?

24   Umgekehrt stellt sich die Frage, inwieweit sich z.B. Arbeitnehmer durch „Rückwirkung" ihres Beitritts zur Gewerkschaft die günstige Normwirkung etwa eines tariflichen Kündigungsschutzes sichern können. Der rückwirkende Beginn einer Verbandsmitgliedschaft im Innenverhältnis Arbeitnehmer-Gewerkschaft hat aber für § 3 Abs. 1 TVG **keine Bedeutung:** insoweit kommt es auf den „tatsächlichen Beitritt" an, der die satzungsmäßig zustande gekommene Mitgliedschaft erfordert (*BAG* NZA 2001, 980 – IG Metall). Erst dann tritt Tarifgebundenheit ein, so dass etwa Beitritt zur Jahresmitte den vollen tariflichen Urlaubsanspruch nicht mehr entstehen lässt. Damit nicht zu verwechseln ist die Rückwirkung der **Tarifnormen** z.B. im Entgeltbereich, also das Gegenstück zu § 4 Abs. 5 TVG, die sehr häufig zur Überbrückung tarifloser Zeiten (→ Rn. 22) vereinbart wird. Hier geht es um **materielle** Rückwirkung für alle „derzeit" Tarifgebundenen, was nicht „Rückwirkung" i.S.v. § 3 TVG meint.

Schaubild 17: Phasen der Tarifbindung bzw. -wirkung

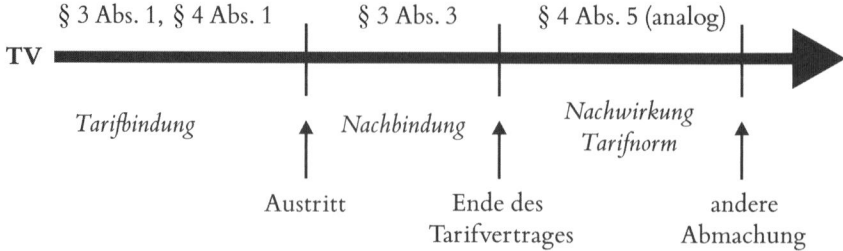

5. Tarifkonkurrenz und Tarifpluralität

Der zunehmende Gewerkschaftswettbewerb (z.B. im Krankenhaus, bei der **25**
Lufthansa, bei der Bahn, im Nahverkehr) führt öfters zur Geltung **mehrerer**
Tarifverträge im Betrieb. Auch ohne mehrere Gewerkschaften kommt es zu
Kollisionen zwischen speziellen und generellen Tarifverträgen, z.B. zwischen
Flächen- und Firmentarifverträgen bzw. allgemeinverbindlichen Tarifen im
gleichen Betrieb (AVE → Rn. 20). Dabei muss dogmatisch unterschieden
werden zwischen

- **echter** „Tarifkonkurrenz" (→ Rn. 26), soweit zwei kollidierende Tarifverträge in *ein und demselben* Arbeitsverhältnis zusammentreffen, was eher selten
vorkommt (z.B. dann, wenn Firmentarif und AVE aufeinander treffen), und
- bloßer „**Tarifpluralität**" auf Betriebsebene (→ Rn. 27 ff.), die häufiger
auftritt, soweit zwei oder mehr Tarifverträge **im Betrieb** gelten, die zwar
alle jeweils vom Arbeitgeber zu beachten sind, nicht aber eine „echte"
Normenkollision auf *Arbeitsverhältnis*ebene auslösen; so kann z.B. im Krankenhaus das Pflegepersonal bei Ver.di und die Ärzteschaft (mehrheitlich)
beim Marburger Bund (MB) organisiert sein, ohne dass deshalb im *einzelnen*
Arbeitsverhältnis eine Konkurrenz entsteht.

a) Tarifkonkurrenz

Für die echte **Tarifkonkurrenz**, z.B. bei Doppelmitgliedschaft oder Ver- **26**
bandsmitgliedschaft plus AVE, steht fest, dass nur **ein** Tarifwerk gelten kann
(keine Rosinenpickerei!), so dass nach einer **Kollisionsregel** zu suchen ist.
Das BAG vertritt das beschränkt taugliche „Spezialitätsprinzip", d.h. dass der
speziellere Tarifvertrag anzuwenden ist (z.B. Firmentarif gegenüber AVE).
Rechtsdogmatisch überzeugender erscheint es, die Auflösung nach der besseren
Legitimation oder aber nach dem Schutzzweck des jeweiligen Tarifvertrags zu
entscheiden (näher *Jacobs,* S. 292 ff.; *Reichold,* RdA 2007, 326).

b) Tarifpluralität

Das BAG hat zeitweise auch für die **Tarifpluralität** das gleiche „Lösungs- **27**
modell" der Tarifeinheit vertreten, was zur Folge hätte, dass der weniger
„passende" Tarif verdrängt würde; das könnte z.B. im Krankenhaus bedeuten,
dass nur der DGB-Tarif (Ver.di) einheitlich gelten dürfte, obwohl z.B. die Ärzte
mehrheitlich dem MB-Tarif unterworfen wären. Genau dieser Fall zeigt aber
die grundrechtsdogmatische Verfehltheit der Lösung: was hindert den Arbeitgeber eigentlich daran, die **Individualnormen** verschiedener Tarifverträge je
nach Tarifbindung unterschiedlich in Anwendung zu bringen? Geht die Prak-
tikabilität der einheitlichen Tarifanwendung der Grundrechtsausübung der
unterlegenen Gewerkschaft vor? Diese Frage muss klar zugunsten der positiven
Grundrechtsausübung der Gewerkschaft entschieden werden (so heute auch die
Rspr., vgl. *BAG* NZA 2010, 1068 = NJW 2011, 333; ferner nur *Jacobs,* NZA

2008, 325; *Reichold,* RdA 2007, 324 ff.). Auch sog. Spartentarife für Funktionseliten wie die Lufthansa-Piloten können sonach **neben** anderen Tarifen einer DGB-Gewerkschaft bei der Lufthansa zur Geltung gebracht werden. Im Tarifstreit der Lokführergewerkschaft (GDL) um einen eigenen Tarif gegen die Bahn wurde ebenfalls die Tarif*pluralität* richterlich bestätigt (*LAG Sachsen* NZA 2008, 57). Das BAG hält dies auch bei verschiedenen Vergütungsordnungen für maßgeblich für die Mitbestimmung des Betriebsrats (*BAG* NZA 2015, 1077).

28   Mit der neuen **Norm des § 4a TVG** hat der Gesetzgeber im sog. „Tarifeinheitsgesetz" (**TEG**) vom 3.7.2015 (BGBl. I 2015, S. 1130 f.) allerdings den Grundsatz der Tarifeinheit bei kollidierenden Tarifverträgen im Betrieb gesetzlich festschreiben wollen. Laut Gesetzesbegründung beeinträchtigen Tarifkollisonen – gemeint ist die Geltung mehrerer Tarifverträge im Betrieb mit (teils) verschiedenen Regelungen zu den gleichen Arbeitsbedingungen – die „Funktionsfähigkeit der Tarifautonomie", weil die Koalitionen ihrer ihnen „durch Art. 9 Abs. 3 GG überantworteten und im allgemeinen Interesse liegenden Aufgabe der Ordnung und Befriedung des Arbeitslebens nicht mehr gerecht werden können" (BT-Drs. 18/4062, S. 1). Gewollt ist im Kern aber die **Eindämmung zunehmender Konfliktfälle im öffentlichen Verkehr** bei Streiks um „Sondertarife" von Berufsgewerkschaften (z.B. GDL, MB, VC).

Der Verabschiedung des TEG durch den deutschen Bundestag gingen längere Tarifauseinandersetzungen, insbesondere die Auseinandersetzung zwischen Bahn und GDL, voraus. Die daraus resultierenden Streiks lähmten u.a. den öffentlichen Nah- und Fernverkehr und führten dazu, dass sich der öffentliche Druck auf die Politik im Hinblick auf eine neue Regulierung steigerte. Neben der jetzt gewählten Lösung, deren praktischer Nutzen sehr zweifelhaft bleibt, hätte es eine Reihe anderer und besserer Möglichkeiten gegeben (vgl. nur *Greiner,* RdA 2015, 36, 41 ff.; *ders.,* Anm. 1 zu AP GG Art. 9 Nr. 151, unter IV 2c: „Prozedurale Einbeziehung der Minderheitsgewerkschaften").

29   Ergänzend zu § 4 TVG sollen jetzt durch § 4a Abs. 2 S. 2 in einem Betrieb, in dem sich nicht inhaltsgleiche Tarifverträge verschiedener Gewerkschaften in ihrem Geltungsbereich überschneiden, nur die Tarifvertragsregelungen derjenigen Gewerkschaft anwendbar sein, die die meisten Mitglieder hat. Eingeführt wird somit ein **Mehrheitsprinzip**, bei dem der Tarifvertrag mitgliederschwächerer Gewerkschaften **im Betrieb** verdrängt werden kann. Den kleineren Gewerkschaften, oftmals, aber nicht zwingend sind dies Sparten- oder Berufsgewerkschaften, bleibt nur übrig, dem Arbeitgeber ihre „Vorstellungen und Forderungen" mündlich vorzutragen (§ 4a Abs. 5 S. 2 TVG) oder gem. § 4a Abs. 4 TVG die „Nachzeichnung" des Tarifvertrags der Mehrheitsgewerkschaft vom Arbeitgeber zu verlangen (mit der Folge der Geltung für die eigenen Mitglieder).

30   Die gesetzliche Neuregelung des TEG stellt einen empfindlichen **Eingriff in die Koalitionsfreiheit (Art. 9 Abs. 3 GG)** kleinerer Gewerkschaften dar. Durch die Verdrängung ihres Tarifvertrags wird der unterlegenen Gewerkschaft der wesentliche Wirkungskreis genommen und es erscheint fraglich, ob **kleinere Gewerkschaften** dadurch nicht **in**

ihrer Betätigung **existenziell gefährdet** werden (vgl. *Ewer*, NJW 2015, 2231; *Greiner*, NZA 2015, 769). Diese Sichtweise hat auch das **Bundesverfassungsgericht** in seiner Entscheidung vom 11.7.2017 (NJW 2017, 2523) indirekt bestätigt. Es stellte klar, dass trotz § 4a TVG auch weiterhin Arbeitskämpfe um „Minderheits"-Tarifverträge der kleinen Berufsgewerkschaften geführt werden könnten – selbst dann, wenn diese wegen § 4a Abs. 2 S. 2 TVG nicht zur Anwendung kämen. Zudem müssen laut BVerfG **gesetzliche Nachbesserungen** die ausreichende Berücksichtigung der Interessen von Berufsgruppen sicherstellen, deren Tarifvertrag verdrängt wird. Verfassungsgemäß sei die Verdrängungswirkung nach § 4a Abs. 2 S. 2 TVG nur dann, wenn plausibel dargelegt werde, dass die Mehrheitsgewerkschaft die Interessen der verdrängten Berufsgruppen im Betrieb ernsthaft und wirksam in dem von ihr ausgehandelten Tarifvertrag berücksichtigt habe.

Trotz dieser durchgreifenden verfassungsrechtlichen Bedenken hat das **31** BVerfG das **TEG** für weitgehend mit der Verfassung vereinbar erklärt. Der Erste Senat billigte die Grundentscheidung für die **Tarifeinheit** im Betrieb in § 4a Abs. 2 S. 2 TVG, machte aber bestimmte Vorgaben für deren verfassungsschonende Anwendung (→ Rn. 30 sowie *Rieble*, NZA 2017, 1157; *Löwisch*, NZA 2017, 1423; *Franzen*, ZTR 2017, 571). Dem Gesetz wurden damit die koalitionsrechtlich anstößigen „Zähne gezogen". Insgesamt bleibt unter Beachtung dieser Maßgaben von dem eigentlichen Ziel des TEG, Tarifauseinandersetzungen mehrerer Gewerkschaften im Betrieb zu verhindern (→ Rn. 28), nicht mehr viel übrig (zutr. *Rieble*, NZA 2017, 1157, 1160; *Schwarze*, JA 2017, 867, 870; *v. Steinau-Steinrück/Gooren*, NZA 2017, 1149, 1150 ff.).

VI. Grenzen der Tarifmacht

Selbst wenn die **einfach-gesetzlichen** Voraussetzungen des TVG erfüllt **32** sind, die zur normativen Einwirkung der Tarifnormen auf die betroffenen Arbeitsverhältnisse führen, also (→ Prüfungsschema 17)

---

(1) **Wirksamer Tarifvertrag**, d.h. Schriftform (§ 1 Abs. 2 TVG), Tariffähigkeit der Parteien (§ 2 Abs. 1–3 TVG), Tarifzuständigkeit laut Satzung,
(2) **Tarifbindung** der Arbeitsvertragsparteien (§ 3 TVG),
(3) Arbeitsverhältnis im **tariflichen Geltungsbereich** (räumlich/betrieblich/persönlich/zeitlich, § 4 Abs. 1 TVG),

---

kann dennoch eine **materielle Überdehnung** der Regelungskompetenzen der Tarifvertragsparteien vorliegen, die sich aus den Grenzen der Tarifautonomie nach Art. 9 Abs. 3 GG ergibt. Tarifvertragsnormen, die gegen höherrangiges Verfassungsrecht oder zwingendes Gesetzesrecht verstoßen, sind **nichtig**. Das gilt vor allem gegenüber folgenden **Grundrechten:**

1. Achtung der negativen Koalitionsfreiheit (Art. 9 Abs. 3 GG)

33 Der Tarifvertrag darf keinen Druck auf Nicht-Organisierte ausüben, sich der Koalition anzuschließen. Deshalb darf es keine Abschlussnormen geben, die einen „closed shop" installieren (z.b. „Einstellung nur bei Erwerb der Mitgliedschaft"). Die **Rechtssetzungsbefugnis** gegenüber Außenseitern auf Grund von § 3 Abs. 2 TVG bei Betriebsnormen bzw. betriebsverfassungsrechtlichen Normen ist beschränkt auf das „betriebliche Rechtsverhältnis" (→ Rn. 19). Die Auslegung hat daher in der Regel von **Inhaltsnormen** auszugehen (→ Beispiel Rn. 17), auch z.B. bei erweiterten oder verkürzten Arbeitszeiten: diese sind Außenseitern gegenüber nur einzelvertraglich oder z.B. bei Betriebsschließung durchsetzbar. Bei der **Rechtskontrolle** muss zur Vermeidung unzulässiger Tarifzensur zwar das von den Tarifvertragsparteien verfolgte Regelungsziel respektiert werden; seine Umsetzung ist aber daraufhin zu befragen, ob der Einbezug der Außenseiter **zwingend erforderlich** ist.

34 Die nicht-organisierten Außenseiter müssen es aber grundsätzlich hinnehmen, dass Rechte aus Tarifverträgen grundsätzlich nur den **Organisierten** zugute kommen. Der Arbeitgeber könnte z.B. nicht-organisierte Mitarbeiter jeweils untertariflich bezahlen, wird das aber nicht tun, um diese nicht zum Gewerkschaftseintritt zu „zwingen". Für den Fall der **einfachen Differenzierungsklausel** wurde das vom BAG bestätigt: In einem Firmentarif (Sanierungs-TV) für *ver.di*-Mitglieder zugesagte Ausgleichszahlungen i.H.v. 535 € versperren für sog. Außenseiter jeden *vertraglichen* Anspruch, weil durch die Bezugnahmeklausel keine „automatische" Gleichbehandlung mit Gewerkschaftsmitgliedern erfolgt. Einen Rechtsanspruch des Nicht-Organisierten auf Gleichstellung mit den Organisierten gibt es nicht (*BAG* NZA 2009, 1028). Mit der Zusatzleistung sollte eine (noch) zulässige Mitgliederwerbung mit Mitteln erreicht werden, die nicht einem Beitrittszwang gleich kommen" (ErfK/*Linsenmaier*, Art. 9 GG Rn. 34). Zudem könnte der Arbeitgeber seinerseits kraft seiner **Vertragsfreiheit** die Zusatzleistung an die nicht-organisierten Mitarbeiter weitergeben. Das wollen sog. **Spannenklauseln** (qualifizierte Differenzierungsklauseln) in Tarifverträgen aber verhindern, wenn z.B. geregelt wird, dass sich bei freiwilliger Zahlung von nur für Gewerkschaftsmitglieder vorgesehenen z.B. „Erholungsbeihilfen" an Nicht-Organisierte die Sonderleistung an jene (die Gewerkschaftsmitglieder) *entsprechend erhöht* (so der Fall *BAG* NZA 2011, 920). Solche Klauseln **überschreiten** die Tarifmacht, weil damit Arbeitsbedingungen mit zwingender Wirkung für nicht-organisierte Arbeitnehmer festgesetzt werden; die Normsetzungsmacht der Tarifparteien beschränkt sich im Bereich der Inhaltsnormen auf ihre **Mitglieder** (*BAG* NZA 2011, 920).

2. Achtung der Berufsfreiheit (Art. 12 GG)

Auch das **Günstigkeitsprinzip** (§ 4 Abs. 3 TVG) ist Ausdruck der verhält- 35
nismäßigen Zuordnung von kollektivvertraglichem Schutz einerseits (Art. 9
Abs. 3 GG) und dem Vortritt der Berufsfreiheit in Gestalt der Arbeitsvertrags-
freiheit (Art. 2 Abs. 1, 12 Abs. 1 GG) andererseits – jedenfalls dann, wenn es um
eine *Verbesserung* der Arbeitsbedingungen geht. Indem das Günstigkeitsprinzip
übertariflichen Wettbewerb nicht bloß zulässt, sondern garantiert, mildert es
die Kartellwirkung des Tarifvertrags (MüArbR/*Rieble/Klumpp,* 3. Aufl., § 183
Rn. 4). Durch Tarifvertrag festgesetzte **Höchstarbeitsbedingungen** (z.B.
30,5 statt 38,5 Wochenstunden) lassen sich deshalb nur unter ganz besonders
engen Voraussetzungen rechtfertigen (z.B. zur Abmilderung *vorübergehender*
Notlagen und zur Vermeidung von Entlassungen, vgl. *BAG* NJW 2001, 2348).
Zur Problematik des Günstigkeitsvergleichs vgl. Rn. 17 sowie *Beispiel* → § 3
Rn. 10.

Schließlich ist höchst umstritten, ob die Tarifvertragsparteien **Altersgren-** 36
zen wie z.B. das 65. Lebensjahr vereinbaren können, deren Erreichen *automatisch* zur Beendigung des Arbeitsverhältnisses führt. Starre Altersgrenzen können als Verstoß gegen die Freiheit der Berufswahl (Art. 12 GG) und gegen §§ 1,
7 AGG (Verbot der Altersdiskriminierung) gewertet werden (so schon *Boecken,*
Gutachten 62. DJT 1998, B 35 ff.; *Schlachter,* GedS Blomeyer, 2003, S. 355;
Waltermann, NJW 1998, 2488, 2491). Der EuGH hat jedoch im „Palacios"-
Urteil allein auf den – pauschal geltend gemachten – Arbeitsmarktbezug der
Altersgrenze abgestellt und – ebenso wie das BAG (NZA 2008, 1302) – damit
die Altersgrenze **„65"** dem Grundsatz nach abgesegnet (*EuGH* NJW 2007,
3339). **Anders** dagegen beurteilte er die allein der Flugsicherheit geschuldete
tariflich vereinbarte frühere Altersgrenze von **„60"** für Lufthansa-Piloten
(*EuGH* NJW 2011, 3209; anders noch *BAG* NZA 1998, 716: Altersgrenze 55
bzw. 60 für Lufthansa-Personal tarifvertraglich zulässig → § 10 Rn. 22). Hier
handele es sich um eine zu pauschale, die konkrete Leistungsfähigkeit der
Piloten missachtende Altersgrenze, die daher eine ungerechtfertigte Ungleichbehandlung der 60-jährigen und älteren Piloten gegenüber ihren jüngeren
Kollegen darstelle.

3. Achtung anderer Grundrechte und zwingender Gesetze   37

Bei der sonstigen verfassungsrechtlichen Kontrolle von Tarifregeln ist zu
beachten, dass sie auf der Aushandlung zweier typischerweise gleich starker
Koalitionen beruhen, denen ein breiter Ermessensspielraum einzuräumen ist.
Damit verträgt sich z.B. eine Bindung des Tarifvertrags an staatliche Vorgaben,
insbesondere an das sog. „Gemeinwohl", nicht. Dennoch gilt: Tarifverträge
erzeugen **objektives Recht**, so dass Tarifparteien nicht wesentlich freier sein
können als der Gesetzgeber. Damit ist aber nicht eine „politische" Kontrolle,

sondern nur eine **Rechtskontrolle** gemeint (vgl. *Boemke* und *Waltermann,* in: FS 50 Jahre BAG, 2004).

> **Wichtig:** Als Grundsatz gilt: eine **Tarifzensur** findet nicht statt. Jeder Eingriff des Gesetzgebers oder der Rechtsprechung in Gegenstände tarifautonomer Arbeitsregelungen bedarf einer starken sachlichen („zwingenden") Rechtfertigung. Eine „Inhaltskontrolle" ist durch § 310 Abs. 4 S. 1 BGB von vorneherein ausgeschlossen (→ § 7 Rn. 32).

38   So gilt z.B. das Gebot der **Gleichbehandlung** von Mann und Frau natürlich auch für tarifliche Inhaltsnormen, so dass mittelbar diskriminierende sog. „Leichtlohngruppen", die regelmäßig nur von Frauen besetzt werden, nach der EuGH-Rechtsprechung unzulässig sind (vgl. §§ 1, 7 Abs. 2 AGG). Auch sonst ist **zwingendes Gesetzesrecht** wie in § 626 BGB oder in § 4 Abs. 1 TzBfG für Tarifverträge beachtlich, so dass z.B. eine unterschiedliche Behandlung von Teilzeit- und Vollzeitkräften aufgrund Tarifvertrags ohne Sachgrund (z.B. bei Sonderleistungen, die 450-Euro-Kräften verwehrt werden) unzulässig ist. Gegen den Gleichheitssatz verstoßen die Tarifvertragsparteien auch, wenn sie mit sog. **Effektivklauseln** übertarifliche Entgelte fortschreiben wollen, die allein auf Grund Arbeitgeberzusage entstanden sind und deshalb tariflich nicht „zementiert" werden können (*Hromadka/Maschmann* II, § 13 Rn. 299 ff.). Bei der Vereinbarung des persönlichen **Geltungsbereichs** eines Tarifvertrags dürfen die Tarifpartner allerdings ihren Ermessensspielraum bis zur Grenze der Willkür ausüben (*BAG* NZA 2001, 613: Herausnahme der Werkstudenten im VW-Tarif).

Prüfungsschema 17: Ansprüche aus Tarifvertrag

I. **Wirksamer** Tarifvertrag:
   1. **Tariffähige Parteien**, auch *einzelne Arbeitgeber* (§ 2 Abs. 1 TVG)
   2. **Schriftform** (§ 1 Abs. 2 TVG)
   3. **Tarifzuständigkeit** laut eigener Satzung

II. **Anwendung des** Tarifvertrags **auf konkretes Arbeitsverhältnis:**
   1. **Tarifbindung der Vertragsparteien (§ 3 TVG)**
      a) Grundsätzlich beiderseitig (AG und AN), § 4 Abs. 1 TVG
      b) Ausnahmsweise einseitig (AG), wenn Betriebsnorm, § 3 Abs. 2 TVG
      c) Soweit nicht a) oder b), kraft Allgemeinverbindlichkeit, § 5 TVG?
         Problem: Tarifbindung endet nicht mit Austritt aus Koalition, § 3 Abs. 3 TVG
   2. **Arbeitsverhältnis im tariflichen Geltungsbereich**
      a) Räumlicher Geltungsbereich des TV, z.B. Bayern
      b) Betrieblicher Geltungsbereich des TV, z.B. Betriebe der chemischen Industrie (Branchenzuordnung; bei Mischbetrieb zählt die überwiegende Tätigkeit)
      c) Persönlicher Geltungsbereich des TV, z.B. nur Auszubildende
      d) Zeitlicher Geltungsbereich: Ansprüche müssen während der Laufzeit des TV entstanden sein. Problem: Nachwirkung, § 4 Abs. 5 TVG

III. **Materielle Wirksamkeit:**
   1. **Verfassungsrechtliche Schranken** (z.B. Verstoß gegen negative Koalitionsfreiheit, Art. 9 Abs. 3 GG, Verstoß gegen Berufsfreiheit bei der Beschränkung von Öffnungszeiten, Art. 12 GG etc.)
   2. **Einfachrechtliche Schranken**, z.B. §§ 626 BGB, 4 TzBfG
   3. **Insbesondere: kein Verstoß gegen das Günstigkeitsprinzip**, § 4 Abs. 3 TVG, durch Maximalarbeitsbedingungen (z.B. Höchstlöhne)

IV. **Rechtsfolge:**
   Tarifvertrag gibt Arbeitnehmer (i.V.m. Arbeitsvertrag) einen unmittelbaren und zwingenden Anspruch auf tarifliche Leistungen

Achtung: Liegen mangels Tarifbindung (II.1) normative Ansprüche nicht vor, kann sich dennoch ein Anspruch des Arbeitnehmers auf inhaltlich übereinstimmende Leistungen aus einer vertraglichen **Bezugnahmeklausel** (→ § 3 Rn. 43 f.) ergeben

VII. Ausblick: Flexibilisierung des Flächentarifs

1. Tendenz zur Deregulierung

Die hohe Regelungsdichte der früheren Flächentarifverträge ist inzwischen **39** auch wegen der Kritik an zu starren Einheitslösungen einer gewissen Deregulierung gewichen und hat zur Ermöglichung von betriebsnäheren Lösungen geführt (vgl. nur *Hanau*, RdA 1998, 65; *Junker*, ZfA 1996, 383; *Lesch*, DB 2000, 322). Zu einer „Abschaffung" des Flächentarifvertrags kann es aber schon wegen seiner verfassungsrechtlichen Absicherung in Art. 9 Abs. 3 GG nicht kommen. Sie wäre auch ökonomisch unvernünftig, weil große Branchentarife sehr häufig in einem „Pilotverfahren" verhandelt und dann flächendeckend umgesetzt werden. Transaktionskostenvorteile werden dadurch gerade im strittigen Entgeltbereich erzielt und entlasten die einzelnen Unternehmen von Lohnkonflikten im eigenen Haus. Die häufig als Alternative benannte **Betriebsvereinbarung** ist weder verfassungs- noch einfachrechtlich (vgl. § 77 Abs. 3 BetrVG) und schon gar nicht verhandlungsökonomisch in der Lage, tarifvertragsähnliche Funktionen zu übernehmen. Auch eine **gesetzliche** Öffnungsklausel für Betriebsvereinbarungen, wie sie etwa von der Monopolkommission gefordert wurde (*Lesch*, DB 2000, 323 f.), dürfte in generell-abstrakter Form gegen Art. 9 Abs. 3 GG verstoßen: die Geltung des Tarifvertrags darf nicht von der Zustimmung der Betriebspartner abhängig gemacht werden (*Wiedemann*, FS Hanau, 1999, S. 620). Notwendige Reformen sollten nicht verordnet werden, sondern der **Tarifpolitik** vorbehalten bleiben, die zunehmend eine geregelte Öffnung der Flächentarife betreibt (*Walker*, ZfA 1996, 370 ff.).

2. Firmentarifverträge

40   Sind einzelne Arbeitgeber mit ihren Branchentarifverträgen nicht einverstanden, so können sie nach Austritt aus dem Arbeitgeberverband dennoch zu **Firmentarifen** gezwungen werden: gegenüber großen Gewerkschaften werden sie zu Anerkennungstarifverträgen auf einem ähnlichen Niveau wie dem Branchentarif gezwungen sein, anderenfalls ein Streik droht. Überdies steigen die Transaktionskosten zur Erzielung vernünftiger tariflicher Ergebnisse dann immens.

3. Rahmenregelungen

41   Vorzugswürdig erscheint der von den Tarifpartnern zunehmend bereits beschrittene Weg, durch **Öffnungsklauseln** bzw. Rahmenregelungen einzelne Bereiche von betrieblichen Arbeitsbedingungen (z.B. Arbeitszeitkorridore) an die Betriebsparteien bewusst zu delegieren (§ 4 Abs. 3 TVG). Der beschleunigte Abschluss betrieblicher Regelungen kann durch Fristenregelungen oder die Einschaltung von Schlichtungsstellen erzwungen werden. Gerade im Bereich der Arbeitszeitpolitik, die je nach Auftragsvolumen Arbeitszeitänderungen nach oben oder nach unten erfordert, haben die Tarifpartner bereits sog. **Korridorlösungen** geschaffen, die zu einer „Re-Regulierung" nach dem Subsidiaritätsprinzip führen (vgl. *Reichold* ZfA 1998, 258; *Walker*, ZfA 1996, 363 ff.). Weil nach § 77 Abs. 3 S. 1 BetrVG dem Betriebsrat die Regelungszuständigkeit für die tarifüblichen Regelungen fehlt, kann er **nur bei ausdrücklicher**

Zulassung im Tarifvertrag ergänzend zu den tariflichen Regelungen tätig werden und damit betriebliche Besonderheiten zur Geltung bringen. Die wesentlichen Vorgaben müssen die Tarifparteien daher selbst regeln (§ 4 Abs. 3 TVG). Auf die *tarifliche* Normsetzung darf nicht verzichtet werden. Allerdings greift die „Verbetrieblichung" der Tarifpolitik rein **faktisch** in der Regel nur in Großbetrieben – dazu folgendes

Schaubild 18: Betriebe in Deutschland mit Betriebsrat

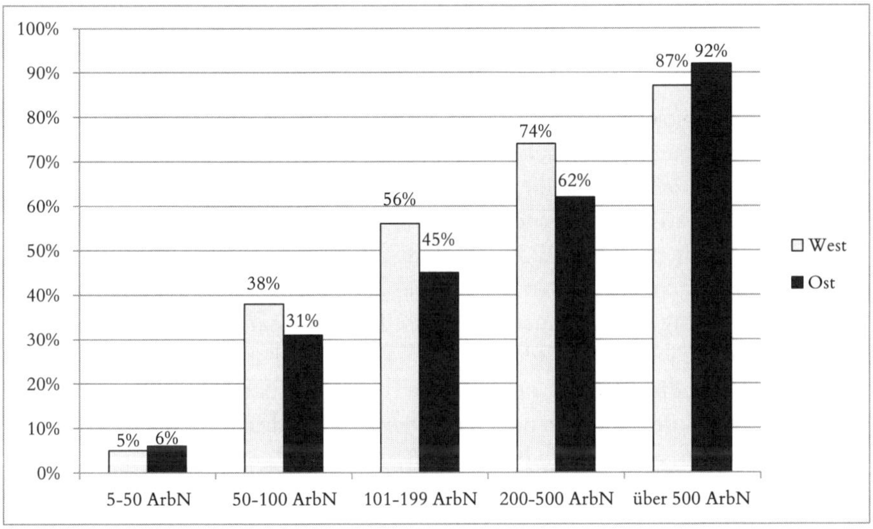

Quelle: IAB-Betriebspanel 2016

4. Härteklauseln

In sog. Härte- oder **Beschäftigungssicherungsklauseln** werden für ei- **42** nen zu definierenden Notfall des Unternehmens besondere Möglichkeiten der Entgeltabsenkung gegen Beschäftigungsgarantie vorgesehen. Umstritten ist, wer im Einzelfall das Vorliegen des Notfalls bestimmt; im Zweifel wird hier ein vereinbartes Schiedsverfahren durchzuführen sein. Angesichts solch gravierender Tarifänderungen liegt es nahe, dass hier nicht die Betriebsparteien, sondern nur die **Tarifpartner selbst** die Entscheidungskompetenz in der Hand behalten.

5. Tarifwechsel durch Umstrukturierung (§ 613a BGB)

Vielfach wird versucht, den (Nach-)Wirkungen eines Tarifvertrags durch **43** **Wechsel des Arbeitgeberverbands** zu entkommen. Der häufigste Fall ist dabei die Ausgründung („Outsourcing") von Betriebsteilen: ein Kaufhaus verselbstständigt z.B. sein Restaurant (als neue Restaurant-GmbH), um in den fachlichen Geltungsbereich der (günstigeren) Tarifverträge für die Gaststätten zu kommen. Für die ausgegliederten Arbeitnehmer stellt sich das als **Betriebs-übergang** nach § 613a BGB dar. Der neue Arbeitgeber ist zwar nicht mehr an den alten Verbandstarif gebunden. Mangels neuer Tarifbindung werden aber nach § 613a Abs. 1 S. 2 BGB die alten Tarifverträge zum individuell nachwirkenden „**Vertragsinhalt**" (nur für „organisierte" Arbeitnehmer). Die Fortgeltung nach Betriebsübergang wird für ein Jahr garantiert. Danach können die Arbeitsbedingungen durch Abänderungsvertrag oder Betriebsvereinbarung oder neuen Tarifvertrag (auch Haustarif → Rn. 40) neu geregelt werden. Selbst wenn beim neuen Inhaber Rechtsnormen eines **anderen Tarifvertrags** gelten (durch vorhandene oder neue Tarifbindung, vgl. § 613a Abs. 1 S. 3 und 4 BGB), die übernommenen Arbeitnehmer aber der alten (nicht mehr zuständigen) Gewerkschaft zugehörig bleiben, findet ohne *beider*seitige Tarifbindung **kein Tarifwechsel** statt („inkongruente Tarifbindung", vgl. *BAG* NZA 2001, 510; ErfK/*Preis,* § 613a BGB Rn. 123 ff.). Allerdings können neu eingestellte Arbeitnehmer i.d.R. nach dem neuen Tarif bezahlt werden (neue Bezugnahme oder neue Tarifbindung). Doch muss der (statische) Besitzstand der übernommenen Arbeitnehmer beachtet und ggf. durch neue Vereinbarungen nach Übergangszeit mit den Konditionen der neu eingestellten Mitarbeiter harmonisiert werden (Änderungskündigungen zur Vereinheitlichung des betrieblichen Entgelts sind aber *unzulässig,* vgl. *BAG* NZA 2006, 265).

44   Davon zu unterscheiden ist die Rechtslage bei der Ausgliederung von **Nicht-Organi-sierten**. Hier entscheidet die Auslegung der **Bezugnahmeklausel** (→ Rn. 21). Früher galt als objektive Regelauslegung, dass damit tarifgebundene Arbeitnehmer mit Außenseitern gleichgestellt werden sollten. Das war auch im Fall des Betriebsübergangs sehr hilfreich für den Erwerber. Seit der AGB-konformen Auslegung durch das BAG (→ § 3 Rn. 44) kann die sog. „**kleine** dynamische Verweisung" als Bezugnahme auf den *jeweils* geltenden Tarifvertrag des Veräußerers **ohne wirksame** Einbeziehung möglicher Tarifwechsel **nicht mehr** den nach Ausgliederung (Betriebsübergang) **betrieblich geltenden neuen Tarif** des Betriebserwerbers erreichen (st. Rspr., vgl. *BAG* NJW 2010, 1831). Selbst Gewerkschaftsmitgliedern, die ebenfalls eine vertragliche Bezugnahmeklausel haben, der laut BAG „konstitutiver" Charakter zukommt, kommt wegen des Günstigkeitsprinzips die Dynamisierung des in Bezug genommenen **Veräußerertarifs** als weiterhin gültiges Bezugnahmeobjekt zugute (*Jacobs,* BB 2011, 2037, 2039). Die *dynamische* Fortgeltung des alten Tarifwerks ist günstiger als dessen *statische* Nachwirkung gem. § 613a Abs. 1 S. 2 BGB. **Anderes** könnte aber bei einer **großen** dynamischen Verweisung gelten, die nicht nur zeitlich, sondern auch *sachlich* dynamisch sich auf einen **Tarifwechsel** beziehen lässt und damit auch den Erwerbertarif erfassen könnte (vgl. Formulierungsvorschlag bei *Jacobs,* BB 2011, 2037, 2041). Die Kautelarpraxis muss sich gerade für Umstrukturierungen jedenfalls deutlich klarer gefasste Bezugnahmeklauseln einfallen lassen, um dem Betriebserwerber nicht völlig unkalkulierbare Lohnkosten wegen fortwirkender Tarifdynamik einzubrocken (→ *Beispiel* § 3 Rn. 44).

Fall 9: **Unübersichtliche tarifliche Verhältnisse**

Betrieblicher Geltungsbereich des Tarifvertrags, Tarifgebundenheit,
Nachwirkung der Tarifnormen nach § 4 Abs. 5 TVG, Tarifwechsel,
Verjährung, Bezugnahmeklausel

Sachverhalt

Franz ist Mitglied der IG Metall und ausgebildeter Elektriker, aber seit zwei Jahren arbeits-
los. „Um dich vor der Arbeitslosigkeit zu retten", stellt ihn Bauer, persönlich haftender
Gesellschafter der „Elektro Bauer-KG", zum 1.1.2010 ein. Aufgrund seiner schwierigen
Lage erklärt sich Franz mit der vertraglichen Klausel einverstanden, wonach er 75 % des
für ihn einschlägigen Tariflohns erhalten soll.
Die Bauer-KG ist seit Jahren über ihre Mitgliedschaft in der Elektro-Innung auch dem
tariffähigen Landesinnungsverband der Elektro-Handwerke angeschlossen, der mit der
IG Metall einen Entgelttarif mit folgendem fachlichen Geltungsbereich abgeschlossen hat:
„Dieser Tarifvertrag gilt für alle Betriebe, die selbst oder deren Innungen dem Landesin-
nungsverband der elektrotechnischen Handwerke angehören."
Der Entgelttarif wird zum 31.3.2012 von den Tarifpartnern gekündigt.
Bauer möchte aus dieser Tarifbindung heraus und kündigt seine Mitgliedschaft in der
Elektro-Innung zum 12.12.2011. Zum gleichen Zeitpunkt meldet er sich bei der örtlichen
Handwerkskammer ab und wird zum Ende des Jahres 2011 aus der Handwerksrolle ge-
löscht. Seinen Beschäftigten gegenüber erklärt Bauer das Anfang 2012 mit der seit April
2010 überwiegenden Tätigkeit seiner Firma als Arbeitnehmerüberlassungs-Unternehmen,
was tatsächlich zutrifft. Als Personaldienstleister fühlt sich Bauer nicht mehr von dem
Landesinnungsverband adäquat vertreten. Daher gründet er zum 1.4.2012 zusammen mit
anderen Arbeitgebern der Zeitarbeitsbranche den „Arbeitgeberverband Zeitarbeit e.V.".
Mit der ebenfalls noch recht jungen Dienstleistungs-Gewerkschaft CGZ (Christliche
Gewerkschaft Zeitarbeit) schließt Bauers Arbeitgeberverband zum 1.5.2012 einen neuen
Entgelttarifvertrag, der die Arbeitsbedingungen gegenüber dem alten Tarif deutlich
verschlechtert.
Über das Vorgehen Bauers sind Franz wie auch die ihm inzwischen vertraute kaufmännische Angestellte Paula gleichermaßen entsetzt. Franz möchte wissen, ob er als IG Metall-
Mitglied nicht nur in den zurückliegenden Zeiten, sondern auch in Zukunft das volle
tarifliche Gehalt seiner Tarifgruppe entgegen der vertraglichen Vereinbarung verlangen
kann. Paula ist aus Protest bereits zum 1.3.2012 der IG Metall beigetreten und fragt nun,
ob sie ebenfalls von den höheren Gehaltstarifen des alten Tarifvertrags profitieren kann,
nachdem Bauer in ihrem Arbeitsvertrag ebenfalls eine untertarifliche Entlohnung festgesetzt hatte, allerdings mit dem Zusatz, dass sich im übrigen der Arbeitsvertrag „nach den
jeweils geltenden Tarifverträgen der in Frage kommenden Sparte" richte.
Stehen Franz und Paula die tariflichen Entgelte nach dem alten Tarifvertrag zwischen
dem Landesinnungsverband und der IG Metall zu und, wenn ja, in welchem Zeitraum?

Lösung

I. Anspruch von Franz (F) gegen Bauer (B) aus § 611a BGB i.V.m. §§ 3, 4 TVG

1. Beiderseitige Tarifgebundenheit

a) Wirksames Arbeitsverhältnis (+)

b) Wirksamer Tarifvertrag (+)

c) Tarifgebundenheit des Arbeitsverhältnisses (+)

F ist Mitglied der IG Metall
B war Mitglied der Handwerksinnung
Austritt zum 12.12.2011 → Nachbindung (§ 3 Abs. 3 TVG), bis der Tarifvertrag „endet"
NOTABENE: Nachbindung unterscheidet sich hinsichtlich der Rechtsfolgen nicht von der „normalen"
Tarifbindung!
→ Tarifbindung (+)

2. Fachlicher Geltungsbereich (–)

a) Branche

Durch objektive Auslegung zu ermitteln. Hier: B betreibt Arbeitnehmerüberlassung;
Dienstleistungsunternehmen, kein Elektrohandwerk. Daher keine Geltung des Tarifvertrages.

b) Formelle Geltung?

Austritt aus der Innung erst Ende 2011. Aber keine formelle Auslegung, sondern materielle
Auslegung geboten, da auch der Tarifvertrag auf die tatsächliche Arbeit ausgerichtet ist
und nicht auf die formelle Zugehörigkeit von Betrieben zum Arbeitgeberverband. → Ende
der zwingenden Tarifwirkung mit Branchenwechsel **schon im April 2010**

3. Nachwirkung (§ 4 Abs. 5 TVG)

a) Anwendbarkeit (+)

Analoge Anwendung von § 4 Abs. 5 TVG auf andere Fälle des Wegfalls der Tarifwirkung
als Beendigung des Tarifvertrags (+).

b) Andere Abmachung i.S.d. § 4 Abs. 5 TVG (–)

Untertarifliche Lohnabrede von 2010 kann trotz grundsätzlich möglicher vorgängiger
anderer Abmachung wegen der bewussten Missachtung des TV nicht als Abmachung i.S.d.
§ 4 Abs. 5 TVG betrachtet werden (*BAG* NZA 2009, 265).

4. Ablösung durch neuen Tarifvertrag (–)

F kein Mitglied der CGZ, Tarifvertrag nicht für allgemeinverbindlich erklärt; neuer
Tarifvertrag gilt daher für F nicht.

5. Verzicht durch untertarifliche Lohnabrede (–)

Von den Tarifparteien nicht gebilligt, daher nicht wirksam (§ 4 Abs. 4 S. 1 TVG).

Zwischenergebnis: Der Anspruch ist entstanden

6. Durchsetzbarkeit des Anspruchs

a) Fälligkeit (+)

F hat seine Arbeitsleistung erbracht (§ 614 BGB)

b) Verjährung (–)

Dreijahresfrist, § 195 BGB.

c) Auch keine tariflichen Ausschlussfristen

7. Ergebnis

Anspruch des F mit Beginn des Arbeitsverhältnisses entstanden, nicht erloschen und noch durchsetzbar.

II. Entgeltanspruch von Paula (P) aus § 611a BGB i.V.m. §§ 3, 4 TVG

1. Beiderseitige Tarifgebundenheit (–)

P erst seit 1. März 2012 Mitglied der IG Metall.
B zu diesem Zeitpunkt nicht mehr im Innungsverband, aber Nachbindung (§ 3 Abs. 3 TVG)? Nachbindung endet grds. erst, wenn der Tarifvertrag endet, hier: 31.3.2012.
Durch Wechsel der Branche aber Betrieb des B bereits seit 2010 materiell nicht mehr dem fachlichen Geltungsbereich des Tarifvertrages unterworfen.
Daher keine Tarifgebundenheit.

2. Nachwirkung analog § 4 Abs. 5 TVG (–)

Es lag zu keiner Zeit eine gemeinsame Tarifgebundenheit von B und P vor. In diesem Fall keine Anwendung des § 4 Abs. 5 TVG.

3. Verweisung im Arbeitsvertrag (–)

Bezieht sich nur auf Komplementärregeln, soweit im Arbeitsvertrag nichts anderes vereinbart ist (vgl. Wortlaut: „im übrigen").

4. Ergebnis

P hat keinen Anspruch gegen B.

Empfehlungen zur vertiefenden Lektüre:

Literatur: *Bepler*, Ein Zwischenurteil? – Bemerkungen zum Tarifeinheitsurteil des Bundesverfassungsgerichts, AuR 2017, 380; *Däubler*, Tarifausstieg – Erscheinungsformen und Rechtsfolgen, NZA 1996, 225; *Däubler/Heuschmid*, Tarifverträge nur für Gewerkschaftsmitglieder?, RdA 2013, 1; *Dieterich*, Flexibilisiertes Tarifrecht und Grundgesetz, RdA 2002, 1; *ders.*, Arbeitsgerichtlicher Schutz der kollektiven Koalitionsfreiheit, FS Wißmann, 2005, S. 114; *Dieterich/Hanau/Henssler/Oetker/Wank/Wiedemann*, Empfehlungen zur Entwicklung des Tarifvertragsrechts, RdA 2004, 65; *Ewer*, Aushöhlung von Grundrechten der Berufs- und Spartengewerkschaften – Das Tarifeinheitsgesetz, NJW 2015, 2230; *Forst*, Die Allgemeinverbindlicherklärung von Tarifverträgen nach dem sog. Tarifautonomiestärkungsgesetz, RdA 2015, 25; *Giesen*, Fremdbestimmung durch Tarifvertrag, ZfA 2016, 153; *Greiner*, Das Tarifeinheitsgesetz – Dogmatik und Praxis der gesetzlichen Tarifeinheit, NZA 2015, 769; *ders.*, Tarifdispositives Gesetzesrecht – Fluch oder Segen für

die Tarifautonomie?, NZA 2018, 563; *Hanau,* Der Kampf um die Verknüpfung von Tarif-
geltung und Verbandsmitgliedschaft, NZA 2012, 825; *ders.,* Der Tarifvertrag in der Krise,
RdA 1998, 65; *Höpfner,* Die Schlichtung von Tarifkonflikten, ZfA 2018, 254; *A. Hueck,*
Normenverträge, JherJb. 73 (1923), 33; *Jacobs,* Tarifeinheit und Tarifkonkurrenz, 1999;
ders., Bezugnahmeklauseln als Stolpersteine beim Betriebsübergang, BB 2011, 2037; *Joost,*
Tarifrechtliche Grenzen der Verkürzung der Wochenarbeitszeit, ZfA 1984, 173; *Junker,*
Der Flächentarifvertrag im Spannungsverhältnis von Tarifautonomie und betrieblicher
Regelung, ZfA 1996, 383; *ders.,* Zukunft der Tarifautonomie: Rechtliche und rechts-
politische Herausforderungen, ZfA 2016, 81; *Kort,* Kündigungserschwerungen gegen
Lohnverzicht in „Bündnissen für Arbeit" – Vergleich von Äpfeln und Birnen?, FS 50 Jahre
BAG, 2004, S. 753; *Lesch,* Dezentralisierung der Tarifpolitik und Reform des Tarifrechts,
DB 2000, 322; *Löwisch,* Reparatur der Tarifeinheit als Sache des Gesetzgebers, NZA 2017,
1423; *Raab,* Betriebliche Bündnisse für Arbeit – Königsweg aus der Beschäftigungskri-
se?, ZfA 2004, 371; *Reichold,* Rechtsprobleme der Einführung einer 32-Stunden-Woche
durch Tarifvertrag oder Betriebsvereinbarung, ZfA 1998, 237; *ders.,* Abschied von der
Tarifeinheit im Betrieb und die Folgen, RdA 2007, 321; *Richardi,* Arbeitsvertrag und Ta-
rifgeltung, ZfA 2003, 655; *Rieble,* Der Tarifvertrag als privatautonom-kollektiver Vertrag,
ZfA 2000, 5; *ders.,*Tarifvertrag und Beschäftigung, ZfA 2004, 1; *ders.,* Tarifeinheit nach
Karlsruhe, NZA 2017, 1157; *Schlachter,* Gleichheitswidrige Tarifnormen, FS Schaub, 1998,
S. 651; *Schliemann,* Zur arbeitsgerichtlichen Kontrolle kollektiver Regelungen, FS Hanau,
1999, S. 577; *ders.,* Tarifliches Günstigkeitsprinzip und Bindung der Rechtsprechung,
NZA 2003, 122; *Söllner,* Tarifmacht – Grenzen und Grenzverschiebungen, NZA-Beilage
24/2000, 33; *Ubber,* Tarifeinheitsgesetz – Folgen für das Arbeitskampfrecht und das Ver-
fahrensrecht, RdA 2016, 361; *Ulrici,* Arbeitsverfahrensrecht im Urteil zum Tarifeinheitsgesetz, NZA 2017, 1161; *Walker,* Möglichkeiten und Grenzen einer flexibleren Gestaltung
von Arbeitsbedingungen, ZfA 1996, 353; *ders.,* Der tarifvertragliche Einwirkungsanspruch, FS Schaub, 1998, S. 743, *ders.,* Rechtsschutz der Gewerkschaft gegen tarifwidrige
Vereinbarungen, ZfA 2000, 29; *Wendeling-Schröder,* Auf der Suche nach einem modernen
Tarifvertragsrecht, FS Wißmann, 2005, S. 174; *Wiedemann,* Tarifvertragliche Öffnungsklauseln, FS Hanau, 1999, S. 607; *ders.,* Normsetzung durch Vertrag, FS Dieterich, 1999,
S. 661; *Zachert,* Modernisierung oder Liquidation der Tarifautonomie?, KritJ 1997, 411.

Rechtsprechung: *EuGH* NJW 2011, 3209 (Tarifliche Altersgrenze „60" für Piloten
nicht AGG-konform); *BVerfG* NJW 2017, 2523 („Relative" Verfassungsmäßigkeit des
Tarifeinheitsgesetzes); *BAG* NZA 2018, 255 (Dynamische Bezugnahme auf Tarifvertrag
bei Betriebsübergang rechtmäßig); *BAG* NZA 2017, 463 (Grenzen der tariflichen Regelungsbefugnis bei sachgrundloser Befristung); *BAG* NZA 2016, 897 (Teilunwirksamkeit
eines Tarifvertrags wegen Altersdiskriminierung); *BAG* NZA 2014, 1341 (Tarifvertragliche auflösende Bedingung des Arbeitsverhältnisses); *BAG* NZA 2014, 208 (Tariflicher
Ausschluss ordentlicher Kündigungen als Altersdiskriminierung); *BAG* NJW 2012, 250
(Inhalt des Beseitigungsanspruchs bei tarifwidrigen betrieblichen Regelungen); *BAG*
NZA 2011, 920 (Spannensicherungsklausel verstößt gegen Tarifmacht); *BAG* NZA 2011,
289 (Tariffähigkeit einer Spitzenorganisation – CGZP, dazu *Boemke,* JuS 2012, 78); *BAG*
NZA 2010, 1068 (Aufgabe des Grundsatzes der Tarifeinheit, dazu *Boemke,* JuS 2010, 1112);
BAG NZA 2009, 1028 (einfache Differenzierungsklausel kein Verstoß gegen negative
Koalitionsfreiheit); *BAG* NZA 2009, 265 (andere Abmachung vor Eintritt der Nachwir-
kung, dazu *Boemke.* JuS 2009, 574); *BAG* NZA 2004, 387 (keine zeitliche Begrenzung der
Nachwirkung von Tarifnormen).

Falldidaktische Beiträge: *Jacobs/Krois,* JuS 2013, 817 (Tarifpluralität und Tarifkonkurrenz); *Weber/Gräf,* JuS 2013, 633 (Tarifvertragliche Ausschlussfrist); *Jacobs/Krois,* Jura 2012, 155 (Geltung von Tarifnormen im Rahmen von § 613a BGB sowie Zulässigkeit der sog. „Überkreuzablösung"); *Kottmann/Wilcke,* Jura 2011, 312 (Geltung des Grundsatzes der Tarifeinheit im Betrieb); *Jacobs/Noltin,* JA 2008, 186 (Tarifkonkurrenz, Rückwirkung eines Tarifvertrags, Günstigkeitsprinzip); *Schleusener,* Jura 2006, 714 (Standardfragen des Tarifvertragsrechts, Kündigung von Tarifverträgen); *Bittner,* Jura 2003, 560 (Günstigkeitsprinzip).

§ 13. Arbeitskampfrecht

I. Grundlagen

Das Arbeitskampfrecht ist ohne das auf Art. 9 Abs. 3 GG gegründete Tarif- **1** vertragsrecht nicht verständlich. Es ist nämlich Fortsetzung und letzte Konsequenz der Tarifautonomie, die nicht ohne Kampfmaßnahmen als letztes Mittel **(„ultima ratio")** der Konfliktlösung auskommen kann. Das deutsche Arbeitskampfrecht setzt daher

* Koalitionen (→ § 11 Rn. 5) als **Akteure** und
* tarifvertragliche Regelungen (→ § 12 Rn. 6) als **Ziel** des Arbeitskampfs

voraus. Hier präsentiert sich die letzte noch nicht vollständig „verrechtlichte" Materie des kollektiven Arbeitsrechts. Das Grundgesetz enthält bis heute keine ausdrückliche Garantie des Arbeitskampfes (Art. 9 Abs. 3 S. 3 GG betrifft nur Notstandsmaßnahmen); doch gehören „Arbeitskämpfe" unbestritten zum verfassungsrechtlich geschützten **Kernbereich** der Koalitionsbetätigung (*Wank,* FS Kissel, 1994, S. 1228 f. → § 11 Rn. 23). Ein Gesetz zur Regelung des Arbeitskampfes ist trotz eines Professoren-Entwurfs von 1988 bis heute nicht zustande gekommen. Auch zum „Arbeitskampf in der Daseinsvorsorge" wurde 2012 ein Entwurf von drei Professoren vorgestellt, der vom Bundestag nicht aufgegriffen wurde (vgl. dazu *Bayreuther,* NZA 2013, 704; *Rudkowski,* ZfA 2012, 467). Den Arbeitskampf als „ultima ratio" hat also nicht die Gesetzgebung, sondern nur ein typisches *case law* der Arbeits- und Verfassungsrichter in eine rechtliche Ordnung gebracht (→ § 3 Rn. 36). Der Gesetzgeber traut sich dies offenbar bis heute nicht zu.

Einer der ersten **Massenstreiks** der deutschen Rechtsgeschichte – im Mai **2** 1889 legten gut 90 000 Bergleute allein im Ruhrgebiet die Arbeit nieder – führte schon vor über 100 Jahren zu durchgreifenden Reformen des damaligen Arbeitsrechts (sog. Arbeiterschutzgesetz 1890/91 als Teil der Gewerbeordnung). Damals riskierten die Arbeiter bei Streikaktionen ihren Arbeitsplatz. Ihre Arbeitseinstellung wurde als **Vertragsbruch** gewertet (früher ein sog. „absoluter" Kündigungsgrund nach § 123 Nr. 3 GewO a.F.). Heute sind sie jedenfalls vor Kündigungen wegen Streiks geschützt, nicht aber vor Lohneinbußen.

3   Der Arbeitskampf gehört zu den **„gesamtgesellschaftlichen Kosten"** einer freiheit-
lichen Arbeits- und Wirtschaftsgesellschaft. Er entspricht dem Mechanismus einer Marktwirtschaft, die nicht Arbeitsregelungen „von oben" akzeptiert, sondern ausschließlich
aufgrund beiderseitiger Verhandlungs- oder sogar Kampfanstrengungen der beteiligten
gesellschaftlichen Gruppen. Angemessene Arbeitsbedingungen werden auf diese Weise
ohne staatliche Zwangsschlichtung ermöglicht. Die Arbeitgeber können sich trotz ihrer
sonstigen strukturellen Überlegenheit im Arbeitsverhältnis ein glattes „Nein" zu den
Forderungen der Arbeitnehmerseite nicht einfach leisten, weil sonst die hohen sozialen
und wirtschaftlichen Streikkosten drohen. Der harte internationale Wettbewerb fördert
vor allem in der Metall/Elektro- sowie chemischen Industrie die Nachgiebigkeit der
Arbeitgeber. Im Unterschied zu relativ **streikfreudigen Nationen** wie etwa Dänemark,
Frankreich, Kanada oder Spanien nehmen sich die arbeitskampfbedingten Kosten in der
regulierten deutschen Arbeitsgesellschaft noch relativ gering aus. Deutsche Gewerkschaften drohen zwar häufig mit Streik, halten sich dann aber doch häufig zurück und loben
dies als Standortvorteil: Zählt man die streikbedingten Ausfälle, belegte **Deutschland** für
den 10-Jahres-Zeitraum 2005 bis 2014 im internationalen Vergleich mit durchschnittlich
nur **4 Ausfalltagen** je 1.000 Arbeitnehmer einen der hinteren Plätze in der Streikhäu-
figkeit (Quelle: IW Köln 2015). Doch hat in 2015 die **Konfliktintensität in Deutschland signifikant zugenommen.** Statt der durchschnittlich 4 Ausfalltage sind bis Ende
Juli bereits **26 Ausfalltage** (je 1.000 Arbeitnehmer) durch Streiks besonders von Ver.di
(insb. Post, Sozial- und Erziehungsberufe, Bodenpersonal Lufthansa, Einzelhandel), aber
auch von VC, GDF und UFO (Lufthansa), GDL und EVG (Bahn) sowie IG Metall und
Marburger Bund zu verzeichnen gewesen. Als Ursache lassen sich die härter werdenden
Verteilungskonflikte im Dienstleistungsgewerbe, insb. im Öffentlichen Dienst ausmachen.
Zwar dauern Streiks heute kürzer als früher und kommen mit weniger Teilnehmern aus.
Doch hat 2015 zusätzlich der interne Wettkampf von Berufsgewerkschaften bei Bahn und
Lufthansa in besonderer und vermutlich außergewöhnlicher Weise die Konfliktintensität
befeuert – das „Tarifeinheitsgesetz" ist eine Reaktion des Gesetzgebers, deren Effizienz
aber klar bezweifelt werden muss (→ § 11 Rn. 28 ff.).

II. Arbeitskampfformen

1. Arbeitskampf als Oberbegriff

4   Mangels einer gesetzlichen Definition lässt sich nur eine allgemeine „phä-
nomenologische" Beschreibung des Arbeitskampfs treffen, die sich aus den
Elementen der

- zielgerichteten Ausübung von **kollektivem Druck**
- durch die Arbeitnehmer- bzw. Arbeitgeberseite
- mittels **Störung der Arbeitsbeziehungen**

zusammensetzt (*Brox/Rüthers/Henssler*, Rn. 745). Sinnvollerweise trennt man
jedoch zwischen dem Streik und der Aussperrung als den wichtigsten Erscheinungsformen („Kampfmitteln", vgl. Übersicht bei MüArbR/*Ricken,* 3. Aufl.,
§ 193 Rn. 4 ff.).

Arbeitshinweis: Arbeitskampf ist „Kampf nach Regeln" (*Hanau/Adomeit*, Rn. 272), die sich aber von Fall zu Fall ändern können. „Abschließende" Definitionen sind deshalb wenig sinnvoll. Entscheidend ist der Bezug zur Tarifautonomie und die Sicherung der **Kampfparität**. Parität und **Übermaßverbot** prägen als Leitgedanken das Arbeitskampfrecht.

2. Streik

Die gemeinsame **Arbeitsniederlegung** einer Mehrzahl von Arbeitnehmern 5
zur Durchsetzung kollektiver Ziele nennt man „Streik". Die Arbeitseinstellung erfolgt dabei ohne Einverständnis des Arbeitgebers und ohne vorherige Kündigung. Träger des Streikrechts (engl. *to strike work*) können grundsätzlich alle Arbeitnehmer sein, auch die nicht in Gewerkschaften organisierten „Außenseiter": ihnen steht ebenfalls das Koalitionsgrundrecht zu. Einzelne **Kampfmittel**, z.B. Warn-, Demonstrations-, Sympathie- oder gar Wellenstreiks (*BAG* NJW 1998, 3732) gelten heute nicht mehr **per se** als zulässig oder unzulässig – es gibt keinen „numerus clausus" zulässiger Kampfmittel. Für die rechtliche Beurteilung steht jede Streikform unter dem verfassungsrechtlichen Gebot der **Verhältnismäßigkeit**, so dass es bei der Zulässigkeitsfrage nicht um „definitionsgemäße" Streikformen geht, sondern um das im konkreten Fall eingehaltene „ultima-ratio-Prinzip" in Verbindung mit den anderen aus Art. 9 Abs. 3 GG folgenden Anforderungen (→ Rn. 10 ff.).

Für die Abgrenzung wichtig ist die Unterscheidung von Rechts- und **Re-** 6
gelungsstreit. Wenn die Arbeit z.B. wegen gesetzeswidriger Arbeitsbedingungen gemeinsam verweigert wird, machen die Arbeitnehmer vertragliche Rechte geltend (z.B. § 273 BGB: Zurückbehaltungsrecht). Um einen „Streik" handelt es sich dabei nicht, weil ja nicht **neue Regelungen** erkämpft werden sollen. Bei einer gemeinsamen Geltendmachung von individual-rechtlichen Gestaltungsrechten (z.B. kollektiver Widerspruch gegen Betriebsübergang nach § 613a Abs. 6 BGB, vgl. *BAG* NJW 2005, 775) handelt es sich in der Regel nicht um Maßnahmen des Arbeitskampfes (→ Rn. 19, Schaubild 20).

Für die **Durchführung eines Streiks** muss die Gewerkschaft auch innerverbandli- 7
che Voraussetzungen beachten, insbesondere eine sog. „Urabstimmung" (Mehrheit von mindestens 75% der Abstimmungsberechtigten für Streik) durchführen. Jedoch hat die Nichtbeachtung der verbandsinternen Satzungsbestimmungen **keine Außenwirkung** zu Gunsten der Gegenseite, so dass die rechtliche Zulässigkeit davon in der Regel unberührt bleibt (krit. hierzu *Hettlage*, NJW 2004, 3299). Zur Veranschaulichung das folgende

Schaubild 19: Ablauf eines Tarifkonflikts

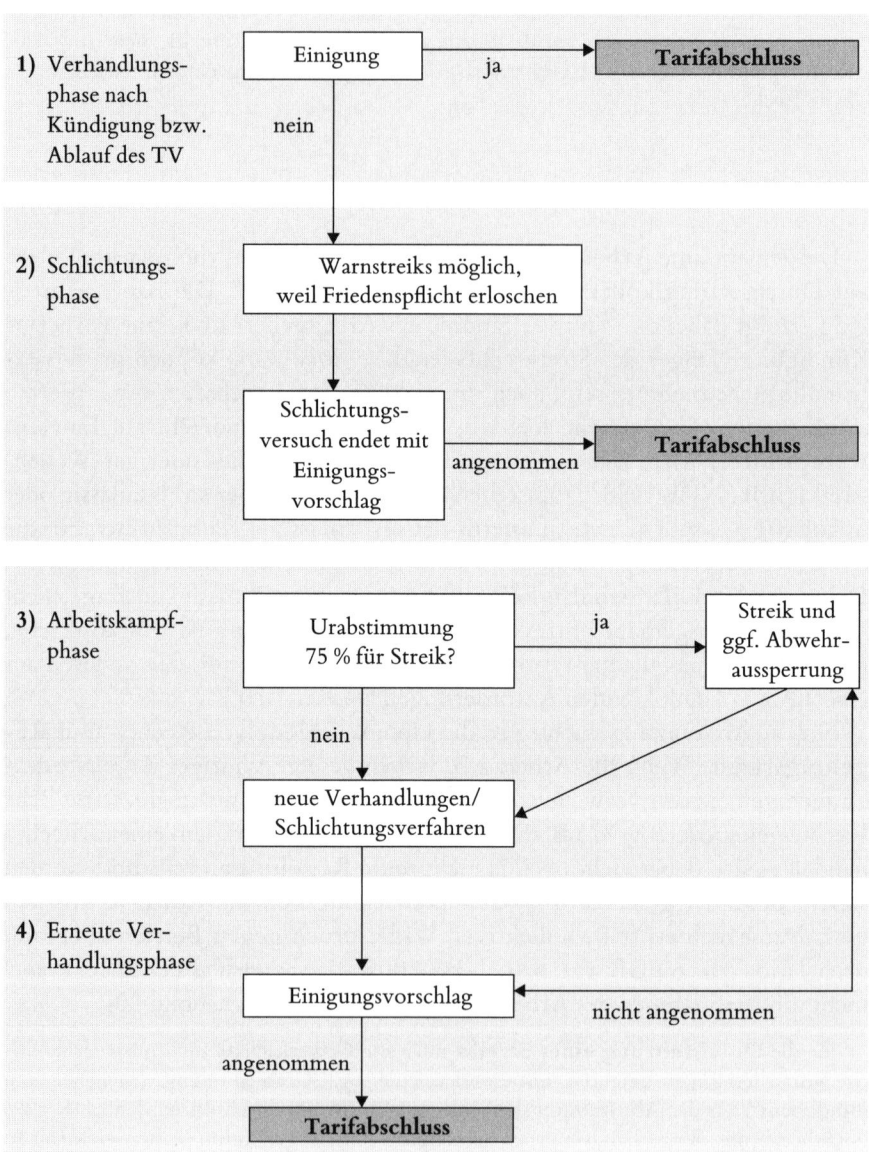

3. Aussperrung/Betriebsstilllegung

8   Die planmäßig durchgeführte **Nichtzulassung** einer Arbeitnehmergruppe zur Arbeitsleistung unter gleichzeitiger Verweigerung des Arbeitsentgelts zur Durchsetzung kollektiver Ziele nennt man dagegen „Aussperrung". Träger der Aussperrung (engl. *lock out*) sind entweder ein Arbeitgeberverband oder aber der

einzelne Arbeitgeber, der aufgrund eigener Tariffähigkeit auch arbeitskampf-
fähig ist. Auch für die Aussperrung ist der **kollektive Bezug** wesentlich, so
dass einzelne Arbeitnehmer wegen individueller Versäumnisse natürlich nicht
„ausgesperrt" werden dürfen, sondern nur individualrechtlich (z.B. durch
Abmahnung) gemaßregelt werden können. In der Praxis ist nur die **Abwehraussperrung** üblich, weil üblicherweise nicht die Arbeitgeber, sondern die
Gewerkschaften in die Arbeitskampf-Offensive treten und die Arbeitgeber eher
„reagieren" als agieren. In der eng vernetzten globalen Wirtschaft stehende
Unternehmen können sich aber die **Ausweitung** des Kampfrahmens durch
Nichtzulassung arbeitswilliger Arbeitnehmer weniger denn je leisten: praktisch
findet dieses Arbeitskampfmittel der Arbeitgeber im 21. Jh. nicht mehr statt.

> **Wichtig:** Arbeitskampf ist immer auch ein **Kampf um Kassen**. Die Aussperrung
> erhöht durch die Ausweitung des Arbeitskampfs von einem häufig kleinen Schwer-
> punktstreik zu einem Flächenarbeitskampf den Kostendruck auf die Gewerkschaft,
> die jedes streikende bzw. ausgesperrte Mitglied mit dem satzungsgemäßen **Streikgeld**
> alimentieren muss. Der Staat bleibt neutral: Durch die Leistung von Arbeitslosengeld
> darf nicht in Arbeitskämpfe eingegriffen werden (§ 160 Abs. 1 SGB III).

Der Arbeitgeber ist allerdings nicht gehindert, sich dem Streik zu beu- 9
gen. Er kann nach einer sehr umstrittenen BAG-Rechtsprechung (*BAG* NJW
1995, 477) den bestreikten Betrieb oder Betriebsteil selbst dann **stilllegen**,
wenn ihm die Aufrechterhaltung technisch möglich (kein „Betriebsrisiko")
und wirtschaftlich zumutbar (kein „Wirtschaftsrisiko") gewesen wäre. Allerdings muss er seine Stilllegungsabsicht, die nicht zu verwechseln ist mit der
Aussperrungserklärung, den Arbeitnehmern auch deutlich offenbaren (*BAG*
NZA 1996, 209). Das BAG möchte hierin **kein Kampfmittel** des Arbeitgebers
sehen – dieser beugt sich ja nur dem Streik –, sondern die Stilllegung in die
Nähe des Arbeitskampfrisikos (→ § 8 Rn. 54 ff.) rücken (rechtsvernichtende
Einwendung). Damit handelt es sich aber nicht um eine aus Art. 9 Abs. 3 legi-
timierte Rechtsfortbildung – den betroffenen „Außenseitern" wird ihr Lohn-
anspruch ohne tragenden Grund genommen. Das BAG „sollte sich von dieser
Konstruktion schleunigst trennen" (*Konzen*, FS 50 Jahre *BAG*, 2004, S. 553;
a.A. ErfK/*Linsenmaier*, Art. 9 GG Rn. 220, der die Betriebsstilllegung für eine
der Abwehraussperrung überlegene, dem 21. Jh. adäquatere Gegenreaktion des
Arbeitgebers hält).

III. Verfassungsrechtliche Anforderungen
(Zulässigkeitsvoraussetzungen)

Durch Art. 9 Abs. 3 GG wird nicht die Arbeitskampffreiheit als solche ge- 10
währleistet, sondern der Arbeitskampf wird nur in seiner **Hilfsfunktion** zur
Herstellung von Verhandlungsparität und damit zu einer **funktionierenden**

Tarifautonomie garantiert. Daraus ergeben sich nach der ständigen Rechtsprechung der obersten Gerichte folgende Zulässigkeitsvoraussetzungen:

1. Tariffähige Parteien

11   Arbeitskämpfe dürfen nur von tariffähigen Parteien geführt werden (→ § 11 Rn. 17 ff.). Ein Streik ist prinzipiell nur rechtmäßig, wenn er von einer **Gewerkschaft** geführt oder wenigstens nachträglich übernommen wird. Handelt es sich um den sog. **„wilden Streik"** einer „ad-hoc-Koalition", kann dessen Rechtswidrigkeit nur geheilt werden, wenn die zuständige Gewerkschaft die Kampfziele der Streikenden durch Erklärung gegenüber dem Kampfgegner sich zu eigen macht (vgl. § 184 Abs. 1 BGB: Rückwirkung der Genehmigung). Ein vom **Betriebsrat** ausgerufener Streik ist mangels Tariffähigkeit des Betriebsrats ebenfalls rechtswidrig – er wird durch § 74 Abs. 2 S. 1 BetrVG ausdrücklich im Verhältnis zum Arbeitgeber verboten (→ § 14 Rn. 36). Die von *Matthes* (FS Schaub, S. 477) und *Reuter* (NZA 2001, 1098) geforderte Einschränkung des § 2 Abs. 1 TVG für solche **einzelne Arbeitgeber**, die einem Verband angehören und daher von diesem tarifpolitisch repräsentiert werden, wird vom *BAG* nicht anerkannt (*BAG* NZA 2001, 788, 790). Das führt dazu, dass auch dem verbandsangehörigen Arbeitgeber der Abschluss ergänzender oder konkurrierender **Firmentarife erlaubt** ist, selbst dann, wenn damit eine Gehaltsabsenkung verbunden ist. Solche Firmentarife sind nach bestrittener Auffassung auch **erstreikbar** (BAGE 104, 155; ferner *Gamillscheg*, S. 1006 f.; *Jacobs*, ZTR 2001, 250; a.A. *Reuter*, NZA 2001, 1098, 1102).

2. Tariflich regelbare Ziele

12   Ein Arbeitskampf darf nur um tariflich regelbare Ziele geführt werden. Damit scheiden sowohl sog. **politische Streiks**, die z.B. eine Rechtschreibreform verhindern oder ein Kernwaffenverbot durchsetzen wollen, ebenso als rechtswidrig aus wie „Sympathiestreiks" zugunsten eines entlassenen Arbeitskollegen. Das BAG hat jetzt einen **Unterstützungsstreik** in bedenklich weiter Auslegung des Art. 9 Abs. 3 GG zugelassen, obwohl der bestreikte Arbeitgeber **keinen** direkten Einfluss auf die Tarifverhandlungen ausüben konnte (er war allerdings konzernverbunden mit dem bestreikten Unternehmen, vgl. *BAG* NZA 2007, 1055, krit. *Buchner,* BB 2008, 106; *Junker,* JZ 2008, 102). Entscheidend für die arbeitsrechtliche Zulässigkeit ist allein die **abstrakte** Möglichkeit, die Forderung zum Gegenstand eines Tarifvertrags zu machen. Deshalb ist es auch nicht möglich, durch Streiks die Stilllegung von Betrieben (auch bei Standortverlagerung) zu verhindern – das bleibt eine ausschließlich dem Unternehmer überlassene Entscheidung (vgl. *Bauer/Krieger,* NZA 2004, 1022; *Reichold,* BB 2004, 2814; *Rieble,* ZfA 2004, 1, 20 ff.), die gleichwohl politisch

zunehmend kritisiert wird. Das BAG hat auch deshalb sehr großzügig den Streik trotz Zuständigkeit des Betriebsrats (§ 112 BetrVG) zugelassen, soweit es um **firmentariflich** regelbare Sozialplaninhalte wegen Stilllegung des Betriebs geht (*BAG* NZA 2007, 987).

3. Einhaltung der Friedenspflicht

Der Arbeitskampf darf nicht gegen die relative Friedenspflicht verstoßen, **13** die sich aus bereits bestehenden Tarifverträgen ergibt. Sinn des Tarifvertrages ist es gerade, bereits geregelte Fragen aus dem Arbeitskampf herauszuhalten (→ § 12 Rn. 10). Während der Geltungsdauer des Tarifvertrags ist deshalb jede Kampfmaßnahme zur Änderung *bereits geregelter* Inhalte unzulässig. Das gilt auch dann, wenn ein weitergehender Kündigungsschutz als im (erkennbar abschließend geregelten) Verbandstarif in einem ergänzenden **Firmentarif** gegenüber einem verbandsangehörigen Arbeitgeber erzwungen werden soll (BAGE 104, 155).

4. Verhältnismäßigkeitsprüfung

Verfassungsrechtlich geboten ist insbesondere die Beachtung des **Über-** **14** **maßverbots**. Es lässt sich in das klassische Schema einer Verhältnismäßigkeitsprüfung nach den Grundsätzen der *Geeignetheit/Erforderlichkeit* einerseits und der *Angemessenheit* andererseits aufspalten. Nach neuer BAG-Rspr. ist wegen der Kampfmittelfreiheit wesentlich, dass bei der ersten Prüfungsstufe der Gewerkschaft eine Einschätzungsprärogative zuzubilligen ist, die nur auf **Rechtsmissbrauch** zu überprüfen ist. Selbst bei einem sog. „Unterstützungsstreik", der wegen seiner nur „mittelbaren" Druckausübung auf Bedenken stößt (→ Rn. 12), soll nur bei *offensichtlicher* Verkennung von dessen Geeignetheit oder Erforderlichkeit das Übermaßverbot verletzt sein (*BAG* NZA 2007, 1055). Das macht es schwer, die Unzulässigkeit eines Streiks hinreichend zu beurteilen, und erlaubt kaum mehr eine rechtssichere Beurteilung im *Vorfeld* der Auseinandersetzungen. Aus diesem Grund ist es auch für streikbedrohte Unternehmen sehr schwierig, im Wege der **einstweiligen (Leistungs-)Verfügung** den Streik durch das Arbeitsgericht untersagen zu lassen. Die hohe Grundrechtssensibilität dieses Bereichs lässt richterliche Eilverfügungen im Regelfall nur bei **eindeutig** rechtswidrigen Arbeitskampfmaßnahmen zu. Auf vorgreifliche „voraussichtliche" Schadensfolgen lässt sich die einstweilige Verfügung im seltensten Fall stützen (vgl. ErfK/*Linsenmaier*, Art. 9 GG Rn. 228 ff.; *Reichold*, FS Buchner, 2009, S. 721 – zum Tarifkonflikt Bahn ./. GDL). Zudem lassen sich nach einem Wort von *Gamillscheg* Streiks „nicht an- und ausknipsen wie eine Taschenlampe"; hat der Verfügungskläger Erfolg, scheitert der konkrete Streik meist endgültig (*Gamillscheg*, S. 1293).

15   **a) Geeignetheit/Erforderlichkeit** meint, dass mildere Mittel ausgeschöpft werden müssen, bevor auch nur kurzfristige Kampfmaßnahmen ergriffen werden. Ein formelles Scheitern der Verhandlungen wird seit *BAG* NJW 1989, 57 allerdings nicht mehr verlangt, wohl aber ernsthafte Verhandlungsbemühungen. Leitender Gedanke bei der Erforderlichkeitsprüfung nach dem *„ultima-ratio-Prinzip"* muss immer die Herstellung der Verhandlungsparität zwischen den Kampfparteien sein. Verboten ist daher ein Arbeitskampf, der nur um seiner selbst willen oder um Stärke zu demonstrieren zu einem Zeitpunkt geführt wird, zu dem noch nicht einmal der Standpunkt der Gegenseite zur Kenntnis genommen worden ist. Das ultima-ratio-Prinzip ist insoweit ein **formales Prinzip**, das die Einhaltung von Minimalanforderungen für die Zulässigkeit von Arbeitskampfmaßnahmen bezweckt (*BAG* NJW 1989, 57, 60). Ein sog. **Warnstreik** als „milde" Druckausübung kann nach BAG-Rechtsprechung deshalb aber nicht verhindert werden (krit. *Brox/Rüthers/Henssler*, Rn. 775 ff.). Er ist heute praktisch an keine Voraussetzungen mehr gebunden. Das wird vom BAG damit begründet, dass der Gewerkschaft ohnehin eine **Einschätzungsprärogative** zustehe, wann die Verständigungsmöglichkeiten erschöpft seien – diese werde nur bei *offensichtlicher* Verkennung formaler Erfordernisse wie z.B. Ablauf der Friedenspflicht oder Aufstellung zulässiger Tarifforderungen rechtsfehlerhaft ausgeübt (näher Erf K/*Linsenmaier*, Art. 9 GG Rn. 130a ff., 133, 135 ff.).

16   **b)** Entscheidend ist die Stufe der **Angemessenheit** (Proportionalität), bei der die Relation von Kampfmaßnahmen und Kampfziel ebenso wie die kollidierenden Grundrechtspositionen der Tarifparteien bewertet werden. Es handelt sich um eine kaum „programmierbare" Abwägungsentscheidung. Beim Unterstützungsstreik kommt es z.B. auf Nähe oder Ferne zum Hauptarbeitskampf und dessen Beeinflussungsmöglichkeit an. Eine Einschätzungsprärogative der Gewerkschaft spielt jetzt keine Rolle mehr. Der aus den Kämpfen resultierende **Schaden** wird allerdings nur bei einem *evidenten* Missverhältnis zum erzielten Nutzen zur Unverhältnismäßigkeit der Kampfmaßnahme führen (*Reichold*, FS Buchner, 2009, S. 721). Doch müssen seitens der Gewerkschaft erforderliche Notdienstarbeiten zur Aufrechterhaltung von Minimalstandards (Notoperation im bestreikten Krankenhaus) oder zur Erhaltung der sächlichen Betriebsmittel (der Hochofen darf nicht erkalten) zugelassen werden.

Das BAG hat anno 2009 sogar sog. **Flash-Mob-Aktionen** nicht am Übermaßverbot scheitern lassen, weil dem Arbeitgeber vorübergehende Betriebsschließungen als Gegenmittel zumutbar seien (*BAG* NJW 2010, 631). Als „streikbegleitende Aktion", mit der eine Gewerkschaft in einem öffentlich zugänglichen Betrieb kurzfristig und überraschend eine Störung betrieblicher Abläufe hervorrufen will, um zur Durchsetzung tariflicher Ziele Druck auf die Arbeitgeberseite auszuüben, sei Flash-Mob nicht generell unzulässig (so auch – z.T. einschränkend – Erf K/*Linsenmaier*, Art. 9 GG Rn. 277b). Dass Flash-Mob-Aktionen, selbst wenn sich Dritte daran beteiligen, keinen generellen Verstoß gegen Art. 9 Abs. 3 GG darstellen, wurde mittlerweile auch vom *BVerfG* bestätigt (NJW 2014, 1874). Dabei wird außer Acht gelassen, dass durch die anonymen Aktivisten der Begriff des Kampfgegners aufgelöst wird und dass es nicht mehr um eine der Arbeitnehmerseite zurechenbare Aktionsform geht; zudem werden die an eine **Betriebsblockade** heranreichenden Besitz- und Nutzungsbeschränkungen zulasten des Unternehmers bagatellisiert (zutr. Kritik z.B. bei *Löwisch*, NZA 2010, 209; *Otto*, RdA 2010, 135; *Rieble*, NZA 2008, 796; *Rüthers/Höpfner*, JZ 2010, 261; *Säcker*, NJW 2010, 1115).

Beispielsfall: Die Gewerkschaft Textil-Bekleidung bemühte sich seit 1990 bei Adams Schulterpolsterfabrik um den Abschluss eines **Firmentarifvertrags**; Verhandlungen blieben bis Ende 1992 ohne greifbares Ergebnis. Daraufhin rief die Gewerkschaft die Arbeitnehmer Adams am 2. Februar 1993 um 7 Uhr zu einem halbstündigen Streik auf. An dem Streik beteiligten sich etwa 100 Arbeitnehmer. Adam ließ daraufhin gegen 7.10 Uhr den Streikenden mitteilen, dass diese für den restlichen Tag und den folgenden Tag ausgesperrt seien, und führte diese Maßnahme auch durch. Ende März 1993 kam der angestrebte Firmentarif zustande. Waren Streik bzw. Aussperrung rechtmäßig?

Lösung: a) Zulässigkeit des Streiks: Mit dem halbstündigen „Warnstreik" sollten die stagnierenden Verhandlungen um einen Firmentarifvertrag vorangebracht werden. Eine solche Streikmaßnahme für eine verhältnismäßig unerhebliche Zeit dürfte mit dem Übermaßverbot vereinbar sein. Sie war nach Aufruf und Ausführung auf so kurze Zeit angelegt, dass Adam nicht ernsthaft geschädigt werden konnte, sondern nur einem symbolischen Druck ausgesetzt war.

b) Zulässigkeit der Aussperrung: Die Abwehraussperrung durch Adam war demgegenüber vom Anlass her zwar gerechtfertigt, weil gerade der einzelne Arbeitgeber einer gut organisierten Gewerkschaft gegenüber typischerweise ein Untergewicht besitzt, das mit der Ausweitung des Kampfrahmens ausgeglichen werden darf. Die Abwehraussperrung verstieß jedoch gegen das Übermaßverbot, weil das Ungleichgewicht zwischen dem halbstündigen Streik und der zweitägigen Aussperrung evident ist. Wohl durfte die Aussperrung die Dauer des Streiks etwas überschreiten, um nicht nur als „Freizeitspektakel" bewertet zu werden. Eine halbtägige Aussperrung wäre also noch verhältnismäßig gewesen, nicht aber die erfolgte zweitägige Abwehrmaßnahme (vgl. *BAG* NJW 1993, 218).

IV. Auswirkungen auf das Einzelarbeitsverhältnis

1. Subjektives Streik- bzw. Aussperrungsrecht

Seit 1955 gilt der Grundsatz, dass rechtmäßige Arbeitskampfmaßnahmen **17** auch auf der Ebene des Einzelarbeitsverhältnisses **keine rechtswidrigen** Vertragsverletzungen darstellen. Bis zu diesem Zeitpunkt wurde eine Streikerklärung individualrechtlich als „Vertragsbruch" und als Grund für eine fristlose Kündigung aufgefasst, die dem streikenden Arbeitnehmer den Arbeitsplatz kosten konnte. Heute fasst man die individuelle Streikerklärung nicht mehr als Kündigungserklärung, sondern als **„Suspendierung"** der vertraglichen Hauptleistungspflichten auf. Ein rechtmäßiger Streik bzw. eine rechtmäßige

Aussperrung verletzen also nicht den Vertrag, sondern lassen Entgeltzahlung und Arbeitspflicht „ruhen". Nach *Seiter* (S. 271 f.) ist das subjektive Streikrecht ein „Gestaltungsrecht", das dem einzelnen Arbeitnehmer die Möglichkeit verleiht, seine Arbeitspflicht einseitig zu suspendieren. Für die Einräumung dieser individualrechtlichen Befugnis sind aber **kollektiv-rechtliche Kriterien** maßgeblich, nämlich die oben Rn. 10 ff. dargelegten Zulässigkeitsvoraussetzungen für einen wirksamen Streik oder eine wirksame Abwehraussperrung bzw. Betriebsstilllegung.

18   Will der kampfbetroffene Arbeitgeber seine Arbeitnehmer **aussperren**, so muss er dies eindeutig erklären mit der Folge, dass auch arbeitswillige Arbeitnehmer ohne Entgeltzahlung nach Hause geschickt werden dürfen. Erweist sich die Aussperrung allerdings wie oben im Beispiel Rn. 16 als unwirksam, so haben die ausgesperrten Arbeitnehmer Anspruch auf **Verzugslohn** nach § 615 BGB. Schwierig ist die Abgrenzung von Aussperrungs- und Stilllegungserklärung (→ Rn. 9): allein die Aufforderung an die Arbeitnehmer, ihre Arbeitsplätze zu verlassen, weil der Arbeitsablauf für den Rest der Schicht streikbedingt nicht gesichert sei, ist gerade *nicht eindeutig* als Aussperrungserklärung aufzufassen (§§ 133, 157 BGB; so *BAG* NZA 1996, 212, vgl. dazu *Reichold,* JuS 1996, 1054).

Das **individuelle Streikrecht** kann als einseitiges Gestaltungsrecht nach allgemeinen BGB-Regeln durchbuchstabiert werden. So wird die Streikerklärung erst mit ihrem Zugang (§ 130 BGB) beim Arbeitgeber wirksam, was auch „konkludent" durch anderweitig nicht begründetes Fernbleiben vom Arbeitsplatz geschehen kann. Als Rechtsfolge entfällt das Entgelt für die Dauer der (individuellen) Streikteilnahme, ohne dass aber das Arbeitsverhältnis insgesamt unterbrochen würde (sog. „ruhendes" Arbeitsverhältnis, vgl. MHdB ArbR/*Reichold*, § 41 Rn. 30). Der Arbeitgeber kann aber das Entgelt streikbedingt erst dann verweigern, wenn der Arbeitnehmer *ausschließlich deshalb* der Arbeit fern geblieben ist. Wer z.B. arbeitsunfähig krank ist (und sich während der Krankheit nicht aktiv am Streik beteiligt), der kann wegen der Maßgeblichkeit des § 3 Abs. 1 S. 1 EFZG (reale Monokausalität der Krankheit) Entgeltfortzahlung verlangen; er ist dann wegen Krankheit (AUB-Bescheinigung!) der Arbeit fern geblieben und nicht wegen des Streiks (*BAG* NZA 1992, 163). Ähnliches gilt für im Urlaub befindliche Arbeitnehmer, die sich am Streik nicht beteiligen: auch ihnen ist das Entgelt fortzuzahlen, da sie wegen ihres Erholungsurlaubs der Arbeit fern geblieben sind (vgl. *Reichold,* JuS 1996, 1049, 1052). Wer an einem Warnstreik teilnimmt, sich zuvor aber zulässigerweise wegen Gleitzeit im Betrieb abgemeldet hat („Gleitphase"), hat seine Arbeitspflicht nicht verletzt, sondern streikt in seiner Freizeit und erhält deshalb keinen Lohnabzug (*BAG* NZA 2005, 1402). Anderes gilt, wenn ein unwirksam Gekündigter am Streik teilnimmt – der Annahmeverzugslohn kommt für ihn nicht in Betracht, weil er als Streikender leistungsunwillig nach § 297 BGB war (*BAG* NJW 2012, 3676).

2. Streikrecht oder Zurückbehaltungsrecht?

19   Allerdings bedarf das subjektive Streikrecht einer deutlichen **Abgrenzung** von der z.B. gemeinsamen Ausübung eines Zurückbehaltungsrechts (§§ 320,

273 BGB). Entscheidend für die Auslegung der Arbeitsverweigerung als Streik muss sein, dass durch mehrere Arbeitnehmer und vor allem deren Unterstützung durch tariffähige Gewerkschaften neue Arbeitnehmerrechte reklamiert werden (**Regelungsstreit**, nicht Rechtsstreit). Zur Abgrenzung folgendes

Schaubild 20: Rechts- oder Regelungsstreit?

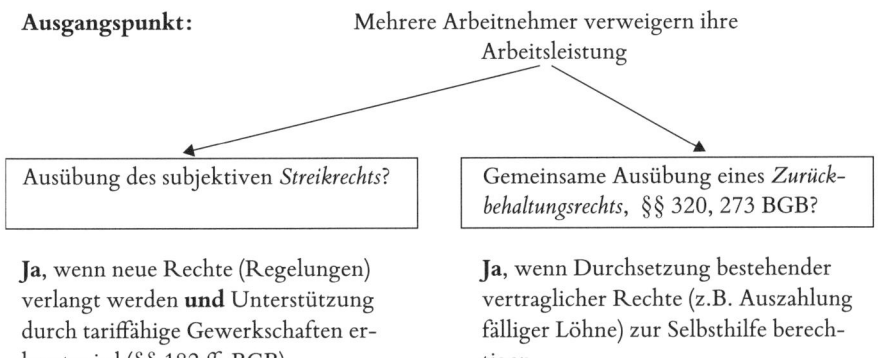

Ausgangspunkt: Mehrere Arbeitnehmer verweigern ihre Arbeitsleistung

Ausübung des subjektiven *Streikrechts*?	Gemeinsame Ausübung eines *Zurückbehaltungsrechts*, §§ 320, 273 BGB?
Ja, wenn neue Rechte (Regelungen) verlangt werden **und** Unterstützung durch tariffähige Gewerkschaften erlangt wird (§§ 182 ff. BGB)	**Ja**, wenn Durchsetzung bestehender vertraglicher Rechte (z.B. Auszahlung fälliger Löhne) zur Selbsthilfe berechtigen

Vor allem die Unterstützung durch **tariffähige Gewerkschaften** spricht **20** eindeutig für den vermutlich zulässigen Streik, so dass damit vertragliche Pflichtverletzungen wie auch deliktisches Handeln der Arbeitnehmer von vornherein ausscheiden. **Anders** ist es dagegen, wenn entweder unberechtigte Arbeitsverweigerung oder aber ein von vorneherein unzulässiger „wilder Streik" (z.B. politische Forderungen ohne jede gewerkschaftliche Unterstützung) inszeniert werden. Wenn sich auch dem Arbeitnehmer die Unzulässigkeit des Streiks **aufdrängen** muss (Indiz: keinerlei Gewerkschaftsunterstützung), dann liegen individual-arbeitsrechtliche Konsequenzen nahe, je nach Vorwerfbarkeit auch eine fristlose Kündigung (§ 626 BGB), bei Streik-Exzessen (z.B. Schädigung von Betriebseigentum oder Behinderung der Produktion) ggf. deliktische Schadensersatzansprüche aus § 823 Abs. 1 BGB (Eingriff in das Recht am eingerichteten und ausgeübten Gewerbebetrieb → *Fall 10*).

3. Auswirkungen auf nicht streikende Arbeitnehmer

Arbeitskampfmaßnahmen verursachen Arbeitsausfälle und treffen damit **21** immer auch unbeteiligte Dritte. Hier soll nur nach den Folgen des Arbeitsausfalls für **unbeteiligte Arbeitnehmer** gefragt werden. Dabei ist zu differenzieren:

a) Im **bestreikten Betrieb** kann die Arbeit mit Hilfe Arbeitswilliger auf- **22** recht erhalten werden, z.B. mit Hilfe sog. „**Streikbruchprämien**", die als zulässig anerkannt werden. Eine Verpflichtung des Arbeitgebers zur Aufrechterhaltung des Betriebs trotz Streiks besteht aber nicht. Das *BAG* hat eine streikbedingte **Stilllegung** des betroffenen Betriebs durch den Arbeitgeber mit der Folge gebilligt, dass auch arbeitswillige Außenseiter ihres Entgelts verlustig gehen, ohne dass der Arbeitgeber die Unmöglichkeit ihrer Beschäftigung nachweisen müsste (str. → Rn. 9).

23   **b)** Auch bei Arbeitsausfall wegen **Teilstreiks im Unternehmen** realisiert sich das sog. **Arbeitskampfrisiko** der nicht unmittelbar betroffenen Arbeitnehmer mit der Folge, dass der Arbeitgeber bei Unzumutbarkeit der Beschäftigung den Lohn verweigern darf. Diese Lohnverweigerung setzt aber objektive Störungen voraus; anders als bei der Stilllegung muss der Nachweis erbracht werden, dass der Arbeitsausfall tatsächlich unvermeidbar war.

24   **c)** Den **Arbeitsausfall in fremden Unternehmen** müsste sich nach schuldrechtlichen Kriterien der Arbeitnehmer nicht zurechnen lassen, weil das Wirtschaftsrisiko allein dem Arbeitgeber obliegt: er muss den Lohn auch dann zahlen, wenn die Weiterproduktion wirtschaftlich sinnlos ist (Wirtschaftsrisiko → § 8 Rn. 52) oder wenn aus betriebstechnischen Gründen (Stromausfall) seine Arbeitskräfte nicht beschäftigt werden können (Betriebsrisiko → § 8 Rn. 53). Dennoch führt auch hier das **„Arbeitskampfrisiko"** zur Lohnverweigerung, wenn andernfalls „unmittelbar oder mittelbar eine Störung des Kräfteverhältnisses" zwischen den Kampfparteien zu befürchten wäre (zur historischen Herleitung → § 8 Rn. 54 ff.). Die (schillernde) **Kampfparität** kann allerdings nur berührt sein, wenn die Arbeitnehmer des Fremdunternehmens vom Arbeitskampf wenigstens indirekt Vorteile haben können (Partizipationsgedanke: Teilhabe am Kampfergebnis nur im fachlichen und räumlichen Geltungsbereich des umkämpften Tarifs, vgl. BAGE 34, 331). Daher kann in einer Großbäckerei nicht deshalb der Lohn verweigert werden, weil in den städtischen Gaswerken gestreikt wird – es handelt sich um völlig verschiedene fachliche Tarife!

Prüfungsschema 18: Die Zulässigkeit von Arbeitskämpfen

I. **Kollektivrechtliche Wirksamkeit** *(Koalitionsebene)*
1. Tariffähigkeit der Kampfpartei (auch *einzelne* Arbeitgeber können aussperren bzw. bestreikt werden, nicht aber dürfen Betriebsrat oder einzelne Arbeitnehmer streiken → Rn. 11).
2. Tarifvertraglich regelbares Kampfziel (keine allgemein-politischen Ziele → Rn. 12).
3. Beachtung der Friedenspflicht (→ Rn. 13).
4. Beachtung des Übermaßverbots (Arbeitskampf muss *erforderlich* und *angemessen* sein → Rn. 14–16).

II. **Individualrechtliche Wirksamkeit** *(Arbeitsverhältnisebene)*
1. Streik- bzw. Aussperrungserklärungen müssen *eindeutig* sein (→ Rn. 18).

    2. Streik- bzw. Aussperrungserklärungen müssen dem Vertragspartner *zugehen* (§ 130 BGB).

III.   **Rechtsfolgen**
    1. Bei **zulässiger** Kampfmaßnahme:
       a) Suspendierung der vertraglichen Hauptleistungspflichten bis zur Beendigungserklärung.
       b) Kündigungsmaßnahmen im engen Zusammenhang mit Kampfmaßnahmen sind unzulässig.
    2. Bei **unzulässiger** Kampfmaßnahme
       a) **Streik:** Nur bei evident unzulässigen Maßnahmen fristlose Kündigung (§ 626 BGB) möglich; bei Streik-Exzessen ggf. auch deliktische Haftung. Gewerkschaftlich geführte Streiks schließen i.d.R. persönliches Verschulden der Beteiligten aus.
       b) **Aussperrung:** AG muss den Ausgesperrten das Entgelt nachzahlen, § 615 BGB (Verzugslohn).
    3. Folgen für nicht streikende Arbeitnehmer (**„Arbeitskampfrisiko"**)
       a) Im bestreikten *Betrieb:* AG kann ohne Begründung Betrieb stilllegen, d.h. Arbeitswilligen den Lohn verweigern, muss das aber nicht.
       b) Im bestreikten *Unternehmen:* AG darf nur bei Unzumutbarkeit der Weiterproduktion Arbeitswilligen den Lohn verweigern (Nachweis objektiver Störungen nötig).
       c) In der streikbetroffenen *Branche:* AG des nur „fernbetroffenen" Unternehmens darf nur dann Lohn verweigern, wenn anders Kampfparität nachhaltig gestört wäre (z.B. bei Schwerpunktstreiks in Zulieferbetrieben, die gezielt zur Lahmlegung der Produktion führen).

Fall 10: Ein Warnstreik mit bösen Folgen

Friedenspflicht, Warnstreik, Übermaßverbot, Betriebsblockade, Streikexzess, deliktische Haftung der Gewerkschaft und ihrer Vertreter, Streikposten, Recht am eingerichteten und ausgeübten Gewerbebetrieb, Streikbruchprämie

Sachverhalt

Der zwischen der Software-Firma Makrosoft AG (M) und der Gewerkschaft IG Mikroelektronik (IGM) geschlossene Entgelttarif läuft zum 31. März aus. Ein Neuabschluss ist wegen höchst unterschiedlicher Auffassungen über die Notwendigkeit von Entgeltsteigerungen bis Mitte April nicht zustande gekommen. Ein neuer Verhandlungstermin ist erst für Ende April vorgesehen. Deswegen beschließen die Arbeitnehmer im Betrieb Altdorf von M für den 15. April einen dreistündigen „Warnstreik" zur Erzwingung deutlich höheren Entgelts. Als die IGM davon erfährt, stellt sie eine Streikleitung durch Funktionär Ludwig sowie Streikposten, darunter den streikerfahrenen Paul, zur Verfügung. Laut Satzung der IGM organisiert die Streikleitung den Streik selbstständig; sie ist aber gebunden an das Gebot der „fairen Kampfführung" und verpflichtet, unerlaubte Handlungen zu unterlassen bzw. zu verhindern.

Am 15. April werden – nach Aufforderung durch Streikleiter Ludwig – die Eingänge zum Betrieb der Firma M ab 8 Uhr nicht nur durch Streikposten, sondern auch durch Tische, Bänke und andere Materialien blockiert; lediglich einige zur Notschicht eingeteilte Personen dürfen das Werk betreten, nicht aber sonstige Mitarbeiter, Zulieferer und Kunden. Die Blockade wird um 9 Uhr beendet. Arbeitswillige Arbeitnehmer werden nur noch verbal zur Streikunterstützung aufgerufen. An einem von Streikleiter Ludwig nicht einsehbaren Nebentor kommt es zwischen Paul und dem arbeitswilligen Walter um 9.30 Uhr zu einem Handgemenge, nachdem dieser sich über das Auto von Paul (einen Opel „Manta") lustig gemacht hatte. Am Anzug des Walter entstand ein Schaden von 100,– €. Wie vorgesehen wird der „Warnstreik" um 11 Uhr beendet.

Der durch den Produktionsausfall entstandene Gesamtschaden durch den dreistündigen Streik beträgt 50.000,– €. Ohne die Blockade wäre ein Schaden von 30 000,– € nicht zu vermeiden gewesen. M möchte von der IGM den gesamten Schaden ersetzt bekommen. Arbeitswilligen möchte M nachträglich eine Prämie von 200,– € zahlen, weil diese „dem Terror der Streikenden mutig die Stirn gezeigt" hätten. Walter fragt, wer für die Beschädigung des Anzuges aufkommt.

Wie ist die Rechtslage?

Lösung

I. Anspruch der M gegen die IGM auf den Gesamtschaden (50.000,– €)

1. aus §§ 280, 241 Abs. 2 BGB (Verletzung der Friedenspflicht) (–)

Tarifvertrag abgelaufen, daher keine Friedenspflicht mehr.

2. aus vertragsähnlichen Ansprüchen (–)

3. aus § 823 Abs. 1 BGB

a) Geschütztes Rechtsgut

Vermögen nicht geschützt.
Hier aber Recht am eingerichteten und ausgeübten Gewerbebetrieb als absolutes Recht verletzt.

b) Rechtswidrigkeit

Rechtswidrigkeit muss bei diesem Rechtsgut positiv festgestellt werden.

aa) Legitimierung

IGM hat den ursprünglich wilden Streik der Arbeitnehmer durch Übernahme legitimiert, § 182 BGB.

bb) Streikziel

Höhere Bezüge sind legitimes Streikziel.

cc) Friedenspflicht (–)

dd) Übermaßverbot

Streik geeignet und erforderlich zur Herbeiführung der Lohnsteigerungen. Einschätzungsprärogative der IGM zu beachten. Erklärung des formalen Scheiterns der Verhandlungen nicht erforderlich. Rechtsmissbrauch nicht ersichtlich.

Einzelne Aktionen (Handgemenge, Blockade) mglw. unverhältnismäßig, doch war der gesamte Streik davon nicht geprägt. Der Streikverlauf ist insgesamt also angemessen.

4. Ergebnis

Streik rechtmäßig, kein Anspruch aus § 823 Abs. 1 BGB.

II. Anspruch M gegen IGM auf Ersatz des Blockadeschadens (20.000,– €)

1. aus §§ 823 Abs. 1, 31 analog BGB

a) Rechtsgutsverletzung (+), s.o.

b) Rechtswidrigkeit (+)

Die Blockade des Betriebes war unverhältnismäßig, da Besitzstörung des Arbeitgebers und verbotene Eigenmacht nicht als erforderlich gelten können (*BAG NZA 1988, 884*).

c) Verschulden (+)

Ludwig (L) handelte schuldhaft i.S.d. § 276 BGB, indem er sich gegen die Anordnung der IGM hinwegsetzte. Dies ist der IGM analog § 31 BGB i.V.m. § 54 S. 2 BGB (IGM als nicht rechtsfähiger Verein) zuzurechnen. L als Streikleiter ist Organ der Gewerkschaft.

d) Ergebnis

Die IGM muss nach § 823 Abs. 1 BGB für den Blockadeschaden aufkommen.

2. aus § 831 Abs. 1 S. 1 BGB

a) Tatbestand

aa) Verrichtungsgehilfe (+)

Allgemein anerkannt, dass Streikposten Verrichtungsgehilfen der Gewerkschaft sind.

bb) Schädigung (+), s.o.

b) Exkulpation, § 831 Abs. 1 S. 2 BGB (–)

Bewusster Exzess, daher keine Exkulpation.

c) Ergebnis

Die IGM haftet aus § 831 Abs. 1 S. 1 BGB für den Blockadeschaden.

3. aus § 823 Abs. 2 BGB i.V.m. §§ 240, 13 bzw. 25 Abs. 1 S. 2. Var. StGB (–)

Für eine vorsätzliche Nötigung des L keine ausreichenden Anhaltspunkte. Nötigungen anderer Streikposten nicht über § 14 StGB der IGM zurechenbar.

III. Anspruch Walter (W) wegen Anzugschadens (100,– €) gegen Paul (P)

1. aus § 823 Abs. 1 (+)

2. aus § 823 Abs. 2 BGB i.V.m. §§ 240, 303 StGB (–)

Subjektive Tatseite sehr fraglich, keine ausreichenden Anhaltspunkte, daher (–).

IV. Anspruch W gegen IGM auf 100,– € 1. aus §§ 823 Abs. 1, 31 BGB

a) Tatbestand (+)

b) Verschulden (–)

Keine Zurechnung des Verschuldens des P über § 31 BGB, da P einfacher Streikender und kein Organ der IGM.

2. aus § 831 Abs. 1 BGB (–)

P handelte nicht „in Ausführung" des Streiks, sondern gelegentlich desselben.

3. Ergebnis

Kein Anspruch des W gegen die IGM.

V. Rechtmäßigkeit Streikbruchprämie

1. Sachliche Rechtfertigung

Streikbrecher unter psychischer Mehrbelastung (+)

2. § 612a BGB

Streikprämie vor/während des Arbeitskampfes als Ausfluss der Kampfparität zulässig, da Einfluss auf Weiterarbeit trotz Arbeitskampfes. Im Fall aber erst *nachträgliches* Versprechen der Prämie durch Arbeitgeber, daher eine nach § 612a BGB unzulässige Maßregelung.

3. Ergebnis

Streikbruchprämie nicht verboten, muss aber aus Gründen der Gleichbehandlung in Verbindung mit § 612a BGB an alle Arbeitnehmer ausbezahlt werden.

Empfehlungen zur vertiefenden Lektüre:

Literatur: *Bauer/Krieger*, „Firmentarifsozialplan" als zulässiges Ziel des Arbeitskampfes?, NZA 2004, 1019; *Benecke*, Rühreitheorie, Friedenspflichtverletzungen und „Ins-Messer-Laufen-Lassen" im Haftungssystem des BGB – zur Dogmatik des Arbeitskampfschadensrechts, ZfA 2018, 2; *Boemke*, (Kein) Einsatz von Leiharbeitnehmerinnen als Streikbrecher, ZfA 2017, 1; *Gießen/Kersten*, Der Arbeitskampf in der digitalisierten Arbeitswelt, NZA 2018, 1; *Greiner*, Der Arbeitskampf der GDL, NZA 2007, 1023; *Jacobs*, Die Erkämpfbarkeit von firmenbezogenen Tarifverträgen mit verbandsangehörigen Arbeitnehmern, ZTR 2001, 249; *Kempen*, Das Rechtsverhältnis zwischen den Belegschaftsvertretern und den Gewerkschaften im Arbeitskampf, NZA 2005, 185; *Klein*, Streiken auf dem Betriebsgelände? Koalitionsbetätigung im Konflikt mit Besitz- und Eigentumsrechten, AuR 2018, 216; *Konzen,* Fünfzig Jahre richterliches Arbeitskampfrecht, FS 50 Jahre BAG, 2004, S. 515; *Matthes,* Der Arbeitgeber als Tarifvertragspartei, FS Schaub, 1998, S. 477; *Michaelis,* Das beamtenrechtliche Streikverbot, JA 2015, 121; *Reichold,* Arbeitskampf und Einzelarbeitsverhältnis, JuS 1996, 1049; *ders.,* Verfassungsrechtliche Grenzen der Arbeitskampfverfügung, FS Buchner, 2009, S. 721; *ders., „*Streikverbot" im Dritten Weg: Ist das wirklich so?, FS Grädler, 2012, 109; *Reuter,* Können verbandsangehörige Arbeitgeber zum Abschluss von Haustarifverträgen gezwungen werden?, NZA 2001, 1097; *Richardi,* Der CGM-Beschluss des ArbG Stuttgart: Tariffähigkeit und Tarifzensur, NZA 2004, 1025; *Rieble* (Hrsg.), Zukunft des Arbeitskampfes, 2005; *ders.,* Arbeitsniederlegung zur Standorterhaltung, RdA 2005, 200; *Risse,* Mediation als Strategie zur Streikvermeidung, NZA 2017, 1030; *Schliemann,* Bemerkungen zur Koalitionsfreiheit der Handwerksinnungen, NZA 2016, 738; *Schwarze,* Kampfmittelfreiheit und bestehende Rechtsordnung im neuen Arbeitskampfrecht, ZfA 2018, 149; *Seiter,* Streikrecht und Aussperrungsrecht, 1975; *Wank,* Grundlagen des Arbeitskampfrechts, FS Kissel, 1994, S. 1225.

Rechtsprechung: *BVerfG* NJW 2014, 1874 (Flash-Mob-Aktion kein Verstoß gegen Art. 9 Abs. 3 GG); *BAG* NZA 2016, 1543 (Rechtswidriger Streik für eine friedenspflichtverletzende oder tarifwidrige Forderung); *BAG* NZA 2014, 319 (Streikaufruf über Intranet); *BAG* NZA 2013, 448 (Arbeitskampf in kirchlichen Einrichtungen); *BAG* NZA 2012, 1372 (Warnstreik nach Wechsel in OT-Mitgliedschaft); *BAG* NJW 2010, 631 (Flash-Mob-Aktion im Einzelhandel als Streikmaßnahme); *BAG* NZA 2007, 1055 (Zulässigkeit eines Unterstützungsarbeitskampfs); *BAG* NZA 2007, 987 (Streik um Tarifsozialplan); *BAG* NZA 2005, 1402 (Streikteilnahme in der Gleitzeitphase, dazu *Boemke,* JuS 2006, 191); *BAG* NZA 2003, 734 (Streik um einen Firmentarifvertrag); *BAG* NJW 1996, 1227 (Betriebsstilllegung durch Erklärung des Arbeitgebers gegenüber den Arbeitnehmern).

Falldidaktische Beiträge: *Reichold/Pfrang,* AL 2018, 30 (u.a. Arbeitskampf um tariflich regelbares Ziel); *Flesch,* AL 2015, 142 (Anspruch auf Unterlassung von Arbeitskampfmaßnahmen); *Weber/Gräf,* JuS 2013, 633 (Rechtmäßigkeit eines Streiks); *Kottmann/Wilcke,* Jura 2011, 312 (Auswirkungen der EU-Grundfreiheiten auf das Arbeitskampfrecht); *Bittner,* JA 2003, 58 (Allgemeines zum Arbeitskampfrecht).

§ 14. Betriebsverfassungsrecht

I. Mitbestimmung in Betrieb und Unternehmen

1. Das duale System der Mitbestimmung

Die im Betriebsverfassungsgesetz (BetrVG) bzw. im Sprecherausschussgesetz **1** (SprAuG) geregelte **betriebliche Mitbestimmung** ist zunächst streng zu unterscheiden von der Mitbestimmung im Aufsichtsrat des Unternehmens (bzw. in der Person des Arbeitsdirektors im Vorstand) nach dem Mitbestimmungsgesetz (MitbestG) 1976 bzw. dem DrittelbG 2004. Diese **Unternehmensmitbestimmung** findet nämlich nur in großen Kapitalgesellschaften statt (AG, GmbH, KGaA, Genossenschaft mit über 2.000 Arbeitnehmern → Rn. 6), ist also *rechtsformspezifisch*, während die Betriebsverfassung grundsätzlich in jedem

Unternehmen der Privatwirtschaft *rechtsformunabhängig* greift (also auch z.B. in Einzelunternehmen und Personengesellschaften).

2 Hinzu kommen die **Personalvertretungsgesetze** im Öffentlichen Dienst, so dass sich die Frage nach Alternativität bzw. Kumulation verschiedener Mitbestimmungsgesetze stellt. Dazu lässt sich grob feststellen:

- Im **Öffentlichen Dienst** findet die Mitbestimmung *ausschließlich* nach Maßgabe des Bundespersonalvertretungsgesetzes (BPersVG) bzw. der Länderpersonalvertretungsgesetze statt. Wegen der demokratischen Kontrolle der öffentlichen Verwaltung durch die Parlamente und ihrer Zielsetzung ist eine parallele „unternehmerische" Mitbestimmung hier abwegig.
- In der **Privatwirtschaft** (Abgrenzung rein *formal* → Rn. 13) findet dagegen *grundsätzlich* eine betriebliche Mitbestimmung (BetrVG und SprAuG) einerseits und eine Unternehmensmitbestimmung andererseits statt. Allerdings findet sich diese *Kumulation* der Mitbestimmung nur in großen Unternehmen bei entsprechender Rechtsform (→ Rn. 1).

3 Die betriebliche Mitbestimmung bezieht sich nur auf die **arbeitsrechtliche Einheit „Betrieb"**. Weil im Gesetz nicht definiert, wird der Betrieb durch das *BAG* als die Organisationseinheit bezeichnet, innerhalb der ein Arbeitgeber *mit seinen Arbeitnehmern unter Einsatz von sächlichen und immateriellen Mitteln bestimmte arbeitstechnische Zwecke unter einheitlicher Leitung verfolgt*, er also z.B. eine Bankfiliale oder eine Handelsniederlassung oder einen Kindergarten betreibt (*BAG* NZA 2010, 906). Doch ist diese Definition so nicht zielführend, weil es maßgeblich um den **Zusammenhang** von arbeitstechnischer Einheit und einheitlicher Leitung geht.

4 Der Gedanke des BetrVG war es zunächst, die in **räumlicher Verbundenheit** zusammenwirkenden Arbeitnehmer als überschaubare Einheiten zusammenzufassen und diese durch einen Betriebsrat dem Arbeitgeber (Betriebsinhaber) gegenüber zu **repräsentieren**. Eine einheitliche Verwendung des Betriebs-Begriffs im gesamten Arbeitsrecht ist aber nicht möglich (*Preis*, RdA 2000, 258 f.); denn das Kündigungsrecht oder die Betriebsübergangs-Norm des § 613a BGB meinen mit „Betrieb" etwas anderes als das BetrVG. Die BetrVG-Novelle 2001 hat mit dem Oberbegriff der „betriebsratsfähigen Organisationseinheit" die besondere Funktion des Begriffs im BetrVG verdeutlicht (§ 18 Abs. 2 BetrVG). Wesentlich für die Betriebsratsfähigkeit ist vor allem das Vorhandensein einer **einheitlichen Leitung** im personellen und sozialen Bereich, die als Ansprechpartner des Betriebsrats fungiert (st. Rspr., vgl. *BAG* NZA 2010, 906). Besonders wichtig ist das beim **gemeinsamen Betrieb** mehrerer Unternehmen (§ 1 Abs. 1 S. 2 BetrVG). Unabhängig von den Vermutungstatbeständen von § 1 Abs. 2 BetrVG kann es ohne eine **einheitliche** Ausübung von Arbeitgeberfunktionen im personellen und sozialen Bereich (z.B. durch Führungsvereinbarung der beteiligten Unternehmen) **keinen gemeinsamen** Betrieb geben (DFL/*Maschmann*, § 1 BetrVG Rn. 12). Auch der „einfache" Betrieb definiert sich über das Zusammenspiel von arbeitstechnischer Einheit und einheitlicher Leitung; andernfalls liegt nur ein **Betriebsteil** vor, der allein unter den besonderen Voraussetzungen des § 4 Abs. 1 BetrVG betriebsratsfähig ist.

5 Dass ein Unternehmen sehr häufig aus *mehreren Betrieben* besteht (→ § 2 Rn. 5) und daher mehrere Betriebsräte mit einem (mitbestimmten) Unternehmensorgan vereinigen kann, soll im folgenden Schaubild gezeigt werden:

Schaubild 21: Duales deutsches Mitbestimmungssystem

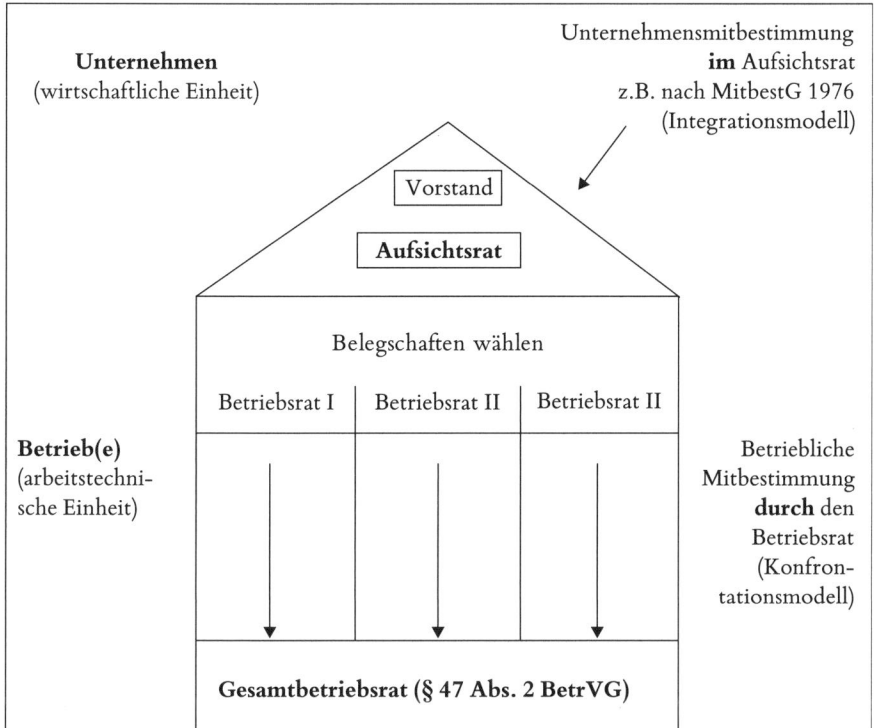

Die im engeren Sinne „arbeitsrechtliche" Mitbestimmung spielt sich also **6** im **Betrieb** ab: Hier soll der Betriebsrat die Organisations- und Weisungsabhängigkeit der Arbeitnehmer durch seine Mitbestimmungsrechte in sozialen, personellen und wirtschaftlichen Angelegenheiten kompensieren. Mit dem Arbeitgeber handelt er nach dem *Konfrontationsmodell* quasi im „Gegenüber" betriebliche Arbeitsbedingungen aus, soweit ihm entsprechende Kompetenzen laut BetrVG zustehen. Die Mitbestimmung im Aufsichtsrat dagegen folgt dem *Integrationsmodell,* weil die Arbeitnehmerseite *zusammen mit* den Anteilseignervertretern gemeinsame Entscheidungen bezüglich der Investitions- und Personalpolitik des Unternehmens zu fällen hat. Die **unternehmerische Mitbestimmung** (nach dem Modell des MitbestG 1976) wird daher in doppelter Weise „gebremst":

- durch die Integration im Aufsichtsrat und das Letztentscheidungsrecht des Vorsitzenden, der von der Anteilseignerseite gestellt wird, in „Patt"-Situationen (§§ 27, 29 Abs. 2 MitbestG), sowie
- durch die beschränkten Kompetenzen des Aufsichtsrats, der gegenüber dem Vorstand bzw. der Geschäftsführung als Kontroll- und Grundlagenorgan fungiert, nicht aber als Handlungsorgan.

7   Die Unternehmensmitbestimmung ergibt sich aus **vier Gesetzen** (DrittelbG 2004, Montan-MitbestG, MitbestErgG, MitbestG 1976) und ermöglicht der Arbeitnehmerbank im Aufsichtsrat Mitbestimmungsbefugnisse von der vollen Parität (Montan-Mitbestimmung) über die „hinkende" Parität (MitbestG 1976: in Patt-Situationen hat die Anteilseignerseite das Letztentscheidungsrecht) bis zur Drittelparität des DrittelbG 2004. Grundmodell ist entweder das MitbestG (bei mehr als 2000 ArbN, ca. 650 Unternehmen) oder das DrittelbG (bei mehr als 500 ArbN, ca. 1.500 Unternehmen), während die anderen Gesetze „Auslaufmodelle" sind (nur noch knapp 30 Unternehmen unterliegen der Montanmitbestimmung). Die Einzelheiten der unternehmerischen Mitbestimmung müssen hier ausgespart bleiben (näher *Hromadka/Maschmann* II, § 15 Rn. 10 ff.); sie gehören systematisch zur **Unternehmensverfassung**.

2. Mitbestimmung und Wirtschaftsverfassung

8   Die duale deutsche Mitbestimmung auf Unternehmensebene einerseits und betrieblicher Ebene andererseits kann gerade in ihrer **Kumulation** zu Reibungen mit einer marktorientierten Wirtschaftsverfassung führen. Während die unternehmerische Mitbestimmung Rechte der Anteilseigner (Art. 14 GG) tangiert, greift die betriebliche Mitbestimmung in die Leitungsbefugnis des Arbeitgebers (Art. 12 GG) ein.

9   **Ökonomische Kritiker** der Mitbestimmung behaupten daher, die „Politisierung des Unternehmens" durch die Einflussnahme der Arbeitnehmer und Gewerkschaften wäre mit Marktorientierung und Wettbewerb als einem *Entdeckungsverfahren* (*v. Hayek*) sehr schwer vereinbar. Das deutsche Modell des mitbestimmten Unternehmens sei wegen seiner geringeren Effizienz und Flexibilität auf dem Weltmarkt unterlegen (vgl. *Carl Chr. v. Weizsäcker*, FAZ v. 27.6.1998, S. 15). Dem kann aber **ökonomisch** entgegengehalten werden, dass wegen der typischen Unvollkommenheiten des Arbeitsmarktes die Mitbestimmung als ein **effizientes Arrangement** zur (kollektiven) Regelung der Beziehungen zwischen Arbeitgeber und Beschäftigten sinnvoll sein kann. Der Arbeitsvertrag alleine ist als Regelungsinstrument höchst unvollkommen (→ § 4 Rn. 4). Er muss im täglichen Vollzug durch beide Vertragsparteien konkretisiert werden. Der „mitbestimmte" Arbeitsvertrag kann dann zu größerer Arbeitszufriedenheit führen, wenn die Arbeitsbedingungen nicht einseitig von oben diktiert werden, sondern unter Beteiligung des belegschaftsnahen Betriebsrats ausgehandelt werden – das kann sich produktivitätssteigernd auswirken (vgl. nur *Brandes*, ZfA 1986, 449).

10   Das frühere „Herrschaftsverhältnis" im Betrieb hat sich erst durch betriebliche Mitbestimmung zu einem der Vertragsidee angemessenen **Kooperationsverhältnis** entwickelt. Aus strukturellen Gründen kann die Verhandlung nicht mit jedem einzelnen Arbeitnehmer geführt werden. Vielmehr ist die Bündelung der Arbeitnehmerinteressen durch Repräsentanten für die Regelung kollektiver Probleme effizienter. **Verfassungsrechtlich** fällt ins Gewicht, dass die Letztentscheidung im unternehmerischen Bereich genau so wenig durch Mitbestimmung angetastet wird wie die Leitungsbefugnisse im arbeitsrechtlichen Bereich (lies § 77 Abs. 1 S. 2 BetrVG!). Das gilt allerdings nur im Grundsatz (→ Rn. 56). Ausnahmsweise kann die teils extensive Auslegung der

Mitbestimmungsrechte (§§ 87, 99 BetrVG) durch das *BAG* schon die Frage nach der „Mitunternehmereigenschaft" des Betriebsrats aufwerfen, z.B. wenn durch Mitbestimmung bei der Arbeitszeit die Sonntagsöffnung eines Möbelhauses verhindert wird (BAGE 85, 185).

3. Betriebsverfassung als „Sozialprivatrecht"

a) Leitidee: Vertrags- und Sozialgerechtigkeit im Betrieb

Leitgedanke der Betriebsverfassung ist die Beteiligung der Belegschaft über **11** den von ihr gewählten Betriebsrat an der Gestaltung der betrieblichen Arbeitsbedingungen. Historisch lässt sich das begründen mit der typisch deutschen Idee von einer **„konstitutionellen Fabrik"** *(Freese)*, in der demokratische Postulate der Gleichberechtigung Einzug halten sollen. Allerdings ist die Betriebsverfassung deshalb **keine öffentlich-rechtliche Materie**. Vielmehr muss die „politische Dimension" der Betriebsverfassung in das Privatrecht der Arbeitgeber-Arbeitnehmer-Beziehung „übersetzt" werden. Hierzu werden *Betriebsvereinbarungen* (→ Rn. 44) über typischerweise kollektive Regelungsfragen im Betrieb abgeschlossen, z.B. über flexible Arbeitszeitsysteme (→ § 9 Rn. 15) oder betriebliche Ruhegelder. Die „essentials" der einzelvertraglichen Selbstbindung, z.B. Arbeitsaufgabe oder Arbeitsumfang, dürfen vom Betriebsrat wegen Art. 12 GG aber nicht angetastet werden (→ § 3 Rn. 10). Das Regelungsproblem, dem sich die Betriebsparteien zu stellen haben, lautet zugespitzt: **Vertrags- und Sozialgerechtigkeit im Rahmen betrieblicher Verbundenheit.**

> **Wichtig:** Das BetrVG ist *verfassungsrechtliche Konkretisierung* von Art. 12 GG, indem es „Freiheit auf Gegenseitigkeit" organisiert und den Arbeitnehmer durch seine **(mittelbare) Teilhabe** an betrieblichen Entscheidungen erst zum „Vertragspartner" macht. Auch dessen typisch gegebene informationelle und organisatorische Abhängigkeit von Arbeitgeber und Betriebsorganisation rechtfertigt die starke Stellung des Betriebsrats.

b) Amtsbeziehung und Vertragsbeziehung

Zur Umsetzung der betrieblichen Mitbestimmung bedarf es in erster Linie **12** (zwingender!) **Organisations- und Verfahrensnormen**, die das „Amtsrecht" des Betriebsrats und seiner Organe sowie die Zusammenarbeit mit dem Arbeitgeber regeln („Amtsbeziehung"). Davon zu unterscheiden sind die **materiellen Kompetenzen** des Betriebsrats im Bereich der betrieblichen Arbeitsbedingungen und ihre Auswirkungen auf das einzelne Arbeitsverhältnis („Vertragsbeziehung"). Hier ist vieles noch ungeklärt, obwohl oder gerade weil das Gesetz in sehr ausführlicher Weise den Katalog der sozialen, personellen und wirtschaftlichen Mitbestimmungsgegenstände abschließend regelt (→ Rn. 54).

II. Organisation der Betriebsverfassung

1. Sachlicher Anwendungsbereich

13   Das BetrVG erfasst nach § 1 Betriebe eines Trägers **privaten Rechts** mit in der Regel mindestens fünf ständigen wahlberechtigten Arbeitnehmern, von denen mindestens drei wählbar (§ 8 BetrVG) sein müssen. Für Verwaltungen und Betriebe eines Trägers des **öffentlichen Rechts** gelten dagegen die Personalvertretungsgesetze des Bundes und der Länder (§ 130 BetrVG, → Rn. 2). Ausschlaggebend ist allein die formale Betrachtung nach der **Rechtsform** des Trägers, so dass auch eine zu 100 % in öffentlicher Hand befindliche GmbH als juristische Person des Privatrechts dem BetrVG unterfällt. Zu den Einzelheiten des Betriebsbegriffs → Rn. 3 f.

14   Auch **Religionsgemeinschaften** sowie deren karitative und erzieherische Einrichtungen fallen nicht unter das BetrVG (§ 118 Abs. 2 BetrVG), haben aber regelmäßig eigene Mitarbeitervertretungsgesetze erlassen, die der besonderen verfassungsrechtlichen Autonomie der Kirchen (Art. 140 GG) Rechnung tragen (näher MHdB ArbR/*Reichold*, §§ 366, 367). Damit keinesfalls zu verwechseln ist die Regelung des **§ 118 Abs. 1** BetrVG. Danach findet das BetrVG eine wenngleich *eingeschränkte Anwendung* auf **Tendenzbetriebe**, die unmittelbar und überwiegend politischen, koalitionspolitischen, konfessionellen, karitativen, erzieherischen, wissenschaftlichen oder künstlerischen Bestimmungen oder Zwecken der Berichterstattung oder Meinungsäußerung dienen (§ 118 Abs. 1 BetrVG). So darf der Chefredakteur einer Tageszeitung als „Tendenzträger" selbstverständlich ohne Beteiligung des Betriebsrats eingestellt und beschäftigt werden, während die Reinigungskräfte oder Datenerfasser des Verlags mangels Tendenzträger-Eigenschaft der Mitbestimmung des Betriebsrats unterliegen. Doch findet § 118 Abs. 1 BetrVG **keine** Anwendung auf Religionsgemeinschaften und ihre karitativen und erzieherischen Einrichtungen, auch wenn diese als e.V. oder gGmbH betrieben werden, vgl. § 118 Abs. 2 BetrVG.

2. Persönlicher Anwendungsbereich

15   Das BetrVG regelt die Vertretung der **Arbeitnehmer** einschließlich der zu ihrer Berufsausbildung Beschäftigten. Es knüpft an den üblichen Arbeitnehmerbegriff an (→ § 2 Rn. 12 ff.), stellt aber klar, dass auch im Außendienst oder in Telearbeit Beschäftigte zur Belegschaft zählen (§ 5 Abs. 1 BetrVG); Heimarbeiter dagegen „gelten" nur als Arbeitnehmer, weil sie ja nicht persönlich, sondern nur „wirtschaftlich" abhängig sind (§ 5 Abs. 1 S. 2 BetrVG → § 2 Rn. 28: Arbeitnehmerähnliche Personen).

16   **Leitende Angestellte** werden aus dem Anwendungsbereich herausgenommen (§ 5 Abs. 3 BetrVG), was auch durch das 1989 in Kraft getretene **Sprecherausschussgesetz** (SprAuG) bestätigt wird, das eine gesetzliche Grundlage für deren besondere Mitbestimmung auf betrieblicher Ebene geschaffen hat. Grund für die Herausnahme der leitenden Angestellten ist ihre besondere Verbundenheit und Identifikation mit der unternehmerischen Zwecksetzung des

Betriebes, die sie in einen Interessengegensatz zur sonstigen Belegschaft bringt. Die Norm des § 5 Abs. 3 BetrVG betont deshalb die *tatsächliche* Führungsverantwortung des Leitenden, die z.B. dann nicht vorliegt, wenn ein Prokurist ohne jede Außenwirkung nur in einer Stabs-, nicht in einer Linienfunktion eingesetzt ist (*BAG* NZA 1995, 747). Selbst ein Chefarzt zählt nicht per se zu den Leitenden Angestellten, soweit er nicht ausnahmsweise im Ärztlichen Direktorium der Krankenhausleitung „unternehmerische" Belange maßgeblich mitbestimmt (*BAG* NJW 2010, 2746, 2747 – Rz. 17).

3. Betriebsratswahlen

a) Bestellung des Wahlvorstands

Es gibt aber **keinen Zwang** zur Mitbestimmung, so dass in betriebsratsfähigen Betrieben nicht zwangsläufig auch ein Betriebsrat tatsächlich existieren muss. Das Gesetz spricht in § 1 BetrVG ja *nicht* von „*müssen … gewählt werden*"! Die Initiative zur Einrichtung und Wahl eines Betriebsrats obliegt prinzipiell der Belegschaft, die in einer Betriebsversammlung (→ Rn. 26) den **Wahlvorstand** wählt (§ 17 Abs. 2 BetrVG). Soweit allerdings bereits ein Gesamtbetriebsrat auf Unternehmensebene (§ 47 BetrVG) existiert, möchte die Novelle 2001 nach § 17 Abs. 1 BetrVG *diesem* die Initiative als kostensparenderen Weg zur Wahl des Betriebsrats überlassen. Im Ausnahmefall kann auch eine im Betrieb vertretene Gewerkschaft (§ 17 Abs. 3 BetrVG) zur Betriebsversammlung einladen. Wegen der hohen Kosten der Betriebsverfassung gibt es trotzdem in den meisten **Klein- und Mittelbetrieben** keinen Betriebsrat (für ca. 65 % der Beschäftigten gilt das BetrVG effektiv nicht → Schaubild 18). Nur 43 % der Beschäftigten im Westen und 34 % der Beschäftigten im Osten sind durch einen Betriebsrat repräsentiert (*Quelle:* IAB-Betriebspanel 2016). Der Gesetzgeber hat daher ein besonders rasches Wahlverfahren für Kleinbetriebe eingeführt (§ 14a BetrVG: zwei durch eine Woche getrennte Wahlversammlungen). Ob dadurch der Anreiz für die Mitarbeiter größer wird, sich in Kleinbetrieben für einen Betriebsrat zu engagieren, ist aber sehr zu bezweifeln.

17

b) Wahlberechtigung

Grundsätzlich sind nur die **betriebszugehörigen** Arbeitnehmer wahlberechtigt, die das 18. Lebensjahr beendet haben (§ 7 BetrVG). Dazu gehört der Arbeitsvertrag mit dem Betriebsinhaber (rechtliche Komponente) und die tatsächliche Eingliederung in den Betrieb (faktische Komponente). Problematisch ist die gesetzliche Einbeziehung von **Leiharbeitnehmern** (§ 7 S. 2 BetrVG), weil diese aufgrund ihrer Grundbeziehung zum Verleiher („Zeitarbeits-Unternehmen" → § 2 Rn. 35; § 9 Rn. 6) jetzt in zwei Unternehmen wahlberechtigt sind: beim Entleiher (§ 7 Abs. 1 S. 2 BetrVG) und beim Verleiher (§ 14 Abs. 1 AÜG). Sie bleiben zwar nur beim Verleiher (Vertrags-Arbeitgeber) betriebszu-

18

gehörig, sollen aber wegen ihrer **Eingliederung** im Entleiher-Unternehmen nicht nur wählen, s**ondern auch dort „zählen"**, so § 14 Abs. 2 S. 4 AÜG (*BAG* NZA 2013, 789: regelmäßig beschäftigte Leiharbeitnehmer sind bei der Größe des Betriebsrats grundsätzlich zu berücksichtigen). Die Annäherung der Leiharbeitnehmer an die Kernbelegschaft fordert schon die EU-Richtlinie 2008/104/EG zur Leiharbeit; zudem ist die Betreuung durch den Betriebsrat im Beschäftigungsunternehmen auch sinnvoll (näher *Reichold*, FS v. Hoyningen-Huene, 2014, S. 413).

c) Betriebsratsgröße

19   Die regelmäßigen **Betriebsratswahlen** finden seit 1990 alle vier Jahre statt (§ 13 Abs. 1 BetrVG). Bei bis zu zwanzig wahlberechtigten Arbeitnehmern besteht der Betriebsrat aus nur einer Person; mit zunehmender Arbeitnehmerzahl steigt auch die Zahl der Betriebsratsmitglieder, so z.B. bei über 1000 bis 1500 Arbeitnehmern auf 15 Mitglieder (§ 9 BetrVG). Regelmäßig beschäftigte Leiharbeitnehmer sind mitzuzählen (→ Rn. 18). Bei mehr als 200 Arbeitnehmern kann sich ein Betriebsratsmitglied von seiner beruflichen Tätigkeit auch **freistellen** lassen (§ 38 BetrVG), bei über 1000 Arbeitnehmern wären von 15 Betriebsratsmitgliedern *drei* freizustellen (§ 38 Abs. 1 BetrVG).

d) Gruppenschutz der Geschlechter

20   Bis 2001 gab es einen Gruppenschutz für Arbeiter und Angestellte, die entsprechend ihrem zahlenmäßigen Verhältnis im Betriebsrat vertreten sein mussten (§ 10 BetrVG a.F.). Diese nur noch historisch erklärbare Gruppenbildung (→ § 2 Rn. 31) ist jetzt ersetzt worden durch das **Prinzip der Frauenförderung** im Betriebsrat: das Geschlecht, das in der Belegschaft in der Minderheit ist, *muss* mindestens entsprechend seinem zahlenmäßigen Verhältnis im Betriebsrat vertreten sein, wenn dieser aus mindestens drei Mitgliedern besteht (§ 15 Abs. 2 BetrVG). Zwar kann deshalb eine Kandidatur von Frauen nicht erzwungen werden (*Reichold*, NZA 2001, 860). Doch müssen männlich dominierte Listen damit rechnen, Sitze an Frauen derselben oder anderer Listen trotz besserer Stimmzahlen solange abgeben zu müssen, bis die Geschlechterquote „stimmt" (vgl. § 15 Abs. 5 WahlO 2001).

4. Rechtsstellung des Betriebsrats

a) Repräsentant ohne Rechtsfähigkeit

21   Der Betriebsrat ist das gesetzlich vorgesehene Repräsentationsorgan der Belegschaft, dem aber **keine eigene Rechtsfähigkeit** zukommt. Allenfalls lässt sich von „Teilrechtsfähigkeit" sprechen, weil Rechte und Pflichten nur im gesetzlich vorgesehenen Rahmen entstehen können. Der Betriebsrat ist allein wegen seiner Erwähnung in § 10 ArbGG **Partei** im arbeitsgerichtlichen

Beschlussverfahren (→ § 6 Rn. 13). Die Kosten der Betriebsratsarbeit werden dagegen ausschließlich vom **Arbeitgeber** getragen (§ 40 BetrVG); in § 41 BetrVG wird zudem die Finanzierung des Betriebsrats durch die Belegschaft verboten (sog. **Umlageverbot**). Daraus ist zu schließen, dass der Gesetzgeber dem Betriebsrat keineswegs die allgemeine Rechts-, Vermögens- oder Deliktsfähigkeit nach bürgerlichem Recht verleihen wollte (a.A. *Belling,* S. 222, 286).

Der BGH will das **anders** sehen, wenn er mit Urteil vom 25.10.2012 (NJW 2013, 464) den Beratungsvertrag zwischen Betriebsrat und einem Beratungsunternehmen zum Thema Betriebsänderung (§ 111 S. 2 BetrVG) für wirksam in den Grenzen des § 40 BetrVG hält und den beklagten Betriebsrat daher „zur Zahlung" verurteilen lässt. Dem kann nicht gefolgt werden, weil der Betriebsrat im **Außenverhältnis** gerade nicht rechtsfähig sein soll, seine Parteifähigkeit im Zivilprozess i.S.v. § 50 ZPO fraglich erscheint und eine dennoch versuchte Zwangsvollstreckung mangels eigenen Vermögens scheitern muss. Der Betriebsrat kann nicht zur Zahlung, sondern nur zur Abtretung seines Freistellungsanspruchs aus § 40 BetrVG gegen den Arbeitgeber gezwungen werden (näher dazu *Fischer,* NZA 2014, 343; vgl. auch *Richardi,* RdA 2013, 317; *Franzen* bzw. *Walker,* FS v. Hoyningen-Huene, 2014, S. 87 bzw. 535 mit teils a.A.; monografisch *Reuter,* Der Betriebsrat als Mandant im Rahmen von § 111 BetrVG, 2018).

> **Wichtig:** Der Betriebsrat übt Beteiligungsrechte zwar im Interesse der Belegschaft, aber kraft eigenen „Amtsrechts" aus. Er ist ein Organ der Betriebsverfassung, nicht der Belegschaft, weil er ein abschließend normiertes **privates Amt** versieht, das ihm keine Freiheiten bzw. Grundrechte, sondern nur Kompetenzen kraft Gesetzes verleiht (*Reichold,* Betriebsverfassung als Sozialprivatrecht, S. 548).

Dem Betriebsrat wird auch kein Mandat zur Betreuung einzelner Arbeit- **22** nehmer zugestanden, so dass rechtsgeschäftliche Vertretung bzw. Prozessstandschaft **von Amts wegen** ausscheiden. Betreibt „der Betriebsrat" z.B. eine **Kantine,** so muss je nach Auslegung seines rechtsgeschäftlichen Verhaltens hierfür entweder der Arbeitgeber als Vollmachtgeber einstehen oder z.B. die Betriebsratsmitglieder persönlich (GbR) bzw. mit ihrem „Vereinsvermögen" (nicht rechtsfähiger Verein) haften (dazu BAGE 52, 1). Eine persönliche **Haftung** gem. § 179 Abs. 1 BGB wird für BR-Mitglieder in der Regel ausscheiden, weil jeder außenstehende Geschäftspartner den Mangel seiner Vertretungsmacht – beim Handeln „ultra vires" über die Grenzen des § 40 BetrVG hinaus – kennen muss (*BGH* NJW 2013, 464). Rechtlich relevant für den Betriebsrat ist nur seine besondere „Amtsbeziehung" zum Arbeitgeber, die auch **„Betriebsverhältnis"** genannt wird (*v. Hoyningen-Huene,* NZA 1989, 121). Deren Struktur ist allein durch Auslegung des BetrVG zu gewinnen, wie das folgende Beispiel belegt:

Beispielsfall: Die von Arbeitgeber Alfons seinem Betriebsrat zur Verfügung gestellte Bürokraft Inge hat sich beim Betriebsrat unbeliebt gemacht, weil sie nicht nur ausdauernd abschätzige Bemerkungen dem Vorsitzenden gegenüber hat fallen lassen, sondern auch private Dateien im Betriebsratsbüro bearbeitet und dienstliche Protokolle von Betriebsratssitzungen mit nach Hause genommen hat. Der Betriebsrat **verweigert deshalb die Beschäftigung** von Inge und fordert Alfons auf, ihm eine neue Bürokraft zu stellen (§ 40 Abs. 2 BetrVG). Alfons erwidert, Inge habe sich nichts vorzuwerfen, ein einmaliges Versäumnis rechtfertige noch keine Kündigung. Er beantragt vor dem Arbeitsgericht, den Betriebsrat zu verpflichten, der Arbeitnehmerin Inge Zutritt zu ihrem Arbeitsplatz im Betriebsratsbüro zu gewähren und sie als Schreibkraft des Betriebsrats weiterhin zu beschäftigen. Zu Recht?

Lösung: Für das Begehren von Alfons gibt es **keine Anspruchsgrundlage.** Nach § 40 Abs. 2 BetrVG hat er dem Betriebsrat im erforderlichen Umfang Büropersonal zur Verfügung zu stellen, was aber nicht bedeutet, dass der Betriebsrat verpflichtet sei, ganz bestimmte Bürokräfte zu beschäftigen. Auch der Grundsatz der vertrauensvollen Zusammenarbeit (§ 2 Abs. 1 BetrVG) stützt nicht das Begehren von Alfons, weil der Betriebsrat nicht gezwungen werden kann, mit einer ihm nicht genehmen Bürokraft zusammenzuarbeiten. Das Gebot der vertrauensvollen Zusammenarbeit fordert umgekehrt, dass Alfons auf die Empfindlichkeiten des Betriebsrats angemessen Rücksicht nimmt. Der Bezug auf das Kündigungsrecht geht deshalb fehl, weil der Betriebsrat zu dem ihm zugewiesenen Arbeitnehmern in keiner Rechtsbeziehung steht, die durch eine wirksame Kündigung gelöst werden müsste. Allein der Arbeitgeber ist durch §§ 2 Abs. 1, 40 Abs. 2 BetrVG verpflichtet, dem berechtigten Anspruch des Betriebsrats nach Sach- und Kostenerstattung gerecht zu werden (*BAG* NZA 1997, 844).

b) Ehrenamt ohne Entgelteinbußen

23   Betriebsratsmitglieder üben ein unentgeltliches privatrechtliches **Ehrenamt** aus (§ 37 Abs. 1 BetrVG). Wegen ihrer Tätigkeit dürfen sie weder begünstigt noch benachteiligt werden, gerade was ihre berufliche Entwicklung angeht (§ 78 S. 2 BetrVG). Arbeitsentgelt, zeitliche Belastung und berufliche Chancen sollen nicht nur bei zeitweise von der Arbeit befreiten Betriebsratsmitgliedern, sondern erst recht bei völliger Freistellung sich betriebsüblich entwickeln (§ 37 Abs. 4 BetrVG). Jedoch lässt sich mit Blick auf § 37 Abs. 6 und 7 BetrVG schnell erkennen, dass u.a. der **Anspruch auf Schulungs- und Bildungsveranstaltungen** (nach Abs. 6 je nach Erforderlichkeit, nach Abs. 7 pro Amtszeit mindestens 3 Wochen) für *jedes* Betriebsratsmitglied die Kosten des Arbeitgebers nach oben treibt.

c) Besonderer Amts- und Kündigungsschutz

24   **Betriebsratsmitglieder** können nach § 23 Abs. 1 BetrVG nur bei *grober* Verletzung ihrer gesetzlichen Pflichten ihres **Amtes enthoben** werden. Dazu bedarf es allerdings eines Beschlusses des Arbeitsgerichts. Nur wer schuldhaft z.B. die Schweigepflicht verletzt (§ 79 BetrVG) oder den Betriebsfrieden nachhaltig stört (§ 74 Abs. 2 BetrVG), muss daher mit seiner Amtsenthebung rechnen.

Auch bei Amtsenthebung ist das **Arbeitsverhältnis** als solches nicht betroffen. Zu **25** unterscheiden sind nämlich Amtspflichtverletzungen von Vertragsverletzungen. Die „politische" Funktion im Betriebsrat darf nicht als Kündigungsgrund herhalten. Deshalb ist der besondere **Kündigungs- und Versetzungsschutz** für Betriebsratsmitglieder nach § 15 Abs. 1 KSchG (ordentliche Kündigung ist unzulässig) bzw. § 103 BetrVG (Zustimmungsbedürftigkeit bei außerordentlicher Kündigung bzw. Versetzung von Amtsträgern) so wichtig. Soweit also eine außerordentliche Kündigung (§ 626 BGB) einem Betriebsratsmitglied gegenüber ausgesprochen wird, darf sich diese nur auf sein Arbeits-, *nicht aber* auf sein Amtsverhalten beziehen (→ § 10 Rn. 73).

5. Weitere Betriebsverfassungsorgane

a) Betriebsversammlung

In der Betriebsversammlung wird zunächst der Startschuss für die Wahl **26** eines Betriebsrats gegeben (→ Rn. 17). Danach hat der Betriebsrat dort einen Rechenschaftsbericht über seine Tätigkeit abzugeben (§ 43 Abs. 1 BetrVG). Die Belegschaft kann sich mit Anträgen an den Betriebsrat wenden und zu seinen Beschlüssen Stellung nehmen (§ 45 S. 2 BetrVG). Verbindliche Anweisungen an den Betriebsrat sind jedoch ausgeschlossen – ein **imperatives Mandat** ist dem BetrVG **fremd**. Mindestens einmal im Jahr muss der Arbeitgeber die Belegschaft auf der Betriebsversammlung über das Personal- und Sozialwesen sowie die wirtschaftliche Lage und Entwicklung des Betriebes informieren.

b) Gesamtbetriebsrat

Gehören zu einem Unternehmen mehrere selbstständige Betriebe, so *muss* **27** ein Gesamtbetriebsrat für die Unternehmensebene errichtet werden (§ 47 Abs. 1 BetrVG). Seine Mitglieder werden nicht gewählt, sondern von den einzelnen Betriebsräten entsandt; nach dem Subsidiaritätsprinzip ist der Gesamtbetriebsrat nur dann zuständig, wenn es sich um die Mitbestimmung von zwingend unternehmenseinheitlich zu regelnden Angelegenheiten handelt (§ 50 Abs. 1 S. 1 BetrVG). Er ist den einzelnen Betriebsräten nicht übergeordnet, kann aber Betriebsräte in betriebsratslosen Betrieben einrichten (→ Rn. 17).

c) Konzernbetriebsrat

In einem Konzern nach § 18 AktG (Unterordnungskonzern) *kann* durch Beschluss **28** der Gesamtbetriebsräte zusätzlich ein Konzernbetriebsrat errichtet werden (§ 54 Abs. 1 BetrVG), der dann ebenfalls nur für konzerneinheitlich zu regelnde Angelegenheiten zuständig ist (z.B. Altersversorgung im Konzern).

d) Europäischer Betriebsrat

Der Europäische Betriebsrat (EBR) stellt keine eigenständige vierte Ebene über den **29** Einzel-, Gesamt- und Konzernbetriebsräten des BetrVG dar, sondern soll nur die Interessenvertretung auf nationaler Ebene für grenzüberschreitende Angelegenheiten effektiver gestalten. Er ist somit lediglich ein **Hilfsorgan** der nationalen Betriebsverfassung. Sind seine Anwendungsvoraussetzungen gegeben, so ist er nur in Angelegenheiten zuständig, die mindestens zwei Betriebe oder zwei Unternehmen in *verschiedenen Mitgliedstaaten* betreffen. Dabei hat er nur das Recht auf rechtzeitige Unterrichtung und Anhörung. Die in § 1 Abs. 4 EBRG legal definierte *Anhörung* ähnelt der betriebsverfassungsrechtlichen Beratung (z.B. § 106 Abs. 1 S. 2 BetrVG). Die zentrale Leitung bleibt nach Beteiligung des EBR in ihrer sachlichen Entscheidung frei, so dass die Rechte des EBR nicht als *Mitbestimmungsrechte* im deutschen Sinne bezeichnet werden können (→ Rn. 42). Unterlässt die zentrale Leitung aber jegliche Anhörung und Beratung, so muss die geplante Maßnahme (z.B. eine Betriebsschließung) solange unterbleiben, bis die Unterrichtung der Arbeitnehmer nachgeholt worden ist. Der EBR ähnelt von seinen Befugnissen her am ehesten dem deutschen Modell des **Wirtschaftsausschusses**.

> **Beispielsfall:** Der Präsident der Société Renault (S. A.) kündigte Ende Februar 1997 die Schließung des Renault-Werkes Vilvoorde/Belgien an. Etwa 3.100 Arbeitsplätze waren davon betroffen. Auf der jährlichen Vollversammlung des EBR von Renault wurde die Entscheidung nicht erörtert. Der EBR erhielt auch keine einschlägigen Dokumente. Im Eilverfahren konnte der EBR vor zwei französischen Gerichten die Nachholung der Informations- und Konsultationsverpflichtungen der Unternehmensleitung in Frankreich durchsetzen. Wegen des dortigen Sitzes der Unternehmensleitung konnten sich die französischen Gerichte für zuständig erklären. Die Frage nach dem Zeitpunkt der Information konnte nicht anhand des Richtlinien-Wortlautes, sondern nur anhand des 20. Erwägungsgrundes der Richtlinie dahingehend beantwortet werden, dass die Arbeitnehmer unverzüglich anzuhören und zu unterrichten seien, „bevor bestimmte Beschlüsse mit erheblichen Auswirkungen auf ihre Interessen ausgeführt werden". Nach deutschem Recht wäre dieses Ergebnis direkt aus §§ 32, 33 EBRG abzuleiten gewesen. Schließlich war die Nachholung der Information und Beratung des EBR von Renault in Frankreich Voraussetzung für die schließlich vollzogene Schließung des Renault-Werkes in Vilvoorde, nachdem die dort verbliebenen Angestellten und Arbeiter im Juli 1997 mit zwei großzügig dotierten Sozialplänen abgefunden werden konnten (vgl. *Lorenz/Zumfelde*, RdA 1998, 168).

e) Wirtschaftsausschuss

30   In Unternehmen mit regelmäßig mehr als 100 ständig beschäftigten Arbeitnehmern *muss* ein Wirtschaftsausschuss eingerichtet werden (§§ 106 ff. BetrVG), in dem in monatlichen Sitzungen die wirtschaftlichen Angelegenheiten zu beraten sind. Beraten kann man nur, wenn umfassende Informationen von Seiten des Unternehmers gegeben werden (§ 106 Abs. 2, 3 BetrVG).

f) Jugend- und Auszubildendenvertretung (§§ 60 ff. BetrVG) bzw. Schwerbehindertenvertretung (§§ 93 ff. SGB IX)

31   Von ihr werden jeweils die Auszubildenden und jugendlichen Arbeitnehmer bzw. die schwerbehinderten Arbeitnehmer des Betriebs eigenständig repräsentiert, *ohne dass* allerdings eigene Beteiligungsrechte gegenüber dem Arbeitgeber bestehen; vielmehr sollen die spezifischen Belange der besonderen Arbeitnehmergruppen durch Einwirkung auf die **Willensbildung im Betriebsrat** erreicht werden („Hilfsorgan" des Betriebsrats).

g) Einigungsstelle

32   Diese Schlichtungsstelle wird nur bei Bedarf gebildet (§ 76 Abs. 1 BetrVG) und besteht aus einem unparteiischen Vorsitzenden und Beisitzern, die je zur Hälfte von Betriebsrat und Arbeitgeber benannt werden. Sie dient der **innerbetrieblichen Beilegung** von Meinungsverschiedenheiten, d.h. der Beilegung von Rechts- und Regelungsstreitigkeiten zwischen Arbeitgeber und Betriebsrat. Weil in § 74 Abs. 2 S. 1 BetrVG Arbeitskampfmaßnahmen im Betrieb **untersagt werden**, bedarf es bei Streitigkeiten einer Zwangsschlichtung, die insbesondere bei der erzwingbaren Mitbestimmung (z.B. neue Arbeitszeitregelungen, Datenschutzmaßnahmen, Regelung zum „whistle-blowing" etc.) eine wichtige Rolle spielt. Dass die Einigungsstelle laut § 76 Abs. 5 S. 3 BetrVG ihre Beschlüsse *unter angemessener Berücksichtigung der Belange des Betriebs und der betroffenen Arbeitnehmer nach billigem Ermessen* zu treffen hat, gibt einen wichtigen Hinweis auf die Lösung anderer Streitfragen des BetrVG.

h) Sprecherausschuss

In ihm werden die **leitenden Angestellten** des Betriebes dem Arbeitgeber gegenüber **33** repräsentiert (§ 25 Abs. 1 SprAuG). Er ist ebensowenig rechtsfähig wie der Betriebsrat, kann aber ebenfalls Partei im arbeitsgerichtlichen Beschlussverfahren sein. Als allgemeine Aufgabe hat der Sprecherausschuss mit dem Arbeitgeber darüber zu wachen, dass alle leitenden Angestellten nach Recht und Billigkeit behandelt werden (§ 27 SprAuG). Das SprAuG gibt ihm aber keine echten Mitbestimmungsrechte, vielmehr handelt es sich um eine Reihe von Unterrichtungs- und Beratungsrechten. Vor jeder Kündigung eines Leitenden ist der Sprecherausschuss zu **hören** (§ 31 Abs. 2 S. 1 SprAuG). Genauso wie nach § 102 Abs. 1 BetrVG macht ein Verstoß gegen dieses Anhörungsrecht die Kündigung als solche aus formalen Gründen unwirksam (§ 31 Abs. 2 S. 3 SprAuG). Wichtig ist, dass bei **Richtlinienvereinbarungen** zwischen Arbeitgeber und Sprecherausschuss die unmittelbare und zwingende Normenwirkung ausdrücklich vereinbart sein muss, andernfalls von solchen Vereinbarungen auch zu Ungunsten der leitenden Angestellten abgewichen werden darf (§ 28 Abs. 2 S. 1, 2 SprAuG).

III. Allgemeine Grundsätze der Betriebsverfassung

1. Stellung der Koalitionen

Nach § 2 Abs. 1 BetrVG sollen auch die „im Betrieb vertretenen Gewerk- **34** schaften und Arbeitgebervereinigungen" mit Arbeitgeber und Betriebsrat zusammenwirken. In der Praxis geschieht das häufig durch die **Vertrauensleute** der Gewerkschaften, die im Betrieb mit den Betriebsräten, soweit sie nicht mit ihnen identisch sind, eng zusammenarbeiten. Die Vertrauensleute sind ihrerseits aber nicht „Organ" der Betriebsverfassung, stehen vielmehr unter dem Schutz von Art. 9 Abs. 3 GG. Koalitionen sollen die Betriebsverfassungsorgane vor allem unterstützen, aber auch kontrollieren. Ihr **Zugangsrecht** begrenzt in verfassungsrechtlich zulässiger Weise das Hausrecht des Arbeitgebers, setzt aber voraus, dass mindestens ein Arbeitnehmer des Betriebs überhaupt der Gewerkschaft angehört. Gewerkschaften können auch die Betriebsratswahl „von außen" erzwingen, wenn die Belegschaft selber keine Initiative ergreift (§§ 16 Abs. 2, 17 Abs. 3, 4 BetrVG).

2. Vertrauensvolle Zusammenarbeit

35   Als Grundsätze der Zusammenarbeit im Betrieb hat das BetrVG zunächst in
§ 2 Abs. 1 BetrVG die Betriebspartner zur **vertrauensvollen Zusammenarbeit** verpflichtet. Diese Generalklausel wird durch §§ 74, 80 BetrVG konkretisiert und möchte nicht anders als § 242 BGB für schuldrechtliche Beziehungen
die ganz besondere Dauerrechtsbeziehung der Betriebspartner *(Betriebsverhältnis)* als Kooperationsbeziehung kennzeichnen. Wie das Beispiel → Rn. 22 zeigt,
können konkrete **Ansprüche** der Generalklausel des § 2 Abs. 1 BetrVG i.d.R.
nicht entnommen werden.

3. Friedenspflicht

36   Konkreter sind Normen wie § 74 Abs. 2 BetrVG, wo die **parteipolitische
Betätigung** im Betrieb verboten wird (z.B. darf ein Politiker im Wahlkampf
nicht vor der Betriebsversammlung auftreten) und Maßnahmen des Arbeitskampfes zwischen den Betriebspartnern für unzulässig erklärt werden **(absolute Friedenspflicht)**. Der Betriebsrat als Organ der Betriebsverfassung
darf sich nicht an tariflichen Arbeitskämpfen beteiligen, was aber einzelne
Betriebsratsmitglieder nicht daran hindert, in ihrer Rolle als Arbeitnehmer
und Gewerkschafter wie andere Belegschaftsmitglieder auch in den Streik zu
treten. Zwar ruht beim rechtmäßigen Arbeitskampf die Arbeitspflicht (→ § 13
Rn. 15), jedoch kann der Betriebsrat z.B. wegen arbeitskampfbedingter Not-
dienstmaßnahmen dennoch zusammentreten und agieren. In den Arbeitskampf
selbst darf er dabei aber nicht gestaltend eingreifen (z.B. durch Einführung
von Kurzarbeit), auch nicht durch Ausübung seines Unterrichtungsanspruchs
aus § 80 Abs. 2 BetrVG (a.A. *BAG* NZA 2004, 223; krit. *Reichold,* NZA 2004,
247). Erstaunlicherweise hat das BAG den bisher bejahten **Unterlassungsanspruch** des Arbeitgebers gegen den Betriebsrat aus § 74 Abs. 2 S. 3 BetrVG
mit dem Argument verneint, dass für dessen Rechtsschutz die Norm des § 23
Abs. 1 BetrVG oder die Erhebung einer Feststellungsklage ausreiche. Damit
wird dem Arbeitgeber der einstweilige Rechtsschutz gegen Störungen des
Betriebsfriedens im Ergebnis **verwehrt** (*BAG* NJW 2010, 3323 = NZA 2010,
1133; krit. *Bauer/Willemsen*, NZA 2010, 1089; *Burger/Rein*, NJW 2010, 3613;
Reichold, RdA 2011, 58; zust. *Lobinger*, RdA 2011, 76, 80). Eine Nutzung des
betrieblichen E-Mail-Accounts (Intranet) zu Arbeitskampfzwecken wurde
dem Betriebsrat jedoch vom BAG aufgrund § 1004 BGB untersagt (*BAG* NZA
2014, 319).

4. Drittwirkung der Grundrechte

Dass die Betriebspartner in besonderer Weise die **personenbezogenen** 37
Grundrechte im Betrieb vor Augen haben müssen, stellt § 75 BetrVG klar.
Sie müssen den Gleichbehandlungsgrundsatz sowie den durch das AGG ver-
mittelten **Diskriminierungsschutz** genauso wie das Recht der Arbeitnehmer
auf freie Entfaltung der Persönlichkeit beachten. Die Drittwirkung der Verfassung (→ § 3 Rn. 25) ist dadurch einfach-gesetzlich für die Betriebsverfassung
klargestellt worden. Bedeutung hat diese Norm vor allem für die Zulässigkeit
von Betriebsvereinbarungen (z.B. Sozialplanregelungen mit Altersgruppen-
regelungen), aber auch bei sonstigen Maßnahmen von Seiten des Arbeitgebers
oder des Betriebsrats, weil sie die betriebliche Regelungsmacht u.a. an das
Übermaßverbot binden.

5. Allgemeine Aufgaben

Als weitere **Basisregel** gilt § 80 Abs. 1 BetrVG, der den Betriebsrat in die 38
Rolle eines Kontrolleurs der Sozialverantwortung des Arbeitgebers versetzt.
Zu dieser Rolle gehört u.a. die Überwachung der Durchführung aller ar-
beitnehmerschützenden Normen (z.B. Datenschutz, Arbeitsschutz etc.), die
besondere Förderung von Schwerbehinderten, älteren Arbeitnehmern und
Auszubildenden. § 80 Abs. 2 BetrVG ermöglicht auch, erforderliche Unterlagen bis hin zum Einblick in Bruttolohn- und Gehaltslisten vom Arbeitgeber
anzufordern und einzusehen.

IV. Beteiligungsrechte des Betriebsrats

1. Zwingendes Recht

Durch das BetrVG wird nicht nur die Organisation (→ Rn. 13 ff.), sondern 39
werden auch die **Kompetenzen** des Betriebsrats **abschließend und zwingend** geregelt. Als ein von Gesetzes wegen mit bestimmten Kompetenzen
ausgestatteter Funktionsträger kann der Betriebsrat nur im Rahmen seiner
Zuständigkeit und nur in der gesetzlich vorgesehenen Weise tätig werden
(→ Rn. 21).

Das *BAG* hält zwar eine **Erweiterung und Verstärkung** von betriebs- 40
verfassungsrechtlichen Beteiligungsrechten durch Tarifvertrag für zulässig
(BAGE 57, 317). Dies kann aber nur ausnahmsweise dann gelten, wenn der
Arbeitgeber durch **Firmentarif** die erweiterte Mitbestimmung in Kauf genommen hat und damit *freiwillig* auf seine Entscheidungsrechte verzichtet hat.
Zu bedenken ist nämlich, dass jede Erweiterung von Mitbestimmungsrechten
die Betriebsautonomie zu Lasten von Arbeitgebergrundrechten einerseits und

Arbeitnehmergrundrechten andererseits (Art. 12 GG) verschiebt. Deshalb ist auch die 2001 eingeführte **Tarifdispositivität** der Strukturen der Betriebsverfassung nach § 3 BetrVG (jetzt ohne staatlichen Genehmigungsakt) nicht unbedenklich, weil damit Betriebsverfassungsnormen von hierzu grds. nicht legitimierten Tarifparteien für alle (auch die nicht organisierten!) Arbeitnehmer gesetzt werden – eine Aufgabe, die originär dem Gesetzgeber zustünde (vgl. *Franzen,* ZfA 2001, 427; *Reichold,* NZA 2001, 859).

2. Beteiligungsarten: Mitwirkung und Mitbestimmung

41   Die **Intensität der Beteiligungsrechte** ist sehr unterschiedlich. Man unterscheidet allgemein die schwächeren Mitwirkungs- von den stärkeren Mitbestimmungsrechten. Die *Pyramide der Mitwirkung* zeigt das folgende

Schaubild 22: Mitwirkungsrechte des Betriebsrates

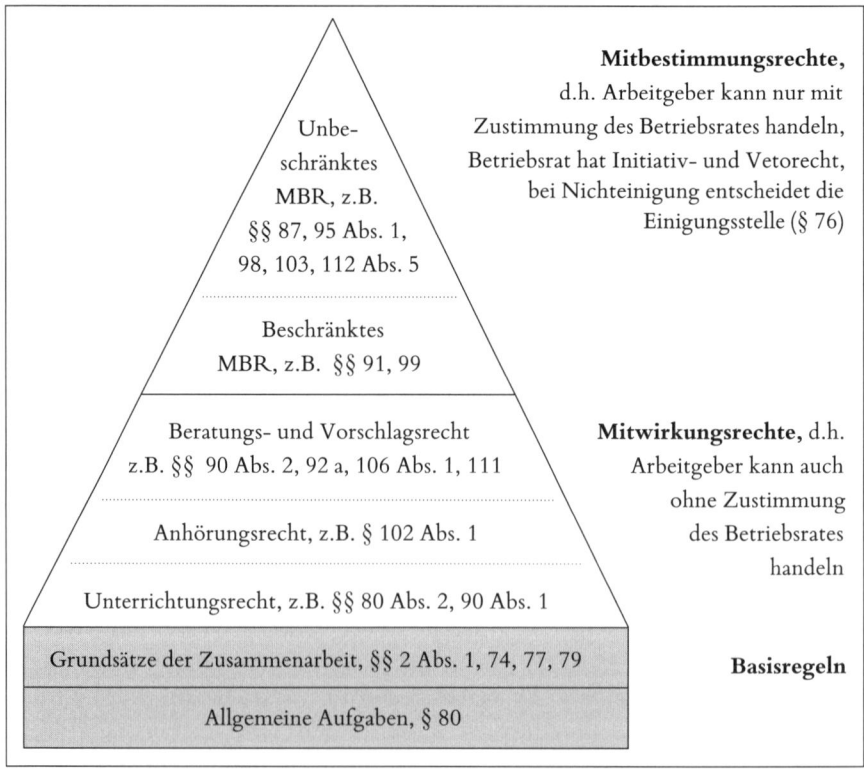

42   Während die Mitwirkungsrechte dem Betriebsrat lediglich eine Beteiligungsbefugnis zusprechen, ändert sich das bei den **Mitbestimmungsrechten**. Hier kann der Betriebsrat sowohl eigene Initiativen entwickeln (sog. *Initiativ-*

recht), als auch einseitige Arbeitgebermaßnahmen durch sein Veto verhindern (sog. *Vetorecht*). Aber auch **Mitwirkungsrechte** können hohe rechtspraktische Wirksamkeit entfalten, wie das Anhörungsrecht des Betriebsrats vor dem Ausspruch von Kündigungen nach § 102 Abs. 1 BetrVG zeigt. Hier darf der Arbeitgeber zwar nach seinem Ermessen kündigen, muss aber **vor** dem Ausspruch der Kündigung den Betriebsrat anhören, um seinen Entschluss möglicherweise noch einmal revidieren zu können. Die rechtliche Konsequenz der unterlassenen Anhörung formuliert § 102 Abs. 1 S. 3 (→ § 10 Rn. 65):

> „Eine ohne Anhörung des Betriebsrats ausgesprochene Kündigung ist unwirksam".

3. Beteiligungsformen: Betriebsvereinbarung und Regelungsabrede

Als Formen der Zusammenarbeit sind die **Betriebsvereinbarung** 43 (§ 77 BetrVG), aber auch die im Gesetz nicht geregelte **Regelungsabrede** zu nennen. Bei Meinungsverschiedenheiten über Regelungsfragen kommt eine Entscheidung der Einigungsstelle (→ Rn. 32) oder des Arbeitsgerichts im Beschlussverfahren in Betracht.

a) Betriebsvereinbarung (§ 77 BetrVG → Prüfungsschema 19)

Die Betriebsvereinbarung entsteht wie der Tarifvertrag durch überein- 44 stimmende Erklärungen der Betriebspartner, die der Schriftform bedürfen (§ 77 Abs. 2 S. 1 BetrVG). Sie wirkt normengleich **unmittelbar und zwingend** auf alle Arbeitsverhältnisse der betrieblichen Arbeitnehmer, ausgenommen nur die leitenden Angestellten, ein. Der Geltungsbereich der Betriebsvereinbarung kann je nach Mitbestimmungstatbestand auch über den Kreis der betrieblichen Arbeitnehmer hinausgehen (z.B. bei der Vergabe von Werkmietwohnungen). Eine „**Inhaltskontrolle**" wurde vom *BAG* früher als „Billigkeitskontrolle" nach § 75 BetrVG praktiziert, doch kann das vor der BGB-Norm des § 310 Abs. 4 S. 1 nicht mehr aufrecht erhalten werden. Heute geht es ähnlich wie bei Tarifverträgen um eine **Rechtskontrolle** anhand höherrangigen zwingenden Rechts (→ § 12 Rn. 37). Das *BAG* hat so z.B. ein betriebliches **Rauchverbot** kraft Betriebsvereinbarung daraufhin überprüft, ob nach § 75 Abs. 2 BetrVG i.V.m. Art. 2 GG der Verhältnismäßigkeitsgrundsatz insoweit beachtet worden ist, als die Handlungsfreiheit der Raucher nicht übermäßig beschränkt werde. Soweit das generelle Rauchverbot sogar außerhalb der Gebäude im Freien gilt, wäre laut *BAG* ein Verstoß gegen das Übermaßverbot gegeben (*BAG* NJW 1999, 2203). Ähnlich hat es eine pauschale **Videoüberwachung** kraft Einigungsstellenspruch in einem Briefsortierzentrum als unverhältnismäßigen Eingriff in das Persönlichkeitsrecht der Arbeitnehmer für unwirksam gehalten (*BAG* NJW 2005, 313).

45   Im Verhältnis zum **Arbeitsvertrag** wird von der ganz h.M. wegen der vergleichbaren Interessenlage analog § 4 Abs. 3 TVG das **Günstigkeitsprinzip** auch auf Betriebsvereinbarungen angewandt, so dass günstigere Absprachen als *Einzelfallregelung* möglich bleiben. Allerdings darf der **kollektive Zweck** der Betriebsvereinbarung durch entgegenstehende Einzelabreden nicht durchkreuzt werden. So sind z.B. **Zulagenkriterien**, die auf die Betriebszugehörigkeit abstellen, für den Arbeitgeber verbindlich; verspricht er im Einzelfall weitergehende Zulagen, darf er dabei nicht die Kriterien der Betriebsvereinbarung missachten, sondern muss neue Kriterien „erfinden". Werden freiwillige Leistungen, deren betrieblicher Gesamtzusammenhang ersichtlich ist, aufgrund arbeitsvertraglicher **Einheitsregelung** (Gesamtzusage) gewährt und durch **Betriebsvereinbarung abgelöst**, so muss sich das Günstigkeitsprinzip dem kollektiven Zweck mit der Folge beugen, dass auch Verschlechterungen gegenüber einzelnen Leistungsempfängern möglich sind (str., sog. „kollektives Günstigkeitsprinzip", vgl. BAGE 53, 42; *BAG* NZA 2001, 49; dazu krit. *Annuß*, NZA 2001, 760 ff.; *H. Hanau*, S. 35 ff.; *Waltermann,* Rechtsetzung, S. 148 ff.). Betriebsvereinbarungs*offene* Einheitsregelungen können dagegen durch eine ablösende BV verschlechtert werden (*BAG* NZA 2013, 338). Ob **alle AGB's** durch eine Betriebsvereinbarung abgelöst werden können, der Betriebsrat also alle „kollektiven" Arbeitsbedingungen – unter Beachtung des Tarifvorrangs (→Rn. 46) – gestalten kann, ist nach der schwer zu verstehenden BAG-Entscheidung vom 5.3.2013 (NZA 2013, 916) völlig offen. Grds. obliegt dem Betriebsrat jedenfalls **keine** „Vertragsgestaltungskompetenz" (zutr. *Waltermann*, SAE 2013, 94). Der 4. Senat des BAG hat dies jetzt bestätigt: jedenfalls dann, wenn betriebliche Regelungen laut Arbeitsvertrag nur *nachrangig* gelten sollen oder wenn der Arbeitsvertrag nur die Bezugnahme auf den *Tarifvertrag* vorsieht, können betriebliche Regelungen *keine Verschlechterung* der vertraglichen bzw. tariflichen Inhalte insb. im Entgeltbereich bewirken (*BAG* NZA 2018, 1273; ferner *Creutzfeldt*, NZA 2018, 1111).

46   Im Verhältnis zum **Tarifvertrag** gilt nicht allein das Rangprinzip (→ § 3 Rn. 4) – vielmehr geht § 77 Abs. 3 BetrVG noch darüber hinaus:

> „Arbeitsentgelte und sonstige Arbeitsbedingungen, die durch Tarifvertrag geregelt sind oder üblicherweise geregelt werden, *können nicht Gegenstand einer Betriebsvereinbarung* sein. Dies gilt nicht, wenn ein Tarifvertrag den Abschluss ergänzender Betriebsvereinbarungen ausdrücklich zulässt."

Dieses Prinzip des **Tarifvorrangs** soll die „Funktionsfähigkeit" der Tarifautonomie sichern. Das hat zur Folge, dass auch der **nicht tarifgebundene** Arbeitgeber durch tarifliche oder tarifübliche Regelungen seiner Branche daran gehindert ist, in seinem Betrieb eigenständige Entlohnungs- oder Arbeitszeitregeln kraft **Betriebsvereinbarung** einzuführen. Selbst wenn zeitweilig Tariflosigkeit herrscht, ändert sich nichts an der „Üblichkeit" einer einmal getroffenen Regelung. Es verwundert wenig, dass in Krisenzeiten und bei zunehmender „Verbetrieblichung" der Arbeitsbedingungen der § 77 Abs. 3 BetrVG häufig missachtet bzw. unterlaufen wird. Das BAG hat darauf reagiert, indem es den Abschluss einer Betriebsvereinbarung in Kenntnis ihres Verstoßes gegen den Tarifvorrang als **Gesamtzusage** im Wege der Umdeutung aufrecht erhalten hat, freilich nur bei Erkennbarkeit eines besonderen Verpflichtungswillens des Arbeitgebers (*BAG* NZA 1996, 948, sehr str., vgl. MüArbR/*Matthes, 3.* Aufl., § 239 Rn. 90), was die große Ausnahme sein und bleiben dürfte.

Der Tarifvorrang wird dadurch weiter eingeschränkt, dass das BAG die wichtigste Mit- **47**
bestimmungsregelung des § 87 Abs. 1 BetrVG zur **lex specialis** erklärt hat mit der Folge,
dass eine Betriebsvereinbarung im Bereich der mitbestimmungspflichtigen „sozialen
Angelegenheiten" nicht dem Rangvorbehalt des § 77 Abs. 3 BetrVG unterliegt, sondern
allein nach § 87 Abs. 1 Eingangssatz BetrVG zu beurteilen ist (sog. „**Vorrangtheorie**", a.A.
Wank, RdA 1991, 129). Danach schließen nur zwingende Gesetze und geltende Tarifverträge die Mitbestimmung aus; die Sperrwirkung von § 87 Abs. 1 BetrVG geht also nicht
so weit wie die von § 77 Abs. 3 BetrVG, wo bereits Tarifüblichkeit zum Ausschluss der
Betriebsvereinbarung führt. Das ist bedeutsam vor allem für die **Entgeltmitbestimmung**,
weil dadurch der Betriebsrat bei fehlender Tarifbindung des Arbeitgebers eine sehr weitgehende Mitbestimmung über die Strukturen einer **betrieblichen Vergütungsordnung**
nach § 87 Abs. 1 Nr. 10 BetrVG erlangt (*BAG* NZA 2008, 1426 = RdA 2009, 332 – abl.
Anm. *Reichold*), vgl. auch → Rn. 53.

Die Betriebsvereinbarung kann **jederzeit gekündigt** werden (§ 77 Abs. 5 **48**
BetrVG) oder bei Befristung durch Zeitablauf bzw. durch Aufhebungsvertrag
enden. Wie beim Tarifvertrag stellt sich dann die Frage der **Nachwirkung**. Sie
wird nur für den Fall der erzwingbaren Mitbestimmung (§ 87 BetrVG) solange
angeordnet, bis die Betriebsvereinbarung durch eine andere (auch ungünstigere!) Abmachung ersetzt wird (§ 77 Abs. 6 BetrVG). Enden dagegen **freiwillige**
Betriebsvereinbarungen (§ 88 BetrVG), entfällt die Nachwirkung und tritt der
sonst geltende Rechtszustand wieder ein, d.h. es leben die arbeitsvertraglichen
Rechte und Pflichten der Arbeitnehmer wieder auf – sie waren durch die
Normwirkung der Betriebsvereinbarung nur *überlagert* worden (BAGE 94, 179,
ferner → § 8 Rn. 22; *Reichold*, FS Kreutz, 2010, S. 349).

b) Regelungsabrede

Die formlose Regelungsabrede (Betriebsabsprache) entfaltet anders als die **49**
Betriebsvereinbarung **keine normative Wirkung** auf die Arbeitsverträge. Bei
dieser schlichten Ausübung des Mitbestimmungsrechts ist der Arbeitgeber vielmehr durch eine quasi **schuldrechtliche** Absprache mit dem Betriebsrat verpflichtet, die getroffene Regelung individualarbeitsrechtlich durch Weisung
bzw. Vertragsänderung umzusetzen. Das empfiehlt sich bei Einzelmaßnahmen,
wie z.B. die einmalige Arbeitszeitverlegung wegen einer wichtigen Fußball-
Liveübertragung. Zunehmend „beliebt" ist die Regelungsabrede allerdings deshalb geworden, weil der Tarifvorrang nach § 77 Abs. 3 BetrVG den Abschluss
von Betriebsvereinbarungen in wichtigen Bereichen **unzulässig** macht. Die
informelle Abstimmung zwischen Arbeitgeber und Betriebsrat kann wie im
Beispiel → § 3 Rn. 40 (Fall *Viessmann*) insoweit rechtswirksam sein, als damit
nicht gegen *normativ* wirkende Tarifverträge verstoßen wird. Soweit jedoch
tarifgebundene Arbeitnehmer im Betrieb namhaft gemacht werden können,
gesteht das BAG seit dem Burda-Urteil (*BAG* NJW 1999, 3281) der Gewerkschaft einen Unterlassungsanspruch wegen „Tarifbruchs" zu (→ § 12 Rn. 12).

4. Durchsetzung der Beteiligungsrechte

a) Rechtsstreitigkeiten

50   Bei der Durchsetzung von Beteiligungsrechten ist zwischen Rechts- und Regelungsstreitigkeiten zu unterscheiden. Soweit es um die reine Normenanwendung geht, muss zu dieser **Rechtsfrage** das Arbeitsgericht im Beschlussverfahren (→ § 5 Rn. 7) angerufen werden. Verletzt der Arbeitgeber z.B. seine Unterrichtungspflichten, können diese mittels **Leistungsantrag** durchgesetzt werden. Handelt es sich um die Feststellung der Mitbestimmungspflichtigkeit z.B. einer Raucherregelung, wird das Arbeitsgericht mit einem Feststellungsantrag angerufen.

51   Vom BAG zur Effektivierung der Mitbestimmung zugelassen wurde auch ein gesetzlich nicht vorgesehener **allgemeiner Unterlassungsanspruch**, der dem Betriebsrat als (Neben-)Leistungsanspruch aus dem gesetzlichen Dauerrechtsverhältnis der Betriebspartner (sog. *Betriebsverhältnis* → Rn. 22) zustehen soll und bei **Missachtung der Mitbestimmungsrechte** des Betriebsrats durch den Arbeitgeber anlässlich eines konkreten Sachverhalts in dessen Betriebsleitungsbefugnisse eingreift (*BAG* NJW 1995, 1044; *BAG* NZA 1997, 274). Dieser Unterlassungsanspruch soll die Mitgestaltung des Betriebsrats sichern und es dem Arbeitgeber z.B. bei Arbeitszeitregelungen unmöglich machen, vollendete Tatsachen zu schaffen. Die vom BAG zitierte Analogie zu §§ 1004 Abs. 1 S. 2, 823 Abs. 2 BGB passt in diesem Zusammenhang allerdings nicht, weil im BetrVG eine sehr spezifische Kompetenzordnung geschützt wird und *nicht* etwa ein absolutes Recht des Betriebsrats (MüArbR/*Matthes*, 3. Aufl., § 240 Rn. 26; *Raab*, ZfA 1997, 192 ff.).

b) Regelungsstreitigkeiten

52   Hier können sich Arbeitgeber und Betriebsrat nicht über den Inhalt einer **neu zu schaffenden** Regelung, z.B. einer neuen flexiblen Arbeitszeitregelung, einigen. Im Bereich der erzwingbaren Mitbestimmung erfolgt deshalb eine **Zwangsschlichtung** durch die Einigungsstelle (→ Rn. 32), die dann auf Antrag nur einer Partei tätig wird. Ihr Spruch ist für die Betriebspartner bindend und hat die Wirkung einer Betriebsvereinbarung (§ 76 Abs. 1, 2 BetrVG). Die Ausübung des Regelungsermessens durch die Einigungsstelle unterliegt lediglich einer Rechtskontrolle durch das Arbeitsgericht (§ 76 Abs. 5 S. 4 BetrVG). Die rechtsfehlerhafte Ermessensausübung kann nur binnen zweier Wochen gerügt werden. Wird dagegen im Bereich der **freiwilligen** Mitbestimmung (§§ 88, 112 Abs. 3 BetrVG) von den Betriebspartnern keine gütliche Einigung erzielt, müssen *beide* Seiten mit der Einigungsstelle als Konfliktlösung einverstanden sein – andernfalls kommt eine Einigung nicht zustande.

Beispielsfall: Will der Betriebsrat z.B. durch den Abschluss einer Betriebsvereinbarung erreichen, dass sich der Arbeitgeber zu der jährlichen Ausrichtung eines mehrtägigen **Betriebsausflugs** mit Übernachtungsfinanzierung verpflichtet, so kann er bei der Weigerung des Arbeitgebers zwar die Einigungsstelle anrufen. Diese wird aber feststellen, dass die Ausrichtung von Betriebsausflügen nicht zum Bereich der **obligatorischen** Mitbestimmung zählt (§ 87 Abs. 1 Nr. 8 BetrVG ist nicht einschlägig, weil der Betriebsausflug mangels dauerhafter Organisation nicht als Sozialeinrichtung gewertet wird), so dass nur eine **freiwillige** Betriebsvereinbarung nach § 88 BetrVG übrigbleibt. Hier aber kann die Einigungsstelle nur tätig werden, wenn *beide* Seiten, also auch der Arbeitgeber, damit einverstanden sind. Selbst wenn die Einigungsstelle zunächst tätig wird, heißt das noch immer nicht, dass der Spruch vom Arbeitgeber dann auch angenommen werden muss (§ 76 Abs. 6 S. 2 BetrVG).

c) Unwirksamkeitsfolge

Abgesehen davon, dass das BetrVG auch Zwangsmaßnahmen für die grobe **53** Missachtung der Betriebsverfassung durch den Arbeitgeber vorsieht (§§ 23 Abs. 3, 119–121 BetrVG), wird die Mitbestimmung am effektivsten durch **privatrechtliche Sanktionen** gesichert. Dazu zählt neben dem allgemeinen Unterlassungsanspruch (→ Rn. 51) die zivilrechtliche **Unwirksamkeit** von mitbestimmungspflichtigen Maßnahmen, die der Arbeitgeber **einseitig** anordnet (Theorie der „notwendigen Mitbestimmung"). Das hat zur Folge, dass z.B. der Arbeitnehmer, dessen Dienst am Samstag vom Arbeitgeber einseitig angeordnet wurde, seine Arbeit mangels mitbestimmter Regelung nicht anzutreten braucht und deswegen auch nicht gekündigt werden kann. Erhält er dagegen eine mit dem Betriebsrat nicht abgesprochene Zuwendung des Arbeitgebers, darf er diese selbstverständlich trotz fehlender Mitbestimmung behalten; die Mitbestimmung soll sich ja nicht zu seinen Lasten auswirken. Allerdings lässt sich aus der Unwirksamkeit der Maßnahme (z.B. nicht mitbestimmte Vergütungsordnung) allein nicht ein **neuer** höherer Anspruch ableiten. Dazu bedarf es einer individual- oder betriebsverfassungsrechtlichen Rechtsgrundlage. Dies verkennt das *BAG* beharrlich, wenn es bei einer nicht mitbestimmten Vergütungsordnung jeweils neu eingestellten oder längst anders vergüteten Arbeitnehmern Ansprüche **ohne Anspruchsgrundlage** zuspricht, obwohl der Betriebsrat in diesen Fällen keine Neuregelung mit dem Arbeitgeber vereinbart hatte (*BAG* NZA 2004, 852; NZA 2010, 1243 = RdA 2011, 311 – abl. Anm. *Reichold*). Besser sollte der Betriebsrat jeweils darauf drängen, per Unterlassungsanspruch in Zukunft über die Art und Weise der Ausgestaltung dieser Zuwendung mitbestimmen zu dürfen. Sein von der BAG-Rechtsprechung zugelassener Unterlassungsanspruch (→ Rn. 51) ist effektiv genug und sollte nicht durch neue „Rechtserfindungen" seitens des BAG überwuchert werden (dazu näher *Reichold*, FS Wank, 2014, S. 455).

V. Grundsätze der Mitbestimmung in sozialen Angelegenheiten (§§ 87–89 BetrVG)

1. Kollektive Verteilungs- und Behandlungsgerechtigkeit

54   § 87 BetrVG ist die wichtigste Vorschrift der Mitbestimmung in „sozialen Angelegenheiten". Damit sollen jene betrieblichen Arbeitsbedingungen einer mitbestimmten Regelung zugeführt werden, die nicht der Weisung oder der Einzelvereinbarung zwischen Arbeitgeber und Arbeitnehmer überlassen werden sollen, sondern typischerweise kollektive **Verteilungs- und Behandlungsgerechtigkeit** gewährleisten sollen. Der Katalog des § 87 Abs. 1 BetrVG lässt sich unterscheiden nach Gegenständen der

- Mitbestimmung im Bereich der vertraglichen Leistungsbeziehung (*vertraglicher Weisungsbereich, Nr. 1–5, 10, 11, 13*) und der
- Mitbestimmung im Bereich der außervertraglichen Betriebsbeziehung (*organisatorischer Weisungsbereich, Nr. 6–9, 12*).

55   Gemeinsam ist den Mitbestimmungstatbeständen, dass ihre Regelung in Betrieben ohne Betriebsrat **einseitig** auf Grund der Weisungsbefugnis des Arbeitgebers im Rahmen billigen Ermessens (§ 106 GewO) oder kraft Einzelvertrags erfolgen würde. Durch die Mitbestimmungspflicht wird die Entscheidungsbefugnis des Arbeitgebers stark eingeschränkt, jedoch regelmäßig nur in Bezug auf **„Wie"-Fragen**, dagegen nicht in Bezug auf die „Ob"-Entscheidung. So ist der Arbeitgeber frei darin, ob er mit den Arbeitnehmern Vollzeit- oder Teilzeitarbeitsverträge abschließt; möchte er diese Deputate aber zu einem Arbeitszeitsystem zusammenführen, so muss er den Betriebsrat nach § 87 Abs. 1 Nr. 2 BetrVG beteiligen (Verteilung der Arbeitszeit = Arbeitszeitsystem). Ähnlich ist es bei der besonders wichtigen Frage betrieblicher Zulagen- oder Prämiensysteme, bei denen der Arbeitgeber grundsätzlich frei in der Frage ist, **ob er überhaupt** eine Zulage (welche Höhe? welcher Zweck?) verteilen möchte. Hat er sich aber dafür entschieden, dann muss er bei der Frage der **Verteilung des vorgegebenen Volumens** den Betriebsrat beteiligen (§ 87 Abs. 1 Nr. 10 BetrVG, vgl. *Reichold*, RdA 1995, 147). Geht es um einen **tariffreien** Arbeitgeber, sorgt die großzügige BAG-Rechtsprechung sogar dafür, dass der Betriebsrat als „Ersatzgewerkschaft" mittels § 87 Abs. 1 Nr. 10 BetrVG das gesamte Vergütungssystem **strukturell** mitbestimmen kann – über die „Wie"-Frage wird dann im Ergebnis die „Ob"-Frage mitbestimmt (krit. *Jacobs*, FS Säcker, 2011, S. 201; *Reichold*, FS Picker, 2010, S. 1079). Das übersteigt wohl die Grenzen zulässiger Rechtsfortbildung, weil damit in die Vertragsfreiheit im zentralen Entgeltbereich übermäßig eingegriffen wird.

2. Grenzen der Mitbestimmung

Die Mitbestimmungsfreiheit **unternehmerischer Entscheidungen** kann **56** nicht pauschal behauptet, sondern muss je nach Mitbestimmungstatbestand entschieden werden. So darf die Mitbestimmung über die Lage der Arbeitszeit nach Nr. 2 nicht dazu führen, dass ein Nachtlokal plötzlich zum Gasthof mit bürgerlichem Mittagstisch mutiert (Richardi/*Richardi*, § 87 Rn. 43). Bei Dienstleistungsbetrieben ist als mitbestimmungsfreie Entscheidung der Zweck des Unternehmens vorgegeben, so dass Öffnungszeiten nicht durch den Betriebsrat beeinflussbar sind, sondern nur durch gesetzliche Arbeitszeitregelungen (a.A. BAGE 85, 185). Dogmatisch von Bedeutung ist vor allem die **Vertragsakzessorietät** der betrieblichen Mitbestimmung: Sie hat sich an vertragliche „essentials" anzulagern und darf das rechtsgeschäftliche Leistungsversprechen des Arbeitnehmers bezüglich Arbeitszeitdauer und Arbeitsentgelt nicht ersetzen (→ Rn. 11, 55).

3. Mitbestimmung in der Leistungsbeziehung

Gegenstände der Mitbestimmung in der *Leistungsbeziehung* („Vertragsbezug") **57** sind

- das **„Wie"** der Arbeitsleistung („Ordnungsverhalten") nach § 87 Abs. 1 Nr. 1 BetrVG, also z.B. Torkontrollen, einheitliche Dienstkleidung, Raucher- bzw. Nichtraucherzonen, Betriebsbußen. Wichtig ist der Unterschied zum „Arbeitsverhalten" in der individuellen Vertragsbeziehung, das nicht mitbestimmt werden kann, so dass eine Abmahnung allein Sache des Arbeitgebers ist; auch Nr. 13 bezieht sich auf ein „Ordnungsverhalten", und zwar auf die Spielregeln in einer teilautonomen **Arbeitsgruppe**, die z.B. der möglichen Selbstausbeutung einzelner Mitglieder vorbeugen sollen.
- das **„Wann"** der Arbeitsleistung nach § 87 Abs. 1 Nrn. 2, 3 BetrVG. Mitbestimmung über die Lage bzw. die Verteilung der Arbeitszeit (Nr. 2) bedeutet aber nicht einen Eingriff in die einzel- bzw. tarifvertraglich zu regelnde Arbeitszeitdauer. Eine kollektiv bedingte Ausnahme hiervon macht allerdings **Nr. 3**, wenn *vorübergehende Verkürzungen oder Verlängerungen* der betriebsüblichen Arbeitszeit mitbestimmungspflichtig werden. Das heißt aber nicht, dass die individualrechtliche Verpflichtung z.B. zur Kurzarbeit durch eine Betriebsvereinbarung ersetzt werden könnte (sehr str., vgl. *Heinze*, RdA 1998, 19 gegen st. BAG-Rspr.).
- das **„Wie"** der Entgeltzahlung nach § 87 Abs. 1 Nr. 4 BetrVG, also Zeit, Ort und Art der Auszahlung.
- das **„Wie"** der Urlaubserteilung nach § 87 Abs. 1 Nr. 5 BetrVG, das nicht nur die Aufstellung von Urlaubsplänen umfasst, sondern auch die Schlichtung

von einzelnen Streitfällen als Beispiel der „Ausgleichsfunktion" der betrieblichen Mitbestimmung.

- das **„Wie"** der betrieblichen Lohngestaltung bzw. Leistungsentlohnung nach § 87 Abs. 1 Nrn. 10, 11 BetrVG. Die **Entgelthöhe** als solche darf durch die Mitbestimmung nach Nr. 10 nicht berührt werden, weil es sonst der Erweiterung für die Leistungsentlohnung in Nr. 11 nicht bedurft hätte. Die Mitbestimmung in Lohnfragen soll innerbetriebliche Lohngerechtigkeit und Transparenz herbeiführen. Dazu gehört auch die Auswahl des Vergütungssystems und der Arbeitsbewertungsmethoden, die Aufstellung von Vergütungsgruppen auch für AT-Angestellte sowie die Systematik freiwilliger Leistungen des Arbeitgebers (Gratifikationen, Zulagen, betriebliche Altersversorgung → Rn. 55).

4. Mitbestimmung in der Betriebsbeziehung

58 In der Betriebsbeziehung („Betriebsbezug") werden durch die Mitbestimmungsrechte nach § 87 BetrVG allgemeine Schutzpflichten des Arbeitgebers in Bezug auf

- technische Einrichtungen, die zur Überwachung des Verhaltens bzw. der Leistung der Arbeitnehmer bestimmt sind (§ 87 Abs. 1 Nr. 6 BetrVG),
- die Verhütung von Arbeitsunfällen und Berufskrankheiten sowie den Gesundheitsschutz, also in Bezug auf die Gestaltung der betrieblichen Sicherheitsorganisation (§ 87 Abs. 1 Nr. 7 BetrVG),
- die Form, Ausgestaltung und Verwaltung von Sozialeinrichtungen, also z.B. Kantine, Betriebssportanlage, Pensionskassen, Erholungseinrichtungen (§ 87 Abs. 1 Nr. 8 BetrVG),
- die Werkmietwohnungen (§ 87 Abs. 1 Nr. 9 BetrVG) und
- die Grundsätze über das betriebliche Vorschlagswesen, also die Ausgestaltung der Verbesserungsvorschläge, soweit nicht durch das ArbNErfG geregelt (§ 87 Abs. 1 Nr. 12 BetrVG),

konkretisiert. Die Mitbestimmung erfolgt hier nicht vertrags-, sondern betriebsbezogen und bezieht sich auf die Einrichtung und Verwaltung von Arbeitgebereigentum. Sie ist also **objektbezogen** und kann daher auch den sonst auf Arbeitnehmer beschränkten Geltungsbereich der Betriebsverfassung überschreiten (z.B. Vermietung an außenstehende Gäste).

VI. Grundsätze der Mitbestimmung in personellen Angelegenheiten (§§ 92–105 BetrVG)

1. Personelle Angelegenheiten

Unter personellen Angelegenheiten versteht das BetrVG   **59**

- die allgemeinen personellen Angelegenheiten (§§ 92–95 BetrVG), z.B. Mitwirkung bei der Personalplanung, der betrieblichen **Beschäftigungssicherung** (§ 92 a), der Ausschreibung von Arbeitsplätzen und der Erstellung von Personalfragebögen,
- Maßnahmen der **Berufsbildung** (§§ 96–98 BetrVG), insbesondere ein neues Mitbestimmungsrecht zur Behebung von drohenden Qualifikationsdefiziten durch Maßnahmen betrieblicher Berufsbildung (§ 97 Abs. 2 BetrVG),
- die besonders wichtigen **personellen Einzelmaßnahmen**, d.h. die Mitbestimmung bei Einstellung, Eingruppierung, Umgruppierung und Versetzung sowie die Mitbestimmung bei Kündigungen (§§ 99–105 BetrVG).

2. Beschränkte Mitbestimmungsrechte

Mit der Mitbestimmung in personellen Angelegenheiten wird anerkannt, **60** dass ein legitimes Interesse der Belegschaft daran besteht, wie der Arbeitgeber seine **Personalpolitik** im Vorfeld von Personalmaßnahmen wie auch bei Einstellung bzw. Kündigung von Arbeitnehmern betreibt. Diese gravierende Einschränkung der Personalhoheit des Arbeitgebers wird durch die Ausgestaltung der Mitbestimmung dahingehend relativiert, dass § 99 BetrVG bei Einstellung, Eingruppierung, Umgruppierung und Versetzung nur ein **Widerspruchsrecht** gewährt, das an in § 99 Abs. 2 BetrVG genau definierte Gründe gebunden ist. Verweigert der Betriebsrat innerhalb einer Woche nach Unterrichtung seine Zustimmung, so kann der Arbeitgeber beim Arbeitsgericht beantragen, die Zustimmung zu ersetzen, wenn die Widerspruchsgründe nach § 99 Abs. 2 BetrVG unbeachtlich sind. Dennoch kann der Widerstand des Betriebsrats gerade auch dann, wenn es um die Beschäftigung von **Leiharbeitern** geht, erhebliche Kosten und Konflikte sowie Reibungsverluste allein aufgrund kostspieliger Gerichtsverfahren bedeuten, die das Unternehmen erheblich belasten (vgl. *BAG* NZA 2013, 1296: Widerspruchsrecht bei nicht nur „vorübergehendem" Einsatz von Leiharbeitern). Noch formaler ausgestaltet ist die Mitbestimmung bei **Kündigungen** (§ 102 BetrVG), bei der es nur um die **rechtzeitige** Anhörung des Betriebsrats durch den Arbeitgeber geht, nicht aber um die Berücksichtigung eventueller Verweigerungsgründe: Der Arbeitgeber kann trotz des Widerspruchs des Betriebsrats dem Arbeitnehmer kündigen, muss aber die *formalen Anforderungen* bei der Information zuvor sehr genau beachten, um keinen Formfehler zu begehen (→ Rn. 42 sowie → § 10 Rn. 65 f.).

3. Verhältnis zum Arbeitsvertrag

61   Problematisch ist die **individualrechtliche Stellung** des von einer personellen Maßnahme betroffenen Arbeitnehmers bei fehlender und gerichtlich
nicht ersetzter Zustimmung des Betriebsrats. Die Mitwirkungsrechte z.B. bei
der **Einstellung** beziehen sich auf die *tatsächliche Eingliederung* in den Betrieb.
Davon zu unterscheiden ist der Abschluss des Arbeitsvertrages. Stimmt der
Betriebsrat nicht zu, so besteht ein (betriebsverfassungsrechtliches) **Beschäftigungshindernis** (ähnlich dem Fehlen einer behördlichen Genehmigung,
vgl. *BAG* NJW 2002, 698, 701). Der Arbeitsvertrag ist individualrechtlich
wirksam, kann aber wegen „rechtlicher Unmöglichkeit" nicht im vorgesehenen Betrieb vollzogen werden. Im Extremfall muss dem Arbeitnehmer also aus
Gründen der Betriebsverfassung wieder gekündigt werden (str., vgl. MüArbR/
Matthes, 3. Aufl., § 265 Rn. 35). Der Arbeitnehmer kann aber aus betriebsverfassungsrechtlichen Gründen seine Arbeit nur dann verweigern, wenn der
Betriebsrat selbst die Aufhebung der Einstellung betreibt. Die Mitbestimmung
bei der Einstellung dient nämlich nur dem Schutz der kollektiven Belegschafts-
interessen, **nicht** dem Schutz des einzelnen betroffenen Arbeitnehmers (*BAG*
NJW 2002, 698, 701).

62   Das Mitbestimmungsrecht bei der **Versetzung** (vgl. § 95 Abs. 3 BetrVG)
dient dagegen auch dem Schutz des von der Versetzung betroffenen Arbeitnehmers (vgl. § 99 Abs. 2 Nr. 4 BetrVG). Die fehlende Zustimmung des Betriebsrats führt daher auch zur **individualrechtlichen Unwirksamkeit**, so
dass der betroffene Arbeitnehmer die Arbeit zu den geänderten Bedingungen
verweigern darf (*BAG* NZA 1988, 476).

Beispielsfall: Ein in der Rechtsform einer GmbH betriebenes kommunales Klinikum
beschäftigt seit Jahren Rot-Kreuz-Schwestern als Pflegepersonal. Im zugrundeliegenden **Gestellungsvertrag** heißt es, dass die Schwestern zum Klinikum „nicht in einem
Dienst- oder Arbeitsverhältnis" stehen, jedoch „der Dienstaufsicht der Pflegedienst-
leitung und bei der Durchführung der ärztlichen Anordnungen den Weisungen des
zuständigen Arztes" unterliegen. Der Betriebsrat wird beim Einsatz der Rote-Kreuz-
Schwestern nicht beteiligt und möchte nun wissen, ob er nach § 99 BetrVG bei der
„Einstellung" bzw. „Versetzung" der DRK-Kräfte mitbestimmen darf.

Lösung: Obwohl die Rot-Kreuz-Schwestern ihre Arbeitsleistungen zulässigerweise
aufgrund vereinsrechtlicher Mitgliedschaft zum DRK, also nicht als Arbeitnehmerinnen nach § 5 Abs. 1 BetrVG erbringen, ist ihre Aufnahme im Klinikum dennoch als
„Einstellung" nach § 99 Abs. 1 BetrVG zu werten. Das Mitbestimmungsrecht dient hier
vorrangig der Wahrung der Interessen der vom Betriebsrat vertretenen Belegschaft. Für
ihre tatsächliche Betroffenheit bei der ständigen Zusammenarbeit mit den Schwestern
ist aber deren rechtlicher Status unerheblich. Sie sind aufgrund des Gestellungsvertrags
arbeitnehmertypisch in die Arbeitsorganisation eingegliedert, weil der Arbeitgeber sie
aufgrund seines Weisungsrechts genauso wie die restliche Belegschaft in den Arbeitsablauf der pflegerischen Dienstorganisation voll einbezieht (*BAG* NZA 1997, 1297).

VII. Grundsätze der Mitbestimmung in wirtschaftlichen Angelegenheiten (§§ 106–113 BetrVG)

Die „wirtschaftliche" Mitbestimmung im BetrVG führt nicht dazu, den **63** Arbeitnehmern echte unternehmerische Mitbefugnisse zu verleihen. Vielmehr wird hier einerseits der **Wirtschaftsausschuss** als Entscheidungsorgan in Unternehmen mit mehr als 100 Arbeitnehmern etabliert (→ Rn. 30), andererseits werden Mitwirkungsrechte bei **Betriebsänderungen** (§§ 111–113 BetrVG) eingeräumt. Plant der Unternehmer eine Einschränkung, Stilllegung oder Verlegung des Betriebes, so muss er den Betriebsrat nach § 111 S. 1 BetrVG zunächst rechtzeitig unterrichten. Der Betriebsrat kann seinerseits versuchen, zunächst in einem **Interessenausgleich** sowohl das „Ob" als auch das „Wie" der Betriebsänderung zu beeinflussen. Hier bleibt der Arbeitgeber aber in seiner Entscheidung frei – der Interessenausgleich muss nur „versucht", kann aber **nicht erzwungen** werden (*bitte genau lesen:* § 112 Abs. 2, 3 einerseits, § 112 Abs. 4 andererseits!). Deshalb geht es in der Praxis häufig ausschließlich um die Aushandlung des **erzwingbaren Sozialplans** (§ 112 Abs. 4 BetrVG), der die meist geplanten Kündigungen nicht verhindert, sondern nur *kompensatorisch* die den Arbeitnehmern entstehenden wirtschaftlichen Nachteile (z.B. Abfindung für den Verlust des Arbeitsplatzes) abmildern soll. Der Betriebsrat kann also die Betriebsänderung selbst und die damit verbundenen Nachteile nicht verhindern (unternehmerische Ermessensfreiheit, vgl. Art. 12 GG); er kann aber den Sozialplan als besondere Betriebsvereinbarung (ohne Tarifvorrang, vgl. § 112 Abs. 1 S. 3, 4 BetrVG) zur finanziellen Abfindung der betroffenen Arbeitnehmer erzwingen.

Schwierig sind die aufgrund der **Sanierung und Reorganisation** von **64** Unternehmen sich häufig in der Transaktionspraxis (*„Mergers and Acquisitions"* – *M & A*), aber auch in der Klausur (insb. *Schwerpunktbereichsprüfung*) stellenden Rechtsfragen im Schnittfeld von Betriebsübergang (§ 613a BGB → § 2 Rn. 6 ff.) und Betriebsänderung (§§ 111 ff. BetrVG). Häufig müssen hier auch Vorfragen des **Umwandlungsrechts** einbezogen werden. Soweit Maßnahmen der „Verschmelzung" bzw. „Spaltung" nach dem *Umwandlungsgesetz* (UmwG) geplant sind, geht es nicht allein um Interessenausgleich und Sozialplan, sondern um die vorrangige Frage, **welche Betriebsvertretung** – falls vorhanden – für die Verhandlungen mit der Unternehmensleitung über Interessenausgleich und Sozialplan zuständig ist. Das BetrVG hat hier mit dem **Übergangsmandat** des Betriebsrats bei Spaltung bzw. Zusammenlegung von Betrieben in § 21a BetrVG eine Regelung vorgesehen, die ebenso wie § 111 BetrVG anknüpft an vertrags- bzw. gesellschaftsrechtlich veranlasste **Betriebsänderungen**. Soweit die von der Organisationsänderung betroffenen Arbeitnehmer nicht mit einer „Betriebsänderung" konfrontiert werden – d.h., es liegt ein Betriebsübergang nach § 613a BGB vor –, bleibt der Betriebsrat zwar im Amt (Fall der „Betriebsidentität"). Doch löst jeder *Betriebsteil*-Übergang bereits die Frage nach dem Schicksal des *abgespaltenen* Betriebsteils auf. Wird er verschmolzen mit einem anderen Betrieb, stellt sich genauso wie im Fall, dass er alleine bleibt, die Frage nach der „neuen" Betriebsvertretung (Fall der „Betriebsänderung kraft Abspaltung"). Bei der „Aufspaltung" dagegen wird der Ursprungsbetrieb aufgelöst und es entstehen zwei oder mehr neue Betriebe. Die Norm des § 21a BetrVG legt fest, unter welchen Voraussetzungen die – jetzt – *betriebsratslosen* Betriebsteile vom abgebenden Betriebsrat oder – bei Zusammenlegung – vom aufnehmenden Betriebsrat kraft des Übergangsmandats mit einer **neuen Betriebsvertretung** ausgestattet werden sollen: Nach „unverzüglicher" Bestellung der Wahlvorstände soll spätestens nach sechs Monaten nach der Spaltung bzw. Zusammenlegung ein neuer Betriebsrat für den (neuen) Betrieb gewählt sein. Der Gesetzgeber möchte also Betriebsratslosigkeit „politisch" verhindern!

Achtung: Ohne Grundkenntnisse im Unternehmensrecht lassen sich betriebsverfassungsrechtliche Folgefragen von „M & A"-Maßnahmen zwischen Betriebs- bzw. Betriebsteilübergang nach § 613a BGB einerseits und den Folgen für die betroffenen Arbeitnehmer nach §§ 111 ff. BetrVG andererseits kaum sinnvoll juristisch beantworten. Dabei ist zu beachten, dass die „betrieblichen" Regeln des BetrVG nicht den gesellschaftsrechtlichen Begriffen des UmwG entsprechen. „Betrieb" ist nicht gleich „Unternehmen"!

Beispielsfall: Das Möbelhaus M mit 400 Arbeitnehmern möchte wegen nachhaltig schlechter Ertragslage eine der Kostenexplosion vor Ort geschuldete „Sanierungsmaßnahme" dergestalt umsetzen, dass alle 50 Arbeitnehmer der Abteilung Logistik-Transport zur Erzielung von Synergie-Effekten in das Logistik-Unternehmen L überführt werden sollen, das in einem ca. 20 km entfernten Logistik-Zentrum seine Geschäfte mit ebenfalls 50 Beschäftigten, aber ohne Betriebsrat betreibt.
Der Betriebsrat von M möchte wissen, ob es sich hier (1) um einen Betriebsübergang handelt, gegen den Widerspruch eingelegt werden kann, (2), ob er von M einen Interessenausgleich und Sozialplan zugunsten der abwandernden 50 Mitarbeiter fordern kann, (3), ob er ein Übergangsmandat bei L zur Wahl eines dortigen Betriebsrats fordern kann.

Lösung:
1. Betriebs*teil*übergang (§ 613a BGB): Ein „Betriebsteil" liegt vor, wenn es sich um eine organisierte Gesamtheit von Personen und Sachen handelt, die einen Teilzweck des Betriebszwecks verwirklicht; das kann bei der Logistik-Abteilung bejaht werden – sie ist eine „veräußerungsfähige Einheit". Somit können die betroffenen Arbeitnehmer nach § 613a Abs. 6 BGB dem Übergang des Arbeitsverhältnisses auf L widersprechen (selbst dann, wenn eine Information gem. § 613a Abs. 5 BGB durch M noch nicht erfolgt ist).

2. Interessenausgleich/ Sozialplan (§§ 111, 112 BetrVG): Bei Bejahung eines Betriebsübergangs scheidet zwar in der Regel eine „Betriebsänderung" i.S.v. § 111 BetrVG aus. Doch gilt dies nur dann, wenn der Betrieb als Ganzes auf einen Erwerber übergeht. Der Betriebs*teil*übergang ist i.d.R. mit einer „Spaltung" gem. § 111 S. 3 Nr. 3 BetrVG verbunden. Hier kommt auch noch der „Zusammenschluss" mit einem anderen Betrieb dazu. Damit ist eine *Betriebsänderung* i.S.v. § 111 BetrVG zu bejahen. Für den – nicht erzwingbaren – Interessenausgleich nach § 112 Abs. 1 S. 1 BetrVG kann der Betriebsrat daher z.B. wegen der Verlegung der Arbeitsplätze um 20 km Zahlung einer Kilometer-Pauschale für einen angemessenen Zeitraum für die wechselnden Logistiker fordern. Für den – erzwingbaren – Sozialplan zählen dagegen nur die „Nachteile, die den Arbeitnehmern infolge der geplanten Betriebsänderung entstehen", vgl. § 112 Abs. 1 S. 2 BetrVG (*Legaldefinition*). Hier muss also gefragt werden, welche Nachteile *kausal* durch die Betriebsänderung bedingt sind. Die Spaltung führt genauso wie die Zusammenlegung zu einer längeren Anfahrt von ca. 20 km. Hierdurch können also Fahrtkosten für eine angemessene Übergangszeit für die 50 übergehenden Arbeitnehmer *erzwungen* werden.

3. Übergangsmandat (§ 21a BetrVG). Fraglich ist, welcher Absatz des § 21a BetrVG Anwendung findet. Nicht leicht zu erkennen ist die Trennung zwischen „unternehmensinternen" Umwandlungen nach Abs. 1, 2 gegenüber den „unternehmensübergreifenden" Unwandlungen nach Abs. 3 des § 21a. Weil hier von M zu L ein Betriebsteil *unternehmensübergreifend* veräußert wurde, liegt ein Fall des § 21a Abs. 3 BetrVG vor, der eine „Betriebsveräußerung" voraussetzt. Inhaltlich stellt sich die Frage, *wann* der Betriebsrat von M ein Übergangsmandat wahrnehmen kann, wenn es wie hier um eine *Abspaltung plus Eingliederung in einen anderen Betrieb* geht, der ebenso groß ist wie der von ihm übernommene Betriebsteil der M. Beide Betriebsteile sind betriebsratsfähig. Wäre bei L bereits ein Betriebsrat aktiv, würde der Tatbestand des § 21a Abs. 1 BetrVG *nicht* greifen, weil grundsätzlich bei Aufnahme eines Betriebsteils in einen bestehenden Betrieb dessen Betriebsrat für die anstehenden Neuwahlen zuständig wäre (*HWK/ Reichold*, § 21a BetrVG Rn. 7). Daher ist streitig, ob es bei fehlender Betriebsvertretung im aufnehmenden Betrieb zur „aufgedrängten" Wahl nach § 21a Abs. 1 S. 1 BetrVG seitens des M-Betriebsrats kommen kann. Nach wohl h.M. entspricht dies dem *Schutzzweck des Übergangsmandats*: der betriebsratslose Betriebsteil L soll durch den gleich starken Betriebsteil M kraft Übergangsmandats einen neuen Betriebsrat erhalten, so dass eine analoge Anwendung der Norm des § 21a Abs. 1 i.V.m. Abs. 3 BetrVG hier vertretbar erscheint. Dass wegen der Veränderung der „Betriebsidentität" sich auch die Leitungsstruktur hier wird verändern müssen, kann als Hilfskriterium diese Lösung stützen.

Prüfungsschema 19: Ansprüche aus Betriebsvereinbarung

I. **Wirksame Einigung der Betriebspartner (§ 77 Abs. 2 S. 1 BetrVG)**
  1. Rechtsgeschäftliches Zustandekommen (§§ 145 ff. BGB, „Vertragstheorie")
  2. Wirksame Vertretung von Arbeitgeber und Betriebsrat (§§ 164 ff. BGB, 26 Abs. 3 BetrVG)
  3. Wirksame Willensbildung auf Seiten des Betriebsrats (§§ 29, 33 BetrVG)
     (oder verbindlicher Spruch der Einigungsstelle, § 76 Abs. 3 BetrVG)

II. **Schriftform (§ 77 Abs. 2 S. 1, 2 BetrVG i.V.m. §§ 125 S. 1, 126 Abs. 1, 2 BGB)**
  1. Unterschriften auf einer gemeinsamen Urkunde (§ 126 Abs. 2 S. 1 BGB)
  2. Aushang („Publikation") keine Wirksamkeitsvoraussetzung, sondern nur Ordnungsvorschrift (§ 77 Abs. 2 S. 3 BetrVG)
     (oder verbindlicher Spruch der Einigungsstelle, § 76 Abs. 3 S. 3 BetrVG)

III. **Formelle Kompetenz der Betriebspartner**
  1. Kein Vorrang eines Tarifvertrages, dabei zuerst § 87 Abs. 1 BetrVG prüfen, falls nicht einschlägig, auf § 77 Abs. 3 BetrVG zurückgreifen (*BAG:* „Vorrangtheorie")

2. Mitbestimmungstatbestand genau prüfen (z.B. § 87 Abs. 1 Nr. 1 BetrVG – „Ordnungsverhalten")
3. Sehr streitig, ob bei freiwilliger Betriebsvereinbarung (§ 88 BetrVG) umfassende Regelungskompetenz (bejahend *BAG*, a.A. *Richardi*: keine AN-Belastung möglich)

IV. Materielle Wirksamkeit
1. Kein Übergriff in Hauptleistungspflichten der Vertragspartner (§ 611a BGB, Art. 12 GG)
2. Keine Überschreitung des räumlichen und persönlichen Geltungsbereichs (u.U. nach Mitbestimmungs-TB differenzieren)
3. Vereinbarkeit mit zwingendem Gesetzes- und Verfassungsrecht (Rechtskontrolle, vgl. § 75 BetrVG bzw. Rangprinzip)

V. Hilfsweise: Umdeutung (§ 140 BGB) einer nichtigen Betriebsvereinbarung ausnahmsweise dann, wenn besonderer Verpflichtungswille des ArbG erkennbar.

VI. Einwendungen des Arbeitnehmers
1. Abweichende Individualvereinbarung ohne Kollektivbezug (sog. „Günstigkeitsprinzip")
2. Keine Geltung wegen Zeitablaufs (bei freiwilliger BV, vgl. § 77 Abs. 5, 6 BetrVG)
3. Keine Geltung wegen formeller bzw. materieller Kompetenzüberschreitung.

VIII. Kontrollfragen zu §§ 11–14

1. Wo und als was sind die Koalitionen im Grundgesetz verankert und worin liegt ihre verfassungsrechtliche Hauptaufgabe?
2. Nach welchem Prinzip sind die Gewerkschaften organisiert und welchen Vorteil hat dies im Gegensatz zu den früheren „Berufsvereinen"?
3. Welche vier Voraussetzungen müssen erfüllt sein, um als „Koalition" den Schutz des Art. 9 Abs. 3 GG beanspruchen zu können?
4. Weil sie sich von den bestehenden Gewerkschaften nicht ausreichend vertreten fühlen, möchten die Arbeitnehmer eines besonders spezialisierten Software-Hauses eine eigene „Mitarbeitervertretung" als Gewerkschaft gründen. Fällt eine solche Vereinigung unter den Koalitionsbegriff?
5. Welche zusätzlichen Voraussetzungen muss eine Koalition erfüllen, um gem. § 2 TVG tariffähig zu sein?
6. Welche der folgenden Maßnahmen zur Bestandssicherung einer Koalition sind durch Art. 9 Abs. 3 GG geschützt?
   • Verteilung von Werbe- und Infomaterial während der Pausen und außerhalb der Arbeitszeit
   • Verteilung der Gewerkschaftszeitung
   • Aufkleben des Gewerkschaftsemblems auf die vom Arbeitgeber zur Verfügung gestellten Schutzhelme

7. Kann ein einzelner Arbeitgeber tariffähig sein? Welches Merkmal ist hier problematisch?

8. Welche Kompetenzen folgen aus der Tariffähigkeit?

9. In welche Bestandteile ist ein Tarifvertrag rechtsdogmatisch aufzuspalten und mit welcher bedeutenden Konsequenz?

10. Worin liegt die Schwierigkeit, den Einwirkungsanspruch auf Durchsetzung der Tarifinhalte bei den Mitgliedern der Tarifvertrags-Parteien gerichtlich durchzusetzen?

11. Erklären Sie den Unterschied zwischen betrieblichen und betriebsverfassungsrechtlichen Normen. Beurteilen Sie insbesondere die neue BetrVG-Norm des § 3 unter diesem Aspekt!

12. Anhand welcher Norm lässt sich die „gesetzesgleiche Wirkung" darstellen?

13. Welche Möglichkeiten der Tarifbindung bestehen außerhalb des Regelfalls beiderseitiger Mitgliedschaft? Erläutern Sie die verfassungsrechtliche Problematik solcher Ausnahmen in Bezug auf die Legitimation der normativen Wirkung des Tarifvertrags!

14. Weil der Arbeitgeberverband „untragbar hohe" Lohnabschlüsse in den Tarifverhandlungen erzielt habe, tritt ein Arbeitgeber unmittelbar nach diesem Tarifabschluss aus dem Verband aus. Muss er den organisierten Arbeitnehmern den höheren Lohn weiterzahlen, wenn ja, wie lange?

15. Erläutern Sie die arbeitsrechtliche Problematik des „Out-Sourcing", d.h. des Versuchs, durch Aus- oder Umgründungen von Unternehmensteilen den Wirkungen des geltenden Tarifvertrags für einzelne Betriebe/Betriebsteile zu entkommen!

16. Woraus ergibt sich die Friedenspflicht und was ist ihre Rechtswirkung im Bereich des Arbeitskampfrechts?

17. Woraus erklärt sich das das Arbeitskampfrecht beherrschende „Ultima-ratio-Prinzip" und was sind seine rechtspolitischen Folgen?

18. Um bei einem Streik in der Stahlindustrie die Erkaltung und somit Zerstörung des Hochofens zu vermeiden, wird in einem Unternehmen zwischen Arbeitgeber-Verband und Gewerkschaft ein Notdienst vereinbart, zu dem Arbeitnehmer A eingeteilt wird. Dieser möchte aber „aus Prinzip" streiken. Besteht für ihn Arbeitspflicht?

19. Erläutern sie das deutsche „duale Mitbestimmungsmodell" und die daran geäußerte ökonomische Kritik!

20. Was hat sich durch die BetrVG-Novelle 2001 für die Abhaltung von Betriebsratswahlen und für die Wahlberechtigung verändert? Welche Ziele sollen damit verfolgt werden?

21. Erklären Sie das Verhältnis zwischen Konzern-, Gesamt- und Einzelbetriebsrat! Wie ist demgegenüber der Europäische Betriebsrat einzuordnen?

22. Wie wirkt sich eine fehlende Zustimmung des Betriebsrats auf die individualrechtliche Stellung des Arbeitnehmers aus? Muss hier differenziert werden?

Empfehlungen zur vertiefenden Lektüre:

Literatur: *Annuß,* Der Eingriff in den Arbeitsvertrag durch Betriebsvereinbarung, NZA 2001, 756; *ders.,* Entgeltmitbestimmung und Arbeitsvertrag, RdA 2014, 193; *ders.,* Das System der Betriebsratsvergütung, NZA 2018, 134; *Belling,* Die Haftung des Betriebsrats und seiner Mitglieder für Pflichtverletzungen, 1990; *Böhm,* 60 Jahre Betriebsverfassungsgesetz, RdA 2013, 193; *Dieterich,* Mitbestimmung im Umbruch, AuR 1997, 1; *Fastrich,* Betriebsvereinbarung und Privatautonomie, RdA 1994, 129; *Hänlein,* Die Legitimation betrieblicher Rechtssetzung, RdA 2003, 26; *H. Hanau,* Individualautonomie und Mitbestimmung in sozialen Angelegenheiten, 1994; *P. Hanau,* Rechtswirkungen der Betriebsvereinbarung, RdA 1989, 207; *ders.,* Die Entwicklung der Betriebsverfassung, NZA 1993, 817; *P. Hanau/Preis,* Die Kündigung von Betriebsvereinbarungen, NZA 1991, 81; *Heinze,* Die arbeitsrechtliche Zulässigkeit der Einführung von Kurzarbeit, RdA 1998, 14; *v. Hoyningen-Huene,* Das Betriebsverhältnis, NZA 1989, 121; *Jacobs,* Entgeltmitbestimmung beim nicht (mehr) tarifgebundenen Arbeitgeber, FS Säcker, 2011, S. 201; *Joost,* Betrieb und Unternehmen als Grundbegriffe im Arbeitsrecht, 1988; *ders.,* Betriebliche Mitbestimmung bei der Lohngestaltung im System von Tarifautonomie und Privatautonomie, ZfA 1993, 257; *Kania,* Betriebsratsbeteiligung bei der Durchsetzung von Entgelttransparenz, NZA 2017, 819; *Klebe,* Betriebsrat 4.0 – Digital und global?, NZA-Beilage 3/2017, 77; *Kreutz,* Normative Fortgeltung von Betriebsvereinbarungen nach einem Betriebsteilübergang, FS 50 Jahre BAG, 2004, S. 993; *Löwisch,* Betriebsverfassung in der Wirtschaft der Gegenwart, DB 1999, 2209; *Preis,* Legitimation und Grenzen des Betriebsbegriffs im Arbeitsrecht, RdA 2000, 257; *Preis/Ulber,* Die Rechtskontrolle von Betriebsvereinbarungen, RdA 2013, 211; *Raab,* Der Unterlassungsanspruch des Betriebsrats, ZfA 1997, 183; *ders.,* Rechtsschutz des Arbeitgebers gegen Pflichtverletzungen des Betriebsrats, RdA 2017, 288 bzw. 352; *Reichold,* Betriebsverfassung als Sozialprivatrecht, 1995; *ders.,* Notwendige Mitbestimmung als neue „Anspruchsgrundlage"?, FS Konzen, 2006, S. 763; *ders.,* Verdrängung statt Beseitigung – zum Verhältnis von Betriebsvereinbarung und Arbeitsvertrag, FS Kreutz, 2010, S. 349; *ders.,* Methodenfragen bei der Weiterentwicklung der Entgeltmitbestimmung durch das BAG, FS Wank, 2014, S. 455; *Reichold/Rein,* Neues zur Binnenverfassung des Betriebsrats: Von Fraktionen, Hilfspersonen und ziemlich besten Freunden, RdA 2016, 369; *Richardi,* 40 Jahre Betriebsverfassungsrecht, RdA 1994, 394; *ders.* Individualrechtsschutz vor Betriebspartnerherrschaft, NZA 1999, 617; *Rieble,* Die BetrVG-Novelle 2001 in ordnungspolitischer Sicht, ZIP 2001, 133; *Schulz/Pfrang,* Reichweite und Grenzen von Auskunfts- und Informationsansprüchen des Betriebsrats, BB 2018, 1396; *Uffmann,* Vergütung der Aufsichtsräte und Betriebsräte, ZfA 2018, 225; *Waltermann,* 75 Jahre Betriebsvereinbarung, NZA 1995, 1177; *ders.,* Rechtsetzung durch Betriebsvereinbarung zwischen Privatautonomie und Tarifautonomie, 1996; *Wank,* Tarifautonomie oder betriebliche Mitbestimmung?, RdA 1991, 129; *Witschen,* Matrixorganisationen und Betriebsverfassung, RdA 2016, 38.

Rechtsprechung: *BAG* NZA 2018, 1273 (Grenzen der Betriebsvereinbarungsoffenheit); *BAG* NZA 2017, 738 (Altersgrenzenregelung in Betriebsvereinbarung); *BAG* NZA 2017, 657 (Mitbestimmung bei Einrichtung und Betrieb einer Facebookseite des Arbeitgebers); *BAG* NZA 2015, 1397 (Hinzuziehung von „Kommunikationsbeauftragten" durch den Betriebsrat); *BAG* NZA 2015, 240 (Betriebsratsmitbestimmung bei Übernahme von Leiharbeitnehmern); *BAG* NZA 2013, 789 (Berücksichtigung von Leiharbeitnehmern bei der Betriebsratsgröße des Entleiherbetriebs); *BAG* NJW 2010, 3322 (kein Unterlassungsanspruch des Arbeitgebers gegen Betriebsrat bei parteipolitischer Betätigung, dazu *Reichold,* RdA 2011, 58); *BAG* NZA 2010, 1243 (Entgeltanspruch aufgrund Vergütungsordnung trotz fehlender Nachwirkung – Theorie der Wirksamkeitsvoraussetzung, dazu

Reichold, RdA 2011, 311); *BAG* NZA 2009, 1105 (keine ablösende Betriebsvereinbarung bei wirksamer betrieblicher Übung, dazu *Boemke*, JuS 2010, 75); *BAG* NZA 2008, 1426 (Mitbestimmung bei Vergütungsordnung ohne Tarifbindung, dazu *Boemke*, JuS 2009, 764; *Reichold*, RdA 2009, 322); *BAG* NZA 2007, 99 (Unterrichtungsanspruch des Betriebsrats bei Sonderzulagen, dazu *Boemke*, JuS 2007, 492); *BAG* NJW 2005, 313 (Videoüberwachung am Arbeitsplatz); *BAG* NZA 2004, 852 (Betriebliche Vergütungsordnung nach Wegfall der Tarifbindung).

Falldidaktische Beiträge: *Weber/Gräf,* JuS 2013, 633 (Anspruch aus § 37 Abs. 2 BetrVG); *Kottmann/Wilcke*, Jura 2011, 312 (Streik um einen Tarifsozialplan); *Jacobs/Krois*, JuS 2010, 228 (Betriebsverfassungsrechtliche Zulässigkeit der Videoüberwachung); *Boemke*, JuS 2008, 241 (Mitbestimmungsrecht bei Entgeltgestaltung); *Franzen*, Jura 2005, 715 (Mitbestimmung bei betrieblichen Ethikrichtlinien, Tendenzbetrieb).

Antworten zu den Kontrollfragen

Antworten zu § 2

1. Das vor über einhundert Jahren beratene und verabschiedete BGB wollte im Titel „Dienstvertrag" grundsätzlich nur die Rechtsbeziehungen zwischen Bürgern und den für ihn selbstständig Tätigen regeln, also „freie Dienstverträge" (z.b. zwischen Arzt und Patient). Die Kritik Otto v. Gierkes bewirkte wenigstens die Aufnahme von § 618 BGB (Fürsorgepflicht). Ansonsten wollte man die Probleme abhängiger Arbeit Sondergesetzen wie der Gewerbe- oder der Gesindeordnung überlassen. Dennoch forderte der Reichstag schon 1896, dass „die Verträge, durch welche jemand sich verpflichtet, einen Teil seiner geistigen oder körperlichen Arbeitskraft für die häusliche Gemeinschaft, ein wirtschaftliches oder gewerbliches Unternehmen eines anderen gegen einen vereinbarten Lohn zu verwenden, … für das Deutsche Reich baldtunlichst einheitlich geregelt werden" (vgl. *Adomeit*, NJW 1996, 1713). Das Vorhaben eines Arbeitsvertragsgesetzbuchs ist trotz verschiedener Anläufe bis heute nicht verwirklicht worden. Seit 2017 ist immerhin der Arbeitsvertrag als eigener Vertragstyp in § 611a BGB ausdrücklich geregelt worden (→ § 1 Rn. 11; § 2 Rn. 9 f., 16 ff.).

2. Die Begriffe „Arbeiter" bzw. „Angestellter" helfen bei der Bestimmung des Arbeitnehmerbegriffs deshalb nicht weiter, weil hierdurch ein unbestimmter Rechtsbegriff durch zwei andere „soziologische" Begriffe ersetzt wird, die lediglich zwei Ausprägungen des einheitlichen materiellen Begriffs darstellen (und heute überdies zunehmend verschwimmen → § 2 Rn. 31 f.).

3. Heute aus § 611a Abs. 1 BGB, früher aus § 84 Abs. 1 Satz 2 HGB, der zwar direkt nur für den Handelsvertreter gilt, jedoch in ständiger Rechtsprechung vom BAG ganz allgemein als Anhaltspunkt für die Abgrenzung zwischen Selbstständigen und Unselbstständigen verwendet wurde (→ § 2 Rn. 20 f.).

4. Mit den Einzelkriterien zeitlicher, örtlicher und sachlich-organisatorischer Abhängigkeit. Aussagestärkstes Kriterium ist das dritte, das die Einbindung des Arbeitnehmers in die Organisation des Arbeitnehmers meint (→ § 2 Rn. 27).

5. Die Rot-Kreuz-Schwester erbringt Dienstleistungen auf der Basis der Vereinsmitgliedschaft in ihrer Schwesternschaft und unterfällt daher nicht dem Arbeitsrecht (vgl. jetzt aber *EuGH* NZA 2017, 41, wonach Rote-Kreuz-Schwestern der Leiharbeitsrichtlinie unterfallen sollen); der Ordensangehörige hat sich durch ein besonderes Gelübde auf Lebenszeit seiner religiösen Gemeinschaft zum Dienst verschrieben und unterfällt von vornherein nicht dem staatlichen, sondern dem entsprechenden religiösen Rechtskreis; der Soldat steht aufgrund der freiwilligen Verpflichtung in einem Wehrdienstverhältnis, das als öffentlich-rechtliches Dienst- und Treueverhältnis nicht den privatrechtlichen Arbeitsverhältnissen zuzurechnen ist, sondern durch besonderes Gesetz (Soldatengesetz) geregelt ist (→ § 2 Rn. 14 ff.).

6. Der Chefarzt verrichtet seine Arbeit zwar fachlich weisungsfrei, wird aber dennoch wegen seiner sachlich-organisatorischen Abhängigkeit vom Krankenhausträger als Arbeitnehmer eingestuft. Der freiberuflich tätige Arzt dagegen kann seine Arztpraxis nach eigenen Vorstellungen organisieren (Arbeitssouveränität → § 2 Rn. 20).

7. Allein die örtliche Trennung vom herkömmlichen Betrieb lässt die Arbeitnehmerstellung noch nicht entfallen. Vielmehr entscheidet der Grad der „telekommunikativen Abhängigkeit" der häuslichen Arbeitskraft darüber, ob fehlende Arbeitssouveränität und damit Arbeitnehmereigenschaft zu bejahen ist oder nicht (z.b. online-Kommunikation, kurze Erledigungsfristen, Benutzung der Arbeitsmittel des Arbeitgebers etc. → § 2 Rn. 25).

8. „Wirtschaftliche Abhängigkeit" ist für die Abgrenzung des Arbeitnehmers vom Selbstständigen ein unpassender und unscharfer Begriff, der auch nicht das entscheidende Kriterium der „Weisungsabhängigkeit" trifft. Wirtschaftlich abhängig können kleine Handwerker ebenso sein wie große Zuliefererfirmen. Bei der vom BAG betonten „persönlichen Abhängigkeit" geht es dagegen nicht um eine „tatsächliche" Abhängigkeit, sondern um die konkrete, aufgabenbezogene „rechtliche" Weisungsabhängigkeit vom Arbeitgeber (→ § 2 Rn. 21). Als Gesetzesbegriff findet sich die wirtschaftliche Abhängigkeit nur bei der Definition der „arbeitnehmerähnlichen Person"; diese ist nicht Arbeitnehmer, sondern ein sozial schutzbedürftiger Selbstständiger (→ § 2 Rn. 28).

9. Die gesetzliche Definition findet sich in § 12a Abs. 1 Nr. 1 TVG. Diese gilt jedoch nur für das Tarifvertragsrecht. In der arbeitsrechtlichen Praxis spielt sie aber deshalb kaum eine Rolle, weil ihr arbeitsrechtliche Ansprüche fast nur nach Maßgabe bestimmter Tarifverträge zustehen, die aber sehr selten abgeschlossen werden.

10. Die Arbeitnehmerüberlassung wird als Dreiecks-Konstruktion durch drei Rechtsbeziehungen charakterisiert: (1) Das Valutaverhältnis zwischen Arbeitnehmer und Verleiher als ein Arbeitsverhältnis „zugunsten Dritter", vgl. §§ 611a, 328 BGB; (2) Das Deckungsverhältnis zwischen Verleiher und Entleiher in Gestalt eines Dienstverschaffungsvertrags (§ 611 BGB – ANÜ-Vertrag); (3) Das Leistungsverhältnis zwischen Arbeitnehmer und Entleiher gem. § 106 GewO, in dem der Arbeitsvollzug geschieht und zulasten des Entleihers Schutz- und Nebenpflichten bestehen (→ § 2 Rn. 35). Zweck des AÜG ist es, den Missbrauch von Leiharbeit durch den Erlaubnisvorbehalt zu verhindern und den Arbeitnehmer u.a. durch das „Equal Pay"-Gebot vor Ausbeutung zu schützen (→ § 2 Rn. 36).

Antworten zu § 3

1. Wegen der ausgeprägten Klassengesellschaft im 19. Jahrhundert wurde der theoretisch „freie" Arbeitsvertrag praktisch zur Legitimation privater Willkür in gesellschaftlichen Herrschaftsverhältnissen missbraucht. Erst im Zuge der Modernisierung und Nivellierung der bürgerlichen Gesellschaft können sich Arbeitgeber und Arbeitnehmer im Wege annähernd gleichgewichtiger Vertragsverhandlungen auf dem Boden der Gleichordnung begegnen. Ökonomisch ist der Arbeitsvertrag als Langzeitvertrag (Dauerschuldverhältnis) zwingend ein sog. „unvollständiger Vertrag", der ex ante nur wenige Rahmenbedingungen regeln kann und ständiger Konkretisierung während des Vertragsvollzugs bedarf (z.b. durch tarifliche und betriebliche Kollektivregelungen oder durch das Weisungsrecht → § 4 Rn. 4).

2. Wegen der (historisch bedingten) wichtigen Regelungsbefugnis der Gewerkschaften und Arbeitgeberverbände einerseits (Tarifebene) und der Betriebsräte mit dem Arbeitgeber andererseits (Betriebsebene). Es kommt dadurch häufig zu nicht überschneidungsfreien Regelungen (→ § 3 Rn. 3).

3. Die alte Regelung ist § 4 Abs. 3 TVG (→ § 3 Rn. 9); die neuere Formulierung findet sich in § 28 Abs. 2 Satz 1 SprAuG (→ § 3 Rn. 38).

4. • Ist die höherrangige Regelung wirksam?

- Welcher Regelungsinhalt ergibt sich nach Auslegung?
- Gibt es eine inhaltliche Kollision mit dem Arbeitsvertrag?
- Nach welchem Prinzip soll die Kollision aufgelöst werden (→ § 3 Rn. 19)?
5. Art. 9 Abs. 3 S. 2 GG (→ § 3 Rn. 26).
6. Es stehen sich die Grundrechte nach Art. 2 Abs. 1 GG (freie Entfaltung der Persönlichkeit) einerseits und nach Art. 12 Abs. 1 GG (Berufsfreiheit, hier in Gestalt der vertraglichen Bindung an die unternehmerischen Interessen des Arbeitgebers) andererseits gegenüber. Die Güter- und Interessenabwägung beider Grundrechtspositionen muss zu einem möglichst schonenden Ausgleich führen. Hier wird der Angestellte wegen seiner Funktion als „Aushängeschild" am Bankschalter sich den (möglicherweise sehr subjektiven) Weisungen in Bezug auf sein Aussehen wohl fügen müssen. Anders wäre zu entscheiden, hätte der Angestellte keinen Kundenkontakt.
7. Bei der Umsetzung völkerrechtlicher Pflichten im herkömmlichen Sinn wird das Umsetzungsergebnis keiner Kontrolle unterworfen, während die Umsetzung von EU-Richtlinien durch den EuGH in einem rechtsförmigen Verfahren kontrolliert und sanktioniert werden kann (→ § 3 Rn. 29).
8. Das Gewohnheitsrecht kann nur bei lang anhaltender und allgemein feststehender Rechtsüberzeugung als Rechtsquelle gelten, die freilich ihrerseits richterlicher Feststellung bedarf, um wirksam zu sein. Das Richterrecht selbst dagegen bindet allenfalls faktisch, nicht aber rechtlich, weil es sich durch gewandelte Erkenntnisse immer verändern kann (→ § 3 Rn. 31 ff.).
9. Weil der Organisationsgrad unter den Arbeitnehmern auf durchschnittlich ca. 20 % zurückgegangen ist, ist die Mehrheit der Beschäftigten ohne Organisationszugehörigkeit und muss daher durch Bezugnahmeklauseln auf geltende Tarifinhalte verpflichtet werden (→ § 3 Rn. 43).
10. Die Betriebsvereinbarung hat den großen Vorteil, dass sie anders als dem Vertragsrecht unterfallende Gesamtzusagen ohne Nachwirkung wieder gekündigt werden kann, jedenfalls solange freiwillige Sozialleistungen geregelt werden sollen (§ 77 Abs. 5 u. 6 BetrVG).
11. Die „Betriebliche Übung" lässt sich rechtsdogmatisch als Anwendungsfall der konkludenten Vertragsbindung betrachten (→ § 3 Rn. 50).
12. Soll es sich um einen Arbeitsvertrag handeln, so muss dem Arbeitgeber die Konkretion der vertraglich vereinbarten Arbeitsaufgabe im Wege des Weisungsrechts zustehen; andernfalls wäre nicht eine abhängige Arbeitsleistung nach fremder Weisung geschuldet, sondern eine freie Dienstleistung (→ § 3 Rn. 52).

Antworten zu § 6

1. Es wirkten hier die Anfänge der Arbeitsgerichtsbarkeit nach, die zum Einen ein deutliches Misstrauen gegen die ordentliche Justiz, zum Anderen der Vorrang schiedsrichterlichen Wirkens prägte. Rechtsanwälte waren Vertreter professioneller Jurisprudenz und zudem Verursacher hoher Kosten, so dass auf ihre Zulassung bis zum AOG 1934 verzichtet worden war. Verbandsvertreter hingegen waren seit damals als die sachnächsten Interessenvertreter von Arbeitnehmern einerseits und Arbeitgebern andererseits zugelassen (→ § 5 Rn. 4).
2. Die Zweiteilung in Urteils- und Beschlussverfahren, die Beteiligung ehrenamtlicher Richter in allen Instanzen, die Besonderheit des sog. „Gütetermins", die besonders zügige Erledigung der Verfahren, die kostengünstige Ausgestaltung des Verfahrens sowie die besondere Beteiligung der Koalitionen (→ § 5 Rn. 6 f.).

3. Im Beschlussverfahren werden nach § 2a ArbGG kollektiv-rechtliche Streitfragen durch die entsprechenden Organe der Betriebs- und Unternehmensverfassung zur Entscheidung gebracht. Ausnahmsweise sind allerdings auch im Beschlussverfahren einzelne Arbeitnehmer antragsbefugt, soweit es um ihre betriebsverfassungsrechtliche Stellung etwa als leitende Angestellte geht (Wahlrecht).

4. Weil die Arbeitnehmereigenschaft „doppelrelevante" klägerische Behauptung ist, kann nur das Arbeitsgericht endgültig über die Zulässigkeit und Begründetheit der Klage entscheiden. Eine Abweisung wegen Unzulässigkeit mit anschließender Verweisung an eine andere Gerichtsbarkeit (§ 17a Abs. 2 GVG) wird in solchen Fällen dem Anliegen des Klägers nicht gerecht und ist sinnlos (→ § 6 Rn. 4 ff.).

5. Auf den ersten Blick könnte man auch die Klage des Geschäftsführers einer GmbH als „sic non"-Klage ohne weiteres dem Arbeitsgericht zuweisen. Dem steht aber der Wortlaut des § 5 Abs. 1 S. 3 ArbGG entgegen, wonach in Betrieben einer juristischen Person die kraft Gesetzes zur Vertretung Berufenen nicht als Arbeitnehmer gelten. Die Fiktion der Vorschrift gilt gerade für das der Organstellung zu Grunde liegende Rechtsverhältnis. Sie greift unabhängig davon ein, ob sich dieses materiell als freies Dienstverhältnis oder als Arbeitsverhältnis darstellt. § 5 Abs. 1 S. 3 ArbGG greift sogar dann ein, wenn objektiv feststeht, dass das Geschäftsführer-Anstellungsverhältnis ein Arbeitsverhältnis ist (*BAG* NJW 1999, 3069).

6. Weil der Drei-Wochen-Fristlauf der Kündigungsschutzklage nach § 4 S. 1 KSchG an den Zugang einer ganz bestimmten Kündigung anknüpft, kann sich der Streitgegenstand dieser Klage nur auf die Unwirksamkeit der ganz bestimmten Kündigung beziehen (punktueller Streitgegenstand, → § 6 Rn. 19).

7. Wird bei zwei verschiedenen Anträgen nur ein einziger Streitgegenstand, hier der des § 4 KSchG, dargelegt, ohne dass besondere Tatsachen für das allgemeine Feststellungsinteresse nach § 256 ZPO ausgeführt werden, so ist der allgemeine Feststellungsantrag wegen fehlenden Rechtsschutzinteresses als unzulässig abzuweisen (→ § 6 Rn. 24, vgl. auch *BAG* NJW 2006, 395).

8. Ein Feststellungsinteresse könnte wegen des bereits beendeten Arbeitsverhältnisses fehlen, so dass die Leistungsklage vorzuziehen wäre. Jedoch wird wegen der langfristig gestreckten Ruhegeldverbindlichkeit auch die Feststellungsklage bejaht, weil es sich beim sog. Ruhestandsverhältnis um ein an das Arbeitsverhältnis anschließendes nachwirkendes Rechtsverhältnis zwischen Arbeitgeber (Versorgungsschuldner) und Arbeitnehmer (Versorgungsgläubiger) handelt. Deshalb ist bei Unklarheit über Grund und Höhe des Ruhegeldanspruchs zu einer Feststellungsklage zu raten (→ § 6 Rn. 31).

9. a) Auch während der Elternzeit ist dem Arbeitnehmer ein Feststellungsinteresse nicht abzusprechen, weil bereits jetzt feststehende Unsicherheiten über den Bestand des Arbeitsverhältnisses schon vor Ablauf der Elternzeit klärungsbedürftig sind. Das Feststellungsinteresse setzt keine aktuellen Vergütungs- und Arbeitspflichten voraus, sondern lediglich ein (wenn auch ruhendes) Arbeitsverhältnis.

b) Geht es um die Weiterbeschäftigung nach Betriebsübergang (§ 613a BGB), so sollte sinnvollerweise die Feststellungsklage gegen den Betriebserwerber gerichtet werden, weil die Rechtsunwirksamkeit der Kündigung des Betriebsveräußerers als Vorfrage inzident zu prüfen ist (*BAG* NZA 2000, 369).

Antworten zu § 7

1. Die bloße Ausschreibung einer Stelle begründet für sich alleine noch kein vorvertragliches gesetzliches Schuldverhältnis aus c.i.c.; hierzu bedarf es konkreter Vor-

verhandlungen, die geeignet sind, zurechenbare vorvertragliche Verhaltenspflichten auszulösen (→ § 7 Rn. 2, 3).

2. Unterschiede resultieren daraus, dass § 15 AGG der europäischen Rechtsquelle entsprechend neben Schadensersatzansprüchen auf das positive Interesse (§ 15 Abs. 1 AGG) auch immaterielle „Entschädigungsansprüche" mit Sanktionscharakter (§ 15 Abs. 2 AGG → § 7 Rn. 12 ff.) auslöst. Die Rechtsfolgen aus c.i.c. entsprechen dagegen denen des § 249 Abs. 1 BGB und gewähren den kausal verursachten sog. Vertrauensschaden (negatives Interesse) im Sinne des deutschen Schadensrechts (→ § 7 Rn. 9, 10). Beiden Ansprüchen gemeinsam ist der Ausschluss eines Anspruchs auf Einstellung.

3. Wohl ja, weil der kirchliche Arbeitgeber hier geltend machen kann, dass das weibliche Geschlecht „unverzichtbare Voraussetzung für diese Tätigkeit ist" (§ 8 Abs. 1 AGG). Das resultiert aber weniger aus der Besonderheit der Schwangerschaftsberatung als aus der besonderen verfassungsrechtlichen Stellung kirchlicher Beratungsstellen, die nach Art. 140 GG i.V.m. Art. 137 Abs. 3 S. 1 WRV im Rahmen ihres Selbstbestimmungsrechts auch über geschlechtsspezifische Besonderheiten ihrer kirchlichen Beratung autonom von staatlichem Recht entscheiden dürfen. Deshalb kommt auch eine Rechtfertigung der unterschiedlichen Behandlung nach § 9 AGG in Betracht, da hier eine gerechtfertigte berufliche Anforderung unter Beachtung des Selbstverständnisses der Kirche vorliegen könnte.

4. Kann eine schwangere Bewerberin aufgrund ihrer „besonderen Umstände" während der von vornherein nur befristeten Tätigkeit als Schwangerschaftsvertretung wegen besonderer Gesundheitsrisiken nicht eingesetzt werden, so ist die angestrebte Beschäftigung rechtlich unmöglich und erlaubt daher eine entsprechende Nachfrage oder, bei entsprechender Falschbeantwortung, eine Anfechtung der befristeten Einstellung (→ § 7 Rn. 8, a.A. aber EuGHE I 2000, 549 – Mahlburg).

5. Die Naturalrestitution aus § 249 BGB kann als Sekundäranspruch nur das „negative Interesse" befriedigen, nicht aber dazu führen, dass der erstrebte Primäranspruch, nämlich die Vertragsbindung, als „Schadensersatz" gewährt wird (→ § 7 Rn. 10); das wäre nicht mehr „Wiederherstellung" eines status quo, sondern Neuherstellung einer darüber hinausgehenden Lage.

6. Für einen Einstellungsanspruch spricht hier die unmittelbare Drittwirkung des Art. 9 Abs. 3 S. 2 GG, dagegen, dass die vergleichbare Vorschrift des § 15 Abs. 6 AGG bei verbotener Benachteiligung den Einstellungsanspruch ausdrücklich nicht gewährt, um die Privatautonomie des Arbeitgebers nicht verfassungswidrig einzuschränken (→ § 7 Rn. 18).

7. Die Gesamtnichtigkeit des Arbeitsverhältnisses würde den Arbeitnehmer stärker belasten als den Arbeitgeber, der in aller Regel für die Nichtigkeit einzelner Vertragsbedingungen die Verantwortung trägt. Aus diesem Grund ist zwischen der Nichtigkeit einzelner Vertragsbedingungen und der Gesamtnichtigkeit des Arbeitsverhältnisses genau zu differenzieren. Nur bei besonders krassen Formen rechtswidriger und öffentlich zu missbilligender Arbeitsleistung kann daher Gesamtnichtigkeit angenommen werden. Die Regel ist dagegen bloße Teilnichtigkeit einzelner Arbeitsbedingungen bei Fortbestand des Arbeitsvertrags im Ganzen (→ § 7 Rn. 40 ff.).

8. Während das konstitutive Schriftformgebot die Begründung von Arbeitsverhältnissen erschweren und tendenziell den Arbeitnehmer benachteiligen würde, ist die Interessenlage bei der Beendigung des Arbeitsverhältnisses gerade umgekehrt: Hier soll der Arbeitgeber durch das Schriftformgebot zu einer nachprüfbaren und gut durchdachten Entscheidung gezwungen werden; die Nichtigkeit aufgrund § 125 S. 1 BGB für den Fall der Nichteinhaltung der Schriftform begünstigt tendenziell den Arbeitnehmer.

9. Die Vereinbarung von 800,– € brutto monatlich für eine wöchentliche Arbeitszeit von 35 Stunden als Rechtsanwalt ist nach § 138 Abs. 1 BGB wohl als nichtig zu betrachten mit der Folge, dass an die Stelle der nichtigen Vergütungsvereinbarung die übliche Vergütung nach § 612 Abs. 2 BGB tritt (vgl. *LAG Hessen* NJW 2000, 3372 sowie *AnwGH NRW* NJW 2008, 668).

10. Bei einer auflösenden Bedingung handelt es sich grundsätzlich um eine zulässige Vertragsgestaltung, die jedoch nicht objektiv funktionswidrig zur Umgehung des Kündigungsschutzes verwendet werden darf. Sie ist deshalb ähnlich wie die Befristung auf ihre sachliche Rechtfertigung zu überprüfen. Die vorliegende Klausel hat den Sinn, die eigenmächtige Urlaubsverlängerung schon im Ansatz durch Vertragsgestaltung zu unterbinden. Sie erspart dem Arbeitgeber die sonst notwendige (fristlose) Kündigung. Sie umgeht damit aber die bei der Kündigung veranlasste Prüfung der einzelnen Umstände der Urlaubsverlängerung und mutet dem Arbeitnehmer den Verzicht auf den zwingenden Kündigungsschutz zu. Sie ist daher unzulässig.

11. Die Anfechtung schützt die Einstellungsfreiheit des Arbeitgebers, indem sie Störungen bei der Willensbildung vor Einstellung korrigiert, während die Kündigung von einem wirksam zu Stande gekommenen Vertrag ausgeht und während des Vollzugs auftretende Störungen als sog. Vertragsdurchführungsprobleme sanktionieren möchte.

12. Hier stellt sich die Frage, ob mit der Kündigung gleichzeitig auch eine Anfechtung erklärt werden soll. Davon ist in aller Regel nicht auszugehen, wenn ein bereits langjährig praktiziertes Arbeitsverhältnis durch Kündigung aufgrund Vertragspflichtverletzung aufgelöst werden soll. Die Anfechtung kann nur dann im Wege der Auslegung bejaht werden, wenn es ersichtlich (auch) um Willensmängel bei Einstellung geht.

Antworten zu § 8

1. Die geschuldete Vergütung ist ein wesentlicher Vertragsbestandteil. Bei fehlender Vergütungsvereinbarung wird sie über § 612 Abs. 1 BGB fingiert, damit der Arbeitsvertrag wirksam zustande kommen kann. Ist eine Vergütung ausdrücklich oder konkludent vereinbart oder gilt sie über § 612 Abs. 1 BGB als vereinbart, fehlt aber eine Vereinbarung über ihre Höhe, so greift § 612 Abs. 2 BGB ein. Danach gilt die „übliche" Vergütung als vereinbart. Was „üblich" ist, muss anhand der im konkreten Einzelfall einschlägigen Entgeltbestimmungsquellen ermittelt werden (→ § 8 Rn. 3).

2. Das Entgelt im engeren Sinn („laufendes Entgelt") vergütet die laufende Arbeitsleistung. Es umfasst die Grundvergütung sowie regelmäßige Zulagen/Zuschläge und Provisionen. Es steht im Gegenseitigkeitsverhältnis mit der Arbeitsleistung. Demgegenüber werden Sondervergütungen (§ 4a S. 1 EFZG) aus besonderem Anlass zusätzlich zum laufenden Entgelt gewährt. Sie dienen besonderen Zwecken, die nach Auslegung der Anspruchsvoraussetzungen einzelfallbezogen ermittelt werden müssen, §§ 133, 157 BGB. In der Regel liegt bei unbedingten Zusagen Entgelt i.e.S., bei einer Zusage unter Freiwilligkeits- oder Widerrufsvorbehalt Entgelt i.w.S. vor (→ § 8 Rn. 6 ff.).

3. Ein Zusammenhang zwischen Sondervergütung und „freiwilliger" Leistung besteht insofern, als Sondervergütungen häufig mit einem (notwendigerweise ausdrücklichen) Freiwilligkeitsvorbehalt versehen werden und damit den Charakter einer „freiwilligen" Leistung erhalten. Der Arbeitgeber schließt damit das Entstehen einer betrieblichen Übung aus, um sich für die Zukunft nicht binden zu müssen. Doch ist der Anspruch auf die konkret (einmalig) versprochene Leistung rechtsverbindlich entstanden. Unzulässig ist der Freiwilligkeitsvorbehalt jedoch bei Leistungen, die als

Entgelt i.e.S. synallagmatisch an die Arbeitsleistung gebunden und daher nach Leistung „verdient" sind und nicht mehr entzogen werden können (→ § 8 Rn. 11).

4. Die Entgeltabsenkung wird durch den Tarifvertrag verhindert, solange dieser normativ (unmittelbar) gilt (§§ 3, 4 TVG). Erst nach Ablauf der Tarifbindung (§ 3 Abs. 3 TVG) oder bei nur schuldrechtlicher Bezugnahme auf den Tarifvertrag kann eine untertarifliche Bezahlung vereinbart werden, was aber Einvernehmen mit dem Arbeitnehmer voraussetzt. Gegen den Willen des Arbeitnehmers kann das Entgelt im Wege der Änderungskündigung (§ 2 KSchG) nur durchgesetzt werden, wenn eine Existenzgefährdung des Unternehmens nachgewiesen werden kann (→ § 8 Rn. 20).

5. a) Entgeltregelungen können durch die Tarifparteien an den Betriebsrat delegiert werden, freilich nur insoweit, als sich die Tarifparteien damit nicht komplett einer Regelung enthalten (sonst Verstoß gegen Art. 9 Abs. 3 GG).

   b) Ohne tarifvertragliche Ermächtigung können Betriebsvereinbarungen nach §§ 87 Abs. 1 Nr. 10, 11 BetrVG über außer- oder übertarifliche Zulagen, aber auch Prämienzahlungen und sogar ganze Vergütungssysteme abgeschlossen werden, soweit eine tarifliche Regelung tatsächlich nicht vorliegt oder der Arbeitgeber ganz ohne Tarifbindung auskommen will.

   c) Der Betriebsrat kann in jedem Fall nur über die Verteilungsgrundsätze (Strukturfragen) mitbestimmen, aber nicht über die Entgelthöhe (Ausnahme bei Leistungsentgelten wie z.B. Zeitakkord).

6. Unter einer „negativen" betrieblichen Übung im Entgeltbereich versteht man, dass die Abänderung oder Abschaffung einer betrieblichen Übung nicht durch Änderungskündigung oder -vereinbarung erfolgt, sondern ihrerseits jahrelang hingenommen wird und damit die Bindung an die Entgeltregelung beseitigen kann. Diese Rechtsprechung des *BAG* wurde mit Urteil v. 18.3.2009 (NJW 2009, 2475 = NZA 2009, 601) wegen der Unvereinbarkeit mit § 308 Nr. 5 BGB (Klauselverbot für fingierte Willenserklärungen) zutreffend aufgegeben. Arbeitnehmer müssen also nicht etwa einer neuen Handhabung oder Abschaffung eingeführter betrieblicher Übungen widersprechen, um entsprechende Ansprüche einklagen zu können (→ § 8 Rn. 26).

7. Fälligkeit der Entgeltzahlung tritt gem. § 614 BGB erst nach Erbringung der Arbeitsleistung ein.

8. Die Einrede der Verjährung (§ 214 Abs. 1 BGB) hemmt die Durchsetzung der Entgeltforderung dauerhaft, wenn sich der Arbeitgeber auf sie beruft. In der Praxis wird die gesetzliche Frist des § 195 BGB verkürzt durch tarifliche oder vertragliche Ausschlussfristen, die den Entgeltanspruch mit Ablauf der Frist untergehen lassen. Der Arbeitgeber braucht sich vor Gericht nicht auf die Ausschlussfrist berufen, da sie von Amts wegen zu beachten ist (Einwendung → § 8 Rn. 39 f.). Formularvertragliche Ausschlussklauseln sind jedoch einer strengen Inhaltskontrolle zu unterziehen, § 307 Abs. 1, 2 BGB.

9. A hat von 8.00 bis 9.30 Uhr nicht gearbeitet und daher grundsätzlich keinen Anspruch auf Lohnzahlung. Der Anspruch könnte jedoch nach § 616 S. 1 BGB ausnahmsweise dennoch bestehen, wenn es sich bei der versäumten Arbeitszeit um eine vertraglich vereinbarte Speziesschuld (Fixschuld) gehandelt hätte. Eine solche Fixschuld (Arbeitspflicht) ist aber nur für die sog. Kernzeit anzunehmen. Während der Gleitzeit besteht dagegen keine Arbeitspflicht, so dass der (medizinisch notwendige) Arztbesuch nicht ursächlich für den Arbeitsausfall war. Vielmehr ist A gehalten, den Arbeitsausfall anderweit nachzuholen (→ § 8 Rn. 44; 58).

10. Wegen des Fixschuldcharakters der Arbeitsleistung kommt eine Nachholung der Arbeit in der Regel nicht in Betracht (Ausnahme z.B. bei Gleitzeit, s.o. Frage 9). Mit Zeitablauf wird die Leistung unmöglich, die nachgeholte Arbeit ist eine andere als die

ursprünglich geschuldete. Da somit die Leistung mit Verzug sogleich unmöglich wird, wäre Annahmeverzug logisch ausgeschlossen; es handelt sich um „Annahmeunmöglichkeit“. Weil danach § 615 BGB als Verzugsregelung keinen Anwendungsbereich hätte, wird diese Konsequenz durch eine erweiternde Auslegung des § 615 BGB vermieden (→ § 8 Rn. 47 f.).

11. a) Da nach der Betriebsrisikolehre (frühere h.M.) bzw. nach § 615 S. 3 BGB (h.M.) der Arbeitgeber die „Substratsgefahr“ trägt, d.h. er für das Funktionieren der betrieblichen Arbeit verantwortlich ist, trägt er zugleich auch die Entgeltgefahr. Hier kann der Arbeitgeber die Bauarbeiter aus betriebstechnischen Gründen nicht beschäftigen, so dass er zur Lohnfortzahlung verpflichtet bleibt (→ § 8 Rn. 48; 53).

   b) Für die Bauarbeiter gilt hier das Gleiche wie oben a): Auch wenn der Arbeitgeber seine Arbeitskräfte unverschuldet nicht beschäftigen kann, trägt er die Entgeltgefahr (→ § 8 Rn. 48; 53). Der Bauarbeiter Rudolf hingegen hat keinen Lohnanspruch für die Zeit, in der nicht gearbeitet wurde. Es liegt Unmöglichkeit gem. § 275 BGB vor, die vom Gläubiger Rudolf gem. § 326 Abs. 2 BGB überwiegend zu verantworten ist, so dass der Arbeitgeber zur Entgeltverweigerung berechtigt ist (→ § 8 Rn. 45; 48 – nach Schadensersatzansprüchen bzw. Kündigungsmöglichkeiten gegenüber R, die zweifellos gegeben sind, ist hier nicht gefragt!).

   c) Entscheidend ist hier die Frage, ob die Fernwirkungen der Bestreikung des Zementwerks zu einer Störung der „Kampfparität“ geführt haben. Das wäre zu bejahen, wenn die Arbeiter der A-GmbH mittelbar am Ergebnis des Streiks teilhaben. Davon ist hier wohl auszugehen (fachliche und örtliche Branchengleichheit), so dass nach den Grundsätzen des „Arbeitskampfrisikos“ abweichend von § 615 BGB ein Anspruch auf Entgeltfortzahlung nicht besteht, wenn tatsächlich nicht gearbeitet werden konnte (→ § 8 Rn. 56).

12. Vor der spezialgesetzlichen Verselbstständigung der Regelung über die Entgeltfortzahlung wegen Krankheit befand sich diese in § 616 Abs. 2 BGB, galt hier freilich nur für Angestellte, für die kein Spezialgesetz wie z.B. das HGB galt. Ohne eine arbeitsrechtliche Sonderregelung wären §§ 275 Abs. 1, 326 Abs. 1 BGB anwendbar und damit der Grundsatz „Ohne Arbeit kein Lohn“ (→ § 8 Rn. 62).

13. Der Anspruch auf Elterngeld besteht nicht gegenüber dem Arbeitgeber. Er ist als öffentliche Sozialleistung ausgestaltet, die durch die Sozialbehörden erbracht wird (§§ 1 ff. BEEG). Streitigkeiten über den Anspruch sind öffentlich-rechtlicher Natur und daher der Sozialgerichtsbarkeit zugewiesen (§ 13 BEEG → § 8 Rn. 77).

14. Der Sonderurlaub vermag, sofern er nicht eine Freistellung zu Weiterbildungszwecken darstellt, keine Entgeltfortzahlungsansprüche auszulösen, anders als der Erholungsurlaub nach BUrlG (§ 1 i.V.m. § 11 BUrlG → § 8 Rn. 83)

15. Der Arbeitnehmer hat ein Zurückbehaltungsrecht nach § 273 BGB, sobald er einen fälligen und noch nicht erfüllten Lohnanspruch hat.

16. Gemäß § 10 EntgTranspG haben Arbeitnehmer einen Anspruch auf Auskunft über den Median des durchschnittlichen monatlichen Bruttoentgelts und bis zu zwei einzelner Entgeltbestandteile von Beschäftigten des anderen Geschlechts, die mit vergleichbaren Tätigkeiten im Betrieb befasst sind. Dieser Anspruch besteht allerdings nur für Arbeitnehmer, die in einem Betrieb mit regelmäßig *über 200 Beschäftigten* arbeiten (→ § 8 Rn. 109 f.).

Antworten zu § 9

1. Eine sehr detaillierte Festlegung der Arbeitsaufgabe steckt für den Arbeitgeber einen sehr engen Rahmen ab, innerhalb dessen er sein einseitiges Weisungs- bzw. Direktionsrecht (§§ 611a Abs. 1 S. 2 BGB, 106 GewO) ausüben kann. Nachteil der vertraglichen Festlegung ist für den betroffenen Mitarbeiter die geringere Versetzbarkeit und damit auch leichtere Kündbarkeit bei Wegfall des Arbeitsplatzes (→ § 9 Rn. 3).

2. Ein Entgeltanspruch des „Ersatzmanns" entbehrt jeder vertraglichen Grundlage. Zu denken wäre an einen Vergütungsanspruch nach den Grundsätzen des fehlerhaften Arbeitsverhältnisses oder einen bereicherungsrechtlichen Ausgleich. Auch dieser ist hier zu verneinen, denn dem Arbeitgeber wurde hier die Arbeitsleistung von Albert aufgedrängt. Ein Anspruch nach den §§ 812 ff. BGB oder den Grundsätzen des fehlerhaften Arbeitsverhältnissen würde zumindest voraussetzen, dass beide Parteien die Beschäftigung von Albert gewollt haben (*BAG* NJW 2000, 1438, 1439). Was den Entgeltanspruch von Anton betrifft, so ist hier schlicht auf den Grundsatz „Ohne Arbeit kein Lohn" zu verweisen (→ § 7 Rn. 53; § 8 Rn. 42; § 9 Rn. 2).

3. Der Begriff der „Versetzung" ist nur in § 95 Abs. 3 BetrVG für die Zwecke der betrieblichen Mitbestimmung legal definiert als wesentliche Veränderung des „Arbeitsbereichs". Für die individualrechtliche Frage, ob die „Versetzung" vom Arbeitgeber einseitig angeordnet oder nur einvernehmlich geregelt werden kann, gibt der Begriff für sich aber nichts her. Vielmehr muss die Abgrenzung zwischen Vertragsänderung, d.h. Änderung der vereinbarten Arbeitsaufgabe (§ 311 Abs. 1 BGB), und zulässiger *Leistungsbestimmung* (Weisung, §§ 611a Abs. 1 S. 2 BGB, 106 GewO) z.B. kraft vertraglicher Versetzungsklausel je nach den Umständen des Einzelfalls getroffen werden (→ § 9 Rn. 11 f.).

4. Das Weisungsrecht des Arbeitgebers erstreckt sich nicht auf den Arbeitszeitumfang, sondern nur auf die *Arbeitszeitlage* (→ § 9 Rn. 15). Deshalb können auch Überstunden nicht einseitig angeordnet werden. Vielmehr muss das im Arbeitsvertrag geregelt werden, weil es sich um eine Erweiterung der vertraglichen Arbeitsverpflichtung handelt, die die Leistungs-Gegenleistungs-Relation („Synallagma") betrifft (→ § 9 Rn. 13). Die AGB-Kontrolle bei pauschalen Abgeltungsklauseln ist hier aber sehr kritisch (*BAG* NZA 2011, 575). Etwas anderes kann diesbezüglich nur für einen betrieblichen Notfall gelten.

5. Das Arbeitszeitgesetz ist als Arbeitnehmerschutzgesetz konzipiert (vgl. § 1 ArbZG). Deshalb setzt es am Gesundheitsschutz und an der Sonntagsruhe orientierte öffentlich-rechtliche Höchstgrenzen für die ansonsten flexiblen Regelungsmöglichkeiten der Vertrags- oder Betriebspartner. Innerhalb dieser Grenzen ist es möglich, Vereinbarungen über Umfang und Lage der Arbeitszeit, das Ableisten von Mehrarbeit etc. im Einzelvertrag oder per Betriebsvereinbarung zu treffen (→ § 9 Rn. 14).

6. Nach § 888 Abs. 3 ZPO i.V.m. § 62 Abs. 2 S. 1 ArbGG ist ein stattgebendes Urteil wegen des persönlichen Charakters der Arbeitsleistung *nicht vollstreckbar*. Ein Leistungsurteil kann lediglich zu einer pauschalisierten Entschädigung nach § 61 Abs. 2 ArbGG führen (→ § 9 Rn. 17).

7. Eine Verletzung von Nebenpflichten kann nur nach sorgfältiger Abwägung der gegenseitigen berechtigten Interessen nach dem Verhältnismäßigkeitsprinzip festgestellt werden: es kann immer nur um „angemessene" Berücksichtigung „berechtigter" Interessen gehen (→ § 8 Rn. 104; § 9 Rn. 18).

8. Problematisch dürfte diese Regelung vor allem im Blick auf die Drittwirkung von Art. 5 Abs. 1 GG (Meinungsfreiheit) sein. Grundsätzlich darf sich auch ein Profi-Sportler gegenüber den Medien kritisch über seinen Verein äußern, soweit nicht

dessen berechtigte Interessen unverhältnismäßig betroffen sind (z.B. Ausplaudern von „Geschäftsgeheimnissen", d.h. auch von Vereinsinternas). Letztlich trifft den Berufsfußballspieler wegen seiner besonderen Öffentlichkeitswirkung eine besondere Verantwortung ähnlich der von leitenden Angestellten (→ § 9 Rn. 22 f.). Doch rechtfertigt das keinen generellen Genehmigungsvorbehalt wie im DFB-Musterstatut.

9. Wegen des Überwiegens von unselbstständigen Nebenpflichten kommt eine eigenständige Sanktion regelmäßig nur bei solchen (selbstständigen!) Verhaltenspflichten des Arbeitnehmers in Betracht, die eine vom Arbeitsverhalten getrennte Beurteilung erlauben und nicht zwangsläufig auf das Arbeitsverhalten, d.h. auf die Hauptleistungspflicht durchschlagen (z.B. Verletzung von Wettbewerbsverboten, § 61 HGB, → § 9 Rn. 25).

10. Bereits damals wurde die den Betriebsfrieden stark gefährdende zivilrechtliche Abwicklung solcher Schadensfälle unter Betriebsangehörigen erkannt. So hat der Gesetzgeber schon 1884 die gesetzliche Unfallversicherung eingeführt, um die durch das Haftungsrecht des BGB nicht gewährleistete „soziale Dimension" zu ermöglichen – also „Haftungsersetzung durch Versicherungsschutz" auf Kosten der Arbeitgeber (→ § 9 Rn. 27).

11. Auszug aus dem Urteil des Großen Senats des BAG vom 27. 9.1994 (NJW 1995, 210, 212):

> *Mit der Eingliederung in die Betriebsorganisation und den faktischen Gegebenheiten des Arbeitsprozesses (z.B. der Art der vorhandenen, oft besonders wertvollen technischen Anlagen, der Ausgestaltung der Arbeitsorganisation und des Produktionsverfahrens mit qualitativen und quantitativen Anforderungen an die Arbeitsprodukte) wird die Berufsausübung des Arbeitnehmers gesteuert. Der Arbeitnehmer kann den vorgegebenen Arbeitsbedingungen in der Regel weder tatsächlich noch rechtlich ausweichen. Aufgrund des Weisungsrechts bestimmt der Arbeitgeber die arbeitsvertraglich geschuldete Arbeitsleistung. Er kann die Modalitäten der Arbeitsleistung (z.B. durch organisatorische oder technische Maßnahmen) gestalten. Auch den Umfang und die Lage der Arbeitszeit kann er im Rahmen der rechtlichen Grenzen vorgeben. Schließlich kann er auch den Ort der Arbeitsleistung nach Maßgabe der arbeitsvertraglichen Regelung festlegen. Damit prägt die vom Arbeitgeber gesetzte Organisation des Betriebs das Haftungsrisiko für den Arbeitnehmer. Kraft seiner Organisationsbefugnis kann der Arbeitgeber Bedingungen für Schadensrisiken schaffen, beibehalten oder verändern, z.B. Gefahrenmomenten entgegenwirken durch Veränderung der Arbeitsabläufe, durch bessere Überwachung oder durch Sicherheitsvorkehrungen. Durch den Abschluss einer Versicherung kann er sein Risiko häufig absichern. Die Verantwortung für die Organisation des Betriebs und die Gestaltung der Arbeitsbedingungen besteht gleichermaßen bei gefahrgeneigten Arbeiten i.S. der bisherigen Rechtsprechung und bei nicht gefahrgeneigten Tätigkeiten. Sie ist dem Arbeitgeber deshalb bei allen Arbeiten zuzurechnen, die durch den Betrieb veranlasst sind. Dies führt im Rahmen des § 254 BGB dazu, dass der Arbeitnehmer einen von ihm bei einer betrieblich veranlassten Tätigkeit verursachten Schaden nicht nach §§ 276, 249 BGB stets in vollem Umfang ersetzen muss, wenn ihn ein Verschulden an der Schadensverursachung trifft* (→ § 9 Rn. 32).

12. Ein ersatzfähiger Eigenschaden setzt voraus, dass ein Vermögensgegenstand betroffen ist, der mit Wissen und Wollen des Arbeitgebers für die Arbeitsleistung verwendet wurde. Das trifft wohl z.B. auf das dienstlich eingesetzte Kfz des Arbeitnehmers zu, nicht aber auf dessen bürgerliche Kleidung. Diese wird bei normaler Büroarbeit nicht „arbeitsspezifisch" aus Anlass der betrieblichen Tätigkeit eingesetzt. Der Treppensturz ist damit nicht eine *„erforderliche"* Tathandlung i.S.d. § 670 BGB. Ein Ersatz für den Rock scheidet demnach aus, es sei denn, dass Verkehrssicherungspflichten vernachlässigt worden wären (worüber der Sachverhalt nichts aussagt → § 9 Rn. 43).

Antworten zu § 10

1. Die Abschaffung des KSchG wäre nicht mit Art. 12 Abs. 1 GG vereinbar. Den Staat trifft nämlich eine aus dem Grundrecht der Berufsfreiheit folgende „Schutzpflicht" zu Gunsten der Arbeitnehmer, diese vor unberechtigten Kündigungen des Arbeitgebers zu bewahren. Bei der Ausgestaltung dieser Pflicht hat der Gesetzgeber zwar einen weiten Ermessensspielraum, der jedoch einen angemessenen Ausgleich von Arbeitgeber- und Arbeitnehmerinteressen gewährleisten muss. Eine Generalklausel wie § 242 BGB würde dem nicht gerecht. Der Gesetzgeber muss den Arbeitnehmer zumindest vor willkürlichen oder auf sachfremden Motiven beruhenden Kündigungen schützen und dies auch durch entsprechende gesetzliche Regeln klar und berechenbar vorsehen (vgl. *BVerfGE* 97, 169 → § 10 Rn. 1).

2. In der Praxis wird neben der Kündigung wohl am häufigsten der in § 623 BGB geregelte Auflösungsvertrag geschlossen, insbesondere bei höher qualifizierten Angestellten, die eine neue Stelle anstreben und nicht die häufig sehr lange Kündigungsfrist abwarten wollen (→ § 10 Rn. 23).

3. Für eine außerordentliche Kündigung nach § 626 BGB spricht, wenn nach Auslegung der Erklärungswille einer *sofortigen* Auflösung aus *wichtigem* Grund erkennbar wird. Ohne solche Anhaltspunkte kann in aller Regel nur die ordentliche Kündigung in Betracht gezogen werden (→ § 10 Rn. 8).

4. Die Kündigung nach § 623 BGB soll deshalb nur in der gesetzlichen Schriftform nach § 126 BGB wirksam sein, um einerseits zu verhindern, dass unüberlegte mündliche Kündigungen ausgesprochen werden (Warnfunktion), und andererseits den Tatbestand der Kündigungserklärung zuverlässiger klären zu können (Beweisfunktion). Bei der elektronischen Form nach § 126a BGB würde kraft ihrer EDV-förmigen Herstellung und Signatur die Tragweite der Erklärung möglicherweise unterschätzt, vor allem aber wäre der Empfang beim Arbeitnehmer nicht gewährleistet (→ § 10 Rn. 7).

5. Die Versendung des Kündigungsschreibens als „Einschreiben/Rückschein" (Unterfall des Übergabe-Einschreibens) ist deshalb nicht der sicherste Weg der Zustellung, weil es erst mit der *Aushändigung* des Originalschreibens zugeht, nicht jedoch schon mit der Benachrichtigung des Adressaten. Wird der Empfänger nicht angetroffen und holt er trotz Benachrichtigung die Sendung auch in der Folgezeit nicht ab, so ist der Zugang gescheitert, weil das Schreiben den Machtbereich des Empfängers nicht erreichen konnte (→ § 10 Rn. 14).

6. Während die Anfechtung wegen Willensmängeln beim Vertragsschluss ein Gestaltungsrecht zur „Vernichtung" des Vertrags ermöglicht, reagiert die Kündigung auf Störungen der vertraglichen Austauschbeziehung während des Vollzugs des Arbeitsvertrags. Deshalb sind die Vorschriften des Kündigungsschutzes nicht auf eine Anfechtung übertragbar, die der irrtumsfreien Willensbildung bei Vertragsschluss Geltung verschaffen soll (→ § 10 Rn. 16).

7. Monika wird sich erfolgreich gegen die Beendigung ihres Arbeitsverhältnisses wehren können, weil die Zweckbefristung eines Arbeitsvertrags nach §§ 3 Abs. 1, 14 Abs. 4 TzBfG der Schriftform insoweit bedarf, als daraus die Befristungsabrede als solche erkennbar werden muss. Mangels Befristungstermins kann bei der Zweckbefristung der Sinn der Vorschrift nur durch Benennung des Projekts erfüllt werden, bei dessen Ende auch die Beschäftigung beendet sein soll. Vorliegend erfüllte die Vertragsklausel aber diesen Zweck nicht; es handelt sich nur um eine Arbeitsplatzbeschreibung, nicht aber um eine Befristungsabrede (→ § 10 Rn. 19).

8. Ein Widerrufsrecht nach §§ 312b Abs. 1, 312g Abs. 1 BGB setzte voraus, dass es sich beim Arbeitnehmer um einen „Verbraucher" nach § 13 BGB handelte. Obwohl die

Anwendung des § 13 BGB auf den Arbeitnehmer nicht am Wortlaut scheitert, wird dabei doch teleologisch nicht sein Zweck getroffen: der Arbeitnehmer ist in seiner Vertragsbeziehung zum Arbeitgeber nicht Endverbraucher, sondern Dienstleister und fällt damit aus der Dichotomie der §§ 13, 14 BGB heraus. Im Übrigen könnte am Arbeitsplatz für den Arbeitnehmer auch keine Überrumpelungssituation im Sinne des § 312b Abs. 1 Nr. 1 BGB entstehen (→ § 10 Rn. 24).

9. Der von Paula geplante Widerspruch gegen den Betriebsübergang nach § 613a Abs. 5 BGB würde hier deshalb ins Leere gehen, weil Helmut sie nicht mehr weiterbeschäftigen kann: Er hat sein Geschäft aufgegeben und kann als „Privatier" keine Arbeitnehmer mehr beschäftigen; er müsste Paula daher nach Widerspruch betriebsbedingt kündigen. Deshalb ist Paula zu raten, den Betriebsübergang zu akzeptieren und beim neuen Arbeitgeber mit Rücksicht auf ihre besondere Lage entweder eine besondere Position zu verlangen oder aber zumindest eine gut dotierte einvernehmliche Auflösung des Vertrags auszuhandeln (→ § 10 Rn. 28).

10. Für die „soziale Rechtfertigung" einer Kündigung gelten die allgemeinen Prinzipien des Verhältnismäßigkeitsprinzips, das die Eignung, die Erforderlichkeit und die Angemessenheit einer Kündigung je nach Kündigungstatbestand überprüft. Im Rahmen der Eignungsprüfung muss z.B. der Kündigungsgrund als solcher überprüft werden, bei der Erforderlichkeit handelt es sich um die prognostische Frage, ob nicht mildere Mittel die aufgetretenen Störungen beseitigen könnten, und bei der Angemessenheit ist schließlich die umfassende Interessenabwägung nach allen Einzelheiten des konkreten Falls vorzunehmen (→ § 10 Rn. 36).

11. Auch in Betrieben ohne einen gesetzlichen Kündigungsschutz darf eine Kündigung nicht „treuwidrig", dass heißt willkürlich und unsachlich erfolgen. Der Willkürvorwurf scheidet aber bei einem irgendwie einleuchtenden Grund für die Rechtsausübung aus (vgl. § 242 BGB → § 10 Rn. 44).

12. Der kirchliche Schulträger darf Linda kündigen, weil ihre Eignung, für die kirchliche Schule als Lehrerin tätig zu sein, durch die aktive Mitgliedschaft in der streitbaren Sekte verloren gegangen ist. Die Kirchen dürfen von ihren Mitarbeitern gewisse Loyalitätspflichten arbeitsvertraglich verlangen, die insbesondere die Übereinstimmung mit den wesentlichen Glaubenslehren der jeweiligen Kirche beinhalten. Hier ist daher eine personen- und nicht eine verhaltensbedingte Kündigung geboten, weil das deutlich abweichende Bekenntnis der L sich als nicht mehr abmahnungsfähiger Eignungsmangel darstellt (vgl. *BAG NZA* 2001, 1136).

13. Trotz tariflicher „Unkündbarkeit" kann dem Anton gekündigt werden, weil eine abgemahnte Vertragsstörung auch dann zu einer außerordentlichen Kündigung führen kann, wenn der Pflichtverstoß für sich genommen unerheblich erscheint, jedoch die Häufung der Verstöße zu einem erheblichen Vertrauensverlust führt und eine Besserung trotz Abmahnungen nicht erkennbar ist (→ § 10 Rn. 86).

14. Auch wenn sich der Betriebsrat hier nicht „zuständig fühlt", muss dem kündigungsberechtigten Vertriebsleiter doch dringend geraten werden, die formale Anhörung nach § 102 Abs. 1 BetrVG auch dann durchzuführen, wenn von Seiten des Betriebsrats keine Reaktion erfolgt. Verzichtet er nämlich auf die Anhörung, so ist bereits aus diesem Grund die Kündigung unwirksam, § 102 Abs. 1 S. 3 BetrVG (→ § 10 Rn. 65).

15. Ohne eine wirksame Kündigung lässt sich auch ein längst nicht mehr praktiziertes Arbeitsverhältnis in aller Regel nicht beenden. Richard K. wäre deshalb noch immer „Betriebsangehöriger", selbst wenn er kein Entgelt mehr erhält. Ein Wegfall der Geschäftsgrundlage ist hier nämlich nicht ersichtlich (→ § 10 Rn. 31). Die Kündigung kann auch nicht wirksam per E-Mail erfolgen, weil damit die für § 623 BGB nicht ausreichende „Textform" (§ 126b BGB) Verwendung gefunden hätte. Dem Geschäfts-

führer ist daher zu raten, dem Richard K. per E-Mail die Kündigung als solche inhaltlich mitzuteilen und ihm gleichzeitig die öffentliche Zustellung der Kündigung nach
§§ 132 Abs. 1 S. 2 BGB, 203 ff. ZPO anzukündigen.

Antworten zu §§ 11–14

1. Die Koalitionen als solche finden ihre verfassungsmäßige Stütze in Art. 9 Abs. 3 S. 1
   GG. Sie sind dort als „Vereinigungen zur Wahrung und Förderung der Arbeits- und
   Wirtschaftsbedingungen" geschützt. Sie sollen die staatsunabhängige Selbstverwaltung des Arbeitslebens vor allem durch den Abschluss von Tarifverträgen gewährleisten. Dies kommt vor allem in § 1 TVG zum Ausdruck (→ § 11 Rn. 6).
2. Die Gewerkschaften sind heute nach dem berufsübergreifenden „Industrieverer-
   bandsprinzip" organisiert. Damit sind alle Arbeitnehmer einer bestimmten Branche
   unabhängig von ihrer genauen (beruflichen) Tätigkeit zusammengefasst. Der Vorteil
   gegenüber dem Prinzip der Berufsvereine liegt auf der Hand: an Stelle einer berufs-
   spezifischen „Atomisierung" entstehen durch die tätigkeitsübergreifende Zusammen-
   fassung schlagkräftigere Organisationen für die ganze Branche (→ § 11 Rn. 8).
3. Um dem Verfassungsrecht zu genügen und den Schutz von Art. 9 Abs. 3 GG genießen
   zu können, müssen folgende Voraussetzungen erfüllt sein: Es muss sich (1) um eine
   Vereinigung privaten Rechts handeln, die (2) als Zweck die Wahrung und Förderung
   der Arbeitsbedingungen verfolgt, (3) gegnerunabhängig ist und (4) Durchsetzungswillen besitzt (→ § 11 Rn. 13 ff.).
4. Eine Koalition braucht keine überbetriebliche Vereinigung zu sein. Die erforderliche
   Unabhängigkeit von der Gegnerseite kann auch bei einem Zusammenschluss auf betrieblicher Ebene bestehen. Es muss aber gewährleistet sein, dass der Verband in keiner
   Weise vom Arbeitgeber abhängig ist und seine Tätigkeit nicht ausschließlich auf das
   Unternehmen konzentriert (→ § 11 Rn. 15).
5. Zusätzlich zu den Erfordernissen einer Koalition müssen folgende Voraussetzungen
   erfüllt sein, um einer Koalition Tariffähigkeit zusprechen zu können: (1) soziale
   Mächtigkeit, (2) Tarifwilligkeit, (3) demokratische Organisation, (4) Anerkennung
   des geltenden Tarif-, Schlichtungs- und Arbeitskampfrechts (→ § 11 Rn. 17 ff.).
6. Im Rahmen der kollektiven Koalitionsfreiheit genießt die Koalition eine Bestandsgarantie, so dass weder von staatlicher noch von anderer Seite die Existenz der Koalition
   bedroht werden darf. Hierzu gehören auch Maßnahmen zur Bestandssicherung wie
   das Werben neuer Mitglieder, das anerkanntermaßen auch ohne Einwilligung des
   Arbeitgebers im Betrieb erfolgen darf (vgl. *BVerfGE* 28, 295). Die Verteilung von Wer-
   be- und Informationsmaterial im Betrieb soll danach zulässig sein, nicht dagegen die
   Verteilung der Gewerkschaftszeitung. Entscheidend ist nicht mehr die „Kernbereichs"-
   Formel, sondern die „koalitionsspezifische Verhaltensweise" unter Abwägung mit
   den Arbeitgeber-Grundrechten aus Art. 2, 12, 14 GG: Die Interessen des Arbeitgebers
   verhindern eine Werbung auf den vom ihm zur Verfügung gestellten Schutzhelmen
   (Art. 14 GG) ebenso wie eine Werbung, die die Arbeitstätigkeit stört (Art. 2, 12 GG,
   vgl. *BVerfGE* 93, 352).
7. Grundsätzlich kann nach § 2 Abs. 1 TVG auch der einzelne Arbeitgeber tariffähig
   sein. An das Merkmal der „sozialen Mächtigkeit" können dann aber nicht allzu hohe
   Anforderungen gestellt werden (→ § 12 Rn. 3).
8. Aus der Tariffähigkeit ergibt sich zum Einen die maßgebliche Kompetenz, verbindliche Normen für Arbeitsverhältnisse kraft Tarifvertrags erzeugen zu können, zum
   Anderen aber auch die Fähigkeit, Arbeitskämpfe führen zu können – was aus der
   Funktion des Arbeitskampfes als Hilfsinstrument der Tarifautonomie folgt.

9. Der Tarifvertrag zerfällt in einen schuldrechtlichen und einen normativen Teil (§ 1 TVG). Im schuldrechtlichen Teil sind relative Pflichten zwischen den Tarifvertragsparteien verankert, im normativen Teil dagegen Inhalts-, Betriebs- und Betriebsverfassungsnormen. Die bedeutende Konsequenz der Zweiteilung liegt darin, dass die Tarifparteien einerseits wie normale Vertragsparteien „schuldrechtlich" agieren, andererseits aber durch die normative Ausgestaltung der unterworfenen Arbeitsverhältnisse wie ein Gesetzgeber agieren, dessen Legitimation aber auf der Mitgliedschaft der Normbetroffenen, nicht auf staatlicher „Delegation" beruht (→ § 12 Rn. 8).

10. Die Durchführungspflicht der Mitglieder der Tarifparteien, die auch „Tariftreuepflicht" genannt werden könnte, ist nur schwer gerichtlich durchsetzbar. Selbst wenn entsprechende Leistungsklagen noch für zulässig gehalten würden, ist spätestens die Vollstreckung der Einwirkung auf die gegnerische Partei wegen § 888 ZPO zum Scheitern verurteilt. Effektiver ist es daher, im Individualstreit zwischen Arbeitnehmer und Arbeitgeber die Durchsetzung tarifvertraglicher Normen zu erzwingen; zudem hat das BAG eine Gewerkschaftsklage gegen den Arbeitgeber auf „Beseitigung des Tarifbruchs" gem. §§ 1004, 823 Abs. 1 BGB i.V.m. Art. 9 Abs. 3 GG anerkannt (→ § 12 Rn. 11 f.).

11. Betriebliche Normen betreffen die Betriebsorganisation und werden als Solidarnormen, Ordnungsnormen und Arbeitsverteilungsnormen bezeichnet. Entscheidend für die Auslegung ist ihre notwendig betriebseinheitliche Geltung. Betriebsverfassungsrechtliche Normen regeln hingegen Angelegenheiten aus der Betriebsverfassung, soweit sie ausdrücklich im BetrVG als tariflich regelbar normiert sind. Der 2001 neu justierte § 3 BetrVG hat zu einer deutlichen Erweiterung dieser Kompetenz geführt. Nunmehr steht die organisatorische Basis der Betriebsverfassung („Betriebs"-Begriff) einer weitgehenden tarifvertraglichen Modifikation offen (→ § 12 Rn. 19; § 14 Rn. 40).

12. Nach § 4 Abs. 1 TVG machen die „unmittelbare" und „zwingende" Wirkung der tariflichen Normen ihre gesetzesgleiche Wirkung für das Arbeitsverhältnis der tarifgebundenen Parteien aus (→ § 12 Rn. 16 f.).

13. Für die betrieblichen und betriebsverfassungsrechtlichen Normen reicht wegen ihrer betriebseinheitlichen Wirkung die *einseitige* Tarifbindung des Arbeitgebers aus, vgl. § 3 Abs. 2 TVG. Selbst bei beiderseits *fehlender* Tarifbindung tritt normative Bindung ein, wenn nach § 5 TVG die Allgemeinverbindlicherklärung eines Tarifvertrages durch den Bundesminister für Arbeit und Sozialordnung erfolgt ist („öffentlich-rechtliche" Tarifgeltung). Diese Sonderfälle lassen sich nur dann als Ausnahme vom Grundsatz der mitgliedschaftlichen Legitimation der Normsetzungsbefugnis rechtfertigen, soweit entweder im Fall des § 3 Abs. 2 TVG die betriebliche Ordnung ohne Differenzierungsmöglichkeit nach Einzelinteressen betroffen ist, oder im Fall des § 5 TVG das (diffuse) öffentliche Interesse die allgemeine Geltung dringend erfordert. Andernfalls wäre das Grundrecht der negativen Koalitionsfreiheit der Nichtorganisierten betroffen (→ § 12 Rn. 34).

14. Der Arbeitgeber muss auch den höheren Tariflohn zunächst weiter bezahlen. Die Tarifgebundenheit endet erst mit Ende des Tarifvertrages (§ 3 Abs. 3 TVG), nicht schon dann, wenn der einzelne Arbeitgeber aus seinem Verband austritt. Er bleibt deshalb an die Vereinbarungen der Tarifparteien bis zum Auslaufen des Tarifvertrags gebunden. Erst danach können andere Abmachungen mit den Arbeitnehmern getroffen werden (§ 4 Abs. 5 TVG). Erst dann auch können neu eingestellte Arbeitnehmer zu anderen Bedingungen beschäftigt werden, wohingegen die bis zum Auslaufen des Tarifvertrags Eingestellten sich bei entsprechender Mitgliedschaft noch auf die „Nachbindung" des § 3 Abs. 3 TVG berufen können (→ § 12 Rn. 23).

15. Das häufig praktizierte „Out-Sourcing" führt meist dazu, dass die nunmehr *rechtlich selbstständigen* Unternehmensteile einer anderen Branche als der Hauptbetrieb angehören (z.B. Betriebsrestaurant) und damit auch anderen tariflichen Arbeitsbedingungen unterliegen. Arbeitsrechtlich liegt hier ein Betriebsübergang nach § 613a BGB vor, so dass zunächst die alten Tarifbedingungen in den Inhalt des Arbeitsverhältnisses eingehen, § 613a Abs. 1 S. 2 BGB. Eine Ablösung der alten Vertragsbedingungen durch einen neuen Tarifvertrag würde nur dann gelingen, wenn *beiderseitige* Tarifbindung für die neuen Konditionen vorläge. Das wird mangels Übertritts der alten Arbeitnehmer in die neue Gewerkschaft selten vorkommen. Dagegen entscheidet für die Nicht-Organisierten der Wortlaut ihrer Bezugnahmeklauseln, ob sie nach den neuen tariflichen Bedingungen behandelt werden dürfen (→ § 12 Rn. 44 f.).

16. Die Friedenspflicht verbietet es, während der Geltungsdauer eines Tarifvertrags Kampfmaßnahmen zur Änderung bereits geregelter Inhalte zu veranlassen. Dies folgt auch ohne ausdrückliche Bestimmungen schon aus dem schuldrechtlichen Teil des Tarifvertrages (→ § 12 Rn. 10; § 13 Rn. 13).

17. Das „Ultima-ratio-Prinzip" lässt sich aus dem verfassungsrechtlich verankerten Übermaßverbot in Ermangelung einer ausdrücklichen gesetzlichen Regelung herleiten. Es verlangt „Geeignetheit/Erforderlichkeit" und „Angemessenheit (Proportionalität)" bei Durchführung einer Arbeitskampfmaßnahme. Leitender Gedanke ist die Herstellung der Verhandlungsparität zwischen den Tarifparteien, doch lässt sich daraus allein eine verlässliche Beurteilung der Rechtmäßigkeit von Kampfmaßnahmen selten gewinnen. Die neuere Rechtsprechung überlässt den Gewerkschaften die Einschätzungsprärogative bei der Einleitung von Kampfmaßnahmen und kontrolliert diese nur auf Rechtsmissbrauch bzw. *evidente* Unangemessenheit (→ § 13 Rn. 14 ff.).

18. Auch wenn bei einem rechtmäßigen Streik die Arbeitspflichten suspendiert sind, kann es z.B. im Hochofenbetrieb notwendig werden, Erhaltungsarbeiten zu leisten. Denn eine Vernichtung der im Eigentum des Arbeitgebers stehenden Produktionsmittel kann von beiden Seiten nicht beabsichtigt sein. Soweit nicht eine Notdienstvereinbarung diese Erhaltungsarbeiten regelt, wird man den Arbeitgeber für berechtigt halten müssen, i.d.R. arbeitswillige Arbeitnehmer für solche Notdienste einzuteilen. Wird ein streikbereiter Arbeitnehmer gegen seinen Willen zum Notdienst eingeteilt, so lässt sich dies mit § 106 GewO nur vereinbaren, wenn kein anderer gleichermaßen geeignete Kollege ohne die gleiche Streikbereitschaft zur Verfügung steht. Der Lohn ist dann natürlich fortzuzahlen.

19. In Deutschland findet Mitbestimmung nicht nur im Betrieb, d.h. auf einer arbeitsrechtlichen Ebene statt (BetrVG, PersVG, SprAuG), sondern auch im Bereich der Unternehmensführung im Aufsichtsrat (MitbestG 1976, DrittelbG 2004). Die Unternehmensmitbestimmung ist insoweit rechtsformspezifisch, als sie nur bei Unternehmen mit Aufsichts- oder Verwaltungsrat stattfindet (AG, GmbH, eG, KGaA), während die Betriebsverfassung grundsätzlich in jedem Unternehmen der Privatwirtschaft *rechtsformunabhängig* greift. Die unternehmerische Mitbestimmung berührt die Rechte der Anteilseigner (Art. 14 GG), die betriebliche Mitbestimmung die Leitungsbefugnis des Arbeitgebers (Art. 12 GG). Von ökonomischen Kritikern wird daher angeführt, dass das Modell des (doppelt) mitbestimmten Unternehmens wegen geringerer Effizienz und Flexibilität auf dem Weltmarkt unterlegen sei (→ § 14 Rn. 8 ff.).

20. Zwar gibt es nach wie vor keinen Zwang zur Mitbestimmung – in betriebsratsfähigen Betrieben muss nicht zwangsläufig ein Betriebsrat bestehen. Doch kann nach der BetrVG-Novelle ein vorhandener Gesamtbetriebsrat nach § 17 Abs. 1 BetrVG die Initiative zur Wahl eines Betriebsrats ergreifen, ohne dass die betroffene Belegschaft dies beschlossen haben müsste. Außerdem soll ein besonders rasches Wahlverfahren

für Kleinbetriebe zur Stärkung der Betriebsräte in diesem Segment führen (vgl. § 14a BetrVG). Die Wahlberechtigung steht nach § 7 BetrVG nicht nur betriebszugehörigen Arbeitnehmern zu, die das 18. Lebensjahr vollendet haben, sondern auch länger als drei Monate eingesetzten Leiharbeitnehmern (§ 7 S. 2 BetrVG). Mit der Novelle von 2001 ist schließlich der Gruppenschutz von Arbeitern und Angestellten durch das Prinzip der Frauenförderung ersetzt worden. Das Geschlecht, das die Minderheit im Betrieb darstellt, muss *mindestens entsprechend* seinem zahlenmäßigen Verhältnis im Betriebsrat vertreten sein, wenn dieser aus mindestens drei Mitgliedern besteht (§ 15 Abs. 2 BetrVG → § 14 Rn. 20). Hauptanliegen der Reform war es diesbezüglich, eine Vermehrung von Betriebsräten gerade in Klein- und Mittelbetrieben zu erreichen, insbesondere durch kostengünstigere und einfachere Wahlverfahren (→ § 14 Rn. 17).

21. Der Gesamtbetriebsrat ist den einzelnen Betriebsräten keineswegs übergeordnet. Er ist nach dem Subsidiaritätsprinzip nur zuständig, wenn es sich um zwingend unternehmenseinheitlich zu regelnde Angelegenheiten handelt (§ 50 Abs. 1. S. 1 BetrVG). Damit ändert sich nichts an der *Primärzuständigkeit* des Betriebsrats. Der Konzernbetriebsrat kann durch Beschluss der Gesamtbetriebsräte zusätzlich errichtet werden, um konzerneinheitliche Fragen zu regeln. Der Europäische Betriebsrat (EBR) ist lediglich Hilfsorgan der nationalen Betriebsverfassung, das die Interessenvertretung auf nationaler Ebene für grenzüberschreitende Angelegenheiten effektiver gestalten soll. Er hat nur das Recht auf rechtzeitige Anhörung und Unterrichtung (→ § 14 Rn. 29).

22. Bei der Frage der fehlenden Zustimmung des Betriebsrats muss für die individualrechtlichen Folgen nach dem Schutzzweck des jeweiligen Zustimmungserfordernisses unterschieden werden. So dient z.B. die Zustimmung bei der Einstellung eines Arbeitnehmers dem Schutz des kollektiven Belegschaftsinteresses und stellt ein betriebsverfassungsrechtliches Beschäftigungshindernis dar, das nur Auswirkungen auf die tatsächliche Eingliederung, nicht jedoch auf die Wirksamkeit der Individualvereinbarung „Arbeitsvertrag" hat. Lediglich die Erfüllung ist seitens des Arbeitgebers rechtlich unmöglich. Anders verhält es sich dagegen bei der Zustimmung zu einer Versetzung: Hier ist das individuelle Interesse des von der Versetzung Betroffenen berührt, so dass eine fehlende Zustimmung genauso zur Unwirksamkeit der Maßnahme führt wie etwa bei mitbestimmungswidriger Anordnung von Überstunden (→ § 14 Rn. 53, 61 f.).

Sachverzeichnis

Die **fett** gesetzten Zahlen verweisen auf den Paragraphen des Buches, die mageren auf deren Randnummern. Hauptfundstellen sind bei mehreren Fundstellen *kursiv* gesetzt.